〈続〉ドイツ史1866-1918

民主主義を前にした権力国家 上

Deutsche Geschichte 1866-1918

Zweiter Band
Machtstaat vor der
Demokratie

Thomas Nipperdey
トーマス・ニッパーダイ
大内宏一 訳

白水社

続ドイツ史1866-1918 民主主義を前にした権力国家◆上

古くからの、また、後になってからの友人である
ハンス・エッガース、ニコ・クナウアーとケッィア・クナウアー、
ゴットフリート・ヘルプストに捧げる。

続ドイツ史1866-1918 民主主義を前にした権力国家◆上

目次

凡例

一、本書は、Thomas Nipperdey, Deutsche Geschichte 1866-1918, Bd.2, Machtstaat vor der Demokratie（Verlag C.H.Beck München）1992の全訳である。ただし、人名索引については原書の複数の頁に記載されているものだけに絞って「主要人名索引」として下巻に収録した。

一、本書は現在ではBeck'sche Reihe（2013）として刊行されているが、本文の数個所に訂正が加えられているので、訳出に当たってはそれを反映した。また、図1と図2は現在の版のものを掲載した。現在の版にはベルリン自由大学教授パウル・ノルテによる「トーマス・ニッパーダイの十九世紀ドイツ史」という二十三頁の「あとがき」が追加されているが、それは訳出しなかった。（同教授は、その後いっそう本格的な著書としてPaul Nolte, Lebens Werk. Thomas Nipperdeys Deutsche Geschichte. Biographie eines Buches, Verlag C.H.Beck München 2018を刊行している。）

一、――と（　）は、基本的に原書を踏襲したが、訳者の判断で省いたり追加したりした場合がある。

一、〔　〕は訳者による注記である。

一、「参考文献」と「訳者あとがき」は下巻に収録した。

第1章

帝国建国への道

一八六六―一八七一年のドイツ

出発点となったのはビスマルクだった。

十年前に私は、私の十九世紀史を、「出発点となったのはナポレオンだった」という一文で始めた。そのために私は多くの批判を受け、おそらくは嘲笑をも浴びることになった。構造を重視する歴史家諸氏は、すぐさま、人物中心の歴史観、歴史は偉人たち、個人とその行為によって動かされるという見方が背後にあるに違いないと推測したのである。そのような歴史家諸氏は、むしろ、「出発点となったのは革命がなかったことだった」〔ヴェーラーの『ドイツ社会構造史』第一巻での表現〕という、正反対の見方のほうを堅持している。それにもかかわらず、私が本書をも以上のような一文で始めるのは、著者として自らの文体に耽溺してそれを一種の商標のように掲げようとするためではないし、挑発的に繰り返したいからでもなく、ましてや実際に維持不可能なものとなってしまっている一般的な人物中心史観への信仰を告白するためなのではない。自らも時代の産物であるにしても、一定の人物たちが事態の成り行きに刻印を与えるような時代、それどころか、**一人の**〔原文はイタリック〕人物が事態の成り行きに刻印を与えて時代の傾向とプロセスの頂点に立ち、通常の時代であればあり得るようにその人物を除いて考えたり交換可能と考えたりすることがまったく不可能な時代というものが存在するのである。二世代を経て復活したけれども再び姿を消した後に改めて建国されたドイツ帝国《ライヒ》〔ライヒは一八四八／四九年の革命で少なくとも形式的にはいったん再建された〕を、この巻は扱うのだが、この帝国が建国に至るのには様々な原因があり、構造的な諸条件や超個人的な諸プロセスが絡み合っているのであって、それらの点についても私たちは詳しく述べることになるだろう。しかしながら、ビスマルクがこの帝国建国を決定づけたということは否定しようのない事実なのである。彼は、彼を担った時代の傾向を操作したのでもあった。彼がいなければ、すべては別の形を取ることになっただろう。そのことが、ドイツ史において彼が果たした役割をナポレオンに比較し得るものとしているのである。

歴史は様々な歴史を対象としているのだが、歴史家の使命は、やはりこの場合にも、全体としての歴史を物語ることである。物語られる歴史には、その他の現実とは異なって、明確な始まりと一定の終わりがあり、そして双方の間で歴史は経過していく。始まりを強調することを通して――言わばティンパニーの響きとともに――、物語るという意図を、すなわち、始まりと終わりがあり、昔ながらの転換点を持つという意味での一つの時期について物語るという意図を、強調しておく必要がある。そのためもあって、私は始まりの一文を繰り返しておきたい。出発点となったのはビスマルクだった、と。

一八六六年に、ビスマルクの政策はドイツ問題に最初の決着をもたらした。すなわち、プロイセンはドイツでの覇権を巡る争いに勝利を収め、オーストリアはドイツから排除された。このドイツの分割は最終的で明確なものであり——少なくとも一九一八年まではそうであって——、オーストリアはもはやドイツの大国ではなくなった。オーストリア以外のドイツの組織のあり方に関しては、それとは事情が異なっていた。北ドイツでは、ビスマルクは五つの邦〔シュレースヴィヒ＝ホルシュタイン、ハノーファー王国、ヘッセン選帝侯国、ナッサウ公国、フランクフルト市〕を併合してプロイセン領を大きく拡大し、プロイセンが明確に支配する北ドイツ連邦を樹立して、それらの成果はもはや後戻りし得ないものと思われた。北ドイツは南ドイツとは国際的に承認されたマイン線〔マイン川を境界とする〕によって分けられ、一八六六年に残ったドイツは二分されて、南ドイツ諸邦〔バイエルン王国、ヴュルテンベルク王国、バーデン大公国と、ヘッセン大公国のマイン川以南の地域〕は独自の政治的な現実となった。しかし、南ドイツ諸邦はプロイセン及び北ドイツと関税政策や軍事政策の面で結び付いており、北ドイツと特別な関係にあった。問題は、このような関係がどの程度一時的なもの、あるいは確定的なものなのか、そして今後どのように展開していくのか、ということだった。

　一八六六年から一八七〇年までのドイツの政治は、三つのレベルで展開していった。すなわち、第一に諸大国の間のヨーロッパ政治として、第二にドイツ諸邦の間、プロイセン下の北ドイツと南ドイツ諸邦との間のドイツ政治として、そして第三に各邦及び北ドイツ連邦における内政・憲法体制政策として。これら三つの政治のあり方は、もちろん絶えず相互作用関係にあり、互いに影響し合っていた。まさにその点を視野に置いておくことが、明確に分析すること、それぞれのレベルに注目しながらそれぞれの繋がりを明らかにしていくことに役立つのである。

第1節　一八六六―一八六九年のドイツとヨーロッパ

ドイツにおける状況の展開は、ヨーロッパにおける権力関係と密接に結び付いていた。ドイツにおける変化、例えばプロイセン＝ドイツ国民国家の形成は、当然のことながら他の諸国、とりわけ隣国や列強にも影響を及ぼしたからである。中央部に新しい大国が登場することは、ヨーロッパ「体制」のなかのすべての列強の重みに変化をもたらし、その重みを傷つけかねなかった。一八六六年にマイン線を「確定」したような外交上の合意や講和条約はヨーロッパの国際法の一部分を成しており、原則として他の諸列強の同意がなければ変更できなかった。それゆえ、ドイツ政策〔ドイツ統一を巡る政治的な動き〕はヨーロッパの政治と権力状況によって左右されたのである。

　一八六六年の講和〔プラハ講和条約〕が結ばれた後の状況はどのようなものだったのだろうか？　この時期の世界政策

において本来の対抗関係にあった両翼を成す両大国イギリスとロシアは、この決着を受け入れて、ドイツ政策の展開に対しては待機的に中立を守る立場を堅持していた。イギリスは、平和を確保するという立場から中央ヨーロッパが安定することにある程度の関心を抱いており、ドイツの状況が不安定な状態はヨーロッパの勢力均衡にとって阻害要因になりかねないと考えていた。イギリスは、確かにビスマルクの下の保守的なプロイセンに対しては留保的な態度を取っていたけれども、ほとんどそれ以上にナポレオン三世の落ち着きのない覇権政策を警戒していたのである。とは言え、一八六四／六六年の時期にはヨーロッパ大陸の諸問題に対しては距離を取るという姿勢を強めていたのであり、それが肝心な点であった。ロシアの場合には、確かに中央ヨーロッパに関しても発言権を持つことを主張していたが、しかしあり得る展開に関しては、前述のように半ば中立的な立場を取っていた。一八六六年にロシアは、講和を仲介するためのヨーロッパ会議の開催を要求し、プロイセンによる併合に反対してヘッセンとヴュルテンベルクの君主が独立を維持することを支持し、ビスマルクから国民的《ナツィオナール》な革命という脅しをかけられてようやく不承不承譲歩していた。ロシアは、その後も君主家との繋がりにも基づいて南ドイツ諸邦が相対的な自立性を保つことにある程度まで共感を寄せていたが、しかしそれと同時にプロイセンにも好意を抱いており、それは、プロイセンがロシアにとって、オーストリアと対抗し、さらにはとりわけポーランド人の民族的な動きに対抗するうえで、ヨーロッパで唯一多少なりとも当てにできるパートナーに近い地位を占めていたからだった。一八六六年の敗者であるオーストリアは、潜在的には結果の改定を目指す立場にあり、それまでザクセンの大臣で、明確な大ドイツ主義＝連邦主義者だったボイストが十月末にウィーンの政策の指揮を引き継いでからはいっそうそのような姿勢を強め、ドイツ政策が再び優先されるように思われた。もっとも、当面のオーストリアは敗北の影の下にあり、敗北の最も重要な内政上の帰結であったハンガリーとの「和協《アウスグライヒ》」を成立させること〔オーストリア＝ハンガリー二重君主国の成立〕（一八六七年）に主として忙殺されていた。しかし、比較的長い目で見た場合にも、公然と改定を目指す政策を追求するのは、後に見るように、ドイツ人とマジャール人とスラヴ人との間の民族問題の難しさを考えれば不可能なことであった。とは言え、オーストリアは断固としてマイン線の現状を維持することを支持し、プロイセンを押し戻すのは不可能と思われたので、少なくともプロイセンを押し留めることを目指し、ドイツの南部地域で「道義的な征服」を行なうこと〔支持を獲得すること。「道義的征服」はプロイセンの「新時代」の開始に際して当時の摂政ヴィルヘルムがプロイセンのドイツ政策の目標として掲げたスローガン〕、ドイツ政策に関して独自の役割を果たすことを目指していた。一八六七年春のビスマルクによる同盟打診をウィーンは拒否したが、それは、受け入れれば――東方で――どのような代償をも得られないままでドイツ政策を断念するという結果に帰着したからだった。

ドイツ問題に関してヨーロッパ政治において主役の位置を占めていたのは、プロイセンとフランス、すなわち当時にあってはビスマルクとナポレオン三世であった。プロイセンの政策にとっての目標は、長期的にはダイナミックなものであり、ドイツの現状を変えることだった。一八六六年に達成された秩序は、――分離と結合との双方を並存させて――不完全で不安定なものに過ぎなかった。経済政策も安全保障政策も、ともに国民的《ナツィオナール》な統一の「進展」にかかっているように思われた。ビスマルクが同盟関係を結んでいた国民《ナツィオナール》運動は、不満に思っていて、現状は一時的なものに過ぎないことを強調してドイツ統一の「完成」を望み、独自のダイナミズムを発揮していた。そしてビスマルクのほうは、――彼の大プロイセン主義的な権力への欲望がどのようなものであったとしても――北ドイツにおける一八六六年の新秩序を、まさに保守的なプロイセン君主政とその権威構造・権力構造を新たな市民的な時代の諸条件の下で護ることを目指して、自由主義的な国民運動との妥協という基盤の上に据えていた。しかし、この新しい国家秩序を持続的に安定させ、正当化するためには、国家は国民国家とならねばならず、それのみが最終的な統合を確実なものとした。その限りでは、プロイセンのドイツ政策は国内政策と憲法体制政策によっても――しかも本質的に――基礎づけられていたのである。ビスマルクは、一八六六年の成果に長期的には満足することができず、それゆえ彼の政策は必然的に自足したものとはなり得ず、改定を目指し、潜在的には「攻勢」を仕掛ける側に立つものだった。そして、ドイツにおける国民国家の樹立という新秩序はヨーロッパにおける権力関係に一種の革命をもたらすことを意味した限りにおいて、この政策は革命的なものでもあった。ビスマルクは何度か逆の意味での発言を行なっているけれども、彼も、プロイセンも、一八六六年の状況に甘んじるつもりはなかったし、また、甘んじることは不可能であった。いずれにしても、長期的にはそうだった。

そのことを明確に認識して銘記する場合には、新旧の「国民愛国主義的」な伝説や「批判的」な伝説に対抗して次の点をも強調しておく必要がある。すなわち、一八六六年以降の政策を、一八七〇／七一年という結果から遡って構築してはならないということである。ビスマルクは、ニコルスブルク仮講和からルクセンブルク危機に至る一八六六／六七年に、ようやくゆっくりと当初の大プロイセン主義的な政策からドイツ的な国民《ナツィオナール》政策へと移行していったのだった。しかし、その段階でも、明確な目標を追求していたわけではないし、明確な決定やマスタープランに基づいて攻勢をかけ続けていたわけでも、「革命を巻き起こそうとする」政策を追求していたわけでもない。どの時点で大いなる目標を実現することができるのか、それは完全に未定の問題となっていたのである。ビスマルクも老国王〔ヴィルヘルム一世〕も、そのような方向を指し示す数多くの発言を行なっている。時間を自由に扱うことはできないし、あらゆる焦りは禁物であって、おそらく統一を目にすることができるのは次の世代か、あるいは次の次の世代になってからだろう、と――それは、戦術的にごまかそうとする発言や、偶々漏らした発言というのではなくて、真剣に考えたうえでの発言だった。行動を起こすことを直接迫られる状態にあったわけではなくて、待つこともできたのである。例えば状況が自ずと進展していくこともあり得たけれども、状況を「創り出す」ことはできなかった。ビスマルクにとっても、フランスとの対決が初めから、そして長期的に、所与のものと見なされていたわけではなかった。彼は、フランスの「ジュニアパートナー」になる可能性、何らかの隠然たる同盟関係を結び、何らかの妥協に至る可能性を、完全に、そして繰り返し、考えていた――パリのハト派とナポレオンの平和を望む傾向が勝利を収めるのではないかという期待が、その際に一定の役割を演じていた。

もっとも、この政策の目標であった国民的《ナツイオナール》な統一は、言わば自ずと展開していくプロセスであって、そのプロセスに付いて行きさえすればいい、というようなものではなかった。その限りでは、そもそもプロイセンの政策は、いかなるチャンスをも取り逃さないでイニシアチブを発揮し、そして状況が許す限り不安定な地位に陥る危険性を封じ込めなければならないという必要性に迫られていた。それゆえ、たとえ直接的にではなかったとしても間接的には行動と時間への圧力が存在していたのではなかったかと問うのは、正当な問いであるけれども、しかしこの問いには個々の具体的なケースに関してのみ答えることが可能なのである。全体とすれば、ビスマルクは単純に帝国建国を目指して動いていたわけではなかったし、そして彼の政策は急速な成功を収めることを当てにしたものでもなかった。しかしながら、長い目で見れば、彼の政策は国民的《ナツイオナール》な問題の解決と国民的な成功を目指していた。対外的にはビスマルクは待つ姿勢、防御的にのみ反応する姿勢を強調した――それは、ヨーロッパを安心させるとともに、言わば攪乱要因である国民的《ナツイオナール》な過激分子を実際の事態の進行から排除しておくことを意図していた。しかし、そのために彼は防御の姿勢に基づきながらもイニシアチブを発揮して行動するのを妨げられることはなかったし、それどころか、そのような立場にいることがビスマルクにとっては最も好都合だったのである。ドイツにおけるどのような変化もヨーロッパの情勢と対応しており、ヨーロッパにおける特別な諸条件の下でのみ可能になること、このことを、彼は当時の世界のすべての外交官たちと同様に知っていたし、主として内政と国民《ナツイオナール》政策に目を向けていた多数の同時代人たちよりも良く理解していた。

ところで、この政策には、こんにちの私たちにはもはや馴染みのない当時の基本的な見方もその一部分として属していた。すなわち、戦争は、ヨーロッパにおいてなおも政治の一つの正当な手段、権力の衝突を他の方法で解決することが不可能な場合の最後の手段と見なされていたということである。戦争というリスクを冒す用意は、どのような危機の場合にも存在していて、それゆえ戦争の瀬戸際まで進もうとする用意もあった。もっとも、次のことがビスマルクにもヨーロッパにも当てはまった。この時代には、戦争が可能となったのは、開戦理由が対内的にも対外的にも「正当」なものである場合だけだったのである――そのような正当性を巡っては、確かに論争の余地があったのだけれども。

私たちは、ドイツ政策とヨーロッパ政策に関するビスマルクの基本的な立場を論じる場合には、予めなおも一つの問題に少なくとも言及しておく――この問題については、帝国建国の結果を総括する際にもっと詳しく論じるが――必要がある。ビスマルクと、プロイセン君主政、そしてプロイセン国家及びその北ドイツの同盟諸邦は、「国民的《ナツイオナール》」な政策を推進する場合に、この政策をしっかりと自らの手に掌握しておくことを望んだ。政府と国家による政策であって、「上から」の政策であるべきだったのである。国民的《ナツイオナール》な運動は同盟相手であり、世論は――外政上の駆け引きにおいても――重要なファクターであったし、国民的《ナツイオナール》な革命や、民衆蜂起や、騒乱や転覆という脅しも一定の役割を果たしていた。しかしながら、国民的《ナツイオナール》な統一は「下から」、民衆や大衆によって、エスタブリッシュメントや既存の諸制度を超えたところで操作されないまま、操作不可能な状態で成し遂げられてはならなかったのである――そのようなことが起これば、内政と憲法体制政策における比重が変えられることになっただろう。国民《ナツイオナール》民主主義的な選択肢があってはならなかった。そのような条件の下でビスマルクは国民《ナツイオナール》運動と手を結んだのであり、彼らの政策を自らの政策に受け入れたのだった。このことも、一八六六年から一八七〇年までの危機を論じる場合には、常に考慮に入れておかねばならないのである。ここに、ビスマルクにとってのもう一つの戦線が存在していた。しかし肝心なのは、まさにこの戦線が破られることはなかったという点であった。

以上が、ビスマルクとプロイセンの基本的な立場についてである。ドイツ政策とヨーロッパの権力状況に関してもう一方の立役者となったのが、ナポレオン三世のフランスだった。フランスの政策は、矛盾を孕んだ基本的な立場に立っていた。フランスは、ロシア以外のヨーロッパ大陸部で半ば覇権的な地位を要求していた。しかし、理念政治の面では、フランスはこの要求を、反動と一八一五年の既成状態に反対する代弁者、したがって民衆的で国民的《ナツィオナール》な運動と、それに基づく平和と進歩の主唱者として正当化していた。ヨーロッパは――ポーランドで、イタリアで、さらには中央ヨーロッパで――国民的《ナツィオナール》に再組織されるべきであり、フランスはそのようなヨーロッパの当然の守護者になるとされた。そこにジレンマが存在するのは明らかだった。ドイツが国民的《ナツィオナール》な新秩序を確立すれば、ライン川の彼方に新しい大国が出現することになるが、それはフランスの権力的な重みを弱めて、自らの安全保障上の利害に抵触することになったからである。それは、フランスの国家理性と国民理性への挑戦を意味した。ヨーロッパの国民的《ナツィオナール》な再編という主張と、新たなドイツ国民国家への拒否との間のジレンマは、二つの理由によっていっそう深まった。その一つは、ボナパルティズムの体制は――人民投票と革命とを基盤としていて――伝統的な、あるいは自明な（もしくは自由民主主義的な）正当性を持っていなかったために、特に国内での危機に敏感だったことである。私たちの文脈にとってそこから生じた決定的な帰結は、この支配体制は外政の面で静かな状態を頼ることができずに、外政での成功と威信とを頼りとせざるを得ず、そしてどの程度の成功と威信を達成できたかという問題は当時の国民の代弁者たちのナショナリズムを刺激する問題だったということであった。「サドワ〔現チェコのザドヴァー。普墺戦争を決定づけたいわゆるケーニヒグレーツの戦いはフランスではサドワの戦いと呼ばれた〕（ケーニヒグレーツ〔現チェコのフラデツ・クラーロヴェー〕）への復讐」という奇妙なスローガン、すなわち非フランス人に対するプロイセンの勝利への報復が唱えられたことが、既に民衆的で感情化された威信思考を表現していた。成功を収めざるを得ない状況が内政面で存在していたことが――ビスマルクの場合とは比較にならないほどに――対外政策の一つの本質的なファクターとなり、外交官たちがリスクとチャンス、短期的な目標と長期的な目標について伝統的で合理的な計算を行なうのを困難にしていたのである。もう一つは、他の国の場合以上にナポレオンの助言者たちの間には、例えば対決政策派と宥和政策派のような対立関係が存在していたことであった。この対立は、自由主義派と保守主義派、親教権派のボナパルティストと反教権派のボナパルティストの間のような内政面での対立によっていっそう激化していた。

ナポレオン自身はどちらかと言えば平和を好んでいたのだけれども、しかし自らの体制と、外政での威信を必要とする状態とに囚われてしまった。プロイセンの勝利とビスマルクによる講和があまりにも速過ぎたので、フランスは一八六六年の戦争で期待していたような決定的な役割を果たすことができなかった。フランスは、プロイセンの拡大をマイン線によって制限したけれども、基本的な決定を阻止することはできなかったのである。ヨーロッパのレベルで見れば、プロイセンの成功はフランスが相対的に権力を減少させることを意味した。講和の後では基本的に二つの選択肢が存在した。その一つは、プロイセンをフランスが指導するヨーロッパにおける一種のジュニアパートナーとすることだった。すなわち、プロイセンが、これ以上の国民的《ナツィオナール》な新秩序を追求するのを断念して北ドイツだけで満足し、そしてフランス軍が占領していたローマが新しい国民的なイタリアの手に落ちるのを阻止する（それは、断固たるカトリック教徒である選挙民に対するナポレオンの配慮に適うものとなっただろう）という形を取るか――あるいは、フランスは南ドイツの北ドイツとの何らかの形の「合同」を許容するけれども、その代わりに「補償」を受け取る（双方のパートナーが言わばともに領土を獲得する）という形を取って。もちろん、他の形での調整を考えることも可能だった。ナポレオン自身も彼の一連の助言者たちも、そのようなパートナー関係を結ぶという選択肢を真剣に考慮していたし、ビスマルクの側も長い間、そして繰り返し、一種の「隠然たる」同盟関係を結ぶという考えを決して拒否してはいなかった。フランスにとってのもう一つの選択肢は、プロイセンを決定的に封じ込め、これ以上の拡大を一切許さない、すなわち協力の代わりに対決を求めることであり、ヨーロッパにおける反プロイセン同盟、プロイセンを封じ込める諸国の共同戦線を求めることであった。そのような政策は現状維持を志向するものであり、その限りでは防御的だったが、もちろんそれと同時に、ヨーロッパの核心地域におけるいかなる変更に対しても介入して阻止するという意味で攻撃的な性格をも帯びていた。

一八六六／六七年には、普墺戦争後の最初の大きな外政上の危機、すなわちルクセンブルク危機によって、一つの初期の決断が下されることになった。オランダ王国と同君連合で結ばれていたルクセンブルク大公国はドイツ連邦に属しており、――そのために――プロイセン軍が駐屯していた〔ドイツ連邦の要塞を守備していた〕。一八六六年にドイツ連邦が消滅したことで、新たな取り決めが必要となった。そしてフランスはルクセンブルクを手に入れたいと望んでいたのである。ビスマルクは、一八六六年にフランスの中立を確保しようと努めるなかで、ライン川左岸のドイツ地域を補償として提供するという要求は断固としてはねつけたが、フランスはルクセンブルクとベルギーに対しては――フランス語が話されていることを土台として――自由に行動できるとほのめかしていた。彼は、ルクセンブルクとオランダにある程度の圧力をかける可能性を排除しなかったし、フランスがプロイセンのドイツ政策を許容するのであればフランスからの同盟提案を受け入れる可能性があることも示唆した。しかし、彼は義務を負うような約束を何もしなかったし、フランス大使が用意した協定案に署名しなかった。ナポレオンの側は、当時の状況を――ビスマルクはナポレオンが中立を守ってくれるのを頼りとせざるを得なかったのだが――十分に利用するに至らなかった。急速に講和が締結されたために、フランスは圧力を行使する可能性を奪われてしまい、そのことでパリの人たちはある程度不愉快な思いをすることになった。ナポレオンが一八六六／六七年の冬にこの問題を再び採り上げた時には、既成事実となっていた中立のためにプロイセンが「代償」を支払うという問題は、もはや現実味を失ってしまっていたのである。パリの政府はルクセンブルクの購入についてオランダ王〔ウィレム三世〕との交渉に乗り出した。オランダ王は財政難に陥っており、そしてハーグの政府はルクセンブルクに関心がなかったので、交渉は見込みがあるもののように思われた。ビスマルクは親フランス的な選択という意味でそれを許容するように見え、それどころかフランスがそのような行動を取るのを励ますかのように見えた。しかし、パリの人たちは彼を何らかの協力関係に引き込もうと考えていたのだけれども、彼にはそのつもりはなかったのである。彼は、オランダ王に積極的に働きかけることを拒否し、あるいはその他の点でも、国民感情を刺激し易くてますます熱気を帯びつつあったこの問題――ルクセンブルクは古くからのドイツの地方で、最近までドイツ連邦の構成邦だった――で世論に働きかけたり、フランスが狙っていたように不評を被る立場に追い込まれたりするのを拒否した。むしろ彼は、そのような状況の下で南ドイツ諸邦の了承を得て一八六六年の「攻守同盟」を公表させたのであった。それは、対外政策的な理由というよりも、国民《ナツィオナール》運動を宥めて満足させるというドイツ政策・憲法政策上の理由〔この当時、北ドイツ連邦憲法が北ドイツ議会で審議されていた〕に基づく行動だった。すなわち、彼が「国民的《ナツィオナール》」な立場に立っていることを誇示するものだったのである。そもそも、ビスマルクはこの時期にどちらかと言えば大プロイセン主義的な政策からどちらかと言えば国民《ナツィオナール》ドイツ的な政策へと移行していったのだと言っていい。オランダ王は、――南ドイツ諸邦との攻守同盟が公表されたためなのであれ、あるいはそれ以外の理由からなのであれ――プロイセン王が正式にルクセンブルクの売却に同意することを宣言する必要があると主張した。このことで、ビスマルクがそれまで何としても避けたいと思っていた状況が最終的に出現してしまったのだった。オランダ王の要望はもちろんフランスの要望でもあったのだが、ビスマルクはこの要望を単純に拒否することはできなかったので、この要求に関して議会で質問してくれるように「手配」した（国民自由党の指導者ベニヒセンがビスマルクに質問した）。その結果、国民的《ナツィオナール》な憤激の嵐が巻き起こり、そしていまやビスマルクはそれを引き合いに出して拒否することができた。国民的《ナツィオナール》な運動と疎遠になるというリスクに直面して、彼はフランスの攻勢に断固として立ち向かう姿勢に移行したのである。

　ビスマルクがこの問題でパリを罠にかけようとしたのだということ、すなわち例えばオランダ王が打診するように仕向けたということは（あるいは、単に打診を予想していたということだけであれ）、およそありそうにないことである。オランダとフランスの――不手際な――交渉戦略が、そのような状況を生み出してしまったのだった。もちろん、ビスマルクが示した反応は、フランスの計画を最終的に破綻させる結果となった。彼は、――世論が動員された下で――彼がほのめかしていた曖昧な「半ば」了承するような姿勢から逃れることができ、ドイツ政策を重視する姿勢を明瞭に打ち出すことができた。彼は、（いかなる旧式な補償政策にも抗して）ドイツ国民《ナツィオナール》運動の先頭に立つに至ったのである。結果として、ビスマルクと中立諸国は国際会議でプロイセン駐屯部隊の撤退とルクセンブルクの中立化――それゆえ「ドイツ」からの分離――を決めたが、フランスは「名誉ある撤退」が可能になり、少なくとも半ば成功を収めたような体面を保った。ビスマルクも中立諸国も、フランスが手酷い（そして、新たな）敗北を被ってナポレオンが戦争で応じるかもしれない（あるいは、応じざるを得ない）ような事態になることを避けようとしたのである。ビスマルクの考えのなかでも戦争が一定の役割を演じていたけれども、彼はこの状況の下では――モルトケとは反対に――開戦を拒否した。ルクセンブルクは「正当な」開戦理由たり得ないと考えたからだが、しかし彼は、彼が示した歩み寄りが自らの平和への意志のぎりぎりの限界点だとも考えていた。

　はたしてルクセンブルクを（そしておそらくはベルギーをも）代償としてプロイセンとフランスの合意が成立することがあり得たのかという問題については、様々に考えを巡らせることが可能だし、少なくとも当初のビスマルクはその可能性を真剣に考慮していた。しかし、ドイツ側ではそのための前提条件として、ドイツ統一問題がそれと同時に、あるいは直接的な結果として、前進することが必要になっただろう。この点では、ビスマルクによる南ドイツ諸邦との「攻守同盟」の公表は、南ドイツ諸邦に「合同」を迫るという意味をも持っていた。しかし、ドイツ国民《ナツィオナール》運動はいかなる「補償」の提供をも望んでおらず、そしてフランスのナショナリズムはドイツ国民国家を望んでいなかったので、これら二つの理由のためにどのような合意の可能性も頓挫してしまったことだろう。

この危機がもたらした結果は、単なるエピソード以上のものだった。フランスにとって、調整という考え、すなわちプロイセンとの間でジュニアパートナー関係、共同でともに領土を獲得するという関係を結んで、プロイセンの国民的《ナツイオナール》な野望を抑止するとともに――フランスが（半ば）覇権を握る下での国民的《ナツイオナール》なヨーロッパという形を取って――自国の地位を強化するという考えは、不可能なものになってしまった。ナポレオン自身は、本来、このような結果に終わったことを敗北とは見なしていなかったが、しかし彼の支持者たち、さらには反対者たちの大多数は敗北と受け止めた。それが、いまや政策を規定することになったのである。妥協することはあり得ないと思われた。フランスは、欺かれたと感じ、いまやプロイセンと、そして国民《ナツイオナール》ドイツ的な統一政策と、はっきりと敵対するようになった。協力ではなくて抑止がプログラムとなったのである。ルクセンブルク問題は妥協という形で収拾されたにもかかわらず、いまやいかなる和解もほとんどあり得なかった。メキシコで帝政を樹立しようというフランスの構想が失敗に終わったことも、フランスの政策に成功を強いる追加的な要因となった。

ビスマルクのほうは、この危機の結末から別の、それほど明瞭ではない帰結を引き出した。彼は、パリの新たな抑止政策はフランス国内で対決派・好戦派が一時的な勝利を収めた現われと考えた。彼は、フランスとの隠然たる同盟はもはやほとんど不可能になったことを認識した。それゆえ、プロイセンが拡張的な南ドイツ政策を取れば抵抗と危険性が高まるだろうと予想した。それと同時に、国民《ナツイオナール》政策は世論及び国民的《ナツイオナール》な運動と協力してのみ――それらと敵対するのではなく、また、それらを抜きにするのでもなくて――推進し得るのだという信念を強めることになった。

一八六七年から一八六九年に至るその後の二年間は、直接的な対決よりも、ヨーロッパ列強間の関係をプロイセン封じ込め戦略に有利なように変えようとする試みによって満たされることになる。問題となったのは、フランスの、一方ではロシアとの、他方ではオーストリアとの関係がどのような展開を見せるのかということだった。その際には、この世紀におけるヨーロッパ政策がしばしばそうであったように、「東方問題」が、すなわちバルカンの諸民族の問題と、オスマン帝国を押し戻すという問題とが重要な役割を果たした。この問題は、まさにクレタ人のトルコ人に対する反乱とルーマニア問題とを通して再びヨーロッパにとって現実的な重要性を持つようになっていた。ロシアとオーストリアは直接的に、フランスの場合にはより間接的に、著しくこの問題に関与していた。

フランスとロシアの接近を擁護する人たちは数多く存在していたけれども、しかし結局は実現するに至らなかった。利害があまりにも食い違っていたのである。ロシアはフランスに東方問題での支援を期待したけれども、フランスはそのような支援を与えるつもりはなかった。ロシアの側は、必要もないのに、そして目に見える利益もないのに、反プロイセンの側に付く（例えばベルギーに関して）つもりはなかったが、フランスの側はその点にのみ接近の意味があると考えていた。さらにフランスは、ロシアとイギリスの世界的な対立に巻き込まれる（例えばバルカンでロシアを支持することを通して）つもりもなかった。さらにまた、多くのフランス人が内政面でポーランド人に道義的に肩入れしていたことも、双方の側で接近を妨げた。それゆえ、ロシア皇帝《ツァーリ》とナポレオンの会見は失敗に終わったのである。

　プロイセンは、確かに、東方問題でロシアをオーストリアに対してあからさまに支持してオーストリアと、さらにはロシアの世界的なライバルであるイギリスとを自国の敵に回してフランス側に追いやってしまうような事態を巧みに回避し、それとともに、自国がロシアへの新たな依存状態に陥ることをも回避した。しかし、ロシアを孤立させることも避けたのであり、王朝的な利害〔ロシア皇帝アレクサンドル二世はプロイセン王ヴィルヘルム一世の甥だった〕とポーランド分割とが強力な絆となり続けていた。ビスマルクは、東方でフランスとロシアが接近すればフランスの注意を周縁部に逸らすことになるだろうと考えて、両国の接近に何ら反対してはいなかったし、それどころか、東方でフランスとオーストリアが共同行動を取ればロシアをプロイセンと結び付けることになるからプロイセンの利益になるだろうとさえ考えていた。しかし、それはどちらかと言えば戦略的な思考実験に留まっていた。むしろ逆に、ロシアがプロイセンの支持を失ってしまうのではないかという不安をある程度抱いていたことが、ロシア指導部の多数派の間では、東方政策でフランスとオーストリアが共同歩調を取る下で、プロイセンのドイツ政策をどちらかと言えば支持する、あるいは少なくとも許容するという姿勢に繋がっていったのだった。もちろん、プロイセンの側から見返りが提供されないのに親プロイセン的な選択をすることに反対する人たちもいた。その限りでは、ロシアの立場は揺れ動き続けていたのである。

　フランスの政策においては、ロシアへの選択が実を結ぶに至らなかった下で、オーストリアへの接近が前面に押し出されてくるようになった。既に一八六七年の八月に両国の皇帝がザルツブルクで会見し、十一月にもパリで会見した。どちらの国もプロイセンを封じ込めることに決定的に関心を抱いており、場合によっては一八六六年の結果を改定したいと考えていた。しかしながら、共通する土台は狭いものに過ぎなかった。オーストリアに関しては、民族問題が中心的な役割を演じていた。すなわち、オーストリアのドイツ人たちは、兄弟戦争〔普墺戦争はそう見なされていた〕を、ましてやフランスの側に立って再現することを望んでいなかったし、そしてハンガリー人たちは、まさに獲得したばかりの共同支配権を根底から揺るがしかねない以前のドイツ政策の再来を望んでいなかったのである。このことは、本来の改定政策に関してだけでなく、南ドイツ諸邦の独立性を維持するという――比較的小規模な――封じ込めの目標に関しても当てはまった。そして、南ドイツで道義的な足場を獲得するというオーストリア政府の試みにしても、その地での強力な反フランス感情に配慮しないわけにはいかなかった。ウィーンのボイスト政権は、ヨーロッパでの一般的な権力状態に変動が生じればオーストリアにも有利に働くだろうという点に期待するしかなかった。例えばバルカンで競争相手のロシアに対抗するという保証をフランスから得られるならば、その結果として、ロシアがいっそう積極的なバルカン政策を展開してロシアとプロイセンによる対抗同盟が成立するような事態を招くことができるかもしれなかった。そうすれば、ロシアとの同盟を通してプロイセンが西欧との衝突に引き込まれて、南ドイツと分離されることもあり得た。それは一種の壮大な改定戦略だった。しかも、オーストリアのドイツ政策がフランスと相対的に距離を保つという利点があり、そのためにも東方という回り道を取るのは好都合なように思われた。しかし、フランスのほうはロシアに対抗するために利用されるつもりはまったくなかったのであり、オーストリアの側に直接プロイセンとの対決に乗り出すつもりがなかったからには、なおのことそうであった。

一八六七年のフランスによるオーストリアへの同盟提案は、過去十年間を規定してきた領土変更の夢想をもう一度示している。フランスは、ライン川左岸地域を、そしてオーストリアは、シュレージエン〔現ポーランドのシロンスク地方〕と、南ドイツでの覇権とを手に入れることになっていた。しかし、たとえこの提案が真剣に考えられたものだったとしても、そのような提案はいまやオーストリアにとっても受け入れられるものではなかった。

全体とすれば、フランスはオーストリアをプロイセンに対抗するために利用し、オーストリアはフランスを直接ロシアに対抗するために利用することを望んでいた。そこからは結局のところ何も生ぜず、あらゆる組み合わせが宙ぶらりんの状態に留まった。フランスはウィーンの東方構想に引きずられることを望まず、そしてウィーンの側はフランスのプロイセンへの無鉄砲な攻撃を阻止したいと望んでいた。その一方では、常に短期的な選択肢も存在していて、例えば東方に関するフランスとプロイセンの協調という構想もそうだったが、しかしそれは、プロイセンの側から見れば、ロシアに矛先を向けるものであってはならなかったし、実際にもロシアに矛先を向けたものではなくて、むしろロシアに警告の合図を送るという意味を持っていた。オーストリアが一八六八年末にルーマニアの挑発に対抗して英仏とのクリミア戦争時の連合を復活させようと試みた時に、ビスマルクはルーマニアの君主〔ホーエンツォレルン＝ジークマリンゲン家出身のカロル一世〕にウルトラナショナリストの大臣を罷免するように説得した。その結果、ロシアとオーストリアの間の危機は緩和され、プロイセンはどちらかへの肩入れを迫られるという好ましくない事態を回避することができたのである。

それゆえ、プロイセン封じ込めを狙う列強の正式な同盟、とりわけフランスとオーストリアの同盟は、成立するに至らなかった。しかし、それでもある程度の接近が生じ、プロイセンと対決しようとする姿勢が強まったのは明らかだった。一八六九年の秋に両国の君主は書簡での申し合わせを通して、戦争の場合には互いに好意的中立の立場を取ること、フランスとプロイセンが衝突した場合にはオーストリアが軍を動かしてロシアを牽制すること、ロシアとオーストリアが衝突した場合にはフランスが軍を動かしてプロイセンを牽制することを約束した。イタリアも極めて緩やかな形でこの申し合わせに組み込まれたが、しかしイタリアは依然としてトレンティーノ地方を要求していたためにオーストリアと対立しており、また、何よりも教皇がいるローマにフランス軍が駐屯していたためにフランスと対立していた。以上のような緩やかな申し合わせのレベルを超えるものが期待できるのか、それは何とも言えない状態だった。少なくともオーストリアの側は軍備が整うまではフランスがプロイセンに攻撃を仕掛けるような事態に引き込まれることを望んではいなかった。それでも一八七〇年の春には、共同で戦う場合についてのフランスとオーストリアの軍事協議がパリでアルブレヒト大公との間で行なわれた。その一方で、ロシアとプロイセンは、フランスとプロイセンが衝突した場合にはロシアがオーストリアの動きを、オーストリアとロシアが衝突した場合にはプロイセンがフランスの動きを、それぞれ封じ込めることを検討していた。しかし、相互に支援し合うという約束や、あるいは単なる申し合わせにしても、存在していなかった。ビスマルクは、明確なブロックや同盟を形成することを望まず、オーストリアとロシアの間の戦争に引き込まれ、そのようにしてフランスとの戦争に至ることを望んでいなかったのである。

最後にイギリスは、このような列強間の組み合わせゲームに対して中立の立場を取っていた。ドイツ問題に関しては、イギリスは平和的な解決のみを支持することができたし、それを望んでいた。もちろん、一八六八年からはナポレオンに対する対立感情は弱まったように思われ、フランスでの「自由主義的」な方向転換〔いわゆる「自由帝政」への移行〕はまさに親フランス的な大臣たちの間で共感をもって受け止められ、ナポレオンと彼のベルギーへの危険な野心（一八六九年のベルギー鉄道の購入計画はイギリスが異議を唱えたために失敗していた）に対して宥和政策を取ることも——多くの不信感が残っていたとは言え——可能なように思われた。このような状況の下では、フランスにしてもプロイセンにしても、イギリスの中立を絶対的な確信をもって当てにすることはできなかったのである。

　全体とすれば、この時期における展開は、ビスマルクの目からすればドイツ問題に関して外政上の行動を起こす余地をほとんど与えてくれるものではなかった。プロイセンの封じ込めを狙う両大国フランスとオーストリアは、確かに団結しているわけではなかったが、一八六九／七〇年に一種の外交的な攻勢を強め、中立的ないし好意的な両翼の大国イギリスとロシアの態度は確実ではなく、どちらかと言えば何らかの明確な統一政策よりもマイン線の現状維持を支持しており、それどころか、南ドイツでプロイセンが圧力をかけて拡張を狙う政策を取ることに反対していた。ナポレオンの目に映っていたのは逆の像であり、彼はプロイセンの封じ込めを狙うもう一つの大国〔オーストリア〕の了解と、そしておそらくは両翼の両大国が好意的な態度を取ってくれることを計算に入れることができた。このような状況の下で、いまやプロイセンのドイツ政策の進展は——この時期には自邦中心主義的なカトリック勢力や民主主義勢力の抵抗に出遭っていただけに、なおのこと——ヨーロッパの状況が変化すること（そして、その変化が南ドイツに波及すること）にかかっていた。その点を考えれば、ビスマルクにとっては、フランスには不利な、そしてプロイセンには有利な作用を及ぼすようなヨーロッパの状況が重要な意味を持たざるを得なかったと言うことができる。しかし、このことは、彼が何よりもそのような状況を（ほとんどいかなる代価を払ってでも）創り出そうと努めていたということを意味するわけでは、まったくない。彼はどのような「壮大な計画」をも持ってはおらず、将来の政策には数多くの未知の要素があることを常に計算に入れていた。多くの可能性があり、多くの組み合わせがあったのであって、それゆえ彼は多くの選択肢に対して開かれた態度を取っていたのである。

　ビスマルクは様々なことを試みたが、当面のところは先に進むことができなかった。一八七〇年の初めに、彼はプロイセン王を北ドイツ連邦の皇帝として戴冠させるという計画を打ち出したが、それは、一方では、自由化を進めつつあったナポレオンのフランスが南ドイツが自由意思に基づいて同意するのであれば統一を許容するつもりがあるのかを探る一種の観測気球としての意味を持っており、他方では、この計画は南ドイツにとってあまり魅力のあるものではなかったので、「単に」称号を格上げするだけに留めるという北ドイツ連邦の自制ぶりをヨーロッパに誇示するという意味をも持っていたのかもしれないし、そしてもちろん国民《ナツィオナール》運動に対する一種のシンボル政策としての側面をも持っていた。フランスから抵抗を受けたため、さらにはドイツ政策と内政上の理由のために、彼はこの計画を当初は素早く撤回したけれども、しかし念頭には置き続けていた。ヨーロッパ列強に対しては、彼は好んで国民的《ナツィオナール》な革命（そして、そこから生じるカオス）という脅威を持ち出して、自らの穏健な政策への支持を得ようとした。この論拠はロンドンで、そしてとりわけペテルブルクで重みを発揮した。しかし、決定的な作用を及ぼすものでもなかった。状況は変わらなかったのである。もしも南ドイツで民衆を人民投票のような形で動員する大きな波が起こったとしたら国民的《ナツィオナール》な統一の進展に対するフランスの抵抗を打破できたのかどうか、私たちには分からない。そのような波は——一八七〇年以前には——起こらなかった。そして上からのドイツ問題の解決を目指していたビスマルクにとっては、その種の事態は関心の埒《らち》外にあった。おそらくフランスの政策にしてもそのような事態によって変化することはなかっただろうと思われる。

第2節 ドイツ政策

この時期における政治の第二の中心的な領域は、狭義のドイツ政策、すなわち北ドイツと南ドイツの関係をどのように発展させていくかという問題だった。一八七〇／七一年の時点から振り返って考えるならば、歴史的な問題としては、ひとまずヨーロッパの状況を度外視するとすれば、ドイツ政策は平和的で進化的な形での統一へと向かっていたのか、それともまさに袋小路、停滞と行き詰まりに陥ってしまっていたのかということが問題となる。一八六六年の講和とそれに付随したフランスとの協定は、オーストリア以外のドイツをマイン川（の下流）に添って二分していた。それは主としてフランスが圧力をかけた結果だったが、それと並んでビスマルクがある程度まで待機的で控え目な態度を取ったことも一定の役割を果たしていた。彼は、厄介な南ドイツとの「合同」を性急に求めるのは不利な点もあり、北ドイツだけをひとまず安定させて、戦争の傷を癒した後でゆっくりと南ドイツへの接近を図ることにも利点があると考えていたのである。北ドイツでは、プロイセンが支配する北ドイツ連邦が結成され、ヘッセン大公国の場合にはマイン川よりも北のオーバーヘッセン地方はこれに加わらねばならなかったが、マイン川よりも南の中核地域は連邦外に留まった。南ドイツ諸邦には、南ドイツ連邦としてまとまる可能性が与えられた。個別の邦としてであれ、あるいはそのような連邦としてであれ、国際的に独立した存在となることが関係諸列強によって（そして、基本的にはヨーロッパによって）保証されたのである。それは北ドイツとの「合同」の禁止を意味した。もっとも、例えば関税同盟のような南ドイツと北ドイツの国民的《ナツイオナール》な結び付きがどのような発展を遂げていくか、それははっきりと当事者たち自身の手に委ねられた――言わば、「合同」、あるいは国家としての統合という最大限の解決策よりも下のレベルにおいてではあるけれども。双方の方針の間に一定度の緊張関係が存在するのは明らかだった。「南ドイツ連邦」の結成は、とりわけバーデンが反対し、さらにヴュルテンベルクも反対したので、既に一八六六年の晩夏には放棄されてしまった――どちらの邦も、そのような連邦の対内的・対外的な生存能力を疑っていたのである。ビスマルクも、そのような連邦は北ドイツと南ドイツの関係をむしろ困難にしてしまうに違いないと考えて、南ドイツ連邦の結成という構想を放棄した。

問題となったのは、このような状態が長続きできるのか、それとも北ドイツと南ドイツの関係がより緊密になるように発展していくのか、さらには――平和的で進化的な形で――国民的《ナツイオナール》な統一に至るのか、もしそうだとすればどのような形を取ってなのか、といったことだった。確かに、この問題を一八七一年の時点から振り返って眺めて、あたかも国民国家の形成は必然的な過程であったかのように考えるのは避けるべきである。北ドイツと南ドイツとの間には、プロイセンの東部と西部との間にもまして本質的な違いが存在していた。社会経済的に見て、南ドイツは産業化の程度が低いと同時に封建的であることがより少なく、宗派政策の面ではより分裂していて、制度や政治文化においては幾らかよりリベラル、より市民的＝平等的であり、軍事的で権威主義的な特徴がより少なかった。しかし、これらの違いは、大抵の人たちの目から見れば国民的《ナツイオナール》でドイツ的な共通性よりも小さなものに過ぎなかった。一八六六年には、ほとんどすべての当事者たちが、ドイツの状況、ドイツ人の状況は不完全で暫定的なものであり、このままであり続けることはできないだろうとはっきりと認識していた。ドイツ政策は、時代の自明で中心的なテーマの一つだったのである。諸党派にとって、市民社会と民衆の「諸運動」にとってそうであり、諸邦と諸邦政府にとってもそうだった。

小ドイツ主義派の市民的で自由主義的な国民《ナツイオナール》運動（一八五九年に結成されたかつての国民協会）にとっては、統一ドイツ国民国家を樹立すること、ドイツ統一を実現することは言わば絶対的な目標であり、それ自体が価値であった――それゆえ、「マイン線」は、暫定的な状態に過ぎず、障害であり害悪であるに過ぎなかった。彼らは、「自邦中心主義《パルティクラリスムス》は破綻した」（Th・モムゼン）ことを確信していたので、統一の実現はプロイセンの指導、ビスマルクの指導の下でのみ可能であると確信し、自由な憲法国家の実現も統一の実現にかかっていること、それどころか、――自由に向かう道程の一段階として――統一のほうを当面は一時的に優先するべきであることを確信していた。それが、多少のバリエーションはあったものの、北ドイツ及び南ドイツ双方の国民自由主義の立場だった。ビスマルクへの敵対を放棄せずに、統一という目標を――たとえ一時的・戦術的にであろうと――「自由」という目標、完成された憲法国家よりも優先しようとしなかった小ドイツ主義的＝プロイセン的な左派、すなわちプロイセンの進歩党にしても、ドイツ政策に関してはそれとは異なる目標や考えを持ってはいなかった。統一は十分に重要なことであり、いまや自由主義派の核心的な部分を超えて、例えば国民的《ナツイオナール》な保守派（いわゆる自由保守派）やカトリックの一部分のような他のグループの国民的《ナツイオナール》な意識に、そしてさらには多くの確固とした立場に立っていなかった人びとにも、影響を及ぼしたのである。

しかし、国民的《ナツイオナール》な統一という目標をどのようにして達成するべきなのか、例えば南ドイツが北ドイツに「加わる」という形を取ってなのか、あるいは何らかの形の合同や関税同盟を通してなのか、個々の邦を単位としてなのか、それとも全体的解決という形を取ってなのか、「下から」、すなわち国民《ナツイオナール》運動がより大きな重みを占める形でなのか、あるいは「上から」、すなわち諸邦政府がより大きな重みを占める形でなのか、それとも――これが主流的な見解だったのだが――何らかの形で双方が協力することを通してなのか、ヨーロッパの危機を経ることなしにか、それともまさにそのような危機を通してなのか、これ以外にも様々な選択肢が考えられたり望まれたりしていたのだが――これらの点を巡っては、どのような一致して堅持されるような見解も存在してはいなかった。何らかの「マスタープラン」、段階的に実現していくプログラムを持ち合わせていた人は、誰もいなかったのである。例えばベルリン、カールスルーエ、シュトゥットガルト、ミュンヘンのような行動を起こす中心地となる首都の間では、そしてもちろんそこで行動する人びとの間でも、その時その時の状況への評価が様々に大きく異なっていたし、同様に戦術的な見方も様々に異なっていた。すべての人たちが、ヨーロッパや、ドイツ諸邦の政府や、それぞれの邦における情勢の変転に左右されるということを承知していたし、すべての人たちが、書簡やジャーナリズムや口頭での絶えざる議論のプロセスに巻き込まれていた。すべての人たちが、——多かれ少なかれ、じれったい思いを抱きながら——時代は統一をもたらすだろうと信じていたし、人びとの雰囲気は、一時的な揺り戻しがあったにしても、そのような希望に支えられていたのだった。

　小ドイツ主義者たちに敵対していたのは一八六六年までは第一に大ドイツ主義者たちだった。この二者択一は、ケーニヒグレーツ以降は基本的にはもはや存在せず、同じことは、中規模諸邦がオーストリア及びプロイセンの傍らでともにドイツの状況を秩序づけることを目指したいわゆる三分立《トリーアス》という解決策にも当てはまった。第三の道、すなわち「下から」の国民《ナツィオナール》革命的なドイツ統一という道を支持する急進民主派の人たちも、完全に脇に押しやられ、もはや現実的な選択肢とはなり得なかった。一八六六年の敗者たちは、将来のドイツの新秩序におけるプロイセンの覇権に甘んじてプロイセンの覇権を連邦主義という形で抑制しようと努めるのでない限りは、新たなグループへと再編された。保守的な——そして、とりわけカトリックの——大ドイツ主義者たちは、依然として強い力を持ってはいたが寡黙でしばしば無視されていた各邦の自邦中心主義者《パルティクラリスト》たちと手を結ぶか、あるいはやむを得ず自らが自邦中心主義者となった。バイエルンあるいはヴュルテンベルクの国家としての独自性を護ること、あるいはそもそもプロイセンによって刻印される国民的《ナツィオナール》な問題の解決を阻止すること、彼らにとってはそれが優先されたのである。

　左派や民主派の大ドイツ主義者たち——ヴュルテンベルクや南西ドイツの民主主義者たちや人民党員たち——は、確かに国民国家の樹立を断固として支持し続けていたが、しかしプロイセンが覇権を握るどのような解決策も、彼らが望んでいる民主的で連邦主義的な国民国家にとっては致命的な危険となり得ると考えていた。国民《ナツィオナール》自由主義者たち〔党派としては国民自由党に代表される〕が思い込んでいるようにプロイセンを自由主義化する、ましてや民主主義化するのは不可能であり、プロイセンを諸州に分割した場合にのみ、プロイセンは将来のドイツにとって耐え得る存在となるのだ、と。具体的には、反プロイセン《ボルシア》の立場が、国民《ナツィオナール》政策的な理由からも、他のいかなる観点よりも優先された。それゆえ、民主派の人たちは、まったく相反する政治信条を抱いている他の反プロイセン《ボルシア》勢力、すなわち自邦中心主義的な君主たち、保守主義者たちや教皇至上主義者《ウルトラモンタン》たち、そして革命的な社会主義者たちとも手を結んだ。国民自由主義者たちがプロイセンの指導の下での国民的《ナツィオナール》な統一が達成されれば「その他のすべてのこと」、とりわけ自由を尊重する憲法秩序も実現するだろうと信じていたのに対して、民主主義者たちのほうは逆に、プロイセンの覇権が阻止されて初めて「その他のすべてのこと」、すなわちドイツ統一への道も見出されるだろうと信じていた。どちらのグループも、方向性は異なっていたけれども、未来を信じていたのである。ヴュルテンベルクからフランクフルト（及び、南ドイツの他の諸都市）を経てザクセンにまで広がった、この国民《ナツイオナール》民主主義的な路線は、そのドイツ政策に関する構想や社会民主主義と社会問題に対する立場が多分に矛盾を孕んでいたので、全ドイツにわたる運動となることには失敗した。一八六八年には人民党としてまとまったものの、それは反プロイセン《ボルシア》主義という立場だけによって支えられていた。

ドイツ政策に関する反プロイセン・反国民自由主義の戦線、具体的には自邦中心主義の戦線は、他の動機にも基づくものであったこと、まったく異なる動機に基づく集団がこの戦線に加わっていたことを、私たちは見ることになるだろう。すなわち、反教権主義に挑発されたカトリックの人たち、市場経済による自由化に反対した人たち、軍務と税の負担に反対した人たちなどが、そうである。しかし、まさにそうであるからこそ、私たちは、政治的な社会や半ば政治的な社会におけるドイツ政策に関する戦線配置はしっかりと固定されていたわけではなくて、流動的なものであったこと、動揺と重要な変化とに服するものであったことを、認識する必要があるのである。

もちろん、南ドイツだけではなくて北ドイツ連邦の内部にも一八六六年の敗者たちは存在しており、ハンブルクやハノーファーやザクセンの場合のような大ドイツ主義的な保守派や、ザクセンの大ドイツ主義的な民主派が、それに該当した。諦念や単なる反対派としての立場に引き籠ってしまうのでない場合には、彼らは南ドイツの反プロイセン《ボルシア》主義者たちや反単一国家主義者《ウニタリスト》たちとの結び付きを保ったが、しかし全体とすれば、彼らは中央集権的なプロイセンの覇権に連邦主義で対抗するほうに期待をかけていた。

しかし、当面のところはドイツ政策を含む政治の主たるファクターとなっていたのは党派ではなくて諸邦であり、諸邦の対外政策であった。そしてヨーロッパがマイン線を保証していたことが、この事実を固めていた。さらに、少なくとも依然として政策を直接実行する立場にあった諸邦の君主たちや諸邦の政府は――コーブルク公爵〔エルンスト二世〕やバーデン大公〔フリードリヒ一世〕及びカールスルーエ〔バーデンの首都〕の自由主義的な政府の場合のような――ごく周縁的な部分で国民的《ナツイオナール》な運動から影響を受けていただけだった。諸邦政府のドイツ政策は、多くの――伝統的な、あるいは現実政策的な――動機や考慮に導かれており、主として国民《ナツイオナール》運動によって規定されていたわけではなかったのである。

ビスマルクは、第一には、国民《ナツイオーン》や、国民《ナツイオーン》による自決や、統一や、国民《ナツイオーン》への忠誠心を、彼の（そして、すべての）政策にとっての最高の価値と見なすには、古風で古《アルト》プロイセン的であり過ぎる人物、国家と権力を指針としていた人物であって、彼にとってそれらの価値はあらゆる計算を超えて疑問の余地なく心を捉えるようなものという位置を占めてはいなかった。彼は「ドイツへの意志」によって導かれていたわけではなかったし、ドイツ帝国《ライヒ》を築く（あるいは、その後好んで言われるようになったように、鍛造する）ために政治に取り組んだわけでもなく、そして同じことはプロイセン首相としての彼のそれまでの政策にも当てはまった。しかし、それでも彼は帝国を築いたのであり、長期的には、そして結局はそこに帰着することになる政策を一八六六年から推進した。そうなったのには幾つかの理由があった。比較的重要性を失ったのが、一八六六年には依然として決定的な意味を持っていた、プロイセンの権力を維持・拡大していくという動機、単純な権力意志という動機だった――大プロイセン主義的な帝国建国〔かつての東ドイツ歴史学による規定〕というような言い方は、新帝国の「プロイセン的《ボルシア》」な性格への構造的な洞察を含んでいるかもしれないが、動機と理由という点に関しては誤解を与えかねないものである。ビスマルクにとって重要な意味を持ったのは、第一に、外政的な動機だった。すなわち、南ドイツに言わば一種の権力の真空状態が生じれば、オーストリアの改定主義とナポレオン・フランスの野心に直面する下で、安全保障上のリスクが生じ、中央ヨーロッパにおける安定した秩序と、覇権国、ヨーロッパの大国としてのプロイセンの地位とが脅かされる恐れがあったことである。第二に、南ドイツ諸邦との軍事同盟と関税同盟の存在とが、ドイツ政策を日常的な政治における通常の問題としていた。第三に、時代の傾向（流れ）に対するビスマルクの鋭敏な感覚と、そのような傾向の逃れようのない性格とが、ドイツ問題の最終的な解決、国民国家的な統一の完成を、言わば誰もが抵抗することも逃れることもできない「自然な」プロセスとしたのだった。しかし、そうであるからこそ、肝心なのは、自らが先頭に立って事態の舵を取ることであった。彼は、そのために、――そのような状況の下で――革命を「起こされる」よりは「起こす」ことを望んだのである。第四に、それに対応して、ビスマルクは内政において自由主義的＝国民的《ナツイオナール》な運動、その穏健派と同盟することを決断した。そしてそれは、彼のジュニアパートナーにとっての最大の目標である国民的な統一の推進を、自らの目標に取り入れざるを得ないということを意味した。第五の点については、ロータ－・ガルが、もっと深い次元にまで踏み込んで分析しているが、ただし、思弁的に誇張し過ぎているところもある。ガルによれば、ビスマルクは、君主政官憲国家を維持することを望んだが、まさにそのために彼は、もはや支える力を失ってしまった保守的な世界の諸伝統から離れて、新しい近代的な国制と社会秩序を創り出そうとしたのであり、そして新しい基盤を、すなわち、統合と正当性の根拠となり、（君主主義的あるいは国家主義的な忠誠心だけではもはや十分ではない下で）彼の体制を安定させ、諸勢力を集めてそれらの勢力のバランスを取りながら、統治能力と統治を確実なものとするような基盤を、必要とした。そのような基盤となり得るのは、この世界のこの時代においては結局のところ国民国家だけだった。そのために、炯眼な保守主義者であるビスマルクは、国民国家の建設者にならざるを得ず、国民的《ナツィオナール》な政策を採用して推進しなければならなかったのである、と。この見方は、確かに一定の基本的な作用関係を指摘している。しかし、――時代との同盟という漠然とした考えのレベルを超えて――ビスマルクの動機にまで踏み込んでいるかというと、それは何とも言えない。そのような内的な必然的な関連性から、待機することが不可能で行動を起こさざるを得ないという必然性が自動的に生じてくるわけでは、決してないからである。ビスマルクはイデオロギーを必要とはしていなかったし、古いヨーロッパに対抗して、あるいは近代的な階級の間で正当性を求めて苦しまねばならなかったボナパルトでもなかった。国民的《ナツィオナール》な統合は、一種のメタ政治なのであって、ビスマルクのような実際的な現実主義者、マキャベリストにとっては、直接的に、そして短期的に自らの政策に入り込んでくるようなものではなかった。時代の動き（ドイツの統一も含めて）はゆっくりと、そして自らの道を経過していくのであって、政治家たちの焦りや行動意欲に従うものではない、という趣旨の発言をビスマルクは数多く行なっているが、それらの発言は単なる偽装戦略に過ぎないとして片づけることができるようなものではないのである。

具体的には、ビスマルクのドイツ政策は一連の原則によって規定されていた。第一に、彼は一八六六年にマイン線を単なる暫定的なものなのであって確定的なもの（そうなり得るもの）とは見なしていなかった。彼は南ドイツを南ドイツ自身に――あるいは他の国に――委ねようとは一瞬たりとも思っていなかった。彼は行動的なドイツ政策を起こすことを決意していたのである。第二に、彼は南ドイツを獲得したいと思っていたが、強制するつもりはなかった。彼は一八六六年の戦勝の過程で南ドイツを併合することを望まなかったし、力を誇示して直接圧力を加える政策には反対し、自発性に期待していた。第三に、彼は南ドイツの全体を獲得することを望み、その際に最も強力で最も自立心の強いパートナーであるバイエルンを最も重視していた。そのために、彼は――一八六六年にも一八七〇年にも――現地の政府や自由主義派が望んでいたようにバーデンだけを北ドイツ連邦に受け入れることには断固として反対したのである。第四に、いかなる大規模な解決もヨーロッパの状況に依存していたので、ドイツ政策は常にヨーロッパ政策の枠内に位置していた。平和的に一体となるのが――少なくとも一見したところでは――戦争の助けを借りた解決よりも優先されていたのである。第五に、これらすべての結果として、忍耐と一歩ずつの積み重ねと待機の政策がもたらされた。性急に行動を起こすのではなくて、事態が「熟する」のを待つべきだったのである。確かにそれは戦術だった。しかし、完全に戦術以上のものでもあった。もう一つの優先事項がそれに対応していた。すなわち、まず北ドイツの秩序を安定させることが必要と考えられていたのだった。第六に、ビスマルクの政策は二重の路線を追求していた。一方では、それは、通常は諸邦間の政策に関して決定を下す立場にある諸邦君主や諸邦政府を相手とする政策だった。北ドイツ連邦の場合と同様に、将来の全体としてのドイツも、憲法政策・体制政策上の理由から第一に諸邦君主及び諸邦政府との同盟に基づくべきであった。しかし、他方では、近代的な政治の基本的な条件について彼が抱いていた確信に合致して、それは世論、南ドイツと北ドイツにおける市民的な社会の政治運動、とりわけ国民《ナツィオナール》運動とその様々な分派を相手とする政策でもあったのである。それらの政治運動は、諸邦政府に対する、そして諸邦政府が国家としての独自性を強調することに対する圧力となり得た。しかし、全体とすれば、諸邦政府を相手とする政策のほうが、運動を相手とする政策よりも優位を占めていた。

　南ドイツ諸邦政府の側の立場はどのようなものだったのだろうか？　ヘッセン大公国は、マイン線によって二分され、その限りでは無力で、ほとんど行動能力を持たなかった。大公〔ルートヴィヒ三世〕と、とりわけ反動期の最後の生き残りの一人である指導的な大臣のダルヴィクは、反プロイセン的で統一に反対する考えの持ち主であり、ダルヴィクはヨーロッパで戦争が起こってオーストリアとフランスによって一八六六年の結果が改定されることを期待していたが、現状を変えることはできず、そのうえどちらも邦内でますます孤立する状態に陥っていった。バーデンでは、大公から新首相〔ヨリ〕の下の自由主義的な政府を経て議会の多数派に至るまで統一に意欲的で、親プロイセン的であり、北ドイツ連邦への加入を望む態度を取っていた。これに対して、バイエルンとヴュルテンベルクの政府の政策はそれほど明瞭なものではなかった。ドイツ政策の進展は、何よりも両邦の態度にかかっていた。両邦の姿勢は、まずは現実政策的な動機に基づいていた。プロイセンと北ドイツ連邦は取引の相手とせざるを得ない権力であり、安全保障政策の面でも関税政策の面でも頼りとしなければならなかった。時には自邦内の国民的《ナツィオナール》な運動への配慮も一定の役割を演じており、その点からも北ドイツとの取引が必要とされた。しかし、それと同時に国家としての独自性を維持することを望んでおり、少なくとも可能な限り多くの独自性を保とうとしていた。さらに、孤立することを望まず、南ドイツ諸邦は協力し合うべきだと考えられていた。全体とすれば、両邦のエスタブリッシュメントにとって肝心なことと見なされていたのは、国家としての自立性を護るとともに全体としてのドイツとの結び付きを拡充・強化していくという、そもそも両立し得ないことを両立させることだったのである。バイエルン首相（一八六六年の末から）のホーエンローエは、自由保守派〔穏健保守派〕系で、ドイツ政策の面で行動的であり、国王〔ルートヴィヒ二世〕や同僚の大臣たちよりも統一に好意的な人物だったが、南ドイツ側が状況に迫られてというのではなくて自らイニシアチブを発揮して、ドイツ全体と結び付くための条件を連邦主義的な意味で決定づけることが可能であると考えていた。すなわち、できるだけ多くの主権を救い出して安定させるために、主権の一片を放棄しようとしたのである。出発点となった状況は、以上のように描くことができる。私たちは出来事の流れに目を向けることにしたい。

一八六六年の夏、まだ戦争が終わらないうちに、三つの比較的大きな南ドイツの邦が、個々にプロイセンと、フランスが領土補償の要求と介入の姿勢を示していることとに対する防御同盟として、秘密の「攻守同盟」を締結した。この同盟は、既に述べたように、一八六七年の春に、一部は国民《ナツィオナール》運動を宥めるため、一部はフランスに警告するために、公表された。この同盟によって、南ドイツ諸邦の軍隊は戦時にはプロイセン王の指揮権の下に置かれることになった。それは、疑いもなく一定の主権の制限を意味した。戦争が起これば自動的に同盟が「発動」されるのか――それがプロイセン側の解釈だった――、それとも防衛のための戦いであることをパートナーの側が自由に検討してから適用されるのか――それが南ドイツ側の解釈だった――という問題は、未決のままだった。同盟が破棄不可能なものとされていたという事実――たとえ政治的に永続することを保証してはいなかったとしても――は、いずれにしても南ドイツのプロイセンとの結び付きを著しく強化した。

当初は攻守同盟とは別個の観点にも基づいて、南ドイツの三つの邦は一八六六年の敗北の後で自らの古びた軍事制度を改革し近代化することを望んでおり、そのために一般兵役義務のようなプロイセンの体制の本質的な要素を取り入れた。この点については南ドイツ諸邦の間で一定の了解が存在していたが、プロイセンの軍事制度に同化する程度は邦によって異なるままだった――南ドイツは一体として振舞わなかったのである。さらに、軍の再編、それと結び付いた費用と負担、そしてまさに軍事面で好かれていなかったプロイセンへの同化は、邦議会と民衆の激しい抵抗を呼び起こした。いわゆる「取り決め」を通して、ヘッセンは密接に、バーデンの場合は比較的緩やかに、プロイセンの軍組織・養成制度・装備と結び付けられた。バイエルンとヴュルテンベルクでは（さらにはバーデンでも）新たな軍事法が制定されて、抵抗する邦議会への配慮から幾つかの制限が加えられたとは言え、プロイセンの兵役義務制度への同化が進められた。結果として生じたのは、十分な安全への保証も独自の安全保障政策を取る可能性──反対派が主張した民兵制度は幻想に過ぎなかった──も持たない南ドイツは、軍事政策の面でプロイセンに頼らざるを得なかったということである。しかしながら、それは全面的な一体化を意味したわけではなかった。一八六七年春のルクセンブルク危機の時には、南ドイツ諸邦は自動的に同盟義務が生じるという見方には反対することを表明し、プロイセンに対して極めてためらいがちな態度を取った。バイエルンとヴュルテンベルクの両王国では軍事法に対する議会の抵抗が強いままであり、軍事政策の面でのプロイセンとの部分的な統合がダイナミックに拡大していくような作用を及ぼすことを妨げた。それにもかかわらず、軍事同盟と軍事制度面での同化とを合わせて考えてみるならば、そこからは戦争が起こる場合を想定した共通の構想が発展してきたのであり、そして、それは当事者間の共通性を強めたのだった。

安全保障問題・軍事問題と並ぶドイツ政策の第二の具体的な問題は、経済の領域で相対的な統一を実現していた関税同盟をさらに発展させていくという問題、すなわち経済的な統合の問題だった。一八六六年の講和条約が諸邦と締結されて以来、関税同盟条約を改定する問題が残っていた。これと関連して、ホーエンローエは、関税問題・経済問題と並んで交通と司法についても権限を有する「広義の連邦」の結成を提案した。そのような連邦は、連邦国家的というよりも国家連合的な構造を持つべきであるとされ、南ドイツの諸邦政府が北ドイツ連邦の連邦参議院に参加するけれども、共通の議会は設置されないことになっていた。むしろ、南ドイツのそれぞれの邦議会は、法律を批准する、あるいはまさに批准しない権利を持つものとされた。さらに、この広義の連邦はオーストリアと同盟関係に入ることが想定されており、それは一八四八／四九年の理念や南ドイツの大ドイツ主義を受け継ぐものだった。ビスマルクも似たようなプランを弄んだことがあったが、しかし彼が望んでいたのは議会を備えた形の、そして統合が進展していく途中の段階としての、その種の連邦だった。バイエルンとヴュルテンベルクはビスマルクのプランに反対し、フランスとオーストリアはいかなる「広義の連邦」にも反対し、ヘッセンとバーデンは──それぞれ異なる理由から──ホーエンローエ・プランに反対した。全体として、ルクセンブルク危機が収拾された後は南ドイツの安全保障への欲求はもはやそれほど現実味のあるものではなくなったので、その種の連邦への関心も弱まっていった。ビスマルクも後退せざるを得なかった。それに代わっていまや関税同盟の組織再編だけが問題となった。すなわち、それまでの国家連合的な関税同盟から、関税同盟参議院が拒否権を廃止して――プロイセンだけが拒否権を維持したが――多数決で決定を下し、共通の関税議会を持つ、連邦国家的な関税同盟に変わることになった。このために、普通平等選挙権で選出される八十五人の南ドイツの議員たちが北ドイツ議会（二九八人の議員）に加わるものとされた。もちろん、この条約は期限付きで、それゆえ破棄可能なものとされ、それがプロイセンの一つの決定的な権力手段となった。プロイセンが解消の脅しをかける下で、南ドイツ諸邦政府のなかでためらっていた人たちも受諾せざるを得なかったのである（一八六七年六／七月）。バイエルンは関税同盟参議院で追加の二票を与えられることで同意するに至った。諸邦の議会も同意したが、もちろんバイエルン議会の場合には僅差で承認された。南ドイツだけで狭義の関税同盟を結成するのは経済的な選択肢とはなり得ず、南ドイツは経済的に、とりわけ輸出とエネルギー需要・資本需要の面で完全に北ドイツに依存せざるを得なかったのである。「プロイセン独裁」に対する反対は強かったけれども、条約は前述のようにヴュルテンベルクとバイエルンの議会でも批准された。

関税議会を設置するという考えは、長らく以前からしばしば論じられてきた改革構想だった。ビスマルクがこの構想を受け入れたのは、それが国民《ナツィオナール》運動との同盟に対応していたからであり、また、そのような議会は過度の連邦主義に対して中央集権的な方向性を強める力になるだろうと期待したからだった。さらに具体的には、一八六七／六八年の状況の下では、関税議会選挙を通して民衆的＝国民的な統一への意志が誇示されることを期待するとともに、関税議会が、ためらっている諸邦政府（及び、不信感を抱いている諸大国）に対して積極的な国民《ナツィオナール》政策のためのフォーラム、道具、圧力手段になることを期待するという事情も加わった。関税議会は、ドイツ政策に新たなダイナミズムをもたらし、場合によっては「合同運動」を解き放つだろうと考えられていたのである。それと同時に、ビスマルクが国民《ナツィオナール》革命的な勢力の抑止者という立場を打ち出すのに役立ってくれるかもしれなかった。

しかし、そのような遠大な計画は完全な失敗に終わってしまう。一八六八年の第一回目の選挙は、自邦中心主義《パルティクラリスト》派の大勝利となったのである。バイエルンでは十二人（及び、中間派の九人）に対して二十七人、ヴュルテンベルクでは十七議席のすべてが自邦中心主義派のものとなった。もっとも、バーデンでは八人に対する六人に留まり、一方、ヘッセンではそもそも六人の当選議員のうち自邦中心主義派は皆無だった。この結果、中間派の議員たちをもその投票行動に基づいて仕分けるなら、南ドイツ全体では五十三人対三十二人で自邦中心主義派が多数を制するという結果になった。このような当時の人びとを大いに驚かせた結果になったのは、主として二つの原因によるものであった。その一つは、反プロイセン《ボルシア》・反自由主義というアンチの姿勢が、大ドイツ主義的で自邦中心主義的な保守主義者たちと民主主義者たち、自由主義的な反教権主義に挑発されたカトリック教徒たち、自由主義的な経済政策に反対した人たちと軍事制度の厳格化に反対した人たちを結び付けたことである。実際、これらすべての問題はいずれも差し迫った問題だった。「税を払い、兵士になり、口をつぐむ」——それが、ヴュルテンベルクのまっとうな民主主義者から見ればプロイセン的なもの、プロイセンによる統一の精髄を成すものだったのであり、それが選挙でのスローガンとなったのである。もう一つは、これらの勢力がこれほど強大になったのは、初めて普通選挙権で選ばれたためだったという点である——普通選挙権は、自由主義者たち、市民層の人たちが民衆の間では限られた支持基盤しか持っていないことを、初めて明るみに出したのだった。もちろん、その際には多分に当時のプロテスタントの雰囲気がその役割を果たしていたのであって、一八七〇／七一年やさらには一八七四年〔二回目の帝国議会選挙〕の選挙結果はこれとは異なっており、自由主義派と国民《ナツィオナール》派はまだ構造化された少数派になってはいなかった（そして、その限りではまだ「失敗」してはいなかった）。しかし、ビスマルクと国民派の重大な敗北を意味したことに変わりはなかった。統一運動は重要な民衆的基盤を欠いているように思われた。自邦中心主義的な諸邦政府の抵抗と、ヨーロッパの抵抗とは、強まらざるを得なかったのである。

この選挙での敗北は、まさに関税議会での審議が始まった時に、いっそう深刻な意味を持つことになった。すなわち、自邦中心主義者たちの「南ドイツ議員団」が北ドイツの連邦主義者たちやカトリック派の議員たちと結び付いて、旧ハノーファー人であるカトリックのヴィントホルストが政治的な指導者たちの一人となり、それどころか、保守主義者たちと提携して多数派を構成し、関税議会の権限を法的に、あるいは事実上拡大してこの議会を一般的な議会に変えて、国民《ナツィオナール》的な統一のための、「道義的な征服」のためのフォーラムと推進力にしようとするあらゆる試みを阻止し、厳密に関税同盟の権限に属する事柄だけに限定したのである。関税同盟を国民国家の前段階にしようとした国民自由主義派〔国民自由党〕の試みは、ビスマルクによって歓迎され、力づけられたのだが、この二度目のスタートでも挫折してしまったのだった。そのような試みは阻止され、少なくとも当面は一切のダイナミズムを奪われてしまった。ドイツ政策の平和的な進展にかけられていた期待は、差しあたりは挫け散ってしまったように見えたのである。

　もっとも、関税同盟の本来の管轄領域では、事態は異なっていた。ここでは多くの戦線が交差し合っていたのである。一八六八年にも一八六九年にも新しい関税表を実現することができず、そして課税を巡っても執行府と関税同盟参議院と関税議会との間でこの時期に恒例となっていた争いが繰り返された。一八七〇年になって、国民自由主義派と保守派との妥協によって――いまや「南ドイツ議員団」と左派の反対を押し切って――関税表の取り決めが成立し、結局は自由貿易主義の擁護者たちと国民《ナツイオナール》政策の支持者たちが勝利を収め、政治的な行き詰まり状態が打破された。ビスマルクは、選挙の結果にもかかわらず、長期的には実際的な議会活動が統合的な作用を及ぼすだろうと（そして、今後の選挙の結果は「より良い」ものになるだろうと）期待していた。そのように考えられる根拠は少なからず存在していた。もちろん、関税同盟の権限を拡大することに反対していた人たちが一見したところではあれほど自信があるように振舞えたのは、全体として関税同盟の存在が確固たるものになっていたために過ぎなかった。そして、地域を代表する議員たちが結局は地域を超える党派としてまとまっていったのは、それだけでも注目に値することであった。関税議会は、いずれは一八七三年からの経済危機のなかで、また、保護関税を巡る争いが強まっていく下で、再び互いに妨害し合って、外に向かって麻痺状態に陥ってしまうことになったのではないか、それゆえ、関税政策の面での統一が一般的な政治的な統一へと繋がっていくに「違いない」という経済学者たちの期待は、誤りであることが証明されることになったのではないか、というような問いが提起されるかもしれない。しかし、既に一八六八／七〇年の時点でも確実だったことは、プロイセンが関税同盟の破棄を通告する可能性を持っていたことが、一八七七年〔関税同盟条約の更新期〕には新たなダイナミズムを解き放つだろうし、そしてプロイセンはその可能性を国民《ナツイオナール》政策的な要求のために利用するだろう、ということであった。南ドイツ諸邦は、――一八三四年〔ドイツ関税同盟の発足〕以来のすべての危機が明らかにしたように――そのような圧力に抵抗することはできなかっただろうが、それは、どの邦も単独で、あるいは共同してでも、「関税同盟」を抜きにしては経済的に存立し得なかったからである。その限りでは、長期的に見た場合に関税の統一が持つ国民《ナツイオナール》政策的な展望は、短期的に見た場合のようにネガティブなものではなかった。しかし、六十年代末の時点では、この分野には当面のところドイツ政策に動きをもたらすような可能性は存在していなかったのである。

政治的状況、とりわけバイエルンとヴュルテンベルクのそれに、関税議会の選挙はもちろんかなりの影響を及ぼした。バイエルンの愛国党〔カトリックの自邦中心主義グループ〕や、ヴュルテンベルクの民主派と大ドイツ主義派は、勢いを増し、バイエルンの国民自由主義的な進歩党やヴュルテンベルクのドイツ党〔穏健自由主義派〕が行き過ぎた「プロイセン《ボルシア》主義」に多少距離を置く姿勢を示したことも、——当面は——そのような状況を大きく変えるには至らなかった。

改定された関税同盟条約が批准されて関税議会の選挙が行われた一八六七／六八年の冬に、ホーエンローエは、南ドイツ諸邦と北ドイツとの間で国家連合的な結び付きを創るという持論をそれまでとは別の形で追求した。すなわち、一種の「憲法同盟」を通して南ドイツの北ドイツへの接近と南ドイツの自立性とを同時に確保し、さらに南ドイツは一つの南ドイツ連邦にまとまるべきだと主張したのである。オーストリアとフランスも、そのような試みの実現を求めていた。南ドイツ連邦——国家連合としての——は、司法制度、公民権と軍事制度、さらには関税同盟の管轄に属さない限りでの交通問題・経済問題を、共通のものとして取り決めるべきとされた。そのような共通の取り決めは、一方ではこれ以上の主権の喪失を防ぐ一種の防波堤となり、他方では同時に北ドイツへの同化を容易にするはずであった。このような二重の機能が想定されていることが、そもそもこの計画が矛盾を孕んでいることを明らかにしていた。今回も、パートナーとして想定されている他の邦が——それぞれにまったく異なる理由から——反対した。ヴュルテンベルクは、自邦の主権がむしろ脅かされるという理由から、また、北ドイツに著しく同化してしまう危険とバイエルンが覇権を握る危険があるという理由から反対し、バーデンは、南ドイツ連邦の結成は統一へのさらなる進展を妨げるという理由から、ヘッセンは、統一を強行することになりかねないという理由から反対したのである。さらに、南ドイツ連邦が結成されれば、長期的には既に「自邦中心主義的」な諸党派が要求していたように一つの議会にまとまろうとする傾向を持ち、各邦の君主政を弱体化させることになっただろう。それゆえ、この計画は実を結ばなかった。ビスマルクは、積極的に反対しようとする行動は起こさなかったが、しかし計画が失敗することを予測しており、そしてそれは不都合なことではないと考えていた。ホーエンローエが一八六九年の初めに、今回もバイエルンが単一国家的〔中央集権的〕な統一の渦に巻き込まれないように防備を固め、それと同時にプロイセンとの協調を容易にするという意図から、もう一度そのような考えを持ち出した時にも、やはり——同じ理由から——失敗に終わった。それゆえ、そのような考えは、国民《ナツィオナール》政策上の選択肢とはなり得なかったのである。現状の維持――軍事政策と関税政策の面での結び付きを保つ下での――が、ヴュルテンベルク政府にとっては、そしてさらにはバイエルン政府にとっても、適切で正しいことだと思われたのだった。このような穏やかな現状維持政策と反プロイセン《ボルシア》的な反対派との間には強い緊張関係が存在しており、そしてそのような緊張関係が、どちらの邦においても危機をもたらすとともに、その限りでは新たなダイナミックなファクターともなった。

バーデン――そして、北ドイツ連邦の国民自由党――は、繰り返し北ドイツ連邦への「加入」という要望を表明し、最後は一八七〇年の春にもそう表明したが、ビスマルクは――ヨーロッパとバイエルンに配慮して――断固として拒否し続けた。この要望を受け入れたとしたら、バイエルンとヴュルテンベルクが加わるのは著しく困難になったことだろう。ビスマルクはラスカー議員が提案したそのような趣旨の決議案〔加入を目指すバーデン政府に謝意を表明するという決議案〕に対して激しい言葉で反論したが、それは、官房政治家が議会における同盟者たちとの距離を彼らを傷つけるほどに公然と強調して示したものであり、国民と議会による政治に政府による政治を対置したものであって、その点において両者の同盟には破断線が走っていたのであった。

ビスマルクは一八七〇年に、既に述べたように、別の種類のイニシアチブを執った。彼は、プロイセン王に、プロイセンの外交官たちがまさに北ドイツ連邦において「主席」に直属するようになった〔プロイセン外務省を母体として連邦主席＝プロイセン王に直属する連邦外務庁が設置された〕のを受けて、皇帝の称号を名乗らせようとしたのである。それは、一方では、「国民的《ナツィオナール》なスローガン」を通して南ドイツを惹きつけることを意図したものだった。他方では、どの程度までフランスがこの称号の（国民的《ナツィオナール》な主張を含意する）変更を許容するのか、試そうとするものでもあった。ビスマルクは、フランスとバイエルンから抵抗を受けたことで、確かにこの件を最終的に放棄してしまったというわけではなかったものの、おそらく先送りにする気になり、そして、やがてこの件は、スペイン国王候補問題という「並行行動」と、そこから生じた危機によって追い越されることになってしまった。

一八七〇年の初めにビスマルクのドイツ政策は、一見してそう見えるかもしれないように行き詰まりに陥ってしまっていたのか、なおも進展するチャンスが存在していたのか、それとも望みのない停滞状況から戦争によって逃れることを迫られてさえいたのか、この問題は一八七〇／七一年の戦争を扱う節の冒頭で論じることにしたい。

要約すれば、次のように言うことができる。南ドイツ、「第三のドイツ」は、ヨーロッパ列強の目から見れば、また、反プロイセン《ボルシア》派の人たち、自邦中心主義者たちや連邦主義者たちの目から見れば、十分な重みを持っていて、北ドイツと緩やかに結び付きながら、長期にわたって自立した存在であり続けることができるように見えたことだろう。これに対して、安全保障政策や経済的な状況が、また、たとえバイエルンやヴュルテンベルクでは多数派の位置を占めていなかったとは言え、南ドイツにおける国民的《ナツィオナール》な運動に内政面で配慮する必要があるという事情が、北ドイツとの何らかの形での調整を迫っていた。どのような形の北ドイツとの調整も不安定なものであり、「合同」にまでは至らないとしてもいっそうの同化へと向かおうとする内的なダイナミズムを孕んでいて、そして、どういう形で双方の諸邦グループが決定的に安定した調整へと至るのかは想定するのが困難だった。それに加えて、決定的に重要な点は、「南ドイツ」は何ら統一体を成しておらず、共通して認められるような指導に服していなかったので、まとまって行動する能力を備えていなかったことであった。

第3節 内政の展開

一八六六年におけるケーニヒグレーツの勝利とドイツの新秩序は、必然的に国内政治や憲法体制政策や政党政治にも巨大な影響を及ぼし、これらの分野の状況にも革命的な変化をもたらさざるを得なかった。

このことがまず当てはまったのはプロイセンだった。プロイセン紛争のなかで憲法を一切無視して統治し、自由主義派を屈服させようと、それどころか政治的に壊滅させようと努めて激しい憤りを掻き立てていた、反動の権化であるビスマルク、暴力と不法の人物であり、ユンカー、軍国主義者、プロイセンのことだけを考え、大プロイセン主義的な権力の野望に燃える人物である彼が、そして彼とともにウルトラ保守的で軍事的なエスタブリッシュメントが支配するプロイセンが、勝利を収めたのだった。そして、他ならぬこのビスマルクが、ドイツ市民層による小ドイツ主義的＝国民的《ナツィオナール》な運動の第一の目標を達成し、ドイツの二元支配状態という問題を解決し、少なくとも部分的な統一を実現して、さらなる国民的《ナツィオナール》な未来への展望を開いたのであった。彼が既に一八六六年の戦争の前にも国民的《ナツィオナール》な合言葉を用いていて、戦争をまさに国　民《ナツィオナール》革命的な宣言——国民的な議会を設置するべきだという主張——とともに始めたという事実は、大抵の場合は真剣に受け止められていなかったし、デマゴーグ的でボナパルティズム的な戦術に過ぎないと思われていた。すなわち、それまでの敵が勝者となったのであり、そしてこの敵が自由主義派自身の目標を自らと自らの政策のために乗っ取ってしまったのだった。

内政への最初の作用は、既にプロイセンの下院選挙

――ケーニヒグレーツの戦いの当日に、それゆえ戦いに勝利する前に行なわれた――によって示された。保守派が議席を大幅に伸ばして（三十五議席から一三六議席に）、それに応じて明確な自由主義派が議席を減らし（二四七議席から一四八議席に）、全体としての自由主義派は、優に三分の二を占める多数派という地位を失っただけでなく、そもそも多数派でなくなったのである（およそ七十パーセントから、自由保守派を含めても四十九パーセント弱に）。プロイセンでは、議会を全面的に無力化してしまうネオ絶対主義の政策が取られることになるのではないかと恐れられていた。実際にそれはウルトラ保守派や軍部が（そして、おそらく国王も）考えていたことだった。そして、ビスマルクという人物と、彼が普通選挙権に基づく議会について述べていたこととに焦点を絞って考えるならば、人民投票的＝カエサル主義的な（あるいは、当時好まれていた言い方に従えばボナパルティズム的な）半独裁体制を予想せざるを得なかった。

それだけに、八月五日の邦議会の開会勅語においてビスマルクが議会に「事後承認《インデムニテート》」を求めたのは、予想外の出来事だったのである。「事後承認」というこの概念が何を意味していてどのような範囲に及ぶものなのかという点については確かに議論が生じたし、極めて柔軟な言い回しが意図的に選ばれていた。しかし、肝心な点は、事後的に政府を免責し、政府が過去数年間に必要な議会による予算承認を欠いたままで行なってきた支出を事後的に承認するという点だった。法案の読み方によっては、予算なしで統治してきた責任から事後的に解放するとも解釈できたが、しかしそれと同時に、それまで無視されてきた議会の権利を基本的に承認するとも解釈できた。双方の側――政府と反対派――がそれぞれの憲法解釈・法解釈を読み込むことが可能な言い回しになっていたのである。政府案は、罪を犯したことを告白して恩赦を求めるという形にはなっていなかった。政府は、やむを得ない場合には同じように行動する道義的な権利を持つという立場を堅持し、そして、憲法には隙間が存在する〔予算について下院の同意が得られない場合の明確な規定が存在しないこと〕のであって、政府にはこの隙間を埋める権利と義務があるという法的な立場を放棄することもなかった。政府はこの点を特に強調したわけではないが、過去において正しかったことは未来においても――可能性としては――正しいであろうということは明らかだった。同じ行動を繰り返す可能性が排除されてはいなかったのである。事後承認に反対する議員たちは――グナイストのような極めて穏健な自由主義者でさえ――その点に反発した。グナイストは、司法的な形を取る大臣責任制（議会が大臣を告発する可能性）のみが繰り返しを防ぎ得ると主張した。しかしながら、この提案は予算を巡る紛争に関する政府側からの和平の申し出であり、予算問題における邦議会の憲法上の権限をある程度認めたものであるという事実には変わりなかったので、同じことが繰り返されるという極端な場合や罪の告白に固執するのは、教条的な見方だと見えたかもしれなかった。事後承認を、合意による解決策、そして予算問題における妥協として理解することも可能だったのである。

以上の点とは関わりなく、――この点は、当時はほとんど注目されなかったのだが――紛争の起源となった問題、すなわち軍への「統帥権」の問題（軍の組織は国王のみが決定するべき事柄なのかという問題）では、政府側が自らの意向を押し通した。この点については事後の免責も承認もなかった。一八六六年の秋に問題となった事後承認は、予算権に関するものだけだったのである。予算権を巡る争いでは双方の側が譲歩したのだけれども、しかし軍事体制を巡る争いでは、まさに「統帥権」を中核とするプロイセン軍事君主政の勝利が暗黙の裡に国家秩序の一つの基本的な事実となったのだと言っていいだろう。それは広範な帰結をもたらさざるを得なかった。

ビスマルクの事後承認政策は主として二つの考慮に導かれていた。第一に、彼は、時代の傾向（「流れ」）、すなわち市民的な社会の最も強力な運動である自由主義的で国民的《ナツイオナール》な運動に逆らって統治するとはできないと確信していた。彼は、何が時代にふさわしいのかを知っていたのである。事後承認は、国の統治可能性を長期的に再建するための一つの試みなのであった。第二に、確かに、彼はプロイセン君主政とそれを支える社会体制を維持し、それどころかその権力を拡大することを望んでおり、その限りでは、そして結局のところは、保守派の人物だった。しかし、彼の目から見れば、それが可能になるのは、まさに時代の諸力と同盟を結んで自らがその同盟の先頭に立ち、そのようにしてそれらの諸力を抑制して自らに結び付ける場合においてだけであった。それゆえ、彼は、――既に、オーストリアとの関係や、他のドイツ諸邦や、併合したハノーファー王国・ヘッセン選帝侯国・ナッサウ公国の君主家の正統性との関係を巡る問題においてそうだったように――いまや憲法政策や、さらには体制政策を巡る基本的な問題においても、彼がともに台頭してきた保守派の友人たちと袂を分かつことになったのである。彼は、自由主義派を壊滅させようとしたのではなくて、彼らを味方に付けようとしたのだった。そのような基本的な動機に、戦術的な期待も加わった。すなわち、国民的《ナツイオナール》な自由主義派と保守派から成る議会多数派が成立すれば、国家と政府を、さらには彼自身の地位を強化するだろうと期待されたからである――そして、ビスマルクは絶えず権力への野心を抱いて権力を保とうとする意志を持っていたことを、決して見誤るべきではない。また、プロイセン下院との和解は、併合された諸州や北ドイツ連邦諸邦や南ドイツでの彼の信用を向上させることをも目指していた。さらに、事後承認法案は、自由主義派と保守派との双方で教条主義的な部分と実際主義的な部分とを分離させ、党派を分裂させて、新しい多数派、言わばビスマルク多数派を生み出すかもしれなかった。本来的な狙いというわけではなかったとしても（もっとも、ビスマルクが複数の選択肢を計算に入れておくのを好んだことを考えれば、そのような狙いを持っていた可能性を排除できないが）、しかし結果から見れば、事後承認法案は多数派を調達するための政策でもあったと言えるだろう。

　諸政党については、一八七一年の帝国の基本的な状況を述べる時に、詳しく語ることにしたい。ここでは、予めの展望として、僅かなことを述べるだけに留めざるを得ない。一八六六年の状況における諸政党の姿勢を考察する場合には、しばしば見受けられるように、自由主義派だけに目を向けるべきではない。「旧来」の保守派から見れば、事後承認法案は、保守主義の理念政治的な諸原則から逸脱するものであり、勝利を放棄するもの、「革命」――たとえ「上からの革命」なのであれ――を意味するものに他ならなかった。邦議会の保守派は、しばしば内心で抵抗感を覚えながらも、ともかくも事後承認法案に賛成票を投じたけれども、しかし保守派が、非妥協的で古《アルト》プロイセン的であり、理念政治によって動かされていた古《アルト》保守派と、より穏健で、国民《ナツィオナール》政策と現実政策を志向する「自由」保守派とに、すなわち反政府的な伝統主義者たちと親政府的な近代主義者たちとに分裂したことは、まもなく明らかになった。

　自由主義派は分裂した反応を示した。一方の側の人たちは、事後承認政策は最悪のマキャベリズムが生み出したものに他ならないと考えた。自由主義派は自分たちにとってこれまで貴重なものであり、そのために闘ってきたものを捨て去ってしまうべきではないのであって、ビスマルクは成功に参画させることで自由主義派を買収しようとしているのだ、と。そのように主張したのは、主としてヴァルデックのような古くからの民主主義者で、左派寄りの比較的急進的な人たちだったが、グナイストのような穏健な教授も同様に主張した。すなわち、先にも述べたように、事後承認ではなくて、大臣責任制を定める法律のみが、同じ事態の繰り返しを防ぐことができるのだ、と。他方の側には現実主義者たちが位置しており、率直で、断固とした自由主義者であったトヴェステンを、その代表者として挙げることができるだろう。すなわち、彼によれば、「歴史」そのものがビスマルクに事後承認を与えたのであって、自分たちだけが正しいと主張してネガティブに反対することに固執する代わりに、まさに自由主義のために和解と協調の申し出を受け入れるべきなのであり、ビスマルクが自由主義派との間に築こうと努めている架け橋に足を踏み入れるべきなのであった。既に紛争の最中でも、例えば一八六三年の時点で、ヴァルデックとトヴェステンの間には似たような破断線が姿を現わし始めていた。すなわち、自由に反し、改革に反対しているプロイセンが、すなわちビスマルク政府が、国民的《ナツィオナール》な政策の先頭に立つようなことがあれば、――将来の自由主義化を期待して――それを支持するべきなのか、それとも、この政府は国内で自由を与えようとしていないという理由で、支持を拒否するべきなのか。誰もが望んでいる統一された自由なドイツへと向かう途上では、統一を自由よりも優先することがあってもいいのか、それともそれは許されないことなのか。この二者択一は、バーデンのヘルマン・バウムガルテンが――ドイツ全体の自由主義派に関して――一八六六年晩夏に発表した名高い『自己批判』〔『ドイツの自由主義――一つの自己批判』〕において定式化したところによれば、ビスマルクとプロイセンに反対する姿勢を堅持して、事実上様々な構想を唱えるだけの無力な状態に引き籠ってしまうのか、それとも、まさに彼と協力して実際の政治に参加し、ジュニアパートナーとなって統治能力を備えること、少しずつ前進していくことを目指すのか、というものに他ならなかった。後者の見方の背後には、――ここでも――歴史と現実が非市民的なプロイセンとビスマルクとを正当化したのだという見解が存在しており、また、例えば自由主義的なバーデンのような「侏儒の政治」しか行なえない小邦ではなくて、国民国家を通してしか議会主義体制は導入できないという見解、さらには、協力路線を取ることで実現できるであろう行政と自治の自由主義化は、憲法の改編と同じ程度の、それどころかそれ以上の重要性を持っているという見解が、存在していた。

それゆえ、ベルリンの下院でトヴェステンや彼の友人たちが取った態度は、屈伏や、成功への崇拝や、日和見主義を意味するものではなかったのである。それは、自由主義のチャンスについての現実主義的な計算から生じたものなのであった。彼らは、いかなる目標をも放棄しようとしなかったが、しかし彼らの目標を達成できるのは、――これほど民衆の間で威信を獲得した勝者に対しては、成功を収める見込みのない――対決の路線を取るよりも、むしろ協力の路線を取ることによってであると考えていたのであって、それゆえ生じつつあった違いは、当初は目標と原則に関する違いなのではなくて、戦術に関する違いに過ぎなかった。もちろん、これらの自由主義者たちにしても、反自由主義的な昨日までの敵と協調すること、それどころか一種の同盟を結ぶことがいかにリスクを孕むものであるかということは承知していた――しかし彼らは、その敵を自分たちの「同盟者」に変えられるだろうこと（R・ハイム）、時間は自分たちに有利に働いていること、国王や宰相が替わるだけでも自分たちの立場は強化されるだろうことを、確信していたのである。確かに、古くからの（そして、繰り返し提起されてきた）統一と自由との関係についての問いも、一定の役割を果たしている。しかしながら、まもなく国民自由党と称することになった協調を目指す自由主義者たちは、自由を統一の犠牲にしたというわけではなかったのである。彼らはむしろ、――長らく前から――より多くの統一を通してこそより多くの自由に到達することができると信じていたのであり、そしてヘッセン選帝侯国やハノーファーのような反動の中核地域からやって来た自由主義者たちが取った姿勢〔彼らの大多数が国民自由党《ナツイオーン》に加わった〕は、このことを裏づけるように思われた。国民の統一のみが、個別邦の反動を克服することができるのであり、また、部分的にはドイツ諸邦のなかの唯一の軍事大国として安全保障政策面で過大な負担を負わされている結果と考えられるプロイセンの権威主義的・封建的・軍国的な構造を、自由主義化することが可能になるだろう、と。これらの自由主義者たちは、いまや、そしてビスマルクとともに、国民国家的な統一が現実になった、あるいは少なくとも実現に近づいて、――選挙民にとっても――議会がより強い力を持つ憲法国家を完成させることよりも優先されるようになったという現実を、無視できなかったのであり、まさに南ドイツの自由主義者たちはそう考えた。紛争と反政府の姿勢を続けていくのは、選挙民の支持を得られなかった。さらに、ビスマルクはウルトラ保守派と手を切って「上からの革命」を遂行したのだが、それは右派の人たちにとっても左派の人たちにとっても好ましいことではなかったけれども、革命には反対するが発展と改革を支持する自由主義者たちから見れば、むしろ一つの可能性を提供してくれるものと見えたのである――たとえ、世界のすべての事柄がそうであるように、リスクを孕むものでもあったとしても。

それゆえ、結果として生じたのは、――繰り返すが――屈伏ではなくて、妥協であり、同盟なのであった。これに代わる選択肢は、現実の政治から降りることを意味しただろう。同盟の諸条件を受け入れて同盟に参加するのは、一つの理性的な判断を意味したのである。それとともに、当面はさらなる議会主義化を断念することになったのは明らかであり、議会主義化は後回しにせざるを得なかった。そして、分裂によって自由主義派が弱められたことも、明らかだった（しかし、「ドイツ自由主義の悲劇」〔フリードリヒ・ゼルが一九五三年に刊行した著書のタイトル〕がこれとともに開始されたというわけではなかった）。この分裂は、ビスマルクが収めたもう一つの勝利であり、自由主義派が喫したもう一つの敗北だったが、しかし分裂は避けられないものと思われたし、また、その後の時期における反政府自由主義派の進歩党が弱体なままに留まったことからも見て取れるように、おそらく分裂を何とか乗り切ることも可能なように思われた。そして、協調自由主義派のなかの何人かの人たちは、もちろん、理念政治の面で「民主主義的」なイデオローグたちと手を切れるようになったことを喜んでいないわけでもなかった（もっとも、この問題は一八六七年から一八七〇年までの間は重要な役割を果たしていなかったけれども）。決断を迫られたこのような状況のなかからは、バウムガルテンの場合にも窺えるように、心情倫理と責任倫理との対立を見て取ることもできるかもしれない。協調自由主義派の人たちは、教条的で何の作用も及ぼせない原理政策と、実際的で作用を発揮する現実政策との対立と考えたし、反政府自由主義派の人たちは、剝き出しの日和見主義と、現在においても将来においても自由を守る憲法体制を実現するという偉大な目標を堅持する姿勢との対立と考えたのだった。そのような両極化を通して、それぞれが危険性と、あり得る発展とを言い表わそうとしていたのは、明らかである。反政府自由主義派の人たちの場合には、現実政策が順応の渦に巻き込まれてしまって、自由主義的な諸目標が消耗されてしまいかねないと考えていた——しかし、そのような状況は一八六七年の時点では存在していなかったし、何人かの人たちがカッサンドラ〔予言能力を持つトロイアの王女〕風の警告を発していたものの、そのような状況が訪れることはそもそも予測できなかった。結局はどういうことになったのかを、私たちは知っている。しかし、このことが、その当時に可能なように見えていたことに対する私たちの判断を、——自分のほうがより良く知っていると考える人たちのように——曇らせてしまってはならないのである。事後承認法案に対しては、下院の「進歩党」の議員たちのうち四十一人が反対し、三十四人が賛成し、近い関係にあった「中央左派」の三十八人が賛成票を、二十二人が反対票を投じた。旧領プロイセン〔一八六六年に拡大する以前のプロイセン〕の自由主義派の議員たちのほぼ半数ずつが相反する立場に立ったのである。一八六六年の十一月に、協調自由主義派の議員たちは——彼らのなかにはグナイストのような事後承認法案の反対者も含まれていたが、逆に事後承認を支持して反政府派の進歩党に留まった人たちもいた——、プロイセンで「国民《ナツィオナール》派の新議員団」を結成し、それが国民自由党の端緒となった。新領プロイセンの諸州〔シュレースヴィヒ＝ホルシュタイン、ハノーファー、ヘッセン＝ナッサウ、〕と他の北ドイツ・南ドイツ諸邦の自由主義者たちの大部分が、この党に加わった。

以上のような政府と自由主義多数派及び自由主義派そのものとの関係の革命的な変化と並んで、もう一つ国内に革命的な変化をもたらしたのが、北ドイツ連邦の設立とその憲法の制定である。

一八六六年の戦争の一つの結果として、プロイセンは北ドイツを組織するフリーハンドを得た。北ドイツの全体をプロイセンに編入するという、例えばハインリヒ・v・トライチュケが主張したような考えは、現実味を欠いていた。フランスもプロイセン王も保守的エスタブリッシュメントもそれに反対しただろうし、ましてやそのような編入の「犠牲者」となる人たちはなおのことそうだっただろう。さらに、南ドイツとのどのような結び付きも妨げられることになったに違いない。ビスマルクはその種のことを考えたことはなかった。彼が望んだのは、プロイセンの強力な指導の下での北ドイツ連邦だった。それゆえ、まず同盟を結んでいた諸邦と、次いで戦争で敵対した諸邦——とりわけ講和条約で特別扱いされていたザクセン〔ザクセンはオーストリアが強く要望して領土保全が認められていた〕——と、さらにヘッセン大公国とはマイン川の北にあるオーバーヘッセン地方について、連邦を設立する条約を締結した。連邦の憲法については、諸邦政府の間で合意してから議会に提出して審議を経て同意を得ることになっていた。この議会は一八四九年の普通・平等選挙権に基づいて選出されるものとされた。プロイセン邦議会が選挙法を定めるために以上のようなやり方について審議に入ると、右の側からは普通選挙権に異議が唱えられ、左の側からは、競合する議会が召集されることに対して、すなわち、ビスマルクはもう一つの議会を通してプロイセン議会を麻痺させようとしようとしているのではないかという懸念や、連邦の新たな議会が決定権を独占することでプロイセン議会の同意権が排除されてしまうなどの理由で、異議が唱えられた。他の諸邦の議員たちをプロイセン下院に参加させて、残余の権限は各州議会に移譲し、さらにはおそらく第一院でありユンカーの牙城である貴族院を廃止するか改革するほうが簡単ではないか、という問いも投げかけられた。保守派の議員たちにしても、プロイセンの権限をもっと強力に保つことを望んだ。個別邦の議会とドイツ全体の議会との対立関係が、一八四八／四九年当時と同様に、国民的《ナツィオナール》なコンセンサスにもかかわらず、すぐさま目につくようになったのだった。しかし、それは当面のところは言わば未来を先取りするようなものに過ぎなかった。選挙法は採択された——新しい議会には憲法の審議権のみが認められるという条件は、結果的に実際的な意味を持つことはなかった。

　それゆえ、問題となったのは設立が決定されていた連邦の憲法をどうするかということだった。この憲法の草案は、その核心的な部分においてビスマルク自身に由来していた。自由主義と啓蒙主義の精神に発する十九世紀の他の諸憲法とは異なって、この憲法案は非理論的で、むしろ実際的であり、当時の諸勢力の状況に合わせたものであって、完結したものではなく、解釈と発展の余地を備えていた。通常の基本権を扱う部分は欠けていた——ビスマルクは、この分野で活発に、そして激しく展開されていた理念政治に関わる基本的対決を嫌い、また、様々な基本権に関するカタログを含む憲法を持っている連邦諸邦との競合を避けようとしたのである。憲法案の全体は、むしろ組織を定めた規約のようなものだった。テキストは、――ビスマルクの指示と、彼の戦略的・戦術的な意図に従って――「柔軟な規定」を通して国家全体に関わる核心的な部分よりも連邦諸邦の権利のほうを前面に押し出すことを意図していた。そのようにすることで、憲法は――この点がビスマルクにとっては重要な点だったのだが――南ドイツ諸邦の加入に道を開いておき、それどころかいつでも加入を可能にしようとしたのである。そのような配慮が、この憲法が著しく暫定的な性格を帯びることになった理由でもあった。私たちは、一八七一年の帝国の秩序の基本的な諸点について述べる時に、この憲法にもっと詳しく光を当ててみることにしたい。ここでは、予め簡単に一瞥しておくために、ビスマルクが望んだことと、その結果について概観するだけに留めたい。

一、ビスマルクは、連邦諸邦が共通の権限を持ち、多数決の原則に基づいて決定を下す（憲法を改定する場合にのみ、プロイセンが拒否権を持つことになっていたが）連邦国家を望んだが、連邦諸邦が多分に自律権を保ち、また、国家全体の決定に連邦諸邦が強力に参画する権利を持つという、連邦主義の二つの本質的な要素を含めようとした――そのようにして、彼は、ドイツの伝統と、南ドイツ諸邦の特殊な傾向に配慮しようとしたのである。こんにちの目で評価を下そうとする人たちは、この時期における連邦主義問題の真剣さと重みとを過小評価しようとする傾向があるので、統一性と多様性とを調和させようという問題、連邦主義的な解決策が高い優先度を持っていたことを、強調しておく必要がある。

二、ビスマルクは、この連邦国家をプロイセンの覇権の下に置くことを望んだ。しかし、その際に、連邦原理の背後で、覇権があまりにもあからさまに現われてくるようなことがあってはならず、そのために例えばプロインは――その規模の大きさにもかかわらず――本来の連邦主義的機関である連邦参議院において過半数の票を要求しなかった（四十三票のうちの十七票〔ドイツ連邦議会でプロイセンが持っていた票と併合した諸邦の票を引き継いだ〕）。事実上の重みが常に多数派を調達するだろうと考えられていたのである。

三、ビスマルクは、強力な君主政的秩序を望んだ。それは、所与の状況の下では、この連邦国家は君主たちとその政府の連邦国家となるべきであるということを意味した。君主たちが主権の保持者であり、担い手であったのである。君主たちとその政府が連邦の執行府、政府として機能し、それと同時に立法府の一部分として立法にも決定的に関与するべきなのであった。諸邦の君主と政府は、ビスマルクが当初はドイツ連邦時代の伝統を受け継いで連邦議会《ブンデスターク》と呼び、その後最終的に連邦参議院《ブンデスラート》と称することになった機関を構成した。この機関の頂点には強力な連邦主席が位置し、プロイセン王がその地位に就いた――こうして連邦主義的な要素と覇権的な要素とが組み合わされた。連邦主席はとりわけ外政と軍事・戦争を管轄し、連邦宰相を指名した。連邦宰相は事務執行者としての役割を果たすことになっていた。このような構成の独特な点は、君主同盟と政府とが結合されていた点にあった。同盟諸侯（及び、三つの都市邦〔ハンブルク、ブレーメン、リューベック〕）の機関である連邦参議院は、それ自体が連邦政府であり、奇妙な、運営しにくい構成となっていたのである。それと同時に連邦参議院は立法府の一部分でもあり、一種の上院、諸邦院でもあった。このような結合は、二重の政治的な意味を持っていた。それは、伝統に、すなわちこれまでの主権と権力の保持者たちに配慮し、彼らを新しい形式と結び付けるものであった。それと同時に、君主主義原理を確実なものとし、強化した。憲法のもう一つの機関である議会には、一人の君主――連邦君主〔連邦主席〕――だけではなくて、全体としての君主たちが、すなわちほとんど捉え難い集合体である「連邦参議院」が対峙した。それゆえ、どのような形で君主たちと議会との間の権力配分を議会に有利なように変化させようとしても、それは連邦主義的な組織に抵触することになったのである。すなわち、憲法の君主主義的な要素と（君主主義的な特徴を持つ）連邦主義的な要素とは、互いに支え合い、固め合う関係にあったのであり、そしてそれが議会の権力拡大を阻むことになっていた。

四、連邦主義的で君主主義的な連邦の執行府――連邦参議院と連邦主席――には、当時の通常の立法権限を持つ議会が対峙することになっていた。それは、時代の諸力と協力してのみ統治が可能であるというビスマルクの認識、そして、市民層を中心とする国民的《ナツィオナール》で穏健自由主義的な運動と同盟を結ぶという彼の決意と対応していた。それは、同時に、過度の個別邦の国家性と過度の宮廷権力に対抗し得る重みを創り出し、実際の執行府の統治能力を強化するという狙いをも持っていた。議会は、市民的な運動が持つ諸力を連邦へと繋ぎ止め、それと同時に「統一の接合剤」、それどころか統一の推進力としての役割を果たすはずと考えられていたのである。議会は、憲法体制の中心に位置するものではなかったが、周縁に位置するものでもなかった。この議会は普通・平等選挙権によって選出されることになっていた。それはビスマルクが既に一八六六年の春にスローガンとして掲げていたことであり、当時の彼のブルジョアジーと等級選挙権〔プロイセン下院の三級選挙権〕への不信感と、国王に忠実な農村部住民への信頼に対応し、さらに彼が――当人はそれを否定したけれども――市民層の議会との間に紛争が生じた場合には一種の人民投票的なカエサル主義で対抗しようとする傾向を有していたことにも対応していた。しかし、彼は決して市民層の人たちを排除することを意図していたわけではなかった。普通選挙権は、議員日当の支給（それは「教養があるプロレタリアート」とデマゴーグを有利にするだけだという理由で）を峻拒することと、彼がそれまでの自由主義的反対派の中核と見なしていた、現実の利害に疎くて非実際的な人たちである官吏を議員から排除することとを通して、バランスを取ることが意図されていた。政府内でも考慮されていた上院を設置するという考えは、複雑過ぎて動きにくくなるとして、少なくとも当面はビスマルクによって拒否された。

憲法を審議するために設置された北ドイツ議会《ライヒスターク》は、普通（男性）選挙権に基づいて選出されたが（一八六七年二月）、投票率は、プロイセン邦議会選挙に較べれば高い、「まずまず」の水準だった（六十四・九パーセント）。選挙ボイコットはプロイセンが併合した諸州でも行なわれなかったが、一般にそれらの州での投票率は平均よりも低かった。選挙民が高い関心を示したのは、普通選挙権という制度が新しく、また、政党の組織化が進んでいなかった下では、ある程度まで注目に値する現象である。政治的な関心が著しく高まったのだった。さらに注目に値するのは、普通選挙権によるこの選挙は、等級選挙権の下での選挙〔プロイセン下院選挙〕と政治的には大きく異ならない結果を、少なくとも当面はもたらしたことである。自由主義派の分裂はまだそれほど大きな影響を及ぼさず、互いに候補者を立て合ってエルベ川以東地域では全体で議席を減らしたものの、国民自由党は西部州や、プロイセンの新領諸州と中小邦で議席を伸ばした。政府機関が選挙に影響を及ぼしたのは確かだが、選挙結果を左右したわけではなかった。北ドイツ議会で多数派となったのは、新たな国民自由党と新たな「自由」保守派、さらにその間に位置するいわゆる古《アルト》リベラル派と、まだ多数存在していた無所属の議員たちだった。これらの議員たちがビスマルク支持派となり得る人たちであり、二九七議席のなかの一八〇議席を占めた。それと並んで、五十九人の古《アルト》保守派〔ビスマルクに批判的な旧来の保守派〕、十三人のポーランド派、十八人のヴェルフ派〔ハノーファーの旧王家を支持する議員たち〕や、その他の「連邦主義者」たち、さらに十九人の自由主義左派がいた。自由主義派＝自由保守派から成る中道派が左の側に多数派を拡大することも、あるいは右の側からの流入者を加えることも、――中道派の分離線が具体的にどの部分を走るかに応じて――どちらもあり得た。もっとも、全体としての自由主義派は六・四パーセントを占める自由主義左派を加えても過半数には至らなかった。自由主義派に属する議員は四十七・一パーセント（一三八人）であり、そのうちの九・一パーセント（二十七人）は幾つかの点で保守派寄りの「古《アルト》リベラル派」だった。

しかし、全体とすれば、自由主義左派の議員たちにしても、ジャーナリズムで威勢のいい言葉で批判を展開していた自由主義者たちの議論から予想される以上に、憲法を成立させることに積極的に加わったのだった。一八四八／四九年の場合とは異なって、この北ドイツ議会での憲法審議は外部からの圧力を受けることがなく、請願や上申書でさえほとんど寄せられることがなかった。

ビスマルクは、北ドイツ議会との「合意」に失敗した場合には、議会抜きでも憲法を欽定するか、あるいは憲法制定の企て全体を流産させてしまう権限を与えられていた。この威嚇を背景として、――それが、まさに彼の狙いだったのだが――彼は抵抗を押し切ったのである。彼が拒否権を発動したことで、しばしば議会側の修正案が最終的に採択されるのを妨げられた。しかしながら、妥協が成立する場合もあった。確かに、右派や連邦主義派の修正要求や、左派の――単一国家的な議会主義を目指す――修正要求は、自由保守派と国民自由党が基本的に過半数を握っている下では、受け入れられるチャンスがほとんどなかったのだが、しかしそれでも幾つかの核心的な問題については中道派が抵抗する姿勢を示したし、そして国民自由党は、既に述べたように、他の多数派を成立させる可能性をも持っていたのである。

意見の対立と修正の対象となった諸点のなかで、幾つかの点は中心的な重要性を持っているので言及しておきたい。

一、連邦主席を連邦君主に改める提案は実現しなかった――それは、極めて捉え難い連邦参議院を議会の対極として据えることで議会主義化を可能な限り阻止しようとしたビスマルクの複雑な設計に反したからである。まさにそのために、連邦参議院を立法府としての役割のみに限定して連邦主席に執行府を委ねようとした左派の議員たちの試みも、実を結ばなかった。まず強力な単一国家的な執行府を創り出せば、それに対応して強力な議会主義的な立法府が生まれるだろうという、双方の間の関連性を、自由主義左派と同様にビスマルクもはっきりと認識していたのである。

二、基本権の保証を連邦憲法に含めることを、ビスマルクは、諸邦の権利への配慮と、そのような規定を定式化するのが著しく困難なことから――教会・学校・結婚に関する自由主義派とカトリック派との対立が、一つの中心点になっただろうが――、拒否した。

三、中心的な意味を持ったのは、そもそも連邦君主が存在しない下で、「責任を負う」連邦内閣をどうするのかという問題だった。それは、自由主義派にとって憲法に関する古典的な理想に属していた。確かに、自由主義派のなかで議会主義体制を導入することを望んでいた議員はほとんど誰もいなかったと言っていいし、彼らは党派政府の支持者であるという非難をきっぱりと退けていた。形式的に彼らが望んでいたのは司法的責任制であり、議会が大臣を国事裁判所に告発する可能性が開かれることであった。しかし、遙かに重要であったのは、明らかに、大臣が政府の行為に対して公的な場、議会の場で

「責任」を負うこと――説明し、回答し、理由を述べて正当化する義務を負うこと――であり、それが実現されれば、憲法政治的に遥かに幅広い重要性を持ち、立憲君主政の下でも議会と君主政政府との力関係を変化させることになっただろう。それゆえ、大臣責任制という漠然としていて、一見したところではモラルにだけ関わるように見えた概念は、鋭い体制政策・権力政策的な意味を持っていたのだった。さらに、自由主義派の要求は、合議制の内閣へと帰着するものでもあり、個々の各部門の長と全体としての政府との双方が「責任を負う」ものとされ、したがって宰相体制〔各部門の長は宰相直属の部下として位置づけられる〕は排除された。自由主義派が掲げた連邦責任内閣制という要求は、ビスマルクが抵抗したために失敗し、彼が圧力をかける下で、この要求は一票の差で否決された。これに対して新たに導入されたのが、連邦宰相の「責任制」という原則だった。国民自由党の指導者ベニヒセンが以上の二つの点を提案していたのだが、元々は自由保守派のある議員が提案していた宰相責任制のみを求める第二の提案だけを実現することができたのである――ベニヒセンの主たる目論見は失敗に終わったのだけれども、彼の提案のこの残存物は、当時もいまも「ベニヒセン条項」と呼ばれている。これは敗北であったのか、それとも部分的な成功であったのか、この点についてはこんにちにおいても議論されている。いずれにしても、これがビスマルクの草案に対する一つの根本的な変更となったことは確かである。「連邦宰相」と称されていた連邦参議院の事務部門の長が、執行府の一つの独自の機関となったのだった。それを通して、宰相を指名する「連邦主席」も連邦参議院から自立した。宰相と連邦主席は、連邦国家全体の、言うならば単一国家的な制度となり、もはや連邦主義的な機関である連邦参議院に絶対的に拘束されることはなく、まさに連邦執行府としての実質を獲得したのである。その限りにおいて、宰相責任制に関するさりげない規定は、連邦主席の地位と、執行府そのものの構造を変えたのだった。それと同時に、この規定は一種の連邦立憲君主政に移行するという作用を及ぼした。連邦主席と宰相は立憲君主政体制における君主と大臣の地位に移ったのである。宰相は、北ドイツ議会と世論に対峙し、そして自らの政策を公的に代表しなければならなかった。こうして宰相は法的に連邦主席――プロイセン王――に依存していたばかりでなく、政治的にある程度まで北ドイツ議会にも依存していたのである。このような二重の依存状態が、宰相の自立性を強め、その権力を強めたのだった。

　このことをビスマルクは良く理解していた――それは彼にとって好都合な地位だったのであり、それゆえ彼は、彼の最初の構想とは大きく異なっていたのだけれども、この規定を異議なく受け入れた。しかし、この規定に関しては、ビスマルクのことだけを、あるいは連邦の、後の帝国の君主のことだけを考えるべきではない。自由主義派の側も、責任内閣制が拒否されたにもかかわらず、重要な部分的な成功を収めたのだからである。連邦立憲君主政体制が確立されたのであり、そしてそのことで、何よりも、議会と政府との関係を発展的に変えていく手がかりが提供されたのだった。それゆえ、内閣全体の責任を問おうとした狙いが失敗に終わったことは、まだその後のさらなる発展がすべて封じ込められてしまったことを意味したわけではなかった。

もちろん、宰相が責任を負うということは、先にも述べたように、議会の信任に左右されるということではなかった。しかしながら、モラル的に公的な責任を負うことが結果として及ぼした政治的な作用を、無視することもできないのである。この点については、後にも何度か述べることになるだろう。

四、第二の主要な点を巡っては、一定の妥協が成立した。ビスマルクは議員日当の禁止を押し通したが、しかしこれに対して、自由主義派と、多くの官吏が議員となっていたこの議会の多数派の側も、官吏が議員に選出され得ることを実現した。この結果、少なくともビスマルクの目から見れば、そして当時の社会的な状況の下では、議員日当の禁止はその効果をかなり失ってしまったのである。

さらに、北ドイツ議会の多数派は、――それ自体としては普通選挙権には不信感を抱いていたものの、しかしもはや公然と普通選挙権に異議を唱え、ましてや修正を提案する立場にはなかったのだが――公開投票制の代わりに秘密投票制を実現した。それとともに、選挙を国家的・社会的なヒエラルヒーが見張る下で行なうという、ボナパルト流の選挙を当てにしていたビスマルクの思惑は、水泡に帰してしまった。この変更は、普通選挙権の導入がもたらした帰結に深い影響と変化を及ぼすことになった。

五、さらに、北ドイツ議会の地位に関しては、中心的な立法権限が司法と財政の分野で拡大された。国民自由党は連邦権限の強化を主張したが、それは――何人かの人たちが非難したように――中央集権的で国家主義的な熱意に駆られたためではなくて、連邦を改革のための機関と捉えていたためだった。彼らは、連邦を「プロイセン化」することではなくて、むしろ連邦を通してプロイセンを自由主義化することを望んでいたのである。とりわけ予算権が強化された。議会の承認権が歳出だけではなくて歳入にも及ぶことになり、承認は――複数年にわたる一定の期間についてではなくて――毎年与えられるものとされた。この点ではビスマルクが譲歩したのである。しかし、最大の支出部門である軍事予算（そして、それとともに軍の兵員数）は、――当面のところは――

それから除外されたままだった。確かに、ビスマルクは、彼が意図していたように、持続的な承認（いわゆる恒久予算制）を実現するには至らなかった。しかし、自由主義派が望んだような通常のあり方、すなわち毎年の承認は、彼が拒否したために実現せず、四年間にわたる承認という暫定状態が強いられ、そしてその後も――合意が成立しない場合には――同じ額の支出が続くこととされた。国家権力の強力な核である軍事制度に関しては議会の権利は限定されたままだったのである（たとえ軍の兵員数は法律で確定されたにしても）。もちろん、プロイセン紛争の結末を考えれば、これと異なるあり方はほとんど期待できなかった。

一八六七年四月十六日に、憲法は北ドイツ議会によって二三〇票対五十三票で、それゆえ保守派をも含む圧倒的な多数で、採択された。

この憲法は妥協を意味したのか、それともビスマルクの勝利を意味したのか、という問いの立て方は、間違っている。幾つかの点で重要な「譲歩」が見られ、そして宰相職の役割が変更されたとは言え、この憲法は何よりもビスマルクの手になるものという性格を帯びており、彼の意志と彼の構想が基本線を定めた。しかしながら、この憲法は言わば現存の権力状況を固定したものであって、市民的な運動の重みを「古い」エスタブリッシュメントの重みの傍らに置いたのであり、確かに、双方の間に完全な均衡状態をもたらしたわけではなかったが、しかし単なる部分的な譲歩とか、あるいは単なる飾りとか、ましてや幻想というような域を遙かに超えるものだったのである。ここから生じたのは、自由主義派にとっては、発展能力を備えたジュニアパートナー関係、一つの移行期、一種の分割払い、改善が可能で、ともかくも「自由」に至る道における一歩なのであった。その後の発展を視野に置く場合、この憲法が孕んでいた本質的な緊張の一つ、そしてこの憲法が持っていたダイナミズムは、確かに議会の権限は制限されていたけれども、しかしそれと同時にその議会は普通選挙権に基づいていたという点にあった。もちろん、この憲法は一八六六年における「旧」勢力の権力の増大を反映し、それを確定したものだったが、しかしもう一つの点も同様に真実だったのである。すなわち、ビスマルクの、社会的な運動という勢力を抜きにしては（あるいは、ましてやそれを敵に回しては）もはや統治することは不可能であり、ナポレオン流のカエサル主義もいかなる解決策や安定を提供してくれはしないという信念が、この憲法に取り入れられたのだという点である。その限りでは、この憲法はその本質から言って一種の調停を意味していたのだが、もちろん、調停の内容をどう解釈するかという点では、政府、ビスマルク自身のほうが優位に立っていたのであり、少なくとも当面のところはそうであった。

一八六七年八月に、北ドイツ議会が新たに選出された――今回の投票率は前回よりもはっきりと低く（プロイセンで四十・五パーセント）、それはとりわけ敗れた候補者たちに不利に働いた。行政は、「親政府」の、あるいは少なくともどちらかと言えば政府に好意的な候補者を優遇した。結果はほとんど変化がなく、やはり国民自由党と自由保守系とで過半数を占めた。自由主義派内部の分離が、大都市や西部で、以前よりも幾らか強く現われた。進歩党はプロイセンの以前からの諸州で持ちこたえ（得票率が国民自由党の十三・八パーセントに対して十四・二パーセント）、国民自由党はプロイセンの新しい諸州（進歩党の六・三パーセントに対して三十九・九パーセント）と小さな諸邦で勢力を伸ばした。全体では、自由保守派と古《アルト》リベラル派が十七議席減らし、国民自由党は三議席、進歩党は十議席、保守派は四議席増やした。

北ドイツ連邦はいまや行政と立法の分野で――ほとんど予見できなかったほどの――発展を遂げ、その際に北ドイツ議会はそれに大きな影響を及ぼすような、時としてほとんど決定づけるような役割を果たした。議会の新しい手続き――選挙審査、三読会制〔本会議で法案を三回審議する〕、議員団の勢力に応じた委員会構成や演説順のリスト作成、議院運営委員会など――が速やかに浸透していった。連邦の諸機関――とりわけ連邦宰相府――が構築された。実質的に問題となったのは、法と社会と経済の分野における改革だった。

自由主義の旗印の下で（北）ドイツの社会と経済の大規模な改革が開始する。ビスマルクは、個々の具体的な点では、この任務を、彼の代理者〔連邦宰相府長官〕で経済政策の面では自由主義者であったルードルフ・デルブリュックに委ねた。その限りでは、改革はプロイセンの官僚たちの自由主義的な伝統と結び付いていた。しかし、この場合にもビスマルクは指導権を保ち続けていた。元々はユンカーであり反動派であった彼が、本来の好みに反して近代化を推進する改革者になったということは、注目に値する――改革は時代に適ったことだったので、彼は自ら舵を取って指導することを望んだのである。すなわち、それは保守の旗印の下での近代化だった――限界を設定するという留保付きでの。そのような限界を維持することができるとビスマルクは信じていたのだが、それに対して自由主義派の側は、長期的にはそのような近代化によって保守派の実際の権力的地位も解体されていくだろうし、それにともなって国家の支配体制も自由主義化されることになるだろうと期待していた。そのような期待はともかくとして――ビスマルク自身が社会的な進歩の先頭に立ったのだった。プロイセンの権力が、進歩した経済（そして、極めて直接的にはその財政力）をも、と言うよりもまさにそれを基盤とするようになっていたのは、見誤りようのないことであった。時として言われるように、この政策は、自由主義派に経済政策の面で代償を与えて彼らの注意を憲法体制問題から逸らすことを目指したものなのではなかった。そう考えるには、解き放たれた経済成長――当時もその後も途方もない好況期だった――に対して国家が有していた独自の利害はあまりにも大きなものだったからである。その限りでは、旧来の保守派が社会的な帰結やその「コスト」に対して抱いていた懸念から完全に解放されたビスマルクの対社会政策は、権力政策なのでもあった。それと同時に、この政策は穏健自由主義者たちとの同盟を固めた――国家は、もはや保守的な社会秩序とその利害に奉仕するものではなくなったのである。

まず、プロイセンで長らく前から通用していた自由主義的な経済政策・対社会政策に関する規範が北ドイツ全体に適用され、そしてそもそも枠組みを設定する法秩序が統一化された。居住の自由が一般化され（一八六七年）――これは基本権としての性格を持っていた――、度量衡が統一され（一八六八年）、統一された自由主義的な商法が制定され（商法典の制定と、ライプツィヒの最高商業裁判所の設置）、あらゆる近代的な経済活動の基本法として一八六九年に全面的に「営業の自由」を指針とする営業法が発布され、ユダヤ教徒の解放が完了し、そして――経済を超えるが、しかし法の中核的な領域に属する――統一的な刑法典が制定された（一八七〇年五月）。これらの一切において最も重要だった点は、国家が経済を解放し、伝統主義的な諸邦になおも残存していた様々な保護措置――手工業組合《ツンフト》加入の強制や、多くの競争への制限――を取り払ったということだった。これらの政策は「自由主義的」と呼ばれているし、そう呼ぶのは不当なことではないが、しかし、政治的には保守的な大規模農業が既に長らく前から経済的にはそのような路線を取っていた一方で、政治的には自由主義的な旧「中間層」が経済的にはそのような路線に対して留保付きの姿勢を取っていたことにも、目を向ける必要がある。それが原因となって、この政策はかなりの抵抗を呼び起こすことにもなったのだった。

これらの立法に対して北ドイツ議会が果たした役割には大きなものがあり、予想もされなかったほどのイニシアチブを発揮し、それどころか行政の側に圧力をかけて、立法のテンポを定めた。新しい議会は、たちどころに生気に溢れた政治的な機関となったのであり、その機能にふさわしい存在であって、機能を果たす能力を備えているように思われた。ポルマンが正当にも述べているように、この議会は見かけだけ立憲主義的な喝采議会でも、反対するのを旨とする紛争議会でもなくて、合意するための議会だったのである。多数派を規定するグループは国民自由党であり、進歩党がこの党の左派を強化し、自由保守派が国民自由党と政府の間を仲介した。対立が生じた問題での分離線は、国民自由党が圧倒的な地位を占めていたとは言え、左の（自由主義的な）中道派と、右の（穏健保守的な）中道派との間に走っており、後者には時として保守派も加わった。多くの無所属議員が存在していて、国民自由党も自由保守派もかなりの程度までまとまって投票することが稀だったので、多くの重要な決定の行方が最後になるまで分からなかった。政府との関係では、国民自由党は、純然たる親政府の立場と、ビスマルクとの決裂との間でうまく舵を取って、議会政党としての分裂を回避することに成功した。

大規模で実りのある立法活動に乗り出したとは言え、そして議会多数派と政府との間で――ジュニアパートナー関係という意味では一見したところ成功を収めたと思える――合意と妥協のプロセスが進められていったとは言え、しかしこの議会、この議会主義の限界をもはっきりと認識する必要がある。管轄領域の一種の分割が存在していたのだった、すなわち、経済と法は自由主義派が管轄する領域となったが、軍事と対外政策は君主の政府のみが管轄する問題であり続けたのである。憲法体制政策の面で何らかの拡充が見られるとか、あるいは原則的な変更が加えられる（例えば、債務管理制度の導入に際して司法的な大臣責任制を確立するというような）といった状況に至ることはなかった。同じことは、所得税やその他の税制問題に連邦が――そして、それとともに北ドイツ議会が――参画する〔直接税は原則的に邦のみの財源とされていた〕というような連邦と邦の境界に関わる問題にも当てはまった。政府側の（連邦参議院を通した）拒否権が、より正確に言えば拒否権を行使するという威嚇が、議会が権限を拡大しようとするいかなる動きをも断固として、そして持続的に封じ込めており、死刑を認めるか否かというメタ政治的な特殊な問題に関しては司法立法の分野においてもそうだった〔最終的に死刑は存続した〕。選挙権問題――プロイセン下院の等級選挙権をビスマルクがなおも好んでいた北ドイツ議会の普通選挙権に合わせるか、それとも逆に、比較的保守的な自由主義者たちが望んでいたように北ドイツ議会の選挙権に制限を加えるかという問題――は、党派間での、そして党派内での意見の相違が大き過ぎたので、回避されて先送りされた。ビスマルクが一八七〇年に前述のように皇帝称号の問題を採り上げて、そして再び撤回した一つの原因は、国民自由党が大臣責任制の確立という以前からのお気に入りの考えを再び持ち出したことにあった。一八七一年には軍事予算の――最終的な――取り扱いを巡って新たな紛争が起こる恐れが目の前に迫っていたことも、憲法体制政策を巡る問題が長い影を投げかけていたことを示すものであった。

立法や議会から離れて、ここで、北ドイツ連邦の歴史のなかから二つの点について少なくとも簡単に言及しておきたい。一つの点は、行政組織及び政府組織に関してで、――責任制の問題をも超えたところで――連邦参議院は執行府としては実際には機能し得ないことが速やかに判明し、その結果、連邦宰相府が、急速に――本来は直ちにと言ってもいいだろうが――連邦参議院から自立したことである。もう一つの点は、中小諸邦が完全な主権に終止符を打つことを受け入れて北ドイツ連邦のなかに解消していくプロセスに、邦によって速度の違いがあったことである。どの邦でも邦独自の行政や特殊性が存続したし、君主政の邦では――ヴェルフ家の下のブラウンシュヴァイク公国という特殊なケースを別にすれば――邦への忠誠心や、その点で極めて重要な意味を持つ宮廷が保たれ、ハンザ都市の場合には市参事会が保たれた。一八六六年以前には大ドイツ主義的＝自由主義的な傾向が強くて、さらに依然としてドイツ関税同盟の関税領域に属していなかった〔一八八八年に加入した〕ハンブルクは、連邦のなかで特にためらいがちな態度を取っていた。ザクセンの場合には、保守派と急進民主派という二重の反対派が存在しており、政府は、可能な限り独自の国家性を守ろうと努め、連邦主義を強調し、プロイセンあるいは北ドイツ議会の覇権的・中央集権主義的な傾向との違いを強調しようと努めていた。プロイセン軍に加わることを望まなかった旧ハノーファー軍の将校たちの一部分がザクセン軍に勤務することになったのは、ある程度まで典型的な現象だったのである。

実際に主権を持っていたドイツ諸邦の内部では、また別の展開を辿った。プロイセンでは、一八六七年に――新しい州をも含んで――行なわれた下院選挙は一八六六／六七年の選挙と大きく異なる結果をもたらさなかった。自由主義派は、半ば保守的な古《アルト》リベラル派を加えた場合でさえ過半数を得ることができなかった。新しい州で選出された自由主義的な議員たちの大多数が国民自由党に加わった一方で、進歩党と、さらにビスマルクに批判的な古《アルト》保守派は停滞した。自由保守党と国民自由党から成る「中道派」は、議員団に加わらない無所属の議員たちとともに、そのつど多数派を形成できただけであり、その点がビスマルクにとって一つの問題となった。「親政府的」になってほしいという、保守派の議員たちに対する彼の訴えは、実を結ばないままだったのである。紛争期の保守政府が当面は在職し続け、強硬保守派の法務大臣〔ツァ・リッペ〕だけが――かつては反対派だった自由主義派のトヴェステン議員の不逮捕特権に対して乱暴な行動を取ったために――自由保守派の大臣〔レオンハルト〕に置き換えられ、さらに一八六九年に二人目の自由保守派系の大臣としてオットー・カンプハウゼンが財務大臣になった。民衆学校政策と文化政策の分野では、当面は反動期の厳しい保守的な政策が続いた。自由主義的な改革要望の一つの中心的な分野であった（農村部の）郡の自治行政は、郡行政の脱封建化（例えば大農場主の警察権の廃止を通して）を目指していたが、それと同時にある程度の国家行政化を目指す側面もあったので官僚たちの一部分や自由保守派の支持も得て、一八六九年になって邦議会に法案が提出されたが、戦争が起こったために未処理の状態となった。国民自由党が一八六七年に新たにまとめ直した古くからの自由主義派の綱領的な諸要求――予算権の拡充、毎年の軍事予算、貴族院の改革――の実現は、まだ到底考えられるものではなかった。要するに、プロイセンでは、まだ自由主義時代は訪れていなかったのである。

　もちろん、この時期のプロイセン内政の差し迫った主たる問題は、別の問題、すなわち併合された諸州、シュレースヴィヒ＝ホルシュタイン州、ハノーファー州と――ヘッセン選帝侯国、ナッサウ公国、フランクフルトから成る――ヘッセン＝ナッサウ州を編入する問題だった。それまで中規模邦の反動と抑圧の牙城に対して反対派としての位置を占めていたヘッセン選帝侯国とハノーファー王国の自由主義者たちの大多数は、国民的《ナツィオナール》なプロイセンとの合同を解放と受け止めて、国民自由党に加わった。しかし、ハノーファーでは、――東フリースラントやオスナブリュックやヒルデスハイムのように比較的新しくハノーファー領となった地域を除いて――まもなくヴェルフ派と称されることになる廃位された国王〔ゲオルク五世〕の支持者たちが強硬に抵抗して、旧国王に忠実な人たちは少数ながら旧国王とともにウィーンに亡命しさえした。それまでの左派や古《アルト》リベラル派や保守派もヴェルフ派と提携した。シュレースヴィヒ＝ホルシュタインでは、それまでアウグステンブルク家を支持していた、すなわち中規模邦の自由主義を志向していた住民たちの間で、一般に冷ややかな態度が広まっていた。最後にフランクフルトでは、占領が特に厳しく、屈辱を与えるようなものであり、一八六九年まで賠償金を払わねばならなかったので、無力感に囚われた憤りと反感というムードが支配的だった。さらに、県庁所在地のヴィースバーデンの下位に位置づけられたことも、かつての帝国都市としての誇りと民主主義の伝統に基づく、「プロイセン《ボルシア》主義」とその冷たいスタイルに対する反感を強めることになった。しかし、一八六七年の最初の選挙はこれらの併合された地域でもボイコットされることはなく、それは新しい状況がともかくもある程度までは受け入れられたことを意味した。党派的には、ハノーファーの選挙区の半分近くで勝利を収めたヴェルフ派だけが反対派として組織された。

　以前からのプロイセン、その政府と邦議会、行政と立法にとっては、新しい州を統合するという問題が生じた。多くの個々の点をひとまず除外するとすれば、二つの互いに異なる傾向が存在した。一方には、統一化と同化、中央集権化に向かおうとする傾向があった。とりわけ以前からのプロイセンの官僚たちは、行政や地方自治や裁判所組織における「自分たち」のシステム、さらには「自分たち」の財政制度や軍事制度やその他の制度を、新しい州に持ち込もうとした。以前からのプロイセンの中央集権的な精神を受け継いでいた官僚たちが、新しい州でも指導的な地位を占めるべきだと考えられていたのである。他方には、住民の支持を得ようとする、官僚的と言うよりも政治的な傾向が見られた。すなわち、既存の秩序を可能な場合には維持し、異なる状況を許容し、非中央集権化を目指して、非正統派的な官吏たち、長期的には地元の官吏たちとも協力しようとしたのである。ビスマルクは、本省の官僚たちや行政官僚たちよりも、むしろそのような政策を受け入れる用意があった。例えばハノーファーの場合には、まさにその地の国民自由党員たちがビスマルクにそのような政策を取ることを迫り、そして彼を力づけた。結果は、全体とすれば双方の傾向によって規定されたものとなった。軍事制度はプロイセン的となり、新たな兵役義務はどこでも厳格に実施された。行政と裁判所制度、税制と財政は、以前からの名称や制度が存続した場合にも、よりプロイセン的となった。官吏組織においては、可能な限り「地元出身者」を引き継ぐように努めた。もちろん、地方自治についてはこれ以降も州によって異なっていた。とりわけ感情的に微妙な性格を持つ学校制度と教会制度は（当面のところは）異なるままとされた。以前の邦の財産と債務は、非中央集権的な形で処理され、すなわち、それを基として特別な州基金が設置されて、事実上、州や地域の自治行政が管理する下で毎年配分された。それは、少なからず自律性を付与することを意味したのであり、長期的に見れば、これらの州の新たなプロイセンへの統合は過度なプロイセン化《ボルシア》を伴わずに成功を収めたと言うことができるだろう。

州基金に関する取り決めは、旧領プロイセンの人たちからは新領プロイセンの人たちを不当に優遇するものと受け止められ、それでなくとも強まりつつあった古《アルト》保守派の反ビスマルクの姿勢をいっそう強めることになった。貴族院では初めて親政府派の貴族院議員《ペールスシュープ》の任命〔過半数を確保するための国王による議員任命〕が必要になった。この問題を巡って、プロイセン下院でも既に自由保守党と国民自由党による一種のビスマルク連合が姿を現わし始めた。

しかしながら、他ならぬプロイセンの国民自由党議員たちは、依然として政府に対して距離を置く態度を取り続けていた。彼らが変わることなく目標としていたのは、最終的には行政体制・統治体制を議会主義化することであり、それが、ビスマルクが望んだように議会で確かな多数派が得られるように彼に助力することに対する、代償となるはずだった。この目標は長い時間をかけてのみ実現できるものだったが、しかし彼らは依然としてこの目標を視野に入れていたのである。

一つの特別な問題について、なおも述べておく必要がある。ハノーファーの前国王ゲオルク五世との補償条約は、他の君主たちとの場合とは異なって、履行されるには至らなかった。ビスマルクは（まさにプロイセン下院を通過させた後で）履行を停止したのだが、それは、王が併合への抗議と復位の要求を堅持して、それどころか、オランダで（ルクセンブルク危機の間に）、次いでフランスで、さらに後にはオーストリアで「ヴェルフ軍団」を擁していたためだった。緊急令によって——それゆえ休会中だった議会を飛び越えて——ビスマルクはハノーファー王家の私有財産を差し押さえさせた。この財産からの利息は、ヴェルフ派の運動を監視してそれと闘うために用いられることになっていたが、しかし実際にはこの「ヴェルフ基金」は、何のチェックも受けない政府の秘密基金として、プレス政策やその他のあらゆる政治的な企てに利用され、一八七〇年にはバイエルン王の「買収」にも用いられた。

他のドイツ諸邦の内政の展開については、ここでは、ドイツ全体の展開にとって重要な意味を持った幾つかの点を南ドイツに関して述べておくだけに留めたい。

一、六十年代の初めに——ヘッセン大公国以外で——開始した穏やかな自由主義的な立法の波が、その後も続いて、いまや保守的な政府の下にあったヘッセン大公国にも及んできた。行政、とりわけ自治行政、司法、出版・結社制度、さらには選挙権が「自由主義化」され、経済体制と社会体制（居住の自由、結婚の自由、営業の自由）も——北ドイツよりもためらいがちで、なおも幾つかの制限が伴っていたが——自由主義的な方向に改められた。バーデンとバイエルンでは、そのような発展がまさに六十年代末に頂点を迎えた。自由主義的な学校法（バーデン）あるいは学校法案（バイエルン）がカトリック派の断固とした抵抗を呼び起こし、それは文化闘争を予告するものとなった。

二、南ドイツのすべての邦では、国内政策がドイツ政策と、そしてプロイセンとの関係と結び付いていた。軍事組織の改革は、プロイセンへの一定の同化を意味した。経済政策は、プロイセンが支配する関税同盟の政策、及びその議会と切り離せなかった。自由主義的な党派は——ヴュルテンベルクの民主派を例外として——ほとんど完全に小ドイツ主義的＝プロイセン的な統一を支持する党派だった。自由主義的であることと国民国家的＝プロイセン的であることとは、密接な近縁関係にあったのである。

三、以上のような所与の状況のなかから、対抗グループが、大抵の場合は、反対派として形成されてくる。すなわち、経済自由化に反対する人たち、自由主義的で反教権的な学校政策・教会政策に反対するカトリック派の人たち、大ドイツ主義あるいは自邦中心主義の立場から「プロイセン化」、プロイセンへの同化、ましてやプロイセンとの「合同」に反対する人たちである。このような方向性は、バイエルンでは――「愛国党」という形を取って――多数派となり、バーデンでは声高な反対派となる。ヴュルテンベルクの場合には、運動は、本来はカトリック的ではなく、基本的には保守的でもなくて、大ドイツ主義的――そして反プロイセン《ボルシア》的で民主的（スイスを模範とするような）――であるが、もちろん経済と社会に関する政策の面ではむしろ保守的で、いずれにしても自由主義的ではない。

　四、バイエルンとヴュルテンベルクの政府は官僚政府であり、バイエルンの場合は自由保守派的、ヴュルテンベルクの場合にはどちらかと言えば穏健な国家保守主義的な性格を帯びている。どちらの政府も、――異なるやり方ではあるが――既に述べた現実政策的な理由から、独自の国家という性格を保ちながらも北ドイツとの結び付きを強めようと努める。どちらの邦でも、議会での反対派が強力であるために政府の危機を迎える。この危機が、一八七〇年の戦争の直前におけるドイツ全体の状況にとって重要な意味を持つことになるのである。

　ヴュルテンベルクでは、民主派と――保守的な――大ドイツ主義派が一八六八年に普通・平等選挙権に基づく最初の邦議会選挙で勝利を収めたが（三十議席に対する四十議席）、いわゆる特権議員たちが加わることでようやくほぼ一種の均衡状態が生じた。政府は、左派からの激しい攻撃に晒される下で、回避的な政策を取ろうと努めた。人民党〔民主派〕は軍事予算の削減と現役勤務期間の短縮を提案し、一八六九／七〇年に十五万人の署名を集めた（これは、一八六八年の投票者の七十五パーセント、有権者の四十三パーセントに相当した）。彼らは、具体的な状況を自由に検討した結果に基づくのではなくて自動的に同盟が発動されるという、プロイセンや親プロイセン派による「攻守同盟」の解釈に異議を唱えた。政府は、予算が否決されることを計算に入れざるを得ず、それゆえ議会を休会にして軍の予算を幾らか削減した。陸軍大臣が予算削減に同意しようとしなかったので、内閣が改造された。国王〔カール一世〕は新しい内務大臣と陸軍大臣を任命したが、どちらも政府の権威と比較的親プロイセン的な路線の擁護者だった。これがいわゆる「精力的な内閣」である。政府はこの時点でも軍事問題では多少歩み寄る姿勢を窺わせたけれども、しかしプロイセンとの同盟の核心的な部分については断固とした姿勢を堅持した。この結果、民主派と大ドイツ主義派による激しい抗議の嵐が改めて巻き起こり、「右派」政府との闘いが宣告された。一八七〇年の秋に、争いはさらなる頂点へと向かった。国王と大臣たちは議会多数派に譲歩しないことを決意したように見えた――そうしてのみ、国内の秩序と自立性と独自の国家性を維持することができるのだ、と国王と大臣たちは考えていたのである。

　バイエルンでも危機を迎えた。自由保守派的でドイツ政策の面で活動的だったホーエンローエ首相が、「愛国党」と鋭く対立するようになったのである。愛国党は一八六九年五月に邦議会の半分の議席を獲得し、邦議会がもう一度解散されて改めて行われた一八六九年十一月の選挙でも（自由主義派に有利なように選挙区区分が変えられたにもかかわらず）過半数の議席を獲得した（七十四議席に対する八十議席、一八七〇年春には七十一議席に対する八十三議席）。彼らは、少なくとも多額の費用を要するバイエルン軍の再編が結果として生じる限りでは攻守同盟に反対し、税が三十パーセント引き上げられる恐れがあることに反対した。このような態度を取った一因としては、邦議会の予算決定権が同盟に対する何らかの義務によって制限されることを恐れるという理由もあった。そもそも彼らはプロイセンへのどのような接近にも反対していたのである。ホーエンローエは、バイエルンの独自の国家性を強調していたのだけれども、彼らの目にはプロイセンの友人と映っていた。多数派である愛国党の明確な見解によれば、紛争が起こった場合にプロイセンに対する同盟発動の義務が生じるか否か、いつ生じるかという問題を決定するのはバイエルンだけであり、バイエルンが自由に決定するべきことであった。彼らは、政府の自由主義的＝反教権的な路線と闘い、自由主義的な経済立法や自由主義的な学校法案と、そして行政の親自由主義的な姿勢と闘った。首相がヴァチカン公会議と教皇至上主義《ウルトラモンタン》派に反発する姿勢を示していたことが、緊張関係を強めた。ホーエンローエは秋の選挙の直後に辞職しようとしたが、しかし国王〔ルートヴィヒ二世〕に説得されて職に留まった。しかし、二人の最も重要な自由主義的な改革大臣は罷免された。一八七〇年の一／二月には議会で不信任が決議されるに至り、それを受けてホーエンローエは――国王、さらにはビスマルクの要望に反して――三月七日に辞任した。彼は、一方では、例えば再び議会を解散して紛争がさらに激化する場合に国王が後ろ盾になってくれるか、確信が持てず、他方では、自分が退陣すれば反対派は分裂してしまうだろうと予測していたのである。彼の後任となったブライ＝シュタインブルクは、カトリック的＝保守的で、愛国党の路線により近いように思われた。彼の任命は、路線の転換ではないが、路線の一定の修正を意味するものと受け取られることを意図していた。ドイツ政策の面では、彼はヴュルテンベルクと密接に協力しながら現状維持と待機の政策を推進しようとした。しかし、内政面での危機はなおもくすぶり続けた。三月末に下院は、特別軍事予算の半分を削除したが、さらにいっそうの減額と、とりわけ現役期間の短縮を要求してくることが予見され、議会外ではそのような政策を支持する活発な請願運動が展開された。しかし、その結果、プロイセンへの軍事政策面での同化の全体が脅かされることになったのである。新政府にしても、これらの問題では譲歩するつもりも妥協するつもりもなかった。反教皇至上主義の立場に立つ国王とその側近たちは、例えば予算が成立しない状態が生じても議会多数派に対抗して統治することを決意しており、それどころかクーデタを起こす可能性さえ議論されていた。その限りでは、新たな危機に向かう道が開かれつつあったのである。自邦中心主義的な反対派が収めた最初の成功は、決して最終的なものではなかったのであった。

ヴュルテンベルクとバイエルンにおける危機が一般史にとって重要な意味を持つのは、ドイツ政策が停滞状態に陥っていたのか、それとも進化的な発展の可能性が存在していたのかという問題群の重要な一部分を成しているからであり、そしてそれとともに、ビスマルクは、本来、前方への逃避、すなわち戦争への逃避という逃れ道しか残されていない状況にあったのかという問いと、密接に関連し合っているからである。当時におけるヴュルテンベルクとバイエルンの未完の危機を比較的詳しく分析してみれば、これらの危機は、こんにちしばしば見受けられるように、停滞状態と発展の行き詰まり状態に陥っていたことを示す徴候の一つと単純に解釈するわけにはいかないことが、分かってくる。

南ドイツの二人の国王は、第一に憲法体制政策上の理由から議会多数派に譲歩することを望んでおらず、譲歩は君主支配の終わりを意味すると考えていた。そのような姿勢は、もちろん、いずれにしてもヴュルテンベルクではほとんど必然的に親プロイセン的な国民自由主義者たちとの一種の同盟へと通じざるを得ず、おそらくバイエルンでも同様だったが、ただバイエルンの場合には保守的=王党派的な部分が反対派から分かれるという可能性も存在していた。いずれにしても両邦の政府はプロイセンとの同盟を頼らざるを得なかったのである。ヴュルテンベルクの大臣ファルンビューラーは、時として、プロイセンとの合同だけがこの邦をアナーキーから救ってくれるとさえ考えていた。要するに、どちらの君主国も、民主派や教皇至上主義派よりも国民自由主義派、さらにはプロイセンと手を結ぼうとしていたのだった。その限りでは、まさに南ドイツで反プロイセン的な運動が収めた見かけ上の勝利は、ドイツ政策が進展していくための新たなチャンスを提供していたのである。

理由はまったく異なるけれども、バーデン大公国にも簡単に言及しておく必要がある。この邦では、政府と議会多数派との間にドイツ政策に関する緊張関係は存在していなかった。どちらの側も、北ドイツとの合同を断固として支持しており、そして成立しつつあったカトリック的で反プロイセン《ボルシア》的な反対派と敵対していた。しかし、バーデンは、当時、――ドイツ的な諸条件の下で――憲法体制に関わる一種の壮大な実験の最中にあった。すなわち、自由主義派が「統治する党」（ガル）となり、党の指導者たちが指導的な大臣となっていたのである。まさにそのようなやり方で憲法体制を事実上根底から変えていって議会主義化に至るという、自由主義派にとっての進化的な選択肢が、ここに姿を現わしたように思われたのだった。もっとも、比較的仔細に観察してみれば、立憲君主政の下での大臣たちと、議会の党との関係は――たとえ大臣がかつては党に所属していて、あるいは依然として所属していたとしても――いかに困難なものに留まっていたのかが、分かってくる。この時期の歴史は、政府と議会多数派との間の衝突、議会多数派からの批判を逸らして補償を与えようとする政府側の戦略（例えば自由主義派がはまり易かった文化闘争を通して）、政府が議会から自立しようとする傾向の強まり、そして多数派としての地位を失う恐れの高まり、などに満ちている。ガルは、その点に、実験の失敗、自由主義的な戦略の挫折を見て取ろうとした。私には、そのような見方は行き過ぎていると思える。バーデンを、とりわけ一八六六年から一八七一年までの時期にドイツ政策が圧力となっていた諸条件の下で、ドイツ全体の国民国家と比較することはできないし、政府と議会多数派との間の緊張関係を絶対視することもできないのであって、この種の事態は、結局は十分に機能している議会主義国家（例えば当時のイギリス）や、さらには私たちの時代の政党国家にも見受けられるものなのである。バーデンのあり方が最終的に有効性を発揮できたかどうかについては、――帝国建国後には――もはや決着がつけられることはなかった。もっとも、ドイツにおいては、明確に反対派としての立場を強調する政党の伝統と、統治の責任を引き受けることとの間には強い緊張関係が存在していたこと、そして、長い目で見れば、市民層とプロテスタントを主たる基盤としていたために社会構造的に少数派としての地位を占めざるを得なかった自由主義派の場合にはいっそうそうであったこと、このことははっきりしている。

第4節　一八七〇／七一年の戦争

a　戦争への過程

私たちは一八七〇／七一年の戦争に目を向けることにしたいが、もちろん最初に開戦に至る過程と開戦の原因を見てみたい。この点を巡っては論争が存在しており、そしてこの一群の問題は、ビスマルクの政策の性格と、それにもまして、この建国戦争によって刻印された帝国《ライヒ》の統一及び帝国の性格にとって、十分に重要なものである。それゆえ、私たちは多少個々の点にまで立ち入る必要がある。

まず問題となるのは、ドイツ政策、とりわけビスマルクがそれまで追求してきたドイツ政策と国内政策は一つの袋小路に陥ってしまって、阻止されて停滞状態となり、それゆえ危機と戦争が容易に考えられる望ましい事態、それどころか唯一の脱却路となってしまっていたのだろうか、それとも、中期的に考えてみた場合にも他の進化的な可能性がなおも存在していたのだろうか、ということである。ビスマルクは一八七〇年の時点で、国内政策とドイツ政策において何らかの成功を収めなければならないという差し迫った圧力を受けていたのだろうか？　この問いには結局のところ答えようがない。もちろん、一連の失敗が存在していた。関税議会の選挙結果、南ドイツにおける反対派の強大化、バイエルンとヴュルテンベルクの政府危機、国民自由党と北ドイツ連邦加入を望むバーデン人たちの待ち切れないという失望と不穏な姿勢、皇帝計画の撤回、などがそうであり、さらに一八七一年には軍事予算の取り扱いを巡って紛争が起こる恐れが迫っており、そして紛争になればドイツ内部の関係やビスマルクと国民自由党の関係にとって重荷となるに違いないことが予見できた。しかし、その一方では、一八六六年以来南ドイツと北ドイツの関係はより緊密になり、特に軍事政策と関税政策の面ではそうだった。揺り戻し（そして、自邦中心主義的な反対派が収めた成功）があったにもかかわらず、関税議会は一種の国民的《ナツィオナール》な政策へと向かう途上にあったし、バイエルンとヴュルテンベルクにおける危機はプロイセン的で国民的《ナツィオナール》な解決にとって有利な方向に展開していくかもしれなかった。一八七七年に予定されていた関税同盟条約の更新は、どのような形であれ、南ドイツとの統合を強めるために圧力をかける理想的な手段をプロイセンに与えていた。そのことを、ミーケルのような賢明な国民自由党員たちは計算に入れていたし、関税同盟条約の解約という「親指ねじ」〔親指を痛めつける拷問道具〕について語っていたバイエルンの愛国党員たちも認識していた。この点に関しては、本来、南ドイツはどのような異なる選択肢をも持ち合わせていなかったのである。もちろん、そのような事態は中期的な期間が過ぎてから初めて生じ得るものであり、そしてそれまでには多くのことが――例えば、経済状況や、関税政策に関する情勢が――変化することもあり得た。しかし、全体とすれば、南ドイツにとって現状維持は長い目で見れば選択肢にはなり得なかったと思われるのである。

さらなる進展のチャンスについての私たちの評価と同

様に、当事者たちによる状況の評価も分裂したものだった。自邦中心主義者たちは、ほとんどどこでも防御の立場に立たされていると感じて自分たちの可能性が尽きつつあると考えており、フランスの外交官たちは統一へのプロセスが言わば必然的に進みつつあるのだと見ていた。これに対して、国民《ナツイオナール》派の人たちは、しばしば焦りに駆られて、必ずしも希望に満ちてはいなかった。ビスマルクや老国王が、時間はゆっくりと進むものだし、大規模な変革には長い期間がかかるのだと指摘したのは、忍耐するように戦術的に警告したものだったのかもしれないし、実際に希望を説いたもの、あるいは懐疑や恐れに対抗するために希望を呼び起こそうとしたものだったのかもしれない。ビスマルクが特に時間的な圧力の下にあると感じていたとは——通常の人間的な焦りや、並はずれて行動的だった政治家の行動意欲を別にすれば——、私の見るところでは、言えない。そして、彼が客観的に時間の圧力を受けていた、すなわち、さらなる成功を収めなければ自らの地位を、あるいは少なくともプロイセンの君主政に新たな国民的《ナツイオナール》な正当性を付与するという自らの目標を危険に晒すことになった、とも言えない。彼はなおもしばらくの間は、例えば一八七七年〔関税同盟条約の更新期〕までは、現状維持のままで行くことができたはずだ、と私は思う。彼が結んでいた政治的な同盟関係は、現状維持に耐えられないほど不安定なものではなかったのである。

その限りでは、言わば前方への逃避、戦争と危機に打って出る必要性は存在していなかったのだった。確かに、フランスが進化的な形の統一に対してすら戦争という手段で介入して抵抗する可能性は、当時の人びとにはありそうなことと思われていたし、実際にもありそうなことだった。しかし、それは確実なことではなかったし、ナポレオンの健康状態とフランスのエスタブリッシュメントのなかの抵抗勢力を考えれば、宥和的な解決も可能かもしれなかった。もっとも、歴史的に決定的な意味を持つ問いは、それとは幾らか異なる点を標的としている。すなわち、ヨーロッパ戦争が統一に先行する場合には、統一はこの戦争によって著しく速められることになるのではないだろうか、という問いである。それは、ビスマルクにとっても彼とともに行動したすべての洞察力に富んだ人たちにとっても、明らかなことであった。もっとも、戦争の予測し難い側面や、生じ得る逆効果を考慮に入れる必要はあった。しかし、戦争は——もちろん「正当な」戦争でなければならないが——統一の触媒になるだろうという見方が、戦争を考え得るものとしたばかりでなく、いずれにせよ当時の国際関係の状況の下では、望ましいものとしたのだった。戦争はおそらく、長い時間をかけることになる平和的で進化的な統一に対する、もう一つの選択肢でもあったのである。戦争が起こるのであれば、その戦争を、可能性を孕むものとして捉えることができた。しかしながら、このことは、――ビスマルクが避けようのない時間の圧力を受けていたと想定するのでない限りは――この戦争を何としてでも引き起こそうとしたということを意味したわけではなかった。

私たちは、一八七〇年の戦争の本来の前史に目を向けることにしたい。スペインで、一八六八年の秋に軍部が絶対主義的な女王〔イサベル二世〕を追放した。彼らは、立憲主義的な君主を探し求めたが、フランスが後押ししたブルボン家の候補者を拒否して、以前のギリシャ人やベルギー人の場合と同様に、数多いドイツの君主一族の一つに、今回は、数年前のルーマニア人と同じく〔ジークマリンゲン家からカロル一世が迎えられた〕、ホーエンツォレルン家の南ドイツ＝カトリック系の支流（ジークマリンゲン家）に目が向けられた。それは、通常のことであると同時に通常とは異なることでもあった。なぜなら、この場合は、コーブルク家〔ベルギー王レオポルド一世を出した〕や他の小君主家ではなくて、確かにカトリック教徒で本来はプロイセン王家よりもナポレオンとの親戚関係のほうが濃かったとは言え、しかしプロイセン王家と一族関係にあり、同じ家名を名乗っていたのだからである。ビスマルクは、フランスに波及効果を及ぼさざるを得ず、その限りではチャンスとリスクとの双方を孕んでいたこの件を、初めから関心を持って、しかし第二級の問題として控え目な態度で見守っていた。彼は、後の弁護者たちが主張したように何の関わりも持っていなかったわけではなくて、プロイセンとスペインの同盟という考えも浮上していた。フランスの政策にとっては、この件は天の恵みのようなものだった。プロイセンがスペインに関与することになるのは、誰の目にも明らかだった。それは、プロイセンの政策を大プロイセン主義的で「反動的」なものとして描き出して、ヨーロッパの目から見て、さらにおそらくはドイツの目から見ても、国民的《ナツィオナール》な運動と切り離す可能性を生み出してくれたのである。それと同時に、ナポレオン体制のジレンマ、すなわち国民原理を引き合いに出しながらドイツ国民国家の形成には反対するというジレンマから逃れるのを可能にしてくれた。それゆえ、フランス政府は、早い時期に拒否を申し立ててこの件の全体を粉砕してしまうことは避けたのだった。一八六九／七〇年の冬に、この件が具体的な形を帯びるように見えてくると、ビスマルクは、一八六六年以来初めて外政の分野でイニシアチブを発揮するようになり、ホーエンツォレルン家の一員が国王候補となることを明確に奨励した。彼は、国王ヴィルヘルムの同意を、――論拠は相手に合わせたものだったが――カール五世の下でのハプスブルク家の世界的な地位を思い起こさせ、国民《ナツィオナール》帝国的な、そして君主政にとっての成功（ルーマニアからスペインにまで至る）を指摘することで取り付けたが、それと同時に、カトリックの南ドイツの君主がプロイセンの助けを借りて国王位に就くことが南ドイツに及ぼすであろう作用、さらには国民感情全体に及ぼすであろう作用をも計算に入れていた。確かに、問題となっていたのは些細な事柄ではなくて、権力闘争のなかで有利な位置を占めて「外交的な成功」を達成するチャンスという問題であり、そしてそれに相応してしっぺ返しを食うリスクという問題であった。しかし、それはまだ――その後の歴史が示しているように――ラディカルなビスマルク批判者たち（例えばJ・ベッカー）が考えているような戦争に向かう政策、戦争への挑発を意味していたわけでは決してなかった。ビスマルクは、ナポレオンとオーストリアが封じ込め政策を強めたのに対抗しようとしたのであり、反攻勢を開始して、フランスの政策を困惑させ、パリにおける対決派と調整派の争いに影響を及ぼそうとしたのである。そのような行動は、おそらくは国民的《ナツィオナール》な感情を動員して、ドイツ問題を、ヨーロッパにおける諸条件のゆえにも陥っていた停滞状態から解き放ってくれるかもしれなかった。どのような可能性をも――調整を通してフランスがドイツ国民国家の建設を平和的に受け入れてくれる可能性や、フランスが外交的な敗北を喫する可能性、そして危機が高まり、特に重大な敗北を喫するという極限的なケースではフランスが戦争に踏み切るという可能性をも――ビスマルクは彼の計算から除外してはいなかった。たとえナポレオンが反攻勢に出たとしても受け止めることができると、彼は信じていたのである。

状況は尖鋭化していった。なるほど、国王候補であるレーオポルトは、一族の「長」であるプロイセン王がこの件を積極的に支持しようとしなかったので、一八七〇年四月二十日に候補となることを拒否した。ビスマルクは、この問題は既に言わば処理済みになったと考えた。しかし、パリでの状況が変化したのである。すなわち、五月十五日に、それまでウィーン駐在大使だった「タカ派」のグラモンが外務大臣になったのだった。彼は、ナポレオン体制を外政上の成功で、すなわち攻撃的で断固とした反プロイセン的な政策を取ることで、安定させようと考えた。それは、もはや単なる封じ込め政策、ましてや「宥和政策」ではなくて、（外交的な）「巻き返し《ロールバック》政策」を取ることを意味した。ビスマルクは、対決に至るかもしれないという可能性を受け入れた。彼もパリの政府も、どちらの側も外交的な成功を収めるために挑発することをもためらおうとしなかった。ビスマルクはいまや本格的に攻勢に出たのである。スペイン国王候補の問題が――スペインで――改めて息を吹き返した。ビスマルクは、ホーエンツォレルン侯の世子レーオポルトが今回は候補となるのを受諾することを確実にし、そしてプロイセン王から同意を取り付けることに成功した（六月十九／二十一日）。確かにそれは既に無条件に戦争を決意したということを意味したわけではないが、しかし面目を保ったままで妥協したり外交的な手詰まり状態に陥ったりすることは、完全に不可能になってしまったのであった。その際にビスマルクは、この問題は王家に関わる事柄なのであって国家や政府に関わる事柄ではない、という虚構を維持し続けた。それは一種の言葉の綾に過ぎなかった。この虚構は、フランス側の敵対的な反応に初めからネガティブな光を浴びせること――「単なる」王家の問題なのに自らの覇権を誇示しようとしている、という――、それどころかフランスを不利な立場に誘い込んで、それと同時に撤退の可能性をも確保することを狙うものだったのである。フランスの反撃はドイツ人の国民的《ナツイオナール》な感情を動員するはずだという考えも、彼の計算には含まれていた。しかし、候補の受諾に引き続き国王への選出が行なわれて既成事実を創り出すというビスマルクの目論見は、決定的な電報〔レーオポルトが受諾したことをスペインの使節が本国に伝えた電報〕に記されていた日取りが誤って解読されたために〔この結果、スペイン国会は休暇に入ってしまっていた〕、失敗してしまった。一件が――早過ぎて――明るみに出て、「スペインの爆弾が破裂」し、フランス政府が抗議の意志を表明して（七月二日）、グラモンは議会で（七月六日）、王家のみに関わる問題という虚構を一蹴して、プロイセンとその政府の責任を問い、ホーエンツォレルン家の一員がスペイン王に選出されるのはフランスにとって耐えられないほどに権力がプロイセンに有利なように移動することを意味し、カール五世の時代のように二方面から脅かされる状態の再現をもたらすものであり、――幾らかの留保を付けた形でではあったが――フランスはこれに対して戦争で応えるしかない、と宣言した。その背後には、スペインでの問題を通して国民的《ナツイオナール》な統一を前進させるというビスマルクの計算への拒否も存在していた。フランスは無条件的な拒否を突きつけて、撤退や調整の可能性を断ったのであり、無条件的な勝利に賭けたのである。イギリスとロシアは――それまではプロイセンとフランスの対立に関しては中立の立場を取っていたのだが――フランスの姿勢に理解を示した。プロイセンが仕掛けた攻勢は失敗してしまったのである。ビスマルクは、自らの立場が維持し得ないものになったことを認識して、撤退を開始した。それと同時に、彼は、全力を挙げて敗北を和らげるように努めた。一方で、彼は改めてこの件は王家の、より正確に言えばジークマリンゲン家の問題に過ぎないと宣言し、他方で、ホーエンツォレルン侯カール・アントーンは、プロイセン王からの助言もあって、子息のレーオポルトがスペイン王の候補となるのを断念することを七月十二日に公に発表した。なおも、プロイセンは面目を保つことが可能なように思われた。

　しかし、これで一件落着とはならなかったのである。ナポレオンは、明確に封じ込める外交的勝利を収めたことで満足しただろうが、しかし世論はさらに追い詰めることを求めたのであり、政府は一種の反攻勢に転じた。成功に依存していた政府は、事実上の成功をさらに拡大し、公にいっそう明確で効果のあるものにすることを望み、王家と国家とを分けるというベルリン政府の人為的で古風な「言い逃れ」に満足しようとはしなかったのである。当時の政治では、「威信」と集団的な「名誉」とがなおも圧倒的な役割を果たしていた。それゆえ、パリはプロイセンに屈辱を与えることを望んだのであり――あるいは、プロイセンが屈辱を受け入れないのであれば、戦争へと挑発しようとしたのだった。ベルリンの側でも――そのような威信政策の意味において――パリに対してグラモンの演説への釈明を要求する、あるいはロシアとイギリスからホーエンツォレルン家（及び、プロイセン）に一種の謝意を表明してもらうという案が検討された。しかし、それは単なる検討に留まったのであり、精々のところ敗北を和らげることを狙ったものに過ぎず、戦争を引き起こし得る、あるいは戦争を意図した最後通牒のようなものではまったくなかった。しかし、フランスの側は行動したのである。フランス大使のベネデッティが、エムス温泉で（七月十三日に）プロイセン王に対して、先にレーオポルトが候補となることに同意したのはフランス国民の利害と名誉を損なう意図によるものではなかったこと、また、改めて候補になるとしても決して同意しないであろうことを表明してくれるよう、すなわち一種の謝罪と文書による保証を求めた。ヴィルヘルムは、レーオポルトが断念したことに改めて明確に同意すると述べたが、ベネデッティの要求は、完全に慇懃な外交的な形ではあったが、拒否した――要求に応じるのは、君主の威厳とプロイセンの権勢についての彼の感情に合致するものではなかっただろうからである。こうして、フランスが仕掛けた攻勢は、プロイセンの外交的な敗北をいっそう明確なものにし、その威信を公然と失墜させることを狙っていた限りでは、失敗に終わった。しかし、依然として、敗北を喫したのはプロイセンの側だった。

再びビスマルクの側が反攻勢に打って出た。国王がエムス温泉から報告するために送ってきた長文の電報を、彼は一般の人たちに向かって発表するために書き直した。すなわち、出来事の流れを圧縮し、国王とベネデッティとの出会いを対決へと、フランス側が完全に協調の意志がある国王に――そして、それとともに国民《ナツイオーン》全体に――屈辱を与えようとした試み、そしてそのような不当な要求に対する国王の毅然とした拒否へと、尖鋭化したのである。それが、これ以降有名になった「エムス電報」だった。フランスからの挑発がいっそう挑発的な形で退けられ、プロイセンの外交的な敗北がフランスの敗北に転じたように見えたのである。それと同時に、この電報は――いまや公然とした形で――王家の問題を国民的な問題に、外交的な事件を民衆の問題に変えてしまった。「スペイン国王候補問題は消え失せて、ドイツ問題が始まるのだ」、と南ドイツのある政治家は評している。国民《ナツイオーン》が意気阻喪する恐れ――フランス外交の一つの目標だったのだが――は、かつて見られなかったような意気軒高たる状態へと一変した。このような敗北をパリの政府と議会は甘受するつもりはなかった。パリの政府は、その日のうちに（七月十四日）軍隊の動員と熱烈に開戦を訴える演説で応え、議員たちはこの演説に盛大な喝采を送った。フランスの世論全体がドイツの場合と同様に紛争のナショナリズム化に捉えられ、ドイツ国民国家が結成されるという脅威に反対し、それゆえ何よりも戦争を決意していたからであり、そしてこの決意は基本的にはスペイン危機の経緯からは自立していたのだった。七月十九日にフランスはプロイセンに宣戦した。それとともに南ドイツ諸邦にとって同盟発動の条件が整えられた。しかし、いっそう重要だったのは、エムス電報以来、ビスマルクは国民《ナツイオーン》の圧倒的な部分を彼の側に、プロイセンの側に引き寄せたということであった。国民の側からのそのような同意がなければ、この世紀の最後の三半期においてプロイセンとフランスの間の戦争を戦うのは不可能であることを、ビスマルクは長らく前から承知していたし、彼はそのように国民を動員する必要性をあらゆる判断に際して常に計算に組み入れていた（そして、列強に対してはしばしば国民的《ナツイオナール》な革命が起こる可能性を指摘し、この「切り札」をも行使していた）。この戦争は、初めから国民的《ナツイオナール》な戦争、ドイツ戦争だったのである。フランス政府は、ビスマルクに誘い込まれて、不手際と自らの衝動という二つの原因のために、危機の最後に当たってまさに本来は避けようと望んでいた事態を挑発してしまったのだった。すなわち、ドイツ人の国民《ナツイオナール》感情をプロイセンの側に動員してしまうという事態を。

ビスマルクの政策は、計算されたリスクを冒そうとする政策であり、そこには戦争も含まれていた。彼はパリの敵対者たちと同様に、――そして、それはこの時代のヨーロッパの政策の基本的な前提条件に属していたのだが――国民的《ナツイオナール》な名誉に抵触するような外交的な敗北を甘受するよりは戦争というリスクを冒すことを決意していた。その限りでは、彼の政策はパリの相手側のそれと異なるものではなかった。そして、――勝利を収めた――戦争は彼の本質的な政治的目標の実現を促進してくれるに違いなかったから、彼には戦争に踏み切る用意もあった。しかしながら、彼の政策は「戦争政策」ではなかったし、戦争に向かって操作しようとしたものではまったくなかった。ガルは、ビスマルクの最初の撤退――七月の時点での――は実際にはフランスを戦争へと挑発するための一つの手段だったのだと主張している。すなわち、ガルによれば、ビスマルクはパリを、プロイセンの見かけ上の弱さを存分に利用してプロイセンの敗北を明白なものにしようという方向へ誘い込んだのだとされる。そのような状況が生じれば、ドイツとヨーロッパの世論の前でフランスの不当さを訴えるのが容易になるというのが、ビスマルクの戦術だったのであり、自らの振舞いに関する彼の主張——自分はフランス側の攻勢を避けようとしていたのだが、譲歩的な国王がプロイセンを外交的な敗北へと追い込んでしまったのであって、そしてフランスが節度のない要求を突きつけてきたことのみが状況を逆転させたのだという——は、脚本家ビスマルクが生み出した大いなる伝説の一つに他ならないのである、と。確かに、ビスマルクは偉大な戦略家であり、平和的な回避を望んでいたのだという主張は信じるに値しない。しかし、その種の「マスタープラン」が存在していたわけではなかった。ビスマルクは、スペイン問題では——いつものように——複数の路線を取っていたのだった。彼は、危機の最後の段階では本質的には迫りくる敗北を避けることを望み、そしてぎりぎりの最後になってようやく（エムス電報をもって）戦争を視野に置いたのである。フランス側がプロイセン王に行き過ぎた要求を突きつけることや、一八七〇年におけるフランス国内の展開は、予測不可能なものであり、ましてや計算できるものではなかった。それどころか、エムス電報に対してさえ、なおも宣戦とは異なる反応もあり得た。グラモンとベネデッティの取った行動が、戦争を挑発したのである。あれやこれやの論拠にもまして、六月／七月のフランスの「戦争政策」に対してヨーロッパがネガティブな反応を示したという事実が、フランス側の政策は、マキャベリズムの巨匠であるビスマルクが撤退すると見せかけて敵を自らが望む戦争へと誘ったチェスの駆け引きに反応したものというよりも、それ以上のものであって、それ自体の質と構造とを有していたことを示している。ボナパルティストたちは、挑発されるまでもなかったのであった。彼らは、自分たちの外交的な成功を究極まで利用し尽くそうと望み、そのために困難な状況に陥ると、リスクと戦争を引き受けようとする彼らの姿勢が戦争への意志へと流れ込んでいったのだった。

開戦に至った責任への問いは、指導的な政治家たちが成功を収めねばならないという圧力にどの程度晒されていたと評価するのかという問題とも関連している。確かなのは、ナポレオン体制自体が、単なる外交的なものであろうと敗北を喫するというリスクを冒すことができなかった——それは、単に戦争派の立場であるだけに留まらなかった——ことであり、そのことが戦争への用意、究極的には戦争への意志の説明となる。ビスマルク（ここでは、プロイセン国家及びその政府を人物と同一視せざるを得ないのだが）の場合には、問題はもっと厄介である。私たちは、彼のドイツ政策の出発点となった状況と、その政策が持っていた複数の選択肢と、そしてその解釈の可能性について、述べてきた。ビスマルクを批判する人たちは、彼は、自由主義的な「危険」を排除し、新たなドイツ国家《ライヒ》のプロイセン的＝軍事的な性格と彼自身の地位とを確実なものとするために統一と統合とを目指す戦争を引き起こしたのだ（見かけ上は防御のためとして）、と考える。そのような見方は不適切なものなのであって、帝国建国を実現するための道をビスマルクは様々に持っていたのに、帝国建国が結果として及ぼすことになった作用を、原因に、そして彼の基本的な関心事に、具体的な状況の下での具体的な動機に、遡って投影しようとするものに他ならない。ガルは、ビスマルクは成功への強制の下にあったのだという言い方をしている。すなわち、ドイツ問題における停滞や後退は、ビスマルクの地位や政策を全体として脅かすことになっただろうし、静止状態に留まるのは達成されたすべての成果を根底から揺るがすことになっただろうから、ヨーロッパ的な規模の危機のみが、まさに南ドイツを視野に入れた場合には、国民的《ナツイオナール》な政策を前進させることができたのだし、またそれを通して、達成された成果を確実なものにすることができたのだ、と。しかし、そのような見方は、ビスマルクの、基本的にダイナミックなものであった国民《ナツイオナール》政策から析出して構築された、抽象的な論理であるのに過ぎない。当時の現実のなかでは、一八六九／七〇年のビスマルクの状況は、既に述べたように、いかなる代償を払ってでも戦争を求めることを彼に強いるようなものではなかった。彼は待つことができただろうし、スペイン危機がなくとも政治的に生き延びたことだろう（不安定なヨーロッパの状況の下で数多くの可能性が常に生じては消えていくなかで）。もちろん、彼のドイツ政策が直面していた困難な状況のゆえに、危機や戦争の可能性が言わば自ずと浮かび上がってくるのであれば、その可能性を試してみようする姿勢も生じる。確かに、スペイン問題によって生じた状況と、それに応じたフランスの政策は、ビスマルクの本来の目標にとって極めて好都合なものであった。これによって、自らのいかなる行動によっても可能であった以上に、国民《ナツイオナール》感情が動員され、そしてそれは南ドイツでは決定的な意味を持った。下から十分な支持を受ける「上から」の国民《ナツイオナール》政策、それが、政策全体に関するビスマルクのプログラムにとって理想的な姿だったのである。とは言え、それゆえ彼はそのような状況を創り出したのだと考えるのは、間違っている。しかし、彼はそのような状況に喜んで飛びついたのだった。確かに、彼は危機をもたらす役割をともに担った。彼は戦争を計画していたわけでも解き放ったわけでもなかったが、しかし戦争の可能性を進んで利用したのである。

この問題を別の面から見てみよう。両国、プロイセンとフランスは――それぞれ異なる時期に、そして異なる程度に――どちらも危機が尖鋭化するのに寄与した。両国は、どちらも重大な外交的敗北を甘受するよりは戦争というリスクを冒すことを望み、自国が成功を収めることを望んで、相手側の攻勢を防いで相手側の敗北へと尖鋭化させることを望んでいた。戦争にまで尖鋭化させること――それは、依然として政治の手段として認められていたのだが――は、どちらにとっても結局のところは望ましからざる事態ではなかったのであり、その限りでは両国は完全に意志と自覚をもって戦争に入っていったのだった。どちらの国も、自らの国家理性の正当な目標のために戦った――一方は国民国家の建設のために、他方は権力の明確な喪失を避けるために。その限りでは、どちらの側に戦争責任があるのかと問うのは、問いの立て方を間違っているのであり、どちらの側もともに巻き込まれているのである。しかし、さらに言えば、この戦争においては、原因と直接のきっかけとが珍しい形で分離している。原因という点から言えば、ビスマルクのドイツ政策が――ナポレオンの威信政策にもまして――重みを持っており、直接のきっかけと具体的な前史という点から言えば、フランス側の行動と過剰反応とがより大きな重みを持っている。フランスは現状維持政策を取り、現状のヨーロッパにおける権力状況を保とうとした。すなわち、自国が（半ば）覇権を握っている状態と、ドイツが分割されている状態とを維持しようとしたのである。それは防御的な姿勢であり、権力政策的には理解できるもので、ほとんど正当なものであった。これに対して、プロイセンは現状をダイナミックに変えようとする勢力であり、それゆえ防御的な姿勢を取ってはいなかった。したがって、具体的な危機においてフランスのほうがプロイセンよりも遥かに強く戦争に向かって舵を取り、最終的に戦争を解き放ったのは、双方の主たる傾向をほとんど逆転させたようなものだったのである。しかしながら、ヨーロッパの「新しい」正当性の原理、すなわち国民《ナツイオーン》の原理という意味で言えば、事態は逆だった。プロイセンのドイツ政策は――拡張的でダイナミックなものだったけれども――徹底して正当なものだったのである。自国の国境外での国民的《ナツイオナール》な統一、すなわちドイツ統一を必要とあらば戦争をもって妨げようとした（あるいは、非現実的な「補償」によってのみ許容しようとした）フランスの政策は、――現状維持を志向していたにもかかわらず――干渉主義的で攻撃的であり、新たな理念政治的な正当性を欠いていた。勢力均衡と権力の維持は、国民的《ナツイオナール》な新秩序に対抗するだけの重要性を持たなかったのである。

　フランスの政策の攻撃的な姿勢と不手際のために、さらにはビスマルクの世論政策のために、戦争は――パリが危機の初期に計算していたような――プロイセンとフランスの（南ドイツが中立を保つ）戦争とはならなかった。戦争はドイツの戦争となってしまったのである。諸邦政府、世論、民衆は（ほぼ）一致してプロイセンの側に立ち、フランスに敵対した。バイエルンの愛国党も、一八七〇年七月に戦争と必要な戦債に賛成票を投じた。それまでの南ドイツにおける反プロイセン《ボルシア》的な風潮に期待をかけていたフランスの計算は、水泡に帰した。これに対して、国民《ナツイオーン》全体を、とりわけ南ドイツを動員する、それも「上から」動員するというビスマルクの計算は、的中した。すなわち、ビスマルクはエムス電報によって戦争を国民《ナツイオナール》戦争にしたのであり、そしてフランスはそのためのあらゆるチャンスを彼に与えてしまったのだと言うことができるだろう。いまや、もはや諸邦政府間の同盟を発動するということではなくて、依然として強力に存在していた自邦中心主義や反プロイセン感情の一切を乗り越えて防衛のために国民的《ナツイオナール》に決起することが、問題となったのだった。そしてドイツの人たちは、戦争目標を確信していた。フランスの攻撃的な拒否に抗して国民的《ナツイオナール》な統一を実現することが、それだった。これに対して、フランスの側は一般の人びとに受け入れられるようないかなる戦争目標をも持っていなかった。南ドイツをプロイセンの覇権から護る（南ドイツ自身の意志に反して）ことも、あるいはプロイセンが一八六六年に増大させた権力に改定を加えることも、あるいはライン地域で新たな影響力を獲得することも——いずれもヨーロッパではもはや正当性を有するものではなかった。

最後に、私はガルの説得力のある論点を紹介しておきたい。すなわち、ビスマルクのプロイセン＝ドイツ的な戦争目標は、現状維持に矛先を向け、新秩序の確立を目指すダイナミックなものだった。しかしながら、ビスマルクは、古くからのヨーロッパの保守的な伝統を受け継いだ人物で、モダンな人物でもナショナリストでもなく、諸国家と勢力均衡を土台として考えていたので、彼の構想のなかには、この戦争によってヨーロッパの列強間の秩序を転覆させたり革命的に変えたりしようという考えは含まれていなかった。この戦争は、そのような秩序に修正を加えるだけであり、現実と正当性との間の——ドイツの部分的な諸国家と国民国家原理との間の——矛盾を取り除くべきものであった。戦争目標は最小限のものであり、それは調整や妥協によっても実現できたであろうものなのである。その限りでは、ヨーロッパに革命をもたらしたこの戦争は、本来、保守的な特徴を帯びていた。この戦争は、変化を誘導し、変化を、現存しているもの、社会とヨーロッパの権力配分の基本構造の枠内に留めることを意図していた。すなわち、この戦争は、世界を転覆させようとするものではなくて、初めから限定された目標を持っていたのである、と。私たちは、この点を念頭に置いておく必要がある。

b 戦争の経緯

戦争が始まった時には、兵員数の点でも組織の点でも、練度や武装の点でも、軍事的にどちらかがはっきりと優位に立っているということはなかった。組織を編成し直す困難さには、どちらの軍隊もほぼ同程度に見舞われた。確かに、当初はドイツ軍が数的には優勢でフランス軍の三十四万に対しておよそ五十二万だったが、この差は長続きせず、秋にはそれぞれ百万を超える部隊が対峙し合った。速やかな攻勢をかけるというフランス側の計画は、組織の欠陥のために進展しなかった。ドイツ側の計画は速やかな包囲戦と決戦を目標としていた。ドイツ側のモダンな点は、まず鉄道を利用して進軍したことであり、次いで電信を活用し、さらには参謀本部による作戦指揮を導入したことだった。しかし、参謀総長モルトケはまだ行軍を完全に掌握するに至っておらず、それゆえ八月の初期の戦いは——ヴァイセンブルク、ヴェルト、シュピヒェルン、それどころかグラヴロトとサンプリヴァの場合にも——言わば彼の大規模な戦略とは別個に起こった。しかし、それらの戦いは成功を収め、ドイツの雰囲気と世論に大きな作用を及ぼした。軍事的には、それはフランス軍の後退へと繋がった。フランス軍の一部分はメス〔メッツ〕の要塞に閉じ込められた。主力部隊の総司令官だったマクマオンはパリまで退却しようとしたが、しかし政治的な理由からメスを解放しようと試みざるを得ず、そしてモルトケの大胆で敏速な作戦——パリを目指して進軍しつつあった部隊が方向を転じた——によってセダン〔スダン〕の近くで包囲され、降伏を強いられた(九月二日)。十万の兵士とともにナポレオンも捕虜になった。それはほとんど古典的と言ってもいい決定的な戦闘だった。この出来事が戦争の性格を一変させた。

パリで共和政が宣言され、そして新政府は九月六日に講和を締結する用意があることを宣言した。新政府は、ドイツにおける新たな取り決め、すなわちドイツ国民国家の形成にいかなる異議も唱えないことを正式に宣言したが、しかしフランスの領土的一体性を断固として護ることをも表明した。それには十分に意味があった。なぜなら、この間にドイツ側の戦争目標が変化してしまったからである。すなわち、いまやエルザス〔アルザス〕とロートリンゲン〔ロレーヌ〕の割譲が俎上に上るようになったのだが、この点についてはすぐ後で詳しく述べる。この理由から、さらにはイデオロギー的＝政治的な共感や権力政策的な計算から——ボナパルト派の政府のほうが、平和を愛好するブルジョアジーへの依存度が高く、また、いっそうドイツに依存せざるを得ないように思われたので——、ビスマルクは捕虜となったナポレオンや彼の体制の他の人たちと交渉するほうを好んでいた。しかし、そのような試みは実を結ぶに至らなかった。

フランスにとって、いまや戦争は、ナポレオンが失脚し、敵の側が領土割譲を要求するのに直面する下で、ドイツ統一に反対して攻撃を仕掛ける戦いから現在の領土を防衛するための戦いとなった。王家、政府あるいは国家の間の戦争が、いまや最終的にフランスにとっても国民《ナツィオナール》戦争となったのである。ドイツ軍はパリを包囲した（九月十九日）。新たな共和政フランスは、ガンベッタが指揮する下で途方もない抵抗の意志を発揮し、新しい部隊を編成して、戦争は民衆の戦争に、それどころか幾つかのところでは既にゲリラ戦、パルチザン戦となった（フランティレール〔非正規軍の兵士たちへの呼称〕）。それは、ヨーロッパにおける戦争が——アメリカの南北戦争の後に——画期的なモダン化とラディカル化へと向かう最初の一歩となった。軍事的にはいまや陣地戦と運動戦との双方の様相を呈した。部分的には手痛い反撃を被った後で、やがて良く訓練されたドイツ軍部隊が新しい大衆軍に対して、質が量に対して勝利を収めていき、パリの解放はロワール川の戦い（十月から一月まで）で失敗に終わった。コミューンの蜂起がいま一度状況を変えたが——それは近代的な内戦状況を創り出した——、共和政政府もビスマルクもコミューンの鎮圧に乗り出した。二月までにはなおも残っていたフランスの部隊も敗れて、国民的な抵抗が崩壊した。政府は——ボルドーの国民議会とともに——停戦と講和を締結する意志を示した。

戦争の間には、ビスマルクと軍の指導部、とりわけ参謀総長モルトケとの間で鋭い対立が生じた。その際に第一に問題となったのは、政治と戦争指導との関係、より正確に言えば戦争を終わらせる異なる道を巡る問題だった。頂点部における協力関係に関する制度的な取り決めが、まだ存在していなかったのである。決定権は形式的には君主にあった。強力な宰相も将軍たちの上司ではなく、国王の「統帥権」を尊重しなければならなかった。そして国王は軍事的な助言者たちだけを頼りとするのを好んだのである。ビスマルクは、軍事的な情勢に関する協議から締め出され、それどころか最も重要な情報を受け取ることさえできなかった。彼は「半神たち」、すなわち将軍たちに大いに立腹した。将軍たちのほうは、彼は文官でディレッタントであるのに、あらゆる決定、軍事的な決定さえをも自分のものにしようとしているのだと受け止めた。対立が最初に浮上してきたのはセダンの戦いの後だった。ビスマルクは、先に述べたように、和平交渉の——ナポレオンあるいは皇后ウジェニとの、そしてメスに閉じ込められたバゼーヌ元帥を仲介者としての——チャンスを検討し、それを利用しようとする考えに傾いていた。彼の考えによれば、戦争が短ければ短いほど、敗者の側の「屈辱」は少なくて済み、平和は保ち易くなり、新たにボナパルト派体制を確立する可能性が高まるだろう——これが、彼の抱いていた壮大な見通しだったのである。そうであるとすれば、少なくとも戦術的には敵の部隊を速やかに殲滅することが肝心なのではなくて、それどころかむしろ一時的に進撃を停止することがそのような計画には好都合なように思われた。これに対して、軍人たちのほうは、完璧な軍事的な勝利、大勝利を望んでいたのであり、ビスマルクのそのような考えを絶えず妨げ続けていたのである。

パリが包囲され、そして民衆戦争が始まると、緊張はさらに高まっていった。ビスマルクは、ヨーロッパ列強の介入を不可能にしようという狙いもあって、依然として速やかな講和を（望むらくは十月までに）必要とあればいまや共和政府を相手にしてでも締結することを望んだ。そこから彼が軍事戦略的に引き出した帰結は、速やかに勝利を収めることこそが肝要なのであり、具体的にはパリを砲撃して早急に征服するべきだということであった。そこには、私的な発言のなかで、フランスの新しい軍隊とフランティレールに対しては徹底的に戦うべきだ――テロリズム的な手法を用いて、そして国際法の限界ぎりぎりのところまで――と主張していたことも含まれる。彼は、民衆戦争によってますます神経を尖らせて、戦争を何としても早急に終わらせねばならないと考えたのである。彼が引き出したもう一つの帰結は、講和政策に関わるものだった。降伏条件は、講和の意志がある政府を怯えさせるようなものであるべきではなかった。敵を心底から憤らせて屈辱を感じさせるべきではなかったのである。これら二つの結論は軍人たちの抵抗に出遭った。モルトケと大多数の将軍たちは、例えば多くの損害を出すという理由をも含めた、軍事的な理由から、パリへの砲撃と突撃に反対した。彼らは、包囲して飢えさせることを望んだのである。（見られるように、この場合に問題となっていたのは、人道的な問題や、あるいはビスマルクが疑っていたような「イギリスからの」政治的な影響などではなかった。）そしてモルトケは、――古風な威信に関する理由からではなくて、完全にモダンな、ほとんど社会ダーウィニズム的な考えに基づいて――全面的な勝利を望み、敵に手心を加えるのではなくて敵を壊滅させる完全な敗北を望み、王太子〔後のフリードリヒ三世〕の言う「絶滅戦争」を、屈辱的な条件の下での大勝利を、敵を少なくとも百年にわたって縛り付けるような命令的講和を望んだ。まさに民衆戦争が彼のそのような考えを強化したのだった。やがて半世紀の後には、全面的な勝利という考え方は極めてモダンなものと見なされるようになり、これに対して、勝利を外交的な講和に繋ぎ止めるというビスマルクの考え方――その一方で、彼には暴力の行使に傾きがちなところがあったのだけれども――は、古風なものと見なされるようになる。以上のような権限を巡る争いにおいては、軍事的な決定が政治的な帰結をもたらさざるを得ず、政治的な決定が軍事的な帰結をもたらさざるを得なかったのは、明らかであり、あれかこれかという問題ではなくて、優先順位を巡る問題に他ならなかった。しかし、単に政治と戦争指導との間の対立が問題になっていたというのでもなかった。軍人たちの側の独自の政治が、戦争目標を規定しようとすることが、問題となっていたのである。軍人たちにとっては、フランスを全面的に打ち負かすことが戦争目標だった。ビスマルクにとっては、ドイツ国民国家を樹立することがそうであった。フランスを全面的に打ち負かせばヨーロッパの全体をドイツに対して結集させることになっただろうから、それは戦争目標としては馬鹿げたものと言わざるを得なかっただろう。権力政策のマキャベリストであるビスマルクは、判断力を失ってはいなかったのである。

一八七〇／七一年の冬における極めて激しい対決のなかで、結局はビスマルクが——プレスやその他の可能な助力を動員した後で——決定権を持つ人物、すなわち長らくむしろ軍人たちのほうに耳を傾け、好意を抱いていた国王に、自らの主張を受け入れさせるのに成功した。十二月の末にパリの砲撃とそれに続く突撃の決定が下され、一月二十日に停戦交渉がビスマルクに委ねられ、停戦協定が比較的穏やかな条件の下で、そして特に屈辱を与えることもない形で、締結された（一八七一年一月二十八日）。フランスの政府と議会の多数派は、いまや講和の意志があるか、あるいは諦めて講和を受け入れる姿勢を取り——もちろん、コミューンの蜂起という出来事のためもあったが——、二度目の「民衆戦争」という企てが試みられることはもはやなかった。ビスマルクによる交渉は、このような雰囲気と、なおも中立列強が行動を控え続けていたという状況とを、十分に利用することを目指した。二月二十六日までに、ビスマルクは、彼がヨーロッパの介入を恐れていることを巧みに突いたフランス側の交渉者J・ファーヴルとの間で仮講和について合意に達した。フランスはエルザスとロートリンゲンを割譲せねばならなかった——ベルフォールについては最終的にビスマルクは諦めたが、メスへの要求は堅持した。さらにフランスは、元々要求されていた六十億金フランではないものの五十億金フランの賠償金を支払わなければならなかった。

c　戦争とヨーロッパ列強

本来の戦争での出来事と並んで決定的に重要な意味を持ったのは、ヨーロッパ列強の姿勢、外交的な活動と動向である。

戦争が起こる最後の段階でフランスが果たした役割と、そして宣戦したのがフランスのほうだったという事実とは、——何よりも当初は、そして長期的にも——戦争がドイツとフランスだけに限定される状態に留まってヨーロッパの他の諸大国は中立の立場を守り続けるという結果をもたらした。イギリスは、フランス側の要求と威嚇に直面して七月十五日以降は一切の調停の試みを停止していた。スペイン危機を巡るヨーロッパの状況が当初は幾らかプロイセンよりもフランスのほうに有利なものだったとすれば、戦争勃発時の経緯がそれをフランスに不利な方向に変えてしまったのである。ビスマルクは依然としてヨーロッパに国民的《ナツイオナール》な革命をもたらすという可能性をほのめかしており、それは、諸大国が、もちろんほとんど予想されてはいなかったものの、いかなる反ドイツの立場をも取るのを阻止するという狙いを持っていた。それと同時に彼は、オーストリアやロシアやその他の比較的小さな中立国に不安を与えかねない、いかなる大ドイツ主義的あるいは全ドイツ主義的な考えとも、全面的にきっぱりと距離を取る態度を取っていた。オーストリアとイタリアが支持してくれるのではないか、ロシアとイギリスが好意的な態度を取ってくれるのではないかという、フランスが抱いていた——確かに不確かなものではあったが、不当なものとも言えなかった——期待は、新たな状況の下では空しいものであることが明らかになった。オーストリアは、国内政策上の理由からもドイツ政策上の理由からも、これほど明瞭に国民的《ナツイオナール》な防衛という性格を帯び、世論に担われた戦争に参戦することはできなかった。さらに、ロシアからの——軍事的な——圧力と、プロイセンが事実上与えていた攻撃しないという保証も、一定の役割を演じていた。ボイストや他の多くの人たちが期待していたように、フランスが勝利を収めた場合にのみ、状況は変化したかもしれなかった。その場合には、オーストリアが南ドイツに対する保護権を主張することもあり得ただろう。ボイストは、それに留まらず、「正式な」、すなわち宣言された形での中立を避けることを好んだだろうが——それは、幾らかフランス寄りの路線を意味した——、反ロシア的であるがゆえに親プロイセン的であるオンドラーシ〔ハンガリー首相〕が正式な中立宣言を行なう方針を実現させた。イタリアは、戦争以前には封じ込め諸国〔フランスとオーストリア〕の側に接近しつつあったけれども、一般的なヨーロッパの状況とフランス軍のローマ駐屯とを考慮して、やはり中立を保った。イギリスは、ホーエンツォレルン家の一員がスペイン国王候補になるのに反対していたが、フランスとプロイセンの双方がベルギー中立への保証を再確認すると、中立の立場を宣言した。イギリスのこのような姿勢は、一八六四年〔第二次デンマーク戦争〕と一八六六年〔普墺戦争〕の前例に合致し、イギリスの政策において国内問題と帝国問題が圧倒的な位置を占めていたこと、また、ロシアとの世界的な対立が優先的な位置を占めていたことに対応していた。さらには、ナポレオンに対するアンビバレントな評価、それどころか不信感が持続していたことにも対応しており、そしてそのような不信感を目覚めさせておくために、ビスマルクはベルギー獲得に関する一八六六年当時のフランスの提案を『タイムズ』紙に掲載させた（一八七〇年七月二十五日）。また、中立の姿勢は、イギリスのプロイセンに対するアンビバレントな姿勢、ドイツの状況が最終的にプロイセン的＝自由主義的な形で安定するのが最も好ましいと考えて――控え目な――関心を寄せている一方で、同時に非自由主義的な暴力政治家ビスマルクに不快感を抱いていたという状況にも、対応するものであった。これに加えて、既にベルギーでのフランスの鉄道計画に苛立ちを感じていたとは言え、親フランス的であったイギリス外相のクラレンドンが、一八七〇年六月に亡くなったという事情もあった。

　ロシアが中立の立場を守るだろうことは長らく前から予想されていたが、この中立は幾らか親プロイセン的な傾向を帯びていた。フランスが勝利を収める場合には、ベテルブルクは、ポーランド問題が改めて浮上すること、また、バルカンと東方における古典的な敵対者であるオーストリアの立場が強化されることを予想せざるを得なかった。これに対して、プロイセンは一種のジュニアパートナーであるように思われ、プロイセンが弱体化するのは同時にロシアの地位を弱めることになるように思われたのである。しかしながら、その一方では親フランス的な風潮――フランスが勝利を収めるだろうし、それは甘受できることだという予測――と、プロイセンが南ドイツに「拡大」するのを嫌う姿勢も存在していた。何よりもロシアは戦争を局地化することを支持し、部隊の移動などを通して、オーストリアが潜在的に持っていた参戦しようとする傾向を牽制した。それは、親プロイセン的と言うよりも反オーストリア的な動機に基づいており、プロイセンとの申し合わせは存在していなかったのだが、しかしプロイセンに有利に作用した。要するに、ヨーロッパのどの大国も、外交や武力を通して介入することに直接の利害を持っていなかったのであり、戦争の結末がどのような形を取るとしても、そのために直接脅威を受けるとは考えていなかったのである。それどころか、ドイツの状態が国民的《ナツィオナール》な意味で解決されるのは、一つの緊張源を解消してヨーロッパにいっそうの安定をもたらすことを意味するように、当面のところは思われていたのだった。これに対して、フランスが勝利すればフランスの覇権への野心を強めるだろうと予想された。さらに、プロイセンはドイツ問題を解決するという意味のある正当な戦争目標を持っているのに、フランスは持っていないように見えた。戦争勃発時の事情はフランスに有利なものではなかった。その限りでは、中立の立場を取るヨーロッパの世論と政治家たちの多数派は、ビスマルクという人物に対する強い嫌悪感が幅広く広まっていたにもかかわらず、おそらくプロイセンのほうに幾らか好意的だった。イギリスの場合には、プロイセンへの共感と戦争反対者たちとがほぼ均衡を保っていたが、しかしそのために中立政策が変わることはまったくなかった。

戦争が始まってから、――それが、この世紀の外交的な伝統に属していたのだが――講和を仲介するためのヨーロッパ会議を組織しようという計画（ロシアがそう提案した）が浮上してきて、それも、既に八月の時点で、プロイセンが速やかに最初の幾つかの戦いで勝利を収めるとプロイセンを抑制しようとする動きを示した。しかし、第一にはまさにそれらの速やかな勝利のために、次いで――一八七〇年十月の時点で――イギリスが気乗り薄な態度、それどころか拒否する態度を取ったために、それらの計画はひとまず水泡に帰した。オーストリアも、既に一八七〇年の秋に同様に「仲介者」となり得るグループから離れてしまった。オーストリアは、いずれにしてもプロイセンの敗北がもはや期待できなくなった下で、いまや、新しいドイツ国家《ライヒ》がオーストリアのドイツ人に及ぼす吸引力に対抗し、さらにおそらくは自らのバルカン政策への支持を得るために、プロイセンとの協調に賭けるようになったのである。最後に決定的な意味を持ったのは、ロシアが十月三十一日に、黒海を中立化したパリ講和条約〔クリミア戦争の講和条約〕のいわゆる「ポントゥス条項」の無効化を宣言して自国の海軍主権を回復したことだった。確かに、どの国もそれを行動で阻止しようとはしなかったが、しかしそれはロシアの一方的で乱暴な行動だったので、とりわけイギリスとの間にかなりの緊張を生み出し、当面のところは中立国が共同行動を起こすことが妨げられてしまった。ビスマルクは、そうなることを予見して期待していたので、また、ロシアが一時的にドイツの領土要求に様々な懸念を抱いて反プロイセン的な連合に傾いているように見えたので、ロシアがそのような行動に出るよう全面的に励ました。彼は、どのような種類のものであれ中立国の側からの介入を望まなかったのである。

もっとも、中立の諸大国がそのような介入を行なうべき根拠は、本来、強められるに至っていた。セダンの後でドイツ側が併合要求を突きつけ、フランス新政府の側は、講和への用意（及び、ドイツ問題のプロイセンによる解決の受け入れ）を宣言する一方で、自国の領土的一体性を断固として護る意志を表明していたからである。そのために、ヨーロッパの雰囲気が一変し、いまや拡張的なプロイセン＝ドイツの要求に対する批判のほうが、共感を上回り始めた。フランス新政府は、中立国の介入を促進しようと努めた――介入は彼らを助けてくれるに違いなかったからである。まさにモラル政治的な伝統を持つイギリスでは、そのようなどちらかと言えば親フランス的な雰囲気への転換が目立っていた。首相のグラッドストンは、特に積極的な関心を抱き、ヨーロッパによる介入を推進しようとした。しかし、彼がエルザス〔アルザス〕とロートリンゲン〔ロレーヌ〕での住民投票の実施を不可欠の要求にしようとした時には、そもそも彼の内閣がそれに従わなかった。そして、時は空しく過ぎていったのである。

ポントゥス条項の破棄が、まずイギリスにロシアに対する怒りを抱かせ、この問題を国際的に解決するためにプロイセンに助力を求める立場へと追いやった。イタリア軍のローマ進駐は、ほとんど抗議を受けなかったが、ヨーロッパの共同戦線からもう一つの中立国が脱落する結果をもたらした。イタリアは、中立の域を超えて、フランスの敗北を利用してフランスの権力の遺産から自らの分け前を獲得したのである。確かに、ロンドンとペテルブルクが何らかの合意に達することは十分にあり得たし、そしてロシアにしても、ポントゥス問題ではいかにベルリンに縛られていたとしても、ヨーロッパのなかでドイツに新しい秩序が樹立される際には発言権を行使したいという考えを抱いていた。しかしながら、フランスの共和政新政府、ましてや亡命ポーランド人たちの活動に、ロシア皇帝《ツァーリ》は不快感を覚えていたので、何らかの仲介を試みたいという考えよりもベルリン志向の姿勢のほうが強いことに変わりはなかった。それでも、ビスマルクは列強会議の開催による外交的な介入についてイギリスとロシアが合意することを恐れており、それは彼にとって――以前からそうだったが――まさに一つの悪夢のようなものだった。彼は時間を稼ごうと努め、両大国を互いに対抗させて、そして――ヨーロッパに大戦争が起こる危険が一時的に迫りつつある下で――ポントゥス会議の開催を提唱し、おおかたの同意を得た。ポントゥス会議は一八七一年二月一日からロンドンで開催された。この会議は、ロシアの行動を承認する以外に何もできなかった。しかし、会議が三月十三日に終わりを迎えた時には、ビスマルクはフランスとの仮講和を仕上げるに至っていた（二月二十六日）――ヨーロッパとロンドン会議から外交的な介入を受けることなしに。様々な経緯はあったものの、イギリスとロシアの間の緊張関係は、列強の共同行動を、ビスマルクが恐れていた介入の機会が過ぎ去るまで、引き止めることになったのだった。ビスマルクは、時間を稼いで、その間に問題を国際的な関与がないままで解決したのである。

d　ドイツの戦争目標
エルザスとロートリンゲン

私たちは最後に、既に述べたドイツの戦争目標の問題にそれ自体として目を向ける必要がある。当初は特別な戦争目標は存在していなかった――フランスのほうから宣戦したのであるから、問題となっていたのは防戦して勝利を収めることだった。そして、戦争がドイツ問題に国民的《ナツィオナール》な解決をもたらすことを目指し、どのような形でであれドイツ国民国家の建設を目指すこと、国民的《ナツイオナール》な解決に対するフランスの拒否を葬り去るべきであることは、明らかであり、ドイツ人の戦争共同体はそれを支持していた。それはセダンの後で達成された。しかし、ドイツ側の要求はそれを超え、いまやエルザス〔アルザス〕とロートリンゲン〔ロレーヌ〕の割譲が問題となったのである。この、その後実現された「併合」は、後々まで巨大で宿命的な作用を及ぼすことになったのであるから、私たちは、どのようにしてそのような結果に至ったのか、多少詳しく見ておく必要がある。

　長い間にわたって交わされてきた論争からこんにちの時点で浮かび上がってくる像は、ほぼ以下のようなものである。

　一、初期の戦いで幾つかの勝利を収めた直後に、様々なグループや様々な地域のなかから、既に一八一五年にも一定の役割を演じていた、西方の「旧」ドイツ帝国領の復帰を求める声が、自然発生的に挙げられた。しかし、人びとはこの要求を歴史的＝領域的な理由ではなくて国民的《ナツイオナール》〔民族的〕な理由で正当化した。エルザス人とかなりの部分のロートリンゲン人はドイツ人であると人びとは考えたのであり、その際には国民《ナツイオーン》についての歴史的＝文化的、民族的＝言語的な概念を前提としていた。彼らは、ドイツ人として生まれ、ドイツ語を話し、ドイツ文化のなかで生きてきたのだから、ドイツ人なのである、と。これに対して、彼らが、少なくとも言論を主導して政治的な行動能力を持つ階層においてはフランス的な意識を持つようになっていたこと、自分たちはフランス人であると感じていて、投票の機会があればフランスを選択したであろうこと（実際に、国籍選択に際しては十・四パーセントがそのように選択した）は、無視しても構わないと見なされ、現在生きている人たちは「誤って導かれて」きたのであるから、彼らだけを視野に入れるべきではないのであって、持続性を、数世代にわたる連なりを考えるべきであり、外国人化されてしまった人たちを取り戻すべきなのだと主張された。そこには、二つのナショナリズムの間の、二つの――それ自体としては正当な――国民《ナツイオーン》概念の間の争いが存在していた。客観的に生まれによって所属するドイツ人としての言語＝文化国民《ナツイオーン》が、フランス人としての政治的な国民《ナツイオーン》と、すなわち主観的な決断によって、ルナンが述べたところの日々の人民投票によって所属する国民《ナツイオーン》と、対峙していたのである。エルザスとロートリンゲンを要求したことは、一般的な要求であって特別な正当化を必要とするものではなく、ナショナリズムの時代にあっては、同様な状況で攻撃を受けて勝利を収めた者であれば誰もがそのような要求を掲げたことだろう。この要求は、それまで本来はナショナリストではなかった保守主義者たちのような右派から、左派にまで及んでおり、異議を唱えたのは、『フランクフルト新聞』や、ベーベルとリープクネヒトを中心とする社会民主主義者たちや、あるいはバルト・ドイツ人のジャーナリスト、ユーリウス・エッカルトのような、少数の人たちだけに過ぎなかった。特に南ドイツではこの要求は声高で人気を博していた。この地域では、国民的《ナツィオナール》な論拠だけではなくて安全保障政策上の論拠も一定の役割を果たしていた。その際には、アジテーションが展開される過程で、既にセダンの前から戦争における敵のイメージが変化していった。当初はナポレオンだったのだが、ますます全体としてのフランス人が敵と見なされるようになったのである。そして、防衛と統一のための戦争であったものが、最後には征服戦争という特徴を帯びるようになったのだった。

二、さらに、――古風であると同時に一見したところではモダンでもあったが――最初の幾つかの戦いで勝利を収めた直後から、軍部からの要求もあった。彼らは、――先に述べたように――懲罰を与える講和とまでは言わないまでも、敵が長期間にわたって再び決起するチャンスを持てないように屈伏させる厳しい講和を望んでいた。領土の割譲は、そのような講和にとっての一つの古典的な手段だった。今回はそれに地理戦略的な安全保障という考えが加わった。シュトラスブルク〔ストラスブール〕は南ドイツへの侵入口と見なされ、メッツ〔メス〕からフォーゲゼン〔ヴォージュ〕山脈を経てベルフォールに至るフランス東部の一連の要塞は脅威と見なされて、これらのすべてを手に入れることが将来のフランス軍の進撃を食い止めるのに不可欠な安全保障と考えられていたのである。

三、ビスマルクはどのような立場を取っていたのだろうか？　軍部の要求だけが彼に併合を強いたというわけではなかった。彼は、むしろ彼自身の独自の考えと意志に基づいて併合を決意して実行したのだった。その際に、もちろん彼は世論や軍部の立場をも決断に組み入れた。この問題で彼を規定していたのは主として三つの動機であった。講和政策に関わる動機と、安全保障政策に関わる動機と、統一政策に関わる動機とである。

a　彼もやはり――軍部との対立にもかかわらず――フランスを屈伏させて弱体化させるような講和を望んだ。彼は、フランスは決して敗北を受け入れることはなく、――権力理性と国民的「名誉」とに関する理由から――報復を、権力の移動の改定を目指すだろうという点から出発した。フランスは長期にわたってドイツの潜在的な敵であり続けるだろう、と。そのことが意味したのは、調整や、ましてや和解は長期にわたって不可能であり、それゆえ一八六六年のオーストリアとの場合のような調整的な講和は問題外であるということであった。講和は、フランスの危険性を弱めるものでなければならず、単独で、そして成功を収める十分な見通しを持って改定のための戦争を開始する可能性を奪うものでなければならなかった。このような考えが、国境地域と要塞の割譲を求めるという要求に流れ込んでいったのである。それは、古風な考え方であった。従来は住民数や潜在的な産業力ではなくて領土が、すなわちダイナミックな条件ではなくて静止的な条件が権力の基盤と考えられてきたのだった。そして、領土が変動することは、以前からヨーロッパの政治の正常な状態に属すると見なされていた。領土の変動が、勢力均衡という規範を無力化することなしに重みや権力の配分を変化させてきた。それゆえ、この点ではビスマルクはヨーロッパ大陸部における長い伝統の継承者だったのである。このような考えは、講和は比較的長続きするものでなければならず、それゆえ敗者にとって「耐え得る」ものでなければならないという彼の洞察と、ある程度の緊張関係にあった。時としてビスマルクは、フランスは東部地域の喪失と折り合いをつけることができるし、そうするだろうと考えたのかもしれない。併合の範囲を巡る問題では、そのような考慮が一定の役割を果たした。しかしながら、疑いが生じた場合には、敵を弱体化させるという利害と、そして、こちらの要求は正当なものであって決して耐えられないものではないはずだという確信のほうが、勝利を収めたのだった。

b　以上の点からすれば、ビスマルクが軍部の安全保障政策上の考えを少なくとも原則的に共有していたのは、ほとんど自明のことだった。シュトラスブルクがフランス領に留まることは、彼にとっても南ドイツが絶えず脅威に晒されることを意味した。メッツ〔メス〕とロートリンゲンについては、彼はおそらく断念してもいいと考えていただろうし、ベルフォールだけで「満足」したかもしれない。それは、そのほうが言語境界に合致する――メッツとロートリンゲンの大部分はフランス語地域だった――からではなくて、フランス側が同意し易くなるだろうと考えたからであり、ここにも講和を長続きするものにすることへの彼の関心が現われている。しかし、最終的には彼にとっても軍部の戦略的な考慮が決定的な重みを持つことになって、メッツを含む「大規模な」解決策を支持するに至ったのであり、権力理性は軍事的な特徴を帯び続けたのであった。

c　併合の根拠を国民《ナツイオナール》政策に求めるという観点は、ビスマルクにとっては何の役割も果たしてはいなかった。しかし、国民《ナツイオナール》運動の側がこの要求を掲げると、ただちに彼はそれを、ヨーロッパの世論に対する自己の立場を改善するために、また、他ならぬ南ドイツでの統一への動きを前進させ、自邦中心主義的な抵抗勢力に対抗して国民的《ナツイオナール》な波を強めるために、利用した。さらに、共同で獲得する「帝国直轄領《ライヒスラント》」〔エルザス＝ロートリンゲンは帝国の直属領として位置づけられた〕は、北ドイツと南ドイツの一体性と、君主政とを強化するはずであった。併合要求が講和の締結を引き伸ばして、一八七〇年九月から一八七一年一月までドイツ政策と帝国建国政策に十分な時間をかけることができるようになったというのは、もちろん好都合な副次的結果であったに過ぎない。エルザス＝ロートリンゲン併合要求を断念するというのは、国民的《ナツイオナール》な運動が展開する下では、もはや不可能なことだった。断念したとすれば、憤激の嵐を巻き起こして、それどころか統一政策の全体が危うくなったことだろう。国民《ナツイオーン》にとってもビスマルクにとっても、一八七〇年の秋以来、統一及び帝国建国は併合という「勝利の報奨」と分かち難く結び合わされてしまったのだった――それは、悲劇的な絡み合いだったと言えるかもしれない。プロイセン王ヴィルヘルムがこの要求を採り上げたことも、ビスマルクにとっては無視できない事実だった。しかし、そもそも彼の政策を規定していた権力理性に従えば、併合を断念するというのは初めから問題外だったのである。彼は、他国（例えばイギリス）からの、エルザス＝ロートリンゲンを「中立化」するか、あるいはその代わりにルクセンブルクを購入する、もしくはインドシナに関与するという提案を、きっぱりと拒否した――そして拒否を貫き通したのだが、それは、中立の諸大国がまずポントゥス会議のために彼の助力を求めたからであり、そして、既に述べたように、この会議の開催が遅れて、ヨーロッパが介入することが可能な時点がとっくに過ぎ去ってしまうまで開かれていたからであった。

　こうして、併合要求は避けられないものであったように思える――国民《ナツイオナール》運動にとっても、軍部にとっても、そしてビスマルクにとっても。それにもかかわらず、次のように問うことは可能である（そして、一八七〇年の直後から既に問われていた）――ビスマルクにとって決定的な意味を持った将来のフランスの政策に関する彼の評価は正しかったのだろうか、あるいは、併合がもたらした宿命的な帰結、すなわちドイツとフランスの関係が毒され続けたという状態は、併合が行なわれなかった場合には避けられたのではないだろうか？　この問いに対しては確実な答えを与えることはできない。確かに、エルザスはフランス人にとって一つの地域（しかも、言語的には少数派である地域）であるというだけではなくて、自らの国民《ナツイオーン》の一部分であった。そして、――ロートリンゲンとともに――失われた偉大さの象徴となった。しかしながら、いずれにしても、すなわち併合が行なわれなかった場合にも、敗者の側が改定主義を追求することは大いにあり得たと考えざるを得ない多くの理由があるのである。ビスマルク自身が、そのような意味で、「サドワへの復讐」という叫びは、フランスの政策は講和条件の内容とはまったく無関係であることを示している、と述べている。そして歴史家は、ナショナリズムと国民的《ナツイオナール》な威信の時代においては、たとえ領土の変更が行なわれなかったとしても、調整や和解――超民族的な国家オーストリアとの間で一八六六年と一八七九年〔独墺同盟の締結〕に可能だったような——はありそうもなかった、という判断を下すかもしれない。ロートリンゲンとメッツを断念し、エルザスだけに限定し、言語境界を堅持したとしても、確かにそれは、一八七〇年にフランス側で交渉を率いたティエールが指摘したように、原則的には調整と和解へのチャンスを改善することにはならなかっただろう。たとえ棘は抜かれたとしても、傷口は残り続けたことだろう。もちろん、このような考察は、将来に生じるかもしれない権力状況や国民的《ナツイオナール》な野心の大規模でダイナミックな変化を視野の外に置いたものであり、その点に限界がある。要するに、併合が行なわれなかったとしても、あるいは併合が住民の民族性を土台とするものに限定されたとしても、ドイツとフランスの関係がもっとポジティブな展開を見ただろうとは考えにくいのだが、しかし実際にどうなったのか、私たちには知りようがない。

　併合が行なわれた後には他の展開はあり得なかったこと、ここにフランス人にとって一つの治癒不可能な傷口が残ってしまったこと、それは確かなことである。それは、ビスマルク自身による診断や予想のなかの悲観的な要素に合致するものでもあった。ビスマルクと併合政策を批判した人たち、古《アルト》保守主義派や古《アルト》リベラル派、急進民主派や社会主義派の人たちは、ただちにその点を鋭く突いた。マルクスは、併合が将来の世界的な紛争、破局の土台となることを見て取り、そして、この講和に組み込まれた改定主義の帰結として、フランスはロシアと行をともにすることになるだろうと予言した。

　併合がヨーロッパに対して及ぼした作用は、ドイツに対する作用とは異なる。確かに、一方では、先に述べたように、領土の変更は伝統的な思考のなかにその場を占めていたのだが、他方では、新たな反マキャベリズム的なモラル政策がイギリスから発してますます広がっていき、とりわけ自らの利害に直接抵触しない場合には受け入れられていった。そこには多分に権力の隠蔽や偽善、それどころかシニシズムが潜んでいたし、ドイツのナショナリストたちはそのことを飽くことなく指摘し続けたが、しかしモラル政策は完全にそれ以上のものでもあったのである。このますます重要性を増しつつあった観点から見れば、併合は正当化され得ないものであり、挑発であり、決して時の経過につれて軽減されていくことのない重大な重荷を意味した。グラッドストンが望んだ住民投票による言語境界の確定はビスマルクにとっても国民自由党にとっても受け入れられないものだったが、もしも言語境界という原則に従っていたとしたら、あるいはエルザスだけに限定していたとしたら、それは異なる土台を提供することになり、議論の余地がある、そしてある程度までは承認されるモラル的な正当化の原理となり得ただろう。しかし、そのようなモラル的な正当性の問題や公正さの問題というレベルを超えるところで重要な意味を持ったのは、併合は至るところで目覚めていたビスマルクへの不信感を強め、そしてその不信感の対象が新しいドイツ国家《ライヒ》にも拡大されざるを得なかったということだった。ドイツ人が国民的《ナツィオナール》に統一されることは、それを好意的な目で見るのであれ、それほど好意的ではない目で見るのであれ、正当なことと見なされていた。しかし、いまや——剝き出しの——征服という要素が付け加わったのだ、とヨーロッパの目には映ったのである。そして、これは覇権の獲得へと乗り出す手始めなのではないかという疑いが、容易にかけられることになった。ドイツの人びと（及び、ビスマルク）は、その種の疑いをきっぱりと否定して、国民《ナツィオナール》政策・安全保障政策に関わる論拠と、ヨーロッパ体制の権力関係を堅持しようと望んでいるという論理とを引き合いに出したが、しかしほとんど誰をも納得させることはできなかった。この不信感はいつまでも続くと決まっていたわけではなかったが、しかし一つの新しい基調を形成する可能性はあった。それは、ある種の重荷だったのである。講和は、ひとまず、フランス人にとってだけでなく中立の立場に立ったヨーロッパにとっても、暴力性という好ましからざる臭いが付きまとうものとなってしまった。要するに、エルザスとロートリンゲンの併合は、ドイツ側の所与の諸条件からすれば理解できるものであったけれども、ドイツの人びととの未来にかなりの重荷を課すことになったのだった。

　最終的な講和は——仮講和に基づいて——フランクフルトで締結された〔一八七一年五月十日〕。この講和は、既に述べたように、主としてエルザスとロートリンゲンの割譲、五十億金フランの賠償金の支払い——この金額は当時の一般的な見方では法外とまでは言えないにしても巨額であり、ともかくもビスマルクはこの結果フランスは長期にわたって麻痺状態に陥るだろうと信じていた——、賠償金の支払いが完了するまでフランスの一部分へのドイツ軍の駐留、そしてもちろん帝国建国の承認などを定めていた。軍備の制限と経済的な義務は含まれていなかった。この講和は、和解の平和でもなければカルタゴの平和〔第二次ポエニ戦争で敗北したカルタゴにローマが押しつけた講和〕でもなかった。戦争がもはや官房戦争ではなかったのと同様に、この講和は、もはや戦勝国の政府のみによって定められたものではなくて、声高になった国民《ナツィオーン》の利害によっても定められたものだった。この講和は、ナショナリズムの時代においては、比較的安定していて比較的納得されるような講和の締結に至るのが以前よりも遙かに難しくなってしまったことを、示すものでもあったのである。

　戦争がもたらした最も重要な結果である帝国《ライヒ》建国は、正当なものとして認められたし、人びとはそれと折り合いをつけることができた。もっとも、帝国建国が好意の目で見られていたわけではなかったし、そしてそのような受け止め方には併合問題が一定の要因となっていた。中央ヨーロッパで不穏の源となっていた地域にようやく安定がもたらされることに元々は寄せられていた期待、そしてナポレオンの覇権政策・冒険政策が終わりを迎えたことへの安堵の思い、それらの上に、新しい大国が抱いているであろう野心に対する警戒の念が覆い被さったのだった。

第5節　帝国建国

　当然のことながら、戦争が始まった時点では、国民国家としての統一、ましてやその形については、まだ何も決定されていなかった。しかし、これまで解決されなかったドイツ問題がいまや解決を間近にしていること、何らかの新たな取り決めが迫っていること、それは誰の目にも明らかだった。開戦と、最初の戦闘における共同での勝利を受けて、国民的《ナツィオナール》な熱狂の嵐が南ドイツの諸邦でも巻き起こり、依然として強力だった反プロイセン派や自邦中心主義派を受け身の立場に追いやり、突如として国民《ナツィオーン》が大いなる感情に包まれて統一されたのである。この運動は――上申書や請願という形をも取りつつ――統一的な国民国家の樹立を要求した。まさしくバイエルンにおいて、民衆の感情と多数派の見解が一時的に急変したのをはっきりと見て取ることができる。

　もっとも、南ドイツ諸邦の政府と指導層のなかで自邦中心主義的な立場から独自の個別国家性を擁護していた人たちが、一夜にして国民国家の支持者に変わったわけではなかったし、彼らは民衆の潮流に対しても自分たちが握っている決定権を譲ろうとはしなかった。しかし、彼らは現実主義的に権力に関わる諸条件が変化したことを考慮に入れねばならなかったし、世論や、邦議会における党派関係の変化、北ドイツとの戦争同盟＝勝利同盟が及ぼす作用、まさに誰の目にも明らかに提示された安全保障問題、それまではその陰に隠れることもできたヨーロッパによる拒否権の消滅、北ドイツの権力の増大と、北ドイツが関税問題を「合同」問題に利用する可能性、などを考慮せざるを得なかった。さらにまた、彼らは、いずれにしても南ドイツの一部分が国民国家に参加するだろうし、その場合には「残された部分」は完全に孤立してしまうだろうことをも、考慮に入れねばならなかった。一八六六年以来既に北ドイツ連邦への加入を望んでいたバーデンでは、事態ははっきりしていた。ヘッセンでは、反プロイセンの大公と大臣のダルヴィクは完全に孤立していて、もはや対抗政策を取れる状況になかった。

ヴュルテンベルクでは、本来は反プロイセンであった国王がそれまで個別邦政策の擁護者だった大臣ファルンビューラーを罷免した。彼の後任者となったミットナハトは明確な「現実主義者」であり、さらにヴュルテンベルクの国民自由党（この邦では「ドイツ党」と称した）がいまや多数派となった。最後にバイエルンでは、確かに国王と首相は独自国家を志向し続けたが、他の大臣たちは、孤立する恐れが迫っている下では北ドイツとの新たな関係を見出すのがバイエルンにとって唯一の具体的に可能な道であることを認識するようになった。例えば参戦する際の攻守同盟問題についての議論に見られたように、世論と邦議会において「国民的《ナツイオナール》」な勢力が強まったことが、そのような方向転換を支えた。

　ビスマルクに関して言えば、彼の目標ははっきりしていた。すなわち、彼は南ドイツが北ドイツと合同することを望んでいたのである。しかし彼は、新しいドイツ国家《ライヒ》に至る道とその構造が、国民的《ナツイオナール》な運動や大プロイセン的な覇権利害の側から定められることを望んではいなかった。このことが意味したのは、南ドイツの諸君主や諸政府との交渉と同盟を通して統一を達成するのを望んでいたということであり、決して力の政策や、国民《ナツイオナール》運動を動員して「自邦中心主義的」な君主や政府に圧力をかけるという形での統一を望んでいなかったということであった（もっとも、潜在的な威嚇の手段としてはその種のやり方をも視野に入れていたけれども）。それは一八六六年とは異なる点だった。「我々は連邦のなかに不機嫌なバイエルンがいることを望まないのであって、自発意志による、不機嫌ではないバイエルンを望むのだ」。それゆえ、関係諸政府との交渉を通した帝国建国が目指されたのだが、それには幾つかの理由があった。まず、そもそもそのようなやり方は「現実主義的」であって、所与の諸条件を相手として行動する現実政策に他ならなかった。さらに、それは連邦主義的な伝統と勢力に配慮したものだった——この点を、こんにちの、あるいは当時の、自由主義的な批判者たちは軽視し過ぎてしまっている。ビスマルクは、連邦主義的な勢力が持つ力を計算に入れていたし、それらの勢力を繋ぎ止めることを望み、そして——彼自身が穏やかな連邦主義者だったので——維持していくことをも望んだのであった。それは、諸邦を、すなわち、その君主と政府を相手としてのみ可能だった。それに加えて、別の、言わば体制政策的な動機も存在していた。ビスマルクは、君主政諸邦の連合体としての国民国家を望み、そのような形の国民国家を形成することを望んだのである。君主政的連邦主義は、議会主義に対抗する本質的な重しなのであり、たとえ官憲国家的な性格を帯びているのであろうと単一国家としての帝国は彼にとっては理想となり得なかった——そのような国家は、議会主義体制に転じるのがより容易だったからである。このような体制政策に関わる基本的な立場が、現実政策的な考慮とともに、一八七〇年の秋から冬にかけて統一政策が歩んだ道を規定したのだった。

こんにちしばしば見受けられるように、体制政策的な観点を絶対視して、あたかもビスマルクが市民的な運動を常に自らの唯一の、主たる敵と見なしていたかのように考えるべきではない。しかし、彼が自らの国民的《ナツイオナール》な革命を通して民主的な革命への動きを封じ込めようと望み、そのためもあって自明のように古くからの権威を用いて政策を展開したのだという観点を、軽視することがあってもならない。彼は、国民《ナツイオナール》運動と同盟を結んでいたのだけれども、帝国建国の具体的プロセスのなかではこの運動に口を差し挟ませなかった。建国に際して発言権を持った者は、建国の性格を規定することになっただろうが、それは第一に諸邦君主と諸邦政府であるべきだったのであり、議会や国民運動や国民《ナツイオナール》派、議員や民衆であるべきではなかったのである。それゆえ、国民《ナツイオナール》運動の指導的な人びと、ベニヒセン、バンベルガーやラスカー、ヘルダーやバルトたちが、建国の交渉が行なわれていた数か月間に、部分的にはビスマルクの意を受けて、また部分的には彼の意に反して展開した役割は、限定されたものに過ぎなかった。ビスマルクによれば、彼らがやることができ、また、やるべきであったのは、とりわけヴュルテンベルクとバイエルンで世論を動員し、あらゆる自由主義的・国民的《ナツイオナール》な勢力の調整を図って、例えば請願の波を起こして政府に圧力をかけることであり、それはビスマルクの計算に入っていたが、それ以上のものであってはならなかった。確かに、帝国建国、ビスマルクの政策は国民《ナツイオナール》運動という勢力を抜きにしては理解できない。しかし、建国の交渉が行なわれていた数か月には、そしてましてや交渉に際しては、国民《ナツイオナール》運動は副次的な役割を果たすことができただけだったのである。

それゆえ、ビスマルクは諸邦、諸邦政府との交渉による統一を望んだ。彼は慎重な戦術を取ることを好んだ。すなわち、彼は、可能な限り力と圧力の政策を拒否して、南ドイツの自発的な意志に期待したのである――なぜなら、そうしてのみ、内部の抵抗を克服して、長期的に機能し得るパートナー関係を実現することができたからであった。この戦術が可能になったのは、彼の目からすれば南ドイツにはもはや他のいかなる選択肢も残っていないからだった。個々の具体的な点では、ビスマルクはバイエルンが最大の問題だと考えていた。それゆえ、彼は、他の人たちに働きかけて、バイエルンのほうから最初の行動を起こすように仕向けた。その企ては奏功し、バイエルンは九月初めにドイツの新秩序を巡る交渉を求めるイニシアチブを執った。当時の諸邦政府関係者の間では統一に関して四つの可能性が論じられていた。その一つは、単純に北ドイツ連邦に加入することで、それは例えばバーデンが目指していたことだった。もう一つは、「全面的改定」によってまったく新しい連邦を結成するというもので、ザクセンがそれを望んだ。第三には、二重連邦という案であり、北ドイツ連邦をモデルとしたバイエルン抜きの狭義の連邦と、外交政策と軍事政策に関するバイエルンとの広義の連邦とを結成するというもので、これはバイエルン政府の最大限の目標だった。最後が、北ドイツ連邦体制を南ドイツに「適用」する際に限られた程度での改定を行なうという案であった。一時は、プロイセン王太子を中心とするグループがコーブルク公エルンストや数名の連邦主義者とともに、連邦体制に関する対抗案——第一院としての諸邦院と責任内閣制を導入し、穏健保守的な議会主義化を目指すというモデル——を提唱したが、この案はビスマルクにおいても諸邦政府においても同意を得るいかなるチャンスをも持っていなかった。

　ビスマルク自身は、基本的には北ドイツ連邦を維持して、多少の修正を施したうえでそれを南ドイツに拡大することを望んでいた。彼の狙いにとって好都合だったのは、バーデンとヘッセンが十月に現状のままの北ドイツ連邦への「加入」を申請したことであった。連邦憲法を根本的に改定する代わりに、ビスマルクは、ヴュルテンベルクとバイエルンをも、——連邦主義的な——連邦参議院の権利を強化することを通して、しかし何よりも留保権（例外権）を保証することを通して、加入に動かそうと試みた。この誘いに応じるのであれば、交渉に際してのバイエルンの立場は悪いものではなかったが、それは、ビスマルクがプロイセン王の皇帝への推戴を進めるためにバイエルン王の協力を得たいと考えていたからである。しかし、バイエルンが「広義の」連邦にのみ加入するという最大限の目標に固執するのであれば、ビスマルクは君主会議と北ドイツ議会あるいは関税議会をヴェルサイユに招集してバイエルンを孤立させて圧力をかけることを決意していた。しかし、結果としてその必要はなかった。ビスマルクは、一八七〇年十一月にヴェルサイユで、南ドイツ諸邦の立場を強めることになったであろう多角的交渉を行なうことを避けて、個々の邦を相手として個別に交渉することに成功した。バイエルンは孤立し、別個の連邦の結成と、全面的改定という要求を諦めざるを得なかった。何度か行きつ戻りつした後で、何らかの統一的なプランに従ってというわけではなくて、部分的な行動と、偶然と、さらには恣意とが入り混じった結果として、バイエルンは、——とりわけ平時には独自の軍事高権を保つという保証と引き換えに——一八七〇年十一月二十三日に、それ以前のヘッセン、バーデンと同様に、「ドイツ連邦」〔正式には帝国＝ライヒを称するようになる〕の樹立に関する条約に調印した。ヴュルテンベルクは、バイエルンと同一の条件を獲得しようとして一時的に「離脱」していたが、大臣たちが国王に圧力をかけた後で、十一月二十五日に同様の条約に調印した。

　このような結果は、バイエルンとヴュルテンベルクの側が、独自の国家性を守ったという意味で重要な交渉上の成果を挙げたという印象を受けたのに対して、ビスマルクの国民自由党系の同盟者たちの側は、国民的《ナツイオナール》な統一が大きく損なわれたという印象を受けたものの、しかし実際に保証された留保権はさしたる重要性を持たないままに留まったという点で、逆説的なものであった。ここでの「譲歩」の内容は、どのようなものだっただろうか？　連邦参議院の権利は多少強化され、例えばバイエルンが委員長を務める独自の外交委員会が設置された。憲法改定への拒否権は、もはやプロイセンだけではなくて、三つの中規模邦が同じ票を投じれば拒否できるようになった。バイエルンの（及び、多少程度が劣るがヴュルテンベルクの）留保権は、第一に軍事高権――平時における指揮権、将校の任命権――と、郵便制度、鉄道制度の分野に関するものであり、さらに、幾つかの消費税問題（例えばビール）や、外交関係（例えばヴァチカンへの独自の公使の派遣）並びに講和会議での特別な権利に関するものであった――講和会議に関する規定は秘密にされ、一九一七年にブレスト＝リトフスクでの交渉に際して初めて明るみに出た。

　しかし、形式的には、また実質的にも、問題となっていたのは――一八六七年の憲法はごく僅か改められただけだったとは言え――北ドイツ連邦との「合同」ではなくて、新たな建国であった。南ドイツ諸邦との条約はそれぞれの邦議会で批准される必要があった。もちろん、それが危うくなったのはバイエルンだけだったが、ここでも三十二人の「穏健派」の愛国党議員が賛成票を投じて必要な三分の二の多数を――一八七一年一月に――下院で確保した。一〇二票対四十八票（反対票のうちの四十七票は急進派の愛国党議員）という結果はかろうじて三分の二を上回るものだったが、十分であるには違いなかった。やむを得ない場合には下院の改選が予定されていたが、それは不必要になった。

　北ドイツ連邦では、自由主義派が、彼らが「自邦中心主義」への重大な譲歩と見なしたものと、憲法の連邦主義的な要素が強められたことに、不満を抱いていた。しかし、彼らに選択の余地はなかったし、ビスマルクは既存の諸伝統や諸勢力への現実政策的な配慮が必要であることを指摘して、意向を押し通した。全体とすれば、「特別な権利」は実質的な意味を持つというよりも象徴的で周縁的な意味を持つものに過ぎないというビスマルクの予想は、事実によって裏づけられることになった。新しい帝国《ライヒ》の事実上の統合力を前にして、そのような権利は背後に押しやられることになったのである。それにもかかわらず、ビスマルクは交渉に際して自らを連邦主義の友として浮かび上がらせることに成功し、将来に関して南ドイツ諸邦とのパートナー関係を定着させたのだった。

この新しい連邦、すなわち帝国《ライヒ》は、その成立の事情からして、決して一つの鋳型から創り出されたものではなく、裂け目やひびが走っていないわけではなかった。その内的な矛盾や誕生の時から負わされていた重荷については、後で詳しく述べることにしたい。しかしながら、新たな政治体を創り出す時に鉱滓や残土が生じないことを求めるのは、ユートピア的な要求と言っていいだろう。

その間にビスマルクは「皇帝」問題を推進していた。それは、極めて大きな意味を持つ象徴政策であった。世論のなかには、自由主義的国民《ナツイオナール》派の間にも、古くからの大ドイツ主義派の間にも、そして連邦主義派の間にも、皇帝と帝国《ライヒ》を切望する思いが存在していた——既に一八四八年にも皇帝と帝国《ライヒ》が象徴的な概念として選ばれていたのである。「ライヒ」、それは一方の人たちにとっては連邦的な要素を強調するものであり、他方の人たちにとってはかつてのドイツ連邦の擦り切れた厭わしい連邦主義にまさに取って代わってあらゆる偉大な記憶を呼び覚ますものに他ならなかった。それに対応するのが、皇帝の称号だった。皇帝問題に関するビスマルク自身の考えはより冷静な性格を帯びていた。一八六六年の時点では、彼はまだ控え目な態度を取っており、例えばナポレオンや、さらにはオーストリアに配慮して皇帝の称号を採用することには反対していたのだが、いまや、新しい、しかし古くからの威厳を伴い、しかも非プロイセン的な称号を採用することで、南ドイツの人たち（特に君主たち）にプロイセンの指導を受け入れ易くさせ、プロイセンの覇権を覆い隠すことを考えるようになったのである——バイエルン王はプロイセン王に服することはできないが、皇帝に服することはできるだろう、と。さらにビスマルクは、国民《ナツイオナール》運動に対して、国民国家が連邦主義的な欠陥を持つこと、留保権に関して譲歩したことへの埋め合わせを提供しようと考えていたのであった。秘密の交渉で、彼は建築狂いのバイエルン王ルートヴィヒに、「ヴェルフ基金」から調達できたおそらく四十億から五十億マルクの金を、最初は一回で、次いで年払いで支払うという、まさに「上品」とは言い難く、まったく「愛国的」とは言えない見返りを与えることで、彼自身、すなわちビスマルクが起草したいわゆる「皇帝書簡」を送ってもらい、その書簡のなかでルートヴィヒはドイツ諸君主の名においてプロイセン王に皇帝位の受諾を要請した。それは国制を変えるものではなかったが、しかし象徴的＝政治的な意味を持っていた。「同盟」諸君主の共同体が、国王たちの一人であった連邦主席に、皇帝としての帝国《ライヒ》権力を委譲したのである。書簡を書いたビスマルクが狙っていたのは、まさにその点にあった。プロイセン王に皇帝位の受諾を要請した北ドイツ議会の代表団は、一八四九年に計画されていたのとは異なって、完全に後回しにされた。議会ではなくて諸邦君主が皇帝を「創る」べきだったのである。

古風で古《アルト》プロイセン的なプロイセン王は、新しい称号にほとんど乗り気ではなかったが、しかしビスマルクが解釈した国家理性に従った。もっとも、彼は「ドイチャー・カイザー」〔英語ではジャーマン・エンペラー〕という憲法上の称号（それは、彼の眼にはまっとうな内容のない「名誉少佐」——すなわち、もはや昇進することのない大尉に除隊を条件として授けられた少佐の肩書——のように映った）を名乗ることを望まず、「カイザー・フォン・ドイチュラント」〔英語ではエンペラー・オブ・ジャーマニー〕と称することを望んだ。しかし、このように領域的支配を強調するのはあまりにも他の君主たちの上に君臨することを意味するだろうとビスマルクは考えた。皇帝即位宣言式は老国王が称号の問題で不機嫌だったためにほとんど失敗しかけたが、万歳の音頭を取ったバーデン大公は正確な称号を口にすることを避けて、「皇帝ヴィルヘルム」への万歳を唱えたのだった。

帝国《ライヒ》は、形式的には一八七一年一月一日に諸邦との諸条約が発効したのをもって発足した。後に帝国建国の日と呼ばれるようになった一月十八日は、一七〇一年以来かつてのプロイセンの国王戴冠記念日となっていたが、皇帝即位宣言が行なわれた日だった。しかし、この象徴的な行為は、新たに樹立された国家の本来の現実に対応していたのである——一月十八日は、「誤解に基づく」というのではなくて、実際に帝国が誕生し、建国された日なのである。場所と、それに参加した人たちとが、樹立されたものに劣らない重要性を持っている。ヴェルサイユ宮殿の鏡の間は、帝国建国を、戦争での勝利と、それどころか勝ち誇って不吉なほどに高飛車な態度と、そして軍服が占める支配的な地位と、結び付けたのであり、同時に、この帝国の軍国的な要素を誇示していた。君主たち（三人の国王〔バイエルン王、ヴュルテンベルク王、ザクセン王〕は出席していなかったけれども）、君主の一族、大臣たち、外交官たち、将軍たち、要するに古い支配階層が代表者として出席し、民間人の議員たちはほとんどいかなる役割も演じていなかった。しかしながら、このような目に飛び込んでくる事実から、市民的な国民《ナツィオナール》運動はこの建国とこの帝国のいかなる構成的な要素にもなっていなかったのだという結論を導き出すとすれば、それは事実を誤って解釈することになる。とは言え、目に見える限りでは、市民的な国民運動は言わばジュニアパートナーであって、それ以上のものではなかった。一八七一年一月十八日に繰り広げられた場面は、この帝国の来たるべき歴史に長い影を投げかけることになる。

　一八七一年の帝国は、同時に様々なものであった。連邦国家であり、立憲君主政的な憲法国家であり、皇帝国家であり、プロイセンが覇権を握る国家であり、権力国家・軍事国家であり、そして何よりも――ともかくも、プロイセン君主政及びその革命的な大臣ビスマルクと、国民的《ナツイオナール》・市民的な運動との同盟から生まれた――国民国家であった。この帝国《ライヒ》は、世界史的に見れば長続きしなかった。四十二年後の一九一八年には帝政が消滅し、七十四年後の一九四五年には国家として、ヨーロッパの大国としても消滅してしまった。そして、ドイツ人の歴史、ドイツ国民《ナツイオーン》の歴史のなかでも「帝国《ライヒ》〔帝政崩壊後の一九四五年までのドイツ国家をも含む〕」は短い時期を占めるに過ぎない。私たちの共和国は、一九九〇年の後になっても、この帝国とは間接的な、そして切り刻まれた形で継承関係にあるだけである。この帝国は誤って建国されたのだろうか？　軍国的で好戦的な性格、大プロイセン主義的で、君主政的＝官憲国家的な、反議会主義的で反民主主義的な性格が、誕生した時からこの帝国の重荷となっていて、そのためにこの帝国は歴史的な持続性を持ち得なかったのだろうか？　それとも、そもそも国民国家として樹立されるのが遅かったために、この国家にヨーロッパは長期的に耐えることができず、あるいは、ドイツ人の側は、傲慢さから解放された目でこの国家を見ることができなかったためにこの国家に耐えられなかったということなのだろうか？　もしくは、この国民国家は未完成であったために生存能力を持てなかったのだろうか？　ヒトラーに至るまでの展開は、依然として帝国建国に全面的に暗い影を投げかけているのではないだろうか？　「ライヒ」というドイツ国家が没落してから、このような問題が様々に議論されてきたし、その建国が様々に批判されてきた。

　この問題を、後から生まれてきたより賢い人たちの純然たる主観から解放するためには、同時代の人たちの文脈のなかに置いて、同時代の人たちは他にどのような選択肢を持っていたのだろうかと問うてみる必要がある。ナショナリズムと、諸国民《ナツイオーン》が国民国家という形を取って形成されることとは、何ら偶然的なことでも特殊ドイツ的なことでもなくて、フランス大革命以来の、ましてや一八四八年以来の特徴的な点だったし、一九一八／一九年の世界秩序（民族自決権の宣言を伴う）、そして一九四五年の世界秩序（「国際連合」と脱植民地化の開始）の特徴的な点でもあった。ところで、考えてみれば、ビスマルクによる帝国建国に代わり得る別の国民《ナツイオナール》政策的な選択肢が存在していたのだろうか？　同時代の人たちによって最も議論されていたのは、大ドイツ主義的＝連邦主義的な選択肢だった。確かに、この選択肢は一八六六年の決着によって（ほぼ）排除されてしまったのだが、しかしそれを悲しんで郷愁に駆られる人たちが存在し、そして一九四五年以降に一種のルネサンスを経験した。幾つかのところでオーストリア＝ハンガリー二重君主国に寄せられている郷愁の思いが、大ドイツ主義的な選択肢をポストナショナリズム的に美化しようとする姿勢と対応している。しかしながら、そこに孕まれていた内的な矛盾を思い起こす必要がある。すなわち、オーストリアのドイツ系の部分だけを含む大ドイツ主義的＝連邦主義的な解決は、（革命と、オーストリアという全体国家の解体とを抜きにしては）不可能だったのである。中央ヨーロッパ連合国家《フェデラツィオーン》は生存能力を持たなかった。それは、大空間、大国として、ヨーロッパにとっては「いっそう」耐え難いものだった。それは、直接選出されて機能し得るような議会を持つことができなかったので――なぜなら、均質な国家民族が存在しなかっただろうから――、あらゆる自由主義者や民主主義者にとって受け入れられないものだった。それは、――一九一八年までの二重君主国の民族的分裂の歴史、郷愁論者たちの父親の世代が称した「諸民族の牢獄」の歴史が教えているように――民族的な自決権の要求と民族的なアイデンティティへの熱狂の下では、もはや生存能力を持たなかった。それは、「ドイツ国家《ライヒ》」を、その種のあらゆる言語闘争と民族闘争の争いに巻き込むことになっただろうし、そしてこの争いをまさに中和したり囲い込んだりすることは不可能だっただろう。大ドイツ主義の問題は、オーストリア（＝ハンガリー）が存在している下では、小ドイツ主義的な解決によってのみ克服できたのだった。

　第二の可能性となり得たのは、国民《ナツィオナール》革命的で国民《ナツィオナール》民主主義的な建国、一種のガリバルディ的な建国であり、それと同時にプロイセンを降格させ、地方化することであっただろう――急進的な民主主義者たちや一部の社会民主主義者たちは、六十年代にも依然としてそれを夢見ていた。しかし、この可能性は、四十八年革命が失敗に終わり、ドイツの君主国家が維持され、自由主義と革命的な民主主義とが決別した後では、そしてヨーロッパの諸大国が中央ヨーロッパに新しい権力が、とりわけ革命的なそれが形成されることに不信感を抱いている下では、完全にあり得ないものだったのである。そのような建国を支持する国民《ナツィオーン》が、存在していなかったのだった。ビスマルクが国民的《ナツィオナール》な革命という脅しを用いたことも、そのような姿を変えるものではないのであって、彼はこの威嚇の手段を、常に「彼の」プロイセンがそれを解き放つこともあり得るのだという観点と結び付けていた。

　それゆえ、以上のように考えるならば、ドイツ国民国家がプロイセンの覇権という性格を帯びるのは、少なくとも一八六六年以降は所与の条件になっていたと言っていいだろう。さらに、相反する二つのケースについて考えてみることも可能である。その一つは、ドイツ諸邦がビスマルクの指導の下で平和的に統一される、すなわち戦争によって促進されるのではなく、戦争が君主たちの連邦主義に対抗する圧力として働くこともなかった場合である。その結果は、軍事的な特徴を帯びることがより少なかったかもしれないが、しかし国制の点ではほとんど変わらなかっただろうし（あるいは、いっそう連邦主義的になったかもしれないが）、「上から」の統一であることにも変わりはなかっただろう。そのように戦争抜きで統一される可能性は皆無ではなかったし、そのような形で建国されれば、新しい帝国はドイツとフランスの敵対関係という重荷から解放されたことだろう。その場合に、帝国がヨーロッパで生き延びるチャンスと、国内で発展を遂げるチャンスが高まったのかどうか、それは私たちには分からない。もう一つの考え得るケースは、ビスマルク抜きの解決という場合――彼が亡くなることもあり得ただろうし、あるいは次の代の国王が「もっと自由主義的な」宰相を選任したかもしれなかった――であり、言わばより議会主義的な建国、言わばフリードリヒ三世のような君主とベニヒセンのような人物による建国という場合だが、この場合にも、依然として保守派（おそらくは自由保守派）が強力な重みを持ち、依然として君主主義的、軍国的で、プロイセンが支配的な地位を保つことに変わりはなかっただろうが、しかし、七十年代における政府と分離派〔一八八〇年に分離した国民自由党左派〕的な自由主義（すなわち中道派自由主義）との協力関係のような意味で、プロイセンが自由保守派的な改革の伝統を発展させていくチャンスが生まれたことだろう。確かにそれは空想の産物に過ぎないが、しかしもしそうであれば建国時の状況は異なるものになっていただろう。そして、周知のように、そのような建国時の状況が、成立する国家を深く、長期にわたって刻印するのであるから、そこからは異なる発展のチャンスが生まれてきたことだろう。一八七一年から一八八四年までの間、自由主義派の人たちは、ビスマルクという例外的な人物が存在する時期を何とか無傷で生き延びるという希望を抱き続けていたのだが、この場合にはこの希望はたちどころに現実のものとなったことだろう。もっとも、大規模な危機――文化闘争、関税政策を巡る利害対立、社会主義との対決、社会問題――や、あるいは軍事予算を巡る争いでさえ（この問題では、フリードリヒは決して「ソフト」な立場を取ってはいなかった）、回避すること、あるいは和らげることができたとは考えにくいが、しかし実際にどうなったかは知りようがない。一つの点だけは確かであり、そしてそれはあらゆる建国への批判に無力感を与えるものでもある。すなわち、よりビスマルク色が少なくて、より穏健自由主義的な解決であったとしても、ドイツの人たちのナショナリズム、大国としての地位、後には世界大国としての地位への要求には、ほとんど変化がなかっただろうということである――それは、建国時の状況がもたらした帰結なのではなかった。一八七一年の併合を巡る経緯は、ドイツがより自由主義的であったとしても反フランス的な姿勢がより少なくなったわけではないことを示している。はたして古《アルト》リベラル派的なイギリスへの共感が、遅れて登場して割を食っていると感じていた人たちのイギリスへのライバル意識を克服できたのか、それは疑わしい。おそらく対外政策は反ロシア色を強めただろうし、例えば一八八七年〔ブルガリア危機で独露関係が悪化した〕には好戦的にさえなっただろうと思われる。はたしてそのような状況が大国政策・世界大国政策を変えることになったのか、ヨーロッパの平和体制に組み込まれるのを著しく容易にすることになったのか、それは極めてありそうにないことと思われるのである。

帝国建国に際しては、敗者となった多くの人たちがおり、それゆえ多くの反対する人たちがいた――しかし、彼らは、以前においてもそうだったように、もはや、本来、いかなる他の選択肢をも持っていなかったのであり、少数民族の人たちにしても自邦中心主義派の人たちにしても他の選択肢を持ち合わせていなかった。連邦主義者たちの場合にも、やはりそうだった。たとえ連邦主義の程度がもっと高かったとしても、政治と社会における単一国家化を求める傾向の渦のなかに巻き込まれてしまったことだろう。プロイセン中心主義の昔ながらの保守派の人たち――尊敬に値する人たちだっただろうが――にしても、やはりそうだった。彼らは時代のあらゆる諸力に反発していたので、ビスマルクが最も良く承知していたように、いかなる未来をも持たなかった。カトリック派の人たちにも他に選択肢はなく、彼らは、文化闘争がなかったならば「帝国の敵」となることはなく、時代に対して取っていた多少の距離も時が経つにつれて容易に克服したことだろう。急進的な民主主義者たちや社会民主主義者たちの場合には、いかなるチャンスをも持たなかった。古くからの進歩党員たちは古風な存在となり、完全に少数派となってしまって、憲法紛争で揺さぶられた古《アルト》プロイセン以外のところでは、大部分の人たちからは国民的《ナツィオナール》な統一こそが本質的な自由に向かっての進歩と見なされていた。これらの人たちが初めて危機に陥ったのは、七十年代の末に国民自由党左派が抱いていた期待が水泡に帰してしまった時だったのである。もちろん、以上のような国民派《ナツィオナール》ではない人たちや、他のユートピア的な国民的《ナツィオナール》な解決を支持した人たちのすべてを合わせて考えれば、その数は少なくなかった。それゆえ、国民自由党や、さらにはビスマルクが、この帝国の内的な安定度と内部に孕まれた危険性とに懸念を抱いていたのは、もっともなことだったのである。その後の二十年間にわたって常に新たな「帝国の敵」を見出そうとしたビスマルクの紛争政策に対しては、「内的な帝国建国」に寄与するところがまったくなかったという手厳しい批判を加えることも可能である。しかしながら、新しい帝国に対立した以上のような様々な政治的な反対派が、建国当時からの一貫した重荷として付きまとい続けたというわけでもなかった。一九一四年まで、この帝国はますます一体化する方向に向かって成長を遂げていった。一九一九年にドイツ国家《ライヒ》の一体性を保ったのは、自由主義左派とカトリック派と社会民主主義派というかつての「帝国《ライヒ》の敵」たち〔民主党・中央党・社会民主党から成るヴァイマル連合〕だったのである。さらに挙げる必要があるのは、賢明な知識人たちである――勝者たちの声高な騒々しさを嫌悪し、ナショナリズムの危険性を察知し、新たなモードとなった「成功を追い求めるドイツ人」というタイプを嫌い、新たな建国に伴う破断線を嗅ぎ取っていた人たちである。古いヨーロッパに属する悲観主義的なバーゼル市民だったヤーコプ・ブルクハルトは、ドイツの歴史（及び、文化）の全体がいまや「勝者ドイツ人」という色彩に染め上げられていると考えた。ニーチェは、ドイツ精神が「根絶」される危険があると語り、統一と権力の新国家を正当化できるような理念、文化と使命の理念がどこにあるのかと問うた。ゲルマン人の友であるヴァーグナーでさえ、帝国建国に喜びを覚えなかったし、ましてや、文化保守的なナショナリストで、やがて民族至上主義的《フェルキッシュ》でモダンな文化批判者となるラガルドは、いっそうそうであった。帝国に対して距離を取ろうとした人は数多い。しかし、知的な理想主義者たちは、常に、文化によって規定された理想を、権力や利害や月並みといった特徴を持つ散文的な現実とは距離のあるものとして見ようとするものである。他の諸国民の文化理念にしても、尊大に精神を高揚させたようなところ、あるいは奇矯と思われるところがあった。こんにちではそれらを懐かしむ人は誰もいないだろう。

何らかの歴史的な正当性をもって帝国建国を批判的に却下することは成り立ち得ないし、そしてメタ歴史的に弁護することもあり得ない。歴史的に理解することだけが可能なのである。ドイツ帝国は国民国家であり、国民《ナツィオーン》の理念と、それに対する信条告白とが、ドイツ帝国を担う信仰であった。当初は距離を取っていた人たちも、この信仰に囚われるようになっていった。「国民的《ナツィオナール》」であること――それは、共通の政治的な意識、さらには知的で社会的な意識にとって自明なことだったのである。私たちは、一八〇〇年から一八六六年までのドイツを描いた巻のなかで、この世紀のヨーロッパのナショナリズムを特徴づけようと努めた。すなわち、国民《ナツィオーン》は、現世内で最高の位置を占める超個人的な集団である――身分ではなく、宗派でもなく、国家の領域でもなく、地方や地域、そして階級や、世界的な規模で対決し合っている政治的な路線でもなくて、国民《ナツィオーン》こそがそうなのである。国民《ナツィオーン》という集団は、最高の忠誠を要求し、また、要求することを許され、生命を賭して犠牲として捧げるのに値し、それを求め、文化と教育を、それゆえ共通の世界解釈を担い、刻印し、それどころか、宗教が衰えていくのに伴って共通の生と個人の生の意味をも担い、刻印する。国民《ナツイオーン》こそが、あらゆるコスモポリタニズムやインターナショナリズムを超えて人類の相違を規定する――そして、あらゆる平等主義的で水平化をもたらす画一性に対して、肝心な意味を持つのは、そのような相違、個体性とアイデンティティの多元性なのであり、ナショナリズムとは、アイデンティティの多元性への信仰に他ならない。何が国民《ナツイオーン》を構成するのか、例えば、言語か、それとも国家への所属か、生まれか、それとも信条か、という点を巡っては、それぞれの国民《ナツイオーン》の歴史と状況に応じて見方が異なるし、ナショナリストの間でも見解が異なる。しかし、一つの国民《ナツイオーン》が一つの国家、自分たちの国家を目指すのだということ、そして、本来、国家は国民《ナツイオーン》を基盤とするべきであり、それゆえ国民国家が国民《ナツイオーン》と国家にとって当然の形なのであること、この点についてはヨーロッパの西部でも中央部でも南部でも北部でも、すべての人たちが一致しており、東部でも国民《ナツイオナール》意識を持つ人たちの大多数はそう考えていた。それゆえ、国民《ナツイオーン》と国民国家が極めて高い地位を占めていた（そして、葛藤が生じた場合には優先権を持った）のだとすれば、国家相互間の秩序も国民《ナツイオーン》の原理によって規定され、国際的な平和も、列強間の競争も、国家間の平等あるいは権力的優位も、国民《ナツイオナール》的な問題であった。これらの一切はヨーロッパに共通していたものであり、ナショナリズムの破局を経験した後世の人たちがポスト国民《ナツイオナール》的な観点に立って感情を高ぶらせるまでもないことなのである――この点では、「ドイツの特殊な道」は存在しないのだ。イギリスでのナショナリズムは大陸部の場合よりも言葉のうえでは覆い隠された形で現われるとすれば、正しく比較できるためには、アイルランド問題や帝国イデオロギーを思い起こしてみる必要がある。

ドイツ国民国家の樹立を歴史的に適切に位置づけようとするのであれば、まずは国民《ナツイオーン》と国民国家についてヨーロッパに共通する観点に立つことが最も重要な点なのである。

第2章

一八七一年の帝国の基本的な諸構造と基本的な諸勢力

第1節

憲法体制

一八七一年のドイツ帝国憲法――核心部においては一八六七年の北ドイツ連邦憲法と同じだが――は、時代の優勢な諸勢力の間の妥協を表現したものであり、国民国家及びその統一性と、それを構成する諸邦及びその多様性と、そしてプロイセンの覇権との間の妥協、強力な君主政と――それよりは弱体な――国民的《ナツィオナール》な民主主義との間の妥協、一方の貴族及び軍と、他方の市民層との間の妥協を表現したものだったが、もちろんこの妥協は、ビスマルクが近代性を保守的な形に変容させたことを特徴としていた。憲法の本文は――基本権に関する部分がなくて――言わば組織を定めたものというレベルをそれほど超えておらず、それゆえ短くて、しかも曖昧で多くの点を不明瞭で未定のままとしており、絶えず政治的＝実際的に解釈されることを必要としていた。すなわち、この憲法は、幾つかの点でさらに発展させていくチャンスと、守りを固めてそのような発展を阻止するチャンスとの、双方を含んでいたのである。私たちが問題とするのは、この一八六七／七一年の憲法は、帝国建国後の政治に対してどのような枠組みとなる諸条件を設定したのか、そして現実の憲法体制、制度的な権力の形成及び権力の配分とどのような関係にあったのか、という点である。その際に、現実の憲法体制のなかの一つの特別な中心的な部分、すなわち軍の地位と組織については、後の節で別個に扱うのでここでは触れないということを、記憶に留めておいていただきたい。

国民自由主義系や社会自由主義〔社会問題に取り組む自由主義〕系の批判的な歴史家たちからはあまり好まれず、過去においてもこんにちにおいても脇に押しやられがちである点を最初に取り上げると、ドイツ帝国《ライヒ》は連邦国家であった。まずこの点こそが、帝国という存在にとっての中心的な事実だったのである。全体としての国家が存在し、そして個々の部分国家としての連邦諸邦が存在していた。連邦諸邦が帝国を設立したのであり、ある程度の自律性と共同決定権を保持しながら帝国に参加したのだった。帝国としての一体性と帝国としての連邦主義とが同時に存在していたのであり、まさにこの連邦国家は連邦主義的な特徴と単一国家としての特徴との双方を備えた組織体だったのである。

このことがまず意味したのは、個々の諸邦は、もはや主権国家ではなかったとしても、それぞれの高権を持ち、それぞれの任務領域、権限、そして機関を持っていたということであった。諸邦は、――僅かな例外はあったが――司法制度と学校制度を含む行政の担い手であり、それゆえ行政のスタッフを任命し、行政組織を定め、自らの政令を通して帝国の法律を「行政的」に——それゆえ邦により異なる形で——執行し、住民との交流という点でも行政の特徴的なスタイルを定めた。すなわち、行政は連邦主義化されたのであり、逆から言えば帝国の連邦主義とは第一に行政に関する連邦主義のことなのであった。個々の諸邦は、自らの収入と税を持ち、事実上直接税を独占していた。帝国の連邦主義は財政に関する連邦主義でもあったのである。個々の諸邦は、学校と高等教育に関する事柄と教会に関する最も重要な事項を管轄し、帝国の連邦主義は文化に関する連邦主義でもあった。これらの権限を握っていた結果として、連邦諸邦は独自の、かなりの程度まで自立した立法を構築していった——すなわち、地方自治行政と行政裁判所を含む行政の組織化の分野において、また、財政政策と税政策、文化政策や、他の幾つかの分野、例えば交通政策（鉄道、道路・運河の建設）や、あるいは救貧制度に関する規定などにおいて。ヴュルテンベルクととりわけバイエルンが幾つかの特別な権利や留保権を持っていたことは、確かに軍の人事権やビール税のような問題に関しては部分国家としての自律性を強めたけれども、しかし全体とすればそれほどの重要性を持たないことが速やかに判明した。

　とりわけ連邦諸邦は、自邦の政治的な秩序、自邦の憲法と選挙権を管轄する権限を持ち、それゆえそれらを改革する権限をも持っていた。帝国は、それぞれの邦の憲法体制を同一のものに規格化することはできなかったのである。もっとも、連邦諸邦の憲法体制は、ドイツ帝国全体の憲法体制の一部分を成していた。帝国の連邦主義は憲法体制に関する連邦主義でもあったのである。諸邦の間には、そして諸邦と帝国の間には、支配秩序の違いと政治的な権力配分の違いが存在していた。とは言え、大部分の連邦諸邦の憲法は似通ったものであり、その限りでは対立し合っていたわけではなかった。これらの諸邦の憲法体制は、（両メクレンブルク大公国〔メクレンブルク＝シュトレーリッツとメクレンブルク＝シュヴェリーン。ともに立憲制ではない等族制を保った〕を除いて）すべて議会主義的ではない立憲主義的体制というタイプに対応していた。ほとんどどこの邦にも——ハンザ都市〔ハンブルク、ブレーメン、リューベック〕の特別な上層市民による支配体制を別として——選挙で選ばれる第二院である下院と並んで、第一院として、生まれによる（さらには、任命による）議員を抱えた上院が存在した。選挙権は一般に制限されているか不平等なものであり、帝国議会のほうが、疑いもなくドイツ諸邦の邦議会よりも近代的な議会だった。その限りでは、古典的な立憲主義体制とようやく部分的に民主化されたばかりの議会とを持つ連邦諸邦は、帝国のレベルにおける議会と政府の間の権力配分に対抗する重しにもなっていたのである。しかし、連邦諸邦の内部における政府と議会の関係は、法的・制度的な理由からであれ、歴史的・社会的・人的な理由からであれ、あるいは政党状況のゆえに、様々に異なっていた。バーデンの場合には現実の憲法体制は自由主義的な色彩を帯びていたのに対して、プロイセンでは保守的な色彩を帯びていた。そのような違いは、時とともに大きくなっていった。南ドイツでは、第一院が釣り合いを取る保守的な重しとして残り続けたとは言え、選挙権が民主化されていき、政府の側は所与の多数派と折り合いをつけようと努めた。これに対して、選挙権が長期にわたって極めて保守的な作用を及ぼし続けたプロイセンでは、何の変化もなく、プロイセンは貴族国家のままに留まり、それどころかいっそうそのような性格を強めていった。プロイセンの政府は、帝国においても現状維持の牙城となったのである。なぜなら、当然のことながら覇権国家の憲法体制のあり方は全体としての帝国にとっても中心的な重要性を持っていたからであった。要するに、諸憲法が並存する憲法体制に関する連邦主義は、当初は、帝国を建国した諸邦間の共通性という契機としての意味を持ち、また、帝国における国民《ナツィオナール》民主主義的な要素である帝国議会に対抗する重しとしての役割を期待されていたのだったが、連邦諸邦間に緊張をもたらし、そしてとりわけ連邦諸邦と帝国との間に緊張をもたらす一つの契機になってしまったのである。

　連邦諸邦の権限に対峙していたのが、帝国の権限だった。対外政策と軍事がその第一の領域であり、立法の面ではそれを超えて経済と法制度、関税政策、それゆえ外国との通商政策、さらには社会政策を管轄していた。境界線が曖昧であったり、あるいは争いが生じたりした場合には、帝国が行動を起こすのであれば帝国のほうが優先権を持っていた。七十年代には帝国の権限を通常の法律で拡大することがまだ比較的容易だった——例えば民法の分野がそうである。帝国は上級の監督権をも握っていた。ドイツはもはや国家連合ではなかったので、帝国の法が邦の法の上位に位置し、邦の法を「無効」にした。

　連邦諸邦が行政を「独占」している状態の下で立法の権限が分割されたことは、政治的に重要な帰結をもたらした。社会と各個人の生活を流動化させるような法制度・経済制度・社会制度に関するダイナミックな新しい統一的な法律、あるいは軍事や関税に関する法律のように各個人に負担を課す法律、公共の関心と争いの的となる法律は、帝国の法律だったからである。そのような帝国の法律が注目の的となり、それに較べれば邦の法律は背後に退いていった。それゆえ、帝国議会の活動と、帝国議会の権利を拡大する問題とが、前面に進出してきたのである。このように帝国の議会のほうが政治的な注目を惹きつけるようになったのには、もう一つの事情があった。確かに、諸邦の邦議会も程度の差はあれその権利を拡大し続け、予算権を強化し、政府側の政令発布権や組織権や警察権を邦議会が制定する法律によって拘束するようにしてきたし、そして法律の数が増えたことは一般に邦議会の地位に有利に働いた。しかし、それと同時に、執行府である邦政府の側も、連邦諸邦の行政国家としての役割が拡大するにつれて、その重みを増したのである。その限りでは、連邦諸邦の憲法体制が孕んでいた諸問題、そして帝国の憲法体制と対立していた諸点は、それほど重要性を持っていたわけではなかった。もっとも、大邦であり覇権を握っているプロイセンの場合だけは、事情が異なった。しかし、プロイセンの憲法体制秩序は、後に見ていくように、帝国のそれと全面的に接合されていたのである。

構成諸邦が部分的な自律性を保持していたことと並んで、連邦国家のもう一つの要素となっていたのが、諸邦が帝国の政治に協力していたことだった。憲法の建前に関する虚構によれば、構成諸邦――「同盟諸邦政府」――が主権の担い手であって、「連邦参議院《ブンデスラート》」を通して本来の執行府を構成するものとされ、それどころか、ビスマルクが後に主張するに至った国法上の伝説によれば、帝国は諸君主の同盟なのであって、諸君主（及び、自由都市）が帝国の設立者、憲法の発起者なのであるから緊急権・廃棄権・改定権をも握っており、帝国を「破棄」してクーデタによって新たに設立し直すこと、憲法を撤回あるいは変更すること、あるいは例えば帝国議会選挙権を廃止することもできるのだと主張された。周知のように、そのような主張は法的状況にも権力的状況にも合致するものではなかったし、そもそも帝国建国の歴史と、それを担ったビスマルクと国民的《ナツイオナール》な運動との間の協力関係にまったく合致していなかった。それにもかかわらずこの虚構が持っていた現実的な重要性については、後に述べることにしたい。

連邦諸邦が中心的な諸決定に参加し、全体としての帝国の指導と立法に参加するための憲法上の機関が、連邦参議院《ブンデスラート》だった。連邦参議院では、すべての連邦諸邦が諸邦政府の全権委員によって代表されていた。投票に際しては、プロイセンが十七票、バイエルンが六票、ザクセンとヴュルテンベルクがそれぞれ四票、バーデンとヘッセンがそれぞれ三票、メクレンブルク＝シュヴェリーンとブラウンシュヴァイクがそれぞれ二票、他の十七邦のすべてがそれぞれ一票を持ち、全体では五十八票、一九一一年からは半ば自立を果たした帝国直轄領エルザス＝ロートリンゲンの三票が加わって計六十一票となった。票の配分は、何らかの規模や、ましてや力関係に対応するものではまったくなくて、ドイツ及びドイツ連邦時代における君主国や都市共和国の自邦中心主義的な伝統にビスマルクが見かけだけの譲歩を行なった結果に過ぎず、また、プロイセンの覇権を覆い隠す役割を果たしていた。プロイセンは帝国の領土と人口の三分の二を占めていたのだが、全体の三分の一よりも少ない票しか持たず、軍事問題と憲法変更に際しては少数派となっても阻止することができただけだった。しかし、このような票数状態は事実上何の意味も持っていなかった。一票しか持たなかった北ドイツと中部ドイツの諸小邦は、おそらくハンザ都市を例外として、本質的にプロイセンの意を受けてプロイセンの覇権を支える端役に過ぎず、もしもこれらの諸邦に迷いが生じる場合にはプロイセンはいつでも十分な圧力をかける手段を持っていたのだからである。中規模諸邦にしても、その大多数はその都度互いに結び付くよりもプロイセンと結ぶ場合のほうが多かったし、たとえ小邦が加わったとしても自らが多数派となることはできなかった。さらに、憲法が密かに意味していたところによれば、諸邦政府の連帯、連邦参議院の一致が目標とされていたのであり、多数派と少数派に分かれる事態が目指されていたのではなかった。そして、ビスマルクによる予備交渉の実施あるいは圧力の行使と、さらには連邦参議院の政治的な権力の相対的な低下とが――これら二つの点については後にも述べるが――、そのような連邦参議院のあり方を現実のものとしたのであり、連邦参議院における多数派の形成や少数派の立場が憲法体制政策に関わる問題となることはなかったのである。

　連邦参議院は立法に決定的に関与しており、立法への関与という点では帝国議会《ライヒスターク》と同格であって、帝国指導部〔帝国政府〕ではなくてこれら二つの機関が立法の発議権を持っていた。連邦参議院とその同意を抜きにしてはいかなる法律も成立し得ず、また、帝国議会からのあらゆる発議や修正案を拒否して阻止することができた。形式的には、帝国指導部が提案するすべての法案は、覇権を握るプロイセンが仲介して連邦参議院から発議され、連邦参議院が最初の形の法案を採択して帝国議会に提出し、帝国議会がそれに手を加えたものに対して最終的に承認するか、あるいは拒否するかを連邦参議院が決めた。もちろん、ビスマルクは、連邦参議院を選挙による諸邦院あるいは上院にして帝国議会に並び立つ議会として構築しようとする試みを、憲法の審議に際してきっぱりと拒否していた。そのような試みを考えていたのは連邦主義者たちやイギリス流の保守的議会主義の支持者たちだったのだが、しかしビスマルクは、連邦参議院が純然たる連邦主義的な機関となることにも、一種の上院となることにも、反対を貫いた。彼には、諸邦院のような形を取るのは自邦中心主義を強めることになると思われたのであり、また、上院のような形を取るのは、政府あるいはそのメンバーに疑似議会主義的な態度を取ることを強いるか、あるいはそのような態度を取るように仕向けることになりかねず、その結果として議会主義そのものを助長することになると思われたからである。それゆえ、連邦参議院は立法の一つの機関というレベルを遥かに超える存在となったのであり、帝国議会とともに立法者であるが、それと同時にかなりの程度まで執行府の統率者という性格をも帯びたのだった。

確かに、ビスマルクの元来の構想、すなわち連邦参議院を、プロイセンの各省を背後に持ち、単なる事務執行者であるはずの宰相を持った「政府」として構築しようという考えは、失敗に終わったし、おそらくこの考えは初めから実行不可能なものだったと思われる。国民自由党の議員たちが、帝国議会に対して宰相が「責任」を負うことを憲法の原則にした〔いわゆるベニヒセン条項〕ことで、ビスマルクは方針を切り換えた。宰相が、帝国〔当初は北ドイツ連邦〕の執行府、「政府」の核心になったのである。連邦参議院は帝国の政府ではなかった。しかし、連邦参議院は形式的には二、三の重要な執行府としての機能をも手に入れた。連邦参議院は、プロイセン王が兼ねた——元々の名称では——連邦主席である皇帝と共同で帝国議会を解散する権限を持っており、それは議会の権力を制限する本質的な手段の一つとなった。そして連邦参議院は、やはり皇帝と共同で、宣戦について決定する権限を持っていた。また、バイエルンを長とする対外問題委員会が設置された。もっとも、憲法体制の現実としては、これらの権限は、皇帝と宰相が下した決定に単に同意するだけに縮小していき、前述の委員会にしても第一次世界大戦前にはいかなる決定的な役割をも果たすことがなく、紙上だけの影のような存在に留まった。さらに憲法は、法律の条文によってその都度全権を与えられた範囲内で一般的な行政令や政令を布告する権利と権限を連邦参議院に与えていたが、それは連邦諸邦が持つ行政権限からほとんど自動的に生じるものだった。連邦参議院は、帝国による監督が存在する限りにおいて、そのような監督権を保持していた。また、先にも述べたように、連邦参議院は、宰相やその配下の帝国長官たち〔帝国政府の各部門の長〕とは異なって、形式的には法案を発議する権利を持っていた。それゆえ、他の政治体制の下では政府が扱う事項であったものが、帝国ではしばしば連邦参議院が扱う事項となっていたのである。

連邦参議院は、立法に関与したことは確かに見落としようがなかったものの、憲法の文面やビスマルクの意図では疑いもなく想定されていたはずの、強力で活動的な国家機関としての役割を果たすには至らなかった。連邦参議院は自立性を失って、背後に控える権力となっていったのである。それには幾つかの原因があった。連邦参議院は大臣たちの会議の場ではなく、そもそも常設の場でさえなかった。連邦参議院は、邦政府の指示に拘束された全権委員が集まる会議であり、邦の大臣が出席することもあったが、大抵の場合は連邦諸邦のベルリン駐在公使たちが出席した。全権委員の何人かは複数の小邦を代表し、後には各省の高級官僚が代理を務める慣行がますます定着していった。多くの事項が本会議から——やは官僚が出席する――委員会に委託された。ビスマルクは一八八〇年に、代理制と委員会方式を抑制しようと試みたが、何の実も結ばなかった。連邦参議院は、主として諸邦の行政を代表するようになり、行政連邦国家の機関となったのである。連邦参議院は独自の建物を持たず、帝国宰相府に居を構えていた。その審議は非公開で、結果だけを記した素っ気なくて短い議事録の公表は、何らその埋め合わせとはなり得なかった。公共の分野では、帝国議会が宰相及び帝国長官と並んで政治の中心に進出したのである。そして、やはり公共の分野では執行府も何よりも帝国議会のほうに目を向けていた。連邦参議院は独自の組織を持っていなかった。法案は通常はベルリンから、すなわちプロイセンの各省や――ますます――帝国官庁から、プロイセンの提案、あるいは元首の提案として連邦参議院に提出され、常に予めプロイセンの閣議による決定を受けていた。一件が連邦参議院で扱われる時には、既に長い予備協議を経ていたのである。審議には二つのやり方があった。ベルリンの各箇所、担当部門の長、大臣、宰相が、連邦諸邦の重要な利害、とりわけ大きな邦や中程度の邦のそれに抵触しないと判断した場合には、常に時間が切迫していたので、提案は最後の瞬間になってから連邦参議院に提出された。全権委員たちやその代理者たちは、少なくとも小邦の場合には、その問題への知識を欠いていて完全にベルリンの各省官僚たちの言いなりになった。小邦の全権委員たちや官僚である代理者たちは、しばしば政治的な経験を欠いていて外交的な交渉技術を持っていなかった。それに加えて、全権委員たちは一種のジレンマを抱えていた。すなわち、彼らは指示に束縛されていて故郷の邦での決定を頼らねばならなかったのだが、邦での決定はベルリンからの情報に依存している一方で、彼らは交渉手腕を発揮することを期待されていて、場合によっては自主的に決定しなければならなかったのである。決定的な本会議が開催される前の僅か数日間の委員会での審議は、すべての人たちに時間が切迫しているという圧力をかけた。連邦参議院のプロイセン以外のメンバーたちは、しばしば、提案の不意打ちに遭って発議者たちに無視されたという思い、他の選択肢を現実的に持つことなしに「歯ぎしりしながら」賛成と言わざるを得ないという思いを抱いた。彼らができるのは一般に単に反応することだけに限定され、他のメンバーたちと自発的な反対派を形成することもできず、疑問を感じる場合にもプロイセンと、あるいは少なくとも多数派と同じ票を投じたのだった（兄系ロイス侯国だけが、しばしば目立った例外となった）。要するに、ベルリンの中央諸機関が強力で、周縁部の代表者たちはそうでなかったのである。ビスマルクが宰相であった間に彼自身が本来の職務である議長役を務めた限りでは、彼の審議スタイルが団結への強制力を強めた。彼は、個々の問題を極めて急速に原則的な側面にまで拡大し、憲法の解釈に関しては一種の独占権を主張し、異論や、ましてや反対論に対しては素っ気なく反応する傾向があり、それどころか、例えば一八七八年の帝国議会解散と社会主義者鎮圧法に際しては、満場一致の賛成をまさに要求して、バーデンの異議を握りつぶしたのだった。

　その一方では、もちろん、連邦諸邦の独自の国家性に決定的に抵触する問題や、プロイセン以外の諸邦とプロイセンとのバランスに関わる問題、あるいは——保護関税問題のように——極めて基本的な問いを投げかける問題があった。例えば、帝国が支出を好むようになるたびに、それは帝国が税収を連邦諸邦に配分したものを帝国の必要に応じて再徴収する邦分担金〔帝国財政の不足分に応じて徴収された〕制度を通して連邦諸邦の財政力に負担をかけざるを得なかった。帝国長官が宰相代理を務める〔一八七八年の宰相代理法で制度化された〕のは、連邦主義的な構造に抵触せざるを得なかった。それゆえ、連邦参議院を無視して直接的に団結を強いるやり方と並んで、ベルリンと比較的大きな連邦諸邦との間で予備交渉を行なうというやり方がビスマルクによって導入されたのである。重要な決定や調整が、本来の権限を持つ連邦参議院の外部で、正式な審議が開始する以前の段階で行なわれた。それほど高度に政治的ではない問題の場合にも、ベルリンの当局にとっては——立法技術的な理由や行政上の実際的な理由から——そのような根回しを行なうのが重要であることが明らかになった。帝国で「準覇権」を握るバイエルンが、そのような予備的合意の対象となる第一のパートナーであり、次いで比較的反抗的なザクセンや、南ドイツ諸邦の全体、あるいはすべての王国が（及び、一八九〇年からはバーデンも）、そうであった。このような交渉では反プロイセンの連合が結成されることは決してなく、連邦諸邦のどの邦も他の諸邦よりもプロイセンのほうと密接に結び付いていた。

　連邦参議院が帝国議会に対して取る態度には、幾つかの異なる型が存在した。時とともに増加していったケースとして、連邦参議院の側が交渉の余地を確定する場合があり、帝国議会の委員会や本会議での審議が行なわれている間に、しばしば拒否権を発動する予定であるという合図を送った。あるいは、法案への帝国議会による修正に対して同意するか拒否するかという問題を最後まで未定のままとし続ける場合もあった。宰相と連邦参議院は一般に提出した法律を成立させることに関心を抱いており、また、帝国議会の側も法律の成立に関心を抱いているという前提から出発することができたので、拒否権を発動するつもりなのか、あるいは妥協する用意があるのかという合図を送ることが、重要な役割を果たした。しかし、そのような合図を送るのは、事柄の性質上、宰相や帝国長官たちやプロイセンの大臣たちの領分だった。このことが、連邦参議院における彼らの指導的な役割を強めたのである。

しかしながら、連邦参議院を一つの大いなる同意マシーンと見なすのであれば、それは完全な誤りであろう。ビスマルクは、確かに自らの意志を貫こうと努めたけれども、連邦に好意的な態度を示すことを、すなわち歯ぎしりしながらの同意ではなくて、自発的な申し合わせ、コンセンサスを得ることを明確に重視していた。諸邦政府間の連帯を維持し、達成すること、それが、彼が決定を下す際の一つの重要な原則だったのである。そこには、与えて受け取ること、貫きながらも譲歩すること、断念して譲ることが含まれており、そして連邦諸邦の側もそのようなやり方を評価して尊重することを弁えていた。君主政の（そして、ハンザ都市の場合には市参事会の）連帯への訴え、そして互いに支え合う必要性への訴えは、相応の効果を発揮したのである。

この結果、連邦参議院は、連邦主義の防波堤であり続け、――本来、紛争という形を取ってではなくて、障壁として、そして受け身の抵抗という形を取ってだったが――連邦諸邦の独自の国家性を犠牲として帝国の権限が過度に、そして制度的に拡張されるのを阻止し、帝国の単一国家化やプロイセン《ホルシア》化によって憲法体制の構造が変更されるのを阻止した。法秩序の場合のように法律による統一化が避けられないと思える分野では、様々な伝統を認めるような妥協に努めた。とは言え、帝国の事実上の単一国家化が、軍や経済や社会立法や法秩序や司法を通して、また、教育や文化、居住の自由、皇帝と帝国、帝国宰相、帝国議会と帝国議会選挙が果たす役割を通して、ナショナリズムと帝国主義を通して、要するに生活状況や政治的な方向性の均一化を通して、進展していくこと――このことを、現状維持を志向しつつも、まさにイニシアチブを発揮するのに乏しく、活動に乏しかった連邦参議院は、阻止できなかった。ただし、七十年代の末から迫られていた帝国の財政体制と税制度の抜本的な改革だけは、連邦参議院によって阻止されたとまでは言えないにしても、連邦参議院を相手として実現することが困難だった。帝国の政策の他のすべての重要な問題では、ベルリンの中央当局が支配的な位置を占め、連邦参議院のプロイセン以外の多数派はそれに追従した。連邦参議院を棚上げにするという官僚的な強硬路線と、予め交渉するという外交的な柔軟路線との双方が、連邦参議院＝「同盟諸邦政府」の一致というモデル、すなわち宰相とプロイセン政府と帝国各庁の政策に連邦参議院が同意するというモデルを実現した。例えば自由貿易派が保護関税の導入に異議を唱えた場合のように、意見の相違は存在していたし、それは相反する投票行動となって現われたが、それは多数派と結果に何の変化をもたらさなかったし、そもそも例外的な現象に留まった。

別の言い方をすれば、連邦参議院（同盟諸邦政府）は、事実上、政府としての機能を果たしておらず、イニシアチブを発揮して自立的、行動的に帝国の政治を行なっていたわけではないし、内部においても「政策の基本方針」を定めることもなく、それについて議論されることもまったくなかった。しかし、連邦参議院は、単にそれが存在していることを通して一つの重要な権力ファクターであり続けたのであり、現状の変更に対する一つの障壁であり続けたのである。連邦参議院は、全体として見れば、プロイセン＝ドイツの帝国指導部に対抗する重しではなくて、その支柱の一つであり、防楯なのであった。

私たちは、ドイツ帝国憲法、ビスマルク憲法の本来の機密とも言うべき部分を採り上げたいが、それは、連邦参議院が帝国議会に対する対抗役として構築されていたこと、連邦主義が、議会主義体制へと向かうどのような可能性にも対抗するために利用されていたことである。帝国議会の権力を長期的に制限すること、何らかの種類の議会支配に至るどのような道をも長期的に塞ぐことが、連邦参議院が果たすべき本来の機能なのであった。それが、ビスマルクの意図したことであり、そしてこのような構築が及ぼした最も重要な作用であって、最も多大の帰結をもたらした。連邦参議院と同盟諸邦政府は、帝国議会にとって把握不可能な存在であり、どのような公的・政治的な責任からも逃れていて、しかも――この点では連邦諸邦の邦議会に支えられていたのだが――伝統とドイツ人の生活という巨大な力を表わしていた。「責任を負う」帝国宰相と帝国の君主だけが帝国議会に対峙していたのではなくて、同様に連邦参議院と同盟諸邦政府も、――どちらも宰相によって（後には皇帝によっても）操作されていたとは言え――帝国議会に対峙していた。宰相、さらには帝国長官たちやプロイセンの大臣たちは、連邦参議院の代弁者として帝国議会の壇上に立ち、そのようにして彼らの権力の源を覆い隠した。彼らは（プロイセンの）連邦参議院全権委員としてのみ自らの職務を執行できたのであり、帝国指導部と連邦参議院とはそのような形でも全面的に繋ぎ合わされていた。責任を負わない同盟諸邦政府の憲法上の地位が、宰相の責任を相対化し、帝国の政府が責任を負うことを阻止していた――それこそが、この複雑な構造の狙いだったのである。連邦主義は、帝国の議会、ましてや議会主義の進出から君主主義原理を護る楯として組織されていたのだった。憲法の一見したところでは目立たない一つの規定が、マックス・ヴェーバーが後に繰り返し強調したように、この点で重要な意味を持っていた。帝国議会に所属する者は連邦参議院に所属することができなかったのである。それゆえ、帝国議会の議員は議員を辞職しなければ帝国長官や宰相になることは決してできなかったのであり、それは、（プロイセンの）連邦参議院全権委員にも就任しなければそれらの職務を遂行することは不可能だっただろうからである。要するに、連邦参議院は、宰相職と帝国指導部のいかなる議会主義化あるいは疑似的議会主義化をも防ぐ確かな障壁となること、ドイツの立憲君主政的な、すなわち非議会主義的な体制の、君主主義的＝官僚的な官憲国家、議会と政党に超越する君主政支配の、防波堤となることを期待されていたのだった。連邦諸邦君主の君主主義的な利害と連邦主義的な利害との双方が複雑な仕方で結び付いて、必然的に単一国家的な特徴を持たざるを得ない議会主義化の傾向に対抗していた。ビスマルクの主たる論点は、連邦主義を防衛することを望むのであれば議会の権力要求に反対しなければならない、というものだった。しかし、当然のことながらその逆も当てはまったのである。すなわち、議会を押さえつけておくことを望み、議会のどのような権力拡大をも阻止することを望んだために、所与の連邦主義的な構造を防衛したのであった。このような反議会の手段とされた連邦主義が、同時に君主政プロイセンの覇権を護る楯、稜堡ともなっていたことを、私たちはすぐ後のところで見ることになるだろう。

確かに、連邦参議院は憲法の条文が述べているほどの権力を持ってはいなかったし、決定を下す権力はとりわけ皇帝と、宰相と、プロイセン政府と、プロイセン軍指導部が握っていたと言うことができるが、しかしそれは憲法体制のなかでの連邦参議院の重要性を減じるものではないし、実定法としての憲法によれば一つの決定的な憲法機関であったことに変わりはなく、事実上も、公的・政治的な責任から不可侵のレベルに逃れて、一つの障壁、どのような危機の場合にも一つの権力としての力を発揮できる潜在的な勢力であり続けたのだった。

連邦参議院という独特な構築物が及ぼした二つの副次的な作用を、いかなる議会主義化をも阻止するという点と関連して述べておく必要があるが、これら二つの点はビスマルクも完全に計算に入れていたものであった。その一つは、連邦参議院が果たした反議会的な機能は、同盟諸邦政府がまとまること、それどころか一致団結することに寄与し、諸邦政府に連帯を義務づけ、諸邦政府の自然な自邦中心主義と権力要求を制限することになったのだという点である。この連邦主義的な機関は、こうして逆説的なことに単一国家的な作用を及ぼしたのであり、帝国議会を相手として、また――外交的に装われた――プロイセンの覇権の下で、諸邦政府を一つのブロックとしてまとめ上げたのだった。そして、より間接的には、帝国議会は連邦参議院が対峙することを通して長期的にも議会主義化に向かう能力を奪われることになっていた。もう一つは、連邦参議院は、帝国長官たちや大臣たちが議会に何の配慮をも払わないで済むようにし、そして帝国長官たちが自立性を発揮しようという気持ちを一切抱かないようにして、純然たる宰相体制、ビスマルクの個人的な権力を護り、いかなる合議制の帝国指導部をも、すなわち責任制原理のいかなる拡大をも阻止する役割を果たすことを期待されていたのだという点である。その際には、反議会主義と合議制体制への反感とが互いに支え合っていたのだった。最高位の帝国官僚〔宰相に直属する帝国長官〕たちは、そのような地位にある者として帝国議会に登場することはできず、それゆえ彼らは——プロイセンの——連邦参議院全権委員として帝国議会に現われたのであり、連邦参議院に、そしてプロイセン内閣〔帝国長官はしばしばプロイセンの国務大臣の肩書をも持っていた〕の規律に、結び付けられていた。そのことを通して、彼らは帝国議会の多数派に予め配慮を払ったり、ましてや予め交渉したりすることから免れるものとされた——そしてビスマルクは、たとえ単なる議事規則の問題に過ぎなくとも、誰かがスタイルや言葉の選び方において形式的に連邦参議院と結び付いているという建前に反する振舞いをした時には、神経質なほどに過敏に反応したのだった。その点においても、連邦参議院という構築物は責任帝国政府制が成立するのを妨げたのである。

ドイツ帝国における連邦主義一般がそうであったように、連邦参議院も帝国憲法体制の第二の基本的な事実、すなわちプロイセンの覇権と結び付いていた。実際、憲法の連邦主義的な諸要素は最強の構成邦であるプロイセンに特に有利に働き、プロイセンの覇権を保障すると同時にそれを覆い隠していたと言うことができるのである。

確かに、プロイセンは、帝国の領土と人口の三分の二を占めていたけれども連邦参議院では過半数の票を持っていなかったが、しかし十分な数の小邦がプロイセンと同じ票を投じるであろうことは、初めから明らかだった。危機が生じる場合に備えて——そのような場合は一度も起こらなかったが——、プロイセンは原則的な問題に関しては一種の拒否権を持っていた。しかし、ビスマルクは、連邦参議院の——言うところの——「手入れ」を怠らず、また、南ドイツ諸邦との関係を協力関係として育て上げていくことに努め、そのようにして南ドイツ諸邦が帝国に馴染むのを容易にし、そしてあらゆる議会主義的＝民主主義的な潮流に対抗して君主主義的＝連邦主義的な連帯を強化しようとした。その限りでは、彼はプロイセンの覇権を過度に強調しようとはしなかった。連邦参議院の実際の運営の仕方は、票数の力という問題をほとんど無意味なものにしたのである。

しかしながら、もちろん帝国とプロイセン及びその覇権的権力とが近い関係にあることは、当然のことながら憲法体制の実際の運用の仕方に決定的な影響を及ぼした。「連邦元首」はプロイセン王だった。連邦参議院の議長役を務めたのは彼に任命された帝国宰相であり、そして重要な問題の場合にはビスマルク自身が議長役を務めた。

しかし、彼はまさに――ほとんど常に〔一時期ローンに首相職を譲ったことがある〕――プロイセン首相でもあり、連邦参議院全権委員に「指示」を与え、当人がプロイセンの票を左右する全権委員でもあるプロイセン外相〔ドイツ内の諸邦との交渉を担当した。他国との外交は宰相とその配下の外務長官の管轄〕を常に兼ねた。現実的にも制度的にも宰相はプロイセンの産物だったのである。プロイセンは帝国の指導邦、「権力基盤」であり、プロイセンの各省は――当初は――帝国あるいは成立しつつあった各帝国官庁の言わば補助官庁として振舞った。最終的に帝国とプロイセンとの二つの官僚機構に分離した後も、双方はともにベルリンを所在地として互いに密接に結び付いて絡み合っていた。連邦参議院が提案する法案は、一般にまずプロイセンの提案として作成された。しかし、肝心なのは、官僚機構が絡み合っていたことだけではなくて、決定的な権力の行使者たち、各担当部門の長たちも絡み合っていたことである。プロイセンの提案は当然のことながら常にプロイセン内閣、閣議で予め審議・協議された。各帝国官庁が自らの提案を作成し始めて、形式的にはプロイセン各省という回り道を経ないで元首提案として連邦参議院に提出されるようになってからも、やはりプロイセン閣議で協議された――連邦元首とプロイセンとは一体だったのである。このように、帝国の立法や、例えば帝国議会の解散のような帝国の政治における他の重要な決定に際して、プロイセン政府が決定的に関与する状態は、プロイセン＝ドイツの権力構造の一つの核心的な要素であり続けた。そこには、さらに、以下のような他の点も含まれる。

　先に述べたように、連邦参議院で決定的な意味を持ったのはプロイセンが投じる票であったが、その票は形式的にはプロイセン外相の指示によって行使された。皇帝は、帝国宰相を任命し、それゆえ宰相の重要な決定をともに担わねばならなかったのだが、第一にプロイセン王であって、この邦の伝統と権力構造に結び付けられていた。帝国の支柱の一つであった陸軍は、第一にプロイセンの陸軍であり、あるいはプロイセン陸軍に支配されていた。プロイセン陸相は事実上帝国陸相としての役割を果たした。帝国宰相は、繰り返しになるが、当然のことながらプロイセンの産物だった。宰相は、プロイセンを抜きにしては帝国の政治を運営することはできず、プロイセンに確固とした権力の支えを持つことを必要とし、プロイセンにおける権力的な地位を必要とした。具体的には、先に述べたように、宰相は同時にプロイセン首相及びプロイセン外相を兼ねたということである。それは、権力組織の一つの必然的な帰結だった。ビスマルクの下で、後にはカプリーヴィの下で、負担軽減を図るためであれ、あるいは危機のなかで権力を分け合うためであれ、二つの指導ポストを短期間分離したことがあったが、うまくいかなかった――その結果、統治するのが著しく困難になり、速やかに二つの職を兼ねる状態に戻って、兼任が言わば現実の憲法の不文律となったのだった。元々はバイエルン＝フランケン地方の侯爵であるホーエンローエが一八九四年に宰相となった時、彼は自明のようにプロイセン首相にもなったのである。

　プロイセンと帝国との間、一方における帝国への支えと他方における覇権邦の指導的役割との間の協力関係と調整とをさらに確実にするために、既に述べたように、時とともに様々な補助的な仕組みが採り入れられるようになった。帝国の各帝国長官はプロイセン閣議の審議に招かれ、あるいはやがてプロイセンの無任所大臣に任命され、あるいは少なくともプロイセンの連邦参議院全権委員として活動した。彼らは、形式的には連邦参議院を経由してプロイセンのシステムに結び付けられたのである。帝国はプロイセンを抜きにしては統治できなかった。

　そこからは、時が経つにつれてある程度の弁証法的な緊張関係が生まれてきた。二つの官僚機構とその長たちが、並存し、場合によっては対峙し合ったのである――その際に、プロイセンの大臣たちは首相と同格〔合議制内閣の下で〕だったが、帝国長官たちは帝国宰相に服属していた。帝国長官たちと宰相はプロイセン以外の問題にも配慮を払わねばならず、とりわけ普通選挙権で選ばれた帝国議会と折り合いをつけねばならなかったが、プロイセンの大臣たちのほうは主としてプロイセンの利害に集中していて、一般に「快適」な保守的な邦議会を当てにできた。帝国長官たちがプロイセン内閣の規律とそれへの忠誠に結び付けられていたという状態は、政策全体のなかのプロイセン的な要素に有利に働いたかもしれないが、プロイセンを帝国のために利用する方向にいっそう有利に働く場合もあり得たのであり、その場合にはプロイセンの「帝国長官化」というようなことが言われた。そのような状況は、帝国の「プロイセン化」とプロイセンの「脱プロイセン化」という二者択一に帰着するものと言えたかもしれない。この問題は素地としては既に早くから存在していたが、現実味を帯びてきたのは、プロイセンの覇権がより大きな困難に直面するようになった一九一四年以前の十年間になってからだった。

　基本的には、そして特に帝国の歴史の初めの時期については、次のように言うことができる。プロイセンと帝国との二元並立状態について語ることができるとしても、プロイセンの覇権という契機のほうが規定的な位置を占めていたのである、と。確かに、覇権の行使を押し留めるような抑止的ファクターも存在していた。とりわけ中規模諸邦――南ドイツ諸邦とザクセン――への配慮や、プロイセンの権力の重みを過度に強調することへのためらい、長期的には君主政諸邦と保守的な都市共和政諸邦の協力によって連邦主義を保つことへの関心などが、そのようなファクターだった。それらに加えて、帝国の政策が前述のように相対的に自立していき、帝国の独自の国家理性が生まれてきて、その点から見ればビスマルクのような極めてプロイセン的な政治家の目にさえ、プロイセンの利害が時として自邦中心主義的と映ったということがあった。「元首提案」が増えていったことは、プロイセンで予め審議されたとは言え、憲法体制がゆっくりと変化していってある程度の単一国家化が見られたことを示している。その一方で、覇権邦であるプロイセンは同時に構成諸邦から成る連邦主義体制の主導邦でもあったので、覇権の矛先を連邦主義に向けることはできなかった。プロイセンは確かに自らの個別邦としての利害を持っていたけれども、しかし連邦を構成する諸邦の連帯に基づいて生きていたのである。プロイセンは、まさに連邦主義の主導邦として他の構成諸邦の残存する国家性と君主政的構造とを護らねばならず、それは相互性に基づいて現状を維持していく一つの利害共同体だったのであって、この利害共同体を打破してはならなかった。覇権と連邦主義との双方が協働してのみ、体制の鎹《かすがい》となり得たのである。そして、連邦主義という原則は、プロイセンにとって自らの覇権を護る楯であると同時に覇権を覆い隠すものでもあったのであり、議会的＝民衆的な勢力がプロイセンに反対する動きは、ドイツにおけるすべての君主政に、さらには、いずれにしてもプロイセン以外の人たちが愛している連邦主義的体制に、抵触するもののように思われたのだった。

ところで、以上のように細分化して考え、制限付きで考えるとしても、プロイセンの覇権は帝国の憲法体制の、核心的な要素そのものだったとまでは言わないにしても核心的な諸要素の一つだったのであり、そうであり続けたことに変わりはない。すなわち、皇帝のポストと宰相のポストはプロイセンを基盤としていた。皇帝はプロイセン王であり、帝国宰相はプロイセン首相だったのであって、その点に――自立化の傾向がいかに見受けられたとしても――権力の根源があった。その限りにおいて、プロイセンの体制が、すなわち、非市民的・封建的・官僚的な構造が残存し、軍が特別な地位を占め、「貴族院」と三級選挙権（この選挙権は七十年代の末からますます保守的な効果を発揮するようになった）で選出される下院から成る保守的な議会を持ち、君主主義政府が支配し、官憲国家的なスタイルを伴う体制が、直接的に、そして深いところまで、帝国の中心的な権力構造のなかに入り込んでいたのである。プロイセンの制度化された保守主義と、政府スタッフの保守的な登用法とが、帝国における現実の憲法体制の一つの本質的な部分となっていた。プロイセンにおいて君主政、宮廷と貴族、軍と官僚が支配的な地位を占めている下で、このことが意味したのは、憲法をさらに発展させていくチャンス、ましてや議会主義化に向かうチャンスは初めから限られていたということだった。

私たちは、改めてそれぞれの部分が持つ重みを比較考量してみなければならない。帝国は、——連邦主義的な斑点や民主主義的な斑点を持つ——大プロイセンなのではなかった。帝国を大プロイセンとして特徴づけるのは、帝国の混合的な国制、帝国の近代性と、緊張を孕んだ構造を完全に見誤ってしまうことになるだろう。帝国は、何かしら新しいものであり、そしてその後の数十年にわたる帝国の歴史における諸問題は、帝国が、もちろん古い要素も含むけれども、新しい要素も加わって、双方が新たに一体化した存在になったことから生じたのであった。当時の古《アルト》プロイセン人たちや、郷愁を抱いているこんにちの彼らの後継者たちは、「本来の」プロイセンは一八六六／七一年に没落したのだと考えているけれども、そのような見方は必ずしも不当なものではないのである。

確かに、ドイツ帝国は、連邦主義的で、そしてプロイセンが覇権を握るという構造を持っていた。しかし、帝国は、それと同時に、国民《ナツイオナール》＝君主政的で国民《ナツイオナール》＝民主的な要素、帝国の君主と帝国の執行府と帝国の議会を持つ統一的な（その限りでは単一国家的な）国民国家であった。「同盟諸邦政府」が、保守的な国家伝説が信じたがったように、単独で帝国を建国したわけではなかったし、単独で主権を担っていたわけでもなかった。帝国は、構成諸邦の連邦であると同時に国民《ナツイオーン》の国家でもあったのであり、憲法そのものも帝国の存在を構成する一つの要素だったのである。

帝国は、既に述べたように、政治のなかの重要度の高い領域、すなわち対外政策と防衛政策、経済政策、法政策、対社会政策を管轄しており、さらに、その管轄領域を拡大する権利を持っていたが、もちろんそれを可決するには条件が付けられていた。連邦参議院で十四票の反対票が投じられるだけで、そのような憲法の変更を阻止できたのである。そして、帝国は、統一的で中心となる指導機関を持っていた。中心的な連邦主義的機関である連邦参議院の傍らに、皇帝、帝国宰相とその配下である帝国長官たち、そして帝国議会が存在していたのである。

帝国の頂点には皇帝が位置していた。独自のタイプではあったものの、帝国もやはり君主政だったのである。ドイツの十九世紀の伝統の下では君主政は、官憲国家的＝官僚的で議会主義的ではなかったが、しかし憲法と議会によって制限されてもいた。帝国の君主は、最高統帥者として軍を規定し、開戦と戒厳状態、要するに非常事態と緊急事態を定めた。皇帝は、——自由に——執行府を決定し、宰相と指導的な政府の人員（プロイセンでは大臣、帝国では帝国長官と最も重要な大使）とを任免し、その限りでは既に政治の方針をともに決定する役割を果たした。それは、帝国の執行府が部外秘の領域として占有していた対外政策の分野にはいっそう当てはまり、この分野では皇帝はあらゆる基本的な決定に加わっていた。

君主が憲法と慣習法において持っていた以上のような権限は、一八六七年以来確定していた。とは言え、その地位は一八七一年から本質的な変化を遂げたのだった。プロイセン王が保持していて、当初は――一八七一年に――「ドイツ皇帝」という称号が加わっただけだった「連邦主席」という連邦主義的機関が、帝国の機関、帝国の君主となり、――皇帝はそれ自体としては法律の成立に関わっていなかったけれども――帝国の議会に対峙する存在となっていくのである。それには二つの原因がある。その一つは、帝国のある程度の単一国家化が開始することである。連邦参議院の権威が減少し、帝国宰相と、さらには帝国議会の権威が増大して、帝国の立法と帝国の政策、全体としての帝国の重要性が高まり、要するに、権力構造が変化していく。重要な決定が帝国のレベルで下され、さらに構成諸邦の参画が背後に退いていくと、君主の、もはや主としてプロイセンにおける権限というのではなくて、帝国における権限が、重要なものとなり、自立した意味を持つようになる。もう一つの原因は、言わばメタ政治的な変化なのであるが、著しく深部にまで達する作用を及ぼし、大きな現実的な力となるに至る。すなわち、皇帝は――予想に反して――国民《ナツイオーン》を統合し象徴する存在となっていくのであり、それは、歌や、戦勝・講和記念碑や、多くの国民的《ナツイオナール》な祝賀行事、奇妙に思われるほどの国民的《ナツイオナール》な美辞麗句、フェーリクス・ダーンが詩作した「赤髭帝《バルバロッサ》〔神聖ローマ皇帝フリードリヒ一世〕と白髭帝《バルバブランカ》〔ドイツ皇帝ヴィルヘルム一世〕」や、「皇帝と帝国」という儀礼化された決まり文句にまで及ぶ。皇帝こそが国民的《ナツイオナール》な夢を成就したのだとされるのである。初代皇帝が老齢であることと彼の控え目な威厳、そして皇帝即位宣言がフランスに対する勝利及び帝国建国そのものと結び付いていたこと、これらの一切がそれに寄与したのだった――自由主義左派や、ましてやカトリック派の人たちはこの統合プロセスにゆっくりと加わっていっただけだったし、社会主義者やプロテスト派〔併合に反対し続けたエルザス人のグループ〕の人たちはそもそも加わろうとしなかったのだとしても。バイエルンやバーデンの市民たちが「皇帝と国王」あるいは「皇帝と大公」に対する新たな二重の忠誠心へと移っていく現象は、プロイセンの外部では、想像されていたよりも遥かに容易に、そして速やかに進行した。ビスマルクはそのような「感情」を極めて意図的に手段として「投入」した――例えば、一八七八年の二度目の皇帝暗殺未遂事件とそれに続いた帝国議会選挙の時にそうだったし、あるいは一八八一年に社会保険政策の開始を「皇帝勅書」という形で宣言した時にもそうだった。七十年代と八十年代に自由主義派が皇位継承者、すなわち後のフリードリヒ三世が即位することに賭けていて、そしてビスマルクがこの帝位交替を恐れていたという事実は、皇帝、帝国の君主というポストが速やかに政治的な重みを増していったことを示す、もう一つの指標となる。そのために、ドイツの皇帝はプロイセンの国王としての役割をも果たしていたということ、軍の君主であって、プロイセンに自らの権力の基盤を持っていたということ、これらの点が古《アルト》プロイセンのエスタブリッシュメントの外部では容易に忘れられてしまったのだった。

帝国における君主政は、もはや絶対主義的でも半ば絶対主義的でもなかった。それは立憲主義的な君主政であった。確かに、この君主政はなおも憲法外の核心を持っており、それが「最高統帥者」の「統帥」権だった。それは古いプロイセンの遺産であり、それには——ヴィルヘルム二世の下でのように——「疑似絶対主義的」な傾向が結び付くこともあり得た。君主の憲法外の助言・事務機関として民事内局と軍事内局が（後には海軍内局も）存在し、それを土台としてやはり一八九〇年以降には人事政策に決定的な影響力を持つ「影の政府」が成立し得た。しかし、私的な顧問団の存在は民主主義的あるいは自由主義的な憲法体制の下でも決して排除できるものではない。この問題、その深刻さやそれと結び付いていた危険性については、後で論じることにしたい。ともあれ、政治全体に関して言えば、帝国の君主政は立憲主義的なそれであった。君主政は、憲法、法治国家的な規範、議会の協力に拘束されており、君主と政府の行為への政治的＝モラル的な責任を公共に対して、形式的には君主の布告に副署することによって負う、官僚＝大臣たちや宰相による政府という形式に拘束され、それゆえ、市民的な世論の多数派の——少なくとも原則としては長期的な——コンセンサスに拘束されていた。政府が議会の信任に依存していなかったこと（そして、古《アルト》リベラル派が好んでいた国事裁判所に大臣を告発する制度を設けるという考えも決して実現するに至らなかったこと）によっても、以上の点が否定されるわけではない。それゆえ、帝国の国内の歴史は、政府と議会及び世論との関係によって規定されているのである。

君主は、軍事の領域を別にすれば、第一に大臣たちを通して、皇帝の場合には宰相という一人の人物を通して、統治した。ビスマルクは一八六七年に「責任を負う」大臣たちを伴う合議制の政府を拒否して実現させなかったが、それは、合議制の政府は、議会主義化を可能にするという彼の目から見れば災い多い道に向かう一歩になると考えたからであり、また、政治を合議制の下で集団的に指導するのは非実際的であり、彼自身の権力への野心とも合致しないと考えたからだった。大臣責任制は帝国では一人の人物だけに限定されており、それが帝国宰相であった。

帝国宰相は、君主によって任命され、また罷免されたが、少なくとも憲法に定められた助言を与えるのは彼だけであり、君主と協議して政治の基本方針と基本的な決定を定めた。宰相は、統治文書に「副署」しなければならず、それを通して帝国議会と一般の人びとに対して責任を負った。宰相は、既に憲法の上でもそのような責任のゆえに君主への単なる奉仕者、君主の意志の執行者には留まらない存在だった。ビスマルクが彼の国王／皇帝との関係においていかに強力であったかということ、辞任の脅し、解任の求めが、いかに彼の意志を君主の抵抗を押し切って実現する手段になったのかということは、良く知られている。もちろん、それはビスマルクが並はずれた人物であったためでもあり、国王の軍事政策・憲法体制政策に関する立場を断固支持すると述べて、退位を考えていた国王を翻意させてプロイセン首相になり、国王にとって掛け替えのない存在になったという経緯のためでもあり、そして彼が挙げた業績と収めた成功のためでもあり、また、君主の洞察力と控え目な姿勢、さらには長年にわたって育まれた相互の忠誠心のためでもあった。しかしながら、このような特別で偶然的な個人的関係の背後には、一定の憲法政治上の事実が潜んでいるのである。宰相は確かに君主に依存していたが、しかし逆のことも当てはまったのだった。君主の地位は、もはや、君主が指導的な政治家を単純に取り換えることができるようなものではなくなっていた。君主は、その政治家の非凡さと専門的な能力を見極めねばならなかったし、国のエスタブリッシュメント、連邦諸邦の君主たちや官僚の最上層部に目配りし、さらに多少は外国の宮廷や政府にも配慮し、世論への影響をも考えに入れねばならなかった。交替させることが国内・国外の危機に通じるような事態は、可能な限り避ける必要があったのである。その限りでは、憲法上君主が持っていた宰相を自由に解任する権利は、憲法政治の面では制限されていたのであり、程度においては幾らか低かったが、後任者を自由に選任する権利にしても同様であった。ヴィルヘルム二世でさえ、一見したところでは絶対主義的に自らが統治しようとしたけれども、この中心的な問題では、少なくとも長い目で見れば、彼が思いたがったであろう（そして、何人かの歴史家が思っている）ほどには自由ではなかった。帝国議会と国民《ナツィオーン》に対して政治的な責任を負うという憲法の原則が——この原則は、法的な意味で権力に関わるというのではなくてモラルに関わるものだったが——、宰相に独自の力をも与え、君主からある程度自立させ、辞任を考えることが少なくとも一つの圧力行使の手段になり得たのだった。

　ビスマルクが長期にわたって宰相を務めたこと、彼の人物の強さと飽くなき権力欲、初代皇帝の控え目な姿勢、これらが現実の憲法体制を一種の宰相体制へ、幾人かの人たちが言うところの宰相独裁へと凝固させていった。権力の重点は宰相にあり、宰相が統治し、路線を定め、場合によっては路線の転換を定めた。彼は、幾つかの重要な問題では皇帝と争わねばならなかったし――例えば、民事婚の導入や独墺二国同盟の締結――、すべての問題で皇帝の支持を確実に得られたわけではなくて、例えば一八七七年には皇帝提督府長官で皇太子の友人であるシュトシュの罷免を実現できなかったし、宮廷の陰謀や皇后が影響を及ぼす可能性を懸念していた。しかし、これらの一切も彼の圧倒的な権力的地位を損なうものではなかった。皇帝＝国王の権力は後退していき、本質的には潜在的な権力（それでも、そのような重みを持っていたのだが）に留まっていた。宰相が君主の最も重要な決定を下す機能を引き継いでいたのである。彼は帝国長官たちの力を抑えて自らに服属させ、遅くとも一八七八／七九年の大転換の時にはプロイセンの大臣たちをも同様に扱った。彼は、もはや強力で自立的な人たちを自分の傍らに登場させようとしなかったのだった。

　私たちは次の節で、どのようにして帝国宰相という職からまず新しい機関である帝国宰相府が生まれて、ついで宰相に服属する帝国長官たちが率いる他の新しい「帝国官庁」が成長してきたのか、論じることになるだろう。これらの帝国長官たちは、ビスマルクが失脚した後、それぞれの政治的な重みは異なるものの大臣に似た地位へと成長を遂げていく。こうして、宰相の周囲に確かに「政府」とは称さなかったものの帝国指導部《ライヒスライトゥング》と呼ばれるようになったものが存在するようになった。君主が一人の宰相を通してだけではなくて複数の大臣を通して統治するという通常の立憲君主政の原則が、最終的には帝国でも実現することになったのだが、もちろん、内閣は存在せず、帝国長官たちは帝国宰相の部下であり続けた。

　執行府の憲法体制上の現実を把握しようとする場合には、さらに二つの点が重要な意味を持つ。君主と執行府の官職にあるメンバー、すなわち政府スタッフとの関係は極めて様々であって、ヴィルヘルム一世の下とヴィルヘルム二世の下とではまったく異なっており、しかもヴィルヘルム二世の下でも時期によって異なっていた。個々の大臣や帝国長官の君主との「近さ」も、違いが大きかった。また、どのような機関や人物が皇帝の周辺、宮廷から影響を受けていたかという問題や、君主と責任を負う政治指導部及び軍指導部との不明瞭な関係がどのように展開していったかという問題についても、同様に様々な違いがあった。君主の憲法政治上の行動の余地は、とりわけヴィルヘルム二世のように強力な自意識を発展させた君主の場合には、大きかったのである。このことを、ビスマルク体制やその後の政府の立憲体制化に目を奪われて、見過ごしてはならない。この点については、歴史的な経過を追うなかで具体的に述べていくことにしたい。

　ここで予め強調しておきたいもう一つの点は、君主が政府のスタッフ、帝国長官や大臣を任命したのだということである。彼らは主に貴族であり――貴族は、依然として第一に国王に近いところに位置する人たちだった――、そして主に官僚として、あるいは外交官や――防衛部門では――将校として出世してきた人たちであった。彼らは「キャリア」の出身だったのである。それが、長期にわたって統治エリートの出自を決定づけた。宮廷でなおも一定の役割を演じていた貴族のディレッタントや、ヴィルヘルム二世の個人的な取り巻きのなかで覚えがめでたかったような単なる将校は、ほとんど大臣候補者として適任とは見なされなかった。比較的古いタイプの貴族政治家、すなわち、議員として頭角を現わしてそれを足掛かりに外交官となったビスマルクのように、自ら政治的キャリアを築いたケース、あるいはホーエンローエのような大貴族のケースは、稀になっていった。確かに、帝国宰相は当初は官僚としてのキャリアを歩んだ人たちの出ではなく、ビスマルクもホーエンローエも、将軍のカプリーヴィも大使のビューローもそうではなかった。しかし、それ以外では官僚としてのキャリアが特徴的となっていった。ベートマン・ホルヴェークとともに、一九〇九年に通常の国内行政のトップ官僚が――もちろん、皇帝と特別な個人的関係を持っていたが――帝国宰相になった。官僚としてのキャリアから始めるのが、上昇しつつある市民層の人たちにとっては、いっそう普通のことだった。かつては国民自由党の議員で、銀行の支配人と市長〔最初はオスナブリュック、次いでフランクフルトの〕を経て最後はプロイセンの財務大臣になったミーケルは、例外的なケースだった。貴族も市民も議会での活動を経て大臣職に就くという、議会的な特徴を持つイギリスの状況は、プロイセン＝ドイツのモデルと対照的な姿を示していた。ドイツの統治エリートたちの、官僚的な出自と立身の世界、そしてその際に決定的な意味を持った選抜の基準は、彼らの政治家としての能力と、その欠陥にとって極めて本質的な意味を持ったのだが、この点については後にも何度か触れることになるだろう。

　君主によって任命された宰相（及び「政府」）と、連邦参議院として制度化された同盟諸邦政府とに対峙していたのが、議会、すなわち国民《ナツイオーン》の機関であり、その限りでは単一国家的で、国民《ナツイオナール》民主主義的な帝国議会だった。連邦主義、プロイセンの覇権、君主主義的＝官僚的な執行府に続く、この憲法体制の第四の要素である。帝国議会は、「政府」の構成にいかなる影響をも及ぼさず、それとともに政治全体の路線にいずれにしても規定的な影響は及ぼさなかったので、後世の歴史家たちの間では高い評価を受けていない。しかしながら、帝国議会の権力あるいは無権力という問題は、それほど単純な問題ではないのである。

最初に確認しておく必要があるのは、帝国議会は三つの重要な権限を持っており、それらの権限は政治全体に関わる権限にまで発展することもあり得たが、しかしそのような発展を阻止されることもあり得たという点である。帝国議会は立法に参画していて、帝国議会抜きでは、そして帝国議会の意志に反しては、いかなる法律も成立し得なかった。もっとも、帝国議会の側も、連邦参議院が、事実上は宰相とプロイセンが反対した場合には、いかなる法律も法律の変更も実現できなかったのだけれども。とは言え、立法の権限は重要なものであり、そして無制限だった。すなわち、帝国議会は、法律を承認しただけでなく、法律を審議し、細部にわたって決議したのである。政府の行為は法実証主義の時代には一般に法律という形式を必要とし、政府はもはや政令に逃れることはできなかった。政令は、いまや予め法律によって権限を与えられているケースだけに限られ、そして行政内部の施行規則だけに限られていたのである。建国されたばかりの帝国はまだ法律を持たず、法律を、統一的な法律を、多くの法律を必要とした。立法が中心部に進出したのであり、政府も統治できるためには立法を必要とした。一八七一―七五年だけでも、もちろん部分的には北ドイツ連邦から引き継がれたものもあったけれども、一六七の法律が採択された。法の世界と経済の世界、そして社会関係がますます複雑化していったことが、ますます立法への圧力を生み出した。政府は議会で法律を成立させる多数派を頼らざるを得ず、そのことが議会の重みを強めた。長期にわたって立法活動を行なわないことによって議会を「干上がらせる」ことはできなかったのである。

議会の第二の「古典的」な権利が、予算権、歳入と歳出の承認だった。この分野では、状況がよりアンビバレントであった。一方では、議会は毎年――ビスマルクが望んだように三年ごとではなくて――予算を、それも法律という形で確定した。予定外の支出は補正予算を必要とした。その際、歳出の項目はもはや一括した形ではなくて細分化されて示され、個々の項目に帝国議会は影響を及ぼすことができた。それゆえ、予算を巡る討論は政府の政策の全領域に関する古典的な討論の場となった。そして、比較的に節約を好む議会と比較的に支出を好む政府との間での古風な役割配分が依然として存在していたので、帝国議会の承認権が特別な重みを持ち、政府側の要求に対して、帝国議会は同意せざるを得ないと考える場合もあるが、拒否することも可能だった。その一方で、軍事予算があり、帝国予算の大部分〔七割以上〕を占めていたのだが、長らく一八六七年と一八七四年〔正しくは一八七一年〕の暫定措置の下に置かれていたけれども、七年法〔一八七四年から〕、後には五年法〔一八九〇年から〕によって平時兵員数が固定された〔兵員一人についての費用が定められていたので、兵員数によって軍事予算の大枠も定まった〕。軍事予算を削減する可能性が浮上したことは事実上一度もなかった。特定の予算項目に影響を及ぼそうとする試みも、常に政府側から極めて激しい抵抗を受けた。ビスマルクは、憲法解釈者としてのポーズを取って、この問題を巡って紛争の可能性が生じた場合に関して、彼のかつての「隙間理論」を堅持した。君主は法律で確定された平時兵力〔人口の一パーセントが原則とされていた〕を実現しなければならないのであるから、必要な支出を実行する可能性をも持たねばならないのだ、と。軍事政策の現状を変更しようとするどのような試みに対しても連邦参議院でプロイセンが拒否権を持っていたことも、同様に理解することができた。要するに、必要なものは拒否されてはならなかったのである。

しかし、歳入に関しても帝国議会の予算権は困難を抱えていた。帝国の収入のかなりの部分は間接税と関税から成っていたが、それらはその性質上長期にわたって固定されていたので、議会が歳入額を変更して承認する可能性は限られていた。帝国のもう一つの主要な収入源は構成諸邦の邦分担金だったが、この場合には帝国議会はいっそう自由に振舞うことはできなかった。なるほど、帝国議会は新たな収入を拒否することはできたが、新たな収入が必要だと考えても、それを単独で実現することができなかった。さらに、歳入も歳出も増え続けた。支出と税を引き下げる可能性が、予算についての議会権力に関する自由主義的な理論に実質的な意味を与えていたのだが、そのような可能性はますます減少していった。そして、国家が干渉国家・福祉国家になり始めると、断固として反対の姿勢を貫くための古典的な手段であった予算拒否は、不可能になってしまったのである――予算を拒否すれば、いまや政府だけではなくて、予算配分の争いに関わっている数多くの社会集団にも打撃を与えることになっただろうからである。それでも、もちろん、政府が新たな収入を必要とする時には、財政危機が、帝国議会が政策全体に関してかなりの決定権を発揮して進路を新たに定める機会となることもあり得たのだった。

さらに、帝国議会による一種のコントロール権のようなものも存在していた。問い合わせや――より強い形では――政府への説明要求、請願の取り扱い、あるいは予算提案を通して、帝国議会はほとんどすべてのテーマを――もちろん、対外政策と軍事政策の分野では限られていたが――公開の討論や委員会での討論の対象とすることができ、そして政府に立場表明を求めることができた。ビスマルクは、この帝国議会の権利を、対外政策の分野で公開の場での宣言を行なうために好んで利用した。議員たちの要求から「政府」席の側が逃れようとすることはほとんどなかった。以上は、公開の場でのコントロールの一つの形だったのであり、一般に選挙民をも視野に置いていた。内政問題では議会によるコントロールは当該の委員会（議会委員会）でさらに展開された。しかし、「議会に対する責任」の帰結であったはずの、帝国長官あるいは宰相その人に不信任投票によって退任を強いるという制度は存在せず、体制はまさに「議会主義的」ではなかったのである。

帝国議会は、普通・平等（男性）選挙権と、一人一区の小選挙区での多数決〔過半数を得た候補者がいない場合には上位二人による決選投票が行なわれた〕による選挙に基づいており、その具体的な点については後に扱いたい。しかし、ここで強調しておく必要があるのは、そのためにドイツの憲法体制のなかに著しい緊張が持ち込まれたということ、当時においては他に例がないほどの民主的な選挙権、大衆の政治的な参加権と、そのようにして選出された議会の権限が比較的制限されていたこととの間に緊張関係が存在していたということである。帝国議会の「通常の」立法期〔任期〕は当初は（一八八八年まで）三年間で、それ以降は五年間だった。しかし、帝国議会の権力に対する大きな制限の一つとして、「政府」、皇帝と宰相は――連邦参議院を経由して――いつでも帝国議会を解散して所定の期間内に改選を設定することができた。それは、選挙民に訴えることを意味し、議会に対する政府の最も鋭利な武器となっていた。

帝国議会の議員たちは議員日当を支給されず、ビスマルクは言わば普通選挙権に対する対抗措置として議員日当の支給を拒否したのだった。それは、長らく官吏が議員となるのに好都合に働いた。議員日当を支給すれば職業政治家――財産を持ち、確かなポストや政治に近い職業に就いている議員たち――が台頭してくるのではないかと危惧されていたのだが、長期的にはそのような人たちの台頭を妨げることはできなかった。帝国議会は自由主義的な代表原理、すなわち「自由委任」〔選挙民の指示に拘束されない〕に基づいていた。初期の帝国議会には議員団に所属しない議員たち、「無所属議員《ヴィルデ》」がかなりいた。議員団からの脱退や議員団の変更は十分に可能だった。もちろん、多くの議員たちは議員団に加入し、議員団は急速に重要性を増して、議会が制定した議事規則を事実上仕切るようになり、議長団や、発言者リスト〔本会議で登壇する議員とその順番〕や、委員会の委員の割り当てを決めた。議員団は予備交渉や妥協交渉を行なう機関となった。採決に際しての議員団「強制」というモラル的な義務が、個人的には意見を異にしている場合にも、しだいに守られるようになった――もちろん、採決に加わらないことは可能だったけれども。中道政党では、個人としての投票行動を取ることが（そして、それゆえ予測不可能なことが）なおも長い間頻繁に起こった。本会議での審議は公開で行なわれ、議会報告がすべての中規模・大規模な新聞の一つの重要な部分となっていた。

帝国議会は討論と公共の場であり、――それ自体として――社会的・政治的な多元状態を調停し、争いと、コンセンサスの発見あるいは決定との間を調停する機関だった——もっとも、そのような機能は、帝国議会と政府とが対峙する状態によって覆われており、政府の側はコンセンサスと決定に同意せざるを得ないか、あるいは、本質的には結局のところは自らが決定を下すと主張して、それに必要な帝国議会の多数派を調達し、自らが考えるコンセンサスを実現しようとした。その限りでは、帝国議会の憲法体制上の現実は、第一に帝国議会と政府との関係によって規定されていた。

　帝国議会の強さ、あるいは弱さは——それだけではないが、しかし重要な要素として——帝国議会の内部構造、多数派状況、多数派の均質性と行動能力に大きく依存していた。立法を行なわざるを得ないという圧力が強まっていったことを考えても、多数派を敵に回して「統治」することは、長期的には考えにくいことだった。しかし、後に説明するようなドイツの多党システム、より詳しく言えば五党システムは、自らの重みを持つ多数派を形成するためには不利であり、また、議会主義体制の場合のように連合を形成してまとまった多数派が政府権力に参加するという褒賞も存在していなかった。多数派はむしろ「ネガティブ」なそれだったのであり、コンセンサスを得た独自のプログラムに結集するポジティブな多数派というよりも政府案を拒否する多数派であって、そして、最も頻繁に見られたのは、政府の圧力や譲歩によってまとめられたその場限りの多数派だった。それでも、行動能力のある多数派を形成する状態を、あるいは——七十年代のように——維持することも可能だったのではないだろうか、と推測してみることはできる。しかし、ビスマルクの統治の実際とスタイル、すなわち立憲君主政的な統治は政党に超越した統治であり、政党に対抗する統治であるという彼の見解は、そのような可能性を阻止し、それどころか排除したのであった。彼は、後に具体的に見るように、政党同士を競い合わせ、政党とのどのような結び付きからも逃れ、長期的には言いなりになる多数派のみを求め、その他の点ではその時その時で多数派を取り換えることを好んだ。政党の側もそれに順応していったのであり、特にビスマルクが一八七八／七九年に自由主義＝保守派系の多数派〔国民自由党を中心とする〕に背を向けてからはそうだった。それ以降、政党にとって可能な政策は、「ネガティブ」な側面、すなわち妨害することと反応することとに集中するようになり、それがほとんど最終的な形になってしまった。それ以降、政党が多元的に存在していて、しかも連合する能力に乏しかったことが、政府にとって、政党から自立していて、それどころか政党と対立して持ちこたえるのを容易にした。これら二つの事実、すなわち政党の側が統合能力と連合能力に乏しく、統治能力に乏しかったという事実と、政党が憲法上統治に参加していなかったという事実とが、互いを条件づけ、さらには互いを昂進させていくことになったのである。

　宰相、君主、連邦参議院の側が、議会の多数派と対決した場合に握っていた決定的な武器が、既に述べたように、議会の解散と改選だった。初期立憲主義の理論では、紛争が生じた場合にはそのようにして選挙民に訴えて決着をつけることになっていた。しかしビスマルク時代には、議会を威嚇するための道具、政党を再編して多数派状況を変えていくための道具へと発展していったのである。政府の側は、解散するのに都合の良いきっかけ（必ずしも本当の理由とは限らない）を見つけて、例えば宰相の一身や帝国の「存立」がかかっているというようなデマゴーグ的な選挙キャンペーンを展開することができた。そして、政府は、世論に影響を与えるための手段をかなりの程度まで持っていた。立憲君主政下の議会に言わば補償的な意味で危機解決の手段として与えられていた、人民投票的な要素が、自立していって、代表者たちが政治的な決定を下すというモデルに対抗するものになったのである。それが、ビスマルクが成し遂げたことだった。それこそが、既に同時代の人びとが、そしてそれにも増して後世の分析家たちがビスマルクの人民投票的なカエサル主義〔あるいは、ボナパルティズム〕と呼んだものであり、彼が擁していた多くの政治的な可能性の一つとなった。重要なのは、そのような対決という例外的なケースが、やがて通常の関係にも決定的な影響を及ぼすようになったことである。解散の脅し――帝国議会の頭上に吊るされたダモクレスの剣――が、ある程度まで憲法の現実となったのだった。そして、後にビスマルクが「クーデタ」という考え、憲法と選挙権の変更という考えを抱くようになった時には、帝国議会の解散を繰り返すという戦略が常に一つの主要な役割を演じていたのである。

　反議会的なカエサル主義という文脈には、もちろん、反対派の諸政党を「帝国の敵」と決めつけ、それどころか、そもそもあらゆる紛争を激化させるという、ビスマルクの戦略も属している。このことも、一八七九／八〇年の国民自由党の分裂に彼が一役買った場合のように、立憲君主政体制下におけるドイツの政党の対立関係、多数派形成能力の欠如に、寄与したのだった――もとより、政党そのものの側にも幾つかの原因はあったのだけれども。

　ビスマルク後の時期には、選挙地理〔各政党の地理的な地盤〕、主要な「陣営《ラーガー》」〔政党の大まかなブロック〕と大筋の傾向が以前より安定するようになり、投票率が高くなって非投票者を動員しても結果に大きな変化が生じることは期待できなくなったので、政府の解散権は重要性を失っていった。一九一四年以前には、一九〇七年の解散選挙という例外はあるものの、改選によって政府の立場を改善するような地滑り的な変化がもたらされることはもはやなくなった。しかし、政党陣営間の対立関係はいっそう深まった。要するに、解散権が及ぼした作用は、状況によって異なっていたのであり、ビスマルクの圧力政策と帝国議会の側の無力さをもたらすこともあれば、後のベートマン・ホルヴェークの時期のように政府と議会との間の力関係の変化をもたらすこともあったのである。

　帝国議会が持っていた権力的な重みについては、一八六七／七一年の憲法について一般的に言えることが当てはまる。すなわち、この憲法は、君主主義的＝官憲的な政府と自由主義的な運動との間の妥協の産物だったのであり、当面は宰相と彼の政府のほうがはっきりと優位に立っていたけれども――議会による信任を必要としないことと議会解散権とが二つの決定的な契機だった――、しかしそれと同時に発展能力を備えており、自由主義派の人たちにも、例えばビスマルクという「例外的存在」が去った後には、自由主義派にもっと好意的な皇位継承者の下で、ゆっくりと変容させていくチャンスをも提供していた。後のもっと陰鬱な時代からのみ判断してしまうのは、注意しなければならないのである。実際、ビスマルクの出発点をもう一度思い出してみる必要がある――彼は、時代の最も強力な運動と、すなわち自由主義的＝国民的《ナツィオナール》な市民層と同盟を結ぶことを望み、そのようにして君主政を近代的な時代において安定させ、それと同時に前述の運動を囲い込もうとしたのだった。革命的な保守主義者として、彼は世論の同意を必要とし、そしてそれは、彼にはどんなにカエサル主義的な傾向があったとしても、議会を支えている諸集団の同意を必要としたということでもあった。ビスマルクは議会を好んでいたわけではなかったが、しかし議会を必要としたのであり、そして――一八六七年にしばしば述べていたように――連邦主義的な自邦中心主義が過剰になるのに対抗するための重しとして、さらには、帝国という統一的な新しい大規模国家を固めるための推進力としても、必要としていた。帝国議会は単なる譲歩の産物に過ぎなかったのではないのである。ビスマルクが変化していって、彼自身の創造物でもある帝国議会に対する疑念と反感が募っていったとしても、やはりそのことに変わりはなかった。

　帝国議会をイギリスの下院と簡単に比較してみるのも有益かもしれない。双方の間の違いは明らかである。ドイツ帝国における選挙権は遙かに民主的で、帝国議会のほうが遥かにエリート的ではなかった。二大政党制や三大政党制は存在しなかった。貴族の上院が並存してはいなかった。しかし、政治的にはイギリス下院は権力の直接的な所在地で、その多数派が政府を出して定めた。反対派が果たす役割は公認のものだった。ドイツでは、統治エリートは高級官僚と高級軍人から成り、議会の指導者たちや、彼らによって代表される市民層の人たちは二流の政治エリートであるのに過ぎず、ほとんど半世紀もの間「待機状態」に置かれ、そのようにしてしだいに日干しにされて砕かれてしまった。

法治国家と第三の権力（司法）については、憲法はほとんど何も述べておらず、憲法裁判所は――議会主義のイギリスでもそうだったが――存在しなかった。しかし、連邦諸邦の憲法と時代の不文律の規範を通して、法治国家の原則は帝国の憲法体制の一部分を成している。この点については、一つの節として扱うことにしたい。

最後に、全体を視野に捉えることを試みてみよう。国家に課された任務という点から見れば、新しい帝国は確かに権力国家であり、それゆえ軍事国家でもあった。しかし、法治国家、文化国家でもあり、ヨーロッパの東よりも西に属していた。そして帝国はますます経済国家、さらには社会国家〔社会問題と取り組む国家〕にもなっていった。帝国は、官憲国家であるとともに憲法国家であり、それと同時に国民国家の理念によってまとめられていた。

繰り返すが、一八六七／七一年の憲法体制は一つの妥協であり、革命的に変容された保守的君主政と、ジュニアパートナーである市民層の国民的《ナツィオナール》＝自由主義的な運動との間の妥協を表わしていた。ビスマルクは、先に述べたように、二重の目標を視野に置いていた。彼は、プロイセン的な特徴を持つ君主政と、官憲国家と、そして貴族及び軍の特権的な地位を、さらには帝国におけるプロイセンの覇権を確実なものにすることを望んだが、それは議会主義化を阻止しようとしたということでもあった。しかし、同時に彼は、機能する能力を備えた近代的な大規模国家を、時代の、そして市民的な社会の、最強の勢力である国民的《ナツィオナール》で穏健自由主義的な運動との合意の下で建設することを望み、時代とともに歩みながらも時代を支配することを望んで、古《アルト》プロイセン的な反動と自由主義的＝議会主義的な「革命」との狭間で、古いものを近代化することによって君主政を強固にし、新しいものを利用しつつ囲い込むことを望んだ。帝国は、それまでの保守的な国家のあり方に新たな装いを与えただけに過ぎないものではなかったし、「かつての帝国」〔神聖ローマ帝国〕でも、ドイツ連邦でも、大プロイセンでもなかった。帝国は、何かしら新しいものだったのである。帝国は、保守的な君主政と市民的な社会とが出会う国民国家なのであった。それゆえ、帝国議会も、一種の譲歩として付け加えられたものではなくて、憲法体制の一つの統合的な構成要素だったのである。

ビスマルクの憲法体制政策と憲法体制そのもののアンビバレントな性格を最もはっきりと示しているのは、普通選挙権が導入されたことである。ビスマルクは決して強力な議会を望んでいたわけではなかった。そのための手段として考えられていたのが、同盟諸邦政府とプロイセン、君主政と宰相が優位を占めていたことと並んで、選挙権を民主化することだったのである。選挙権の民主化は、議会を強めるのではなくて弱めることを狙っていた。ビスマルクは、普通選挙権は保守勢力を強めるだろうと考えていた点では間違っていたが、それまでの議会文化の下での自由主義的＝市民的なエリートたちに不利な作用を及ぼすだろうと予測していた点では正しかった。彼は、この選挙権を、君主政とその権力的地位を人民投票的＝カエサル主義的な形で、そして議会に対抗して強化するために、利用することができたのだった。しかし、その裏の面もそれに劣らず重要であり、そして長期的にはこちらのほうがいっそう重要になったのだと言っていい。ビスマルクによる民主的な革命の一つの帰結は、この選挙権は、ひとたび導入されると、憲法の機関、国民の代表としての帝国議会を定着させて強化したのであり、もはや撤回することは不可能だったので、モダンな政治に向かう一歩としての意味を持ち続けたということであった。カエサル主義は一種の間奏曲以上のものではあり得なかったのである。

　勝者であるビスマルクが決定的な役割を果たす下で結ばれた妥協の結果が、複雑な構造を持つ憲法体制とそれを覆い隠す形式であり、連邦参議院と帝国宰相と帝国議会とが、そして帝国とプロイセンとが、並存するとともに対峙し合い、互いに依存し合うとともに妨げ合い、議会主義化の可能性を連邦主義によって封じ込め、伝統的な「自邦中心主義」を帝国の単一国家的な傾向によって封じ込めていた。そこからは、この憲法体制に伴う多くの緊張関係が、すなわち連邦主義と単一国家主義との間、プロイセンと帝国あるいは「他の諸邦」との間、君主と宰相との間、両者と帝国議会との間、さらには、権力という利点を持たずに統合能力も妥協能力も乏しいままだった諸政党の間の、緊張関係が生じてきた。問題は、この憲法体制がこのままの形で機能し続けるのだろうか、それとも、それぞれの部分の重みと権限が変わっていくことを通して暗黙の裡に変化することになるのだろうか、とりわけ、自由主義的＝議会主義的な方向に向かって拡充していくことが可能なのだろうか、という点にあった。

　そのような変化を、ジュニアパートナーである国民自由党の人たちは予想し、期待していた――ビスマルクという例外的人物が去って、例えば反自由主義的ではない皇太子が皇位を継承するような、通常の時代が訪れるようになれば、と。自由主義派の人たちにとっては、この憲法も国民的《ナツイオナール》な国家も巨大な進歩を意味していた。サウロ〔キリスト教徒を迫害していた時期のパウロ〕でもパウロでもあったビスマルクは、客観的には進歩をもたらした人物だった。しかし、帝国と憲法体制は自由主義派の人たちにとっては未完成のものだったのであり、完成を待ち望む存在だったのである。未来は完成をもたらすだろうというのが、彼らの依然として揺るぎない信念だった。

他の二つの大政党も、この憲法体制を土台とする立場に立っていた。すなわち、中央党は、差し当たっては全面的に教会の権利と少数派の権利を擁護し、連邦主義と帝国議会選挙権を擁護することを目指しており、保守党は、憲法体制の保守的要素を擁護し、それを通して帝国議会を封じ込めることを目指し、現状の憲法体制が最終的なものであると主張していた。社会主義者たちと自邦中心主義者たちだけは、この憲法体制を土台とする立場に立つことができず、彼らにとっては、この憲法体制の下ではいかなる居場所もなかったのである。

第2節　行政

この時代に憲法体制に劣らず重要な意味を持っていたのが、行政だった。行政は、憲法体制の現実の一部分を成していたのである。行政は連邦諸邦の管轄事項であり、ほとんど至るところで、しばしば同じ邦の内部でさえ、異なっており、さらに当然のことながら無数の変更が加えられた――しかし、ここではその点は脇に置くことにして、比較的大きな共通性、例えばプロイセン＝エルベ川以東地域型の行政と西ドイツ＝南ドイツ型の行政とに集中することにしたい。

a　拡大と分化

絶対君主制が終わりを迎えると、国家は「福祉」政策〔十八世紀の絶対君主政期の政策〕の数多い分野――例えば、経済や社会秩序、福祉保護や建築法――から手を引いて、自由主義の旗印の下で、安全保障と秩序維持という古典的な役割に限定し、対外政策と防衛政策という古典的な分野、法の維持と法政策、枠組みとなる諸条件を設定する行政政策、資金を調達する財政政策に限定するようになった。それらに、ドイツではナポレオン時代の改革期から文化政策、すなわちとりわけ学校政策も加わった。そのような傾向に対応して、行政の各分野も限られていた。

ドイツ帝国の時代には、国家と行政の任務がしだいに再び拡大していった。法治国家・司法国家が発展し、経済の枠組みとなる諸条件が整備され、課税国家、関税国家、兵役義務、学校国家（及び、その教会との関係）が発展していくのに伴って、秩序を定める国家の機能が著しく増大していく。そして、統治としての行政と並んで「給付行政」が成立し、公的な機関が生活扶助と生活への備えを引き受けるようになる。不干渉国家が干渉国家となっていくのである。この点については、後で詳しく扱う。こんにちに較べれば、これらの一切は一九一四年の時点でも一つの端緒に過ぎなかったが、しかし一八六六／七〇年の状態に較べれば根本的な変化を意味したのであり、国家の任務は飛躍的に増大したのだった。

このことは、行政の拡大と分化に反映されている。既に十九世紀の初めに、――軍事及び対外関係と並んで――単一の「国内行政」から財務、教育及び宗教、司法が分かれて独自の行政部門となっていた。経済の領域での小規模な特別行政部門――農業、鉱業、通貨、商工業、交通に関する――は、国営企業を扱っており、産業化以前・初期産業化の時期の僅かな監督措置や助成措置を担当していた。それが著しく拡大していったのである。経済政策が増大するのに伴って、経済行政も増大していった。行政が、助成措置を講じ、それに応じて刺激を与え、新しい状況を受け入れてそれを監督し（例えば蒸気ボイラーの安全性検査）、自己管理活動を監督するようになる。同じことが、農業、営業（産業と手工業）、商業、発券銀行、銀行と証券取引所、保険、競争や特許や商標やカルテルに関わる問題、度量衡、統計、交通（鉄道や郵便への監督、水路・道路の建設）にも当てはまるし、ましてや鉄道と郵便が大規模経営として国家の所有や管理の下に入る場合には、いっそうそうである。さらに、社会政策の開始とともに社会行政（営業監督、営業仲裁所、社会保険）が加わり、保健行政や、その他の多くのものが加わる――そして、もちろん、これらに対応する法律や政令が行政自身によって準備される。このように、政治と行政の分野で、国家の活動が密度を増して拡大していくことが、第一の、そして最も重要な事実なのである。

しかしながら、違いも存在する。拡大の一つの主要なファクターである行政の専門化は、大抵の場合は中央の役所から始まり、多くの場合には中間段階の役所にも及び――もちろん、しばしば時間的に遅れ、例えば監督と仲裁を担当する社会保険局がプロイセンの県庁に設置されるのはようやく一九一一年になってからである――、そして少数の場合には下位の郡の役所にまで及んでいく。しかし、それとは逆の道筋も存在する。まさに社会的な諸問題（救貧制度や住宅や病気）は、「基底部」――地方自治体、とりわけ都市――の行政にとっての圧力となる。その部分で、これらに関わる最初の特別な行政部門が成立するのである。さらに、幾つかの特別な行政部門が並存する形での分化や、一般行政の下位あるいは中間の段階の役所が分けられる形での分化も見受けられる。

行政の業績とスタイルを判断しようとする場合には、以上のような状況を視野に置く必要がある。このような状況は、行政の客観化（脱個人化）と、イノベーション意欲の強まり、そしてまた官僚制化の増大にも繋がっていく。近代的な経済の諸問題とその社会的な帰結を受け止めて、多くの斬新な措置で応えたことが、ドイツの行政が挙げた業績であった。法学の訓練を受けた、それゆえその限りでは専門家ではなかった官僚たちが、社会国家を、そして経済的な干渉政策（とりわけ関税や税を通しての）や経済振興政策を、軌道に乗せたのだった。

行政の、以上のような側面、以上のような機能は、一般に考察の中心に位置する側面、すなわち統治権に基づく政治的で警察的な秩序行政と、まさに同じ程度に重要なものである。そこからは、活動とスタイルにおける決定的な違い、本省の参事官や部局長のデスクや審議の場での仕事と、県知事や郡長の執行者としての役割との違いが、さらには部分的には指導的な行政官の間の姿勢の違いが生じてくる。ドイツの行政はヤヌスの顔を持っていたと言っていいだろう。すなわち、一方の側は、近代的で、イニシアチブを発揮し、客観的で、産業社会に目を向ける顔であり、他方の側は、伝統的で、権威主義的で、古くからの社会モデルに執着する顔である。もちろん、近代化を進めようとする人たちも保守的ではあったが、しかしどちらかと言えば官僚的な意味での保守的、改革保守派的で、少なくともエルベ川以東地域ではそうであったように、主として権威主義的＝官憲国家的、あるいは反動的とさえ言えるような特徴を帯びてはいなかった。一般に見て取ることができる限りでは、非プロイセンの官僚層はどちらかと言えば前者のグループに属している。主に近代的な官僚たちが帝国の行政部門に登用されたということ、あるいは、ポザドフスキやベートマン・ホルヴェークのような人たちが帝国の行政部門においてより近代的な視点を受け継いだということは、やはり重要な意味を持っているのである。

b 行政へのコントロールと自治

国家の任務と行政の拡大は、先に述べたように、すべてのレベルに該当した。本来は、そして第一には、行政は連邦諸邦の管轄であり、下位や中位のすべての役所は邦の行政の一部分だった。行政の拡大、とりわけ中央部のそれは、もちろん通常は発展的なプロセスを辿り、新設という形を取るよりも、それまでの（古典的な）省や中央当局が構成を細分化して分けたり、あるいは新しい部局を付け加えたりする形で行なわれた。ただし、鉄道の国有化だけは、まったく新しい「行政部門」とそのトップを創り出した。

それほど革命的ではなかったが、政治的にはいっそう重要な意味を持ったのが、帝国の中央官庁の拡大的な発展である。なぜなら、この分野では、国家の任務と行政の歴史が、連邦主義体制における帝国と諸邦との間の権力関係の変化と結び付いているからである。帝国だけが管轄する国家の任務は、僅かしかなかった。対外政策、海軍、バイエルンとヴュルテンベルクを除く郵便がそれであり、後には植民地も加わるが、これらに関しては帝国の独自の行政部門が存在していた。特殊な地位を占めていたのが陸軍であり、その大部分はプロイセンの行政に服していて、帝国の陸軍行政部門は存在しなかった。以上の分野以外では、行政連邦主義の原則が憲法体制の核心として妥当しており、連邦諸邦の行政高権が諸邦の権利を護る聖域の一つとなっていた。帝国の法律を執行するのは諸邦の行政の管轄に属した——そのため、例えば社会主義者鎮圧法の執行に際しては邦によってかなりの違いが生じた。しかし、帝国が行政権限を持っていない、あるいはほとんど持っていない場合にも、帝国は立法権限を通して問題と関わっており、例えば経済・財政・司法・社会問題・保健などの分野、さらには裁判制度と裁判組織は、帝国法によって規制されており、七十年代にはそのような憲法上の権限が単なる法律によって拡大された。あるいは、帝国は鉄道制度の場合のような監督権限をも持っていた。国家の教会権や学術奨励の問題のような諸邦の古典的な管轄事項に属していた分野においてさえ、帝国は幾つかの権限を手に入れ、あるいは新たに創り出した。その限りでは、帝国は新旧の国家の任務に取り組む活動に関わっていたのであり、連邦諸邦の行政が行動する際に従わなければならない規範の多くを定め、さらにはそのための機関をも定めた。それゆえ、帝国の中央機関の濃密なシステムが発展していくのである。

　先にも述べたように、北ドイツ連邦の憲法もドイツ帝国の憲法も中央《ライヒ》政府を定めてはいなかった——幾つかの回り道を辿った後で、一八六七年の憲法を巡る審議から浮かび上がってきたのは、連邦及び帝国の唯一の執行機関である「責任を負う」連邦宰相／帝国宰相だった。この宰相の官庁として連邦宰相府／帝国宰相府が設置された。宰相府は、言わばすべてを管轄するところで、とりわけ立法のすべての問題と、連邦／帝国と諸邦との双方に共通するすべての事柄を扱った。帝国だけが権限を持つ対外政策に関しては、一八七〇／七一年からプロイセン外務省を母体として成立した外務長官の下の外務庁が管轄し、それとともに外交官勤務と領事勤務をも管轄した。帝国が（ほとんど）単独の権限を持っていたもう一つの分野は軍事だったが、ビスマルクがもう一人の宰相のような存在が並存することを望まなかったという理由をも含めて、幾つかの理由から帝国陸軍省は設置されず、プロイセン陸相が事実上その機能を引き受けた。この奇妙で緊張を孕んだ構築については、後に軍事制度との関連のなかで述べることにしたい。海軍については、まず一八七二年に皇帝提督府という中央機関が創られ、それが一八八九年に海軍長官を長とする海軍庁へと発展した——これについても、さらに後で述べたい。私たちにとっての行政史と関連して何よりも決定的に重要な意味を持つのは、連邦宰相府／帝国宰相府の興隆である。宰相府は一種の事務局から、ますます強大な力を持つ官庁へと発展していき、例えば法律の準備作業において短期間のうちに連邦参議院を完全に影の薄い存在に追いやってしまった。それは、初代の長官であるルードルフ・デルブリュックの働きによるものでもあり、彼はビスマルクに任命されて経済政策・財政政策・対社会政策・法政策の諸問題に関する言わばビスマルクの全権委任者、代理者となるに至った。宰相府は、プロイセンの各省の助けを借りて機能していたが、一八七一年からはこの点でも自立性を増していった。一八七三年から、宰相府はそれぞれの部分が新しい「帝国官庁」として枝分かれしていく。ビスマルクがこのような組織政策上の路線に踏み切ったのは、デルブリュックの権力的な地位を制限することを望んだためであり（彼はそれを受けて一八七六年に辞任した）、また、帝国官庁を増やしていけば、行き過ぎたプロイセン自邦中心主義と、自由主義派の責任帝国内閣制への要求とに対抗する支えとなり得ると考えたためであり、——さらには、もちろん、帝国の立法が施行されるようになって任務が増大していったためでもあった。なぜなら、帝国の立法は、そしてその限りでは帝国議会の活動は、単一国家的な作用を及ぼしたからである。こうして、帝国郵政庁（一八七六／八〇年）、帝国鉄道庁（一八七三年——当時は帝国が鉄道を引き継ぐという構想が現実味を帯びていた）、帝国法務庁（一八七七年）、帝国財務庁（一八七九年）、そしてエルザス＝ロートリンゲンの特別行政部門（一八七六／七七年、一八七九年にシュトラスブルクに帝国総督府）が成立した。残りの部局は一八七九年に帝国内務庁として組織され、経済と社会的な事項を管轄することになった。帝国宰相の純然たる事務部門は帝国官房となった。ヴィルヘルム・シュトラーセにある帝国官房に宰相は居を構え、ここが政治の中心であり続けた。一八七八年の法律が、帝国宰相の代理制——事実上、各帝国長官による——を定めた。連邦参議院に代わって、最終的には皇帝と宰相と、そして事実上帝国長官たちとが「帝国指導部」として「統治」したのである。それと並んで、さらに他の幾つかの「最高」帝国機関として会計検査院（一八七一年）、帝国債務管理院（一八七四年）、統計庁（一八七二年）、帝国保健庁（一八七六年）、特許庁（一八七七年）、帝国保険庁（一八八四年）などが存在し、そしてもちろん——一八七七年から——帝国裁判所があった。関税収入の帝国と諸邦の間での配分が重要性を増してくると、帝国は本来は諸邦の管轄であった関税行政への監督を強めるようになり、邦の官吏たちが嘲笑して「帝国のスパイ」と呼んだ独自の監督機関を組織した。植民地は、当初は（一八八四年から）一九〇七年まで〔この年に帝国植民地庁として自立〕外務庁の一つの部局に留まった。これらすべての官庁、とりわけ帝国長官の下の各帝国官庁は、自立性と独自の活動を増していき、大抵の場合、活動性とスタッフと重要性を増大させていった。全体とすれば、何年もの時をかけてようやく最上級の帝国行政機関と言えるものが形成されるに至った。その結果、連邦主義体制のなかでの帝国に新たな事実上の重みが与えられることになり、帝国が（連邦諸邦に代わって）政治と大いなる決定の中心となっていくダイナミックなプロセスが強化され、帝国の執行府が強められて、帝国の特殊連邦主義的な機関であった連邦参議院を完全に背後に押しやることになった。

さらに二つの点が、政治的構造に関して重要な意味を持つ。その一つは、帝国の最上級の官庁が成立した後も、帝国政府、帝国内閣、そして大臣が管轄する「省」は存在しなかったことである。帝国官庁の長は帝国長官であり、帝国長官は皇帝によって任免されたけれども帝国宰相の部下であり、宰相の指示に拘束された代理者だった。帝国議会に対して責任を負うのは彼らではなくて、帝国宰相だけであった。自らが指導権を独占することに熱心で、帝国長官が大臣に類似した地位を占めるようになれば議会への依存が強まるのではないかと常に懸念していたビスマルクは、そうならないように鋭く注意していた。帝国長官たちの君主との職務上のやり取り、とりわけ君主との接触は、彼を通してのみ行なわれた。彼の後任者たちの下で、ようやく帝国長官たちはより大きな自立性を得るようになった――ホーエンローエは指導的な役割を果たすことが少なく、カプリーヴィとベートマン・ホルヴェークは合議制の帝国指導部を擁護していたからである。幾人かの帝国長官たちは、君主及び／あるいは帝国議会と特別な関係を結ぶようになった。それとともに、もちろん、合議制による決定が制度化されず、人事問題では皇帝を頼らざるを得なかった帝国宰相が大きな指導権限を持たなかった下で、自らの管轄部門を第一に考える姿勢が強まっていき、それとともに管轄部門の長たちの間の摩擦も増大していった。それでも、一九一四年までには紆余曲折を経て帝国政府に類似した存在が発展を見るに至ったのである。

もう一つは、帝国の諸官庁と帝国長官体制が出現したことによって、ドイツの連邦主義の核心的な問題の一つ、すなわち帝国と、連邦における覇権邦であるプロイセンとの関係という問題が尖鋭化していったことである。この問題については既に述べたし、後にも繰り返し論じなければならないことになるだろう。ここでは、僅かなことを述べておくだけに留める。帝国官庁の形成と帝国長官の任命は、一方では「帝国」の自立性を高めた。行政に通じている人なら誰もが知っているように、同じ体制の内部に二つの行政が存在している場合には、どちらの行政もより大きな独立性を発展させていく。もちろん、帝国の官僚たちはしばしばプロイセンの行政の出身者であり、プロイセンの行政が法案の作成に際して「助力」あるいは協力し、政府案は一般に依然として連邦参議院の提案としてプロイセンを通して提出され、そして帝国宰相の権力的地位は彼のプロイセンにおける権力的地位と結び付いていた。それにもかかわらず、帝国官庁とプロイセンの省との間には違いが存在した。それゆえ、ビスマルクは、既に「彼の」帝国長官たちをプロイセンの無任所大臣に据え始め、大臣となった帝国長官たちは投票権を持ってプロイセン内閣の閣議に出席し、他の帝国長官たちも彼らが管轄する問題が取り上げられる時には出席した。それは、「帝国指導部」の利害をプロイセンにおいても、そしてプロイセンの特殊利害に対抗して主張することを狙いとしていた。しかし、もちろん、逆にプロイセンの大臣たちの帝国の政策に対する影響力を強めることになる場合もあり得た。プロイセンの財務大臣ミーケルが及ぼした影響は、その名高い一例である。プロイセンの大臣たちが邦議会の本質的に保守的な多数派を頼りとしていたのに対して、帝国長官たちは帝国議会の非保守的な多数派を頼りとしていたので、長期的には双方の政治的な方向性が食い違ってくる多くの理由があった。管轄分野ごとに分けられた帝国指導部が形成されたことは、プロイセンの覇権を決して無力化したわけではなかったが、時が経てば経つほど帝国とプロイセン(及び、その官僚大臣たち)との間に緊張関係が、それどころか指導権を巡る争い——帝国のプロイセン化か、それともプロイセンの帝国化かという——が発展していくのに寄与したのだった。

ドイツにおける国家による行政、すなわち連邦諸邦での行政は、全般的に三つの段階にわたって構築されていた。邦政府の中央の段階と、県や州といった「地域的」な中間段階と、郡《クライス》(「アムト」などと称する場合もある)という下位の「カントン的」な段階とである。プロイセンにおいてだけは、中間段階が、州知事を長とする州と県知事の下の県とに二分されていた。州と県との関係は必ずしも明瞭ではなくて、単純な上下関係にはなく、州知事は県知事と同様に一つの県をも担当した。州知事と県知事は、それぞれ幾つかの異なる任務を担当し(例えば国道の建設や、上級学校と教会に関する事項は州の管轄だった)、州知事は、州の代表者であると同時にベルリン政府の代理人でもあり、一八六六年の「新しい」諸州や、民族対立に揺さぶられたポーゼン州〔現ポーランドのポズナン地方〕では特に目立った役割を演じた。しかし、このような特殊な問題は脇に置いておくことにしたいし、県と郡との間の権限区分の問題もひとまず措くことにしたい——幾つかの事項は直接中間段階の機関が扱うべきものとされたし(例えば郡から独立している都市に対する地方自治体監督)、他の事項については県が指示権と監督権を持つ第二段階の機関とされ、そして重要なケースでは——自由裁量に基づいて——いつでも介入することができた。一切が、厳密なヒエラルヒーと所定の手続きの枠内で進められた――本省から県庁を経て郡（あるいは都市）へと、そしてその逆の順序で。重要なのは、行政の官僚的組織が（前例尊重というモデルに基づいて）形式的に貫かれたことであり、合議制機関として組織された県という、古くからのプロイセンの行政モデルは一八八〇年に放棄された。各機関の長は、権威と責任を有し、決定権を持つ官僚だったのである。それは、県の行政にも郡の行政にも当てはまった。もっとも、県のレベルでは行政事項の多様さとその拡大が郡の場合よりも強い作用を及ぼした。ここでは、「部局」への細分化と分業化、専門化、技術官吏や学校官吏のような特別なポストの任用が進んでいき、要するに膨大な（そして、ますます増大していく）事務作業と書き物仕事、すなわち無数の事柄の文書による処理が膨れ上がっていき、一般の人びとから離れたものになっていった。それゆえ、「県庁」では、代表的な存在としてあらゆる本来の「政治的」な事柄について決定的な影響力を持つ県知事と並んで、参事官たちが重要な役割を果たした。

　下位の行政単位が郡であった。比較的大きな都市は「郡から独立」していて自治行政を行なっていたので、郡は、とりわけ「農村部」、小都市と、大抵は中都市とを、さらには大都市的な性格を持つ「工業村」をも管轄していた。郡は、上級の官吏をほとんど持たず、一般の人びとに近い小規模な行政であり、かなり目に見え易い存在である「郡長《ラントラート》」（「ベチルクスハウプトマン」などと称する場合もあった）を頂点に戴いていた。郡長は、通常の市民たちにとっては、あらゆる政治的・警察的・行政的な事柄における国家の代表者を意味した。プロイセンでは、国家は郡長にまで及ぶという言い方がされていた。郡の任務は、都市の場合ほどではなかったものの、それでもかなり増大していった。学校や、地方自治体の監督や、救貧制度の一定の問題や、警察に関する一般的な事項の他に、第一に交通に関する事柄――プロイセンでは「郡道」の移譲もその一部分を成していた――、さらには「給付」行政と生活保障に関わる初期の経済的＝社会的、保健政策的な措置、例えば排水事業やその他の農業奨励策、貯蓄金庫や病院の設置などが加わった。供給事業は、「工業村」を除けば、郡ではまだ大きな役割を演じてはいなかったが、もちろん一九〇〇年以降は郡も例えば西部におけるＲＷＥ〔ライン・ヴェストファーレン電力〕への参加のように電力事業に乗り出した。

　郡長の職はプロイセンでは特に顕著な特徴を帯びており、郡長は政治的な官吏であって、原則的には政府の政策を代表する義務を負い、ヒエラルヒー的＝権威主義的で官憲的な行政の代表者、そもそも本来の権力と支配の代表者だった。一八七二年から、郡長は、もはや貴族によって支配される身分制的郡会が提案する郡の代表者（その際に、国王は提案された人たちのなかから選択する権利しか持っていなかった）ではなくて、最終的に国家によって指名される官吏となった。このように郡長の職が国家化されたのは、官僚的な動機と自由主義的な動機との双方によるものだった。それは、郡長の職の一定度の脱封建化に繋がるとともに、行政の任務が増大してより多くの能力が求められるようになる下で、一種の専門職化に繋がっていったのである。

法学的＝行政的な養成教育を受けていることが郡長職の前提となっていった。「その郡の出身者である」郡長はエルベ川以東地域でも減少していき、郡長は配置転換の対象とされ、官職のローテーションに組み込まれて、郡長職がキャリアの一段階ともなっていった。そのためもあって、郡長は彼の郡の代表者であるよりも（中央の）国家の代表者としての性格を強めていったのである。しかし、専門職化が進んだにもかかわらず、郡長のなかの貴族の割合は高いままであり、そしてそれは、とりわけ自主的な執行者としての地位を占めて一般の人たちが見守る下で活動する官吏たちを任命する際の、プロイセンの官吏政策と対応していた。郡長は保守的であるべきだったが、貴族は保守的だった。貴族たちは政治的に指導的な役割を果たすと主張していたのだが、まさに郡長のようなポストへの任命——それは、同時に、すべてのそれよりも高位の執行府の官職に就くための出発点となったのだが——に際して、彼らのそのような主張がものを言ったのである。社会的な顕示に適していると思われたこと、そして薄給であるために財政的な支えが必要だったことも、貴族が優遇される理由となった。確かに、郡長のなかの貴族の割合は、一八四八年には七十二パーセントだったのに対して一九一〇年には五十八パーセント「だけ」になり、そして市民層出身で西部州と東プロイセン州の郡長に任命された人たちの割合は一九一八年までにおよそ六十パーセントにまで増加した。しかし、郡長になった市民層の人たちは、業績というレベルを超えて、「良い」（信頼できる）家族の出身という点と、国家に忠実で保守的な「堅固」な志操の持ち主という点で際立っていなければならなかった。将来は郡長となるべき人たちが郡庁で試補として「修業」することも、郡長に必要な保守的＝権威主義的な「スタイル」を習い覚えるのに役立った。

郡長は、まず、ビスマルクが特に強調したように、「帝国の敵」と転覆に対する、すなわち第一にカトリック派と自由主義左派、次いで社会民主主義派とポーランド人に対する国家の「闘い」の断固たる代表者でなければならず、それと同様に、選挙に際しては「親政府的」な候補者を優遇し、少なくとも東部では官僚制の多くの手段を駆使して反対派を妨害する義務を負っていた。郡長がなおも政治的に活動していた限りでは、彼らの大多数はプロイセン下院でドイツ保守党に所属した（一八九八年には下院で議席を持っていた三十三人の郡長のうち十九人、一九〇八年には二十三人のうち十五人）。彼らのうちの多くが政府及び国王／皇帝の意向に反して中部運河法案に反対すると、確かに彼らは解任されたが、後に再任され、昇格の待遇さえ受けた。郡長のかなりの部分は、単純に国家に忠実だったというのではなくて、党派的な意味で保守派であり、地方や中央での古《アルト》プロイセン的な権力エスタブリッシュメントと結び付いていた。エルベ川以東地域の郡長たちを解体しなければ、プロイセンでも帝国でも、よりリベラルな――それが本来意味していたところでは改革保守派的な――政策は実現できないという、帝国宰相ホーエンローエが九十年代に述べた嘆きは、正当なものだったのである。そして、東部地方では、多くの郡長たちのその地の貴族たちとの社会的＝家族的な繋がりが保たれ続けていた。その繋がりが、例えば所得税のための大土地所有者たちの自己査定に対するチェックや、その他の数多い問題に際して極めて現実的な役割を果たしたのだった。農村部における国家による支配と封建的な支配とが、エルベ川以東地域ではなおも互いに支え合っていたのである。

　とは言え、政治的な姿勢や行動を強調するあまり、東部地方にも何人かの傑出した貴族の郡長たちや、多くの有能で実際的な行政を行なった貴族の郡長たちがいたことを見過ごしてはならないし、ベルリンの周辺地域の郡長たちは大いに行政の才能を発揮して近代化を進めた名高い例となっている。その他のところでも、――以前からの保守的な側面が持ち込まれたにもかかわらず――郡長の専門職化が始まってからは、耐え難い小専制君主や怠け者や無能な人物というよりも、効率的で、イニシアチブを発揮し、ある程度は適切で、ある程度は善意に基づく行政について語ることができるのである。

　プロイセンの郡行政はもう一つの側面を持っており、それは自治という要素である。この点については、全体としての自治行政との関連のなかで、すぐ後で述べることにしたい。

　プロイセンの西部州では多くの点が異なっていたし、ましてや他の諸邦、特に南ドイツではいっそうそうだった。南ドイツでは、行政のスタイルがよりリベラルで、より協同的であり、政治的な機能が打ち出されることがより少なく、地域の支配エスタブリッシュメントと結び付いてはいなかった。しかし、南ドイツでも、例えばバイエルンやバーデンでは、邦の官吏たちが市民層の人たちに対して、ましてや庶民に対して、権威を振りかざす姿勢がはっきりと見られた。貴族の特権や軍事的＝警察的な厳しい態度は見られなかったとしても、そもそも南ドイツの体制は国家主義的な性格を帯びていたのである。

　裁判所による行政へのコントロールの芽生えが、個々の邦で異なったものの、幅広く見られた。それは、自治と並んで、自由主義的な法治国家の擁護者たちが、行政権力を法の対象とし、行政による支配をコントロールして、乱用や恣意、党派的な扱いや不平等な扱いを防ぐために、古くから要求してきたことだった――幾人かの人たちにとっては、こちらのほうが、議会が権力に参加するという考えよりも重要なものと思われていた。自由主義派の人たちは、本来、通常の裁判所に行政へのコントロールを委ねることを望んだのに対して、政府と行政の側は行政の特別な上級機関のみが行政行為に対する異議申し立てを扱う形を望み、そのために三権分立論をも持ち出そうとした。結果として生じたのは一種の妥協であり、混合的なシステムだった。一般に、下位と中位の行政では異議申し立てを扱う機関が存在し、裁判の形で審理を進め、その限りでは裁判所としての機能を果たしたが、しかし行政の一部分を成すのに留まった一方で、それよりも上位のレベルでは独自の裁判所が設置された。この点で特徴的だったのはプロイセンの場合である。プロイセンでは、郡と県のレベルでは選ばれた一般人が審理に参加した。それは、個人の権利保護よりも行政の公平性のほうを重視していたグナイストの考えに合致していた。そして、それよりも上の段階では行政問題を扱う「純然たる」裁判所――一部は法律家、一部は行政官から成る独立した裁判官を擁する――が存在し、一八七五年には名高いプロイセン上級行政裁判所（ＯＶＧ）が設置された。大抵の邦では訴えの対象となり得るものが明記されていたが、しかし一般条項――裁判所の任務は行政が法と法律を守っているかを検討することである、という――があるために、何ら特別な制限が課されることはなかった。確かに、原則的には行政の「自由裁量」に委ねられている事柄は裁判所によるコントロールの対象とはならなかった。しかし、――曖昧な法概念が適用される場合に、自由裁量に委ねられているのか、それとも法的な誤謬があるのかの――境界線が流動的だったために、司法が法を発展的に形成する役割を果たしたのであり、例えばプロイセンのＯＶＧは警察の措置に対する一般条項から一種の「警察法」を発展させていったのである。ヴュルテンベルクでは、そして一九〇〇年頃まではバイエルンでも、上級の行政裁判所はどちらかと言えば執行府の側に立っていた。禁止されていないことは警察と行政に許されていると見なされていたのである。プロイセンの場合には逆であり、許されていないことは禁止されていると見なされた。一般条項は制限を加える方向に解釈され、行政の行動の余地が狭められ、警察は一般条項を、権限を付与し得るものとして利用することを許されず、行政による介入の程度とやり方もコントロールの対象とされ、「恣意的な扱い」あるいは「不平等な扱い」（例えば海水浴場の何人かの籠椅子の利用者のなかで一人だけが摘発されるような）は合法的ではないと宣告された。プロイセンのＯＶＧの強さはおそらく強力なプロイセンの行政に対抗する圧力として制度化されたことに起因していたのに対して、ヴュルテンベルクの場合には、行政が伝統的に遙かに控え目であり、長らく議会によって抑制されていたという事情があった。ザクセンとバーデンはプロイセンのモデルのほうに従い、バイエルンも世紀転換期の頃からそれに続いた。

このような法的コントロールを官憲国家のなかに定着させたことが、なおも七十年代のプロイセンで自由主義派が挙げた持続的な成果の一部分を成している。もちろん、それはある程度まで古くからのプロイセンの法的伝統に合致するものでもあった。そのために、間違いなく政府と体制に忠実で、政府と国王によって選任された裁判官たちも、そのような姿勢をさらに発展させていくうえで重要な役割を果たしたのである。カトリック派や社会民主主義者、デンマーク人やポーランド人は、警察による集会権や結社権の侵害行為に対してＯＶＧの判決が創り出した少数派保護の恩恵を受けた――この問題には政治的な側面もあった。しかし、それだけではなくて、後に語ることになるだろう都市計画にしても、ＯＶＧによる司法と法の発展的形成の一つの成果だったのである。もっとも、この裁判所のリベラルさと市民への好意的な姿勢とを誇張し過ぎてもいけない。フーズムの市長シュッキングが、『プロイセンの国内行政における反動』（一九〇八年刊）というセンセーションを巻き起こした論争の書を刊行して、著しい義務違反を理由に罰金刑を受けた時、ＯＶＧはこの刑では不十分だと考えた。控訴審でＯＶＧは忠誠義務違反で有罪を宣告し、市長の称号と年金請求権を剝奪した。シュッキングは、解任されるのに先んじて辞任した。

国家による行政と並んで、ドイツの至るところ、とりわけ地方のレベルで、自治行政が存在した。自治行政は、行政裁判制度と並んで、自由主義派にとって国家の行政に歯止めをかける手段であり、シュタイン以来、彼らが真に心に掛けていた問題だった。自治行政は、とりわけ都市において強力で、多大な成功を収めたのであり――この点については、別個の節として扱う――、都市では、官憲的な性格が濃い国家行政に対抗するより市民的でより自由な行政が大きな力を持って活動していたのであって、ドイツにおける公共生活を全体として評価する場合には、このことを決して見過ごしたり、あるいは過小評価したりしてはならないのである。

農村部の地方自治体、すなわち大抵の場合は村にも、基本的には自治の原則が適用された。ドイツの至るところで、一八七二年以降はプロイセンの東部諸州でも――当初はポーゼン州を除いて――、村人たちが村長と村会を自分たちで選び、そして自営農地域ではどこでもそれは自分たちの権利として熱心に護られ、そして誇りとされていた。村の政治は重要なものだったのである。選挙権は、都市自治体の場合と同様に、至るところで異なっていたが、大抵の場合は、そしてほとんどの時期は、普通選挙権ではなくて、土地と家屋の所有及び／あるいは納税と結び付いていた（プロイセンでは、しばしば土地所有者に議席の三分の二が割り当てられ、ライン州では生まれによる村会議員がいた）。しばしば選挙権はプロイセンの場合のように、しかしプロイセンに限らず、不平等で、所有／納税額による等級に分けられていた。村で一般に自治の担い手となったのは、下層農民のグループではなくて自営農民だった。地方自治体法では村としての扱いに留まっていた工業都市は、伝統的な土地所有者の寡頭制によって率いられ、労働者は事実上締め出されており、それが大抵の場合は都市に昇格させない政治的な理由でもあった。それゆえ、そのような「工業村」では、「まっとうな」都市とは異なって、社会的な問題がまったく解決されないままで、それどころか取り組まれることさえなかったのである。

どこでも、村の自治は都市の自治よりも弱体だった。それには、とりわけ三つの原因がある。

第一に、多くの邦では（プロイセンと同様に）そもそも法的に都市と農村部自治体とが分けられていた。すなわち、国家と地方自治体との間の任務区分に関して、農村部自治体には、自治体自身の事柄についても国家的な機能の執行（委託行政）についても、より少ない権限しか与えられていなかった。第二に、そのような権限の割り当てとは別に、農村部自治体に対する「国家による監督」が——ほとんど常に——都市に対する場合よりも遥かに厳しく行なわれ、「法的な」監督だけではなくて専門的な観点からの監督も行なわれた。それは政治的な動機に基づくだけではなくて、村の行政が職業的な専門性に乏しく、コントロールが乏しかったためでもあった。最後に第三に、農村部自治体の任務はほとんど拡大することがなかった——学校と救貧と道路が古典的な三つの任務であり、そうであり続けた。供給事業や、建築法や、経済＝社会「政策」が何らかの役割を演じることはまだほとんどなかった。それらの任務が農村部に及んできた場合にも、村はその種のことを引き受けるには弱体過ぎたので、郡（あるいは、例えばプロイセンの西部州では自治体連盟や「アムト」や連合自治体）が管轄するか、あるいは村は邦の補助金を必要とした。それゆえ、村の行政は上位の邦の機関に著しく依存し続けていたのであり、あらゆる法的秩序のレベルを超えて郡長とそのスタッフの社会的・政治的優位が発揮されたのだった。後世の目で眺めて村の自治を過小評価するべきではないが、しかしその限界をも認識する必要があるのである。

もちろん、農村部の自治行政は邦や地域によって様々に異なっており、南西ドイツから北東ドイツに向かって自立性が減少していくという落差が存在していた。例えばプロイセンでは、既に述べたように、郡長の地位が特に強力で、官憲的＝権威主義的であり、それが行政のスタイルをも規定していた。それに加えて、東部地域では伝統的な社会的格差が顕著で、農民の自意識が発揮されることが少なかった。さらに、特別な理由も存在していた。すなわち、大農場地域では——例えば東プロイセン州や下シュレージエン地方の自営農民地域を別として——ほとんどすべての村は小さくて経済的に弱体であり、別個の農場管区《グーツベチルク》〔大農場主が長となる行政単位〕とは分けられていたのである。これらの村はほとんど給付能力を持たなかった。農場管区を含む強力な農村自治体を形成するという自由主義的な考えは、とりわけ保守党が抵抗したために、一八九一年のヘルフルトによる農村部自治体法でも実現しなかった。もちろん、強力な大農場と弱体な村とを一緒にすることが「正しい」ことなのか、村にとって良いことなのか、という非保守派の側からの疑念も存在した。それゆえ、村を大農場から解放するべきであって、双方を分離するべきだという考え方もあったのである。その場合に重要な利害の的となったのは、物税（土地税と営業税）を地方自治体に譲渡するべきだという点であり、そこには農場管区も含まれた。農場管区の側はこの「税の贈り物」——これについては後にも触れるが——を村と分け合うつもりはなかった。それゆえ、一八九一年の法律が道を開いた、双方が合同する可能性もほとんど利用されることはなかった。村民に対して大農場「主」が持っていた地域の警察権は一八七二年に既に失われていたが、それは自由主義派が封建的な秩序を克服するために古くから目指していたことだった。しかし、郡の体制を通して大農場主たちは名望家として郡会から提案されて州知事に任命される名誉職の管区長となって、国家の監督が強められたとは言え、しばしば国家化された警察高権の担い手となることができた。一八九一年の農村部自治体法によっても、何らその点に変わりはなかった。結果として、村と農民の自治を強化することを通してエルベ川以東の田園地帯における支配関係を「脱封建化」しようという自由主義派の考えは、失敗に終わったのである。それは、農民解放と農業革命が大農場所有者に有利に働いていたためであり（もっとも、西欧の歴史家たちはエルベ川以東地域で自営農民が果たした役割をほとんど常に過小評価しているが）、さらには、官僚的＝自由主義的な行政だけがある程度の変化を実現できただろうけれども、国家の行政は保守的でユンカーに近い姿勢を保ち続けたためであり、また、一八九一年の農村部自治体法の成立が遅過ぎたためだった。このような法律が成立したのが一八七二年や、一八四八年の直後であったとしたら、なおも異なる可能性に道が開かれただろうと私は考える。一八九一年の時点では、構造も政策も同じ方向を指し示していたのだった。逆に南ドイツで農村部の自治がもっと強力だったのは、もちろん部分的には社会的・政治的な所与の諸条件が異なっていたためだったが、しかし部分的には自治に関する法律が個別邦の自由主義の最盛期であった七十年代／八十年代に改革されていたためでもあったのである。

村の行政活動については、私たちはほとんど知らない。平均すると村の行政は（プロイセンの場合）一八八三／八四年に一人当たり六・四二マルクを支出しており（都市では二十八・七五マルク）、西部では幾らか多く、東部では幾らか少なかった。その後の時期については、一八九五／九五年が八・六〇マルク、一九〇七年が十四・七〇マルク、一九一四年が十九・九五マルクという推計だけが存在している。収入はとりわけ手数料と税、特に物税への付加税から成っており、さらに国家からの補助金があった。都市の場合と異なって、財産や公営事業は何の役割も果たしていなかった。自治体行政は密度を増していき、学校の改善が主な役割を果たし、それに道路の建設と普請、後には部分的には例えば水道のような供給の分野での自治体の努力も加わった。要するに、村の場合にも、遅れてゆっくりとではあったが給付行政が進出してきたのである。

地方自治体による自治行政の上部には、より上位の地域団体による自治行政が存在していた。それは、もちろん奇妙な混合形態とも言えた。特に特徴的なのはプロイセンにおける仕組みである。プロイセンでは、――右派の――自由主義者たちの間で、フォム・シュタイン男爵の構想が、それも、六十年代／七十年代における自由主義的な自治論の教皇とも言うべき存在だったルードルフ・フォン・グナイストが与えた形を取って、重要な役割を果たしていた。すなわち、自治行政は、地方自治体という単位が独自の領域として自主的に行なうものではなくて、国家の官僚たちによる行政に対して市民たちが名誉職的に協力するものであり、国家装置によるいかなる党派的な活動にも対抗する重しとなってコントロールするが、しかし国家装置の枠内で、しかも政治形而上学的には国家と社会との和解として行なわれるべきものだとされたのである。さらにグナイストは、現実主義的な観点から、エルベ川以東地域の平野部における自治行政は、あまりにも弱体過ぎる村よりもむしろ郡を通して実現できると考えていた。社会と経済に関わる行政という新たな任務に取り組むのは郡のほうが適していると彼には思われたのである。一八七二年にプロイセンではそのような趣旨の郡制法が制定された。この法律によれば、郡は、国家行政の一つの単位であり、それと同時に自治行政の単位でもあって、郡長は国家官吏であるとともに自治行政の長であった。選挙に基づく郡会が設置された。

選挙権は依然として半ば身分制的で、都市と、村と、農場管区、すなわち大土地所有者が選挙の単位だった。「権力」は、貴族にではないが、所有に割り当てられた。東部地域においても、この新たな秩序はしばしば郡会で非貴族が多数を占めるという結果をもたらした。もちろん、郡会は年に二回開かれるだけであり、その限りでは実際にはそれほど大きな重要性を持ってはいなかった。より重要だったのは郡会の代表者たちから構成されて常時活動する郡委員会であり、そこでは郡会が重要な役割を果たし、町長や村長が郡長とともに頂点に立っていた――それは、この秩序に典型的な混合機関だったのである。郡委員会は、ともかくも例えば地方自治体への監督など一連の重要な決定を下す権限を持ち、それと同時に裁判所に類似した苦情処理機関でもあった。地域の警察権もこの混合システムに組み込まれ、農場領主の警察権は先に述べたように廃止された（それゆえ、国家のものとされた）けれども、しかし名誉職の管区長によって行使され、大きな地方自治体（及び、農村部の町）では地方自治体の長や町長が管区長になったものの、多くの小さな自治体では事実上大農場「主」の一人が管区長に任命されたので、確かに法的基盤と監督権は変わったが、しかし具体的には多くのものが旧状のままという状態だった。一般に郡長は郡委員会で「名誉職」の委員たちよりも優越する地位を占めることになったが、それは、国家の権威を代表していたためであり、その社会的な地位のためであり、そして――業務が増えていけばいくほど――職業的な専門知識の点で勝っていたためだった。名誉職は時代遅れなものになり、国家と社会との間の不均等な状態は、グナイスト流の和解の総合によって取り除くことは不可能だった。その限りでは、郡のレベルでの地方自治体による自治行政は弱体なものに留まったのであり、言わば失敗だった。それは、エルベ川以東地域の農村部における支配関係を除去するに至らなかったのである。とは言え、そうであったとしても、変化をもたらすような作用を発揮したことをも認識する必要がある。すなわち、自治行政の諸要素は、決定を下す力を持たなかったとしても、重要なコントロール機能を定着させたのだった。この結果、国家による措置の透明性が増し、理由を説明することが迫られるようになり（そして、それとともに恣意よりも合理性が増し）、そして行政裁判機能を通して市民の立場が――相対的に――強められることになったのである。

一八七二年の郡制法は、プロイセンにおいても自由主義派と保守派との協力による産物であり、貴族院の封建的な多数派の反対を新貴族議員の任命という手段で打破して実現された。強硬保守派は、郡会での貴族の優位が失われ、郡長の職が脱封建化されること、国家の力が増し、自治行政の非封建的な性格が増すことに抵抗したのだった。形は変わっても農村部での保守派の権力的な地位が、例えばユンカーと農民とが経済的に連帯するようになったためもあって保たれていくということは、当時はまだ予見されてはいなかったのである。ともあれ、一八七二年の時点では、郡制法は東部地域における権力構造を大きく変化させる一つのチャンスを意味していた。ポーゼン州には、郡制法は民族政策上の理由から導入されず、西部州ではようやく一八八四年から一八八八年の間に導入された。

エルベ川以東地域のような大農場主「支配」という問題が存在しなかったところでも（そもそもプロイセンの西部州がそうだったが）、また、プロイセンよりも国家の権威を強調することが少なかったところでも、郡（管区《ディストリクト》）レベルでの自治行政への動きは長期的にはほとんど異なる結果を達成するに至らなかった。その限りでは、自治の理念には過度に期待がかけられていたのだと言わざるを得ない。地方自治体が、大抵は具体的な目的（例えば給水）のために自治体連合としてまとまった場合にだけは、自治行政機関として成功を収めたが、もちろんそのような組織は通常は市民たちやその直接の代表者たちによって構成されていたのではなくて、自治体の長たちや参事会のメンバーたちによって構成されていた。

さらにプロイセンには州の自治行政が存在していた——三月前期に州議会が憲法の代用物となっていた時期の遺産である。「非中央集権化」という行政の原則、大きな邦のなかの地域主義への、そして一八六六年以降は併合された地域（ハノーファーなど）の特別な地位への政治的な配慮、これらが本来の動機だった。州のレベルにも、郡会によって選出された州会と、より重要な常設の州委員会とが存在した。一定の管轄事項——国道から精神病院や州レベルの救貧（これは、個々の地方自治体が負う義務との間で宙ぶらりんの状態にあったが）にまで及ぶ——があり、自ら引き受けた任務——農業の奨励策や、博物館・美術館の建設や、記念碑の建立（ヴィルヘルム皇帝記念像）など——もあった。権限は、助言を与えることから協力を経て共同決定にまで及び、邦からの州の自治行政に対するいわゆる贈与金が資金を提供したので、何らかのものを管理する現実的な可能性が存在していた。この分野でも、もちろん、トップに立つ州知事が、そのような機関のメンバーたちにかなりの影響を及ぼした。ここでも、自治行政の役職者たちと名望家たちが大きな役割を果たしていた。

以上と関連して、私たちは一つの特別な問題を指摘しておく必要がある。地方自治体による自治行政——それは、原則的にはほとんどヨーロッパ全体に共通するものだったが——と並んで、ドイツでは経済の領域、職業と職業身分における自治の、独特で特別な形式が発展を見たのであり、それは典型的には「会議所」という形を取り、そしてそのモデルとなったのが、――ナポレオンと、商人層の自発的な団体とに遡る――商業会議所（あるいは商工会議所）であった。確かに、会議所は第一には利害代表組織だったが、それと並んで（時には第一に）国家行政の助言機関でもあった。しかし、国家あるいは法律によって地域分けと、部分的には内部の組織が定められていたことと、そしてとりわけ強制加入と強制会費（プロイセンの商業会議所の場合には営業税による徴収）の原則とが、会議所を半官的な組織、まさに自治に基づく半官的な組織としたのである。そのような性格は、一定の（職業に関する）事柄についての権限、例えば早くから証券取引所に対する監督を取り決める権限を与えられ、また、国家によって定められた任務を自ら取り決める自律性を認められたことによって、強調された。帝国建国期には既にほとんどすべての邦で――すべての地区でというわけではなかったとしても――工業をも含む商業会議所が存在していた。これらの会議所は、一八六一年からドイツ商業会議という形で共通の代表組織を持つようになった。八十年代には、一般的な経済会議所を設置しようという様々な計画が一定の役割を演じ、ビスマルクは国民経済評議会を設置するという計画を通して一種の対抗議会を構築しようとした――この点については、後で改めて述べたい。この計画は実現しなかったし、自由貿易主義的な会議所を国家による検閲に服させようとしたビスマルクの試みも、結局は実を結ばなかった。一八九四／九五年にはプロイセンで農業会議所が設置されたが、それは農業の利害代表者たちが急進化するのを食い止めるために政府が講じた措置という意味を持っていた。農業会議所の任務――農業の振興と政府への助言――は、かつての（各州の）農業中央協会の任務に対応しており、加入は自由だが、政府によって奨励された組織だった。他の諸邦もこの例に続いた。一八九七／一九〇〇年には、――やはり急進的な運動を宥めるために――手工業者たちに手工業会議所を設置する可能性が与えられた（一九〇〇／〇一年に六十三の会議所が成立した）。手工業会議所は、徒弟の養成と職人試験に関して極めて具体的な自治権限を手に入れた。労働会議所あるいは労働者会議所は、一九〇八年から立法のプロセスで議論されたが、実現するに至らなかった。さらに、一定の自由業のための会議所、弁護士のため、医師のため（プロイセンで一八八七／九六年）、薬剤師のため（プロイセンで一九〇一年）の会議所が成立した。これらの会議所は、とりわけ専門職の名誉とモラルの規範を懲戒権をも用いて守ることを目指していた。これら一切の会議所は国家行政に立法や行政に際して常に助言を与え、情報を集め、報告を行なった。会議所は「公的」な組織だったので、利害の表明は自由な団体よりも穏やかで、声高ではなかった。ドイツ帝国がほとんど単独で、国家によって設置された職業組織、そして職業自治という、この独特な形式を発展させたのは、注目に値することである。確かに、国家の場合には社団的な理念が、そして当事者たちの場合には「国家への近さ」、国家への信頼、さらには国家による特権化と保護への関心が、一定の役割を果たしていたし、それは、ドイツの政治的な伝統の遺産であるとともに、政治体制の所産でもあった。すなわち、弱体な政党と強力な政府が、会議所というシステムを魅力のあるものにしたのである。政府の側は、この組織を利用して利害を誘導し、社会的な諸勢力を国家に繋ぎ止めるという戦術を駆使した。

最後に、国家によって組織された自治の一つの特別な領域に言及しておきたい。社会保険――疾病金庫、労災保険（職業別組合）、老齢・廃疾保険（邦保険局）、自治と国家行政とが混合した職員保険――が、それであり、これについては前の巻で既に述べた。社会保険の制度は、帝国議会の多数派が国家による、しかも中央集権化を促進する活動の新たな領域が生じることを望まなかったために、ほとんどビスマルクの意向に反する形で成立した。社会保険が持つ多大な重要性、そしてそれが果たした革新的な役割に鑑みれば、官憲国家ドイツにおいてこれほど重要な部門が当事者たちの自治に委ねられたという事実は、それだけでも特に注目に値するのである。

c 警察

市民たちの目に最も直接的な形で国家が権力として映った機関は、警察だった。なるほど、「ポリツァイ」のかつての目的、すなわち福祉への配慮という目的――当時は、警察と国内行政とが同一のものだった――は、自由主義の時代には消え失せてしまった。警察は、危険を防ぎ、安全を守る（そして、犯罪と闘う）ために存在するようになった。しかし、境界線は――当然のことながら個々の「特殊な法律」では生活の全体を捉えることができないので必要となった一般条項を通して――緩やかに引かれており、「安全」や「危険性」は平穏や秩序とも関連していた。そして、既に述べたように、プロイセンの上級行政裁判所が一八八〇年以降に限定して確定する方向で警察法を発展させていったけれども、公共の秩序という概念は幅広い概念であって、政治的な秩序は別としても、宗教や道徳や慣習と結び付いており、公共に不快感を与えるという概念は、警察による多くの予防行為や介入行為を正当化するのに適していた。ドイツ帝国は決して警察国家ではなかったが、外国人、とりわけイギリス人の目から見れば、多くの事柄が警察によって規制され、禁止されるか、特に許可されるか、条件付きで許可されていることが、目についた。すなわち、売春や、同棲や、裸での水浴や、公園のベンチで眠ることや、付きまとい行為や、酩酊状態や、凍った道での「そり遊び」や、居酒屋の開店時間と閉店時間や、劇場での上演や、「夜の歓楽」などに関する規制である。さらに、近代的な生活が複雑化するのに伴って、警察には新たな任務が求められるようになった。営業警察や、食料と屠畜のチェックや、建築警察や、保健／防疫警察や、さらには道路交通に関する規制などである。多くの規制はその土地に関するものであり、違反者には制裁が課され、至るところで警察は十分な強制権限を持っていた。「秩序を好む姿勢」は全体とすれば南ドイツよりも北部のプロイセンにおいてのほうが強く、南ドイツでは警察に全権を委任することがより少なかった。

政治の分野では、公開の集会や示威行進（「道路は交通のためにあるのだ」）、協会の活動や「プレス違反行為」（新聞での君主への侮辱、反逆や転覆のプロパガンダ）に際しての、そしてもちろんストライキ――とりわけピケと就労意欲者との間の衝突――に際しての秩序の番人たちの「投入」が重要な役割を果たした。活動的な社会民主主義者のほとんど誰もが、警察とこの種の衝突を経験したことがあった。もっとも、まさに警察の政治的な活動――集会や結社に関する――は、プロイセンでは一八九〇年以降は上級行政裁判所によって繰り返し制限されるようになったのだが（劇場での上演禁止も同様）、それには長い時間がかかり、ゆっくりと実現していったに過ぎなかった。

特別な政治警察も存在し、その本部をベルリンの警察本部に構えていた。政治警察は主として監視と情報の入手とを任務とした。それは一種の当時の憲法擁護庁（現在のドイツの公安警察）のような機関であり、ベルリンに一八八一年に一三八人、一九一四年には一五〇人の官吏を抱えており、それゆえ「比較的」小規模だった。

管轄する範囲、土地の警察「高権」は、少なくともプロイセンでは地方自治体と郡委任者（プロイセンでは管区長）から比較的大きな都市では邦による直接の指揮に至るまで、様々に異なる形で取り決められており、そしてほとんどどこでも邦によって任命され邦の直接の機関である警察本部長、あるいはその他の名称のトップが存在していた。地方自治体あるいは自治体連合が管轄している場合には、自治行政ではなくて邦の委託行政という性格を帯びていた。この点では、市長・町長・村長等は邦の指示に拘束されていて自治体の参事会に依存していなかった。

農村部には邦の地方警察官《ジャンダルム》（憲兵と訳されることもある）も存在し、確かに数は少なかったが、邦を代表する存在だった。プロイセンでは、管轄規則に対応して地方自治体の警察官と、保安警察官《シュッツマン》（邦の警察行政下に置かれている都市で）と、そして農村部の地方警察官がいた。後者の二つのグループ、特に保安警察官は軍隊的に組織されていて、軍に倣った位階制を持ち、保安警察官も地方警察官もヘルメットの着用を義務づけられており、それが特徴となっていた。スタイルはぶっきらぼうで、温厚な態度を取る場合もそうではない場合もあったが、――本質的には官職及び国家の権威と市民との間の格差に規定されていて――官憲的だった。

保健警察・営業警察・建築警察のような特別な任務は、官僚制化されており、そしてますます官僚制的な性格を強めていった。もちろん、本来の刑事警察は異なる形に組織されていた。ベルリンでは、一八七二／七三年に一切の刑事警察に関する告発と捜査を調整するための「警部局」が置かれ、各支署に一人の犯罪捜査学の訓練を受けた官吏が配置されるようになる。警部の数は一九〇八年までの間に二十人から五十二人に増え、下級の犯罪捜査官の数は七十七人（一八八〇年）から五四七人に増加する。他の大都市でも同様の経過を辿った。農村部と小都市では必要な場合にはベルリンに刑事捜査官の派遣を要請した。人材の登用とキャリア、職業意識、給与と名望が、刑事警察の特別な地位を支えていた。

警察の――プロイセンでの――密度は増していく。ベルリンでは、一八七〇年には警察官一人について住民七七二人の割合だったが、一九〇一年には二七三人となる。邦の（国王の）警察を持つ都市での割合は、警察官一人について住民がおよそ一、八〇〇人だったのが警察官一人についておよそ七四〇人にまで減少し、他の都市では警察官一人に対して住民およそ一、九〇〇人から一、四〇八人に、村では警察官一人に対しておよそ六、〇〇〇人から四、五三〇人に減少する。一九一三年までに、警察官の数はベルリンではほぼ四倍に増え（八、九〇〇人に）、邦が管理する都市では九倍に（七、六〇〇人に）、他の都市では少なくとも三倍半に（およそ八、二〇〇人に）、農村部では二倍弱に（五、八〇〇人に）増えた。警察は非中央集権化されており、都市では「支署」が各区での詰所と事務所を兼ね、街頭パトロールが典型的な勤務であり、警察本部がそれぞれの都市の中央本部となっていた。軍隊的な組織形態を取っていたために、待機予備隊を置くのが可能になり、ベルリンでは騎馬警官隊もそれに属していた。

全体として、様々な警察勢力が一つのシステムとして成長していき、邦の警察が規範を設定した。自由主義派は元来は警察を地方自治体に移管することを目指していたのだが、もはやそれは目標ではなくなった。工業の周辺地域では地方警察官《ジャンダルム》が増強された（ドルトムント郡では一八八三年になってようやく十七人の地方警察官が配備された）。上シュレージエン地方やルール地方の地方自治体警察は、その大部分が最終的に直接邦の警察となった（一九〇九年にエッセン、ボーフム、ゲルゼンキルヒェンで）。地方警察官は疑似軍事的な組織として独立しており、文民当局の命令権には服さない。一八九〇年に至るまで、例えば騒擾や大規模なストライキに際しては、軍隊が常に警察の最終的な予備力と見なされていたが、その後、とりわけ一九〇〇年以降は、軍隊の投入を避けること、より効果的で柔軟な戦術を通してそれを無用なものとすることが、警察の目標となっていく。

日常生活において問題となるのは、転覆や政治的示威行進ではなくて、秩序と指示である。「無秩序な分子」——乞食、浮浪者、泥酔者、売春婦と疑われる者——と、「乱暴な狼藉を働く」すべての者たちに、特に警察の注意が向けられる。警察が用いる最も鋭利な手段は警察による拘留であり、警察の命令に抵抗したり従わなかったりしただけでも科すことができる。それは、ある程度の恣意的な行為、警察による「不当行為」にもその余地を与えることになる。そして、通常の保安警察官は元兵士や元下士官から採用されるので、彼らの接し方は比較的荒っぽく、秩序を保とうとする意図がスタイルとしては軍隊風のものになる。これは特に下層の人たちの場合に当てはまる。警察の不当行為に対して法的手段に訴える道のりは、彼らにとっては長くて困難なものだったが、市民層の人たちの場合にはそれよりは容易だった。

それと同時に、もちろん警察制度は法律による規制の対象となっていき、行政裁判所によるコントロールの下に置かれるようになる。行政裁判所は、一般条項に制限を加えることを通して、一定の警察法を発展させて、警察の任務と構造と接し方とを法的規範の下に置いていくのである。一九〇〇年以降は力ずくの状態が文明的な状態に変化したと言うことができ、警察官の養成教育や警察官への指示は——時には懲戒規則までもが——法規範と市民の自由とを守ることを指針とするようになり、警察の指導部と内務行政も、秩序と忠誠心を効果的で問題を引き起こさない形で確保することに関心を抱くようになって、警察が批判の対象になるのは有害であり、警察はそのようなきっかけを与えるべきではないと考えるようになる。権威主義的なスタイルと秩序を好む姿勢は残り続けるし、警察と市民との間の落差も残るけれども、しかし通常の場合には警察と市民との関係はより緊張が少ないものになっていくのである。

d 官吏

国家と地方自治体に勤務するスタッフが、官吏だった。もちろん、それには鉄道と郵便という多くのスタッフを抱える大規模な国営企業や、地方自治体経営の事業も属しており、したがって国家と地方自治体のスタッフの中核を成す官吏たち、(大学教育を受けた)上級官吏〔官僚〕、中級官吏、下級官吏と並んで、ますます多くの職員と、もちろん労働者が存在するようになった。「職員《アンゲシュテルテ》」——この言葉はまだほとんど使われていなかった——と官吏《ベアムテ》との間にはまだ必ずしも明確な線が引かれているわけではなかった。全体とすれば軍を除く公共部門で勤務する人たちの数は――統計は慎重に扱う必要があるけれども――一八八二年から一九〇七年までの間に八十一万五、〇〇〇人から二〇四万二、〇〇〇人へと、完全に人口の伸びを上回って（四倍速く）増え、就業者の四・六パーセントから八・〇パーセントに増加した（別の統計によれば、公共部門で働く人たちの数は一八七五年の五十二万四、〇〇〇人から一八八一年の六十四万八、〇〇〇人を経て一九〇七年には一四七万五、〇〇〇人に、すなわち三倍近く増え、就業者のなかの割合は一八八一年の三・七パーセントから一九〇七年には五・五パーセントに増加している）。一九〇七年の時点で、司法と行政の分野には――ここでも統計はある程度の手がかりを提供してくれるだけだが――五万五、〇〇〇人の上級官吏と二十五万七、〇〇〇人の中級官吏と七万七、〇〇〇人の下級官吏がいた。狭義の伝統的な行政の分野では、全体とすれば、やはりゆっくりとしか増えなかった司法の分野よりも増え方よりがさらに少ない。それゆえ、双方の分野が公共部門に占める割合は、一八七五年の四十一・八パーセントから一九〇七年には二十八・二パーセントに低下する。教師の数は絶対数では倍増するが、その割合は十八・六パーセントから十三・五パーセントに減少する。最も増加するのはサービス行政、特に鉄道と郵便であり、その割合は三十九・二パーセントから五十八・三パーセントに上昇している。以上のような増大は、純国民総生産に占める公共支出の割合が十・六パーセント（一八七五／七九年）から十四・五パーセント（一九一〇／一三年）に増加するのにほぼ対応している。官吏層に決定的な影響を及ぼす中核となるのは、大学教育を受けた行政と司法の上級官吏である――教師については以前に述べたし、少数の建築官・医務官については触れることを避け、外交官については後で論じたい。こんにちから見れば、例えば上級官吏グループの数は依然として少なかったと言わざるを得ず、一八七九年の時点で七、〇二六人の裁判官と四八七人の検事がいただけだった。

上級官吏のグループはどのような特徴を持っていたのだろうか？　まず養成教育から見ていこう。十九世紀の第二・三半期以来、ドイツではどこの邦でも法学部による独占が成立し、上級官吏になる人たちは大学で財政学や国民経済学や行政学ではなくて法学を学んだ――特に、法治国家性をあらゆる行政行為の指針とした自由主義派の人たちが、そのような方針を貫いたのである。この点を巡ってはその後も幾つかの議論があり、時には例えば国民経済学の講義を受講することが義務づけられた場合もあったし、官吏の継続教育が国家学的な国民経済学者たち（それとともに講壇社会主義者たち）の手に委ねられ、最後には試補見習期間中の行政実務の割合が高められた。しかし、全体としては変わらなかった。すなわち、上級官吏は法学を学んだ人たちであり、後に上級行政官吏となる人たちも形式法学の訓練を受けていたのである。(少なくとも)三年の間大学で学んだ後、第二の養成段階として四年間の試補見習期間があり、時が経つにつれて、また邦によって違いがあったが、司法と行政に分かれていき、こんにちでも通例であるように裁判所か役所で勤務した。この期間にはいかなる生計費も支給されなかった。プロイセンの場合には、一九一一年まではむしろ七、五〇〇マルクを供託しなければならず、年に一、五〇〇マルクの生計費を賄えることを証明しなければならなかった。邦による試補試験を受けた後、試補は数年間、司法の場合には平均して四年間から五年間、例えば第一審の裁判所か郡行政で補助者として勤務したが、この期間も本質的には無給だった。最終的に任用されるのはプロイセンでは言わば確実だったけれども――試補への採用がハードルとなっていた――、いつ任用されるのかは不確かであった。バイエルンでだけは、コンクール制(試験での得点による)に基づいてすぐに任用され、ある程度の給与も支給された。この過渡期がどれだけ続くかは、もちろん揺れ動いたのだが――需要と供給の関係により、また、当然、専門的な評価や人物的な評価が一定の役割を果たす下で――、一般に北ドイツでは南ドイツよりも長く、司法の分野では行政の分野よりも長い場合が多かった。もっとも、試験を受けた後で邦の勤務に就こうとしたのは試補の一部分だけであり、他の人たちは弁護士になるか、あるいは給与がもっと良くて締め付けが少ない競合グループに、すなわち地方自治体官吏のグループに加わっていった。一八八三年には(プロイセンで)およそ三、九〇〇人の試補見習がいたが、試補は七〇〇人弱だけであり、一九一三年の時点ではそれぞれ七、一〇〇人以上とおよそ三、五〇〇人だった。それと同時に目につくのは、邦のキャリアに押し寄せる人たちの数が増えたということであり、それに対してこの間に裁判官のポストは六十一パーセントを若干上回る程度増えただけに過ぎなかった。多くの希望者が「押し寄せ」て、ポストの数が比較的少なかった下で、選択する側の邦は強い立場にあったのである。

長い年月の終わりに、――批判する人たちは、年を取り過ぎてからと言っていたが――ようやく官吏となって、終身雇用と恩給受給権を獲得することができた。終身雇用は、職場の保障が乏しかった時代には確かに一つの重要な利点であり、恩給受給権も、最低限の年金しかなかった時代にはやはりそうであった。八十年代からは――プロイセンでは――恩給受給権が未亡人と遺児にも拡大された。官吏はいつでも配置転換が可能だったが、裁判官の場合だけは独立性が保証されていたので制限があった。配置転換は官吏としての通常のあり方に属していた。

それはまた、決して常にそうだったというわけではないにしても、「キャリア」と、すなわち司法や行政のヒエラルヒーにおけるより高い地位への昇格と結び付いていた。官吏は、特別な規律に服し、独自の勤務法規と、そして昇進に関する一定の規範に服していた。

官吏の給与は、暮らしていくのには十分だったが、あまり多くはなく、一軒の家を維持していくのには足りなかった。息子たちの学費と娘たちの婚資金が、常に大きな問題となっていた。給与は勤務年数とともに上がっていき、高級官僚の場合には官舎が与えられ、他の官吏たちには住宅手当が支給されたが、こんにちの公務員給与の勤務地手当はここに起源を持っている。プロイセンの上級官吏の住宅手当を含めた平均的な給与は、一八七〇年の県知事一万八〇〇マルク、参事官四、五〇〇マルクから一九一四年には一万六、一五〇マルクと七、一〇〇マルクに上昇した。同じ時期の中級官吏の平均給与は、書記官二、四〇〇マルク、官房事務官一、六五〇マルクから三、九二五マルクと二、九五〇マルクに増えた。下級官吏（例えば運送人や守衛）のそれは九七五マルクから二、〇三〇マルクになった。以上の時期に下級官吏の給与は実質賃金の場合と同様に一〇〇パーセント以上増えているのに対して、上級官吏は五十―六十パーセント程度、中級官吏は六十―八十パーセント程度しか増えなかった。司法は長らくより少ない給与しか支給せず――常に嘆かれていた点だったが――、司法勤務は上級行政への勤務ほど「高級」なものではないと見なされていたのだが、ようやく一九〇六年になって司法官吏は行政官吏と同等に扱われるようになった。遅くとも世紀転換期になると、比較的大きな地方自治体がしばしば邦の官吏よりも良い給与を支給するようになり、弁護士としての活動も優秀な法学部生たちにとっては経済的に魅力のある競合相手となった。とりわけ司法の分野で、しかし行政の分野でも、特に優れている「優等法学部生」たちが邦の官吏となるキャリアを選ぼうとしないことを嘆く声が内部から挙げられるようになったのは、その点にも原因があるのである。

上級官吏の出身と、邦による採用の仕方を検討してみよう。そもそも大学での勉学、養成教育にかかる期間、そして任用される時期と、それまでに必要な費用の保証が、官吏というキャリアを、本来、市民層の上層で財産を持つ部分と貴族の息子たちだけが考え得るものとした。社会的に上昇してきた人たちにとっては、――教師や牧師や技師の職とは異なって――受け入れられる余地はほとんどなかった。それは既に大学生の場合にも当てはまった。法学部が最も高級な学部としての位置を占め続けたのであり、既に述べたように、この学部ではより上級でより豊かな階級が支配的だった。このような階級的な前提条件に、邦の人事政策が加わったのであり、まさに試補見習の期間と試補の採用に関して——とりわけ箇所長による人物評価を通して——極めて効果的な選択メカニズムが構築されていた。望ましいグループがあり、それほど望ましくはないグループと、望ましくないグループ、優遇されるグループと不利に扱われるグループがあり、そして必要とされる個人的な志操や姿勢があった。その際には、一般に行政は邦の核心的な分野であるので特別に厳密な社会的・政治的な選択基準に基づいて補充されなければならないという方針が掲げられたのだが、司法の分野では基準はより柔軟で、よりリベラルであり、それと似たような違いが、行政スタッフの補充に関するプロイセンのやり方とプロイセン以外、とりわけ南ドイツのやり方との間にも存在していた。

まず、宗教集団と少数派が占めた割合に目を向けてみよう。ユダヤ教徒は、改宗しない限りは、通常の行政で任用されるチャンスは——プロイセンでは——ほとんどなかったし、ましてやポーランド人はいっそうそうだった。もっとも、一九〇七年の時点で、もちろん特殊な行政分野でだけだが、上級の行政官吏のなかにはおよそ二・九パーセントのユダヤ教徒がいたし、裁判官と検事のなかでは五・四パーセントを占めていた。一方、プロイセンの住民のなかでのユダヤ教徒の割合はおよそ一パーセントだった。帝国の上級官吏のなかでのユダヤ教徒の割合はもっと少なく、一九〇七年に一・九パーセント、裁判官と検事では四・三パーセントであり、他の諸邦でも同程度であった。司法の分野でのユダヤ教徒の割合は、人口比率（帝国で〇・九パーセント）と較べると驚くほど高かったが、ユダヤ教徒の法律家一般、特に弁護士の数に較べると少なかった。ここには柵の存在が見て取れる。これに対して、この分野でカトリック教徒ははっきりと冷遇されていた。一九〇七年の時点でプロイセンの上級行政官吏のなかでの彼らの割合は十八・九パーセント、裁判官と検事ではそれより多少高くて二十三・三パーセントだったが、プロイセンの住民のなかでカトリック教徒が占める割合は三十五・八パーセントだったのである。一九一三年にはプロイセンの郡長の十三・六パーセント、行政試補の十二・三パーセントだけがカトリック教徒だった。一九〇七年の帝国では、住民の三十六・五パーセントがカトリック教徒だったのに、行政官吏の二十五・九パーセント、裁判官の二十四・三パーセントを占めるに留まった。行政装置の事実上の構成が、チャンスについての見方にも決定的な影響を及ぼした。当然のことながら、行政職と司法職を希望するカトリック教徒はカトリック教徒の比率を遥かに下回り、そもそも法学部生の間でもそうだったのである。もちろん、カトリック教徒が一般に冷遇されていたと言っても、カトリック教徒がとりわけ司法の分野で高位に達するのもあり得ないことではなかったし、その際には政治的な譲歩と中央党の情実政策が一定の役割を果たした。これに対して、ユダヤ教徒は――ハンブルク、バーデン、エルザス＝ロートリンゲンを除けば――司法の分野でも比較的高位のポスト（例えば上級地方裁判所審議官のポスト）からはほとんど締め出され続けた。

　また、プロイセンの内務行政では貴族が不釣り合いなほどかなり大きな割合を占めており、この古い国家的な伝統がなおも引き継がれていた。貴族は、プロイセンの支配エスタブリッシュメントに属し、それどころかそのなかで圧倒的な地位を占めていたのである。貴族は、特に国家を支えて国家に忠実な存在であると見なされ、そして、自身と子どもたちに、なおも国家の多くの支配的で指導的なポストを与えるべきだと主張していた。もっとも、近代的な国家が形成されていく――専門家の登場、業績原理や試験制度の普及、家族や地域との結び付きの解消――のに伴って、上級官吏層の市民化が生じ、上級官吏の数の増加とともに市民層の割合も本格的に増えていく。大抵の統計では新しく貴族になった人たち、すなわち市民層から上昇してきて、特に能力があり、あるいは成功を収めた上級官吏たちのなかで貴族に叙された人たち、とりわけその子息たちが単純に貴族として数えられていることを考えると、いっそうそう言えるのである。さらに、上級官吏層の市民化には、貴族が業績・行動・キャリアに関する市民的な規範にかなりの程度まで服するようになったということも含まれる。試験と業績とが、任用と昇進に際して個人的な関係をある程度まで押しのけるようになったのだった。

　貴族的な支配と市民的な業績との間の「妥協」の表われが、プロイセンの行政の二分化という現象だった。各部門の長、とりわけ執行的なポストに就いて絶えず公的な場で活動しなければならなかった人たちは、それも上に行けば行くほど、貴族が中心だった。郡長や、県知事や、警察本部長や、州知事といった人たちである。行政参事官や省参事官――言わば内部勤務の人たち――は市民層が中心だった。一九一〇年末の時点で、県知事と州知事のなかの貴族と市民層出身者の比率は三十四人対十四人であり、郡長と「オーバーアムトマン」〔郡長に相当する〕では二六八人対二一三人であった。州知事の九十二パーセント、警察本部長の六十八パーセント、県知事の六十四パーセント、郡長の五十六パーセントが貴族であり、州庁参事官でも五十パーセントが貴族だったのに対して、行政参事官と上級行政参事官では二十三パーセントだけであり、しかし行政試補では三十九パーセントを占めていた（一八八五年から絶えず増加していった新貴族は、もちろん貴族に含められている）。一八八五年から一九一四年までを見ると、州知事のうち十六人は旧貴族、五人が新貴族、八人が市民層出身者で、そのうちの三人が貴族に叙された。プロイセンの西部州の場合には、指導的な官職でも市民層が占める割合が全体としてもっと多く、貴族が郡長職を制する状態は終わりを迎えた。

もちろん、能力がある市民層の官吏たちが指導的なポストに昇進していく現象も見られたし、そのことは数字が示している。そしてもちろん、貴族の官吏たちのなかには、他のシステムの下でも昇進を遂げたであろう行政能力に優れた人たちがおり、その限りでは貴族と市民層とが混合した新しい官僚エリートが出現したのだった――貴族への叙任がその点で極めて典型的な現象なのだが、しかし同様に貴族が持つ重みが特徴的な点なのでもある。そして当然のことながら、以上に述べたような政府の人事政策が、すなわちチャンスと、行政官僚の集団に加わるための条件が、候補者たちの態度を規定することになった。貴族の出身者はチャンスに恵まれており、そして彼らはそのことを知っていた。貴族間の連帯と、顕著な家族的な、それどころか氏族的な関係がキャリアの進路（評価と昇進）を確実に容易にしたのだった。

それゆえ、統計の上では官僚のなかで市民層の人たちが増加していったという現象を正しく理解するためには、指導的なポストでは貴族の圧倒的な優位が続いていたのだということを念頭に置いておく必要があるのである。もっとも、貴族が優遇されたとは言え、市民層の人たちがプロイセンの行政官僚の多数を占めるようになったのだし、司法の場合には裁判所長の過半数もそうだった。ただし、二つの障壁が存在していた。その一つは、志願者たちが資力を必要としていたことであり、このことが大筋では社会的な出身環境《ミリュー》をも規定した。官僚になろうとする人たちは「しかるべき」グループに属していなければならなかったのである。二つの州の地域的なデータに基づけば、行政と司法を合わせた上級官吏のうち、大学修了者の家族と大学で学んだ官吏の家族の出身者が一八六〇―九〇年には五十パーセント、一八九〇―一九一四年には四十三パーセントを占め、経済界の出身者がそれぞれ三十一パーセントと三十五パーセントを占めており、中級官吏の家族の出身者が十七パーセントと十九パーセントとなっているが、彼らは社会的な上昇を遂げた人たちだった。同じ社会層のなかの自己補充率は、一八六〇―九〇年の時期に較べれば、一八九〇―一九一四年の時期には幾らか減少している。社会的な出身は上級官吏たちの結婚行動にほぼ対応していた。それぞれの時期に四十一パーセントと三十五パーセントが同じ環境《ミリュー》のなかで結婚しているが、それぞれ三十五パーセントと四十二パーセントがとりわけ中程度の経済企業家層（あるいは、大農場所有者）の娘と、二十三パーセントと二十一パーセントが他の（「比較的零細な」）市民層の家族の娘と結婚したが、労働者層の娘と結婚したケースはごく少数で一パーセントにも達しなかった。

第二の障壁となったのは、上級官吏になろうとする人は「正しい」志操を持ち、国家に忠誠を誓い、国民的《ナツィオナール》で、皇帝・国王に忠実でなければならないということだった。そして、そのような志操を証明して見せなければならなかった。試補見習の期間における、試補として採用される際の、そして最終的に任用されるまでの選択メカニズムが、そのような志操を確実なものとするフィルターとなり、そもそも新たに――とりわけ行政の分野に――加わろうとする人たちが初めから期待される姿勢を内面化するという雰囲気を生み出した。昇進の実際のあり方が、さらにそれを支えた。もっとも、この点でも行政と司法との違いが一定の役割を果たした。行政の分野では基本的に保守的でなければならず、プロイセンのエルベ川以東地域では一九〇〇年頃の行政装置は「骨の髄まで」保守的だった。司法の分野では、スペクトルが穏健自由主義派や自由保守派系のカトリックにまで及んでおり、この分野では、職業的な義務と私的な志操とを区別するのが遥かに通常のあり方となっていて、より多元的な姿勢が見られ、成績と専門的な評価がより大きな役割を果たしていた。とは言え、行政においても政治的な立場がほとんど何の役割も果たさなかった特殊な領域がかなり存在していた。要するに、官吏層の間には一定の支配的な精神が存在していたけれども、全体主義的な統一的方向づけがあったわけではなかったのである。見て取ることができる限りでは、予備役将校の肩書が、当時の市民的＝官憲的な社会の至るところでそうであったようにそれなりの役割を果たしており、この肩書は、少なくとも正しい志操の持ち主であること、「仲間の一員である」ことの一つの証明となっていた。もっとも、官吏の状況に関する第一人者であるヘニングは、この肩書がどこでも任用されるための前提とされていたこと、ましてやキャリアで成功を収めるための前提となっていたことは疑わしいと指摘している。大学生の組合に加わる風習も広まっており、大抵の場合はいわゆる「通常」の組合だったが、それも正しい志操の持ち主であることを示す一つの指標と見なされていたと言っていいかもしれない。しかし、かつてもいまも批判者たちは「コーア」〔貴族的な学生組合〕の影響力について語るのを好むが、その影響力は、大抵の場合、過大に評価されている。ベルリンの各省の高級官僚のなかでコーアの所属者は一八八二年に二十・八パーセント、一九一二年に十六パーセントだったが、もちろん彼らは市民層色が強い行政の内務部門の頂点に立つ人たちだった。

歴史家たちの間で根強い言い伝えとなっているところによれば、プロイセンの内務大臣プトカマーが八十年代の初め以来行政から自由主義的な要素を「一掃」したと言われている。この説はこんにちでは否定されていると言うことができる。実際に起こったのは、官吏層のなかの――決して強力とは言えなかった――カトリックの部分が、二つの保守的な路線が争い合った文化闘争期に押し戻されていったということだった。しかし、事態の核心を成していたのは、これ以降、任用と養成教育と昇進の運用において保守路線がいっそう明確に貫かれるようになったことである。ベルリンの自由主義的な枢密顧問官たちや地方の急進＝自由主義的な郡裁判官たちによって体現されていた、プロイセンの自由主義的官僚という伝統が断ち切られたのだった。官吏層の基本的な方向性はより明瞭なものとなり、保守的、あるいは司法の場合には中立的で、その限りでは非進歩的となった。確かに、それは、構造的な点ではドイツ社会とそのメンタリティが変化したため、自由主義が弱体化して保守化し、そしてナショナリズムが左から右に移行して新たなコンセンサス・イデオロギーとなったためだったが、しかしいっそう具体的には国内政策と人事政策が明確に保守的な方向に転換したためでもあった。その際には、――古くからの貴族として官僚制を嫌っており、かつての政治的経験に基づいて枢密顧問官自由主義・郡裁判官自由主義に反感を抱いていた――ビスマルクが、官僚たちに対して抱いていた不信感も、ある程度重要な役割を果たした。

南ドイツでは業績原理がより大きな役割を果たしており、官吏層の市民化という現象が指導的なポストにおいてもよりはっきりと、そしてより徹底して見受けられる。一八八〇年頃にはバイエルンの県知事の五十五・六パーセントが依然として貴族（生まれながらの）だったが、一九一〇年頃になると二十八・六パーセントだけとなった。もっとも、一切がより市民的で、不愛想なところが少なかったものの、しかしここでも古い君主国の貴族が受け継がれる状態がまだ存在していた。そして、先に郡長に関して述べたように、南ドイツにおいても、官吏は、単なる市民や民衆に対してははっきりと権威を持って接する抜きん出た階級だったのである。

上級の帝国官吏の場合には、別の観点がなおも主要な役割を果たしていた。すなわち、一種の連邦主義的な比例配分が存在し、また、プロイセン出身の官吏の他邦出身の官吏、「自邦中心主義者」たちに対する一定度の不信感が存在していたのである。

官吏層の政治的な姿勢に関する問題は、官吏たちには、政党間の、また政党との公然たる対決が深まっていき、ビスマルクによって「帝国の敵」と決めつけられた急進的な反対派の運動が登場してくる過程のなかで、そしてとりわけ選挙に際して、断固として公然と政府を支持することが期待されたという事実と、明確に関連している。とりわけ七十年代の末からは、単に意見を表明するというだけのレベルを遥かに超える「選挙干渉」を行なうことが、郡当局や県当局、郡長や県知事の実際上の義務と見なされるようになった。ポジティブな意味では、候補者の擁立に影響を及ぼしたり、政府に近い政党の間の選挙協定を斡旋したりし、ネガティブな意味では、無数の大小の行政的・警察的な嫌がらせや、例えば飲食店主に——集会場の提供に関して——圧力をかけたり、地方紙に——広告や報道に関して——圧力をかけたりすることで、他党を妨害するのである。教師や裁判官でさえ、政府の路線を積極的に支持するよう圧力をかけられ、それとは異なる政党を支持する姿勢を示したり意見を表明したりするのは、服務義務違反に近いものと見なされた。もっとも、そのような過度の圧力はしだいに弱まっていき、特にフリードリヒ三世が九十九日間の治世中にそのような趣旨の声明を発表して内相〔プトカマー〕を罷免すると、はっきりと弱まった。

政治的な忠誠義務に関しては、結果的に三つの区分が生まれた。社会民主主義派のような「憲法の敵」や少数民族を、たとえ間接的にでも支持するのは厳しく禁止された。第二に、他の「反対派」の政党に対しては控え目な態度を取ることが一般的な忠誠義務とされ、中道政党、中央党や国民自由党に投票することは許容されたが、それがキャリアに有利に働くことはほとんどなかった。第三に、いつでも解任され得る政治官僚、とりわけ郡長は、政府の路線、プロイセンの場合には保守路線を積極的に代表することが義務づけられていた。一般に、地方行政の分野では、ビスマルク時代には親政府派の、すなわち農村部ではほとんど常に保守派の支持を義務づけられていたのに較べれば、幾らか締め付けが緩くなり、例えば中央党に対する姿勢の場合のように幾らか行動の余地が大きくなった。その一方で、帝国議会の選挙審査委員会が、直接的な妨害行為や優遇行為に対して比較的厳しい尺度を適用して、当選の無効を宣言した。時が経つにつれて、そのような選挙干渉行為は効果を発揮しないようになり、エルベ川以東地域の農村選挙区においてさえ行政による圧力よりも農業家同盟のほうが重要になった。それでも、指導的な本来の執行官たちが政治的に利用される状態は残り続けた。保守党と政府との間に緊張状態が生じた場合には、保守的な官吏たちの間で政府に対する忠誠心と党に対する忠誠心との間で葛藤が見られることになったが、しばしば党への忠誠心のほうが強かったのである。

官吏、とりわけ行政官吏の議会での政治党派的な活動は制限されていた。官吏議員の数は、一八七一年には議員の二十七パーセントを占めていたが、一九一二年には十一・六パーセントへと、目に見えて減少していく。ビスマルク時代の後には官吏議員はもはや非公式な妨害や不利益を恐れる必要はなくなったのだけれども、やはり教師・教授・裁判官の議員も減っていく。プロイセン下院における保守党の郡長たちでさえ、減少していくのである。ドイツ帝国時代の議会は、——七十年代の後には

——もはや三月前期の議会のような、そして後の連邦共和国〔西ドイツ〕の議会のような、顕著な官吏議会ではなかった。自由業と、政治に近い分野で活動する政治家たちが、さらには職業政治家たちが、進出してくるのである。

官吏層と政治との結び付き、国家装置と党派的政策との結び付きという問題は、ドイツの現実の憲法体制の一つの核心的な部分における弁証法的な絡み合いという問題に通じるものである。帝国は、それを構成するすべての邦と同様に、官僚国家だった。官僚は、単なるエージェントなのではなくて、国家権力の担い手であり、お上の体現者であって、彼らのなかから政府のメンバーが起用され、彼らが統治したのであり、王家や貴族や軍と同様に重要な存在であって、独自の内的ダイナミズムと自立性を備えていた。この時期の官僚＝官憲国家のエトスとなっていたのは、官僚こそが普遍的な存在、公益と客観性の——客観的に最良である解決策の——、公正と調和の擁護者なのであり、党派を超越し、階級を超越し、社会のその他の対立関係や多元状態を超越しているのだ、という考えであった。その限りでは、彼らは絶対君主政の下でのように一人の人物やその恣意的な政治的見解に奉仕するべきではなかったし、また、政党国家の下でのように一つの党派、その時その時の支配的な多数派に奉仕するべきでもなかった。このような中立性の理念は、官僚というお上と、官僚によって担われた君主政とを正当化したかもしれないが、しかし権力そのものが貴族・軍・保守派を中核とする一定の社会的グループと政治的党派の手に握られているという現実と衝突した。党派を超越する中立性というのは、ラートブルフが述べたように、官憲国家が生き延びるための虚偽だったのである。国家への奉仕者たちは、指示されてであれ、自発的にであれ、選挙に際して公然と振舞うことを通してしばしば十分すぎるほどに一定の党派に奉仕した。彼らは——理念的には——党派を超越する立場を取ろうとしたが、しかしこの立場を主張できたのは特定の党派とともにであり、その党派の側に付いてであった。結局のところ、そのような党派が彼らを自分たちに奉仕させていたのである。それは、政党が登場した時代において官僚支配という理念が孕む、あるいは官僚の中立性という主張が孕む、内的矛盾に他ならなかった。もっとも、その点に、保守派の党派的利害に対する彼らの特別な立場もあったのである。

しかしながら、党派政策や反政党政策という批判的な観点からだけ見ようとすると、ドイツの官吏層の本質を見誤ってしまうのであって、他の点にも注目する必要がある。

官吏層には、一定の団体精神《コーア》とでも言うべきものが存在していて、一定のスタイルを備えていた。官吏の権利と義務とを規定する独自の官吏法があった。彼らのエトスとモラルは、義務と、忠誠（国家と君主に対する）と、客観性と、非党派性の原則によって規定されていた。公共の領域での彼らの行動と振舞いは、官吏はいかなる時も無条件に国家の権威の代表者であるという観点によって刻印されていた。そのような観点は私的な領域にまで及び、特別な「威厳」を保つよう義務づけられた。これに対して、かつてのように官吏とそのエトスは宗教及び教会と近い関係にあるという観点は、本書が対象とする時期にはもはや拘束力を持たない。「教養がある」階級の場合には至るところでそうであるように、しばしば「文化」が宗教に取って代わって進出するのである。

官吏層は一般にカーストとして分離されているのではなくて、貴族や市民層の教養人の世界と密接に絡み合っている。ベルリンでは、例えば教授たちと高級官僚たちとの接触が重要な役割を演じていたし、経済市民層との関係も、それよりは緩やかではあったものの、そもそも財政的な理由からやはり存在していた。官吏層は、全体として見れば、社会のなかで名望のある優越した地位を占めていた。

官吏層は位階制の下で秩序づけられており、それゆえ上司との関係とキャリアが大きな意味を持っていた。称号や勲章は年功序列の決まりごとではなくて、業績と忠誠心に対する褒賞であり、社会的な威信と自意識にとって重要なものだった（そして、ささやかな給料に対する多少の埋め合わせともなった）。官吏層の自立性と自主性を位階制の下でも強めようとする幾つかの――初期立憲君主政の伝統を受け継いだ――制度があり、例えばプロイセンでは合議の際には最も年下の者が最初に票を投じ、組織の長が最後に票を投じるのが原則とされていた。しかし、キャリアへの思いが自主性という規範に紛れ込むこともあり得た。そのような状態は、個々の行政部門や、州や、さらには時期によって異なっており、誰がどのような尺度でキャリアを決定するかにかかっていた。ネガティブなイメージとしては、志操を見せびらかし、強い姿勢を示し、国家の敵たちや権威を疑う者たち、一般に反対派に対して強硬な態度を取り、「配下の者たち」に対しては明確に権威を護ろうとすることがキャリアに有利に働いたというものだったが――そのようなイメージは、政治的な観点が振舞いをも規定したことを意味していた。一般的な行政、特に外勤のポストでは、そのような観点がある程度まで重要な役割を果たしていた。しかしながら、それは風刺画や批判的な文献がカリカチュアとして表現しているほどの重要性を持ってはいなかったというのも、確かである――なぜなら、当然のことながら、ともかくも市民的と言える社会のなかで、そのような特徴を過度に示すことは、行政の活動と機能とを損なうことになったからである。いわゆる「出世主義」あるいは「試補主義」、すなわち一見したところでは勇ましいけれども上にはへつらって下には厳しいというメンタリティに対する批判は、世論のなかだけではなくて高級官僚たち自身の間にも存在していた。試補たちが、最終的に任用されるためには上司たちの評価に頼らざるを得ないままで、長い待機期間を経なければならないという状態が、一つの弊害と見なされたのは、以上のような傾向を助長したためでもあった。とは言え、忠誠心が確かなのであれば、人事政策においては業績という基準がコネクションや年功序列や、さらには過剰な志操にもまして決定的な役割を果たしていたのだということを、見過ごすべきではないのである。

司法の分野でも、やはり同様の問題があった。補助裁判官として無給で自立していない活動を長年にわたって行なうことで、自立心が損なわれていったのである。検事のポストは、裁判官とは異なって指示に拘束されて官僚のヒエラルヒーに組み込まれたけれども、キャリアには有利になると見なされていたので、「単なる」裁判官のポストよりもこちらのほうを望む人たちもいた。配置転換になるか昇進するかという問題が――そもそも乏しい給与のためだけでも――重要な意味を持っていたので、上司の見解に配慮しようとする傾向が助長された。行政の場合と同様に司法の分野でも、まさに高位の――厳格な保守派である――官僚たちのなかに、このような傾向は有害であると考えていた人たちが多くいたのである。

一般化して述べたことのなかには常に誇張が含まれている――二つの顔があったことをしっかりと押さえておく必要があるのである。すなわち、官吏たちは政治的には保守的な官憲国家のなかに組み込まれていた（そして、その道具だった）けれども、客観性、業績能力、さらには刷新を志向しており、権威を意識していたけれども、近代的な意味で効率的でもあり、そして、プロイセンの北東部と西ドイツ・南ドイツとの間にはより保守的なタイプとより近代的なタイプとの違いが存在し、一般行政、特に「外勤」の分野と、特殊行政及び内勤の分野、さらには司法の分野との間、プロイセンでの勤務と帝国での勤務との間にも、同様の違いが存在していた。

このような官吏層が挙げた行政上の業績には――本節の冒頭で述べたように――かなりのものがあり、公的な任務に取り組むうえで国家組織が発揮した効率性は、そのことを物語っている。とりわけ、産業社会・大衆社会・大都市社会へ、干渉国家と社会国家へ、そしてドイツの近代的な地方自治体へと移行していくなかで生じた新しい状況に取り組んで挙げた刷新的な業績は、強調するに値する。それは、伝統やルーチン仕事や単なる受け身の反応といったレベルを遥かに超えるものであり、多大なイニシアチブを発揮し、リスクを引き受けようとする姿勢、それどころか空想力をさえ示すものだった。法や法的手続きに関する規則を適用するというレベルを大幅に、遥かに超える、このような近代化の推進力を形づくったのが「古典的」な法律家たちだったということ、このことはやはり驚くに値する。そして同様に、近代化を推進した人たちが保守派の人たちだったということも、驚くに値することである。しかし、近代化を推進するという任務を彼らが選べたわけではない。この点では、帝国の官僚制が特別な役割を果たし、そこでは新たな改革のエトスが発展していく。刺激的な事実と言えるのは、古《アルト》プロイセンの貴族の出身でエルベ川以東地域のユンカー＝郡長の世界から決定的な影響を受けてきた高級官僚が、ポストや任務を通して上級の帝国官庁に移り、封建的で古めかしいプロイセン《ボルシア》的な通常の保守派から近代的で帝国を指針とする改革保守派に変化していくことである。内務長官のポザドフスキや、彼の後任者で後に宰相となるベートマン・ホルヴェークがその例であり、ベートマンが任命したポーゼン州知事のシュヴァルツコップフも、やはりそうである。

一つの特別なグループについて、なおも述べておく必要がある。外務勤務の官僚たち、外交官が、それである。この分野では——議会主義や共和政の国も含めてヨーロッパのほとんどどこの国でもそうだったが——貴族が圧倒的に支配的な位置を占め続ける。一八七一年から一九一四年までの間の外交官の七十パーセント近くが貴族で、そのうち新たに貴族に叙された人たちは十パーセント弱だけだった。重要な在外ポストに就いていたのはほぼ貴族だけであった（市民層出身者はペルー、ベネズエラ、コロンビア、シャム駐在の公使のみ）。しかし、プロイセンの国内行政の分野とは異なって、外交の分野では高位の（そして、豊かな）貴族が指導的な役割を果たしており、非プロイセン人、さらにはカトリック教徒もいた。一九一四年の時点で、外務の上級ポストを占めていた人たちのなかには、八人のプリンツ〔公あるいは公子〕、二十九人の伯爵、二十人の男爵、五十四人のその他の貴族がおり、市民層の人たちは十一人に過ぎなかった。スタイルと社交的な如才なさ、財産と収入、これらが選抜に際しての重要な基準であり、これに家族「関係」も加わった（例えばビューローが十人もいた）。一八七一年から一九一四年までの間に、二十四人の外交官たちが息子たちを外交官として就職させ（全体で二十九人）、十人の外交官が兄弟、八十九人が従兄弟の関係にあった。それゆえ、一族の繋がりが一定の力を持っていたのである。このような状態は、外交官が派遣されるヨーロッパの「宮廷」社会と、さらにはヨーロッパの外交政策上のエスタブリッシュメントとが依然として大幅に貴族中心のものであったこと、また、国を代表する役割を果たすのは給与だけでは賄えず、独自の自立した収入を必要とした——一八八〇年代には六、〇〇〇マルク、一九〇〇年には一万マルクと見積もられている――ことと、関連している。確かに、試験での成績が必要とはされていた。試補見習試験――法学部で学んでいることが必須とされた――、試補試験及び／あるいは外務庁の試験だったが、しかし試験の結果が主として任用と昇進を決定したわけではなかった。もちろん外務庁に勤務する市民層の人たちもいたし、その数は増えていったが、彼らは通商局や法務局などの庁内勤務で、あるいは外交とは分けられていた領事部門で活動していて、指導的な地位に就くことができたのは、既に述べたようにほとんど海外においてだけだったが、ベルリンでは植民地局の局長となったのは市民層の人物〔デルンブルク。まもなく植民地庁長官に昇格した〕であり、しかもユダヤ人の出身〔父の代にルター派に改宗〕だった。

　しかしながら、ドイツ外交の「弱点」が登用のあり方と関係していたわけではなかった。外交官たちは、その出自から予想されるよりも「近代的」な人たちだったし、外交政策はユンカー政策ではなく、そして近代的な産業＝経済の問題についても、時として専門的な知識に欠けることがあったとしても、意識していないわけではなかった。一九一四年以前のドイツの外交官たちの弱点――現実的な意識の不足、対外的な礼儀の不足、対内的な忍耐力の不足――は、基本的にはドイツの指導層のかなりの部分、それどころかドイツ社会の多数派にとっても特徴的な点だったのである。外務勤務に関してそれに付け加わったのは、皇帝との近さ、外交政策におけるヴィルヘルム二世の「個人統治」、キャリアが皇帝の好意に依存していて、そのために助長された姿勢、といったものだった。もっとも、高位貴族のロンドン駐在大使――ヴォルフ＝メッテルニヒやリヒノフスキ――は、彼らの質の高さのゆえにそのポストを得たのであり、自立的な立場を保ち、それどころかほとんど反抗的でさえあった。しかし、それはまさに標準ではなかったのである。

　最後に、――私たちは新中間層との関連で既に述べたけれども――中級官吏と下級官吏についてもう一度言及しておきたい。特に郵便と鉄道の分野がここには含まれる。警察の場合には軍隊的な特徴を帯びているけれども、その他の場合には、彼らは、国家には忠実であるものの、自由主義左派や中央党の支持者にまで及ぶかなり幅広いスペクトルを持ちつつ、位階制のなかに秩序づけられ、多様なキャリアと資格が存在し、乏しいながらも確実な給与を与えられて、国家の下部構造を支えている。これらのグループ――とりわけ郵便と鉄道における――が自らの利害を代表する労働組合的な組織を結成しようとする動きを、長らく政府側は厳しい規律措置と給与の改善によって妨げることに成功してきたが、しかし一九一四年も近くなると、そのような「官吏運動」の、しばしばキリスト教系あるいは国民《ナツィオナール》派系の組織と折り合いを付けざるを得なかった。

ドイツ帝国時代のドイツの行政から受ける全体的な印象は、やはりアンビバレントなものに留まる。内部からの批判は、——通例として見受けられたように——権限の重なり合い、混乱状態、部門中心主義、時間がかかり過ぎて複雑過ぎる決定プロセス、行き過ぎた官僚制化と過度の中央集権化といった点に向けられ、これに対して簡素化と非中央集権化が目指されるべきだと主張された。国家の行政と自治行政との間には、不明瞭で争いの種となるかなりの領域が存在していた——この状態を批判者たちは地方自治の側に有利になるように明確化しようとした。より広い意味で言うならば、行政はかなり公正で客観的であり、かなり効率的で、単に反応するだけというのではなくて、——先に述べたように——イニシアチブをも発揮し、それどころか刷新的でさえあって、近代的な諸問題——技術や経済や社会的関係などに関する——とも取り組んだのであり、当然のことながら政治的な権力秩序に抵触しない場合には最も積極的に取り組んだ。それと同時に、行政は、保守的で官憲国家的であり、開明的で善意に基づくものではあっても権威主義的あるいは不愛想で、ヒエラルヒー的、反動的であって、政治的・社会的な現状をあらゆる手段で護ろうとする。これもまた、行政のヤヌスの顔の一面なのである。行政は決して市民と民衆に近いものではなかった。その一方で、行政は、官僚が政府のメンバーの補給源となっていたけれども、もはや三月前期のように憲法体制の中核的な要素、前に推し進めるモーターとしての役割を果たしてはいなかった。行政は憲法体制に奉仕するもの、憲法体制の保守的な可能性と改革的な可能性との双方に奉仕するものとなったのである。

第3節 市民的な自治と生活形態 都市

農村部や郡、あるいは州における自治行政がどのようなものだったにせよ、自治行政の核心的な分野であり、その頂点を成していたのは、都市に他ならない。それはドイツ帝国においても一つの独自の政治的現実だった。それゆえ、都市の自治行政に一つの節を割り当てる必要があるのである。しかし、都市は、政治的＝行政的な現実であるだけではなくて、一つの生活形態なのでもある。私たちは、この機会に、本節でこの生活形態の一定の諸側面を全体として紹介してみたい。ある程度は恣意的な面を含んでいるかもしれないけれども、そのような試みにはそれなりの現実的な根拠がある。言わば都市に対抗する生活世界を成す農村部や農村については、農業と農村社会を扱った章で既に述べた。農業と農村社会が村を規定する諸力に他ならない。都市の場合にはそれとは異なっている――都市は、市民と労働者、産業、商業、行政、文化的職業を一つにまとめるのである。私の考えでは、自治行政の政治的構造こそが、都市の世界にとって中心的な意味を持っている――「文化」、都市の生活がすべてそこに吸収されてしまうわけではないにしても。それゆえ、私たちは憲法体制及び行政との関連において都市を扱うのである。

私たちは、人口と国内移住に関する章で、都市化のプロセス、都市、とりわけ大都市の成長と、その幾つかのタイプについて論じ、住居と関連した個所では都市における幾つかの互いに異なる住居状態について、また、経済の発展との関連では、都市における産業＝商業の重点化と所得・財産の集中化について、「社会問題」との関連では、都市の労働者たちの特殊な状況と、さらには保健政策と社会政策のために都市が講じた措置について、そして建築と関連して、都市の建築的な形成の幾つかの点について、論じてきた。ここでは、それらの多くを統合しようと試みることを通して、自治行政の場としての都市、生活形態としての都市について述べてみたい。私たちは、四つの問題群に集中することにする。第一に、都市の社会的地理、第二に、都市像と都市計画、第三に（これが中心的な対象となるが）、都市行政とその変化、そして最後に、都市的な暮らし方という特別なタイプと、生活形態としての都市に対する評価についてである。思い起こしてほしいが、様々なタイプの都市の間には多くの違いがあり、それらを区別する必要がある――小都市と中都市と大都市、産業〔工業〕都市と行政都市と商業・サービス都市と多機能都市（大学都市や兵営都市や港湾都市のような他のタイプは除外するとしても）、古い都市と新しい都市、急速に成長する都市と、ゆっくりと成長する都市と、ほとんど成長しない都市、建物がある部分が大きい都市と小さい都市、そしてそのなかでも住宅密度、とりわけ賃貸用住宅の密度が高い都市と低い都市、東部の都市と西部の都市、プロイセンの都市とバイエルンの都市、カトリックの都市とプロテスタントの都市などである。しかし、これらの点についてはここでは掘り下げるつもりはない。ここで私たちが問題とするのは、とりわけ大都市と中程度の大きさを持つ都市である。

最初に、都市の社会地理的な発展についてである。その際に初めからはっきりと認識しておく必要があるのは、集住する地域と行政的・政治的な地方自治体の境界線（さらには統計上の都市）とはそもそも合致しないということである――地理学者は、前者に関しては集塊という言い方をしている。私たちは二つの点に目を向けてみたい。すなわち、都市が地区に分かれていくという点と、都市の領域が拡大していく（そして、大抵の場合はそのようにして住民数も増大していく）という点である。これら二つの点は互いに関連し合っている。まず、地区に分かれていくという点に目を向けてみよう。

　古くからの市心部には後に「シティ」と称されることになるもの、すなわちビジネス・事務所・行政地区が成立し、それに加えて文化施設や中等教育施設、さらに当初は大規模な賃貸アパートが登場する。市心部は、耐久性と耐火性を増した建築資材を用いて改築あるいは新築されて、多層階の建物が建てられる。既にそのような新築の建物には衛生的な考えが適用されるようになる。建築密度が増していく。しかし、これらの地区での住民数は増えないばかりでなく、むしろ減少し、ライプツィヒでは一八七一年から一九一〇年までの間に通りによっては最大二十二パーセント、ミュンヘンの場合には最大四十パーセント減少している。ベルリンの「シティ」には一八七一年にはまだ六万五、〇〇〇人近くが住んでいたが、一九一〇年になると二万四、〇〇〇人弱にまで減っている。「シティ」の地価と家賃が高くなり、それが以前住んでいた人たちの一部分を追い出すことになるのである。もちろん多くのところで「旧市街」は残り続けるが、建物は小さく、古風で非衛生的であり、ほとんどスラムに近いものになる。市心部を刷新するに当たって歴史的な建築物に配慮されるのは、教会や記念碑的な建造物を除けば、ごく稀なケースに過ぎない。共同の（インフラストラクチャー的な）目的を持つ建物から成り、古い起源を持ち、そしてこの時期に「会社設立時代《グリュンダーツァイト》」（本来は一八七三年までのブーム期を指す）風という特徴的な「十九世紀」を代表するようになった市心部における「シティ」の構造は、古い市心から外に向かって放射的に広まっていき、郊外もそれぞれの中心部を形成して、学校や教会やその他の公共建造物や商店などを通して「都会的」な性格、「相貌」が与えられるようになる――月並みなコピーに過ぎないとしても。いまや「シティ」となった古くからの市心部の周囲にはしばしば市壁の名残――塁壁、公園、環状道路――が存在し、また、鉄道があって、それらが成長に伴う古い部分と新しい部分との繋ぎ目となる。

　例えばルール地方北部のように、古い村が合わさって成長して完全に新しく生まれた都市の場合には、それとはまったく異なる。そのような都市には、「シティ」は存在しないし、そもそも市心部がなく、都市としての実体が予め存在しておらず、模範的な像も公共的な空間もなく、そのために「都会的」な雰囲気も存在しない。

　次には、工業《インドゥストリー》地区がある。工場の近くに労働者居住区が存在するという当初の状態は長続きせず、職場と居住地とが分かれていく。工業は鉄道の結節点に、都市の周縁部に、野原や周辺の村や郊外に移っていくのである。周縁部での地価は大幅に安く、また、市内の地価が上昇してくるので、古くからの経営にとっては市内の土地を売却して周縁部に移転するほうが経済的に有利になる。もっとも、「周縁部」というのは相対的な概念であって、都市の拡大が周縁部を繰り返し取り込んで「市内」の地区に変えていく。さらに、周縁部のより安い土地を求めて工業が賃貸バラック〔低質の高層アパート〕と競い合うという事情も加わる。そのような状況の下で、当初は多くの小さくて分散した工業地区が存在している。もちろん、やがて地価の事情と上流向けの地区が登場することによって、工業地区は都市の東部や北部にまとまるようになり、都市を排煙と排気ガスの帯で取り囲むようになる。

一八六九年の営業法は、工業用の建物の建築は近隣（「環境《ウムヴェルト》」）に危険や害を及ぼす恐れがある場合には許可を得ることを義務づけ、営業地域と非営業地域とを指定する可能性を地方自治体に認めた——しかし、この権限は長らく利用されることがなく、後にはそれを実行するためには正式な裁判官による決定を必要とした。ドレスデンが一八七八年に最初の「地域区分条例」の口火を切り、ブレスラウ〔現ポーランドのヴロツワフ〕が一八八七年に続き、一八九一年にフランクフルト・アム・マインが同様の条例を制定した。

最後に、新しい住宅地区、とりわけ郊外が成立する。このような分化、都市の各地区が機能別に分けられ、特別な住宅地区が成立するに当たっては、二つの前提条件が重要な意味を持つ。その一つは、分業が広まり、市民層、それどころか部分的には小市民層の間でも家と職業／労働とが分離されるようになったことである。しかし、何よりも決定的な意味を持ったのは、近距離交通が、馬車鉄道から市電へ、さらには高速鉄道と地下鉄へと発展を遂げたことである——既に一八六五年に最初の市街鉄道がベルリンとシャルロッテンブルクの間で、一八八一年には最初の「電気」鉄道がベルリンとリヒターフェルデの間で開通し、一八八二年からベルリンの都市鉄道網が成立して、一八九六年からは高架鉄道も登場した。一九〇〇年以降は、例えば郊外路線が日曜日の行楽のためよりもますます平日の通勤のために利用されるようになったこと、工場の始業と終業の時間がラッシュアワーを定めるようになり、労働者の週間定期券がますます重要になったことを、（運行時刻表や運賃表から）はっきりと見て取ることができる。さらに、労働者と工場への通勤にとって、自転車も重要な役割を果たすようになり、まもなくほとんどの世帯が自転車を持つようになる。住宅地区は、ほどなく市民層地区と労働者地区とに、邸宅・一戸建て住宅地区と賃貸アパート・賃貸バラック地区とに分かれていく。庶民が屋根裏や半地階に住む、かつての——軽度の——混住状態は背後に退いていき、住宅建設における供給と需要は——従来以上に——階級という基準を指針とするようになる。大ブルジョアの邸宅地区――ベルリンのティーアガルテン、フランクフルトのヴェストエント――と並んで、住宅街（一戸建て住宅や列状住宅）が登場し、ベルリンではフリーデナウやリヒターフェルデ、ヴィルマースドルフ、あるいはヴェストエント地区、後には――いっそう高級な――グルーネヴァルト地区などがその例であり、もっと後になると郊外の菜園付き住宅街が（鉄道と接続し、あるいは市電網が拡張されて）出現する。ムテージウスが、そのような郊外の一戸建て団地を一九〇〇年以降に極めて積極的に宣伝するが、それははっきりと都市での職業活動と家の外での生活に対抗するものという意味を持っており、「田園住宅」こそが、菜園を通して都市と農村とを仲介し、生活が――再び――中心として営まれる家になると考えられていたのだった。市民層の賃貸住宅地区のなかにも、もちろん多くの繊細でささやかな違いがあった。シャルロッテンブルクやシェーネベルクには、完全に市民層的な「大規模集合住宅」が存在していたのである。

もっとも、地区の間の機能的な分離を強調し過ぎてもいけない。純粋な邸宅地区を除けば、郊外にも中心となる部分があった。学校や教会、商店街、居酒屋、さらには他の公共の建造物がそれに当たる。例えば兵舎や病院などだが、ガスや水道の供給施設、蓄殺場、市場ホール、鉄道施設、墓地、動物園や行楽用の飲食店などもあり、また、工業地区と住宅地区とが混合した地域があり、労働者向けの住宅と小市民向けの住宅との中間の移行的な住宅から成る地域もあった。地方の小さな都市ではそのような混合状態がいっそう大きかった。しかし、それと同時に、いっそう細かく見てみると、「純然たる」住宅街とビジネス・交通街との間の分離も既に生じている。

機能による地区の区分と「郊外という位置づけ」とは重なり合うが、それは郊外が相対的な概念になっていくからである。郊外は、建物がない空き地が開発されて多層階の建物が建てられることによって密度を増し、機能的に分化して、地区に分けられるか、あるいは一つの郊外が本質的に一つの機能を果たすようになるのである。

もう一つの社会地理的な現実に目を向けると、都市の拡大は、一般に、外の「郊外」に向かう「放射」道路に沿って建物の建築が始まり、それに続いて「間に位置する」空間に建築が広まっていくという経過を辿った。空いている、程度の差はあれ建物がない土地への都市の拡張に関しては、二つの方法が存在した。その一つがいわゆる土地会社（あるいは時には個々の「造成者」）によるものであり、かつての農地や牧草地をまとめて購入し、開発し、分割して、時には自ら建物を建てる場合もあったが、大抵の場合は土地を売り渡して大きな利益を得た。それは、純粋な形の自由主義的＝市場経済的なやり方であり、そして、都市で政治的に大きな力を持つ家屋所有者・土地所有者たちは、このやり方を、「不当」利得や無秩序で無計画な結果のために攻撃されるようになった時も、極限まで擁護し、とりわけ計画を目指した地方自治体の官僚たちの側からのどのような介入に対しても擁護した。もう一つのケースは、都市自身が旧市街の周辺にある空き地を取得する場合で、ほとんどが軍事施設が撤去される際に都市がそれまでの軍用地を国庫から購入するケースだった。この場合には居住地の拡大が（どちらかと言えば）それぞれの都市の計画に基づいて行なわれた――マインツ、ケルン、シュトラスブルクが良く知られている例である。

さらには、周辺の村々が、居住地の拡大や、都市との中間地域の居住地化や、村への工場と労働者の流入によって、しだいに「都市化」していく現象も見られた。それらの村は当初は事実上郊外だったが、都市に組み込まれた後は都市による道路の管理や舗装化、さらに給水やガスの供給、下水網の敷設という恩恵を受け、そして都市の地価上昇にも与《あずか》った。それはサブ都会化と言うことができるだろう――まさに都市化なのだけれども、しかしまだ都市内部のような集中化は見られないという意味においてそう言える。そのような郊外の大部分は旧市心部から三キロメートルから四キロメートルという比較的近いところに位置していたが、部分的にはもっと外部にある場合もあった。いずれにしてもそれらの郊外は一八八〇年までは都市の中心部、中心都市よりもはっきりと急速に成長した。

このような発展が都市建設に関してもたらした結果は、都市はもはや閉じられた存在ではなくて周辺地に対して開かれた存在になったということだった。もっとも、濃密化が放射道路沿いと郊外に集中していたことが遠心化の傾向に限界を設定していた。しかしそれと同時に、新しく建設された土地には構造的なパターンが欠けていることが支配的な現象となった。外部から都市にやってくる人は、都市の閉ざされた複合体と出会うわけではないし、かといって近代的な醜悪な移行地帯と出会うわけでもない。最初にはっきりと出会うのは、周辺の部分が幾らか混沌としているとは言え、小さな独自の中心を持つ都市の郊外だったのである。

建築や居住地理の点で拡大していって、目に見える社会的な現実が変化を遂げていくのに加えて、それと並行する形で都市への統合という行政的＝政治的なプロセスが進行していく。当初は、このプロセスは、都市領域の法的・行政的な境界線がしばしば完全に機能しなくなったので一つの地域にまとめるというものに過ぎなかった。八十年代の半ばから、そして一九〇〇年以降はいっそう、拡大した居住地や、隣接する地方自治体の間での居住地の集中化に基づいて、都市への統合が行なわれるようになり、あるいは――こちらは例が少なかったけれども、最終的には――そのような発展を予め先取りして計画的に行なわれるようになった。都市の側にとっては、交通や建築や経済に関して合理的な計画を立てるということと、大規模なインフラストラクチャー施設や供給施設の効率化を図るという観点、さらには税負担の配分という観点が、そのような統合政策に際して重要な意味を持っており、そのためには社会民主主義勢力が優勢な郊外を受け入れるという政治的には問題のある措置も、目指すに値するもの、あるいは許容し得るものと見なされたのだった。周辺の地方自治体の側では——その際には、しばしば住民の多数派が地元の自治体行政と対立していたのだが——、それでなくとも既に事実上そのなかで生活している、より大きな単位が提供してくれるより良い供給サービスやより効率的で安価な行政に関心を抱いていた——都市が提供してくれるサービスを同じ価格で手に入れるか、あるいは、より「高くつく」場合には、それまでの自治体が提供できるものよりもより良いサービスを受けることを望んだのである。このような動きに反対する勢力や、反対するべき理由も存在していた——例えば良く知られている例としてはベルリンと近隣の幾つかの大都市（シャルロッテンブルク、ヴィルマースドルフ、シェーネベルク、ノイケルン）との統合のケースがそうだった。統合には邦の行政による承認が必要だったのだが、邦の側は自由主義派＝社会民主主義派が「統治する」新たな大ベルリン圏の形成に反対してこの場合には政治的な非中央集権化政策を取ったのである。個々の自治体が自立性を保とうとする傾向も見られ、それはやはり部分的には政治的＝社会的な理由に基づくものであり、例えば比較的豊かな自治体は比較的貧しい自治体と一緒になることに反対した。ルール地方でも似たような政治的な問題が存在し、例えばライン州とヴェストファーレン州の境界に位置するエッセンの場合がそうであり、また、ニュルンベルク—フュルト圏の場合にも同様の問題があった。多くの場合に、地方自治体の統合（あるいは共合同）に先んじて共通の水道やガスの供給、あるいは共通の建築条例の制定が急がれ、他のケース（例えばベルリン）では地方自治体法上の分離が保たれたままで「目的連合」が結成された。時には、フランクフルト・アム・マインのように、都市が周辺自治体の土地を幅広く買い上げる（最大で土地の五十パーセントまで）ことが自治体の統合に先行した場合もあった。ともあれ、比較的大きな都市の面積の拡大は一八八五年から力強く進行していくのであり、一八五〇年から一九一四年までに拡大した面積の九十パーセントは一八八五年以降の時期に属している。いずれにしても、居住領域と——行政上の——都市自治体の領域との間には大きな差が存在する。一九〇〇年頃のミュンヘンでは、自立している「郊外」が占める比率は中心から五キロメートルの範囲のなかで〇・四パーセントに過ぎなかった（それがいわゆる内的集塊化である）のに対して、エッセンの場合には六十・七パーセントに達していた。

都市への統合の波がもたらした一つの結果は、「社会的な地区」がある程度色とりどりな様相を呈したことであり、小市民や労働者が住む郊外や農村自治体が、しばしば市心部に近い古くからの高尚な地区などよりも遠方に位置していた。そのような傾向は、一九一四年以前に一戸建て住宅や田園住宅の波とともに比較的上層の階級が再び都市の周縁部に引っ越すようになっても強まっていき、大抵の場合は方角によって区別されて、（風向きの点で大抵は工場から離れていた）西方と南方が「より高尚な」地域となった。例えばケルンの場合には、環状道路の一部分が元々高尚な地域と見なされていて、それを取り囲む形でどちらかと言えば「小市民」的な計画的に建設された新市街が配置され、それをさらに小市民的でプロレタリア的な郊外が輪となって取り囲み、そして――最後に――やがてその外側に上品な大ブルジョアの邸宅郊外地が成立した。

成長しつつある都市の相貌と社会的構造、都市の発展の可能性、そして都市における居住状況と生活形態にとっては、「都市建設」と都市計画が決定的に重要な意味を持っていた。都市の分化と拡大に関する無味乾燥な都市地理学的なデータは、この観点から眺めることで初めて具体性を帯びるのである。

まず言えるのは、十九世紀の末まではほとんどラディカルなまでに自由主義的で市場経済的な土地法と建築法が効力を持っていたということである――それは、しばしば忘れられているけれども、農民解放の一つの帰結でもあったのであり、都市の土地もあらゆる種類の義務や制限、家父長制や共同体による監督から解放されて自由化されたのだった。地所の所有者は基本的に自由に、何ものにも妨げられることなく、建築し――そして解体することができた。そして、自由主義的な司法は、「建築の自由」を長らくその究極の個人主義的な帰結に至るまで貫き、強化し、守った。誰もが目にすることができたその一つの帰結が、先に述べたような歴史的な古い都市の「近代化」である――ニュルンベルクのような特別なケースでだけ、文化財保護が法的に広まる以前に、「歴史的」な建造物（及び、例えば市壁）を、さらには調和性と都市像とを護ることができたのだった。

市中心部での記念碑的な建造物の建築を競い合い、そして大きさと見栄えで上回ろうとする傾向が生じたことについては、建築との関連で既に述べたが――ベルリン大聖堂やベルリンのヴィルヘルム皇帝記念像が、その例である――、その原因は以上の点にもある。土地の所有者が決定を下すというのではなかった場合にしても、建築しようとする考えは個々の建物に限定された状態だった。ケルンの場合、大聖堂の周囲の放置されていた土地を市当局が購入していて、壮大な歴史的な建造物を視野を妨げられることなく「自由に」見られるように、周辺の建物を解体し、あるいは空き地のままにしていたのだが、結局は大聖堂の隣に中央駅が造られた。もっとも、建築法に関しては二つの点で地方自治体と警察による（要塞都市の場合には、さらに軍による）制限が加えられていた。隣人への一定の配慮（迷惑をかけることの禁止）と、とりわけ消防に関する保護規定と義務とが、それである。ベルリンの賃貸バラックの中庭の広さは消防車の回転範囲によって定められており、門の大きさもそうだった。防火壁の設置も義務づけられていた。

しかし、当面は土地所有者の個人的な利用――したがってまた投機も――が、都市の発展を規定した。もちろん、――当初は無計画だった――都市の空間的な拡大に伴って新たな問題も出現してきた。道路の建設と下水道の敷設、家屋の双方への（及び、水道とガスの供給への）接続、土地開発などの問題である。道路、下水道、水道の建設は主として都市が担当するべきものだった。道路は、都市によって広く舗装が施され、歩道とガス灯が整備されて、大きな放射道路には並木も植えられた。しかし、これらの一切は費用の問題でもあり、所有者たちは程度の差はあれ例えば敷設分担金を通して費用の負担に組み込まれたが、また、道路用地の譲渡に関する問題、そして譲渡を強制し得るかという問題でもあった。プロイセンでは所有者に道路用地の譲渡が義務づけられた。都市は、道路を計画し、その道筋と幅を計画したが、その際には都市と所有者との間の費用分担を重視していた。道路計画は、古い都市部では道路の「貫通」と建物の解体についても規定し、新しい建築地域では建築用地の大きさを規定して、さらには許容される階数、それゆえ建築の密度をも定めた。その限りでは、都市「計画」は道路と下水道の建設者、建設技師が扱う事柄であり、――直線的な放射道路や直角状の補助道路を考える――測量技師が扱う事柄であった。建物の高さの上限は道路の幅にかかっており（当初は道路幅の一倍から一・五倍の高さ）、道路から――僅かな――距離を取ることが定められたが、後には都市が建築するべき線を確定することになった――この線は道路に面した建物については確定されたが、裏の建物については何の規制もなかった。

こうして、私たちすべてが計画的な建築の手段として知っているもの、すなわち建築計画と建築条例の最初の端緒が出現した。良く知られているのはベルリンの建設技師ホーブレヒトによる――大きな建築ブロックを伴った――建築計画（一八六二年）だが、それは結果的には大規模な賃貸バラック（多くの中庭を持つ）の建築に繋がっていった。大規模な賃貸アパートでは社会的な階層が混じり合って暮らすだろうというホーブレヒトの理念は、実現に至らなかった。現存する地所を最大限に利用し尽くそうとする傾向は、少なくとも賃貸アパートや連なった建物群の建築に際しては、同じ形の建物が建てられ、そしてそれぞれの建築時期に応じて同じ出窓やバルコニー、そして同じ装飾のファサードが造られるという結果をもたらした。

　衛生に関する要求（もっと広い中庭、もっと多くの光と空気）が強まり、交通への要求が強まる（もっと多くの道路が建設されて舗装される必要がある）につれて、建築に必要な費用が相対的に増加して、道路沿いの所有者たちの分担金が重要性を増し、高額になり、したがって争いの対象となるようになった。都市の側は、——地所を既存の道路と接続させるという問題を通して——より多くの権限を持つようになり、全体的な道路網（例えば既存の放射道路の間を繋ぐような）が建設される場合にのみそのような接続を認め、地域を指定して、そのなかでの密度と高度に関する規制や建築のラインを明確に定めることを通して、——法的に、あるいは事実上——建築地域を規定した。その限りでは、開発に要する費用が都市計画を進展させていく一つの推進力となったのである。交通のための貫通が繰り返し必要になったことと、下水道の敷設も、同様の効果を発揮した。

　しかし、都市が有していた法的・財政的な可能性は限られていた。一般的に言えば、都市計画に取り組むのは、そのための枠組みを規定する法律は——制定の時期に違いはあったが（例えばプロイセンは一八七五年、ザクセンは一九〇〇年、バイエルンは一八六三／六四年と一九〇一年）——存在していたものの、個々の都市の問題であった。プロイセンの場合には、邦の建築警察規則——地方自治体と邦の警察との間で権限が明確に区分されていなかった——は厳密なマンチェスター自由主義〔自由放任主義〕的な性格を帯びていて、都市の側の計画を求めようとするささやかな芽生えを阻害していた。もっとも、ベルリンの場合は世紀転換期頃に逆転して、いまや都市の側が土地の最大限の利用と密集建築を支持するようになり、邦による警察の側は社会計画的な問題に関心を寄せるようになった。もちろん、土地の接収権や割替権は様々に異なっており、フランクフルト、ハンブルクやエルザス＝ロートリンゲンではその種のことが可能だったが、バイエルンではそうでなかった。それでも、都市の権限、建築警察に関する権限は至るところで増大していった。実践の面では、都市の権限を行使するやり方にも違いが見られた。ハンブルクでは三階建て、ベルリン、ミュンヘンやドレスデンでは五階建てが基準であり、北西ドイツ、とりわけブレーメンでは一戸建てのほうが優勢だった（それは、地域の伝統や、不動産信用権と関連していた）。後になると、道路や下水道の建設に関する計画に住居区あるいは工業区に関する計画が結び付くことも見られるようになった。

都市を新たに建設したり再建したりする（かつての一八四〇年のハンブルク〔大火が起こった〕のような）場合、あるいは都市が要塞の除去に際して言わば周辺の土地全体を取得する場合（マインツ、シュトラスブルク、ケルンなど）だけは、計画は初めから私的な所有者たちから独立しており、それゆえいっそう徹底して実行された。

都市建設の最初の段階に対する社会的な批判は、賃貸「バラック《カゼルネ》」の建設、すなわち建設地を最大限に利用するという原則の下で居住空間を創り出して利益を上げようとするやり方に向けられた。建物の内部の状況、すなわち例えば光が差し込まない部屋があり、裏側の建物や翼部は薄暗いという事実、空気や光や人の動きという観点から見れば中庭は狭過ぎるし、子どもが遊ぶ十分なスペースが（あるいは、そもそも遊び場が）ないといったことには、都市（及び、邦）は関心がなかった。賃貸バラックが――北東ドイツ以外で――ほとんど、あるいはまったく存在しないところでも、労働者向けの賃貸アパートは「惨め」なものと見なされていた。時が経つにつれて、幾つかの都市の建築条例はこの批判を受け入れるようになり、完全に反マンチェスター主義的な立場に立って土地所有者たちに一定の義務を課した（ミュンヘンは既に一八七九年にそうしていたが、ベルリンの場合には一八八七年に建築可能な面積を土地の三分の二に制限し、中庭として必要な面積の最低限度を引き上げた）。さらに、少なくとも採光用の立坑を設置することが義務づけられ、また、裏側の建物の規模が制限された。

建物が互いの防火壁を挟んで建っている言わば通常の閉じられた街並みと並んで、いわゆる開かれた建築様式が登場してきて、独立した建物や緩やかな建物群――正面が七十五メートルにも及ぶ――が、もちろん当初は僅かな間隔を空けて（例えば七メートル）建てられるようになった。この建築様式は、最初のうちは農村的で非都会的で洗練されていないと見なされていたが、しかし光と大気と衛生という主張――ペテンコーファーは、「よどんだ空気」が大規模な感染の一つの原因だと説いていた――が、そのような見方に対抗するようになった。その種の主張が立派なものとして認められるようになると、そのようなやり方で建築された地所の価値が高まり、そして最大限に利用し尽くすべきだという主張は省みられないようになっていった。こうして、郊外や新しい建築地域に、新しい建築様式に基づいた地区、通りに面した前庭と背後の庭を持つ低層の建物が登場したが、当然のことながらより多くの費用がかかり、それゆえどちらかと言えば中層・上層の階級に向けられたものだった。都市の建築条例に関して衛生の向上を目的とする規定が法律によっても認められたことが――ザクセンやバイエルン（一八七一年から）で定められたが、しかしプロイセンでは定められなかった――、そのような傾向を助長する場合もあった。新しい「開かれた」建築様式の広まりは、通りと都市のその地区の姿を根底から変えた。この建築様式が（新しく建設された）地区全体に適用された場合には、都市の景観も一変し、より広々として緑が多いものとなった。

ところで、このような新たな分化は、やはり互いに異なる地区を創り出そうという試みを助長することになり、さらには、閉じられた建築様式から開かれた建築様式へと、すなわち市心部から市周縁部へと移行していく状態を、例えば建物の階数が、既に閉ざされた建築様式の下でも、ましてや開かれた建築様式の下ではいっそう減少していくというような形で、創り出そうとする考えを刺激することになった。九十年代からそのような「ゾーン区分」の構想が議論されるようになる（そして、土地所有者の側の多くの抵抗を呼び起こす）。その後一九〇〇年頃からはゾーン区分がしばしば建築条例に取り入れられていく。この点で特に興味深いのは、一九〇四年のミュンヘンの段階的建築条例であり、建築家で名高い都市計画者――ドイツでこの種の最初の人物――であるテーオドール・フィッシャーの手になるものだった。すなわち、放射道路沿いでは閉ざされた高い建物の列から成る市内の建築様式が許され、その間の地域では郊外の建築様式が適用されたのである。この結果、最初のゾーン区分による硬直した環状システムが打破され、郊外でも中心を形成することが可能になった。一九〇三年には一二八の比較的大きな都市のうちの二十の都市がいわゆる段階的建築条例を持っていたが、一九一七年にはおよそ六十にまで増えた。いまや（世紀転換期以降は）都市が従来以上に全体としての都市像を形づくることができるようになったのである。もはや技師ではなくて建築家が都市建設にとって重要な存在となった。しかも、それは、もはや都市が大規模な建築用地を取得して所有者として計画を立てることができた少数のケース（マインツやシュトラスブルクやケルン）だけではなくて、都市が多くの私的な土地所有者たちを相手としなければならなかったまさに「通常のケース」にも当てはまった。この当時に、こんにちでも通用している土地利用計画と建築計画との区別が生まれたのであり、それまでのアナーキー状態からの進歩が見られ、――こんにちの私たちには再び不愉快なものになってしまっているけれども――計画の法律化が開始したのである。都市計画者たちは、自分たちこそ、私的な利害だけによって規定され、それゆえ無計画な都市の発展がもたらす望ましからざる帰結に対して公益を擁護しているのだと考えていた。計画を立てるやり方は、土地所有者たちと地方自治体との間の利害の調整に帰着し、計画対象地域に地方自治体が土地を所有している場合は有利な前提条件となり、法的な手続きが定着していることが主要な手段となって、地方自治体当局による計画の立案と自由主義的な財産秩序とが協働することになった。この結果、土地所有者の処分権と建築の自由とがかなりの程度まで制限された。南ドイツでは、一般に北ドイツよりも地方自治体体制が成立期の都市計画にいっそう多くの可能性を提供していた――十分に興味深いのは、そのような計画化が、民主主義以前の地方自治体体制の下の土地所有者・家屋所有者たちから成る議会においても、専門知識を持つ官吏たちを擁する市参事会を通して「公益」として実現される大きなチャンスを持っていたことである。さらに、このような計画化の背景には、都市の地価が著しく高騰する下で、地方自治体の独自の土地政策・土地購入政策が一つの中心的な問題になっていたという事情も存在していた。同様に、住宅政策に関する近代的で社会改革的な理念が地方自治体の建築政策に決定的な影響を与えていたという事情もあった。

本来、誰が計画を立てていたのだろうか？ 初期――七十年代、八十年代――には、計画可能な大規模な土地を持っていた都市では、既に個々のケースとしては都市計画案のコンクールが行なわれる場合もあった。しかし、受賞した案はしばしば実行不可能なものだった。次いで、ケルンのシュテューベンや、あるいは地方自治体の権限が確立された後のミュンヘンのTh・フィッシャーのような個人が計画の立案を依頼された。観点と未来への見通しとが複雑で多面的なものだったために、計画の立案は専門家（及び、彼らの事務所）が扱うべきものとなったのである。

ところで、以上のような都市計画と都市建設の歴史には、都市建設についての理論と「学問」、とりわけ都市建設における美学の再発見も属している。七十年代に、都市の拡大に関する標準的な書物、教科書（「技術的・建築警察的・経済的な観点からの」）を書いて、交通と下水道を中心に据えたのは、カールスルーエの、まだ技術建築の教授であったラインハルト・バウマイスターだった。美的な側面は、「道路網の絶対的な規則性のシステム」として登場した。ケルンの市建築官で、購入した要塞地の「新市街」の計画を作成したヨーゼフ・シュテューベンは、既に都市の各部分の機能を分けるという考えを明確に宣伝していた（そして、実際に実現した）。しかし、都市建設の本来の革命と言えるのは、都市像の、そして都市像における「美しさ」が再発見されたことである。オーストリア人のカミロ・ジッテが、一八八九年刊の著書『芸術的な諸原則に基づく都市建設』をもってこの革命を開始し、この著書は一九〇九年に第四版が出た。ジッテは、直角で対称的な道路網を好む測量技師たちに反対し、そこから生じる退屈さと匿名的な不愛想さに反対し、オスマンによるパリの壮大な軸となる道路と円形の広場に反対して、あらゆる古くからの都市の絵画的で多様で非統一的な側面を強調し、それらの都市の美しさは空間的な作用に、通りと広場の眺望に、限られていて閉ざされていることに、通りが曲がりくねっていて、(小さなものをも含む) 広場へと——やはり曲がりくねりながら——流れ込んでいることに、基づいているのだと説いている。そのような広場を観る者の視線は、当てもなく遠方にさまよう代わりに、近いところに留まっている。そして、個々の建物ではなくて全体のアンサンブルが決定的な意味を持つ。美的な空間は、測量技師のように二次元的にではなくて三次元的なものとして捉えられたのだった。それは機能的で近代的な発見だったが、それと同時に先人たちの無意識的な知恵を歴史的に再発見したものでもあった。確かに、ジッテにはノスタルジー的な傾向があり、彼の広場は、共同体の精神を再び活気づけ、抽象的な合理主義と、純然たる個人やその契約関係から成る疎外された社会に対抗して、民衆的になること——あらゆる合理主義的な機能主義に反対し、功利性の支配、あるいは単なる審美的な自律性の支配に反対すること——を目指したものであった。しかし、肝心なのはその点なのではない。第一に、そして何よりも、ジッテはモダンな人物だったのである。都市計画者たちは、道路の線引きだけが問題となっていた場合にも、彼の考えを実行に移していく。一九〇〇年頃にはジッテの考えが一般的な常識となり、彼の「先行者」であったシュテューベンの伝統主義的な著書の新版にも取り入れられ、軽く曲がりくねった道路へと通俗化していく。都市建設についてのドイツの理論と実践は、まさにアングロサクソン世界にとっても模範と先駆者としての機能を果たすようになるのである。

さらに、都市建設の理論に第二の革命が起こる。それは、ジッテが既に一九〇四年に主張していたように、都市の緑地、その「美的で衛生的な」価値が意識的に、そして明確に都市計画に取り入れられるようになったことである。しかし、取り組まれつつあった実践に一九一五年刊行の著書を通して土台を与えたのは、とりわけマルティーン・ヴァーグナーに他ならない。ヴァーグナーは、住民一人当たりどれだけの面積のスポーツの場と遊びの場や緑地や公園や森が必要か、また、どれだけの——歩行者にとって無理のない——間隔を空けるべきか、それゆえどのように配置するべきか、計算している。それは、まだ未来の夢想に過ぎなかったが、しかし断片的で準備段階的な形では実際にも既に一定の役割を果たしていたのだった。

公園施設は、既に長らく前から「市民的」な都市の誇りに属していた。それは、「美しいものへの感覚」を養い、それとともに正しい志操を持つように道徳的に教育するのに役立ち、そしてもちろん健康や休養やコミュニケーションや娯楽に役立つものと見なされていた。それは、都市の「名所」でもあった。公園は、当初は「紳士淑女」のためのもの（乗馬、テニス、クリケット、ボート遊び）だった――公園は、イギリス風とフランス風とが混じり合っており、芝生と木立と茂み、多くの曲がりくねった道と眺望を持ち、バラ園や幅広い並木道、離れた寂しげな池や中心に位置する池があった。造園法の面では、古典派的＝ロマン派的な統一性が減少していき、多様性と変化が増大したが、それと同時に形式的な要素がより多く付け加えられるようになった。やがて、「民衆公園」・「民衆庭園」が、幾らかは市民的な家父長主義の精神の下で、もっと万人のためのものとなることを目指して登場した。それに伴って、遊びや娯楽に利用したいという要求も強まった。ベルリンのフンボルトハイン公園（一八六九／七五年）やトレプトウ公園（一八七〇年）、あるいはブレーメンの市民公園（一八六六年から）は、とりわけ遊歩道や対照的な広場や遊ぶための草地などを特徴としている。ここには、ハンブルクからミュンヘンを経てダルムシュタットにまで及ぶ公園墓地・森林墓地の理念と現実も属している。もっとも、このような発展は、都市の著しい拡大と居住地区の社会的な分化の形成という現実に、まだ追いついていなかった。都市の緑地は一つの社会的な問題となり、労働者地区にはまだほとんど存在しなかった。それでも、シュライバー菜園（医師のシュライバーが提唱した小家庭菜園）（及び、家庭菜園地区）が登場し、ベルリンでは一八九五年に既に四万に達したが、もちろん賃貸バラックからは遠く離れて都市の周縁に位置し、週末を過ごすところだった。ミュンヘンの場合には、一八九八年から、非公式にではあったが、比較的大規模な土地に（例えば土地会社によって）新たに建築する時には土地の五パーセントを緑地として提供するか、あるいは譲渡しなければならないと定められた。

　もっとも、このような遅れ馳せの計画的な都市建設が挙げた成果を、誇張し過ぎるべきではない。それは、会社設立時代に犯された「罪」を取り返すことばできなかったし、成金趣味で粗野な建築、あるいは誤った歴史的な建築に対抗することもできなかった。しかし、このような計画的な建設は、一九〇五年以降のモダン建築の新たな出発と相まって、二十世紀の二十年代における刷新の土台を築いたのだった。

　ここで、当時大いに議論されていた二つの「改革運動」について、ごく簡単に述べておきたい。その一つは、「土地改革者」たちである。彼らは、アメリカ人ヘンリ・ジョージの主張を受け継いで、都市の（そして、社会の）基本的な害悪は、乏しい（そして、増やすことが不可能な）財である土地を私人がほしいままにしている点、その結果として地代や地価が「不当に」引き上げられ、土地投機が起こっている点にある、と考える。それに代えて、彼らは、公共による土地への「上級所有権」と世襲あるいは長期の借地権（九十九年間の）とを設定することを望み、そのような急進的な法秩序の変更が可能になる以前には、土地売却の際の価値増加税や国家による先買い権を導入するべきだと主張する。土地改革こそが、そのイデオローグたちにとっては共産主義と資本主義との間の真の第三の道に他ならなかったのである。何人かの先行者たちを受けて、一八九八年にアードルフ・ダマシュケが「ドイツ土地改革者同盟」を（新たに）設立した。自由資本主義的な土地政策に対する批判は急速に広まっていった——もっとも、改変を求める諸提案は十分な説得力を持つものではなかったし、一九一一年の帝国価値増加税にしても本質的な変更をもたらすものではなく、税を購入者に転嫁する可能性が未解決の問題として残り続けた。

もう一つの運動は、イギリス人エベネザー・ハワード（『明日の田園都市』一八九八年刊）やドイツの反ユダヤ主義者テーオドール・フリッチュ（『未来の都市』一八九六年刊）の著作と結び付いて形成された「田園都市運動」だった。既存の都市の外側に、建物のない土地に囲まれ、緩やかな建築様式で、限られた規模の新しい都市的なコロニーを建設することを通して、都市と農村部の対立を解消し、双方の生活様式の利点を結び合わせることが目指された。成長は「有機的」であるべきであり、もはや混沌を生み出すべきではないとされたのである。住み方を——より健康的で人間的なものに——変えることを望み、賃貸バラックを克服して、もっと自然と結ばれることを望んだのであり、自助という手段で都市を分散化させようとしたのだった。もちろん、同様に重要な他の二つの要素が初めからそれに加わっていた。その一つは反資本主義、一種のコミューン的な社会主義であり、ドイツの場合には尖鋭的な、また実際的な形で田園都市の土地の協同組合による共同所有という理念へと向かった。もう一つは、ユートピア的な「新しい共同体」（文筆家のハインリヒ・ハルトは同じタイトルの著書を一九〇一年に刊行しているが、その副題は次のように記されている。「真の生活の騎士団。新しい共同体の奉献祭で行なわれた講演と挨拶。成就の国、第二巻」）という理念であり、この共同体は、新しい人間、社会主義的な労働体制、文化と生活の改革によって構成されるはずだった。すなわち、人びとは労働も生活も食事もともにするべきだというのである。社会主義者、半ばアナーキストで、後にシオニストとなるグスタフ・ランダウアーも、このグループに属していた。その一方で、民族至上主義《フェルキッシュ》的で反ユダヤ主義的なイデオローグたちも、これと比較し得るような理念を発展させた。すなわち、そのようなコミューンが、共同体と人間とを、真にドイツ的、ゲルマン的で、中世的＝有機的な文化の精神に添って刷新するべきとされたのである。一九〇二年に「ドイツ田園都市協会」が設立される。ハルトやブレシェやカンプフマイヤーのような（左派の）文筆家たちやダマシュケのような土地改革論者が幹部会で席を占め、菜食主義者たちや接種反対論者たちや自然療法を宣伝する人たちも集まってくる。一九〇七年に協会はユートピア的でセクト的な社会改革・生活改革論者たちの支配から解放されて、より実際的な立場を取るようになる。工作連盟の人たちや、定評のある地方自治体の政治家たちや大学人たち――ムテージウスからボーデルシュヴィング牧師にまで至る人たち――がいまや幹部会に所属するようになるのである。もはや新しい共同体や自給自足経済や果樹園コロニーではなくて、計画に基づいて協同組合や公共の上級所有権の下で都市の周縁部に建設される「団地」が、重視されるようになる。最初の「田園都市」が、大抵の場合は社会保険の資金からの融資に助けられて建設される。最も名高いのはドレスデン近郊のヘレラウであり、ドレスデン工房（後のドイツ工房）を中心として小規模住宅のコロニー――もっとも、基本は賃貸であり、収入の良い労働者でないと手が届かなかった――が、別荘地区や工房（工場）地区や協同組合地区とともに建設され、規格型家屋が建てられるが、なおも二十のタイプがあり、そして後になっての改築に対処するために七人の――互いに対立していた――建築家による監督の下に置かれていた。建物の規格化と簡素化を強めるというテッセノの構想は、より個性化を主張するリーマーシュミットの抵抗を受けて、ごく部分的にしか実現できなかった。一万四、〇〇〇人の住民が住むものとして計画されていたが、一九一三年の時点では事実上そこに住んでいたのは二、〇〇〇人だった。遙かに「左」に位置していたのが――協同組合＝労働組合による――ベルリン近郊のファルケンベルクである。建築的には多くの色彩（「絵の具箱コロニー」と呼ばれた）と村の草地に似た広場を特徴としており、賃貸者に対する建築家たちの「芸術独裁」の最初の代表者であるブルーノ・タウトがその建築家だった。最「右」に位置していた――と言うよりも、郷土芸術の精神に基づいていた――のが、パウル・シュミットヘンナーによるシュパンダウ弾薬工場の職長や熟練労働者のためのシュターケンの団地であった。他の多くの似たような団地（カールスルーエ、マンハイム、ニュルンベルクなど）が存在していたし、（戦争前には）いっそう多くの計画が存在していた。全体とすれば、それらは良好な団地形態・居住形態を示していたが、しかし多くの理念政治的＝ユートピア的な生活改革の理念のレベルには及ばなかった。例えば、又貸しが禁止されていたが、それさえ実行されなかったし、新しい共同体生活に至ってはなおのことそうだった。ユートピアが生き続けていたのは、社会主義や国内植民やシオニズムを支持する分散した知識人たちの間でだけだったのである。

都市は、行政の面で、そしてその限りでは政治的にも、「自らを管理する」特別な単位であった。都市には特別な都市法が適用された。農村部の地方自治体／村は、既に述べたように、いっそう強く邦の行政と介入に服していた。もっとも、都市／村の区別が法的に、あるいは行政の実践面で完全に取り決められていたわけではなかった。伝統や政治的な意図（及び、配慮）がかなり大きな役割を演じていたのである。確かに、――プロイセンでは――比較的大きな都市は「郡から自由」であり、農村部及び郡――それゆえ「農村部郡《ラントクライス》」となった――とは分けられて、都市が郡としての地位を占めた。しかし、法的、行政法的な都市概念は、それだけに尽きるものではなかった。プロイセンには、一方では、一九一〇年の時点でも住民が二、〇〇〇人に満たない「都市」が二八八（二十二・六パーセント）存在した――以前に「都市法」を獲得したが、それ以上の発展を見なかった自治体である。他方では、住民一万人を超える「農村部自治体」が一〇一あった――帝国全体では一二八存在した。住民十万人以上のハンボルン〔現在はデュースブルクの一部分〕がそれでもこの直前に（！）都市になってからは、プロイセンで最大の農村部自治体は住民七万一、〇〇〇人のボルベック〔現在はエッセンの一部分〕や住民六万三、〇〇〇人のツァブレツェ〔現ポーランドのザブジェ〕やシュテークリッツ〔現在はベルリンの一部分〕だった。とりわけルール川沿い、ザール川沿い、上シュレージエンの工業地帯と、大ベルリン圏に、そのような「村」が存在した――実情に合わない地位が維持された理由は、純粋に政治的なものだった。邦による自治体の長の承認、邦の警察権、そして残存している農民たちと企業家たちとの間での自治体での権力配分が、労働者都市の出現を防ぎ、あるいは――シュテーグリッツの場合のように――危惧された大ベルリンへの吸引作用を食い止めるものと考えられていたのである。

至るところで、自治行政のあり方はドイツの諸邦によって、バーデンやバイエルンやプロイセンで異なっており、プロイセンでも、東部の州と西部の州、古い州と新しい州で、それどころかライン川の右岸地域と左岸地域でも、異なっていた。

「自治行政」は、二重の「性質」を持っていた。一方では、それは、邦の任務を地方自治体の――当初はとりわけ名誉職の――官吏によって処理するべきとされ、それは委託行政の源となったが、他方では、自らの「自主的な活動領域」を担当するべきとされた。自治行政の理論家たちは、フォム・シュタイン男爵以来、前者の要素のほうをより強調してきており、特にビスマルク時代における行政改革と行政法に関する自由主義的な教皇とも言うべき存在だったルードルフ・グナイストはそうだった。このような考えは、自治行政を、共同決定権そのものの土台、議会主義的な制度の土台として憲法体制的な側面から考えるというよりも、もっぱら行政として、上から下へと考えようとするものに他ならなかった。しかし、都市での実践にとってはこのような考えもそれほど重要な意味を持たなかった。なぜなら、都市の「自主的な活動領域」には、明確に定められていないすべての事柄、とりわけ新しい事柄はすべて含まれると解釈され、それゆえ法律が邦の管轄であると明確に表明していない事柄については地方自治体がすべてを管轄するものと推定されるという法的原則から出発することが可能だったからである。別の言い方をすれば、グナイストは都市／地方自治体に非政治的な分野を割り当てることを望んでいたのだが、しかし事実上都市は政治に属する新しい独自の領域を引き受けたのだった――邦と対立してというのではないが、しかし幾らかは邦と並んでという形で。

とは言え、邦と地方自治体との境界の設定を巡っては様々な混乱や混同や争いが見られた――例えば都市の中等学校や、とりわけ警察の権限を巡ってそうであり、これらの分野では邦が重要な制限を加えていた。既に述べたように、大抵の大都市には邦の警察、「王の」警察本部長が存在しており、他の都市でも邦による監督が強力だった。その他の分野でも都市が行なう決定や措置に対して邦が監督権を行使し、大抵は県庁によって行使され、それは自明な法的監督から、より具体的で制限を加える専門的な監督にまで及び、プロイセンやザクセン、ヘッセンやヴュルテンベルクでは比較的緩やかだったが、バイエルン、エルザス＝ロートリンゲン、それに自由主義的なバーデンでは比較的厳しかった。邦による承認が必要とされない場合にも、異議が唱えられることがあり得た。前者の比較的緩やかだった地域でも、都市の借金政策に対する監督は厳格だった。プロイセンでは一八八三年に邦の監督権が強化されたけれども、それと同時に法律によって規定されるようになった――地方自治体の側は、争いが生じた場合には行政裁判所に訴えることができるようになったのである。全体とすれば、プロイセンにおける邦の監督は小都市や東部地域に対してより厳格で、大都市と西部地域に対しては比較的緩やかだった。より一般的で、より重要だったのは、選出された市長や市参事会員を承認する権利を邦が持っていたことであった。この権利は「左派」の反対派の候補者たちに対して行使された――一八九〇年以降は、本来、社会民主党員に対してだけ行使されたが、しかしプロイセンでは極めて厳格に適用された。当然のことながら、それは選出する人たちの側にも予防的な作用を及ぼした。承認を得られないであろう人たちは選出されなかったのである（そのために、ベルリンでは一八七三年と一八七八年に市会議員たちは彼らの「好ましい市長候補者」を諦めざるを得なかった）。一八八二年にプロイセンの内相〔プトカマー〕は自由主義左派系のベルリン市議会を解散させるという行動にさえ出たが、もちろん改選によっても「親政府的」な結果が得られなかったので、苦労して何とか政治的共存状態を生み出した。その一方で、プロイセンの一連の比較的大きな都市の市長たち――一九一一年には四十七人――がプロイセン貴族院の議員に任命されたというのは、プロイセン国家の――言わばロマン主義的な――独自性の一つを成していた。

都市の自治行政はどのように機能し、本来、自治を担ったのはどのような人たちで、決定的な発言権を持っていたのはどのような人たちだったのだろうか？　確かに、この点でも至るところで邦による違い、さらには州や県による違いが存在していたが、しかし共通している、あるいは比較可能な基本的構造も存在していた。すなわち、立憲主義的な（混合的な）都市統治体制が存在していたのである。選出された市会議員や市評議会員（名称は異なる場合もあったが）がいて、彼らによって選出された人たち――市長と参事会員、あるいは「助役」――がおり、それらが立法機関と執行機関を構成していた。

選挙権は、差し当たりは大抵の場合制限されていた。例えば二十四歳以上の男性に限られ、プロイセンの場合には、自らの世帯を持っていて、一年の間救貧扶助を受けたことがなく、家屋を所有しているか、あるいは固定給を得ている官吏及び／あるいは最低限の税金を払っている人たち（納税資格《ツエンズス》）に限定されており、又借り人も含まれるが、ベッド借りや親方の家族と同居している職人は除外された。一八九一年のミーケルの税制改革とともに初めて年に九〇〇マルクを超える収入に四マルクの税が定められた。それよりも収入が少ないが六〇〇マルクを超える者は想定上三マルクの税を払っている（「見なし三マルク納税者」）と見なされて、――その都市がケルンや他のライン地方の都市のようにより高い納税額（最大で六マルク）を設定しているのでない場合は――第三級での選挙権を与えられた。納税資格の設定はその他の場合でも通常のことだった。あるいは、選挙権は、部分的にはバイエルンで見られたように、高額の手数料（数か月分の給料に相当）を払って特別に市民権を取得することと結び付いていた。それゆえ、著しい違いが存在していたのであり、例えば一九〇六年の時点でアンベルクで地方自治体の選挙権を持つ人たちは住民の二・四パーセントに過ぎなかったのに対してフュルトでは十五・〇六パーセントだった。選挙権を持つ人たちの数と割合は、一般に帝国議会の選挙権を持つ人たちだけでなく邦議会の選挙権を持つ人たちよりも遥かに少なかった。地方自治体の選挙権を持つ人たちは邦議会の有権者に較べるとケルンではその五十パーセント（一八八八／九八年)、一八九三年のビーレフェルトでは十七・八パーセントに過ぎなかった。

プロイセン(シュレースヴィヒ＝ホルシュタイン州、ハノーファー州とフランクフルトを除いて)と他の一連の諸邦では、選挙権は普通選挙権でないばかりでなく平等でもなかった。三級選挙権が適用されていて、納税額の上から三分の一までを納入していた納税者が票の三分の一を押さえており、それが「第一級」だった。どのような地区を単位として三分化を算出するかという――重要な――問題は、――一九〇一年からは三つの選択の可能性を伴いつつ――かなりの程度まで都市自体に委ねられていた。この選挙権が持つ金権的な性格は、法人(企業)も投票権を持っていたことによって強められ、市民層中心の性格は、どの級の選出される代表者も半数は家屋所有者でなければならないという条件によって強められた。一八九一年のプロイセンの税制(及び、選挙権)改革は第一級を縮小して第三級を拡大し、第二級が強かったところではそれを多少抑制した。一八五三/一八九一年には三―六パーセントが第一級に属し、十五―二十パーセントが第二級、七十九―八十パーセントが第三級に属していたが、一八九三/一九一三年にはそれぞれ〇・二―二パーセント、四―十四パーセント、八十四―九十四パーセントとなった。一九〇七年のベルリンでは、三十八万一、〇二八人の男性有権者のうちの〇・四五パーセントが第一級、八・七二パーセントが第二級、九十・八四パーセントが第三級に属していた。

選挙は部分的にはプロイセンのように依然として間接選挙で、公開投票制の下で、しかも平日の労働時間中に行なわれた――それは選挙の自由と選挙への参加を制限することになった。通常は多数決による選挙だったが、バイエルンで最初に(一九〇八年に)比例選挙が導入された。バーデンとバイエルン領プファルツ地方とエルザス＝ロートリンゲンでだけは、選挙権が――比較的――普通選挙権及び平等選挙権に近かった。

このような選挙権に関する規定が及ぼした作用は様々に異なっていたが、しかしかなり似たものでもあった。等級選挙権が存在していたところでは、一つの級への所属が――上級裁判官や、県知事や、あるいはアカデミックな自由業が、または安定した手工業者が、第一級と第二級と第三級のどの級で投票するのかは――その都市の社会的・経済的な構造に応じてまったく異なっていた。一般には、住民数が増大するのに伴って下の級の人数のほうが上の級の人数よりも急速に増えていったが、しかしその一方で「名望家たち」と中間層とが折り合いをつけるという傾向も見られた。等級選挙権及び/あるいは公開投票制という制度の下では、いずれにしても大衆の投票率は低いままだったが、平等選挙権の下では納税資格があったにもかかわらず幾らか高かった。有権者のかなりの部分が動員されるようになる状況は、政党の影響力と選挙の政治化の下で初めて生じた。優遇されたのは——大抵の選挙制度の下でそうだったように——裕福な市民層であり、政治的には自由主義派だった。東部諸州やベルリンでは自由主義左派が地方自治体の支配「党」であり、カトリック派が強い西ドイツや南ドイツではプロテスタントの国民自由党がその位置を占め、ルール地方の工業都市では「製鉄所党《ヒュッテンパルタイ》」がそうだったが、それは新しい都市ではカトリックの市民層が欠けていたからであり、古い都市で時として第二級と第三級をも制することができた場合にはカトリック派が支配的な地位を占めた。プロイセンの西部地方では、自由主義派が覇権を握ったことが一八九〇年頃から「第二の」、いまや地方自治体における文化闘争へと繋がっていった——学校や病院や墓地や福祉施設を巡って、宗派問題がいまや常に地方自治体にとっての差し迫った政治問題となったのである。中央党として組織されたカトリシズムは、決定的な位置を占める第二級の有権者たちを征服しようと努めた。それでも、一九一二年の時点で、西部の比較的大きな三十九の都市のなかで三十が自由主義派の支配のもとにあり、中央党が制していたのは九つの都市だけに過ぎず、そしてこれらの都市のなかで三十五の都市では「無党派」の有権者は十パーセントにも満たなかった。カトリック派が強いバイエルンでも、選挙権が異なっていたにもかかわらず、状況は似たようなものであった。ともあれ、自由主義派とカトリック派の対決は互いに異なる様々な結果をもたらしたのであって、この対決は地方自治体政治を変えていく一つの重要なファクターとなった。

長い間にわたって、地方自治体政治は市民的な協会が力を発揮した分野だった。これらの協会が候補者を指名し、数多くの（事実上選択の可能性を制限する）予備協議をも行なった。伝統的な一族の影響力が二十世紀に至るまでいかに強く残り続けたか、あるいは家屋所有者たちの影響力がいかに強かったか、それは容易に見て取れるところである。プロイセンでは、一九〇七年になっても、先に述べたような家屋所有者の特権のレベルを遥かに超えて、市会議員の五十パーセントどころか七十五パーセントが家屋所有者だった。しかし、名望家による統治は終わりを迎えていき、それとともに例えば候補者擁立に当たっての「コンセンサス政策」も終わりを迎える。最初に、手工業者協会や家屋所有者及び土地所有者の協会、賃借者協会、さらには地区協会が、互いに異なる利害を定式化し、それと同時に既に政党も地方自治体選挙に進出してきて、最終的に一九〇〇年以降は選挙を支配するようになる。これについては、前述の自由主義派と中央党の対立が主要な役割を演じ、次いで社会民主党も登場するが、しかし自由主義的な市民層も保守派と進歩派との党派的分離線に沿って組織されるようになる

(「自由主義」という党派名称の背後には時として古くからの協会寡頭支配が潜んでいたけれども)。要するに、地方自治体選挙はますます、そして大幅に政党によって政治化されていくのである――たとえ市議会にはなおも長い間確固とした議員団が存在しなかったとしても。中央党は多数派を形成する能力を持つようになるが、これに対して社会民主党はそうはならない――平等選挙権の下でさえ、同党が当選するチャンスを得られたのは比例代表制の場合だけだった。それでも、一九〇七年のドイツには全体で四、九九六人の社会民主党の地方自治体議員が存在するようになり、一九一三年には既に五〇九の都市に二、七五三人の社会民主党の市会議員が存在し、全体でおよそ七万五、〇〇〇の地方自治体が存在するなかで、農村部の二、九七三の地方自治体に八、二九八人の同党議員がいるまでになった。シュトゥットガルトでは一九一四年以前に社会民主党が市会議員の四十パーセントを占めるに至ったのである。

全体とすれば、政党によって地方自治体選挙と地方自治体「政治」が政治化されたという点と並んで、もう一つの基本的な傾向を押さえておく必要がある。すなわち、都市は自由主義派の稜堡であり続けたということであり、それは、全体的な政治の面では自由主義派の旗色が悪く、影響力に乏しく、形成力に欠けていたという状況の下では、少なくない重要性を持っている。都市は、自由主義派の人たちにとって依然として公共的なキャリアを積む一つの場となっていたのだった。

地方自治体の代議機関が政党によって政治化されたという事実は、自治体の指導と行政に直接反映されたわけではなかった――この面では少なくない程度の自立性が存在していたのである。都市の「統治組織」には二つのタイプがあった。支配的だったのは合議制のタイプで、一部は――依然として――名誉職のメンバー、一部は職業的な(法学あるいは技術の教育を受けた)メンバーから成る「参事会」が構成され、参事会員の多くは一定の「担当分野」を持っていた。参事会は多数決で決定し、市長が――バイエルンでは明確に同じ権利を持つ――この機関の長だった。もう一つは「官僚的」でフランス的なタイプであり、ライン州やバイエルン領プファルツ地方やヘッセン、エルザス＝ロートリンゲンに見られた。ここでは市長が卓越した地位を占めていて、各部門の担当者は指示に拘束される助役だった。一般に、合議制の参事会においても比較的重要な市長たちは指導的な地位を占めていた。どちらのタイプの場合でも市長は市会議員たちによって――あるいは、異なる名称の地方自治体議会によって――選出され、政府の承認を受けた。終身にわたって選ばれることが多かったが、バイエルンでは最初は三年間の任期で選ばれた。市長たちは言わば「専門職的」な階層となっていった。市長たちには一定のキャリアがあった。すなわち、法学の予備教育と養成教育を受けていることが事実上必須の条件であり、助役として活動して市長の地位にふさわしい資格を獲得し、他の（より大きな）都市に移っていった。市長は大抵の場合――もはや――地元の出身者ではなく、自らを、党派人や「その土地の」人間としてではなくて、地方自治体の専門家と理解していた。一九〇六年にケルンの助役となり、一九〇九年に市長代理、一九一七年に市長となったアデナウアーの場合はその限りでは目立って例外的なキャリアを歩んだ人物であり、中央党と結び付いていたという点でもむしろ例外的なケースだった。大都市の市長は新しい政治的な指導層となったのであり、彼らは政治家となって大臣にふさわしい存在となり――例えばミーケルやレンツェはプロイセンの財務大臣になり、シュヴァンダーは短期間帝国経済庁を率いた後に最後のエルザス＝ロートリンゲン総督となった――、プロイセンの貴族院や他邦の上院に招聘された。

市長たちと同様に参事会員たちもますます専門職的な人たちとなっていく。素人による行政は事実上不可能になり、社会的な領域でも比較的ささやかな名誉職は背後に退いていき、行政は官僚的＝専門職的な色彩を強めていくのである。名誉職的な参事会のメンバーも残り続けるけれども、「職業的」なメンバーの比重が高まっていった。彼らは、――十二年間の契約や、あるいは終身という条件でさえ雇用されることを通して――比較的自立した立場にあった。その限りでは、参事会員たちも市長たちと同様にある程度政治的に自立した立場を発展させて、前述のように専門職的になっていくのである。明らかに、都市体制の権力分立という要素、都市の執行部の幅広い自立性、そして給付行政への移行が、このような専門職化を助長し、促進したのだった。地方自治体の官僚たちの専門性と自立性に対応する自意識を、彼らは抱いていた。彼らは、自分たちは客観性と公益を擁護する存在なのであって、地方自治体の、それどころか社会の組織や経済や建設に関わる諸問題、さらには社会問題を行政によって解決することが可能なのだと考えていたのである。彼ら、教養がある地方自治体官僚エリートが備えていた専門性と自立性によってのみ、彼らが大抵はかなり進歩的だった学校政策や社会政策に家屋所有者である市会議員たちの同意を取りつけることができた理由を、説明できる。専門的な能力、細部にわたる知識、そして教養に伴う威信が、そしてまたイニシアチブを発揮する可能性が、彼らにははっきりと優位性を与えていたのであり、この優位性を利用して、彼らは先導者となって、自らの――正当な、そしておそらくはそれほど正当でもない――利害に集中している市会議員たちをも巻き込み、そして良き都市統治が挙げた近代的な諸成果を市民として誇らしく思う思いを、そのような市会議員たちにも吹き込んだのである。とは言え、市会議員たちが影響力を持っていなかったということではない。政治的な問題、象徴＝政治的な問題、そしてとりわけ財政的な問題（それゆえ、あらゆる地方自治体政策の基盤となるもの）は、完全に彼らの決定に委ねられており、いかなる市長も参事会員も長期的には市議会のなかの有力なグループと良好な関係を結ぶのを断念することはできなかった。もっとも、市長や参事会員の側も、――市議会には明瞭で持続的な多数派や議員団が存在していなかったので――勢力関係の推移をともに操作することが可能だったのだけれども。

都市の活動は著しく拡大して、それに応じて都市の任務も増えていく。まず、中程度の都市も、比較的大きな都市が増え続ける住民のために世紀半ばから行なっていたことを引き受けるようになる。道路の舗装・清掃・照明や、十分な病院の提供――都市がいまや著しく拡張していく病院施設の主たる担い手となっていく――や、救貧院、学校などである。次いで、衛生環境の改善、「都市の衛生化」が一つの主要な任務となる。水道の供給、下水道、ゴミの処理、市営の畜殺場、食料品の検査などである。大都市から――帝国建国期に――始まって、世紀転換期頃には中程度の都市もそれらと取り組むようになる。さらに、経済的な事業が加わる。とりわけ港や倉庫の建設である。貯蓄金庫や市場ホール、後には見本市会場や展示場が登場する。また、建設が計画化され、建築条例が拡充されて、墓地や公園、時には既に遊園地までもが造られ、地方自治体による建設活動が不釣り合いなほどに増大していく。さらには、新時代の技術による供給事業が登場する。ガスの製造と発電、及びそれらの供給、近距離交通事業などである。ドイツにおける都市の発展にとって特徴的な点は、これらの領域がほとんどすべて――当初は民間で、あるいは民間と公共との混合という形で行なわれていたが――地方自治体によって引き継がれる（あるいは、「ライン・ヴェストファーレン電力」の場合のように地方自治体の連合として組織される）ことである。近距離交通事業の場合が典型的と言える。最初のうちは（一八八一年のベルリンからリヒターフェルデへの市電が先鞭をつけたとは言え、ほぼ一八九五年から）しばしば民間企業によって経営されていたが――もちろん、都市の助成を受け、都市の認可権を通して強い影響を受けていたけれども――、後には大抵は粘り強い交渉を経て都市の所有に移った。そこには都市の狙いが反映されている。すなわち、基本的なサービスは既に民間企業によっても確保されていたので、市営化することで問題となっていたのは財政的な収益、都市の収入を増やすことであり、そして空間的・社会的な計画を立てるための重要な手段を手に入れること、建設政策と、さらには周囲の地方自治体との合併政策なのであった。労働者週間定期券の導入や、外部の地区での当面は採算の立たない路線の開設は、この点で特徴的である。都市がそうしたいと望んだので、都市自体が乗り出さねばならなかったのだった。一九一三年にはガス製造工場の八十パーセントが地方自治体経営であった（一八七〇年にはまだ三十三パーセント）。大都市では発電所の八十パーセントが地方自治体経営だった。確かに全体では四十パーセントに過ぎなかったが、しかし残りの経営の大部分は――RWEのように――地方自治体も加わる混合経済的な経営であった。このような現象を、当時の人たちは共感や批判を込めて「地方自治体社会主義」と呼んだが、それは驚くに値する現象だったと言える。自由主義派による都市統治が、ためらうことなくそれを実現したのである。最後にもう一度、都市の保健政策と社会政策に基づいた諸施策に言及しておきたい――それは、病院や救貧扶助から、保健所や福祉保護や相談事業を経て、住宅査察や、地方自治体で働く労働者のための住宅建設や、職業紹介や、失業保険や、窮迫時の仕事の提供にまで及ぶ。さらには、例えば劇場の経営や、博物館・美術館・図書館の設立などの、都市の文化政策がある。このような動きは、まさに世界大戦前の時期に広がっていくのである。

これらの一切には、都市による積極的な土地政策、すなわち地所の計画的な買い上げも属している。フライブルク、フランクフルト、アウクスブルクの各市は市内の土地の半分以上を所有しており、ケルン、シュトラスブルク、マンハイム、ミュンヘン、ハレ、ブレスラウの場合には四分の一を所有していた。

その成果は驚くほどのものである。都市は、近代的な生活保障、給付行政の主たる担い手となるのである。ドイツの都市とその発展は、一九一四年以前のドイツとドイツの市民層とが収めた成功の一部分を成している。都市の行政は効率的で、近代的で、柔軟であり、時代の社会的・経済的な諸問題に対して適用可能な回答を発展させていった――ドイツの都市は、例えばアメリカの大都市から多くの代表団が訪れた事実が示しているように、模範的と見なされていたのである。国家の官憲的な体制は、（国家が監督権を持っていたにもかかわらず）都市の自律性と自由な空間を許容していたし、有産市民的＝金権的な都市の体制は、一般市民のための（そして、時として社会自由主義的な）進歩性を妨げることがなく、テクノクラート的な専門知識と公益への志向性を、利害争いと利害エゴイズムのなかで消耗させてしまうようなこともなかったのであり、結局のところは課税――確かに市民層的な階級的性格を帯びてはいたものの――の問題においてさえそうであった。自由主義的な名望家という要素が、新たな種類の職業官僚層、すなわち専門職的な地方自治体官僚と、そして市長や参事会の自立性と結び付いていた。確かに、このような状態は大衆民主主義に対して十分に保護されていたのだが（そしてそのために、一九一八／一九年にはここでは真の革命となったのだが）、しかしこの自由主義派のオアシスからは、自由主義的な市民層が普通選挙権以前の過渡的な時期に国家全体においても成し遂げられたかもしれないことを、見て取ることができるのではないだろうか。

都市とその行政の自意識が高まったことは、共同の行動や組織にも反映された。既に一八七九年にベルリン市長のフォルケンベックがドイツの各都市の代表者を集めてビスマルクの「内政転換」に反対することを呼びかけたが、一九〇三年には大規模な共同の――多くの注目を集めた――都市博覧会（及び、それに対応する会議）がドレスデンで開かれ、一九〇五年には比較的大きな都市の共通の利害を政治的＝公共的に表明して代表するドイツ都市会議が設立されて、それに対応する形で都市連盟が各邦やプロイセンの各州に存在するようになった。

地方自治体の活動が拡大したことについては、さらに二つの点が重要な意味を持っている。その一つは、都市のスタッフが著しく増加したことであった。それは、生活保障や地方自治体によるサービス事業（市営の市電従業員など）が増大した結果であり、一般的な官僚制化、複雑化と分化、法律化、そしてまさにあらゆる行政の密度が高まった（そして、官僚制が自動的に拡大していった）結果であった。マンハイムには一八七〇年に四十八人の勤務者がおり、一九〇五年には七一七人に増えたが、それはまだ少ないほうだった。ライプツィヒでは一九〇四年に既に二、八五二人いて、ミュンヘンでは一、七四七人いた。ベルリンでは一九〇四年に四、三〇〇人〔原書では四三〇人と記されているが誤記と思われる〕だったが、一九〇八年には既に一万一、〇〇〇人の官吏と職員、そして（一九一四年には）一万八、〇〇〇人の労働者を抱えており、市に勤務している就業者の大きな部分は――邦の模範に倣って――官吏となったが、「邦勤務」と同等に扱われた人たちを上回るかなりの部分が「職員」、すなわち解雇可能な契約を結んだ状態に留まった。

もう一つの点は、地方自治体財政だった。都市は、所有財産と手数料や分担金（例えば道路分担金）、地方自治体事業の収入、邦からの交付金（例えば民衆学校のための）、そしてとりわけ税金を糧としていた。未来を見据えた投資のためには債務を負った。重点は、財産による収入から手数料収入へ、次いで税金へと移っていった。一八九一年以前には――プロイセンでは――収入の四十―四十五パーセントが税金と手数料、二十五―三十二パーセントが市営事業ととりわけ財産収入から成っていた。しかし一九一三年にはドイツの都市の収入――借入を除く――の五十七・五パーセントが税金から成り、二十・

三パーセントが手数料等、十・七パーセントが経済活動、七・三パーセントが交付金、四・二パーセントが「その他」の収入となっていた。投資とともに、そしてそれをも上回って、負債が増えていった。一八七六年には二十の比較的大きな都市の負債額は住民一人当たり八十八マルクだったが、一九〇一年には一八〇マルクに、一九一〇年には――住民二十万人以上の都市で――三三八マルクに増えた。一九一四年には地方自治体全体の負債は七十五億マルクであり、これに対して帝国はおよそ五十億マルクの負債を抱えていた。

課税のやり方は極めて様々だった。バイエルンとヴュルテンベルクでは、物税と人税（所得税）の双方を含む邦税への付加税という形だけを取ったが、しかし都市によってまったく異なっていた。シュトゥットガルトでは付加率が七七三パーセント（！）にも達したが、カルフでは二一二パーセントだった。ザクセンでは都市独自の物税のみが存在した。プロイセンでは地方自治体独自の税と邦税への付加税との双方が存在していたが、一八九一／九五年のミーケルによる税制改革は土地税・建物税・営業税の全体を地方自治体に譲渡し、所得税に対する付加税を物税における税率の一定の割合にまで制限した。それを受けて当初は人税の額が低下したが、しかし一九〇五年頃から物税と同様に著しく上昇し――都市はより多くの金を必要としていたのだった――、納税額に占める割合も再び増加した。一九〇〇年頃には、人税（所得税）に対する付加税は一〇〇パーセントから一五〇パーセント程度だったが、一九一〇／一一年には一五〇パーセントから二〇〇パーセントの間に増加し、ベルリンは一一〇パーセントで低かったが、ハーゲンは二七五パーセントと高かった。物税では、営業税の割合が増え続け（既に一八八五年から一九〇〇年までで七・七パーセントから三十九パーセントに増えていた）、建物税も土地税以上に増加した。納税額とその増加の程度は、東部よりも西部のほうが完全に大きく、小都市よりも大都市のほうが大きかった。例えば、一九一〇年の時点で、住民二十万人以上の都市での一人当たりの納税額は住民二、〇〇〇人未満の都市の納税額よりもおよそ三・五倍多かったのである。しかし、このような大きな構造的な違いを別にしても、地方自治体政策の面で多くの課税上の不平等が存在していた――ベルリンからシャルロッテンベルクに引っ越すだけでも既に得をすることがあり得た。ヴィースバーデンやデュッセルドルフは高額所得者にとって有利な都市であり、そのためもあって年金生活者の都市となったのだった。

支出に関しては、――統計史料の状態のために――比較することが難しい。プロイセンの都市では支出全体が年に一人当たり十三マルク（一八六九年）から六十五・六七マルク（一九一三年）に増加した。一八九一年以降の時期が本来の増加期である。はっきりと目につくのは、地方自治体の支出――もちろん、これは都市ではない地方自治体によるものも含む――が国民総生産に占める割合が他の公共支出に較べて著しく増加したことである。一八八一年から一九一三年までの間に帝国が占める割合は二・九パーセントから四・四パーセントに、諸邦は四・五パーセントから五・六パーセントに増えたのに対して、地方自治体は二・六パーセントから五・八パーセントに増えた。一八八一年には公共支出の総額の二十九・三パーセントを帝国が、四十四・四パーセントを諸邦が、二十六・三パーセントを地方自治体が占めていたが、一九一三年のそれぞれの割合は二十五パーセント、三十一・八パーセント、三十二・九パーセントとなっており、残りは社会保険が占めていた。いっそう印象深いのは、諸邦の支出はおよそ五倍増えたのに対して、地方自治体の支出は十一倍増えたことである――これは、人的支出と物的支出の双方に当てはまった。

当然のことながら、大都市の支出は、その給付に対応して、小都市の支出よりも遥かに多かった。一九一一年のプロイセンでは、住民二十万人以上の都市（ベルリンを除く）の支出は住民五、〇〇〇人未満の農村部の地方自治体よりもおよそ七倍多く、一人当たりの額はそれぞれ一五三・三〇マルクと二十一・四〇マルクだった。

都市の予算のなかで最も重要な支出項目は教育（三十一・二パーセント）、交通（十九・三パーセント）、社会給付（十八・三パーセント）であった。民衆学校と道路と「社会的扶助」――それだけで既に優に三分の二を占めていたのである。大都市と中都市と小都市との間では支出の配分がもちろん異なっており、各部門の割合の推移もやはり異なっている。一八八三／八四年の数字と一九一一年の数字を較べてみて明らかになるのは、プロイセンでは三つの規模別の都市類型のすべてに共通して教育のための支出――学校の建物は出来上がっていた――と一般行政のための支出の割合が低下したことである。大都市では地方自治体経営事業のための支出の割合が減少したのに対して、小都市ではその割合が大きく伸びているが、ここには都市インフラストラクチャーの拡充の時期的な違いが表わされている。どこでも、しかし特に大都市で負債関係の支出がはっきりと増加していることが目につく。プロイセンの大都市をまとめた統計は、このような状況を幾らか具体的に示してくれる。支出全体は、一八六九年（四都市）から一九一一年（三十三都市）までの間に住民一人当たり二十二・一二マルクから一二七・六五マルクに増加する。配分については幾分異なる発展を辿り、教育は四・一八マルクから二十一・五二マルク、道路建設等は四・二七マルクから十九・八二マルク、社会的分野は四・三六マルクから十八・六五マルク、一般行政は四・六二マルクから十三・五一マルク、地方自治体経営事業は二・三五マルクから二十二・〇八マルク、そして負債関係は二・三五マルクから三十一・六六マルクへと増えていく。これら一切の数字に関しては、以上の増加率は――インフレーションがほとんどなかった下で！――人口の増加率を遥かに上回っていたことを考慮に入れる必要がある。

（大）都市の生活形態は、どのような点で農村部や村の生活形態と違っていて、どのような点が特殊で、特徴的で、新しいのかという問い、都市あるいは農村部はそれぞれどのような人間のタイプを生み出し、もしくは助長したのかという問いは、都市化が全盛期を迎えつつあった当時において大いに議論されており、そのような議論を展開したのはとりわけイデオローグや文筆家であったものの、しかしドイツの初期の社会学者たちも――社会批判と「客観的」な学問との間に位置しながら――議論に加わっていた。社会学の基本的著作の一つであるF・テンニースの『共同社会《ゲマインシャフト》と利益社会《ゲゼルシャフト》』（一八八七年刊）は、その点で古典的な位置を占めている。批判的・イデオロギー的な観点が覆い被さっていることと、私たちが後になって得る知識は、都市の世界の側から、そして農村部にも都市的な特徴が浸透している状態から振り返って見たものとなりがちであることとが、適切な判断を下すのを困難にしてしまっている。古くからの都市と農村部の間の対立点と、まったく新しい近代的な対立点とが入り混じっていることを認識する必要があるのである。古くからの経済的な違い（営業《ゲヴェルベ》及び市場と農業との違い）が尖鋭化していくと同時に変化していく。すなわち、産業《インドウストリー》とサービスが都市経済の特徴的な部門となるのである。鉄道が、交通の中心地としての機能を著しく強める。一方において国家の活動の重みが、他方において教育と文化の重みが増すのにつれて、行政と文化と教育の都市への集中が重要性を増していく。世界と日常生活が隅々まで技術によって形づくられるようになる状態、技術と快適さの進歩が、いまや最初に、そしてもっぱら都市に及んで、農村部と都市の間の格差を拡大する。そして都市こそが、幾らか労働が減少した世界において単に散発的にというのではない娯楽が提供される近代的な場となるのである。社会的な階層構成は、大規模な移住、農村部の下層民が都市の下層民となるのに伴って、変化する。小さな上層と、依然として小さな（十六パーセントから十八パーセント程度の）中間層と、極めて幅広い下層とが、都市を特徴づける。中間層は都市では――農民を擁する――農村部でのような重要性を持たず、階級間の境界が都市ではより鮮明になる。農村部「そのもの」や村「そのもの」が、依然として内部の階級対立を超えて都市と対抗するのに対して、都市ではそれと対応するものが存在せず、都市「そのもの」は市民層の都市、あるいは／及びプロレタリアートの都市なのである（中間の諸階層が存在しているとしても）。都市は、ますます多くの人びとをますます狭い空間に集中させ、それと同時に社会的な（そして、隣人間の）結び付きと構造を弛緩させ、共同生活を、より個人主義的で、より多元主義的で、より争いが多くて、より匿名的なものにした。

歴史記述においては、長らく——一九三三年を視野に置いて——同時代人たちによる評価のなかの大都市敵視的な側面や農業ロマン主義的な側面が強調されてきた。確かに、この現象は見過ごしようもない。農村部に政治的な支持基盤を持っていた保守派の人たちや、ましてや、農業と農村部の経済的＝政治的な重みを進出しつつある都市や市民的な自由主義やプロレタリア的な社会主義に対抗して護ろうとしていた農業家同盟の農業派の人たちは、そこから全面的なイデオロギーを発展させた。都市と農村部とを動きをもたらす諸力と堅持しようとする諸力との対抗関係として捉えた、かつてのリールの捉え方が、発展させられていくのである。都市は、匿名的で、様々なエゴイズムと快楽欲を解き放ち、様々な結び付きを、それどころか宗教とモラルを解消し、人びとを根無し草にして何の指針も持てないまま見通しがつかないせわしない状態に放置し、あらゆる違いや個性を消し去って、社会や国家や文化を脅かす「大衆」を生み出し、冷たさと絶えざる不満を、度を越えた野心を、デカダンスと退廃を生み出すのである、と。このようにして、言わば近代化への不安と近代化への嫌悪感とが結び合わされる。しかし、都市では、多くの点が「客観的」にもそうなのだった。利益社会《ゲゼルシャフト》が共同社会《ゲマインシャフト》に優越し、生活は伝統よりも内面もしくは外部によって導かれていた。合理的な生き方が（そして、その限りでは「市民化」が）強まっていき、様々な生活形態に対して開かれた姿勢も強まっていった。都市は、言わば様々な可能性の市場となったのである。さらに、都市での生活は変化と転換、ダイナミズムに向かう傾向を帯びていた。時間との関係が変化し、テンポと時間を利用し尽くすことを信条とするようになった。溢れるほどの印象がますます次から次へと飛び込んでくるようになって、その結果、印象を受け止める能力、印象の処理能力も高まったのだが、それは——ランプレヒトやジンメルのような——同時代の人たちが過敏性や神経性として特徴づけた状態に他ならない。都市は——制度の面でも体験の面でも——近代性の中心地だった。それゆえ、ここでは近代化に伴う危機や近代化による喪失——寄る辺なさ、疎外、孤独、価値相対主義——が、より大きく、あるいはより強く経験されたのであり、都市の人たちの自殺への傾向がより大きかったのは、その一つの例と見なせるかもしれない。

保守的な観点からの批判には、新たな社会＝生物学的、人口学的な論拠が加わった。都市は自らを維持することができないのであって、農村部が生み出す余剰、それどころか農村部という実質によって生きているのであり（G・ハンゼン）、さらには都市の住民は生物学的に退化していくのである（O・アモン）、と。十九世紀には依然として都市のほうが死亡率が高かったことと、兵役適格者が少なかったことが、指標として挙げられた。そこから、人口政策の面で、農民と農村部を強化しなければならないという帰結が引き出されたのである。

　このような、そしてその他の荒っぽい都市批判と並んで、ノスタルジー的な農村好みや、あるいは農村的な価値や生活形態――農村の静けさと落ち着き、美しさ、伝統や共同体的な性格、より人間らしい点――に対する文学的な賛美が登場し、（ハインリヒ・ゾーンライのような）より実際的で社会改革的な方向性を持つ人たちの場合には、農村部から都市への流入（農村離脱）に対して、農村部の下層民の生活条件を改善することによって、また、農村的な生活形態への特別な誇りを呼び覚ますこと、農村の環境（村の環境と自然環境）を保護することによって、対抗しようとする傾向も見られた。それもまた、郷土や民族性といった国民《ナツィオナール》化された概念と結び付いたのだった。

　利害当事者の観点からのイデオロギーを別にすれば、もちろんこれらの一切には、こんにちになってようやく再び理解されるようになったような、幾つかの「緑の党」的な――環境保護を主張して巨大組織を批判するという――真理が含まれている。そしてまた、これらの一切においては、どんなに歪められていたにせよ、世界の運命の一片が、すなわちモダンへの移行という運命の一片が、捉えられていたのである。

　しかし、いっそう重要なのは、同様に力強い反批判が、すなわち行き過ぎた都市批判や農村賛美に抗議する人たちが存在していたこと、都市の生活形態と都市がなし遂げた成果を断固として誇る人たち、明確な農村部批判者たち、とりわけ、モダンの「害悪」が都市と結び付けられている限りにおいて都市の改革によってそれに立ち向かおうとする人たちが存在していたことである。テンニースやジンメルのような、都市において近代化によって失われたものを指摘した社会学的な診断者たちも、社会が大都市と対立してユートピア的でノスタルジー的に思い描かれた農村部の生活への道を辿るのはあり得ないということを、疑問の余地なく指摘していた。その限りでは、一九一四年以前において都市は近代的生活における大いなる現実として、完全に受け入れられていたのだった。足と心臓と脳とが同調するようになることが、大都市の有利に働いた。農業ロマン主義は周縁的な現象に過ぎなかったのである。

第4節 財政制度と税制

予算を立てること、公共体による収入及び支出を定めること、収入を調達する、すなわち負担を割り当てるやり方と、支出を配分するやり方、そして収入と支出の双方の量的な発展の仕方――それは、国家の現実の体制の一部分を成している。政治的・社会的な構造、権力の配分とその展開、そして国家が果たす機能の発展が、財政制度と税制の堅固な核心を形づくっているのであって、それらは財政制度と税制に反映されると同時に、財政制度と税制から決定的な影響を受けている。近代国家は課税国家であり、納税義務は――就学義務や兵役義務と同様に――市民的権利が尊重される自由主義的な時代においても、と言うよりもまさにそのような時代において、市民の基本的な義務に属している。ドイツにおいて公共の任務を担っていたのは、帝国と、諸邦と、地方自治体及び地方自治体連合であり、これら三者のすべてが公共による収入と支出に関与していた。これら三者が、納税者に――かなりの部分が互いに異なる――税や公課を課していたのであった。

税や公課をどう配分するかが、連邦主義、財政政策の面での連邦主義にとっての典型的な問題だった。この問題は、ビスマルク体制の下では一般的にそうだったように、政治的な体制の他の核心的な状態、すなわち政府と議会と選挙権との間の関係と不可分に結び付いていた。普通選挙権が適用されていたのは帝国においてだけであり、連邦諸邦と地方自治体では等級選挙権あるいは制限選挙権が適用された。普通選挙権に基づく議会が管轄していたのは帝国税だけであった。それゆえ、帝国の収入、ましてや帝国の税及び公課に変更を加えることは民主的な議会の権力的な地位に本質的に関わることであり、そして帝国の税及び公課の拡大は民主主義以前の状態にある各議会の権力を制限することに繋がらざるを得なかった。それゆえ、連邦諸邦が直接税を独占していることが政治的な体制の一つの核心的な部分を成していたのであり、この核心的な部分を連邦諸邦と保守的な政党は頑強に護り通そうとし、そして市民的な有産層もまさに熱意を込めてそれと闘おうとはしなかったのである。

立憲君主政体制における憲法体制に関わる伝統的な問題である政府と議会の関係という問題も、極めて基本的な意味で財政制度及び税制の問題と結び付いていた。国家の収入が税と関税に由来する限りでは、議会にも権限があり、議会を抜きにしては成り立たなかった。しかし、間接税と関税は経済技術的な理由から直接税よりも柔軟性に乏しく、議会が長期間にわたって拘束され、政府によって確定されたので、議会の側は事実上課税政策に関する主権をある程度まで手放さざるを得なかった。国家の支出が増大していくにつれて、税を引き下げるための財源は存在しなかったので、直接税の分野でも議会の事実上の主権は新税を導入する場合だけに限定されていた。支出の承認と、費目の細目化を含めたその具体的な内容については、そもそも政府側がある程度の優位を占めていたが、しかし議会側も例えば委員会での審議を通して、帝国では特にビスマルク後に、影響力と決定権を獲得していった――もっとも、予算「法」の法律としての性格を巡る問題、すなわち議会の協働権を巡る法学的な問題は、同時代の国法学においても議論の的となり続けていたけれども。予算の作成、収入の見積もりと、通常支出と特別支出の定義、したがってまた借入政策――借入は特別支出を賄うためにのみ行なうものと定められていた――に際しては、政府側が明確に優位に立っていた。執行府は情報を持っていて、イニシアチブを執ることができたのである。議会はチェックすることができて、個々の点では実質的に修正することもできたが、重点を定めたのは――税法や関税法、艦隊建造や陸軍増強、鉄道の購入などについて大きな決定が下される場合には――政府だった。もっとも、国家による支出の大部分は固定されており（人件費の中核的な部分や、平時兵員数や、利子の支払いや債務の償却など）、国家による介入が増えていけばいくほど、そうなっていった。政府側にとっても議会側にとっても「自由に」裁量できる額は大抵の人たちが思うよりも少なかったのであり、全体の伸びに左右された。

それゆえ、憲法体制政策に関わる基本的な諸問題が、財政制度及び税制の核心的な諸問題と結び付いていたのである。さらに、社会的＝政治的な所与の基本的な諸条件が加わる。財産や所得に関する等級が連邦諸邦の選挙権に、すなわち邦議会に影響を及ぼし、連邦諸邦の政府とそれを通して――帝国では――連邦参議院に影響を及ぼしたことについては、既に述べた。ここでは、さらに二つの点について言及しておく必要がある。当然のことながら一連の税（例えば消費税）や公課等は間接的な作用をも及ぼしており、とりわけ「保護関税」の場合にはそれが主たる狙いだった。農業関税は財政関税として言わば国家の収入となったばかりでなく、農業への補助金でもあり、農産物の販売価格を世界市場の水準を超えるレベルで安定させ、それゆえ消費者の犠牲において農業の収入を少なからず改善した。砂糖税や蒸留酒税の一連の複雑な特殊な規定も、同様の作用を及ぼした。それが政治的に力を持つ大規模農業にかなりの程度まで有利に働いたのは確かだが、しかし自営農民の経営にも同様の作用を及ぼした。個人や個々の層に国家が公課を通して課した負担を分析する場合には、このような再配分効果をも考慮に入れる必要があるのである。もっとも、このような補助金としての負担分を――同時代人たちによるあらゆるプロパガンダにもかかわらず――多少なりとも正確に数値として把握することは不可能なのだけれども。

もう一つの点は、この時期に税政策に関する基本的な争いの対象となったのは直接税か間接税かという問題だったことである。確かに、直接税――土地税、営業税と、等級に分けられた人頭税――は存在していたけれども、古めかしく、大雑把で、「荒っぽい」ものだった。改革のテーマとなったのは、まず、最も収入が少ない部分の負担軽減を図ることであり、資本所得への課税を強めることであり、次いで、まだ穏やかな累進率ではあったものの所得税を導入することであった。有産層の人たちはそのような税に対して著しく気乗りしない態度を取っていたが、それはどこの国でもそうであり、例えばイギリスやフランスでは一九一四年以前の十年間に激しい争いの対象となった。それゆえ、何人かの歴史家たちが思わせたがっているように、そのような態度はユンカーや大ブルジョアに担われたドイツの特殊性というわけではなかったのである。なぜなら、もちろん所得税は、そして所得税以前の古風な直接税でさえ、より稼得能力のある人たち、すなわち中程度以上の所得を得ている人たちに、より大きな負担を課すことになったからだった。これに対して、間接税は、税収の面ではあまり期待できない贅沢品を別にすれば、名目上はすべての人たちに等しく負担を課すものだったが、実際には収入が少ない人たちにはかなりの負担となったのに対して、収入が多い人たちにとっての負担はほとんど取るに足らないものに過ぎなかった。それゆえ、確信をもって社会改革を主張する人たちは所得税を支持した。古風な自由主義者たちや保守主義者たちは、国家の私的な領域への侵入を意味せざるを得ないという理由からも、所得税に反対した。私人としてのビスマルクは、特に納税を嫌っていた人物であり、彼の階級の利害を断固として代弁していた人物でもあったが、さらに追加的な論拠を持ち出した。すなわち、間接税、消費税、関税は一方ではある程度まで目立たないし、他方では消費行動を通して対応できるというのである。市民を、とりわけ庶民を圧迫しているのは直接税のほうなのだ、と。彼が彼自身の階級をより大きな税負担から護ろうと考えていたのは確かだが、しかしそれだけではなくて、すべての人々に等しく適用される間接税を好むことによって、庶民と農村部の直接税負担を軽減したいとも考えていたのだった。しかし、現実には、もちろんそれは税の種類の間の比重を変更しただけであり、決して負担の軽減ではなくて、むしろ新たな負担を意味していた。このような税政策を巡る理念的・階級的な争いのなかでは、産業と農業との、手工業と工場との、自営企業と資本会社との利害対立も一定の役割を演じていたのは、言うまでもないことである。

これまで述べてきたことを合わせて考えれば、帝国における財政政策と税政策、収入構造と支出構造の変化が、連邦諸邦の財政と税の状況に波及作用を及ぼし、そして連邦諸邦におけるあらゆる変化（及び、時には帝国における変化）が地方自治体にも波及したこと、また、もちろんそれよりも弱かったけれども逆の方向の波及作用もあったことは、明らかである。それぞれのレベルにおける税と財政のシステムは、互いに通じ合った通路のようなネットワークを形成していたのだった。以下では、分かり易くするために三つのレベルの財政政策と税政策を順次個々に扱っていくけれども、そのようなネットワークの存在を常に念頭に置いておく必要があるのである。

例外的なことだが、ここで私たちは読者諸氏を方法に関する注釈で煩わせざるを得ない。以下に掲げる数字はある程度不確かなものであり、相互に比較するのが困難なものである。収入あるいは支出として挙げたもの（例えば正味の予算である場合もあるし、総額の予算である場合もある）、また、収入と支出の内部の仕分け、例えばその支出がどの部門に割り振られ、さらに部門のなかのどこに算入されたのかは、異なるレベルにおいて、そして連邦諸邦の間や地方自治体の間で大きく異なっているし、ましてや時期が違えばいっそうそうである。私たちはできる限りの努力を払ったが、しかしそれでも読者諸氏はすべての数字を大いに慎重に判断していただきたい。絶対値も比率も確実なものとは言えないのだが、それでも、全体としての傾向と、三つのレベルの間での、そして収入と支出の主要グループの間での、基本的な重点配分は、見て取ることができるはずである。

最初に帝国に目を向けるが、憲法によれば帝国は三つの収入源を持っていた。第一に、その財産と郵便のような事業からの収入であり、第二に、間接税、すなわち砂糖・塩・タバコ・ビール・蒸留酒・マッチへの消費税と、流通税である有価証券取引や富くじ、後には乗車券や小切手への印紙税と、当初はコーヒー・紅茶・タバコ等にかけられていた関税からの収入だった。そして第三に、それだけで十分ではない場合には（憲法では「新しい帝国税」が導入されるまでの過渡的な措置として定められていたのだが）各邦からの納入金があり、その割当額は各邦の負担能力ではなくて人口によって算出された――そのために、テューリンゲンの貧しい小邦も豊かなハンブルクと同じ額を支払った。これがいわゆる「邦分担金」だった。憲法に挙げられていた、それどころか導入が想定されてさえいた帝国税は、当初は自由主義派が税政策上の理想としていたものだったが、実現に至らなかった。以上に加えて――第四に――もちろん借入を行なうことも可能だった。帝国自体の行政は小規模で、学校や司法機関や警察を維持する必要がなく、道路等を建設することもなかったので、帝国の支出は何よりも防衛の分野（陸海軍）に集中しており、八十年代になって――当初は僅かだったが――社会保険への拠出が加わった。

一八七一年に帝国が成立した時の財政政策上の状況は、フランスの賠償金が帝国の「負債なしの誕生」を確実にしていたので、本来、有利なものであった。しかし、構造的には帝国の任務を財政的に支えるのは帝国議会と各邦とに挟まれて初めから難しい状況にあり、最善の状態とは言えなかった。帝国の任務が増えていくのにつれて支出も増えていき、「邦分担金」という窮余の策が七十年代の後半には急速に現実味を増して、ほとんど財政危機のような状況が進んでいった。ビスマルクは、――後にも述べるが――帝国を財政政策の面で自立した存在にしようと努め、帝国はこれ以上「諸邦の居候」であるべきではないと主張した。帝国による鉄道の国有化、タバコの専売化、そして保護関税と財政関税〔財政を賄うための関税〕との双方を含む関税が、それを可能にするはずと考えられた。このビスマルクの試みは、議会勢力と連邦主義勢力との双方の抵抗に遭って失敗する。確かに、彼は関税は実現したけれども、帝国と諸邦との間の財政的な結び付きと、原則的に財政政策に関して帝国が諸邦に依存しているという状態は、少なくともかなりの程度まで維持され、それどころか新たに固定されたのだった。それは、連邦主義的な（諸邦の）権利と議会の権限とが、相互にブロックし合いながら奇妙な形で組み合わされたことと関連していた。当面のところは、依然として帝国議会で多数派となっていた自由主義派は、議会の毎年の歳入承認権が制限されることを望んでいなかった。議会が毎年承認するというのは、関税の場合には、あるいは消費税の場合にも、経済的な理由から実行不可能であり、あるいは、例えばある税の「税率」を毎年新たに定めるというような複雑な補助システムの助けを借りてのみ部分的に実現できただろう。これに対して、「邦分担金」は、少なくとも原則的には毎年定められ、しかも分担金を支払う税を承認しなければならないプロイセン下院の課税承認権を強めることになった。帝国議会ではとりわけ中央党が属していた連邦主義勢力は、帝国――帝国政府及び帝国議会――が財政政策の面で諸邦からあまりにも自立してしまうのを妨げようと望み、また、議会の共同決定権を邦議会を通して確保しようと考えていた。結果は、連邦主義者たちと、そして結局は邦議会の、すなわち制限選挙権と等級選挙権の勝利に終わった。一八七九年に、新たな保護関税とともに、帝国は一億三、〇〇〇万マルクを超えるすべての関税収入を諸邦に分配し、それ以上の額を必要とする場合には再び諸邦の「邦分担金」に頼らねばならないという規定が導入された。それが、指導的な中央党の政治家に因んで名づけられたいわゆるフランケンシュタイン条項である。ビスマルクは、議会に譲歩するよりも連邦主義に譲歩するほうを選んだのであり、さらに、帝国が関税収入を分配すれば連邦諸邦と地方自治体における直接税を軽減できるだろうと考えていた――そうすれば、諸邦の議会を弱体化させて、税の軽減を図る政府が選挙で成功を収めるのに役立つことになるだろう、と。

財政政策の面では、この結果生じたのは帝国と連邦諸邦との間、帝国による分配と諸邦による分担金との間の極めて複雑な清算システムだった。邦分担金制度は好まれない窮余策であり続けた。関税が一八八五年と一八八七年に引き上げられた時には、帝国は何ら直接的な財政上の恩恵を受けなかった。九十年代からは、帝国が分配する額の一部分は帝国の債務の償却というまったく異なる目的のために用いられ、それゆえもはや諸邦の手には入らなかった。一九〇四年には前述のフランケンシュタイン条項が廃止されたが、その間に帝国が必要とする費用は新たな関税による収入を上回って増大していた。

帝国が元々徴収していた税は、増収を図るのが難しく――例えばバイエルンがビール税に関して持っていたような特権が存在していたし、生産者と消費者の間、そして生産者自身の間に配分を巡る争いがあり、そして消費課税には「自然な」限界があった――、長期的にはこのままのやり方で帝国財政の健全化を実現するのは不可能だった。帝国は、九十年代から――とりわけ一八九三年の陸軍改革と、その後の艦隊建造のために――ますます多くの債務を抱えるようになった。艦隊建造は、そのための費用を通常支出から特別支出へと定義し直すことで形式的に可能になったのである。それゆえ、世紀転換期から「帝国財政改革」の問題が焦眉の問題として浮上してきた。そのための試みについては後に述べるが、様々な「改革」も実際に成功を収めることはほとんどなかった。ここでは、最初に論じた憲法体制問題、連邦主義と議会主義という問題群において新たな転換が生じたことだけを指摘しておきたい。

帝国財政を健全化するためには結局のところ帝国も直接税に関与するしかなかったのだが、それは、諸邦の「聖域」に介入することを意味し、普通選挙権に基づく帝国議会が、たとえ限られた程度にではあっても、それまで諸邦の邦議会――プロイセンで依然としてそうであったように下院は有産階級の選挙権に基づき、そしてほとんどどの邦にも選挙によらない上院があった――の管轄事項であった所有と財産に手を付けるのを可能にすることを意味しただろう。直接選挙権に基づく帝国議会の多数派は、間接税だけを引き上げることに反対していたが、これに対して諸邦議会の側は直接税の引き上げに反対し、ましてや帝国議会が定める直接税に反対していた。こうして、議会と議会の間、連邦主義と単一国家主義の

表1◆1871-1913年の帝国による支出の国民一人当たり額
(1900年の貨幣価値に換算)単位:マルク

年	全体	防衛	行政その他	債務関係	社会保険(拠出金を含む)
1875	25	23.9	0.9	-	-
1881	12	10.3	1.7	0.3	-
1891	21	14.8	2.2	1.1	3.2
1901	30	18.1	2.7	1.5	7.6
1913	42	23.5	4.0	2.2	12.2

出典:Andic/Veverka, Growth of Government Expenditure, S.264

間、より民主的な税政策観とより金権的な税政策観の間で、戦線が交差し合っていたのである。

このような諸条件の下で帝国財政が数字の上でどのような展開を辿ったのか、簡単に見てみたいが、その際には細々とした点を挙げることで読者諸氏を煩わせざるを得ない。帝国の支出はかなり増大した。最初に総支出額、すなわち例えば郵便や帝国の社会保険のような事業のための支出をも含め、諸邦への総分配額をも含めた額を取り上げると、一八七二年には十三億八、〇〇〇万マルクだったが、この年は戦争の結果と、フランスの賠償金が債務の返済に充てられたために例外的な年となっており、一八七五年には六億一、九〇〇万マルクだけ、一八八五年にも五億四〇〇万マルクに過ぎなかったが、その後は増加し始め、一八九〇年は十億四、四〇〇万マルク、一九〇〇年は十億九、四〇〇万マルク、一九一〇年は二十六億九、一〇〇万マルク、そして一九一三年は三十四億一、八〇〇万マルクと増えていく。これらの数字を一九〇〇年の物価水準に換算した場合にも傾向はほぼ同じであり、それぞれ十億二、四〇〇万マルク、五億二、〇〇〇万マルク、五億四、〇〇〇万マルク、十億六、〇〇〇万マルク、十四億九、四〇〇万マルク、二十三億八、〇〇〇万マルク、二十八億一、六〇〇万マルクとなる。その際、一八七二年には行政費に五、一〇〇万マルク、防衛費に二億九、五〇〇万マルクが充てられ、一九一三年にはそ

表2◆1872/75-1913年の帝国による支出の国民一人当たり額
(その時々の貨幣価値に基づく)単位:マルク

年	全体	防衛	行政	社会保険
1872/75	19.99	19.65	0.34	–
1881/85	10.53	10.01	0.52	–
1891/95	18.50	17.37	0.79	0.34
1901/05	22.43	19.93	1.88	0.60
1913	39.87	35.93	2.63	1.31

出典:Witt, Finanzpolitik, S.380f.による

れぞれに二億三、八〇〇万マルクと十九億九〇〇万マルクが充てられた。ヴィットのように純支出の算出を土台とする場合にも、やはり同じ傾向が見て取れる。すなわち、一八七二／七五年は（平均して）八億三、六一〇万マルク、一八八一／八五年は四億八、四八〇万マルク、一九〇五年は十三億九、四六〇万マルク、一九一三年は二十六億七、〇三〇万マルクとなる。ヴィットは防衛費支出の概念を異例なほどに幅広く捉えて、あらゆる「間接的」な経費をもそれに加えているので、彼は、（ここでは例外的な七十年代初期は除外するが）一八八一／八五年は九十五パーセント（四億六、一〇〇万マルク）が防衛費の支出、五パーセント（二、四〇〇万マルク）が行政費の支出に充てられ、一九〇五年はそれぞれ八十八・四パーセントと八・四パーセント（十二億三、三五〇万マルクと一億一、六九〇万マルク）、さらに新たに社会保険への拠出に三・二パーセント（四、二〇〇万マルク）、一九一三年はそれぞれ九十・一パーセント、六・六パーセント、三・三パーセント（それぞれ二十四億六四〇〇万マルク、一億七、六〇〇万マルク、八、七九〇万マルク）と算出している。一八七七／七八年には借入金は二三〇万マルクに過ぎなかったが、一九一三年には一億八、二〇〇万マルクに達した。債務が増えただけでなくて、――ドイツの資本市場が狭隘だったために――借入には費用がかかるようになったのである。

国民総生産に帝国による支出が占める割合は、ビスマルク時代にはまだ極めて不安定な展開を示したが、全体とすれば一八七二／八〇年の四・五パーセントから一九〇一／一三年の五・四パーセントへと増加した。帝国の支出総額を、一九〇〇年の貨幣価値に換算し、防衛費を狭く定義して、国民一人当たりで示すと、表一のように推移する。帝国の支出を正味で計算し（ヴィット）、防衛費を幅広く算出すると、表二——ここではその時々の貨幣価値に基づいているが——のようになる。帝国の収入も、借入を含めれば、支出に見合うように増加していったが、もちろん収入の様々な種類の間の比率は変化する。税による収入（消費税と流通税）は、一八七二年の七、七〇〇万マルクから一八七八年の一億四、七〇〇万マルク、一九〇五年の四億三、〇〇〇万マルクを経て一九一三年には九億八、〇〇〇万マルクに達するが、帝国の収入（借入を除く）に占める割合は一八七八年から一九〇七年までおよそ四十五パーセント前後で、ほぼ一定しており、主な税の種類の間では流通税あるいは印紙税が消費税に対して重要性を増していく。関税は、一八七二年の九、七〇〇万マルクから一九一一年には七億三、四〇〇万マルクに増加するが、一九一三年までに六億七、九〇〇万マルクに低下する。帝国の収入（新たな借入を除く）に占める割合は、一八七二年の三十六パーセントから一八八一年は四十五パーセント、一八九一年は六十一パーセント、一九〇一年は五十四パーセント、一九一三年は三十八パーセントという経過を辿るが、しかし一九〇四年まではこのうちの一部分を連邦諸邦に分配せねばならなかった。「邦分担金」、正確に言えば一八七九年からは連邦諸邦からの正味の再分配金は、一八七二年から一八八二／八三年まで平均すると五億マルクであり、収入の十五—二十パーセントを占めた。一八八三／八四年から一八九二／九三年までの間と一八九五／九六年、一八九八年には帝国はそのような分担金を要求しなかった。一八九九年には一、三〇〇万マルク、一九一三年には五、二〇〇万マルクであり、それはそれぞれ帝国の収入の一・一パーセントと二・四パーセントに過ぎなかった。事業による剰余金——とりわけ帝国郵便と帝国銀行——は、一九〇〇年以降は平均して十億四〇〇万マルクであり、年収のほぼ六パーセントを占めた。新たな債務は一八七七年以降ほぼ毎年のように増え続け、一八九八年からの艦隊増強は——借入で賄われたが、その一方で帝国は——財政技術的には特別支出であると宣告されて——借入で賄われたが、その一方で帝国は連邦主義の重みのゆえに依然として限度額を超える関税収入を連邦諸邦に払っていた。一九〇九年の新たな債務は六億三、九〇〇万マルク（総収入の二十八パーセント）で極端に多く、一九一三年は一億九、〇〇〇万マルク（収入の四・九パーセント）だった。一八九〇年に帝国の債務は十億マルクを超えたが、一八九五年には二十億マルク、一九〇四年には三十億マルク、一九〇七年には四十億マルクを超え、一九一三年には五十二億マルクに達した。

諸邦の状況は当然のことながら個々の点では異なっていたが、ここではプロイセンを例として採り上げたい。プロイセンは帝国の領域の三分の二を占め、人口も三分の二を占めていたからである。任務が増大するのにつれて支出も増大していった。公的な予算では鉄道のような事業経営のための支出も含めるのが通例だったが、それを除外すると、行政のための支出は一八六五年から一九一四年までの間に七倍以上増え、一億二、二〇〇万マルクから一八八〇年の二億三、〇〇〇万マルク、一九〇〇年の四億九、四〇〇万マルクを経て、一九一四年には八億八、八〇〇万マルクに達した。その際に、文部省関係の支出が一、五〇〇万マルクから二億八、三〇〇万マルクへと二十倍に増加している。もちろん予算の総額は遥かに上回り、行政経費以上に増える速度も速く、一八七一年から一九一三年までの間に六億八、四〇〇万マルクから六十一億マルクに増えた。行政のための支出（及び、「邦分担金」）は一八八〇／八四年には平均して予算の三十三・六パーセントを占めたが、一九一〇／一三年には二十三・三パーセントだけとなり、これに対して——最大の部分を占める——鉄道を中心とする事業経営のための費用は三十五・二パーセントから四十五・五パーセントに、投資は十三・六パーセントから十四・七パーセントに、債務関係が十一・〇パーセントから十四・一パーセントに増えた。

収入のほうは二つの主たる財源から成っていた。圧倒的な割合を占めていたのは、国営企業、国有地、国有林、製塩、鉱山からの収入であり、後には特に鉄道からの収入だった。経営のための支出を差し引いても、純収益が依然として国家収入の重要な部分を成していたのである——もちろん経営への投資を差し引けば、比率は低くなるけれども。一八七一年から一九一三年までの間に事業経営からの純収入は一億三、四〇〇万マルクから八億三、五〇〇万マルクに（総額では二億九、四〇〇万マルクから三十三億八、三〇〇万マルクに）増えた。さらに投資額をも考慮すると、もちろん純超過額は一八七一／八一年には平均して年に二、四二〇万マルク、一九一一／一三年には年に二億五、二三〇万マルクに減少する。もう一つの財源は税——主として直接税——だった。こちらは一八七一年から一九一三年までの間に一億六、五〇〇万マルクから五億七〇〇万マルクに増えた。これに、行政による収入、すなわち先に述べた関税収入からの帝国による譲渡分（一八八三／八四年から一八九二／九三年までと一八九五／九六年から一八九八／九九年までは「邦分担金」の額を上回った）と、もちろん借入が加わった。例えば七十年代末における鉄道の国有化はそもそも当初は借入をしなければ費用を調達することができなかった。新たな債務は一八七一／八一年の年平均一億二、八三〇万マルクから一九一一／一三年には九億八、六三〇万マルクに増えた。一九一四年には債務の総額が一〇三億六、〇〇〇万マルクに達し、そのうち七十八億マルクが鉄道の債務だった。この負債総額は住民一人当たり二三〇・七二マルクに相当し、それ以上に住民一人当たりの債務を負っていた連邦諸邦は、三三一・九一マルクのバイエルンだけであった。

以上のような数字は専門外の人たちにとっては少々混乱を招きかねないものだが、決定的な点は、プロイセン国家は収入に関して税だけを頼りにしていたわけではないし、常に主として税を頼りにしていたわけでさえなかったということである。すなわち、一八八〇／八一年には邦の純収入の四十七・六パーセントが事業経営の純益から、五十二・四パーセントが税から成っており、一八九三／九四年には前者が六十七・二パーセント、後者が三十二・八パーセントという割合にさえなっていたのだった。もちろん、事業経営による純益の額と投資に振り向けられる額とは年によって大きく変動した。それに加えて、収入全体に占める借入の割合もやはり変動したということも、もちろん確認しておく必要がある。借入額が収入に占めた割合は、一八八〇／八四年には十一・四パーセントだったが、一九一〇／一三年には十六・九パーセントだった。

税に関しては、諸邦は既に述べたようにとりわけ直接税を頼りとしていた。プロイセンでは、ビスマルク時代の人税では、年収に応じて一定の税等級や――賃金労働者や零細な市民層・農民層や豊かな住民などの――社会的身分に振り分けられていた。年収三、〇〇〇マルクまでの大多数の低所得・小所得者に関しては、それぞれの等級で定められた税を納入することになっていたが、等級の区分はかなり荒っぽく、中から上の等級の税額は所得グループごとに納税額が増えていったものの、しかし一八七五年の最初の改革の後でも所得に比例していたわけではなかった。それは、等級税と等級化された所得税とを組み合わせたようなものだったのである。税額は一八七三年までは十二マルクから――七十五万マルク以上の所得の場合の――二万一、六〇〇マルクまでに及び、三、〇〇〇マルクの所得の場合の税負担率は二・四パーセントであった。一八七四年から一八八〇年までの間は六〇〇マルクまでの所得の税額が三マルクに引き下げられ、最高税額（三〇〇万マルク以上の所得の場合）が八万八、二〇〇マルクに引き上げられた。税額を査定するのは地方の自治行政の管轄であり、そのために例えば農村部ではしばしば高額所得者の過少査定という結果がもたらされた。下の等級の課税額が少なかったとは言え、差し押さえ処分が多数に上ったことから見て取ることができるように、零細な納税者たちは明らかに過大な負担を負わされていた。八十年代の初めに帝国による関税収入の譲渡が始まってから、最下級の二つの等級の納税義務が免除された。

人税とともに物税も存在していた。その一つは営業税だが、売上高や純益ではなくて経営の規模と種類を基準としており、それは、売上高や純益を基準とする場合には経営の内部状態を明らかにすることが必要になるけれども、当時の市民たちにも官吏たちにもそのような要求は不当なものと思われていたからだった。もう一つが土地税だったが、モデルとして割り出された純益を基準として等級化されていた。この税は農業的な状況を指針としていたので、都市における土地所有や建設地という新しい現実に適してはいなかった。「建物税」だけが幾らかはそれに適合していて、いわゆる利用価値を基準としていたが、これにしても依然としてはなはだ型にはまったものだった。

これらすべての税は、古風なものであり、ほとんど個別化されておらず、かなり硬直していて、納税者グループへの区分けは十年から十五年もの間そのままで、産業化と都市化に適合したものではなかった。

やがて一八九一年に財務大臣のミーケルが名高い大規模な税制改革を進めるなかで税システムを近代化し、穏やかな所得税を創出した。目標とされたのは、単なる財政的なものではなくて対社会政策的なものであり、本来の狙いは税収の増大を図ることではなくて、透明性を高めること、とりわけ査定に際しての公正さを図ることにあった。憲法体制政策の面では保守化したかつての自由主義者ミーケルも、進歩的な社会的目標を追求していたのであり、そしてそれはプロイセンの改革派官僚たちの間でも反響を見出したのであって、彼らにとっては社会君主政〔社会に配慮する君主政〕が効率的な国家と並んで一つのライトモチーフとなっていて、それが階級エゴイズムに少なくとも制限を加えようとする姿勢にも通じていたのである。それゆえ、この改革は課税技術的には当初は増収を意図するものではなかった。新しい所得税は一般に個人の負担能力を指針としていた。私たちに馴染みがあり、あるいは再び論議の的となるに至っている多くのもの、すなわち基礎控除や扶養控除や資本会社への課税などがこの当時に導入された。「源泉徴収」、例えば賃金からの税の差し引きは、まだ存在しなかった。こんにちから見れば極めて穏やかなものだったとは言え、累進課税制度が導入された（九〇〇マルクの所得に対する税率〇・六パーセントに始まって十万マルクの所得に対する税率四パーセントまで上昇していく）。この改革によって、九〇〇マルク未満の低所得は税を免除され、中程度の所得、とりわけ三、〇〇〇マルクから六、〇〇〇マルクまでの所得は税負担を軽減され、それよりは幾らか程度は少なかったものの九〇〇／一、〇五〇マルクから三、〇〇〇マルクまでの所得も負担を軽減されて、三、〇〇〇マルク――官吏の所得はしばしば中年期になってもその程度だった――に対する税率はいまや一・七三パーセントとなった。九、五〇〇マルク以上の高額所得は税負担を増やされて、納税額全体に占める割合が一八九一／九二年の三十一・〇パーセントから一八九二／九三年には四十五・三パーセントに上昇した。増収となった七、五〇〇万マルクの三分の二は高額所得と資本会社への課税によるものだった。最後に、特に重要だった点は、自己査定の制度（三、〇〇〇マルク以上の所得について）が当局による審査の可能性を伴いつつ導入されたことであり、争いが生じた場合には納税義務者に証明義務が課され、その結果少なくともそれまでのような地方の委員会による過少査定が防止されるようになった。さらに一八九三年にミーケルは、もちろん隠された形でではあったものの、財産税（六、〇〇〇マルク以上の財産に対して年に〇・五パーセントの税率）を導入することに成功した――一八九一年の時点では、その種の税は「没収的」な作用を及ぼすという理由で拒否されたし、また、似たような構想で考えられていた相続税も当局が私的な状況に介入するのは望ましくないという理由で拒否されていたのである。ともあれ、一八九三年に取られた措置は所得税をチェックするのを容易にした。全体とすれば、新しい方式は成功を収め、一九〇〇年までにすべての納税申告の三分の一――そのうちの三分の二は九、五〇〇マルク以上の所得だったが――に対して異議が唱えられ、再審査した結果、課税対象となる所得の額が平均して三分の一引き上げられた。もっとも、エルベ川以東地域には、郡庁による再審査によっても大土地所有、ユンカーに「手心が加えられた」地域が存在した。

営業税も近代化され、実際の負担能力、純収益を基準とするようになり、やはり例えば手工業経営のような零細な納税義務者たちの負担が軽減されて、一定の邦によるチェックが制度化された。

ミーケルの税制改革は、長い間、古きプロイセンの進歩的で社会的な業績、古きプロイセンが近代化を遂げる能力を備えていて、その支配構造が金権主義的なものではなかったことの証しと見なされてきた。ここ数十年間にはむしろミーケルのユンカーへの譲歩が強調され、資本への負担を多少強めてもリスクはなかったこと、政府側が大衆の体制への忠誠心を保つのに関心を抱いていたこと、そして後に平等主義的な傾向が目指されたのに較べれば改革はそれに遠く及ばなかったことが強調されるようになった。ミーケルの改革を理想化するべきではないし、プロイセンの行政や政策を一つの体制的な傾向へと持ち上げるべきではないというのは、確かにその通りである。この改革は、あらゆる現実的なものがそうであるように不完全なものであったし、階級的な特徴を帯びたプロイセン邦議会における政治的な可能性に配慮せねばならなかった。しかし、それでもこの改革は、戦術的な意味においてであれ原則的な意味においてであれ、一つの大いなる業績、当時の時代における、そして時代を超える傑出した業績だったのである――税政策の面で、対社会《ゲゼルシャフト》政策の面で、そして体制政策の面で。それは、この時期においても依然として存在していた改革の可能性の模範的な実例と言っていい。

地方自治体は――都市の財政については別の節でかなり詳しく扱った――、税に関しては邦の税、特に土地税と営業税への付加税を頼りとしていた。これらの付加税の額はその地によって様々だったし、当然のことながら都市では一般に農村部よりも遥かに高かった。七十年代の末、そして特に八十年代から、プロイセンでは地方自治体に有利なように税の調整が行なわれ、とりわけ――エルベ川以東地域の――農村郡ではそうだった。すなわち、学校の維持や道路の建設やその他のインフラストラクチャー整備のために邦からの交付金や補助金が与えられたのである。一八八五年のヒューーネ法という特別法によって、帝国による関税分配金のなかから地方自治体は一八八五年から一八九五年までの間におよそ一億六、〇〇〇万マルクを受け取った。

一八九五年には、地方自治体の税もミーケルの改革のなかに引き入れられた。いまや土地税、建物税、営業税が地方自治体のものとされ、税率は地方自治体が定めるようになったのである。もちろん、土地税の抜本的な近代化には成功しなかったし、付加税が完全に廃止されたわけでもなかった。しかし、地方自治体に対しては、どの程度まで財政的な必要を直接税もしくは間接税で賄うことが許されるかが定められた。人税への付加税は、物税の税率が一定の程度に達している場合にのみ許された。そして、物税に関しても人税への付加税に関しても上限が設定された。このような「体系的」でかなり整然とした解決策が政治的に可能になったのは、もちろん大土地所有に対して「税の贈物」がなされたことによってであった。すなわち、言わば地方自治体からは自由な農場管区《グーツベチルク》では土地税が「贈物」として徴税されないことになったのであり、その額は九八〇〇万マルクから一、一七〇〇万マルクに達すると見積もられている。一九〇六年には、比較的大規模な企業の納税が本社のある地方自治体と経営のある地方自治体とに分けられることで、地方自治体間の財政調整に向かう一歩が踏み出された。

地方自治体の支出についても、私たちは既に別のところで述べた。ここでは僅かなことを思い起こすだけで十分だろう。プロイセンの農村部自治体の支出は、一八六九年の四、六七〇〇万マルク（一人当たり三・二〇マルク）から一八九一／九二年の一億二、〇六〇万マルク（一人当たり七・四〇マルク）を経て一九一三年には三億九、一五〇万マルク（一人当たり十九・九五マルク）に増え、郡の支出は一八六九年の二、五八〇万マルク（一人当たり一・一六マルク）から一九一三年には二億六、四九〇万マルク（一人当たり九・六二マルク）に増えた。地方自治体は学校を建てて維持し、郡（及び、州）は道路を建設し、そして州は――州は邦の交付金と付加税を「糧」としており、その財政規模はほぼ郡のそれに対応して拡大していったのだが――、精神病者と障害者、そして地方自治体の権限から漏れる「農村部貧民」の面倒を見ることを任務としていた。

公共予算の支出と収入、帝国と邦と地方自治体の間の比率、部門間の重点の変化、さらには市民の全体としての税負担について、一般的な概観を試みてみよう。予算項目の区分に比較し得るような数字を把握するのは極めて困難なので、――改めて断っておくと――問題となるのは近似値でしかあり得ないのだが、全体的な割合と傾向とをある程度把握するためにはそれで十分だろう。

すべての公共予算を一まとめにしてみるなら、その規模は、絶対額でかなり伸びたばかりでなく、純国民総生産の伸びと較べてもそれ以上に伸びており、しかも純国民総生産のファクターとして国家が占める割合が一八七五／七九年の年平均十・六パーセントから一九一〇／一三年には年平均十四・五パーセントに増大していて、国家支出の増加率が年に三・四パーセントであるのに対して、純国民総生産の増加率は年に二・六パーセントとなっている。（公共経営を含めるが社会保険は含めない、別の計算によると、国家が純国民総生産に占める割合は一八九〇年の十三・〇パーセントから一九一三年には十六・五パーセントに増加している。）その際、支出という点から見れば、帝国と地方自治体が占める割合は増加し、邦が占める割合は減少した。すなわち、帝国が占める割合は一八八一年には二十九・三パーセントだったが、一九一三年には三十五・三パーセント（社会保険を除けば二十五・〇パーセント）となり、邦が占める割合は四十四・四パーセントから三十一・八パーセントに、地方自治体のそれは二十六・三パーセントから三十二・九パーセントに変化し、あるいは一人当たりの支出額としては、帝国の支出は十二マルクから五十一マルクに、邦の支出は十八マルクから四十六マルクに、地方自治体のそれは十マルクから四十七マルクに増え、全体では四十マルクから一四四マルクに増えている（アンディク／ヴェヴェルカ）――ここから見て取れるのは、すべての支出がかなり増えていったが、増え方には違いがあり、しかし割合における違いは相対的に均される方向に向かったということである。もっとも、以上のような発展は、少なくとも帝国に関しては一様なものではなく、一九一〇年には帝国が占める割合は二十九パーセントに過ぎず、一九一三年までに割合が増えていくのは軍備支出の増大と関連している。

部門ごとに比較してみれば、おそらく最も増え方が著しかったのは教育のための支出であり、次いで転移支出と債務関係である。公共支出に人件費が占める割合は一八九一年から一九一三年までの間に三十五・一パーセントから三十一・四パーセントへと幾らか減少した（ヘンチェル）。最も関心の的となっている防衛費は、もちろんまさに一九一四年の前の十年間、とりわけ高度軍備化が推進された一九一二／一三年には著しく増大した。しかし、防衛費を賄わねばならなかった帝国――依然として何人かの軍国主義批判者たちからは帝国予算の配分だけが証拠として持ち出されているのだが――と並んで諸邦と地方自治体の予算をも併せて考えてみれば、防衛費、「軍備」のための支出の重要性は相対化される。支出全体に防衛費が占める割合は一八七五／七九年の三十四パーセントから一九一〇／一三年には二十七パーセントに低下するのであり、他の国家支出のほうがいっそう急速に増えていく。増大していく国民総生産に対して防衛費が占める割合はかなり安定したままであり、一八七五―一九一三年の純国民総生産のファクターとして平均三・四パーセント（一九一〇／一三年には三・九パーセント）の割合を占めていたが、それはイギリスを上回るものではなかった。社会的な支出やインフラストラクチャーのための支出は線引きが難しいが、もちろん地方自治体などによる公共的な生活保障が拡大するのに伴ってその種の支出もかなり増えていった。

帝国と邦と地方自治体という三つのグループの公共予算における収入の構成については、まとめて把握することや比較することが難しく、比較を試みるとしてもこれまで収入構造に関して述べた以上の結果は得られない。全体としての税（及び、関税）の負担についてはすぐ後で述べる。唯一興味深いのは、債務と借入政策に関する比較である。

世紀転換期までは帝国の債務が最も大きく増えて、一八八〇／八一年から一九〇〇／〇一年までに七倍に増えたのに対して、地方自治体の債務は三倍に増えただけだったが、世紀転換期以降は地方自治体の債務は三倍とまではいかなくともほぼ同じ程度に増え続けたのに対して、帝国の債務は二倍に増えただけだった。諸邦の場合には、債務が増えた程度は遥かに少なくて世紀転換期以前には二倍に増えただけであり、世紀転換期以降は半分程度増えたに過ぎなかった。このように増え方が違った結果として、公共の債務に地方自治体が占める割合は十二・二パーセントから三十二・九パーセントへとかなり増加し、帝国の占める割合も増えたものの四・九パーセントから十五・八パーセントに上昇しただけであり、諸邦が占める比率は八十二・九パーセントから五十一・三パーセントに低下したけれども、それでも依然として最大の割合を占めることには変わりなかった。全体では公共の債務は全期間を通すと六十三億マルクから三二八億マルクへと五倍に増加した。

全体としての税負担を見てみると、確かに一八九〇年から一九一三年までに一人当たり三十八マルクから七十三マルクに増加する。しかし、全体とすれば税負担はまだ少なくて、一人当たり平均所得の十パーセント程度を占めて、ほとんど安定していた。特徴的なのは、例えばこんにちと較べると、関税と消費税や間接税（土地税、営業税）――一般に賃借者や購入者に転嫁することができた――が高い割合を占めていたことだった。確かに、この分野でも負担は後の時代とは較べれば著しく低かったけれども、しかしとりわけ低所得の消費者大衆に、彼らの負担能力とは無関係に打撃を与えた。所得が上昇するようになって初めて、直接税による負担が増加して、間接税による負担は低下していった。所得と賃金が一般に増加していくと、どちらかと言えば間接税が背後に退いていって負担が減少したのである。所得が比較的少ない場合と比較的多い場合に、税と関税の負担がどの程度の割合を占めたのかという点については、幾つかの異なる推計が存在している。一九〇六／一二年に関する以下の数値はある程度まで典型的なものと思われる。それによれば、極めて少ない所得（八〇〇／九〇〇マルク未満）の税負担は六パーセント程度、一、二〇〇マルクまでの所得（「通常の」労働者所得）では七パーセント程度、二、〇〇〇／三、〇〇〇マルクまでの所得では八パーセント程度、そして二、〇〇〇／三、〇〇〇マルクから一万マルクまでは八パーセントから十二パーセント程度、一万マルク以上では十―十二パーセント程度だった。その際に、消費税・関税による負担は一、二〇〇マルク未満の所得での五パーセントから一万マルク以上の所得での一パーセント（別の推計では既に三、〇〇〇マルク以上の所得から）にまで低下し、最下位の二つの所得グループでは穀物関税が負担の半分弱を占める。アードルフ・ヴァーグナーは、九十年代に、最低生活費を七〇〇マルクと見積もり、年収一、〇〇〇マルクの場合には二〇〇マルクが「自由に」処分できる金であり、一〇〇〇マルクが比較的自由に処分できる金であると推定している。「自由に」処分できる金の三十―四十パーセントと比較的自由に処分できる金の六十―八十パーセントは税に流れるのだが、これに対して二十万マルクの所得がある場合の税負担は自由に処分できる所得の十四・六パーセントと比較的自由に処分できる所得の二十四・二パーセントにしかならない、と。全体とすれば、一九一四年以前に関しては、税政策によって語るに足るほどの所得の再配分が行なわれたとは言えない。しかし、それは一九一四年以前のヨーロッパのどこの国でも普通のことだった。

税負担に関わるもう一つの税政策上の問題は、社会の経済的＝社会的な部門やサブ部門の間の負担配分の問題、さらには税による助成作用の問題だった。この問題はとりわけ保護関税が導入されてから重要性を増し、そして関税（及び、東ドイツの穀物生産を優遇したいわゆる輸入証明書〔穀物を輸出した場合に与えられ、輸入の際に関税が免除されたので転売された〕の制度のような特別な関税政策上の取り決め）が、部門間の配分争いの主要なテーマ、助成の手段としての位置を保ち続けた。しかし、もちろんこの問題は他の消費税にも関連しており、農業分野での蒸留酒製造者がいわゆる「愛の贈物」、すなわち一定の「割当量」までは税を引き下げることによって優遇されたが、穀物やジャガイモで蒸留酒を製造するユンカーたちだけではなくて、南ドイツや南西ドイツの果実蒸留酒の製造者たちもその恩恵を被ったのであり、蒸留酒税法が制定された一八八七年からはまさに助成のジャングル状態が出現した。砂糖税の場合も似たような状態にあった。もっとも、このような助成措置が実際に有していた意義は、その象徴政策的な意義よりも遥かに乏しいものだった。また、対物税や営業税も、部門によって異なる作用を及ぼした。古くからの税は、とりわけその古風さのために他の部門よりも産業企業や資本会社を捕捉する程度が少なかったのである。ところで、一八七八／七九年〔農業保護関税の導入〕以降、とりわけ一八九三／九四年〔カプリーヴィの通商条約政策への反発〕以降は、問題となっていたのはもはやそのような優遇措置を取ることではなくて、「苦境にあえぐ」農業を税政策をも通して救済すること、農業の負担軽減を図るだけではなくて助成措置と特別な利益を保証するような負担の再配分を行なうことだった。その際に中心に位置していたのはエルベ川以東地域の大土地所有であった。そのような助成政策を取ることになった農業政策上、経済政策上の理由については先に述べたが、体制政策に関わる意義は明白である――プロイセンを担う支配層の一つであるユンカーと、帝国においても保守的な政策の支えとなる農民とを、維持あるいは「救済」することが狙いとなっていたのだった。税政策と関税政策は一九一四年まで完全に農業を優遇し、商業・銀行・証券取引を冷遇したが、しかし冷遇されていると感じていた人たちが挙げた嘆きの声や、教条的な自由貿易主義者や助成反対論者たちが反農業派（そして、反ユンカー派）の立場から浴びせた非難の声を重視し過ぎてもならない。商業や銀行や産業は、それでも予想できなかったほどの繁栄を享受していたのだからである。国民経済が巨大な成長を遂げる下で、他の諸部門は負担の増加に耐えることができたのだし、実質所得と実質賃金が上昇する下ではおそらく消費者も耐えることができたと思われるのだが、この点については私たちは結論を下す必要はない。

以上の諸点と関連して、私たちは税政策に関する決定が憲法体制政策に関する一つの重要な帰結をもたらしたことにも目を向ける必要がある。初期立憲主義においては、そして依然としてプロイセン憲法紛争期においても、あらゆる税政策の中心には政府と議会の対立、国家と社会の関係が位置していた。そのような状態は、干渉政策・助成政策が開始するとともに根底から一変した。税政策は、社会そのものの強力なグループの間で利害と配分を巡る争いが展開される場となったのである。ビスマルクの税政策はまだそのような極の間で揺れ動いていた。彼が罷免された後は、国家が金を必要としていたことを別にすれば、配分を巡る争いが前面に出るようになった。いまや消費者も選挙民として、明らかに弱い役割とは言え、一定の役割を演じるに至った。そして社会的任務の拡大は、さらに新しい分野での配分を巡る争いを呼び覚ますことになった。しかし、これらのことが意味したのは、財政政策や税政策においてはもはや議会の諸党派が政府と対峙しているというのではなくて、諸党派が相互の間で、そして政府との間で、助成や負担の軽減や特別な負担に関して自らの支持者たちが有している利害を巡って争い合うということだったのである。金銭の支出は議会の問題ともなったのであり、そして予算を承認しないこともあり得るという古《アルト》自由主義的な脅しは、自らの選挙民にも否定的な効果を及ぼしかねなかったために、政治的に非現実的なものとなってしまったのだった。

これら個々の事実や構造の一切と、本節で述べてきた展開とを合わせて考えてみれば、帝国における財政体制・税体制の問題性が尖鋭化していったのだと言うことができる。帝国だけではなくて地方自治体や連邦諸邦の債務も増大していったにもかかわらず、また、帝国の財政だけに目を向ける見方は相対化する必要があるにもかかわらず、確かに言えるのは、帝国の財政状態は思わしいものではなく、——一九〇九年まで、それどころか本来は一九一三年まで——ますます思わしくないものとなっていったのであり、それに較べれば連邦諸邦と地方自治体の財政はまだまずまずの状態にあったということであった。一八七一年の憲法は、財政に関する権力を連邦主義的な形に配分して連邦諸邦に最も重要な財源を保証し、そして一八七一年に先送りされた帝国税の導入という問題は、自由主義時代の終焉〔一八七〇年代後半〕とともに採り上げるべき課題からはずされ、帝国を財政的に自立させようとしたビスマルクの試みは、それが反議会的な傾向を持っていたために（さらには、連邦主義の抵抗に遭ったために）挫折し、フランケンシュタイン条項という一八七九年の解決策は連邦諸邦の財政権力と帝国の依存状態をほぼ最終的に固めてしまった。要するに、連邦諸邦が覇権を握るという意味での連邦主義的な財政体制の取り決めは何ら解決策とはなり得ず、問題は残り続けたのであり、時が経てば経つほど問題は大きくなっていったのである。このような状態は階級政治的な作用をも及ぼし、税の主要な部分、とりわけ直接税は、制限選挙権と等級選挙権に基づく邦議会の手に握られたままで、普通選挙権に基づく帝国議会の手が及ばなかった。そしてこのことは、基本的には、税政策の面では「進歩的」だったプロイセンの税制改革にも当てはまったのである。

　出発時から存在していた問題は、世紀転換期以降ますます尖鋭化していった。帝国は防衛と軍備を管轄していたが、そのための費用は戦艦建造が決定されてから著しく膨れ上がった。借入で賄うという当初取られた打開策は問題を先送りにしただけであり、いつまでも続けられるものではなかった。帝国は巨額の債務を背負うことになった。帝国は新たな収入源を必要とした。いまや、税政策・対社会政策上の対立が現実味を帯びたが、それは、大衆の政治化、「民主化」の結果として大多数の政党が選挙民（普通選挙権の下での）への依存度を強めたからだった。財産と所得への課税のみが、政党スペクトルのなかの中道派にとっても受け入れられるもののように思われた。この種の課税を巡るヨーロッパ共通の争いが、官憲的なドイツ帝国にも波及してきたのだった。財政の窮迫と、税政策に関する階級間の争いとが、「財政改革」を一九一四年以前の十年間におけるドイツの内政の一つの主要なテーマに押し出すことになった。このテーマを巡って諸政党のグループ分けに変化が生じた。しかし、それとともに帝国と連邦諸邦、議会と政府、民主主義と所有との間の権力配分が、そして体制そのものが根本的に問われることになった。たとえ当面は一回限りの出来事だったとしても、——社会民主党の賛成票を得て保守党の反対を押し切って採択された——一九一三年の所有税（財産税）〔帝国相続税〕は、ある程度までは体制改革を意味したのである。

第5節　法と司法

一八七一年に成立したドイツ帝国は法治国家だった。それは、帝国の現実の憲法体制の一つの中心的な部分を成していた。

　ドイツ人の法体制は帝国建国期に一つにまとめられていき、それを通して新たな形を与えられることになった。この法体制は国民的《ナツイオナール》で全国的な体制である。法政策は政治そのものにとっての中心的な課題と見なされていた。当時の人たちにとってそのような法政策の第一の課題と考えられていたのは法秩序の統一性を確立することだった。それは実際上も不可欠なことと思われたのである。すなわち、ダイナミックな経済社会は統一的な国民経済のために統一的な法を必要としていたし、法治国家を重視していた自由主義的な市民社会はまさに法治国家を完成させるために新たに獲得された国民国家における法の統一性を必要としていた。さらに、自由主義的な市民たちの間では、一八四八年以来、法の統一と全国的な司法制度とが国民的《ナツィオナール》な統合にとっての不可欠な「器官」であり部分であると見なされていて、まさに象徴的＝メタ政治的な重要性を持っていた。そして同様に君主政的＝官僚的な支配機構の側も、法が統一されて帝国が一つにまとまることを目指していた。国民《ナツィオーン》を官憲国家的な形で構築しようとする場合にも法の統一が必要だったし、そして国家による規制が増大していけば、法という形を取った官僚的な水平化や中央集権化に向かう傾向も強まったからである。それと同時に、このような法政策における国民的《ナツィオナール》な統一化には、第二の要素として、法治国家を自由主義的な意味で、また、官僚的な意味で完成させるということも含まれていた。確かに、自由主義的な法理念と官僚的な法理念とは異なっており、自由を志向するか秩序を志向するか、個人の自律性を目指すか国家の権威を目指すかという違いがあった。しかし、どちらもともに合理的な法を目指し、体系と予測可能性と確実性を目指すという点では共通していたのであり、そしてこの方向性を代表するすべての人たちは法律家としての訓練を受けていた人たちだったので、市民的な法学の体系を実現することを目指していた。市民的な個人主義に依拠する法治国家理念はそのような考えに根差していたのであり、国家の側にしてもそのような考えを基盤としていた。すべてが法律と法に従って進められるべきだったのであり、国家にしても裁判において、また裁判を通して法律と法に拘束されており、そしてすべての市民は法の下で平等な主体であるべきだったのである。

　元来、北ドイツ連邦と帝国は統一的な商法と刑法を定める権限を持っており、さらに特別な必要がある場合には邦と競合する立法権限を持ち、それどころか権限の範囲を定める権限を持つことになっていた。それを実現させた自由主義派の人たちは、さらに歩を進めることを迫った。権限の境界線は流動的だった。例えば、帝国が商法を管轄するのであれば、債務法や物権法がいつまでもその影響を受けずに済むことはあり得なかった。一八七三年に連邦参議院は帝国の権限拡張を抑えようとする抵抗を諦め、帝国は民法全体と訴訟手続法をも管轄することになった。北ドイツ連邦刑法典を基にした一八七一年の帝国刑法典の制定と、一八七二年における一八六一年の全ドイツ商法典――ドイツ連邦の法政策の分野における唯一の成果だったのだが――の新帝国による継受、そして厳しい争いと産みの苦しみの下で成立するに至った一八七七／七九年の「司法関係諸法」、すなわち民事訴訟法、刑事訴訟法、破産法及び裁判所構成法の制定が、法の統一化における最初の大きな成果だった。最後に、一八七七／七九年における帝国裁判所の設置が実際的にも象徴的にもこの過程を完成させた。裁判所構成法と訴訟手続法を制定することが、法治国家的な手続きを保障するものとして自由主義派の優先課題リストのなかで常に特別な位置を占め続けてきていたのである。

国民的《ナツィオナール》な法の統一から外れる例外として、古い連邦主義からの遺物、あるいは新旧の連邦主義への譲歩も存在していた――そもそも民法典（ＢＧＢ）の導入法が依然としてそのような要素を多分に含んでいた。邦の法だけが扱う特殊な分野――例えば学校や税や地方自治体に関する法など――があり、あるいは新しい行政法、さらには古くからの奉公人法などもその種のケースに属していた。例えば、バイエルンの市民たちにとっては多くの民事訴訟では上訴の道がバイエルンの最高裁判所で終わり、帝国裁判所は除外されていた。いっそう重要だったのは、法体制を法律と並んで支える第二の柱である司法が、行政高権を持つ諸邦／個別邦の行政の下に置かれていたことである。諸邦は独自の司法行政と法務省を持っていた。諸邦は、例えば人事と養成制度を（そして、それとともに裁判官の任用と昇進を）管轄していたのである――確かに、とりわけ裁判所構成法のような帝国法上の規範によって拘束されてはいたが、しかし自立していて強い権力を握っていた。

諸邦の法務省は、同時に、帝国の立法に関する連邦参議院の提案と決定に際しても主導的な位置を占めた。その際には、実際の力関係から見てベルリンの法務省が特別な役割を果たしていた。全体としての帝国に関しては一八七七年から――帝国宰相府の部局から発展した――帝国法務庁が帝国法務長官の下で管轄するようになった。この小さな官庁は、行政上は帝国裁判所を含む僅かな担当分野を持つだけだったが、しかし帝国の法律を準備する際に主導的な役割を果たすようになり、しだいにプロイセン法務省からも自立していって、より帝国を志向し、より近代的な姿勢を取った。

連邦主義化された法治国家秩序のもう一つの重要な部分である行政法については、行政に関する節で扱った。行政法は連邦諸邦の管轄事項であり、その限りでは様々に異なっていたが、しかし基本原則と精神はドイツ全体に共通する統一的なものであった。

ところで、全国的な法体制にまず属するのが刑法である。既に述べたように、自由主義派の人たちは刑法に関する立法を北ドイツ連邦の権限に含める憲法条項を受け入れさせることに成功した。既に一八七〇年に新しい刑法典が完成し、そして死刑廃止問題と「国家権力への抵抗権」を巡って激しい争いが議会の自由主義的多数派とビスマルク及び連邦参議院との間で繰り広げられた後で、一八七〇年のうちに採択された。自由主義派は主要な点では譲歩せざるを得ず、死刑は維持されることになり、抵抗として認定されるための要件は当局の行為が合法的なものであるという条件によって拘束されることになったものの、しかしたとえ国家機関の側が誤っていたとしても抵抗は処罰の対象となり得たので、そのような拘束にはほとんど意味がなかった。この点では、「伸縮自在《カウチユク》な」条項という状態に留まったのである。「警察罰」という厄介な問題は、言わば棚上げにされたままだった。

一八七一年にこの北ドイツ連邦刑法典がドイツ帝国刑法典となった。この分野における統一化と新秩序がこれほど急速な成功を収めたのは、当時にあっては進歩的で模範的と見なされていた一八五一年のプロイセンの法律という模範を土台とすることができたからであり、また、刑法に関する基本的な諸原則がドイツでは啓蒙主義と〔ナポレオン時代の〕改革期以来比較的歩調を揃えて発展してきていたからであった。この刑法典は、「法律なくして犯罪なく、刑罰なし」という十九世紀の古典的な自由主義的＝市民的な見解を土台としていた——すなわち、犯罪という概念も刑罰も確定された法律と結び付けられ、いかなる法も裁判所によって等しく適用されて、裁判官は法律による定義に厳密に拘束され、裁判官の裁量は刑量を定めることだけに限定されるものとされた。犯行者ではなくて、それゆえ社会的あるいは心理的な条件ではなくて、犯行のみに集中し、犯行者も含めて人格の私的な側面に国家が介入することは控えるべきであると考えられ、どのような人物も行動の自由を持つという理論に立って、犯行と、責任（故殺／謀殺）、意図的な因果関係の有無とが厳密に区別された。刑罰が——相対的に——人道的なものとなり、刑罰を科すに当たっては秩序を保つという目的に集中することで節度ある控え目な姿勢を示すようになり、刑罰は——死刑を別にすれば——懲役と禁錮という二つの主要な拘留刑に限られるようになった。刑罰は何よりも報復あるいは威嚇（一般的予防策）として捉えられ、改良の手段、ましてや教育の手段（特殊予防策）と考えられることはほとんどなかったが、犯意を重視する刑法の名残として、未遂の行為を以前よりも穏やかにではあるが断罪しようとする（例えば妊娠していないのに効き目のない手段で堕胎しようと望んだ人たちの場合のような、無用な手段や、無用な対象に対しても）傾向も見られた。以上のような原則に関しては、一八七一年の時点では、秩序と国家の権威を強調する保守派と、市民の自由と自己責任を強調する自由主義派との間でも相対的に意見の一致が存在していた。この刑法典はなおも時代の高みに位置していたのである——もっとも、一つの始まりとしてよりもむしろ一つの終止符という意味においてではあったけれども。その後、遅くとも世紀転換期頃には犯罪学と刑法学に新しい社会学的＝心理学的な方向性が登場してきて、社会復帰と犯行者の社会的・心理的特性とが中心に据えられるようになったのだが、これについては前の巻の学問の章でフランツ・v・リストと関連して述べた。

刑法は、直接的な反逆罪や大逆罪といった域を超えたところでも、政治との境界線上で一つの武器であり続け、例えば文化闘争のなかで――届出義務違反を理由として――利用されたし、社会主義者鎮圧法の下でもそうであった。出版法は侮辱罪に関しては厳しい内容を含み、無実あるいは真実であることを証明する負担が編集者の側に課せられた。

刑事訴訟手続を新たに再編することに関しても当初は意見の一致が見られ、一八七七年の刑事訴訟法はフランス大革命の伝統を継承して過去数十年間にわたって見られた進歩を統一的に取りまとめ、あるいは統一化した。すなわち、被告の保護を考えて、口頭で公開の審理を行なうこと、法に則った聴取を原則とし、一般に恣意的な扱いから護ること、告訴と判決とを分離し、告訴権を独占する検察官と非党派的な裁判官との役割を分けること、裁判官が警察に対して強い立場に立ち、一時的な拘束を超える拘禁は裁判官の逮捕命令がある場合にのみ可能なこと、そして一般に被告への保護を強化すること、などである。こんにちの目から見れば、被告（及び、容疑者）の立場はまだかなり弱かったように見えるし、検察に対する裁判所の優位は十分には保障されておらず、刑事訴訟に際しては警察が、司法をコントロールする自立的な検察の第一の補助機関となっていた。それでも、当時の人びとにとってはこの訴訟法は一つの自由主義的な成果だったのである。もっとも、自由主義派と官憲国家との争点は残り続けた――例えば、出版法での編集者による証言拒否の問題や、職権乱用の追及、すなわち行政を刑法で監視するという問題や、あるいは信書の秘密を尊重するという問題などである。これらの問題で自由主義派は一八七七年には譲歩せざるを得ず、保守的な特徴が残り続けたのだった。

刑法典と刑事訴訟法に関しては、説教壇条項〔教会での聖職者による政治的な発言を処罰の対象とする〕や高利禁止条項や売春仲介禁止の規定などを別にすれば、一九一四年までほとんど変更されることがなく、刑法を巡る理論や議論の新しい方向性はまだこの面では作用を及ぼすに至らなかった。しかし、重要だったのは、運用において二つの変更が加えられたことだった。その一つは、行政経由で「執行猶予」という条件付きの有罪判決が導入されたことであり、それは短期の自由刑の改革を求める批判に応じたものであった。これが実現するに当たっては、邦君主の恩赦権、君主による条件付きの恩恵という奇妙な回り道を経た。この恩赦権は、本来は君主政の古風な遺物だったのだが、大抵のドイツ諸邦で一八九五／九六年に法務大臣が政令で扱う事項となった。もう一つは、裁判所による刑罰の運用がしだいに変化していってますます緩やかなものとなり、例えば法律では本来軽微な犯行で情状酌量の余地がある場合の例外に過ぎなかったはずの罰金刑が増えていった。一八八二年にはすべての刑罰の二十五・三パーセントが罰金刑だったが、一九一一年には五十パーセント以上にまで増えたのである――いまや、危険な傷害罪や家宅侵入罪（一九一一年にそれぞれ六十八・二パーセントと七十七・七パーセントが罰金刑）や、反抗罪（四十四・三パーセント）や詐欺罪（四十・四パーセント）にも多くの罰金刑が科されるようになったのだった。一八八二年にはすべての犯罪のうちの四・一パーセントに懲役刑が科されたが、一九一一年には一・四パーセントだけとなり、そして比較的短期の禁固刑がある程度増加した――習慣的な犯罪とも言える重窃盗罪の場合でさえそうだった。重窃盗罪の場合には、一八八二年にはほぼ九、〇〇〇件のうちの二、〇〇〇件に懲役刑が言い渡されたが、一九一一年には一万三、七〇〇件のなかの五二〇件に懲役刑が科されただけだったのである。同じ期間に禁固刑の数は六、九一二件（そのうち禁固三か月未満が二、一二八件）から一万三、一九九件（そのうち三か月未満が三、九三四件）に増えた。まだ改革派の人たちの犯行者犯罪学、すなわち犯行者の人格に焦点を絞って、再犯や青少年犯罪の問題などに取り組もうとする傾向に配慮されることはなかったのだけれども、時代の心理学的な傾向がこのような個々の犯行に対する判決がより穏やかなものになることに繋がっていったのだった。

以上と関連して、私たちは刑の執行についても簡単に見ておく必要がある。確かにこの点ではドイツ諸邦は様々に異なっており、統一的な決まりは存在していなかった。しかし、刑罰の目的が報復と並んでとりわけ一般的な威嚇にあった限りでは、安全と厳格な規律と清潔を保つことと、そして場合によっては独房監禁を行なうだけで十分だった。一八四〇年代から既に議論されるようになっていた刑務所改革は、――アングロサクソン諸国を模範として――徐々に改心させ、社会復帰を目指し、釈放後の生活を可能なようにすること、犯行者のグループを編成して労働を教育の手段とすることを目指していた。しかし、一般にドイツではそのような点に関して実行されたことはほとんどなく、例えば労働は一つの可能性であって必須のものとは見なされていなかった。刑務所のスタッフは心理学や教育学を重視して任用されることはなく、囚人たちを慈善的な意味で教育しようとするような努力が払われたのは基本的には釈放時からだった。刑の執行を統一的な法律で定めようとする動きは――帝国法務庁がイニシアチブを執って委員会が結成され、一九〇九年から一九一三年までの間に三つの草案が議論されたけれども――停滞したままだった。刑の執行をどのように改革するとしても、それには金が必要とされたことだろう。それでも、一九一四年以前に最初の未成年者刑務所が――ヴィットリヒ／モーゼルに――設置されたが、それは社会復帰を図るという考えから生まれたものだった。

刑法は、犯罪を罰して犯罪者たちから身を護ることを目指していた。人口十万人当たりの有罪判決を受けた犯罪の数、すなわち「犯罪率」は、特に一八八七／八八年から九十年代後半までの間に一、〇〇五件（一八八五年）から一、一七六件（一八九五年）へと増加し、一九〇〇年（一、一四三件）から一九一二年（一、一四四件）までの間はほぼ同じ水準で推移する。未成年犯罪もほぼ同様の増加傾向を示している。その際、とりわけ再犯者の数が増え、初犯者の数は幾らか減少しさえする（刑事罰を受け得る年齢に達した十万人当たり、初犯者の数は一八八二年に七三六人、一九一一年には六四一人であるのに対して、前科者の数は一八八二年に二五九人、一九一一年に五四〇人）。数字が曖昧であり、統計が不確かであって、逮捕率が向上して告訴が増えたというだけかもしれないけれども、それでも有罪判決数の推移は犯行数の推移と対応しているという推定は、それなりに根拠のあるものである。全体の数字を犯罪の種類と地域的な分布に基づいて仕分けしてみると、都市化の過程が及ぼした典型的な作用を窺う手がかりと、かなり大まかなパターンを得ることができる。すなわち、圧倒的に農村部の犯罪だった放火と嬰児殺しの比率が減少し、詐欺と背任が著しく増加するのである。窃盗の件数（詐欺罪よりも二・五倍多い）は農村部ではほとんど変わらないが都市部では増えていく（とりわけ産業の中心地や急速に成長する都市でそうであり、古くからの大都会ではそれほど増えない）。一九〇〇年までは窃盗の比率と穀物価格との間にポジティブな相関関係があることを確認でき、そしてその後も、穀物価格の代わりにもっと幅広い生計に必要な物資を基準にした場合にも物価と窃盗率との間に一定の相関関係があることは変わらない。しかしその際には、窮迫ゆえの犯罪が占める割合はどちらかと言えば農村部の（そして、東部の）生活形態に対応するのに対して、都市の場合には社会的なコントロールの低下のほうがより重要なファクターになっていくように思われる。とは言え、そのような関係はほとんど明瞭なものではないし、犯罪率の増大の原因を農村部的な共同体が都市的な社会に移行する際に結び付きが解体された点に求めたり、あるいは一義的に犯罪の「近代化」について語ったりすることは、まったくできない。このことは、暴力犯罪に目を向ける場合に特に明らかになる。暴力行為は言わば古いタイプの犯罪として農村部で頻繁に起こり、農村部からの流入者が多かった産業に規定されて急成長を遂げた都市でも同様であったが——そのような都市では暴力行為が特に増えて、古くからの犯罪の近代的なタイプと言えた——、これに対してゆっくりと成長していって産業にはそれほど規定されていない古くからの都市では、そういうことはなかった。もっとも、一九〇〇年以降は暴力犯罪そのものが幾らか減少していく。全体とすれば、都市での犯罪の頻度は極めて様々であり、成長と、規模と、人口密度と、就業状態と、住宅状態と、貧困度との複雑な混合状態に左右された。社会的に劣悪な状態に置かれた少数民族がある程度大きな役割を果たし、ポーランド人が混住している地域での犯罪率は高い。さらに、学校教育が犯罪を抑止する一つのファクターになっていたと思われるし、また、比較的古い都市に備わっていたインフラストラクチャーが、当局や社会の側からの対抗措置が発揮した予防効果を高めたように思われる。さらに、農村部やサブプロレタリア的な層の間では、犯罪が依然として社会的なプロテストの姿勢と結び付いていた。

　犯罪は、この時代には、たとえ複数の行為者が加わっていたとしても、まずは個人によるものだった。徒党（盗賊団や窃盗団）が幅を利かせた古くてアルカイックな時代は過去のものとなり、後のような組織犯罪の時代はまだ訪れていなかった。しかし、本書が扱う時期にも、例えばベルリンやハンブルクにはおそらく犯罪者の世界《ミリュー》、故買人と泥棒の、あるいは売春宿と殺人者の世界《ミリュー》が存在していた。重大な犯罪の場合には、例えば嫉妬のような激情や家族間の緊張関係がなおも大きな役割を果たしており、制度や規範によって生活が徹底的に拘束されている状態が、暴力によらないで問題のある状況から脱却する可能性（例えば離婚するというような）を著しく制限してしまっていたのだった。

　厄介な「民」法の統一化と再編が進展する以前に、当面はプロイセンで一八七二年に不動産担保権が自由化されて、国家による監視が緩められ（不動産取得法と不動産登記法）、そしてとりわけ——一八七七年の帝国司法関係諸法と関連して——刑法と民法にとって本質的な意味を持っていた裁判所の構成と、民事訴訟手続とが統一化されるとともに部分的に自由主義化されたが、どちらもドイツの法体制にとって核心的な部分を成していた。その際に、民事訴訟法については争いはなかった。刑事訴訟の場合とは反対に、民事訴訟では訴訟は双方の利害当事者の間のものだった。裁判官の立場は弱くて、裁判官は双方の利害当事者による事実や立証の申し立て、審理期日の設定やその延期に従い、訴訟の指揮から締め出されて、——証拠への自由な評価に基づいて——判決を下す役割だけに限定され、私人である当事者双方の自律性を尊重することを命じている法律の下で仲介者というよりも紛争調停者としての役割を果たした。裁判官は「裁量」に基づいて物事を「形づくる」ことを意図してはならないとされていた。国家は、――法秩序と法の平和を護るというレベルを超えて――市民社会の問題に介入するべきではなかったのである。元々問題となっていたのは「真実」を見出すことではなかったのであり、訴訟の目標はその点にはなく、争いと法の不確かさを解消すること、形式的な秩序を確立することにあった。それゆえ、例えば、提訴人がいなければ裁判官もいない、というようなことが言われていたのである。もっとも、国家は新しい制度をも導入したのであり、弁護士を付けることが義務づけられたのがそれであった。訴訟――期限を守らないとか、契約の条件について争うといった問題に関するような――が社会全体にとって持つ重要性は、自由主義の時代においては乏しかった。例えば訴訟を引き延ばすというような悪習に対する、ある程度まで社会国家的な立場からの批判が提起されるようになって、初めて当事者が支配的な地位を占めるという原則が押し戻されて、社会を護るという機能が強調されるようになり、その結果、一九〇九年の区裁判所における訴訟に関する最初の改正を通して当事者の全能に制限が加えられ、例えば裁判官の質問権が拡充されて、質問することが、それどころか解明に努めることが義務づけられるようになった。

法の活動と秩序にとってまさに決定的な重要性を持ったのが、裁判所の構成だった。訴訟法についての帝国の権限からは自明のように裁判所の構成に関する権限も生じてきて、その結果、一八七七年の裁判所構成法が成立した。この法律は、官僚的な精神と自由主義的な精神との双方に基づいて組織と法治国家を定めた法律だった。第一に、この法律は司法を最終的に国家のものとすることを定めて、最後まで残っていた封建的・身分制的な司法権を廃棄した。第二に、原則として三段階から成る裁判所の構成――区裁判所と地方裁判所と上級地方裁判所――を定め、通常の審級制、すなわち控訴（事実の再検討を含む）及び／あるいは上告（法の検討のみを行なう）の可能性を確立した。さらに、裁判所の内部構造が定められ、単独の裁判官（民事での区裁判官）あるいは規模の異なる「部」（複数の裁判官による合議制）によって判決が下される仕組みや、第一審の管轄事項（比較的小さな事項は区裁判所、比較的大きな事項は地方裁判所が扱い、反逆罪や大逆罪は特別な定めによる）が決められた。全国共通の最高裁判所としてライプツィヒに帝国裁判所が設置されたが、一般的には第四審としての位置を占めたものの、本来は法の適用に関する上告のみを対象とし、大逆罪と反逆罪の場合にのみ第一審としての役割を果たした。帝国裁判所は、既に北ドイツ連邦時代に存在していた連邦最高商業裁判所の役割を引き継いだ。それとともに、憲法で確定された権限の域を越えて、帝国は司法上の権限をも有することになった。バイエルンが持つ特殊利害は、バイエルンの最高裁判所（第四審級としての）が組み込まれるという形でも配慮され、その他の場合には帝国裁判所に属していた幾つかの管轄事項がこの裁判所に引き継がれた。他のすべての裁判所は伝統に従って邦君主の名において判決を言い渡したが、帝国裁判所は皇帝の名においてではなくて帝国の名において言い渡した。

裁判所構成法による第三の成果は、三権の分立、すなわち司法の独立性が制度的に保障されたことだった。それは一つには裁判官に関するものであり、裁判官は一方的に罷免されたり配置転換されたりしないことが保証された。帝国議会はそのような統一的な規定を苦労して連邦参議院に受け入れさせた。なぜなら、そのような規定は当然のことながら裁判官に対する邦行政の人事高権を制限することになったからである――もっとも、邦の行政は裁判官の昇進を、すなわちキャリアを握っていたので、その限りでは裁判官の「独立性」は相対的なものに留まっていたのだけれども。さらに、裁判官の自立性は裁判所の自己管理によって保障され、また、（上級の裁判所の場合には）予め「部」の構成と職務の配分が確定されて客観化されていたことによっても保障された。市民は「法律に基づく」裁判官を相手にしていたのであって、その点に関しては、誰であろうと、とりわけいかなる国家機関であろうと、操作するようなことがあってはならなかった。このような規定そのもののなかには、そしてその背後には、裁判官についての自由主義的な理想像が潜んでいる。裁判官は、第一に国家への奉仕者というのではなくて、法律に対してのみ義務を負っているのであって、中立的に調和を図り、社会の諸集団を超越して国家と社会とを調停するべき存在と考えられていたのである。裁判官は社会の仲裁者なのであって、官憲的な君主政の伝統を受け継いで道徳を見張る裁き手なのではない。そして裁判官は、客観性を旨として「法律の口となる」存在なのであって、法を発見したり平和をもたらしたりする存在なのではなく、「法を適用するカリスマ的人物」（ハッテンハウアー）なのでもない――それらは、絶対主義的な理想に他ならず、あるいは健全な民衆感情や社会的正義を引き合いに出す最新流行の神秘主義的な理想に過ぎないのだ、と。裁判官は、愚かしい実証主義批判が主張するように精神のない法律の奴隷、法律の自動機械となるのではなくて、まさに法律によるコントロールが可能な形で、そして自らをコントロールしつつ、国家によって法律として確定された法を合理的に誠実に代表する存在となるべきだったのである。他の法律家たち、検事や弁護士、そしてとりわけ行政官僚たちも、裁判官となれるだけの能力を備えるべきとされた。

裁判所構成法は、第四に、一般人が判決に参加する規定を含んでいた。それは長らく前からヨーロッパとドイツの自由主義が好んできた考えであり、アングロサクソン諸国やフランスの模範例が豊富に存在するようになっていた。問題となっていたのは、民衆的で民衆に近い判決が下されるようになることであり、司法装置や司法人事政策におけるあらゆる官憲的な傾向に対抗する重しを創り出すことであった。そのような一般人が加わる裁判は、とりわけ南ドイツと西ドイツで一八四八年から制度化されていた。保守派の人たち、特にプロイセン政府は、この問題では一部は政治的な理由、また一部は実際的な理由から制限を加えようとする傾向があり、あるいは妥協的な解決策として、陪審裁判制の代わりに、一般人と職業裁判官とが一緒になって判決を下し、職業裁判官が一般人に強い影響を与える――と、考えられていた――参審裁判制のほうを好んでいた。それが実現できなくなると、陪審裁判を一定の問題群（例えば有罪の判定）や特殊な犯罪だけに限定しようとした。とりわけ政治的な事案やプレスに関する事案は職業裁判官たちに委ねるべきだと主張された。これとは正反対に自由主義派の人たちは、陪審裁判が広範な権限を持つことこそが自由と法治国家を護る核心的な部分なのであると考えていた。この問題を巡る対立のために一八七七年の司法関係諸法はほとんど流産しかねないところまでいった。連邦参議院はある程度の妥協を受け入れようとする姿勢を示したものの、国民自由党の議員たちはビスマルクの強力な圧力に譲歩せざるを得なかった。彼らにとっては、統一的で本質的には法治国家的な裁判制度が成立することこそが結局は最も重要なことだったのである。妥協の結果は以下のようなものであった。連邦参議院は帝国議会と南ドイツ諸邦に配慮してプロイセンの提案に反して陪審裁判を維持した。比較的軽い犯罪については区裁判所で参審裁判が、重大な犯罪については地方裁判所で陪審裁判が行なわれ、中程度の犯罪については地方裁判所の刑事部、すなわち職業裁判官が管轄した。後者の二つのケースについては事実の再審理を含む控訴は許されず、法の解釈に関わる上告だけが許された。プレス犯罪については現状が維持され、すなわち南ドイツでは陪審裁判、プロイセンやその他の邦では裁判官の「部」が扱った。政治的な犯罪は直接帝国裁判所に回され、それゆえ一般人は審理に加われなかった。陪審裁判では陪審員は有罪か否か、情状酌量の余地があるか否かだけを決定し、三人の裁判官が訴訟を指揮して刑量を決定した。有罪か否かの宣告に関して三人の裁判官と陪審員との間で意見の不一致が生じた場合には、一度だけだが別の新たな陪審裁判に付すことができるものとされた。参審員と陪審員は選出委員会――郡長と一人の裁判官と自治行政機関の陪席者で構成される——によって選ばれたが、プロイセンに一八六六年に新たに加わった州に関しては既に一八六七年の時点で陪審員の選出権が県知事から控訴裁判所の長に移譲されていた。選出される資格は財産や教養を条件とせず、一定の官吏集団を例外として三十歳以上であれば誰でも選出され得た。陪審員は、裁判期間ごと、訴訟ごとに、選出委員会が提案した三倍の人数のなかから裁判官団によって選ばれた。検事の側も弁護士の側もある程度までの拒否権を持っていた。

国民自由党の議員たちは、彼らにとって中心的な意味を持っていた陪審裁判問題では譲歩せざるを得ず、その限りでは直接的に敗北を被ったのだけれども、しかし全体としての法律と、これによって導入された裁判所の構成は穏健な自由主義の精神によって満たされたものであった。そして陪審裁判の重要性——プレスの問題に関してもーーは、それでなくとも自由主義派の人びとによって過大評価されていたのであって、十九世紀の末にはもはやそれほど大きなものではなくなっていた。その限りでは、自由主義派の「譲歩」は長期的に見れば大きな現実的な意味を持ってはいなかったのである。

裁判所構成法は、訴訟手続法や例えば破産法のような執行法と関連していただけでなく、裁判所や裁判官と並ぶ司法のもう一つの主要機関を最終的に制度化することとも関連していた。検察がそれであり、国家の機関であって、一方では法治国家の原則に基づいて司法とははっきりと分離されていたが、他方では官僚制的＝ヒエラルヒー的に構築された国家装置にしっかりと組み込まれ、すなわち法務行政からの指示に拘束されていた。さらに、弁護士の地位と活動が定められ（弁護士法）、弁護士職は国家から独立して自由職として解放され、相応の試験を受けて裁判官職に相当する能力があることを証明すれば、住まいを定めてどこかの裁判所に認められるという単なる形式的な要件を満たせば済むようになった。それと同時に、弁護士は独自の名誉規則を定めて職業の水準について判断することができ、そのために典型的なドイツ的モデルに基づいて弁護士会議所が設置されるようになる。公的な証書の作成に不可欠だったいわゆる公的な公証人の場合には事情が幾らか異なっており、また、地方によって様々だった。公証人に関しては一般に営業の自由が適用されず、特殊な許可制や任命制によっていた。一八七八年にプロイセンは、南ドイツではそれまでもプロイセンよりも裁判費用が低めだったのに対して、帝国のなかでもかなり高めの裁判費用を設定した——もっとも、それは保守的な法政策上の理由からではなくて財政的な理由からだった。

全体としての法務スタッフを検討してみたい。最初に確認しておく必要があるのは、人事問題を管轄する法務行政が諸邦に存在していて、そして帝国裁判所を「配下に置く」帝国法務庁が存在していたということである。もちろん、諸邦の法務行政（及び、法務省）は、連邦参議院とプロイセン法務省を通して法案、帝国の法律の準備作業に参画した。これらの準備作業において、そして準備作業を通して、主導権を握っていたのは法務の専門家たち、政治的には彼らのなかの保守＝自由派的あるいは穏健保守派的な人たちだった。ドイツ民法典の準備協議の際のように法政策上の対立が生じた時には、法務家としてのコンセンサスが支配的な位置を占め、人事政策においては「非政治的」な人たちと穏健保守派的な人たちの混合状態が支配的であった。このような人事政策の結果、裁判官は帝国建国期から第一次世界大戦までの間に一部はより非政治的になり、一部はより保守的になっていく――世紀半ばのような主として自由主義的な裁判官というタイプは背後に退いていくのである。法務の専門家というあり方と、どちらかと言えば保守的な政治的姿勢というあり方とは、人事政策においてしばしば緊張関係をもたらした。法学のなかでは民事裁判官のほうが刑事裁判官よりも上位に位置したが、政治的には国家の権威を強調する刑事裁判官のほうが検事の場合と同様に目立つ地位を占めており、検事として「実績を残す」ことがより上位のポストに昇進するための良い前提条件となることも稀ではなかった。検察で実績を挙げた試補も、その後のキャリアで有利な立場にあった。その一つの結果として、例えば帝国裁判所の民事部に属する裁判官たちは刑事部に属する裁判官たちよりもはっきりと自由主義的であり、刑事部ではより検察的な精神が支配的だった。このことは、例えば一九〇二年以降のストライキに対する判断において明らかになる。参審員や陪審員は何ら対抗力とはなり得ず、彼らはむしろ政治的＝社会的に保守的な人たちでもあった。

裁判官と法律との結び付きは濃密で厳密なものであり、例えばカルテル法や労働法のような特殊近代的な分野においてだけ、裁判官が自主的に法を発展させていって、裁判官による法へと至る余地が存在していた。

裁判官の数は、一八八三年から一九一三年までのプロイセンで六十パーセント以上増えて六、〇〇〇人以上になった。この増え方は人口の伸びよりも幾らか少なく、そして訴訟の数が一〇〇パーセント以上増えたのに較べればそれを遙かに下回っていた。試補の数は五倍に（七〇〇人近くからおよそ三、五〇〇人に）増え、試補見習の数はおよそ三、九〇〇人から七、一〇〇人以上へと倍近く増えた。検事の数は一九一二年になってもおよそ五七〇人に過ぎなかった。

官吏となった法律家たちの社会的な出自、養成教育、状況と任用については、官吏、行政スタッフ一般との関連のなかで扱った。法律家はどちらかと言えば上級の中間層に属していたが、そもそも無給の試補見習と試補の時期が長くて家族の財産を必要としていたという理由からだけでも、そうであった。試補として受け入れられるか、ましてや官吏として任用されるかは、司法の上層部と法務行政の規範に左右され、それゆえ才能と業績だけにかかっているのではなかった。そして同様のことがキャリアにも当てはまった。新規の裁判官のポストを節約するためにますます多くの試補を予算外の無給の補助裁判官として用いるようになったことが、まもなく一つの中心的な問題となった。これらの試補たちはなおも著しく「上司」に依存していたので、このような事態は長期的には裁判官の真の自立性を制限してしまうことにもなりかねなかった。このような自由主義的な法治国家の観点からの異議と並んで、法務行政自体の利害からもこのような試補のあり方に対して異議が唱えられたので、結果として裁判官の自立性は保たれることになった。しかし、一種の破損個所が存在していたと言うことはできる。

一九〇〇年以降にドイツの裁判官たちに向けられた批判には、四つの主な方向性があった。第一に、賢明な法律家や官僚たちは、ある程度まで卑屈に上を窺う姿勢が見られると言って批判した。第二に、保守派の人たちは、裁判官は法律と形式の重視を「過度に」前面に押し出し過ぎていると言って、その「無気力ぶり」を批判した。第三に、経済界の人たちは、裁判官は世間知らずで概念形式主義的な法学に囚われて馬鹿げた定義――鉄道と電気の定義が名高い例だが――を行なっていると言って批判した。最後に、左派の人たちは、裁判官は民衆的ではなくて十分な社会的責任を意識していないと言って批判し、社会主義者たちは、ストライキや団結権や労働状況に関する大抵の問題では、それどころか――一見したところでは――労働者が対象となる場合には常に、階級的裁判官に過ぎないと批判した。もっとも、「階級的司法」という非難は常に同じケースを繰り返し取り上げて土台としていたのだが。確かに、一九一四年以前の司法が「体制」の一部分であり、制度的なエスタブリッシュメントの機関であって、民衆的ではなく、民主的であるには程遠く、お上を指針としていて、現実の階級闘争のなかで非党派的な立場を取っていなかったことに疑問の余地はなかった。裁判官は市民層の出身であり、「市民層的」な思考の持ち主だった。しかし、階級的司法は、司法の弁護者たちが主張したように単なる例外に過ぎなかったわけではないが、社会主義者たちが言うように通例だったわけでもない。集会権や団結権に対する姿勢は、双方の主張の根拠となる実例を十分に提供しているのである。司法は、自由主義的な十九世紀の司法的法治国家を継承してもいたのであって、そして制度や規範や形式に、法治国家という性格が――幾つかの蹉跌があったとは言え――疑問の余地なく確実なものとなるように刻み込んだのは、古き自由主義の成果だったのであり、ドイツの秩序は法による、法に規定された秩序であり続け、一般庶民も七十年前に較べれば遙かに自らの権利を護って一片の正義を手に入れることができたのであった。法実証主義と法律実証主義は後に不当に誇られることになったが、それこそが初めて法の確実さという巨大な成果を実現することができたのである。

ドイツ帝国の法政策のなかで最も時間がかかって最も重要な問題となり、法体制の一つの中心的な部分となったのは、民法を統一的に、そして新しく編纂することだったが、民法典（BGB）は一九〇〇年に発効し、この時代の法政策における最大の成果となった。この法典には、やはり時代の法文化と法体制の精神及び緊張関係とが反映されている。国家と官僚制が合理的な法に関心を抱いていたこと、自由主義派が契約の自由と私的な自律性に関心を抱いていたこと、市民的な資本主義が法の確実性に関心を抱いていたこと、すべての当事者がなおも存在していた様々に異なる法秩序を統一するのに関心を抱いていたこと、これらの点については既に述べた。一八六九年に定められた「営業の自由」は統一的な法体系のなかに取り込まれねばならなかったし、どちらかと言えば古風な土地法や相続法は資本主義的な市場経済の精神に合致するように改めねばならなかった。一八七三年に帝国に民法への権限を付与する、すなわち民法の統一化に道を開くことが決議された時には、例えば文化闘争の観点からの非教権的な婚姻法への関心や、あるいは自由主義派の立場からの自由な共通の結社法への関心のような、政治的な特殊な理由も一定の役割を果たしていた。しかし、それらは決定的な点ではなかったのである。

民法典が成立するに至る文脈のなかでは、一連の点が一般史にとっても注目に値する。

一、政府レベルでまず政治的に問題となったのは、法における自邦中心主義の問題だった。一八六六年以前には南ドイツがプロイセンに対抗して国民的《ナツィオナール》な法典の作成を迫っていたのに対して、いまやプロイセンが単一国家への流れを代表していて、南ドイツ諸邦とザクセンはむしろ防御の立場に立ち、それぞれの邦の特殊性を護ろうとした。そのために、統一化に際しては配慮と妥協が必要になり、場合によっては特殊な形を尊重したり、邦の特別な立法のために除外したりすることが必要になった。法典化の作業は第一に改革を目指して新たに創出するものとはなり得ず、ともかくも現存の状態を統一化して取りまとめ、体系化するものとならざるを得なかったのであり、新たな出発点というよりも終着点を意味していた。それが、連邦主義体制の下での法的多元状態がもたらした結果であり、法政策にとっての所与の政治的な基本条件であった。

二、ところで、以上の点は当時における法学と法との関係に対応している。この関係については第一巻のなかで述べた。法規範が様々に異なり、慣習法が慣行として存在している状況の下で、法学がローマ法を基盤として概念的な体系を構築して、それが司法と法の運用の土台となった。法学者たちが暗に前提としていた「哲学」は、概念法学という法学実証主義であった。それは様々に異なっている諸体系を一つに取りまとめるのに特に適していた。国家が法を定めて法典を編纂するということは、このような状況の下では、その利点が確信されていた法学的な「体系」を法律という形で表わし、食い違いを解消し、隙間を埋め、不明瞭な点を明瞭にすることを目指すものでしかあり得なかったのである。

三、さらに、以上に対応して、諸草案の作成者と編集者も、重要な「利害」を代表して立場を表明する発言者も、そして議員団の意見を主導する委員会のメンバーも、全員が法律家であって、なおもかなりの程度まで均質だった学問の規律に服している人たちだった（例外的な人たちについては、すぐ後で述べる）。決定的な位置を占めていた職業集団の、体系と概念を重んじる法学的な思考が、独特な共通性を発揮しつつ、歴史上稀なほどにこの立法プロセスを支配していたのであった。そのためもあって、このプロセスは現状を維持しようとする傾向をも内に含んでいた。どのような刷新も論争を呼び起こさずには済まなかったが、それに対してはこれまでに得られた見解のコンセンサスに立ち戻るのが、一般的にも法学的にも良識に合致することだと思われていた。すなわち、争いが生じた場合にはこれまでの法が優先されるべきだったのである。現存していて、学問によってさらに発展させられ形を整えられた法のほうが、例えば社会の変化によって求められるような、大抵はまだ不明瞭で議論を呼ぶ要請よりも優先されたのだった。主要な草案作成者の一人であったゴットリープ・プランクは、刷新しようとすれば意見が食い違って際限のない議論が繰り広げられ、利害が対立し合う下では、現存しているものを体系化する他ないのだ、と繰り返し強調した。それは、党派と利害の多元状態の下での政治的な知恵に他ならなかった。

四、民法が法学者たちによってその刻印を与えられたということは、国家主義的な自由主義という意味での「市民的」な性格を与えられたということを意味する。何らかの民主主義的な自由主義や、特殊資本主義的な自由主義や、さらには農業的＝封建的な立場からの資本主義への利害が、この新しい法を規定することはなかった。この法は、市民的な法学者たちという意味において市民的だったのである。この法は、極めて特殊な意味で「法学者の法」であった。そしてそれは、政府や議会多数派の穏健自由主義的な国家主義に合致していたのである。

五、法学者的な性格と市民的＝自由主義的な性格の一部分に属しているのが、公的なものと私的なもの、公法と私法とを区別しようとする基本的な傾向、と言うよりも決断である。確かに、そこからは多くの困難な線引きの問題が生じてくる。しかし、そのように区分しようとする姿勢から、自由主義派の人たちが私法に情熱を注いでいたのは「脱政治化」しようとする傾向、それどころか保守的な傾向のためだったと考えるのは、極めて不適切な見方である。個人を過剰な国家による、あるいは社団的・封建的な拘束から護ろうとする古くからの自由主義の基本的な傾向が決定的な点だったのであって、そしてそれは政治を異なる基盤の上に据えようとしたことを意味していたのであり、決して政治からの退却を意味していたのではなかった。国家と個人とが混じり合った分野が存在していたのは、見誤りようもない。すなわち、国家は、鉄道の制度を定めたが、その一方では株主や土地所有者を、裁判所の特別な権限や、枠組みとなる諸条件を設定することを通して保護してもいたのだった。

民法典の最初の草案を起草したのは、専門家の委員会であり、この委員会では「実務家」のG・プランクが支配的な位置を占め、そして学界からは当時の高名な「法典主義者《パンデクテイスト》」であるベルンハルト・ヴィントシャイトが重要な影響を与えた。委員会の草案は一八八七年に公表されて、諸邦政府によって、さらには専門家の意見聴取を経て修正された。一八九〇年に新しい委員会が設置され、この委員会による（第二次）草案が批判を考慮に入れたうえで修正されて、一八九五／九六年に第三次草案として議会の委員会審議を通過した。

三つのグループから──根本的な──異議が唱えられた。一、学問的に最も重要な批判者はオットー・フォン・ギールケだった。草案の基調はローマ法を近代的に変容させたものだったのだが、ドイツ法史の教授としてのギールケはローマ法に反対するいわゆる「ゲルマン法派」の伝統を受け継ぐ立場に立っていた。それがそもそも理念政治的な問題を提起していた。法の統一、国民的《ナツイオナール》な精神の表現としての法を求める国民的《ナツイオナール》な要求は、国民的《ナツイオナール》と見なされていたゲルマン法の伝統に立ち返ることによってではなくて、もちろん長らく前から「受容」されていたとは言え異国の伝統を継承発展させることによって解決された。そしてこの法は、ゲルマン法派の人たちからは「民衆の法」という理想とは異質な「法学者の法」と見なされたのである。そのような見方を拠りどころとして、草案は「教条的」であって「生活とは縁遠い」ものであるという見方がある程度広まっていった。ギールケが提起した具体的な異議は反響を見出したけれども、しかしそのような原則的で理念政治的な主張はもはや大きな作用を及ぼすことはなかった──時代はあまりにも実際的で市民的になり過ぎていて、議論を主導する人たちは「民法学派」の法学的なコンセンサスに十分取り込まれてしまっていたのである。いまや、ゲルマン法に立ち返らなくとも国民的《ナツィオナール》であることは可能になっていたのだった。いっそう重要だったのは、ローマ法によって規定された民法の規範化から生じた資本主義的な性格に対してギールケが提起した二つの政治的＝社会的な批判点、とりわけどちらかと言えば右派的な論点とどちらかと言えば左派的な論点であり、それらはそれぞれに右派的ないし左派的な利害関心を採り上げていた。ギールケは、個人の物件に対する権利をも人と人との間の法的関係として捉え、――とりわけ所有権の場合にそうだが――法への義務と結び付けようとした。このことが意味したのは、一方では土地所有は従来以上にその社会的機能と、例えば人間や家族の郷土との結び付きと結合されるべきだということだった。すなわち、彼は過度の金銭的な流動化に反対して、単独相続権を支持し、分割の制限を支持したのである。そして他方では、社会的な保護条項の追加と厳密な形式を通して債務法が個人の権利に関わる機能を拡大するべきだと主張した。彼は一般に所有権が中心的な位置を占めることを批判した。そして最後に、協会や協同組合や会社は、単なる法人という虚構ではなくて別個の法的構造を持つべきだとされた。団体法が労働法と同様に市民的法秩序の一部分にならねばならない、と主張されたのである。

二、さらに、――ギールケの「右派的」な論点を受けて――農民の相続権の特殊性を市民的＝資本主義的な観点に立って無視し、資本価値に従って分割することを指針とする相続権が農民の農場経営の存立にもたらす社会的な帰結を軽視しようとする姿勢への批判が展開された。九十年代は農業危機と、農民の生存能力への虚実を取り交ぜた懸念によって規定されていたので、この論点は「農業派」やその支持者たちの間で幅広い反響を呼んだ。さらに彼らは、土地の債務や抵当に関する規定に対しても、債権者、すなわち都市の資本提供者に有利に定められていると批判した。建築手工業者の建築主に対する要求を――資本の提供者による要求よりも――より良く保障しようとした試みも、「中間層政策」の同様な方向性の一部分を成していた。すなわち、これらは、一見したところでは特に資本に好意的なように見えた法規定に対して農業政策や中間層政策の立場から提起された異議だったのである。

三、ギールケは、「左派的」な批判にも、オーストリアの法律家で社会主義者であったアントーン・メンガーが一八九〇年に表明した（『民法と無産民衆諸階級』において）ほど鋭い形でではなかったものの、しかし社会法的＝社会改革派的な論拠を与えていた。法律は、反社会的な個人主義によって満たされており、根底にある契約の自由という原理を利用することも可能な、資本と収入と権力における強者を優遇し、社会的な弱者、農民と手工業者だけでなく、とりわけ賃金労働者を冷遇して、例えば労働関係や、さらには賃貸関係をも規制するような、格差を調整する社会法的な要素を欠いている、と。例えば、賃貸住宅が第三者に売却されても賃貸関係は継続する、すなわち解約通告期間が保証されるという規定〔民法典第五六六条〕は、最初の草案にも含まれていたが、そのような意味での要求を表わしたものであり、専門法律家たちの組織である法律家大会もそれを支持して実際に法律に盛り込まれた。それは「社会的な油の滴《しずく》」のようなものだったが、すべての人たちが結果としては新しい法にそのような滴が注がれることを望んでいたのだった。割賦販売業・分割払業という新しい対象についての規定も、似たような状態にあった。これに対して、公正な価格と公正な利息という保守的＝ロマン主義的で反自由主義的な理念や、私法の自律性を国家による公法的な領域によって制限するというポスト個人主義的で社会自由主義的な理念は、どちらも実現される可能性はなかった。

全体とすれば、草案は批判を驚くほど難なく乗り越えることができた。批判に応えて改められたのはごく僅かな点だけだった。むしろ「実務家」たちの修正提案のほうが採り入れられた。このことは、九十年代において農業政策と中間層政策が優先される位置を占めていたこと、そして権力を握っていた保守派が、連邦参議院で決定的な力を持っていたプロイセン政府の内部に堡塁を築いていたことを考えれば、驚くに値する。そうなった理由として重要だったのは二つの点であった。その一つは、法律家としてのコンセンサスが存在していて、そのために高級官僚たちや大臣たちも利害政治的な不当な要求に対する免疫ができていたということである。法は全体に対して義務を負うものであって、特殊利害に奉仕するものではないのだ、と。農業や中間層の要望に対する防御のために常に第一に持ち出された論拠は、そのような要望に従ってしまえば法的な体系性と立法の利害中立性が破壊されてしまう、というものであった。その種の要望は邦の立法や特殊な立法で扱うべきとされた。その際には、例えば要求されたような変更を加えると農業や家主への融資に害を及ぼすことになる、というような経済的な指摘も一定の役割を果たした。政治的にはそれほど力を持ってはいなかったけれども、世論には大きな影響を及ぼした、社会法的な立場からの批判に対しては、法的な現状を維持するという論拠が持ち出された。すなわち、法は社会を変容させるためにあるのではなくて、その真価を実証してきたものを護るためにあるのであって、利害や階級や理念を巡る対決のなかでは立法者は党派的な立場を取ることはできず、そうであるとすれば現に妥当しているものが優先されるべきなのである。利害に基づくあらゆる異議は、個別特殊的で、対立を引き起こすものなのであり、社会的な利害に対して中立を保つことによってのみ法の統一性は確立されるのだ、と。一八七一年の国民的《ナツイオナール》な使命のほうが、一八九〇年の社会改革の理念よりも優先されたのである。法学実証主義者たちのこのような主張は極めて真剣なものであったことを見て取るべきだし、それを社会保守的として一蹴してしまうべきではない。彼らにとっては、法の統一性によって法を確実なものとすることは、人間の自由と人間性とを実現するための一つの至上なる価値だったのであり、様々な議論の的となっているあらゆる社会改革よりも強力なものだったのである。それはまた、政府寄りの国家ナショナリズムがゲルマン主義的な民族《フォルク》ナショナリズムに対して勝利を収めたことを意味した。

もう一つの重要な点は、宰相と帝国法務庁、さらにプロイセン法務省は、この「国民的《ナツイオナール》な事業」の成立に本質的な利害を有していたということであり、それは帝国の利害に関わることであって、政治的に一つの成功となる必要性があったのだということである。このような成功への利害は「一括的な利害」であり、そして一括したものをどのような形であれ「解きほどく」のは成功を危うくしてしまうに違いなかったので、プロイセン農業省や政府内の農業派ロビーの側からのあらゆる不当な要求を食い止める必要があったのだった。

以上のような二つの論点は、やはり法律家であった主要政党の委員会メンバーたちにも共有されており、最もそうだったのが国民自由党の委員たちであって、彼らは内容がどうであれ法の統一が実現されれば良い方向に向かうに違いないと考えていた。保守派の側では、親政府的な法律家グループが、留保を付けようとする封建的＝農業的なグループに対して勝利を収めた。最も意外だったのは中央党が賛成したことであり、それがなければ多数派を形成することができなかっただろう。中央党は——神学者たちによる意見書に基づいて——世俗的な婚姻と離婚に関する規定を受け入れたのであり、それは宗派同格の非カトリック的な国家を承認したことを意味した。幾つかの親カトリック的な譲歩——カトリック的な「夫婦別居」が法的な制度として受け入れられ、家庭生活が崩壊した場合の合意に基づく離婚が廃止された——は、実質的と言うよりも見かけだけのものに過ぎず、離婚を困難にするような規定はその後裁判所によって一般条項の解釈を通して適用されなくなったので、なおのことそう言えた。中央党が取った態度については、一方では党の指導者にのし上がりつつあったペーター・シュパーンが率いる法律家グループが、そして他方では「ポジティブ」な帝国政策を取るというこの時期の党の一般的な方針が、それぞれ重要な役割を果たした。

社会法の面では、「勤務契約」や、既に述べた賃借権に関する一定の保護規定が草案に盛り込まれ、婚姻の扱いは幾らか保守的になったが、結社権は幾らかより自由主義的なものになって、数十年間にわたって揉め事の種となっていた政治団体の連合禁止〔政治的な協会は邦の境界を越えて連合することが禁止されていた〕が最終的に廃止されたが、保守派や連邦主義派が求めた留保が導入法に受け入れられて、その点では法の統一と法学的な体系に制限が加えられることになった。ともあれ、結局のところは、問題はあったにしても、民法典がもたらす利点のほうが、様々な異議を上回り、欠陥と感じられていたものを上回っていた。一八九五／九六年に民法典は最終的に連邦参議院と帝国議会多数派の同意を得た。一八九六年八月十八日に告示され、一九〇〇年一月一日に民法典が発効した。商法典の場合のように他の法的対象も民法典に添うように改められ、あるいは新たに定められた。

　この立法事業の利点と欠点について評価を下すのは、ここでの私たちの任務ではない。ただ、二、三の点については指摘しておかねばならない。この法典は、人と、物と、法律行為について扱っている。支配的な抽象と、大抵は回避されている因果関係論との間を、法典は、裁判官に一定度の自己責任を負わせるとともに一定度の超法律的な社会的ェトスを承認するいわゆる一般条項（「信義に照らして」、「重要な理由により」、「行為基礎の消滅により」など）を通して乗り切ろうと努めている。裁判官が――機械的にではなくて――「考えつつ」法律に従うことによって、一般条項の助けを借りつつ、法を経済的・社会的な発展にある程度まで適応させることが可能になるのである。それを通して安直で政治的な日和見主義に基づく無原則な判決が助長されるのもあり得たこと、あるいは裁判官の間に法律的な秩序に関して字句と精神に反する主観的な傾向が見られたこと、このことは否定できない。その点が、自由主義派の人たちが一般条項に不信感を抱いていた理由だった。そして一九三三年以降〔ナチス政権期〕は権力者側の法律家たちは好んでそのような条項を引き合いに出した。しかし、一八九六年当時の一般条項は、まだ確固として存在していた確かな法モラル・裁判官モラルと結び付けられていたのであり、そのようなモラルが当時は危険性を限界内に留めていたのだった。法律への実証主義的な拘束は、後にはしばしば不当に、そして無知のゆえに非難を浴びせられたが、この世代の人たちにとっては法の確実さを保障してくれるもの、あらゆる公正さの基本だったのであり、ドイツ法実証主義の弁護者であった亡命者、偉大なハンス・ケルゼンは、このことを五十年代に至るまで倦むことなく強調し続けたのであった。

　後の人びとは、しばしば、この法典は具体性を欠く抽象的なものであり、公正さという実際的なモラル的原則が色褪せてしまっていると言って非難した。しかし、市民的な社会の多元的な状態に反して立法時の多数派が道徳的な絶対的命題や世界観的な信条を乱用するような事態のことを思えば、そのような控え目な姿勢は異なる光を浴びて見えてくる。この姿勢は、独自の道徳的な真摯さに基づくものだったのである。ドイツ民法典は、一般の人びとや法的同胞に宛ててではなくて、法律家たちに宛てられたものだった。ドイツ民法典は、発展を遂げた法学の一つの遅ればせながらの産物であったが、しかしながら全体としての市民的文化の産物なのでもある。この法典は、事物に取り組む姿勢が生み出した一つの大いなる業績であり、あらゆる矛盾や、一般の人びととの反響が乏しかったにもかかわらず、一つの傑作であり、非アングロサクソン世界に及ぼした国際的な放射力には巨大なものがあった。もちろん、ドイツ民法典は、ナポレオン法典のような土台を築いた法律というよりもむしろ一つの最終的産物なのでもあった。この法典は、世紀転換期のドイツ社会のアイデンティティを示す法典ではなかったし、農民の法典でも労働者の法典でもなかった。

ドイツ民法典は、確かに保守派と自由主義派との党派対立を超越していたが、しかし全体とすれば自由主義的な法典、すなわち穏健自由主義、国家主義的な自由主義の特徴を帯びた法典であり、十九世紀の市民的就業社会における所有の自由・契約の自由・相続の自由を支持し、私人の自律性、自立して同等の権利を持つ個人の間の契約の自由を土台として、君主や貴族や農民や手工業者の古来の特別な権利に反対し、そして賃金労働者が新たに特別な権利を持つようになることにも反対していた。この法典は「諸身分」を平等化したのである。労働関係においてさえ、家父長主義は個人主義を基盤とする団結権に取って代わられたのだった。しかし、この法典の自由主義的な性格はもっと深いところまで及んでいる。民法典が私人の自律性を基本としていたということは、個人の主体的な権利を基本法によって保証することを意味するものであり、そして権利は自由を意味するのであるから、個人の自由を保証することを意味していた。その限りにおいて、この民法典の基本原則は——あまりにもしばしば、そしてあまりにも速く忘れられてしまう点なのだが——憲法としての、あるいは基本権としての地位をも占めていたのである。

確かに、この民法典は資本主義的な経済社会の一つの産物なのでもあって、合理的で個人的な法システム、契約の自由を目指しており、私人としての自律性が所有や信用の確実性と結び合わされている。社会法的な拘束よりも所有権のほうが優先されているのは、資本主義的な秩序に対応していた。しかし、法典編纂の作業は、時として主張されるほど資本主義の利害や利害代表者たちによって規定されることはなかったし、農業資本主義的なユンカーたちの抵当に関する利害によって規定されることもなく、法律家の官僚たち、昔ながらの市民的で自由主義的な法律家たちによって規定されていたのだった。彼らが、新しい国民国家という旗印の下での立法を主として規定したのである。

この民法典は、幾つかの保守的な特徴を帯びており、例えば悪名高い猟獣被害に関する規定や、導入法が邦の古風な法律に委ねたままにした「欠落部」がそうである。そして、その一方では、社会法的な——未来を指し示す——要素を僅かながら含んでいる。法典は、これらの一切を調和させようと努めたのだが、しかし全体とすれば既に幾つかの進展しつつあった現実の発展に遅れてしまっていた。例えば、婚姻と持参金に関する法は完全に古風な家父長主義的なもので、経済的には精々のところ家族経営を指針としたものに過ぎず、両親や未婚者の権利にしても同様である。結社権は、依然として警察や国家によって著しく制限されている。社会法的な芽生えは弱々しいもので、モラルを維持することに力点が置かれていた。当時の状況に較べれば、あるいは既にビスマルクの社会政策に較べてみても、法典は後れを取っていた。契約の自由と社会的な自由との間に矛盾が生じ得るのではないかという問題に思い至ることもなかった。そこには、市民的なメンタリティが支配している社会の自信が反映されていたのである。この法典は、資本主義の発展からも遅れていた。社会経済的な模範とされていたのは、本来、個人としての企業家であって資本会社ではなく、一般的な契約や債務に関する法は新たな会社法とスムーズに結合されてはいなかったのである。

それゆえ、法の統一と、民法の「市民的」な性格との間には隙間があった。導入法は個別邦に例外を認め、それらの例外は消滅していくだろうし、地域的な効力を持つ「だけ」だと考えていたが、しかしそのような地域化は例外が生き延びることを保障し、一定の疑似封建的な特別法を保障したのだった。奉公人法、すなわち農村部での労働制度や、家族世襲財産《フィディコミス》法や、さらには諸侯の特別な私的権利が維持され続けることになったのである。権威主義的な絶対主義時代の福祉国家の伝統を受け継いで、建設権や水利権、狩猟権や漁業権が、さらには公共の所有地が対象となる場合には土地に関する権利、また、幾つかの点では農民と農業に関わる権利が、公法によって規定された。その限りでは、私人の自律性という原則が制限されたのである。一般的な行政と、まさに成立しつつあった行政法——これについては行政と関連して述べたが——も、私法の規範のなかには組み込まれなかった。

他方では、以上のような伝統と結び付いた形ではあったものの、私人としての自律性に制限を加えるような近代的社会国家の新しい法秩序もその姿を現わしてきた。そのような法秩序が、民法典と同様に法体制の一部分を成すようになるのである。最も重要なのは社会保険制度に伴う法秩序である。また、例えば会社設立詐欺〔一八七三年の証券大暴落〕の結果として一八八四年に改定された株式法における株主保護のような、消費者保護の端緒が見られるようになり、そして協同組合法（一八八九年）によって新たな責任に関する規定（有限連帯責任）を通して協同組合間の協働が可能になった。さらには、労働法がある。団結権とストライキ権（ストライキに伴う一定の措置を定めたのを始めとして）や、個人的及び集団的な労働契約権や、経営規則制定権などが定められた。それらはまだ端緒に過ぎず、これらの領域に当局に代わって裁判所と法律が進出していくのには時間がかかった。私法の統一性は、――統一的な自由主義的で市民的な社会が解体されていき、労働者層が定着していくのに伴って――解体されていき、新しい特別法が成立していった。社会国家は法体制をも変えていったのである。この点については、社会政策を扱った章で詳しく述べた。最後に、経済法が近代的な発展を見て、例えば会社法の分野で株式会社や有限責任会社や合名会社のような制度がそれぞれの法律によって定着し、カルテルや企業に関する法も発展したが、それは、本来、立法を通してではなくて、判決、すなわち裁判官による法を通してであった。

このような法体制の大いなる新たな発展も、以前からの秩序が持ち越された部分も、どちらをも見過ごしてはならない。しかし、中心的な位置を占め続けるのは、市民的な法秩序の自由主義的で個人主義的な核心部なのである。

第6節 軍

軍、すなわち第一には陸軍、次いで海軍は、ドイツ帝国を担う支柱の一つだった。軍の存在、軍の地位、軍の内的秩序は現実の国制の核心的な部分に属しており、帝国は軍を持つ国家というだけではなくて言わば軍事国家でもあった。軍は、政府及び議会と並ぶ第三の権力要素であり、君主に特別に近い位置を占める点で際立っていた。議会が果たす機能と政府が機能する能力とは、軍によって、軍が現実の国制のなかで自立的な地位を占めていることによって、制限されていた。軍が政治を左右するような影響力を行使できた場合には、私たちは政治的ミリタリズムという言葉で表現する。

軍は、国家構造・国制構造の一つの核心的要素だっただけでなく、社会の一つの核心的要素でもあった。軍の内部構造とその精神、そして外部に向かっての放射力が、その点で決定的な意味を持っていた。そのような影響力が圧倒的である場合には、私たちはそれを社会的ミリタリズムと呼ぶ。

軍は、国民《ナツィオーン》とその国家の武装した戦闘力であり、あらゆる安全保障政策、あらゆる世界大国政策の手段であった。一九四五年以降のドイツでは、もっぱら「ミリタリズム問題」、国制及び社会との関係にのみ目を向けて、そのような機能を軽視しようとする傾向がある。しかし、そのような機能こそが第一のものだったのであり、その点こそが軍が存在する自明な存在理由だったのであって、そのような機能を基準として軍の質や能力が測られ、軍が求めることを許される犠牲を根拠づけていた——神秘的な自己目的とか、あるいは革命が起こる場合に鎮圧するというようなことではなくて——のであった。以下では、国制との関係、社会との関係、及び、安全保障政策・対外政策との関係というこれら三つの問題群を論じていきたいが、いましがた注意を促したばかりであるにもかかわらず、最初の二つの問題群を比較的詳しく述べることにしたい——これら二つの問題群の背後にはより複雑な問題が横たわっているからである。

a　軍と国制

それゆえ、最初に扱うのは、国制のなかの軍、国家のなかの軍である。私たちは、新帝国の連邦主義のなかで軍が占めた位置という、比較的小さな問題から始めたい。陸軍は「それ自体」として連邦主義的に組織されており、ザクセン、ヴュルテンベルク、バイエルンの陸軍は独自に編成され（「分担兵力」〔帝国の陸軍兵力を分担するという位置づけ〕）、それぞれの国王と特別に結び付いており、一定の人事高権の下で独自のスタイルを保っていた。しかし、最高司令権は既に平時においても皇帝が握っていた——ただし、バイエルンだけは例外で、戦時においてのみ皇帝の司令権の下に置かれた。とは言え、陸軍は決して分担兵力の寄せ集めだったわけではなくて、全体として統一された軍隊だった。皇帝の最高司令権、養成・軍備・組織を均一にする必要性、兵役義務と陸軍予算についての統一的な規制、これらの一切が軍事政策における単一国家主義《ウニタリスムス》をもたらした。その際には、プロイセンが覇権を握っていることが顕著に示された。三王国以外のすべての諸邦はプロイセン陸軍に加わり、そしてドイツ陸軍は一般的に言って帝国全体に拡大されたプロイセン陸軍に他ならなかった。国民国家によって陸軍の負担を全国化し、それを通して陸軍とプロイセンとの双方を脱プロイセン《ボルシア》化して、より立憲的で、より軍国的ではない形を与えようという、自由主義派の人たちが抱いていた夢は実現されなかった。陸軍はプロイセン的なままであり、そしてドイツはよりプロイセン的になったのである。自由主義派の人たちは、プロイセンの軍事エリートたちの抵抗を押し切って体制を自由主義化することができず、軍事政策を議会主義化するための選挙民の支持を失って、そして軍備の必要性を減少させることができるのではないかという期待は幻想だったことが明らかになったのだった。

軍事体制が連邦主義的な遺制を残しており、そしてプロイセンが覇権を握っていたことから生じた一つの帰結は、帝国陸相が存在せず、連邦参議院軍事委員会の長だったプロイセン陸相が帝国陸相の機能を引き受けて、憲法上の空白を埋めたことだった。プロイセン陸相が、軍事問題では帝国議会に対して――法案について三王国の同意を取りつけたうえで――「帝国」を代表した。このように定められたのは、ビスマルクが帝国での指導権を求めた一つの結果だったのでもあって、彼は軍人として君主に直接近づくことができ、したがって独自の権力となり得るような帝国官庁の長を望まなかったのである。しかし、このような形になったのは、帝国におけるプロイセンの軍事的覇権を象徴的に表現したものでもあった。

陸軍の場合とは異なり、海軍は初めから帝国の権限に属しており、最初から連邦主義の問題の域外にあって、プロイセンから引き継いだ部分が存在していてプロイセンが模範としての役割を果たしていたとは言え、プロイセンの覇権に伴う諸問題を超えたところに位置していた。

軍は、その内部構造からして書かれた憲法の外部に位置していたが、そのことは憲法に明記されて定められており、その限りではもちろん軍事独裁だったわけではなかった。このような立憲主義体制の外部に位置する地位は、絶対主義の遺産であり、プロイセン軍事君主政の実質を成し、――憲法政策での妥協が行なわれたとは言え――プロイセンの憲法紛争で君主政が軍事政策の面で明瞭な勝利を収めた結果でもあり、帝国建国が軍隊の力で上から行なわれた結果なのでもあった。このことが意味したのは、一方では軍がその核心において議会による共同決定や監督から逃れたということであり、そして他方では政治指導部に対しても特別な地位を保ったということだった。軍の特別な地位が、立憲主義の体制モデルを横切っていたのである。この点で、そしてこの点でのみ、確かに疑似的立憲主義というのではないけれども、中途半端な（あるいは、半ば）立憲主義や隠れた形の絶対主義的な要素について語るのには、正当な根拠がある。

軍の特別な地位を言い表わす合言葉は「統帥権」だった。統帥権は国王兼皇帝の手中にあった。連邦主義による僅かな制限については既に述べた。統帥権に基づく行為は大臣もしくは宰相代理〔帝国官庁の長官〕の「副署」を必要とせず、プロイセン内閣や宰相の全体的責任の対象でもなかった。いかなる議会も（そして、いかなる世論も）統帥権に基づく行為に対しては「責任ある」大臣の責任を問い、理由の説明と回答を強いることができず、いかなる議会もその種の行為をコントロールすることができなかった。それは、国王の権力、「統治の秘密《アルカヌム・インペリイ》」であり続けたのである。統帥権には、内容的には軍の「内部の」事柄、例えば人事問題や部隊の配置、軍の命令や指示が属していた。境界線は必ずしも明確ではなく、疑わしい場合には多くのことが統帥権に属すると主張されることが可能であり、そしてその領域は全体とすれば時が経つにつれて拡大していった。

統帥権の内容の問題と関連していたのが、軍の権力と文官の権力との間の関係という極めて重要な問題であった。軍の権力が戦争時と（革命が起こりかねない）非常事態に備えるものであることは、明らかだった。そのような非常事態の宣言と皇帝による軍への執行権力の委譲に関しては、一定の形式的な規定が存在していた。地域的な騒擾や示威行進やストライキが起こった場合、公共の安全と平穏と秩序が脅かされた場合については、それほどはっきりとしていなかった。八十年代末と九十年代における参謀総長ヴァルダーゼーのクーデタに関する考えは、軍が比較的小規模な騒擾をも武力で鎮圧して、そのような挑発によってより大規模な衝突を起こさせるか、あるいは帝国議会選挙権をクーデタ的に廃止して騒乱に軍を投入するという想定から出発していた。「外なる」敵と並んで「内なる」敵が視野に捉えられていたのであり、そして「わが兵士たち」は場合によっては社会民主党員である自分たちの父親や兄弟にも発砲しなければならない、というヴィルヘルム二世の好戦的な演説が、そのことを意識させ続けた。軍が革命の場合だけではなくてクーデタや、あるいは示威行進が拡大した場合にも投入されるだろうということは、事情に通じていたすべての人が知っていた。それは、内政面で威嚇効果を発揮する潜在力となっていたのである。一八九〇年からそのようなケースに備えた軍の命令が発令されていた。しかし、ストライキに際して実際に行なわれた軍の投入は、もちろん本質的には示威的で威嚇するという性格を帯びていたのに過ぎなかった。そして軍の指導部は世紀転換期以降はかなり控え目な態度を取るようになった。すなわち、――例えばプロイセン陸相の見解によれば――第一に問題となり得るのは、騒乱に際して警察だけでは弱過ぎることが明らかになった場合に警察を支援することだけなのであるが、国内での投入は回避するのが軍の利益に合致するのだ、と。そしてストライキに際しては、司令官である将軍たちは――転覆と闘う闘士であったヴァルダーゼーでさえ――挑発することを避け、あるいは挑発に乗ってより大きな行動に引き込まれることを避けた。軍による暴力的な解決や、あるいは軍に支えられたクーデタが孕む問題性は、指導的な軍人たちもはっきりと認識していた。それゆえ、その種の昔ながらの考えは、遅くとも世紀転換期以降は現実的な重みを失ったのである。

とは言え、一九一三年にツァーベルン〔現フランスのサヴェルヌ〕で軍が不当な干渉行為を働いた事件〔軍の将校がエルザス人を侮辱したのをきっかけとして騒乱が起こり、軍が鎮圧した事件〕をきっかけとして、秩序が乱された場合に文官権力に秩序を回復する意志や能力がないのであれば、軍が自衛のために文民に対して行動を起こすことを許可した古い政令、官房令が存在していたことが明らかになった。これに関する決定権は軍にあった。扇動的な軍人たちは、いまやそれをまさに統帥権の一つの内容にまで仕立て上げた。その後、もちろんこの政令は改められて、今後はいかなる部隊の投入も文官政府の要請を前提とするようになったが、しかし後に見るように、この解決策は憲法国家と統帥権との対立において憲法国家の側の（ともかくも一定の勝利を意味したとは言え）中途半端な勝利を意味するものに過ぎなかった。

確認しておく必要があるのは、統帥権は、帝国における文官の最高の機関を軍事問題・軍事政策に関する決定から排除して軍を隔壁で護ったばかりでなく、少なくとも例外的なケースでは軍に公共生活に介入する権利があることを保障したのであり、そして何が例外的なケースに当たるのかは結局のところ軍自体が決定できたのだということである。

さらに私たちは統帥権が帝国の指導構造に作用を及ぼしたことを考える必要がある。君主の統帥権は、具体的にはかなりの部分が一連の指導ポストや指導機関に分配されていた。すなわち陸軍の場合には軍管区司令官である将軍たちと、参謀本部と、――一八八三年からは一定の程度にしか過ぎなかったが――プロイセン陸相とによって分有されていた。これらのすべてが君主と直接的な関係にあった。彼ら、あるいは参謀本部の場合にはその総長は、君主に直接拝謁して「直奏」することができ、誰であれ彼らと君主との関係に介入することはできなかった。

帝国の機関である海軍は、当初は統一的な指導部、皇帝提督府を持っていた。しかし、一八八九年にこの分野でも機能が分けられた。省庁としていわゆる行政事項を担当する帝国海軍庁と、狭い意味での軍事（司令）事項を担当する、海軍軍令部を持つ最高司令部とが成立したのである。一八九九年には、強力な海軍長官v・ティルピッツが推進する下で、最高司令部は六つの独立した、そしてもちろん直奏権を持つ司令部に分けられたが、それは皇帝と帝国海軍庁の影響力を強めることを意図していた。陸軍の参謀本部とは異なって、いまや自立するに至った海軍軍令部は、かなり重要性に乏しい単なる計画立案部局となった。

ところで、君主は、以上のような司令部局や行政部局と交流するために、また、自らに留保していた事柄、とりわけ人事に関する事項を処理するために、自身の内局を利用した。「政治的」な事柄については民事内局を持っていたのと同様に、軍事的な事柄については軍事内局を持ち、後には（一八九九年から）海軍内局をも持ったのである。元来はこれらの内局は君主の純然たる事務局だった。しかし、内局は重要性を増していった。軍事指導における、そして統帥権を行使する際の、独自の機関となっていったのである。

一八八三年に、プロイセン陸軍省の特別な人事部局が担当していた当該の管轄事項が最終的に陸軍省から取り上げられて、いまや軍事内局が担当するようになった。参謀本部も陸軍省から完全に独立して軍事内局を経由して君主に直属するようになった。陸相のカメーケはこの再編に際して失脚し、陸軍省はさらに弱体化して、その結果君主の統帥権は事実上いっそう強化された。各内局の長が君主による決定を準備し、提出されたものを差配し、扱う時期を設定し、君主に拝謁できる可能性を左右して、自らはほとんど毎日のように君主に助言を与えた。内局の長は週に三回拝謁できたが、参謀総長と宰相は週に一回拝謁できただけであり、大臣たちは拝謁を申請しなければならなかったのである。内局はヴィルヘルム二世の下でさらに権力を拡大した――陸相に対しても、と言うよりまさに陸相に対してそうだったのであり、宮廷における副次的な政府のような様相を呈するようになった。九十年代が内局の権力が頂点に達した時期だった。一八八三年から一八九六年までの間に四人の陸相が主として内局の策動の結果として失脚したのである。一九〇一年以降は内局の影響力はしだいに衰えていき、一九〇八年からは急速に低下した。

これ以外の点も付け加わった。落ち着かない旅行生活を繰り返していたヴィルヘルム二世は、本来、軍人の側近たちに取り囲まれている場合にのみ心地良さを感じていた――一群の副官や宮廷武官から成るいわゆる国王親衛隊《メゾン・ミリテール》、国王の本営、一種のポツダム将校クラブ《カジノ》が結成されたのだった。この皇帝の取り巻きたちのなかには、真に賢明で重要な軍人たちはいなかった。それは憲法が想定していなかった事態だったが、皇帝の決定と政治にかなりの影響を及ぼしたのである。この取り巻きたちは、皇帝の専制的な傾向と文民たちや帝国議会を蔑視する姿勢を途方もなく強めたのだった。ヴィルヘルム二世が与えた形式と、彼が伝統的で制度化されていた統帥権を拡大解釈したやり方は、彼による「個人統治」を助長した。そこから、文官は軍事問題に口を差し挟んではならない――そして、何が軍事問題なのか、境界線を決めるのは軍人たちだった――という、それどころか逆に政治は軍事的な観点に従って形づくられるべきだという、古くからのステレオタイプ的な見方が育まれていったのである。軍事内局と海軍内局の長は、少なくともヴィルヘルム二世の下では帝政ドイツにおける本来の権力の担い手に属していた。

全体とすれば、軍の精神とスタイル、養成規則と勤務規則、人事と規律、名誉と決闘に関わる問題、政治的な方向性、文官権力との関係――これらの一切が統帥権の対象だったのであり、君主とその軍事的助言者たちが扱うべき事柄だった。そのような状態は、国民的《ナツィオナール》、帝国的な形に「近代化」されたものの、君主政的な、そして封建的＝プロイセン的な伝統にしっかりと根を下ろし続けていたのである。

しかし、その一方で、君主の大権にもかかわらず立法の、それゆえ議会の協力を必要とする軍事問題も存在していたのであり、とりわけ予算、それと結び付いていた平時兵力、さらには兵役義務とその期間、軍の刑法とその訴訟手続などが、そうであった。これらのいわゆる軍事行政事項を管轄していたのはプロイセン陸相であり、副署の義務を通して議会に対して責任を負い、さらには補給と給養をも管轄していた。一八八三年に部分的に権限を奪われてからは、陸相が果たす機能はかなりの程度まで帝国の帝国長官のそれに似ていた。もちろん、扱う問題を統帥権と軍事行政とに分けるという奇妙なやり方は、必然的に多くの摩擦による消耗と調整に関する諸問題をもたらさざるを得なかった。

議会の立法権限が軍事問題でどの程度の重みを持っていたのかという問いに答えることは、必ずしも容易ではない。この問題は、軍事支出及び陸軍兵力の問題と関連している。軍事予算と平時兵力の問題は、プロイセンでの軍を巡る紛争が終わった後も争いの対象であり続け、それも当初は金額ではなくてどれだけの期間について承認するかが争われていた。帝国議会にしても、安全保障政策に関する主張に対しては完全に理解のある態度を取っていた。しかし帝国議会は、毎年承認することを望んだ——それは自らの権限を護るためだったが、それに加えて、当時は必要な軍備と支出が減少していくこともあり得るという奇妙な幻想が抱かれていたためでもあった。これに対して政府の側は、一つには議会を締め出すために、もう一つには確実な規模を想定して長期的な計画を立てることが可能になるように、長期間にわたる承認か、あるいは持続的な承認、いわゆる恒久予算制《エテルナート》を望んだ。既に述べたように、一八六七年に四年間にわたる暫定状態が認められて、必要な場合にはそれが新しい法律が成立するまで続いていくものとされた。その背後には、予算法の面で、現存の状態を確定的なものとして議会の介入から護るべきだという旧来の隙間理論が存在していた。暫定状態は一八七一年にもう一度延長された。一八七四年からは、帝国議会選挙が三年ごとに行なわれるという当時の状況の下で、七年間にわたって承認するといういわゆる七年法《ゼプテナート》が存在するようになった。厳しい対立を経て成立したこの妥協は、どちらかと言えば議会の共同決定権にとって不利な形でまとめられたものだった。そして、一八八六／八七年に帝国議会の多数を占める反政府派が、陸軍の増強は認めるものの新たな七年法ではなくて三年間にわたる承認のみを受け入れるという態度を示すと、ビスマルクは一八八七年に帝国議会を解散したのだった。彼は再び皇帝の軍か議会の軍かという二者択一を持ち出して〔プロイセン紛争期に反議会派は「国王の軍隊か議会の軍隊か」というスローガンを持ち出した〕紛争政策を再現するという脅しをかけ、軍事政策の面で国民的《ナツイオナール》な色彩を帯びた「カルテル」選挙〔カルテルは国民自由党・保守党・帝国党の選挙協定〕を演出した。その助けを借りて彼は政府に忠実な多数派を手に入れた。軍事に関する反対派は、国民的《ナツイオナール》で親政府的な方向で動員された選挙民の意志を相手に回して十分な強さを発揮できなかったのである。その限りでは、議会の共同決定権は君主政政府の軍事政策に関する意志をもはや制限できなくなっていたのだった。

ところで、プロイセン陸軍省は八十年代の末から、人口と兵役義務者の数が増えていく下で、「防衛力」をいっそう活用できるようにするために定期的に増大していく形での恒久的な承認を望むようになった。確かに、一八六七年から、人口の一パーセントを兵役に徴集して兵員一人当たり二二五ターラー〔一ターラーは三マルク〕の費用を認めるというルールが適用されていたが、しかし毎年新たに費用が算出されてはいなかったし、金額は人員のみを対象としていて物品や兵器と関係づけられていなかった。けれどもビスマルクは、軍事問題を選挙のテーマとして利用することを学んだために、いかなる恒久予算制という考えからも離れるようになっていた。そして議会の側では、陸軍の兵力と軍備支出が増加し続け、帝国議会の任期が五年間に延長された〔一八八七年に選出された議会から〕下では、毎年の承認という考えは重要性を失っていった。

一八九三年に真の妥協が成立するに至った――帝国議会が解散されて軍事的な合言葉の下で選挙が行なわれ、政府側がささやかな勝利を収めて、平時兵力と軍事予算が引き上げられたが、今後は五年間だけに限定され、そして民衆的・自由主義的な諸党派が以前から望んでいた兵役期間の二年間〔従来は三年間〕への短縮（騎兵を除いて）が実現された。それとともに兵役の不公平さ――一八九〇年頃には三十五万人の兵役義務者のうち実際に徴兵されたのは十八万から十九万人だけだった――がかなりの程度まで制限されることになった。多くの軍の指導者たちも、とりわけ予備役の増加が可能になるという理由で、兵役期間の短縮を支持するようになっていたのである。これ以降は、それまで軍備支出に批判的だった政党、中央党と自由主義左派の一部〔自由思想家連合〕も承認を支持する連合に移行し、古くからの対立が解消された。議会多数派は増大していく軍事負担をともに担うようになった。もちろん、それは、一八九三年から一九一二年までの間に陸軍の軍事力と支出はごく僅か増えただけに過ぎなかったこととも関連していた。それは、一つには支出政策の面では海軍が前面に出てきたためであり、もう一つには社会的に保守的な陸軍指導部が、質の低下と将校団や下士官団に民主化の影響が及ぶのを恐れて、陸軍の規模を大きく拡大するのを拒否していたためだった。

　一八九七年から中心的な位置を占めるようになった軍事政策のもう一つの領域、すなわち建艦政策については、本節の最後のところでまとめて述べたい。ここでは、軍備と防衛の憲法体制政策上の意義を分析するという枠組みのなかで、三つの点を指摘しておくだけで十分だろう。第一に、沿岸守備艦隊と戦闘艦隊は議会と世論に反してではなくてむしろその協力を得て建造され拡大されたということである——もっとも、戦闘艦隊の場合には、政府がイニシアチブを執って多くの公的なプロパガンダで後押しし、ある程度までは政府が圧力をかけたのだったが。より伝統的なプロイセン軍国主義の傍らに、近代的で国民帝国的《ナツィオナールインペリアール》な「海軍主義」が、当初から単に「上から」だけではなくて「下から」も登場してきたのであった。艦船を建造するには長い計画期間と建造期間を必要とし、老朽化も生じるので、艦隊建設に際しては年ごとに議会の承認を得るのはもはや実態に合わず、比較的長期にわたる法律と予算計画が必要とされた。第二に、艦隊の場合に第一に問題となったのは実物への支出であり、この点では軍指導部（帝国海軍庁）と産業界との間に特別な関係が生じた。前の巻で経済との関連で述べたことを思い起こしてほしい。すなわち、国家は価格の点で言いなりになったわけではなくて（そして、生産者からの圧力に晒されていたわけではなくて）、造船所の間の競争を十分に利用できたのだった（クルップによる装甲板の独占は現実よりも伝説のなかで大きな役割を演じている）。ともあれ、以上の点で海軍の政策は陸軍の政策とはまったく異なっていた。そして第三に、海軍は、声高にと言うよりも静かな形で、陸軍と競争する状態へと成長していった。海軍は軍事支出のなかのますます大きな部分を要求するようになり（一九〇一年には十七・九パーセントだったが一九一一年には二十六・五パーセントとなり、その後の一九一三年にも十九・九パーセントを占めた）、その結果陸軍の支出が抑えられ、いずれは熟慮して配分を決める必要があった。海軍の戦争計画／作戦計画が陸軍のそれと並存していて、それもまた協力に関わる問題を提起し、そして当然のことながら外政上の選択にも影響を及ぼした。

　軍備政策が憲法体制政策に及ぼした波及作用に目を向けてみたい。全体を視野に置いて見れば、議会は三つの点で利益を受けたと言える。それらは現実の憲法体制のあり方に変化をもたらしたのだった。第一に、一八九三年の陸軍法案以来、そして一八九八年と一九〇〇年の海軍法案以来、軍事法案は議会が協力してのみ、そして場合によっては議会に譲歩することによってのみ通すことができるのであって、帝国議会の解散からは軍事政策の面ではもはや何も期待できないことがはっきりした。議会は、防衛と軍備拡張の負担を本質的にはともに担った。

その限りでは、政府が議会と折り合ったばかりではなく、議会の側も政府と折り合ったのである。かつての争いはその対象を失ったのだった。第二に、予算権がますます細目化される方向に発展していき、議会は軍事予算の個々の費目をもチェックして承認するようになり、それは特に艦隊建造の際にはっきりとしていた——それは疑いもなく議会が力を増したことを意味したのである。第三に、とりわけ予算審議の際に帝国議会はますます軍事的な事柄を、統帥に関わる事柄をも含めて議論で取り上げるようになり、陸相の答弁を求めた。本来は大臣たちはそのような試みに対して防御するべきだったが、しかし単に統帥権を盾にして沈黙を守るのはしばしば滑稽な印象を与えたし、軍事に関する事柄を議会と世論に対して積極的に、すなわち賛否の論拠を示しつつ主張するほうが、しばしばより適切と思われた。要するに、議会はますます軍事政策一般を議論するフォーラムになっていったのである。陸相は帝国議会で登壇する時には皇帝の怒りを招く、それどころか罷免されるリスクを冒すことになった。軍を統括する君主と将官たちは、軍を全面的に議会から遮蔽するか、あるいは最も厳しい調子でのみ議会を相手にすることを望んだ。これに対して陸相は海軍長官と同様にある程度は議会との協力を頼らざるを得ず、諸政党の支持や、諸政党によっても左右される世論の支持を求めざるを得なかった。陸相のカメーケが一八八三年に、近衛部隊のような一定の威信のための支出と、駐屯都市での免税措置について攻撃されて、まさに議会との関係改善を望んでいた彼があまりにも「ゆる過ぎる」と見なされた回答を行なうと、それが失脚のきっかけになったのだった。しかし、元々は「もっと気概のある」軍人たちだった彼の後任の陸相たちにしても、実情を認識したために繰り返しカメーケと同様の状況に陥った。もっとも、陸相の権限が削減されたことで、逆説的なことに、そして宮廷の軍人たちの意図に反して、議会に対する陸相の権限と力も弱められ、その結果困難がいっそう増大することになったのである。

宰相も、やはりこのような緊張関係に巻き込まれた。宰相は皇帝の名において統治していたので、皇帝の側近たちに依存していた——それゆえ、宰相は、皇帝の側近の軍人たちという「国制上の現実」を、そして彼らによる統帥権の神秘化と、彼らの非政治的な、それどころか反立憲主義的な反帝国議会症候群とを、計算に入れねばならなかった。しかも宰相は、立法に関して、さらにはまさに軍事予算に関して帝国議会の支持、そして世論の支持を得て統治しなければならなかった。その際に問題となった緊張関係とは、「文官」の政治家たちと、陸軍指導部や皇帝の側近における「ミリタリスト」たち、あるいは軍を率いる君主その人との間の緊張関係というのではなくて、軍事体制に議会の同意を取り付けることを目指す近代的で柔軟な戦略と、そもそもそのような姿勢は許し難い譲歩であり軟弱化であると考える古風で硬直した戦略との間の緊張関係だった。カプリーヴィは、元々将軍だった人だが、例えば一八九三年に陸軍の増強とともに二年間への兵役期間の短縮をも皇帝に認めてもらうのに大いに苦労しなければならなかった。兵役期間を短縮するのは帝国議会への譲歩だっただけではなくて、参謀本部のテクノクラート的な近代主義者たちの目から見ても予備役を増やすために完全に軍事的に望ましい措置だったにもかかわらず、皇帝の側近の軍人たちの間ではまさに宰相の「弱さ」を非難攻撃する煽動が展開されたのである。君主の統帥権と、議会を頼らざるを得ない政府の立場との間の基本的な緊張関係は、ドイツの統治体制にとっての、そしてドイツのすべての宰相たちにとっての、一つの潜在的な、と言うよりも繰り返し表面化する問題であり続けたのだった。

その限りでは、以上に述べたような議会が収めた成功も相対的なものに留まった。それらの成功は、瑣末なものというわけではなくて、極めてゆっくりとではあっても体制そのものが再編されていくのに寄与することがあり得たのだし、そのために一九一四年以前にこの体制の危機は深まっていった。しかし、それらの成功も、軍事君主政の強固な核心である国家内の軍の特別な地位——軍が議会から大幅に遮蔽され、君主の本来の命令権と決定権が軍人の助言者たちを通してある程度まで軍の自己支配となっていたという状態——が維持され続けていたことを変えるものではなかったし、それどころか議会の側が多少の足場を獲得したことで軍事体制の担い手たちの防御路線が強まったのだった。社会が国民《ナツィオナール》化していって原則的に「体制」を受け入れるようになっていったにもかかわらず、そして帝国議会の多数派が軍事支出を承認する、すなわちかつての反対派としての最も重要な足場を放棄する用意を示すようになったにもかかわらず、新たな軍事政策上の危機を呼び起こす潜在力が形成されていったのであり、そしてそれは常に体制に関わる政治的な意味を持っていた。私たちは、幾つかの表面化した危機についてすぐ後で述べることになる。しかし、差し当たっては立憲主義体制のなかでの統帥権が投げかけるもう一つの問題を論じなければならない。

統帥権と、軍指導部におけるその機関は、議会と対立していただけではなくて、本来の政府の傍らに位置していて、時としてそれとも対立した。それは二つの問題を投げかけた。その一つは、軍事政策に関する意志形成そのものについての問題、軍事政策の統一性についての問題であり、もう一つは、国家指導の統一性、政治的意志形成の統一性についての問題、すなわち最終的な決定を下すのは誰かという問題、要するに政治と軍のどちらが優先されるのかという問題だった。軍を指導する箇所が多数存在していたことを想起してほしい。すなわち、陸相、参謀本部、軍管区司令官たち、軍事内局、さらには非公式の「国王親衛隊」グループが存在していて、一八八九年からは海軍の様々な指導箇所も加わった。すべてが皇帝に直属していて、互いの間には権限や決定権の上下関係が存在せず、それどころか定められた調整さえ存在しなかった。最も裂け目が大きかったのは陸軍と海軍の間だったが、双方の指導箇所も多様で統一が取れておらず、明確な上下関係に欠けていた。司令機関が分裂していたために、少なくともかなりの程度の各箇所間のアナーキー状態と多頭支配状態、あるいは単なる並存状態が支配的となり、その下では場合によっては――ティルピッツのような――より強い者、あるいはより影響力のある者が自らの意志を押し通した。もちろん、箇所間の管轄や協議や調整はあったけれども、規則化された方式や定例化された会議は存在しなかった。一九一二年以前には、統一的な防衛政策や軍備政策はほとんど存在せず、統一的な戦略計画もほとんど存在しなかったのである。すべてが集まってくるのは皇帝のところであり、皇帝が調整して決定を下さねばならなかった。しかし、皇帝は、そもそも事態の複雑さのために、そうすることができなかった。そして最後の皇帝は、それぞれの司令箇所を際立たせようと努め、それらの司令箇所に対して自らが直接関係を持っているのだという立場を強調して譲ろうとしなかったけれども、自らの役割を果たすのには特に不向きな人物だった。

そのように制度化された調整や計画や指導が欠如していた状態は、軍事政策と国内政策や財政政策や対外政策との調整、それどころか戦争計画との調整に関して、いっそう当てはまった。協議して決定を下す最高機関が存在していなかったのである。それは差し当たってはそれほど大きな問題とはならなかった。ビスマルクという強力な宰相がいて、いくら我意を張ろうとしても自らの立憲主義的な役割を守って助言者たちのなかでは宰相に最終的な判断を委ねていた皇帝がいた間は、政治の統一性が保たれ、そして争いが生じた場合には政治的な観点のほうが軍事的な観点よりも優先されるという見方が保たれていた。とは言え、ビスマルクが一八八三年に陸相カメーケの失脚と陸軍省からの権限剝奪に積極的な役割を果たしたのは、軍事的な指導箇所を分割することで自らの立場を強化しようという思惑があったためでもあった。軍人たちが影響力を競い合う相手となり得ることを、彼も常に計算に入れておかねばならなかったのである。軍人たちはビスマルクの下でも軍を率いる君主である権力者の耳に自分たちの意見を吹き込むことができたのであり、その後もそれに変わりはなかった。陸軍の兵力と予算については、軍事当局が自分たちの要望を提出して文官当局がその要望を満たそうと努めるのが「普通」のことだった——もっとも、ビスマルクの側も外政上あるいは内政上の動機から軍に軍備増強を要求するように励ます場合もあったけれども。

　この時期には、とりわけ宰相と参謀本部及びその総長との間に緊張関係が生じた。もちろん、参謀本部は対外政策の状況を知っていたし、宰相は軍事政策の状況を知っていた。しかし参謀本部の任務は、起こり得る様々な戦争状況に備えて計画を立てることだった。その際に、参謀本部が、戦争が起こった場合に勝つことができるかという観点から一定の外政状況を好んでいたのは明らかだった。戦争を行なうのは他の手段を用いての政治であるべきであるという見方は、政治家たちからも軍人たちからも受け入れられていた原則だったが、しかし軍人たちが戦争のために立てた計画は、政治にも影響を及ぼさざるを得なかった。ビスマルクは一八七〇／七一年の戦争で、彼の——講和を目指した——政策が軍指導部の異なる戦略的な目標、あるいはそれ自体が政治的な目標に対して優位を占めることを、苦労しながらも貫き通すのに成功していた。その後の二十年間には、軍人たちが敵の力が増大する可能性に先手を打つために予防戦争に打って出るという考えを、とりわけフランスに対して、次いで一八八六年以降はロシアに対しても追求したために、緊張関係が生じた——二正面戦争の恐れがある下では「先制攻撃」が勝つための重要なファクターになると彼らは考えたのである。ビスマルクは予防戦争を拒否した。政治的な発展は結局のところ計算不可能であり、情勢は変わり得るし、危機を平和的に解決するという可能性を排除するべきではない。それゆえ、予防戦争は正当化され得ないのだ——神に対しても、ヨーロッパに対しても、国民に対しても、世論に対しても、と。彼は一八七四／七五年〔フランスとの危機〕にも一八八六／八七年〔ロシアとの関係悪化〕にも参謀本部に対して勝利を収めた。政治的な活動を好んだ参謀総長ヴァルダーゼーの一八八七／九〇年の移行期における予防戦争構想——ロシアにドイツとオーストリアが戦争を仕掛けるという構想——も、依然としてビスマルクとヴィルヘルム二世と、最後にはカプリーヴィの反対に遭って実を結ばなかった。

　ビスマルク——彼は、いかに保守派であったとしても、結局は文官の政治家だったと言えるが——は、軍を政治の道具として単純に意のままにすることはできず、軍が設定する諸条件に、また、プロイセンの軍事君主政を安定させる人物になるという彼自身の元々の立場と意図に拘束され続けていた。しかし、政治は政治家が扱うべきもの、彼が扱うべきものであり、ましてや対外政策はそうであって、軍がともに決定するものではなかった。戦争に至る場合にしても——その時点と情勢を決めるのは——政治だけが扱うべきものだった。戦争は政治の一つの手段（究極の手段）なのであって、いかに政府は軍に配慮しなければならなかったとしても、軍は政治に奉仕するべきだったのである。

　状況が変化したのは、専制的なヴィルヘルム二世が事実上もすべての決定権を自分が握ろうと努めるようになってから、そして彼がますます軍人たちに耳を傾けるようになり、ビスマルクの後任者たちが君主に対して遥かに弱い立場に立つようになってからであった。確かに、帝国宰相はその後も政策全体に対して責任を負っており、責任をもはや負えないと考えた場合には辞任することができ、そして君主はそのような辞任が「耐えられる」ものかどうか思案しなければならなかった。しかし、政治指導部と軍事指導部との間の問題は増大していったのである。軍事指導部が分けられていったことは、「政治家」たちの側に有利に作用したのではなくて、むしろ軍の影響力を強めることになった。確かに、皇帝の最も親密な助言者としての役割を果たす、一群の最高位の官職者たちから成る最内部のグループが存在していたが、しかしそれに所属する人たちの範囲も共同で開かれる会議も定められていなかった。しばらくの間は「開戦会議《クリークスラート》」として歴史学文献のなかを彷徨っていた名高い一九一二年末の会議〔皇帝が主宰して戦争に踏み切る基本方針が決定されたという見方が、かつて強調されていた〕には、帝国宰相が出席しておらず、それは軍が支配的な位置を占めていたことを典型的に示したものとも言えるかもしれないが、しかしこの会議の重要性を減少させた事実なのでもあって、まもなく明らかになったように、決定的に減少させることになった。要するに、決定が下される仕方は、皇帝と軍人たちと宰相／帝国長官たちとの間で曖昧で未定なままであり続けたのである。

　いかなる宰相も外務長官も、軍事当局が独自政策を取ることを常に計算に入れておかねばならなかった。例えば大使館付き武官や後には海軍武官が展開する独自外交があり、ヴァルダーゼーの下の参謀本部やティルピッツの下の帝国海軍庁はそれを意図的に推進・拡充して、本来の管轄官庁である外務庁を無視して君主に軍の意図に添った一面的な情報を伝え、彼らの独自政策に合致するような影響を及ぼそうとした。それは、明確に軍人たちによる対外政策への不当な干渉だった。第一次世界大戦の直接的な前史において、とりわけ独英関係において、そのような行動は一つの不吉な役割を演じたのである。

　いっそう重要な意味を持ったのは、一般的な雰囲気、皇帝の「個人統治」の下で、あるいは彼がそれを目指す下で広まっていったスタイルだった。軍人たちの影響力が強まっていき、宰相のそれは弱まっていった。方針を打ち出す宰相の権限の公然たる、あるいは隠然たる限界が明らかになっていったのである。皇帝の取り巻きたちが打ち出したスタイルは、「文官」の政治家たちや外交官たちに絶えず軟弱であるという疑いを投げかけ、同様に外交的な配慮を重視する対外政策もそのような目で見られた。争うのを引き受けようとする姿勢、攻撃的な姿勢が、もちろん文官たちの側にもその根を持っていたものの、軍人たちの影響の下で強まっていき、それどころか支配的となったのである。多少なりとも柔軟な姿勢を取ろうとする対外政策は、自らを弁護しなければならなかった。そして軍人たちの権限に対して政治と政治家たちの側には確固とした限界があるという見方が、自明な不文律のようになっていった。

重みの配分とその移動を特徴的に示しているのが、シュリーフェン・プランである。ヴァルダーゼーの後任参謀総長となったシュリーフェン〔一八九一年から一九〇六年まで在任〕は、ヴァルダーゼーのように政治的な将軍になろうとは思っておらず、軍事専門家であることを自認していた。彼はまた、もはや予防戦争構想を追求しようとはせず、彼の周囲の多くの人たちのように戦争は不可避であると考える運命論者でもなかった。しかし、戦争を計画するのは彼の職務であり、そして彼は完全に自立して純粋に軍事的必要性という観点からその職務を果たそうとした。参謀本部の戦争像は、既にモルトケの時からラディカル化が進んでいた。すなわち、限定的な官房戦争ではなくて、手段においても目標においてもひとえに無限定的な国民《ナツィオナール》戦争として近代的な戦争を考えるようになっていたのである。そのような出発点からすれば、政治の手段としての戦争という定式は急速に相対化されていったが、それは、具体的には近代的な戦争は政治的な配慮を抜きにして戦われねばならないと考えられたからであり、そしてそのような考えが計画を立てるうえでも基本方針となったのだった。それゆえシュリーフェンは、中立国のベルギー（元はオランダも含まれていた）に進軍するという名高い西部攻勢を立案した。彼はドイツの対外政策に直接影響を与えようとしたわけではなかったが、政治家たちに言わば既成事実を突きつけたのである。ベルギーの中立を侵犯するのは無条件に軍事的に必要なことなのであり、政治はそれを受け入れねばならないのだ、と。それは古典的なモデルを反転させたものであり、政治のほうが戦争遂行に奉仕するべきとされたのであった。この問題については、帝国の指導部内で協議されたことは一度もなかった。プロイセン陸相でさえ、一九〇二年になって初めてこの計画のことを知らされた。ホーエンローエ（一九〇〇年）、ビューロ（一九〇四／〇五年）、ベートマン・ホルヴェーク（一九〇九年）の各宰相は、計画を知ってはいたが、それを協議することはなかったし、ほとんど考慮することもなく、少なくとも一九一二年以前にはベルギー問題が持つ政治的な意味をほとんど真剣に受け取らなかったか、あるいはドイツ軍が進軍しなければフランス軍がベルギーを進軍するのは確実だというシュリーフェンの主張に幻惑されてしまった。それゆえ、少なくとも異議を唱えなかったことを通して彼らは同意したのであり、この計画を戦争が起こった場合の政策全体に関わる戦略の一部分としてしまったのだった。それは、傲慢な軍人や弱体な政治家たちが犯した「罪」というのではなかった。外務庁の陰の実力者であるホルシュタインと、ベートマン・ホルヴェークは、それぞれ独自に、最高度の軍事的な専門知識に異議を唱えるのはまったく考えられないことだと判断していた。ホルシュタインによれば、外交は外交の分野に応じたことをやらねばならないのだ、と。要するに、それは一種の体制による束縛のようなものだったのである。それゆえ、あり得る別の選択肢、例えば――ベルギーをもフランスの存立をも脅かすことはなかったので――おそらくはイギリスの中立を維持できたかもしれない東部攻勢という可能性が問われることはなかった。中立侵犯がもたらす外政的な帰結については、一九一四年以前には明らかにほとんど熟慮されることがなかったのである。

　シュリーフェンの側にしても、政治的には部分的に盲目であり、イギリスとの関係は彼にとってはいかなるテーマにもならなかった――そして、海戦や、艦隊建造がもたらす帰結、艦隊建造によってドイツを取り巻く状況が悪化したことについても、同様だった。彼は、ドイツが孤立の度を増していったという状況から、いかなる政治的な帰結をも軍事計画上の帰結をも引き出すことがなかった。そして政治家たちは、「体制」に囚われて、先に述べたように、軍事政策上の他の選択肢を軍人たちに問わなかった。シュリーフェン・プランは参謀本部が説く福音になってしまったのである。政治は、戦争が起こる場合に関して他の選択肢を持つことなしに、この計画に結び付けられていたのだった。

　シュリーフェン・プランと戦闘艦隊の建造がイギリスとの協調の妨げとなり、その限りで「同盟政策」の可能性にネガティブな影響を及ぼした一方で、軍人たちは一九一四年以前の最後の数年間に帝国の唯一機能していた同盟、すなわちオーストリアとの二国同盟を、言わば政治の背後でポジティブに築き上げていったのだが、それは危うい政治的帰結を伴う軍事政策に他ならなかった。大モルトケとシュリーフェンは、オーストリアと共同で計画を立てようとはしなかったし、政治家たちもそのような方向性を迫ってはいなかった。シュリーフェン・プランは同盟国オーストリアに伝えられてはおらず、ようやく一九〇九年に西部攻勢のほうが優先されるという指摘がなされただけだった。しかし、小モルトケ〔大モルトケの甥でシュリーフェンの次の参謀総長〕は一九〇九年からオーストリアにドイツの誠実さを納得させる必要があると考えて、その地の好戦派にセルビアに対するフリーハンドを認めるという合図を送った。そのような行動は、単に軍事的なテクニックというだけではなくて、政治そのものに他ならなかった。

この結果、オーストリアを抑制する手段となり得たはずの防御的な二国同盟が、完全にそれとは異なる攻撃的な性格を帯びることになってしまったのである。オーストリアは、セルビアを攻撃することでロシアを挑発することができた。しかし、ドイツの軍指導部はロシアが動員しただけでドイツも動員することを約束したのだった。

最後に、以上と関連して、いま一度先取りする形で艦隊について述べておきたい。陸上戦力と海上戦力との関係は長い間にわたって軍事的にも政治的にも議論されることがなかったし、海軍と参謀本部、海上戦争と大陸の陸上戦争の作戦計画は相互に調整されることがなく、それどころか海軍指導部の戦略そのもの——海上封鎖網の打破と速やかな大規模海戦——も共同で協議されることがないままであり、一九一四年以前には多くの海軍専門家たちも、戦闘艦隊の建造をさらに続けていっても敵はそれを避けて遠方からの海上封鎖を考えるようになるだろうから意味がないのではないかという疑念を抱くようになっていたのだが、そのような疑念が真剣に議論されることもなかった。何よりも、繰り返すが、建艦政策と対外政策との間が調整されることがなく、どの程度までイギリスと対決するのかという問題に関してどのような決定も調整も行なわれないままだった。

一九一二年に、どの程度の海軍軍備が対外政策上許容できるのかという問題を巡ってティルピッツと宰相が対立した時には——この点については後にもっと詳しく扱うが——、海軍指導部が勝利を収めたのだが、それは決して偶然ではなかったのであり、単にドイツ皇帝の愚かさのためだけではなくて、軍人たちが構造的に強力な地位を占めていたことを表わしたものであった。そのような地位があらゆる文官たちの政治や外交に対して超えようのない限界を設定していたのであり、そして争いが生じると大抵の場合には軍人たちのほうが勝利を収めたのである。ドイツ帝国は、軍事君主政だけであったわけではないが、軍事君主政でもあったのであり、そしてそのような本質的な特徴がヴィルヘルム二世の下では政策全体のなかでも再び強まっていった。

もっとも、以上のような見方に対しては、三つの点で制限を付しておく必要がある。一、見過ごしてはならないのは、統帥権は——確かに、最後の皇帝の絶対主義的な嗜好を潜在的に支えるものとなったし、根本的にさらなる発展を遂げていくのを妨げる一つの障壁となり、国家と社会におけるミリタリズムの一つの支柱、そしてドイツの指導部の構造に混乱をもたらすきっかけとなったけれども——真の副次的政府、ましてや政府を超える政府にまで発展することはなかったということである。そうなるには統帥権における政治的権限の欠如と分割されていた状態が大きな障害となったのだった。指導的な軍人たちのなかではヴァルダーゼーだけが参謀総長として一八八七―九〇年に自ら政治に手を出そうと試み、皇帝の支持を得ようと努めた。そして一度は失脚したが――大演習を批判したことで皇帝の虚栄心を傷つけたために――、一八九七年にいま一度「再登場」するように思われた時には、改めて社会民主党に対する「予防」戦争、選挙権の変更と、クーデタを迫ろうとした。しかし、この――内容はともかくとして政策全体に関する構想を持っていた――政治的な将軍は例外に過ぎなかった。もう一人の政治的な軍人であるティルピッツは、政治に手を出そうとする提督というのではなくて、帝国長官になって「帝国指導部」の一員となった。確かに、彼は、そもそも建艦政策が財政政策や対外政策にも関わるものであったために厳密な意味で自らの所管だけに限定しないで政策全体に関してかなりの影響力を持ったが、しかし全体とすれば自らの軍事的な権限を背後に持つ右派の国民的=帝国的な政治家となったのであり、そして結局のところは自らの所管を第一に考える人物であり続けた。

二、第一次世界大戦が勃発した時には、結局のところ、軍事技術的な「拘束」が大きな役割を果たした――個々の具体的な点については、後に述べることになるだろう。動員計画と鉄道での進軍計画においては、一日単位、一時間単位が問題になったのであり、それらの計画はひとたび動き出すと取り消し不可能だった。これらの拘束は、ドイツ軍指導部の特殊な地位とは、すなわちドイツのミリタリズムとはほとんど関わりがなく、むしろヨーロッパ全体に共通する現実であったのであり、至るところで政治を規定したのであって、当時における戦争遂行の可能性に対応するものだったのである。

三、政治指導部と軍事指導部との間に様々な――時には激しい――意見の不一致があったからといって、当然のことながら、常に自明であると見なされていた諸点についての基本的なコンセンサスが存在していたことを見過ごしてはならない。すなわち、ドイツ帝国は国民帝国《ナツィオナールインペリアール》的な権力国家であり、伝統的な軍事国家としての特徴を持つ君主政官憲国家であって、そうであり続けるべきだったのである。そしてそのようなコンセンサスの内部では、軍事派・戦争派が文官たちの間でも強い力を持っていて、軍国主義者は軍人たちに限られなかったし、ベートマン・ホルヴェークのような文官の政治家も結局は参謀本部と同様に戦争が避けられないことを確信していたのだった。

要約してみよう。軍と議会の間には、そして軍と政府の間にも、緊張関係が存在していた。これら二つの緊張の場は重なり合っており、これら二つの緊張がドイツ帝国の国家的=政治的な現実の国制における軍の地位を規定していた。このような複雑に入り組んでいた状態を、ヴィルヘルム期の三つの危機の段階を例として具体的に示してみたい。それらの危機は常に同時に憲法体制を巡る危機、そしてその根本的な変化を意味していた。

　最初の危機は、九十年代に軍事刑事訴訟法を改革して自由主義的な法治国家の基本原則に適応させ、とりわけ裁判の公開という原則を実現しようとしたのをきっかけとして起こった。それは立法の問題であり、それゆえ帝国議会が扱う問題でもあった。帝国議会とまずまずの関係を保つことを重視していた帝国宰相ホーエンローエとプロイセン陸相は、しかし彼らだけではなくて多くの軍管区司令官たちも、改革を支持して推進しようとしたが、側近の軍人たちの影響を受けた皇帝はそのような「自由主義化」に反対した。この結果、重大な政府危機がもたらされて、主として軍人派閥の策謀によって陸相〔ブロンザート・フォン・シェレンドルフ〕と外務長官〔マルシャル・フォン・ビーバーシュタイン〕が失脚した。人物と内容に関わる際限のない争いを経て、宰相は妥協案への皇帝の同意を取りつけることができたが、依然として自分たちを遮蔽したいという当時の軍人たちの思い込みへの多くの譲歩を含んでおり、できるだけ公開を避けて大元帥の特権が維持される形になっていた。最終的に成立したのは部分的に自由主義的な成果を実現したものに過ぎなかったが、ともかくもそのような成果が挙げられたのは、若かった時には穏健自由主義的だった宰相が、その他の点では弱腰だったにもかかわらずこの問題では予想外に老人としての頑固さを発揮して譲ろうとしなかったためだった。しかし、さらに発展させていくことは考えられず、軍事体制の「市民化」は阻止されてしまったのである。このかなり周辺的な問題がこのように政府と憲法体制に関わる危機にまで発展してしまったということは、軍事体制に関わるどのような問題も敏感な反応を呼び起こすものであったこと、そしてヴィルヘルム二世の下で改めてそうなったことを示している。

　第二の危機は一九一三年のツァーベルン事件をきっかけとして起こった。ツァーベルン〔現フランスのサヴェルヌ〕で、ある威勢のいい若い少尉が兵士たちの前で勤務中は明確に禁止されていたエルザス人への侮辱的な表現（「ヴァッケス」）を口にして、民間人と衝突した場合には武器を用いて行動するよう要求し、それどころかそうすれば報奨金を与えるとさえ述べたのである。それが新聞で報道されて人びとの怒りを買った。その地の司令部は少尉を配置転換することを拒否し、軽微な懲戒処分を言い渡したが、――軍の領域が遮蔽されていたので――公表されなかった。ツァーベルンでは無害な示威行進が行なわれたが、その際に軍は恣意的に一連の民間人を逮捕し、後づけの理由として、文官当局が警察の介入を拒否して平穏と秩序を維持することができなかったからだと主張した。この出来事は、それまでほとんど見られなかったほどの憤激の嵐をドイツの世論と帝国議会で巻き起こした。しかし、それはほとんど効果を発揮しないように見えた。宰相〔ベートマン・ホルヴェーク〕と陸相〔ファルケンハイン〕は――宰相はかなり控え目にであったが――統帥権を引き合いに出して軍を擁護した――もっとも、宰相は違法行為があったことを認めたが。宰相に対する帝国議会多数派による「不信任」決議は、宣言するという効果を持っただけに終わった。責任がある当の将校は責任を問われることがなかった。その一方で当該の連隊は他の土地に移されたが、それはこの小都市にとっては懲罰のような影響を及ぼした。皇帝は、取り巻きの軍人たちに動かされて――シュトラスブルクの総督〔ヴェーデル〕の明確に表明された意見や、宰相の婉曲に表明された意見に反して――軍を少なくとも対外的には全面的に擁護したが、軍の威信が損なわれることがあってはならず、危機をどのような形であれ緩和しようとするのは弱さと譲歩を示すものと見なされ、もちろん不愉快であるに違いなかった出来事への一切の責任はプレスと「街頭の連中」に押しつけられた。軍事法廷は、いずれにしても上級審では、将校たちに見え透いた理由（言うところの正当防衛）で無罪を宣告した。シュトラスブルクの司令官はその職に留まったが、その一方で総督は辞任して、「厳しい」著しく保守的な人物として知られていた古《アルト》プロイセン人〔ダルヴィッツ〕に取って代わられた。

軍による明白な違法行為なのに、それを改めさせることも罰することもできないように思われたのだった。帝国議会と世論の抗議は無視されてしまった。もっとも、多数派は体制に関わる衝突を望んでいたわけでもなかった。宰相は自助の原則に基づく軍の介入を禁止する法的規制を実現することに成功したが、帝国議会が望んだ法律という形を取ってではなくて、まさに「統帥権」に合致する政令という形式によってであった。この結果を軍事権力の勝利と見るべきか、それとも文官権力の勝利と見るべきかという点については、議論があるところである。いずれにしても、この事件は軍の憲法外的な地位が依然として保たれていたことを示している。この地位が、どのような政治にも限界を設定していたのだった。軍と君主政官憲国家とは互いに結び付いていた。軍は体制を保障していただけでなく、たとえ穏健なものであっても一切の体制変革と闘う姿勢を強めたのであり、軍が自らの特権的な地位に有していた利害は体制全体とその担い手たちが自らを維持しようとする利害と分かち難く結びついていた。このことは、軍の立場が文民側の新旧の右派の人たちによって熱心に擁護された――軍事国家を穏やかに改革しようと望んでいた議会多数派に対抗して――点にも示されている。しかし、この危機は同時に、軍の憲法外の地位はもはや自明なものではなかったこと、それなしではもはや統帥権が存続し得ないコンセンサスにも限界があること、さらに例えば皇帝と宰相の間のようにエスタブリッシュメントの内部にも亀裂が走っていたことを示しており、それゆえ、政治指導部の行動の余地には限界があったけれども、しかし行動の可能性も存在していたことを、示しているのである。帝国議会と宰相は軍がある程度の自己規制を行なうことを実現したのだが、しかし「体制」そのものは従来のまま残り、軍は国家内の国家であり続けた。もちろん、そのような体制がいつまで甘受されるのだろうか、いつまで続くことができるのだろうかという問いは、これまでよりもはっきりと提起されるようになり、より差し迫ったものとなった。確かに、ツァーベルン事件という極端なケースは、一九一三年の時点でのノーマルな状態に、すなわち争いが生じた場合の権力配分のあり方に光を投げかけるものだけれども、しかしもはや極端なケースとノーマルな状態とは同一のものではなかったのである。

第三の危機は一種の二重危機であり、当初は帝国指導部内だけの危機だったが、一九一四年直前の高度軍備拡張とその財政的・社会的・政治的なコストを巡る諸問題をきっかけとして起こった。既に述べたように、一八九三年以降、陸軍の戦力は大きく増強されることはなく、海軍だけが増大した。兵役義務者の数は増えたが就役者の数は増えなかった。このような状況に直面して、二十世紀の最初の十年間には陸軍のなかに二つの「派」が存在していた。一方の派は、とりわけプロイセン陸軍省に代表され、保守的な立場を取っていた。肝心なのは量ではなくて質であり、部隊数を増やせば達成される質を低下させるし、極めて重要なことは、新しい将校たちの任用によってますます将校団の「市民化」が進んでしまうことになる、と。これに対して、参謀本部の「近代」派は、――市民出身の――作戦局長ルーデンドルフに率いられており、その彼はあらゆる利用可能な予備力を完全に利用し尽くすべきだと主張していた。バルカン戦争後のヨーロッパにおけるドイツの政治的・軍事政策的な状況に基づいて必要と思われた一九一三年の大規模な陸軍増強に際しては、ルーデンドルフの考えが全面的に実現されたわけではなかったが――彼は一時不興を買うことになった――、かなりの程度まで実現され、陸軍ははっきりと拡大された。近代的でテクノクラート的な軍人たちのほうが、状況の圧力の下で、社会的に保守的な古《アルト》プロイセンの軍人たちよりも強力であることが示されたのである。さらに、二つの事情が加わった。一つには、一九一二年にドイツ国防協会という民間のアジテーション協会が――エスタブリッシュメントの間では好まれていなかった――退役将軍アウグスト・カイムの指導の下で結成され、陸軍増強のために政府と議会に公然と圧力をかける活動を組織した。それは新しい現象だった。軍人たちに関わる事柄が新たな全ドイツ連盟的＝ナショナリスト的な方向性を持つ民衆的な勢力によって取り上げられて、本来の軍事エスタブリッシュメントに対立してでも追求されたのである。近代的で市民的＝国民的《ナツィオナール》な民間のミリタリズムが、軍やその同調者たちの伝統的で保守的なミリタリズムとは異なるポピュリズム的でいっそう急進的な一つの組織された政治勢力として登場したのだった。それと並んで、軍備拡張がもたらした、第二の、そして正反対の方向での、近代化作用があった。帝国議会の多数派は巨額の軍備費用を賄うために財産に対する帝国直接税を導入することを、社会民主党も賛成して、そして保守党が反対する下で決定した。確かにそれは一回限りの例外と考えられていたが、しかし財政体制を、そしてそれとともに社会体制を大きく変えるものであり、帝国議会が著しく権限を拡大したこと、一片の民主化をも意味していた。このような発展をどのように評価するのであれ——この点は、後で再び触れるが——、軍事的な効率と軍備拡張という客観的な必要性が、軍人たちのあらゆる意図に反して、民主化をもたらす作用を及ぼしたということは見て取る必要がある。増大していく軍備のための費用が課税権限を通して議会の影響力を強めたのであった。

　このような軍備問題は、以上の諸点に留まらず、陸軍と海軍との間の調整、そして宰相による全体的な政策の調整という厄介な問題と絡み合っていた。陸軍と海軍の互いに競合し合う軍備要求は、宰相にごく限られた程度でだけ一定の駆け引きの余地を与えたに過ぎず、例えば一九一一年に宰相は海軍の要求を抑制してイギリスとの調整を可能にするという狙いもあって陸軍増強法案を提起した。しかし、艦隊増強をイギリスとの協定を通して制限しようとした大規模な試み——一九一二年のホールデン使節団——では、彼は敗北を喫した。ほとんど譲歩することのないティルピィッツのほうが「艦隊皇帝」にとってはより大きな重みを持っていたのであり、建艦政策とそれに基づく力による対外政策が、外交的な調整を試みる文官の対外政策に対して勝利を収めたのである。そのような姿勢は、この間に民衆的な勢力によっても支持されるようになっていた。確かに、ここでは、皇帝の主観的な好みと政治家になった提督ティルピッツの強さという個人的な要素もその役割を演じているが、しかし結局のところは軍が構造的に特別な地位と力とを持っていたことが政策全体に関わる決定において本質的に重要だったのであり、艦隊に関しても、また、帝国の末期においても、軍事君主政が帝国の国制の一つの中核的な要素であり続けたのである。

　軍の内部秩序について、簡単に見ておきたい。軍の精神と軍の政治的・社会的に特別な地位とを刻印し、担っていたのは、第一に将校団であった。将校団は帝国の支配エスタブリッシュメントに属していた。将校団は君主と近い関係にあり、議会と、それどころかそもそも市民的な世界及び社会と対立する関係にあった。それはまず、出身及び教育と関連していた。近世以来の伝統として、将校職——主人らしい振舞い、命令を下す習慣、武器の扱い、戦闘の技術などを伴う——は貴族の領分であり、まさに少なくとも軍人君主でもあった君主と直接的な関係にあった。数多くの貧しい小貴族、すなわちユンカーを抱えていたプロイセンでは、それが特に顕著だった。このような状況は大いなるプロイセン改革の後も受け継がれていった。将校や地方貴族の息子たちにとっての職業的な伝統が存在していたのである。その際には、将校の養成教育は、その間に貴族にとっても相応の地位を目指すのであれば必須となっていた官吏の養成教育よりも安上がりだったという事情も、一定の役割を演じた。プロイセンの改革者たちの考えに反して、（八つの）幼年学校——とりわけ貧しい貴族の息子たちのための——が維持されていた。世紀の終わり頃の幼年学校での費用は八、〇〇〇マルクかかったが、これに対して、比較的大きな都市以外で寄宿してギムナジウムに通学するための費用を別にしても、大学での勉学とそれに続く養成教育には一万二、〇〇〇—二万五〇〇〇マルクを必要としたのである。

　将校団は当初は圧倒的に貴族から成り、一八六〇年代初めのプロイセンにおいても三分の二近く（参謀将校では五分の四）を占めていた。もちろん新しい貴族（授爵した将校や官僚）が別個に示されているわけではないから、「まっとうな」貴族の割合はそれよりも幾らか少なかった。確かに、「プリマ〔ギムナジウムの最終学年〕資格」、すなわち市民的な学校での実績が将校となるための入り口の前提条件とされていたが、しかしこれについてはしばしば免除される場合があったし、そして幼年学校の水準はギムナジウムのそれと同等ではなかった。遥かに多くの市民層の将校を抱えていた郷土防衛軍《ラントヴェーア》の予備役編隊は一八六一／六五年の憲法紛争期におけるプロイセンの陸軍改革によって排除されてしまっていた。

　しかし、ドイツ帝国時代全体を視野に置いてみると、まず一つの主な事実と言えるのは貴族の占める割合が大きく低下したことである。既に六十年代の終わりの時点で、——諸改革や、多くの中小邦の軍隊が編入されたり加えられたりしたのを経て——プロイセンの将校志願者のなかで貴族が占める割合は四十九パーセントに低下していた。いまや市民層の人たちがしだいに進出していくプロセスが開始する。一八六〇年から一九一三年までの間にプロイセン（及び、ヴュルテンベルク）の将校団での彼らの割合は、全体で三十五パーセントから七十パーセントに増加し、それと並行してエルベ川以東の古《アルト》プロイセン人に対する新領プロイセン人の割合も増えていく。このような「市民化」には二つの原因があった。その一つは、将校のポストが（帝国全体で）およそ一万七、〇〇〇（一八七四年）からおよそ三万（一九一三年）へと増加したことである。貴族の志願者だけでは供給源が足りなかったし、貴族の一部分は窮乏化し、さらに騎士農場所有者にも市民層の出身者が増えていた。もう一つは、専門職としての軍人への教育の要求度が高まったことである。一八七〇年にプロイセン陸相は原則として大学入学資格《アビトゥーア》の取得を将校となる入口の前提条件として想定していたが、この方針は極めてゆっくりとではあったものの最終的には浸透していった。一八九〇年にはプロイセン軍・ザクセン軍・ヴュルテンベルク軍の将校志願者の十八パーセントがまだプリマ資格さえ免除されていて、大学入学資格を持っていたのは三十五パーセントだけだった。しかし一九一二年にはそれぞれの割合が三・七パーセントと六十五・一パーセントになっていたのである。

「市民化」といっても、もちろんまだ完全に相対的なものに過ぎなかった。兵種による（騎兵、歩兵、砲兵――この場合にも騎乗と徒歩の順――、工兵と輜重、補給という）序列があり、連隊にも優雅さと古さによる序列――頂点に立つのは近衛連隊だった――があり、駐屯地も同様で、遠く離れた田舎町の駐屯部隊が最下等に位置づけられていた。それぞれのグループのトップの部分では貴族の将校の割合は平均を遥かに上回っていて、近衛部隊の将校はほとんど貴族だけであり、市民出身の将校が圧倒的に多いのはそれぞれの下位のグループでだけだった。やはり重要な点だが、同様のことが高位の将校のポストにも当てはまった。一九一三年の時点では、プロイセン将校団のすべての大佐と将官のうちの四十八パーセントだけが――一八六〇年には十四パーセントに過ぎなかったので、ようやくそこまで増えたとも言えるだろうが――市民出身であり、それは、部分的には、昇進には長い時間がかかったので元々高かった貴族の割合が長く影響を及ぼし続けた――少尉・中尉・大尉では市民出身者が一九一三年に七十三パーセントを占めていた――ためもあったが、しかしそれに劣らず、機会があるたびに貴族を優遇した「軍事内局」の人事政策のためでもあった。才能と業績がおそらく年功序列以上にキャリアを左右したのは確かだが、しかしまさに才能と業績だけで決められたわけでもなかったのである。それにもかかわらず少佐に昇進することに失敗したり（「少佐の壁」）、あるいは年下の人たちに追い抜かれたり、大隊を指揮するポストに就けなかったりする一群の貴族たちも（まさにそのような貴族たちが）いたというのは当然のことであり、その場合には退役すると同時に名目上でだけ昇進するという逃れ道があった。それがいわゆる「名誉少佐」の制度だった。連隊を任せられるに至らなかった中佐も、やはり退役する道を選んだ。参謀本部は特に学校教育と知的な業績を重んじており、そして本来は、一時期参謀本部で勤務した経験がなければ高位のポストには就けなかった。しかし参謀本部の場合にも、一九〇六年にはなおも六十パーセント、一九一三年でも五十パーセントが貴族の将校によって構成されていた。プロイセン以外の軍隊、バイエルンとヴュルテンベルクにおいてだけは、全期間を通して貴族の割合が十三―二十五パーセントを超えることがなく、教育により大きな比重が置かれており、そして同様のことが、少なくとも一九〇〇年以降は、ザクセンにも当てはまった。

　とは言え、貴族出身者と市民出身者との区別を過大に評価し過ぎてもいけない。いっそう重要なのは、近代化された形での将校団の補充がどのようにして行なわれ、そしてどのような作用を及ぼしたのかという点なのである。ヴィルヘルム二世は一八九〇年の名高い官房令で、既に将校を貴族以外の「良き志を持つ」人たちのなかから補充することを求め、「志操の貴族」について語っていた。これを評してベルリンのある新聞売りの少年が「貴族はいなくなった！　いまは魂の貴族だけだ！」と叫んだと言われる。しかし、軍指導部が手を伸ばそうとしていたのは社会的に「望ましい」層の人たちであり、官僚や大学修了者《アカデミカー》、市民出身の大農場所有者や将校の息子たちだった。（自営の）商人や企業家の息子たちはそれほど望ましくはなく、「庶民」の息子たちは望ましくなかった。一八八八年から一九一三年の間に将校志願者の父親のなかで将校、大学修了者、官僚が占める割合は（バイエルンを除く帝国陸軍で）多少増加する（五十八パーセントから六十五パーセントに増加し、将校――しばしば貴族を含む――の割合は常に三十パーセント程度を前後する）のに対して、（大農場を所有する）農業家の割合は二十パーセントから十一パーセントに低下し、商人のそれは十パーセントから十五パーセントに上昇する。全体とすれば特に「望ましい」層が占める割合は常に七十パーセントを超える（一九〇三年に七十九パーセント、一九一一年に七十三パーセント）。バイエルンの将校団では、「望ましい」層が占める割合は一八八三／八四年に七十八・四パーセントで、一八九四年には八十一・六パーセントに増えるが、その後は一九一三年の六十四・三パーセントにまで減っていく。「望ましい」人たちの枠組みには――プロイセンでは――福音派も含まれる（一九〇七年には将校団の八十三パーセントが福音派だった）。もはや信仰や教会に忠実な態度が重視されることはなかったが、しかし形式的な所属と正しいプロイセン的＝愛国的《ナツィオナール》な環境とが重視されたのだった。カトリック教徒はかなり不利な扱いを受け、改宗していないユダヤ人は宗教問題を別にしても反ユダヤ的な（そして、反資本主義的な）偏見のためにいずれにせよ締め出されていた。

　以上のような尺度の一切が、それだけでも君主主義的・愛国的・社会保守的な志操、絶対的な政治的忠誠心を保証する助けとなるものと考えられていた。いっそう重要な意味を持っていたのは選抜のメカニズムである。何よりも、将校としてのキャリアを踏み出すこと、すなわち士官候補生として受け入れられることにとって決定的な意味を持っていたのは、試験や試験委員会ではなくて、連隊や大隊の指揮官による評価と推薦であり、その際には社会的な出自や財政状態や正しい志操が主たる役割を演じた。そして将校として受け入れられるためにはどこかの将校団によって選ばれることが前提条件となっていた。それは一種の自己補充制であり――元々はシャルンホルストとボイエンによって自己管理と共同のエトスという精神の下で考案された制度だったのだが――、いまや均質性と、既存の規範の支配と伝達を保証するという役割を果たすようになっていた。すなわち、順応する者だけが「受け入れられた」のである。その結果生じたのは、市民出身の将校たちも受け継がれた行動規範に統合され、排他性と均質な連帯意識とを共有する存在になったということだった。その限りでは、市民出身の将校が増えていったとしてもそのために将校団の精神とスタイルが変わることはほとんどなかったのであり、――精々のところ、学校での準備教育と技術的＝知的な継続教育とが重みを増したというだけに過ぎなかった。

　それゆえ、海軍の将校団が辿った展開も、かつて考えられていたほど異なるものではなかった。もちろん、海軍はより近代的で、それゆえそれほどプロイセン的ではなく、より市民的だった。一八九三年の時点で海軍将校のなかで貴族が占める割合は二十一・六パーセント、少尉では二十一パーセントだったが、一九一四年までに十二パーセントだけに低下した。一九〇七年には、海軍士官候補生の十一・二パーセントが貴族出身、四十五・七パーセントが大学修了者《アカデミカー》の家庭、二十六・四パーセントが将校の家庭の出身で、十七・三パーセントが商人か工場主を父親に持っていた。大学入学資格《アビトゥーア》を入口の前提条件とする方針は陸軍よりも急速に浸透していき、一八七五／七九年には海軍士官候補生のうちの十五・四パーセント、一八九〇／九四年には四十五・四パーセント、一九一〇／一四年には八十三・一パーセントがギムナジウムか海軍幼年学校で大学入学資格を取得していた。海軍将校は英語の知識を必要とし、全体とすればより世界に通じていた。しかし、――これも徐々に認識されるようになった点だが――古手の将校たちの間でかなり伝統的なものとなっていた反知性主義が影響力を持ち続けていたことも、見て取れるのである。技術将校や、ましてや下士官グループから上昇してきた人たち、技術や航海術に熟達した「甲板将校」たちに対しては明確な一線が引かれ続けていた。後継者の選抜は陸軍と同様の方法や基準に従って行なわれ、人事政策に際してはここでも志操の一致が優先された。海軍将校たちも、際立った連帯意識を抱きつつ、男らしく、騎士らしく、戦士らしく振舞って名誉を重んじるという市民以前的な理想を信奉し、国家と国民よりも皇帝を指針として、職業であるよりも身分であり続けたのである。

人事に関わる問題が生じたのは、将校という職業が経済的な点でもキャリアが不安定な点から見ても無条件に魅力があるものではなかったためでもあった。給与は当初のうちは惨めなものだった。家族の財産がない少尉や中尉はまさに貧乏人としての生活を送り、結婚することは到底考えられなかった。ようやく大尉になると（おそらく三十五歳程度）幾らか安定した生活を送ることができるようになったが、しかし完全につましい状態であった。もちろん、それに対峙するものとして、養成教育に比較的金がかからないことと、早くから自立できること、そして何よりも高い社会的な威信があった。

容易に見落とされがちな点だが、もちろん、多分に専門職であるという性格と、専門職化という現象も存在していた。軍備と戦争の遂行は、鉄道と通信網のことを考えてみただけでも分かるように「より技術的」になった。近代的な兵役義務に基づく軍隊は、兵士たちに対して以前よりも心理学的な訓練を受けた指導を行なうことを必要とした。ある程度以上の高位の軍人たちや、砲兵部隊から海軍にまで至る技術的な性格が強い部隊にとっては、戦いの戦略と国際的な戦略——例えば日露戦争の経験と、フランス軍やロシア軍やイギリス軍がそこから引き出した帰結——が十分に重要な意味を持ち、そしてそれは養成教育の教則や訓練目標の変更に反映された。既に以前に述べたように、軍人たちは例えば学校会議で人文主義ギムナジウムが大学入学資格を独占することに対して、近代語や数学や自然科学を正当に扱っていないという理由で反対した。将校であるということは、一つの——技術的で、組織的で、人間を指導する——職業となったのである。

イッツェンプリッツ〔マルクブランデンブルク地方の名門貴族〕に関するジョークや『ジンプリチシムス』〔諷刺雑誌〕が描き出しているような怒鳴りまくる単細胞の少尉というのは、一面的な像に過ぎなかった。しかし、それに類した面が存在していたのも確かであり、ツァーベルン事件と、事件の張本人であるカリカチュアに値するフォルストナー少尉、そして彼を庇ったロイター大佐のことを考えてみれば十分だろう。「雄々しく振舞う」ことが、ほとんどどのような立身出世にとっても前提条件の一つになっていたのだった。

将校の養成教育と参謀本部の養成教育は職業的には「良好」なものであった。しかし、この教育は、実証主義と合理性と効率性の時代にあって軍事技術的な側面だけに狭隘化してしまって、世界や政治や経済や歴史についての一般的で分析的な像を得るところまでには達しなかったのであり、そしてそのような一面性が、軍事的なものや戦争が独自の法則性を持つという考えを助長してしまうことになったのである。

軍事的には、確かに専門的な面が重要な意味を持っていた。しかし、政治的・社会的には非専門的な面が決定的に重要な意味を持ち続けていた。すなわち、一連の排他的な特殊規範がそれである。将校たちは独自の価値構造と独自の世界像を持ち、頑固に非軍人たちの世界に対して超然とした態度を取っていた。彼らは、自分たちは国家と社会における独自の身分、第一の身分を成しているのだと感じていたのである。政治的には、彼らは彼らの国王と彼らの皇帝に（三王国の場合にはそれぞれ皇帝とは異なる人物だったが）臣下として、騎士団の一員として服従しており、価値と義務と奉仕、服従と忠節といった言葉だけでは十分に言い尽くせないような特別な忠誠心を抱いていた。憲法ではなくて君主に対して宣誓することがその一つの象徴であり、圧倒的な現実としての力を持っていた。将校たちは当然のことながら保守的であり、それが彼らにとっては「政治」が禁止されるというルールが実際に意味していたことなのであって、彼らは議会と政党の活動を軽蔑していた。そのような姿勢を取ることを通して秩序と国家を護っているのであるという古くからの理念は、帝国建国以降は国民的《ナツイオナール》な意味で拡大された。すなわち、祖国と国民《ナツイオーン》、ドイツの自己主張とドイツの世界的な地位を護る存在となったのである。勤王的な将校団は国民的《ナツイオナール》な将校団となった。国民的《ナツイオナール》なものが無条件に価値を持ち、そして将校たちは国民的《ナツイオナール》な存在を支えて保障する役割を言わば独占的に担っていると主張し、国民《ナツイオーン》の聖杯守護者となった。彼らは、自分たちが果たしている役割に基づいて国民《ナツイオーン》のなかでの指導的な地位を要求した。ドイツ帝国は、戦争と勝利によって建国されたのだから、武力の強さによってのみ維持されるのである、と。彼らは、君主との近さ、君主との特別な関係と、勤王主義的な特別な忠誠心とに基づいて、「近衛の親衛隊」であって、議会主義と革命に対抗して君主政を支えて保障する存在であると主張し、それゆえ君主政国家のなかの指導的地位を要求した。そのような姿勢は波及効果を及ぼした。地位が幾重にも層を成しているドイツ社会のなかで、彼らは常に、公的なあるいは半ば公的な出来事や行事があるたびに、さらには私的な側面に至るまで、優位を占めることを要求したのである。通常の警官は将校による規則違反行為に手を出すことが許されなかった。さらには、軍事的な価値は単に文民的な価値と並存している、ましてやそれよりも下位にあるのではなくて、本来、より高い価値を持っているのであって、本来の生により近いのだと主張された。すなわち、命令と服従、秩序と規律、戦う用意と能力、毅然とした姿勢と厳しさ、そして極端な状況と極端な危険に基づく味方と敵、勝利と敗北という思考様式、戦いによる対立の解決、それどころか死ぬ心構えと、さらには殺す心構え、そういった価値である。

以上のような観点――国民的《ナツイオナール》で君主主義的な聖杯騎士であることを自認し、戦いを指針とする観点――と結び付いていたのが、緊密な共属意識、連帯意識、その他の社会と一線を画しているという意識であった。利潤を重視する資本主義的な世界も軽蔑の対象となり、ブルジョア的な贅沢、新帝国流の安楽も、やはりそうだった――もちろん、この点では実際には将校たちの間でもそれに類する多くの行為が見受けられたのだけれども。そこからは、「カースト」、支配者カーストに向かおうとする傾向が生じた。共同で男性同盟的な生活を送ることから、共通の語調やスタイル、将校クラブ的な言い方が生まれ、この時期にはある程度まで不自然なほど「きびきびとした」勇ましい態度と意図的に文民を嫌う排他的な姿勢が目立ったのであり、それは軍人以外の人たちからは「愚かしさ」あるいは傲慢として受け止められ、将校たちの古《アルト》プロイセン的な控え目さが背後に退いていった。将校教育も自尊心と優越感を誇示することに帰着し、それは基本的には外からの批判に耐える能力を欠いて、しばしば神経質に過剰反応しがちであることを意味した。

そのような傾向を強めたのが、特別な「名誉」という独特な概念であり、そしてこの名誉を護るための決闘という奇妙なほど古風な慣習であった。名誉は、当時はまだ人間と個人の一部分を成していた、こんにちでは失われてしまった一つの現実であり、名誉を失ったり傷つけられたりするのは存在が否定されることを意味したが、しかし通常の人間にとってはもはや何らかの特別な名誉ではなくて市民的な名誉が存在していただけだったのである。決闘がなおも行なわれるというのは市民的な時代においては、本来、カースト精神の表われに他ならなかった。特別な名誉と決闘との組み合わせは、決闘を求める資格のある人たちとその資格のない人たちとを区別することと結び付いており、生活の一連の状況の下での決闘強制、そしてこの強制に従わない者を排除する義務を意味していた――それは、古風で排他的なカースト精神を強調するものだったのである。決闘に伴うリスクについては、それどころか決闘そのものについても、実際には様々な制限があった。カトリック教徒の将校は辞職しなくとも自らの良心を引き合いに出すことで決闘強制から逃れることができた。軍指導部は、一般の刑法による決闘禁止や、福音派教会による異議や、さらにはスキャンダルを避けたいという軍の利害に対処するために、様々なことを企てた――例えば名誉法廷は行動を「文明化する」ことを意図していた。しかし、軍指導部は、とりわけ例えば帝国議会のような外部に向かってはこの排他的な特別な伝統が存続することを擁護したのであり、その他の点でも戦士カーストを通常の市民世界から遮蔽して、それを維持しようと努めた。

もっとも、この点でも事態を誇張し過ぎないように注意する必要がある。決闘、とりわけ色恋沙汰でのそれは当時の「文民的」なパリでもまだ頻繁に起こっていたし、地中海諸国やバルカン諸国では言うまでもなかった。ドイツでは、将校たちが「上流」社会に出入りするケースが頻繁に見受けられたし、洗練されたエチケットや、求愛や求婚、さらには家庭を築くことが「文民化するような」影響を及ぼし、また、何よりも専門職的な、あるいは全面的に専門職的な将校も存在していた。大都市では、軍服を着用することが必ずしも「適切」とは見なされていなかった。高過ぎるレストランや安過ぎるレストラン、あるいは劇場では、そして「堅苦し過ぎずに」、あまり目立たないで振舞いたいと思う時には、常に平服を着用した。軍の指導部は、賭博熱や、行き過ぎた浪費生活や、負債を抱え込むことに反対し、――例えば穏健な教会風の――性モラルに関する一般的な規範にあからさまに反する行為を働くことに反対した――それらは、カースト的なスタイルを抑制して文民化を促す作用を及ぼした。軍の指導部が――結婚することへの同意が必要とされる下で――「正しい」結婚がなされるように気をつけ、「間違った」結婚を阻止するようにしたことは、文民化を推進するとともに将校団の身分にふさわしい「統一性」を保つのに寄与し、さらにはとりわけ不十分な収入しかない状態での結婚を阻止する役割を果たした。例えば一八九三年には海軍少尉に結婚許可が下りたのは十二パーセントだけだったが、海軍大佐の場合には八十五パーセントが許可された。もちろん、将校たちのなかには「雄々しい人たち」といったステレオタイプには合致しない内面的に極めて様々な人たち、問題への理解力がある多面的な性格の持ち主たちや、教養がある人たち、悩みを抱えた人たち、悲劇的な人生を歩む人たち、そして特別な運命に出逢う人たちがいた――オーストリア＝ハンガリーでは明らかに多かったが、小説を信じる人たちが思うほど頻繁にではなかったとしても。フォンターネが描いているタイプや、トーマス・マンの『魔の山』に登場するヨアヒム・ツィームセンや、ゲルトルート・フォン・レフォールが自伝のなかで描いている彼女の父親のことが思い起こされる。もしもカースト的なものだけが支配していたとしたら、第一次世界大戦での軍はなすすべがなかったことだろう。多くの高位の将官たちは、皇帝の周知の虚栄心や非常識ぶり、皇帝が勝利を収めるようにしなければならない「皇帝演習」という茶番に嫌気がさして、決して君主政や王家に対してというのではなかったものの、この君主の人格に対してはますます距離を置くようになったのだった。

それにもかかわらず、変わることなく政治的・社会的に重要で特徴的だった点は、将校団が占めた特別な地位と、そしてそれを維持したメカニズムであった。将校団は、お上的で憲法外的な特徴を持ち、保守的な、それどころか封建的な特徴を持つドイツの軍事体制の一つの支柱であり続け、軍事的な世界と市民的な世界とを分離する一つの支柱であり続けた。そして、ドイツの世界はともかくもより市民的でより近代的になっていったので、このような分離は緊張の度を強めていくことになった。

　将校団の拡大と社会的な変容をきっかけとして、とりわけ、既に述べた軍指導部内における重要な対立、九十年代からの軍備政策を規定することになった伝統主義者たちと近代主義者たちとの間の対立が生じた。陸軍省と軍事内局を中心とした伝統主義者たちは、陸軍をあまりにも急速に、そしてあまりにも強力に拡大することに反対した。量を急速に増やすのは質を損なうことになるという軍事的な論拠の背後には、社会保守的な論拠も——そして、何人かの人たちの場合には何にも増して——存在していた。すなわち、拡大は陸軍将校の後継者たちの補充を民主化することになり、それとともに長期的には陸軍そのものを民主化することになるのだ、と。これに対して、参謀本部の近代主義者たち、例えば市民出身のルーデンドルフのような人たちが第一に望んでいたのは、国防力を「完全に汲み尽くす」ことであり、彼らにとってそれは存立に不可欠なことだった。彼らは、いわゆる古《アルト》保守派的な懸念を共有しておらず、新しい市民的なナショナリズムと、組織・合理性・効率への信頼とによって規定されていた。そのような立場は、将校団にとっても陸軍にとっても同様に立派な、それどころかより近代的であるがゆえにより立派な社会的＝モラル的基盤になると考えられていたのである。一九一三年にこの問題は、先に述べたように一定の妥協で終わり、陸軍が大きく拡大されて将校のポストも増加したが、しかしルーデンドルフの構想には完全に及ばない状態に留まった。

　ドイツ帝国の発展の可能性を問題にする場合には、以上のような軍事君主政のエスタブリッシュメントの内部における対立を、すなわち、封建的・身分制的・保守的な種類の社会イデオロギーに明確な制限を加えることになり、そのためだけでも「民主化を進める」作用を及ぼさざるを得なかった「状況による必然性《ザッハツヴァング》」が存在していたことを、しっかりと視野に捉えておく必要がある。そこからは、軍人のミリタリストと文民のミリタリストとが並存している状態とともに、言わば「二重のミリタリズム」の存在を見て取ることができる。支配エスタブリッシュメントの内部における対立の存在が、いずれにせよ大規模な変化が可能になるための前提条件なのである。

b　内部構造

軍の内部構造、兵役期間の経過の仕方や、兵士指導に伴う諸問題や、戦術構想と養成教育の目的の変遷などについては、ここでは詳しく述べることはできない。僅かなことを述べるだけで十分だろう。一、兵役義務者で兵役に適していると見なされた者は召集されて、一八九三年までは三年間、それ以降は二年間（騎兵の場合は変わることなく三年間）勤務し、いわゆる「ゼクンダ」（第六・第七学年）資格あるいは「プリマ」（第八・第九学年）資格を得たギムナジウムと上級実科学校の修了者は――第六学年あるいは第七学年の修了（及び進級）証明書をもって「一年志願兵資格」を得て――一年間、装備自弁の「志願兵」として勤務した――それは、プロイセンでの兵役義務と市民層の軍務嫌いとの間の妥協を受け継いだものであった。

二、陸軍と海軍を支える基盤の一つとなっていたのが下士官だった。彼らは十二年間勤務する義務があり、退役後は文民保障請求者として、例えば警察官や刑務官として、あるいは地方自治体や郵便や鉄道で、下級の、時には中級の官吏の職に就く可能性を持っていた（同様のことは、長年勤務した一般兵士にも当てはまった）。給与は乏しかったとは言え、安定した地位が提供されたのは農村部の小農家族の息子たちにとっては明らかに十分魅力があるものであった。下士官は絶対的に信頼できる存在だった。規律と上からの命令への服従が彼らの血となり肉となっていたのである。

三、軍の指導部は社会民主党員たちが浸透してくるのではないかという不安を抱えていた。一切の社会民主主義的な活動は、当該の新聞を読むことや一定の飲食店に出入りすることに至るまで、禁止されて、弾圧や処罰の対象になった。社会民主党に共感を抱いているという疑いをかけられた者のブラックリストが存在していて、それに応じてネガティブな扱いを受けた。皇帝が必要と判断したら「わが」兵士たちは自らの親戚や兄弟や両親をも射殺しなければいけない、という皇帝の好戦的な発言は、すべての社会民主党員が数多くの集会で十分に聞き知っていたことだった。社会民主党の理論的な反軍国主義がどのようなものだったのであれ、これだけでも軍との対立を強めるのに十分であった。将校たち、とりわけ下士官たちによる「愛国的な授業」を通してポジティブな影響を及ぼそうとする試みは、教えようとする側の人材が不適当だったので、全体とすれば失敗に終わった。結局のところは、それよりも模範を示すことや、仲間意識や、技術的＝実際的な協働関係が及ぼす作用のほうに期待がかけられるようになったのであり、まさにその点では下士官たちは適任だったと言えるかもしれない。

四、議論の的となっている一つの問題は、社会主義の影響を受けていると疑いをかけられている大都市のプロレタリアは「より従順」でより忠実な農村部の住民よりも軍に召集されることが少なかったのだろうか、という問題である。陸軍と海軍の兵力が限られていたために、実際に兵役を果たさねばならなかったのは兵役義務者の一部分に過ぎなかったからである。確かに、農村部の新兵が占める割合は平均以上に大きかった。しかし、それは農村部では兵役適格者の割合が高かったこととも関連している――もちろん、兵役検査の結果が完全に客観的なものだったのか、それとも親農村部的で反都市的な先入見に応じたものだったのか、それは何とも言えないけれども。軍当局が農村や小都市の新兵を好んでいたのは確かだが、大都市の出身者も含めた多くの若い産業労働者たちが兵役に就いていたのも確かであり、そして結局のところ個々の部隊には――決して偶然とは言えない――様々な出身の新兵たちが混在していたのである。

　五、兵士たちへの行き過ぎた暴力行為、兵士虐待がしばしば起こり、毎年のように帝国議会や世論で、特に社会民主党が音頭を取って詳しく議論された。兵士たちの苦情申立権は、事実上――「所定の手続き」や、予め与えられた警告や、苦情申立人に対して非公式の制裁が加えられることがあり得たために――容易に行使されず、そして将校よりもむしろ下士官が対象となった責任者に対する処罰は限られたものに留まった。上下関係が脅かされて命令する立場にある者が不安を抱いたり何らかの圧力に譲歩したりする事態に対する指導部の恐れは、ほとんど病的なところがあった。とは言え、もちろん軍指導部の側もその種のことが起こるのを回避し防止することに大きな関心を抱いていた――軍隊の士気は自発的な同意にも基づいていることを、十分に承知していたからである。長い目で見れば状況は改善されていき、法的規範が守られ、過度な暴力行為は阻止されるようになった。もっとも、本来の虐待行為の水面下には幅広いグレーゾーンが存在していた。

　六、武器技術の進歩は「戦いのやり方《クリークスハントヴェルク》」を変化させた。まず、歩兵の銃器と砲兵の砲が急速なテンポで改良され、より素早くより目立たずに、硝煙を出さないで装塡して、より速く、より広い範囲に、そしてより精確に発射できるようになった。もちろん機関銃は一九一四年以前にはまだようやく戦い方に革命をもたらし始めたばかりだった。本書が扱う数十年間には、補給と敷設と情報伝達の技術が重要性を増した。これらの一切は三つの帰結をもたらした。第一に、古くからの部隊区分――重装備部隊と軽装備部隊などの――は背後に退いていき、同じ部隊内の歩兵・砲兵・騎兵・工兵などが出現する。第二に、騎兵は重要性を失い、偵察のためには役に立ったが、本来の戦闘では歩兵と（軽装備の「野戦」）砲兵が重要になる。そして第三に、何よりも新しい技術は当初は――部隊の可動性ではなくて火力を高め、あるいは鉄条網の場合のように敵軍の可動性を制限したので――防衛側に有利に作用する。これに対しては、戦術という手段で対抗しようとする。攻撃側にとっては、火力で勝ることと、歩兵と砲兵が協働すること、塹壕を掘ること、そしてまとまって「突撃」をかけるのではなくて分散して行動することが重要になる。それゆえ、まとまった大部隊ではなくて、より小規模な、例えば中隊や小隊や班、分散した一団が極めて重要になるのであり、その結果、下位の指揮官、それどころか兵士の自主性が重要性を増す。そこからは問題も生じてくる。自主性という理想と、訓練・ルーチン・規律という現実とは緊張関係にあるからである。戦士としての「男らしさ」という伝統は、技術や新しい戦術と対立し、無条件で攻撃をかけるという精神、突撃と騎兵隊攻撃の精神は、火力の優位と塹壕への退避、迂回行動や――単なる――偵察行動を重視する考え方と対立する。例えば、一九〇六年の歩兵勤務令には、一八八八年の勤務令が冷静な近代性を示していたのに対して、そのような伝統的な観点が再び進出してきているのを見て取ることができるし、砲兵への指示のなかでは同様に攻撃戦に近い立場が技術的に必要な程度以上に強調されており、――貴族的で――ヒエラルヒー的に強い立場にある騎兵部隊は、新たな客観的な必要性に見合う程度にまで削減されることはない。それにもかかわらず、以上のような現象は言うならば遺物に過ぎないのであって、全体とすれば新しい技術に伴った合理化のほうが、主たる流れを規定するだけの力を持っている。

七、養成教育は、教練と戦闘演習（時として部分的には既に「スポーツ」の要素をも含んでいた）との二つの柱から成っていた。形式的な教練は大きな役割を演じていたが、圧倒的に大きな役割というわけではなく（八十年代の海軍では依然として大き過ぎる役割を果たしていたので、船員としての技術的な養成教育がなおざりにされる結果になった）、より重要だった戦闘演習は、教練の域を超えて、例えば日露戦争や植民地での蜂起の経験や、大演習の結果や、武器技術の進歩を踏まえて、個々の具体的な点でも絶えず近代化されていった。技術的な養成教育は、それぞれの兵科においてだけでなく、歩兵の間でも広まっていった。ドイツ軍の養成教育は全体とすれば他のヨーロッパ諸国の軍隊のそれと異なってはいなかった。養成教育は厳しく、規律は厳格だった。しかし、それは特殊プロイセン的というのではなくて、時代のスタイルだったのである。養成教育は――軍事的＝技術的に見れば――極めて良好なものと見なされていた。チーム精神や、小さな、最小規模の隊及び下位の指揮官の自主性も十分に尊重されていたと言うことができ、それは命令と服従への集中が支配的だった下では注目に値する。当時行なわれていた国際的な比較や、ドイツ軍の組織や養成教育のあり方がトルコ、チリ、中国などの他国の軍隊に取り入れられたこと、そして世界大戦での経験を考えるならば、ドイツ軍の養成教育は高い質を備えていたと言っていいように思われる。

全体を総括しようとすれば、必然的にアンビバレントなものとならざるを得ない。大部分の（全員ではないが）兵役義務者たちの兵士時代への思い出はポジティブなものであった。それは単に、まさに村人や小さな町の町民にとっては常に広い世界への第一歩を意味し、非日常的な一種の「冒険」を意味し、家族や土地との結び付きから離れた新しい「仲間関係」の経験を意味していたためだけなのではなかった。明らかに、軍――将校たちと下士官たち――は、ある程度の共属意識と誇りとを生み出すことに成功したのだった。そう考えなければ、「在郷軍人会」が盛んになったことや、一九一四年と戦争初期に進んで戦おうとする姿勢が見られたことは、説明できないのである。他方では、――平和主義者たちや、繊細な知識人たちや、確信的な社会民主党員たちの間でだけでなく――軍の内的な形態、内部の指導、レマルクの〔『西部戦線異状なし』の〕ヒンメルシュトスのような鬼軍曹、自尊心への侮辱、恣意と不合理な権威の押しつけ、将校と一般兵士の間の格差などに対する断固とした批判が存在しており、そして一九一八年における将校たちへの反乱は、戦争への疲れや、何としても耐え抜けという命令への反発だけで説明できるものではなくて、長らく抑圧されて溜っていた反感や抵抗心が言わば爆発したものなのでもあった。規律とヒエラルヒーによって過度の圧力をかけられていたこと、人間への理解に富む指導が欠けていたこと、これら二つの点も現実に属していたのであり、そしてこの反乱の時に、表面に噴出したのだった。

c　軍と社会

軍と社会との関係に関しては、軍の内部構造や、軍の社会的・政治的な排他性が重要であるだけでなく、軍が社会に及ぼす作用も同様に重要な意味を持っている。これもやはり複雑な現象である。私たちは、まず軍と文民社会との直接的な「境界領域」を論じることから始めることにしよう。

ヨーロッパのどこの国でもそうであったように、兵役を済ませた人たちは（広い意味では兵役に就かなかった兵役適格者も）「予備役」に組み入れられ、戦時には召集されることになっており、実際に勤務中の平時軍とともに「戦時兵力」を構成していた。世紀の第一・第二・三半期に存在していた短期間訓練を受けて市民の将校を持つ郷土防衛軍《ラントヴェーア》は解体されてしまい、戦闘能力のある若手の予備役は現役の部隊と組織的に結合され、もはや戦場で勤務する能力のない年長の人たちについては独自の部隊が存在した。兵役に就いたすべての者が予備役に属して一定の軍事的な地位を持っていたという事実は、重要であったには違いないが、しかし通常の場合には生活や考え方や文民としての社会的な地位には決定的な影響を及ぼすものではなかった。

　しかしながら、予備役の人たちには——戦時中の勤務のためにも兵営での勤務のためにも——追加の将校が、少なくとも下位のランクでは必要であり、それがかつての郷土防衛軍将校に取って代わった予備役将校だった。彼らが、軍と社会とを繋ぐ第一の、そして特に重要な役割を果たした。予備役将校であるという事実は、生活と暮らし方、そして社会的な地位にとって大きな意味を持った。形式的な前提条件となったのは、ギムナジウムで「一年志願兵資格」を得て、武器を自弁し、一年間の兵役勤務を終えていることだった。とは言え、事実上は大抵の場合、そして長期的には、大学入学資格《アビトゥーア》を得ていることが前提となった。この結果、例えば中級官吏職や商人となることを目指す比較的貧しい中程度の市民たちの一部分は締め出されることになり、それゆえ、「一年志願兵資格」は中級の市民層のため、「予備役将校」は上級の市民層のための制度となった。予備役将校になる道に受け入れられた場合には、兵舎で基礎的な養成教育を受け、——民間の仮兵舎で——特別養成教育を受けた後に、最後に将校試験があった。その後に一連の訓練が続いたが、しかしより大きな部隊の現役将校によって選抜されて初めて予備役将校に任命された。最初の受け入れと、試験と、選抜とが障壁となっていたのであり、誰を選ぶかという基準は現役将校の場合と同様であった。社会的な出自、「望ましい」層に属しているかが重視されたのであり、もちろん多少幅は広げられたものの、小店主の息子たち、それに事実上大抵は民衆学校教師の息子たちも排除され、そして最終的な選抜に当たっては軍事的な適性を備えていると思われた場合にも政治的な志操が決定的な意味を持った。ここでも、——少なくともプロイセンでは——カトリック教徒が冷遇され、ユダヤ人、ポーランド人、自由主義左派、社会民主党員は締め出された。

　ともあれ、一九〇六年から一九一〇年までの間に一年志願兵として勤務した人たちの三十二パーセント弱が予備役将校志願者となった。一九〇五年の時点では——プロイセン「指揮下の部隊」〔他の中小邦の部隊も含む〕では——予備役将校の五十六パーセントが上級官吏層と大学修了者層《アカデミカー》であり、十四パーセントが商人・企業家層で、十六パーセントが中級官吏層と職員層だった——もちろん、大きな商業都市、例えばハンブルクでは商人の占める割合がもっと大きかった。大ブルジョアジーの息子たちは「上品な」（そして貴族的な）連隊にも受け入れられたが、これに対して他の志願者たちは他の連隊に配置された。一九一四年には全体でおよそ十二万人の予備役将校がいた。

　この制度を巡っては多くの伝説が流布している。確かなのは、軍事的で官僚的、さらには封建的な色彩を帯びていたドイツの社会においては予備役将校の肩書は特別な威信を備えていてステータスを高めるものであったということである。予備役将校は自分の名前にこの肩書を付け加え、時として職業上の肩書（あるいはアカデミックな称号）よりも重要であるかのような様相を呈し、しばしば——農村部では、多少高めのランクの場合には——呼称の一部分に属していた。大臣たちは公然とこのステータスに最大限の価値を置き、それどころか予備役将校として昇進していった。ビスマルクは甲騎兵将軍となり、ベートマン・ホルヴェークは少佐であり、ミヒャエリス〔ベートマン・ホルヴェークの次の宰相〕は大尉から中佐に昇進した。ビスマルクは、そして一見したところより文民的なベートマン・ホルヴェークも、好んで軍服を着用して現われた。予備役将校の肩書は手に入れるようと努力するのに値するものだったのである。それを手に入れるに至る過程では、品行方正な振舞い、正しい志操、コンセンサスへの、それどころか慣行への順応が重視された。既に述べたように、それに対応するような政治的＝社会的な規範と行動様式が一八七〇年代から大抵の大学生の組合でも育まれて定着するようになり、コーア〔貴族的な学生組合〕はきびきびして威勢がいい将校風・将校クラブ風のものの言い方やスタイルを採り入れ、あるいは模倣し、そして当然のことながら名誉、決闘を求める資格、フェンシングでの決闘、刀傷に関する学生組合の規範と、名誉と決闘に関する将校団の規範との間には内的な類似性と親近性が存在していた。要するに、学生組合の大学生たちのあり方と予備役将校たちのあり方とは対応し合っていたのであり、それどころか互いに補い合っていたのである。

君主の軍事内局は、予備役将校をも政治的に規律化しようと努め、とりわけ政治的反対派としての活動を行なえば資格を剥奪すると威嚇しようと努めた。良く知られているのは国民自由党の帝国議会議員で、しかもプリンツの称号を持っていたシェーナイヒ＝カロラートのケースであり、彼は国王大権に関する問題で反対派の指導者オイゲーン・リヒターと同じ票を投じた。もっとも、今後は自制することを誓い、そして公然たるスキャンダルとなることが恐れられたために、彼は将校に留まることを許されたが、しかし軍服を着用する許可は剥奪された。「ヴェルフ派」〔旧ハノーファー王家の支持者〕の予備役将校たちは実際に罷免された。もっとも、通常の場合にはその種の措置を実行することはほとんどできなかった。ユダヤ人やカトリック教徒でない限り、大学修了者《アカデミカー》として活動し始めた人たちや、比較的大規模な企業の経営者の息子たちは、多くが予備役将校となったが、彼らの場合にはどのような発展を遂げていくか予見できず、現役将校団のように幹部としての性格を保つとは限らなかった。決して、市民的で都市的な予備役将校たちの大多数がヴィルヘルム的＝軍国的な特徴を帯びたお上の国家の断固たる闘士だったというわけではないのである。政治的に彼らに共通していたのは明確で熱を帯びたナショナリズムだったが、それは彼らの軍事的なキャリアによってもたらされたものではなかったし、また、あらゆる軍事的なものに敬意を払うことを意味するものでもなかった。その限りでは、ドイツ社会を「軍国主義化」したのは予備役将校たち（あるいは予備役将校という制度）であったと言うのは言い過ぎである。それにもかかわらず、この制度がドイツにおける軍事的なものの価値と軍の特別な地位の受容を固め、強化したのは確かと言っていい。

予備役の人たちにとってのもう一つの制度、一般兵士だった人たちにとっての制度が在郷軍人会（戦士協会）であり、とりわけ一八七〇／七一年の戦争を受けて成立し、しばしば地域や地区を単位として自発的あるいは公的に設立され、もしくは奨励された。在郷軍人会は軍に勤務したすべての人たちのための協会であり、協会の数も会員の数も著しく増えていった。最初の連合組織である「ドイツ戦士同盟」は一八七三年に二万八、〇〇〇人弱の会員をもって始まり、一八九〇年には四十万四、〇〇〇人、一八九八年には一〇〇万人以上に達したが、もちろん北ドイツと中部ドイツに限られていた。ザウルは、既に一八八八年には全体でおよそ一万の在郷軍人会と八十万人から九十万人の会員が存在していたと推計している。一八九九年には、全国組織としての「ドイツ地方戦士連盟のキフホイザー同盟」が設立され、その時点で一八〇万の会員を擁するおよそ二万二、〇〇〇の協会が組織され、一九一三年には協会数三万二、〇〇〇、会員数二八〇万人となった。この組織は、当時のドイツで最大の突出した大衆組織だった。この同盟は疑似軍事的な、あるいは軍に近い指導の下にあった。どの協会も軍によって承認された旗を掲げなければならなかった。それは、軍旗への忠誠の誓いと君主との結び付きを呼び覚まし続けることを意図したものだった。在郷軍人会は、軍事的・国民的《ナツィオナール》・君主主義的な精神を涵養・維持して、会員たちに社会民主主義者たちに対する免疫を与えることを狙いとしていた。社会民主党員は会員となることができないとされ、本来は、社会民主党に投票する人たちにもそれは当てはまった。当初はこの種の協会はプロテスタント地域に限定されていたが、一九〇〇年以降はカトリック地域でもその果たす役割を増大させていき、至るところで——とりわけ農村部と中小都市で——大きな役割を果たすようになる。各地で在郷軍人会は人気があり、男性たちの思い出の世界を拠りどころとして夕べの会合（ビール付きの）で思い出を紡いでいき、祝祭や象徴の場でかなり重要な役割を果たし——旗や音楽や行進、記念碑の建立と除幕式、セダン記念日や帝国建国記念日、君主の誕生日、協会設立記念祭、そして舞踏会などで——、見渡しのきく社会関係のなかで仲間であるという一つの基準を設定することになった。キフホイザー同盟の指導部と社会民主党との双方が社会民主党員の排除あるいは脱退を求め、それを徹底させようとしなければならなかったということは、社会民主党員も仲間の一員となることに価値を見出していて、そして現地の在郷軍人会は必ずしも厳密な態度を取っていなかったことを示唆している。全体とすればこれらの在郷軍人会は確かに攻撃的な姿勢を示してはいなかったが、しかし大衆に作用を及ぼす軍事精神の一つの支柱であり、通常の国民的《ナツィオナール》＝愛国的なイデオロギーの一つの源泉、そしてそれに相応する情緒的な環境《ミリユー》、また、少なくとも社会主義革命に対抗する一つの砦としての役割を果たしていた。

軍と社会の関係にとって、予備役将校や在郷軍人会よりもいっそう重要でいっそう幅広い影響を及ぼしたのは、軍とあらゆる軍事的なものに対する一般的な高い評価であった。それは、ドイツの社会のなかで極めて自発的に発展していったものであると同時に、国家によって強力に求められ助長されたものでもあったのである。

この世紀の全体を通して、そしてヨーロッパの全体で、軍の必要性は異議を唱えられることがなく、誰も軍を廃止しようとは思っていなかったし、プロイセンの憲法紛争当時の自由主義派も強力な軍隊を望んでいた。それにもかかわらず、一八四八年から六十年代までの時期にはどちらかと言えば軍への不信感のほうが圧倒的に強かった。軍は、高くつき、特権を持ち、排他的で、反文民的、反市民的、反議会的であって、反革命とクーデタのための内政上の武器なのだと見なされていた。一八六六年から一八七一年までの南ドイツ、カトリック派、民主派の反プロイセン《ボルシア》主義は、本質的には反ミリタリズムであり、軍の過剰、憲法外の地位、プロイセン的なスタイルが反発を買っていたのである。一八六四年、一八六六年、一八七〇／七一年の三度の戦争と、そのなかで達成された統一が、ドイツ人の軍に対する関係を、最初は北ドイツで、次いで南ドイツでも、変化させた。いまや人びとは第一に軍を誇りに思い、軍を賛美するようになり、帝国は軍に支えられ、軍が帝国の存立を保証した。このような賛嘆の念は、いまや軍の特別な地位とその特別な要求をも多かれ少なかれ必然的なものとして承認し、要するに現に存在する——プロイセン的な——軍を承認するという結果をもたらした。一八六七年から一八七〇年までの時期にバイエルンで、そしてとりわけヴュルテンベルクで激しく展開されていたプロイセンの軍事体制に対する非難は一斉に姿を消してしまった——少なくとも世論で主導権を握っていた層の間ではそうだった。軍への批判は背後に退いていき、常に愛国心の欠如という非難に対して自らを正当化せざるを得ず、いまやある程度まで軍を敬う態度が支配的となった。公的な愛国主義においては——学校での歴史の授業や、セダン記念日のような愛国的な祝祭や、歌や詩、記念碑の建立や、死者への追悼や、公的な顕彰を通して——英雄と戦争、戦闘と勝利への思い出が、そして軍隊と将軍たちの臨席や例えばパレードが、傑出した役割を演じた。軍隊こそが国民的《ナツィオナール》な進歩の担い手だったのである。私的な思い出さえ軍と戦争によっても規定されていた。それは、上から操作されたものではなくて、勝利と帝国建国への熱狂によって生み出されたものだった。このことが、新たな帝国ナショナリズムを刻印し、そして当然のことながら過剰な国民的《ナツィオナール》なレトリックは軍事的な要素を特に著しく強調した。トライチュケがベルリン大学で行なって多大な影響を及ぼした政治学講義では、ほとんど盲目的な服従をすら求める軍事的な教育が人格を鍛えるものと見なされ、将軍たちがまるで政治的な天才であるかのように扱われた。しかし、通常のナショナリズムも軍事的なものに高い評価を与えることを決定的な特徴としており、父親たちの行為は戦士としての行為と見なされ、鉄と血についてのビスマルクの発言が忌み嫌われることももはやなかった。そして一八九〇年以降の〔引退後の〕ビスマルクは武装して戦うザクセンヴァルト〔ビスマルクの所領地〕の勇士として様式化されることになった。やがて帝国主義がドイツ社会に浸透してくると、陸軍と、さらにいまや海軍は、大国としての地位と世界的な勢威とを保証する存在となった。これに対して、軍への批判、軍事負担や、軍の行き過ぎた振舞い——乱暴さやカースト精神や傲慢さ——に対する、さらには軍の憲法外的な地位に対する不満は、言わば些細なことと考えられるようになった。ビスマルクは、政府に従わない帝国議会の多数派が、とりわけ軍事予算と陸軍兵力を長期にわたって固定するという彼の要望に応じなかった時には、彼らに対抗して愛国的＝安全保障政策的な合言葉とかなりのデマゴギーを駆使して選挙民やこれまでの棄権者たちを自らと反議会的＝保守的なブロックのために動員しようとしたのであり、とりわけ一八七七年と一八八七年の帝国議会選挙の時がそうだった。中央党と自由主義左派は、当初は軍備支出のあらゆる増額に断固として反対していたのだが、やがて軍備予算をともに担うようになっていった。なおも一八九三年の帝国議会選挙で——ある程度までは一九〇六／〇七年にも——政府は、選挙民の「軍への敬虔さ」を自らの政策のために利用して、最初はささやかな、しかし後にはより大きな成功を収めた。

このような軍に対する一般にポジティブな姿勢に対応していたのが、将校が高い名望と尊敬を享受していて、部分的には途方もない卑屈な態度や、将校の傲慢さを無抵抗に受け入れる姿勢に通じかねなかったという事実である——貧しい靴職人が町中を騒ぎに巻き込んで、皇帝が大笑いしながら軍服に敬意が払われたのを褒めたという『ケペニックの大尉』の物語〔予備役将校の制服を手に入れた男がベルリン郊外の町の当局者に詐欺を働いた事件〕は、依然としてその分かり易い実例である。軍人のスタイルのなかの特にどぎつい要素が市民階層の一部分によって取り入れられた——例えば傲然としてきびきびした態度などである。ドイツの社会において、規律と命令と服従が、そしてヒエラルヒーと階級秩序が過度に強調されたのはシビリアン的な性格と市民性を損なうものであったが、それには賛美された軍人精神から強い影響を受けていたことにも原因がある。軍が憲法外の特別な権力を持っていた状態も、内面化されて市民社会の意識にしっかりと根を下ろすことになった。確かに、当時のすべての帝国主義国家の社会では軍とその代表者たち、例えばイギリスやフランスの植民地戦争を戦った将軍や元帥の声望が著しく高まり、どこの国でも軍に好意的な態度を取ることが国民的《ナツイオナール》な美徳と見なされていた。しかしながら、——少なくとも西欧と中欧では——社会のシビリアン的な性格が制限されて、軍に政治的な指導にあれほど決定的に参画することが許され、保証されていたのは、ドイツ帝国においてだけだった。

もっとも、批判的な声、市民たちのミリタリズムをも含めたミリタリズム、予備役将校たちの振舞い、卑屈さや、居酒屋常連席での軍国風の大言壮語を批判する声が挙げられていたことを見過ごすべきではないし、例えば『ジンプリチシムス』誌とそのカリカチュアが多大の成功を収めたこと、あるいは一九一三年のツァーベルンでの軍の不当な干渉に世論が激高したことを無視するべきではない。すべての市民的な政党が強力な軍事力を肯定し、いずれにしても軍事君主政という原則を疑問視しなくなって以来、そのようなレベルを超えたところで再び批判的な立場を取ることも可能になったのだった。一九一四年以前の社会は、全体主義体制におけるように軍国化されたわけではなかったのである。しかし、圧倒的な位置を占めていたのは軍への敬意だった。明確に「文民的」な社会グループと軍国的な社会グループとの対立は、まだ潜在的な形でしか存在しなかった。いずれにしても、軍事君主政は軍に敬虔な態度を取る十分に大きな社会グループを支えとすることができたのだし、他のグループについては、社会民主主義者たちを除けば、国民的《ナツイオナール》な義務に訴えることで忠誠を守らせることができた。例えばドイツの大学教授たちは、全ドイツ連盟の人たちを除けば決して「ミリタリスト」ではなかったが、しかし一九一四年にはすべての人たちが西欧からの批判に対して軍が強力で特別な地位を占めているプロイセン＝ドイツの体制を擁護した。東西に挟まれて中間に位置しているための危険性が軍国的な性格を不可欠にしているのだという主張は、十分に説得力を持っていたのである。

さらに、命令と服従、規律と秩序、敵／味方思考と闘争思考といった軍事的なカテゴリーが、自由よりも秩序を、自発性よりも規律を、多元性よりも団結を、妥協よりも徹底した紛争を（少なくとも対外政策においては）優先するべきだと主張し、官憲国家と階級国家の維持を主張する幅広い右派連合を規定していた。このような右派の側では、急進的なナショナリストたちだけではなくて通俗的な通常のナショナリストたちの間でも、「引き締まった」姿勢と「弛んだ」姿勢などを云々する文民的「ミリタリスト」たちによる愚かしい言説が頻繁に見受けられたのだった。

現存するプロイセン＝ドイツの軍事制度が原則的に承認されていたこと、そして軍事的な思考や行動様式が市民たちの思考や姿勢に取り入れられていたことと並んで重要なのは、社会的・政治的な諸関係が軍事的な構造によって客観的・制度的に規定されていたことである。私たちは、前の巻で階級構成と階級関係について分析した際に、軍事的な要素がそれに覆い被さっていたこと――一年志願兵資格の特権や、小市民的中間階級の形成のことを思い起こしてほしい――を述べたが、それぞれの公的権威の保持者と市民／臣民との間の支配関係についても同様のことが言えた。エルベ川以東地域の農村部では、予備役将校と一般庶民との間の軍事的な権威の格差が、経済的な階級構成を支えていただけではなくて、政治的な権力配分をも支えていたのである。例えば警察や鉄道といった日常生活にとって重要な施設が、ある種の軍事的性格を帯びていたし、同様の状態は弱められた形ででではあれ学校や、あるいは当局と一般の人たちとの関係、役人と市民との関係にも及んだ。もっとも、やはりこの場合にも誇張し過ぎたり一面的にのみ判断したりするべきではない。権威、官職に伴う権威や社会的な権威、そして権威の格差は、時代の一般的なスタイルに属していたのであり、ヨーロッパでは、そしてアメリカにおいてさえ正当なものだったのであって、それどころかあらゆる正当性の基盤となっていた。ヨーロッパ大陸部の国家主義的な諸国の行政と国家のスタイルは、そのような状態によって特に規定されていたのであって、このことはフランスを考えてみれば理解できるだろうし、大英帝国における帝国主義的な支配スタイルは核心において完全に軍事的であり、他の国、例えばアメリカでは資本主義的なボスの権威はドイツの場合よりも遥かに強大だった。そして、権威とは、結局のところ、指図することと指図に従って行なうこと、命令することと服従することに帰着するのである――それに較べれば、「スタイル」の違い、すなわち軍事的な形式が多いか少ないかという問題は色褪せてしまうように思われる。しかし、命令と服従とが著しく強調されたこと、権威関係と規律とが形式化され、その機能から分離して「それ自体」に化してしまったこと、それは、通常の権威にプロイセン＝ドイツ的な、まさに市民以前的＝軍事的な形が付与されたという、一つの特殊性を意味したのだった。

社会と軍の関係の問題、批判的な意味で尖鋭化させて言えば、例えばドイツ社会の「軍国主義化」の問題において、中心的な位置を占めるのは、戦争についてのどのような見方が発展していったのかという問題である。これに関してまず重要なのは、言わば職業的に戦争と取り組んでいた軍人や元軍人たちが執筆した著作や表明した意見であり、それらはますます幅広い反響を見出すようになった。しかし、同様に戦争を論じた非軍人たちも重要であり、あるいは重要性を増していったのだが、彼らの見解は軍人たちのそれと本質的に異ならなかった。確かに、当時においては戦争は依然として政治の一つの手段と見なされており、原則的な平和主義は極めて稀で、断固とした戦争反対の声を挙げるのは社会民主主義者と、例えば歴史家でジャーナリストのルートヴィヒ・クヴィデのような少数の市民左派だけに限られていた。そのような状態は、比較可能な他の諸国においてもさして異ならなかった。もちろん、戦争を抑止・防止するための国際調停制度を導入しようとする努力は、小さな中立諸国やアングロサクソン諸国（イギリスの場合は海戦法規が問題とならない限りでだったが）でより多く払われていた。ドイツの場合には、国際政治は権力によって定められるという信念が圧倒的に強くて、国際政治を「法律化」しようとするどのような試みも幻想あるいは偽善、権力利害を道徳的な仮面で覆うものと見なされていた。全体とすれば、戦争、すなわち自国の存立に関わる利害――それは多くの解釈を許容するものだったが――を防衛するための戦争は、ヨーロッパでは正当なものと考えられていたし、ましてやドイツではそうだった。さらに、これもヨーロッパに共通していた点だったが、戦争には倫理的な正当性がある、それどころか、理想主義的な色彩を帯びて、浄化をもたらす力があると信じられ――人文主義的な観点から権力を批判していたヤーコプ・ブルクハルトでさえ、一八六二年には、戦争は文明による弛緩に対してポジティブな作用を及ぼすと発言していた――、そして戦争は運命的なものと信じられてもいた。このような戦争の不可避性に関する古くからの見方は、社会ダーウィニズムがヨーロッパとアメリカで広まったことで、新たな刺激を受け、新たに尖鋭化された――それは、権力政策が帝国主義的な世界政策を巡る競争関係へと移行したのにふさわしい伴奏音楽のようなものだったのである。諸国民の間の関係は生き延びるための生存闘争であり、空間と市場と人口を巡る闘争であり、また、「人種」の間の闘争、白人と非白人、アングロサクソン人と「他の諸民族」、ゲルマン人とスラヴ人の闘争なのであって、健康で強くて確かな本能を持つ「支配者的人間」の、病んでいて、ひ弱で文明過剰＝デカダンス的な「群畜的人間」に対する闘争なのである、と。生き延びるためのそのような闘争のなかで自分たちが勝利を収めるのは当然だと考えていた途方もない楽観論者たちの傍らには、「現実主義的」で悲観的な運命論者たちも登場してきて、そして彼らはとりわけその種の戦争が避けられないことを強調した。もちろん、平和よりも戦争のほうがいいと真剣に信じていた人は誰もいなかったが、しかし戦争というリスクに対する敷居はそれほど高いものではなく、むしろ幾らか低くなったのであり、後退を迫られるという代償、外交的敗北を喫するという代償を払ってでも平和を守るというのは正当な選択と見なされなかったのである。

もちろん、これらの一切がドイツでは時が経つにつれて尖鋭化していき、例えばヘーゲルの精神に添って戦争が現実主義的で反道徳主義的な形で正当化されるようになった。すなわち、生きようとする権力は他の生きようとする権力と同等の権利を持って対峙するのだと見なされるようになったのである。理想主義〔観念論〕的に誇張され、解釈し直された形で、「浄化をもたらす」という戦争の（副次的）作用と（副次的）機能が、言わば戦争の本質と目標と目的とを規定するようになった。地政学的な状況分析は、ドイツ帝国が特に脅かされていることを強調した。仏露の協調と、後には英仏の協調がもはや注意深い観察者の目から逃れられなくなると、絶えざる危険、持続的な危機に晒されていて敵に包囲されているという感情が生まれてきた。包囲網症候群が生じてきて、強まっていったのである。これに対して、ジャーナリズムの一部分は、いっそうの軍備増強を要求し、絶えず戦いに備え、戦う意志、場合によっては打って出る意志を示すよう要求することで応じた。妥協は弱さと見なされた。闘争的で威嚇的、攻撃的で挑発的であろうとする姿勢が政策を規定するべきであると主張された。それは、通常の戦争への備えと特別な戦争への意志との間で、戦争の瀬戸際に位置しようとする政策に他ならなかった。この場合、戦争は何ら恐ろしいものではなくなり、政治は戦争という極端なケースのカテゴリーの下で考えられるようになるのであって、政治の軍事化と言うことができる。もちろん、このような戦争についての言説には世論の多分に非理性的な激情が流れ込んでいくのであり、また、そのような言説によって激情に火が付けられるのである。

戦争についての、そして政治、具体的にはドイツの政治の本質と使命についての以上のような見方は、一九一四年以前の右派の人たち、全ドイツ連盟や、海軍協会と国防協会や、退役将校であるリーベルトやカイムのようなそのプロパガンディストたち、新たなポピュリズム的ウルトラナショナリストたちの信念となった。軍事著述家でかつて参謀将校だったフェルディナント・ベルンハルディは、当時大きなセンセーションを巻き起こした一九一二年の著書『ドイツと次の戦争』で、戦争派の「哲学」を要約して述べている。彼はベートマン・ホルヴェーク政府の平和政策に反対し、ヨーロッパにおける覇権を獲得するために攻撃的な対外政策を取るよう主張した。世界大国か没落か、というドイツの二者択一に直面して、戦争をためらったり先送りにしたりしてはならないのだ、と。もっとも、そのような主張は――「批判的」な立場からの歴史観が信じさせようとしているように――一般的な見解や風潮だったわけでは決してないし、ドイツの有力な勢力や集団に限ってみてもやはり同様だった。ハンス・プレーンは、ロンドン駐在大使のリヒャルト・フォン・キュールマンに促され、情報を与えられて、ベルンハルディの戦争賛美に反駁する著書『戦争を伴わないドイツの世界政策』を刊行した。彼はイギリスとジュニアパートナー関係を結ぶべきだと主張したのである。ベートマン・ホルヴェークの個人秘書だったクルト・リーツラーは、『不可能なものの必要性』（一九一三年）を刊行し、一九一四年にはJ・J・リュードルファーという仮名で『現在の世界政策の基本的特徴』を刊行した。どちらの著書もプレームと同様の方向を指し示していた。すなわち、戦争の勃発を妨げる敷居は国際的にかつてなかったほどに高くなっており、そのことがドイツの政策に活動の余地を与えているのである、と。ドイツとイギリスの間の世界大国戦略上の対立については、一九一四年の戦争勃発との関連のなかでさらに詳しく扱うことにしたい。

私たちの、軍と社会との関係への問い、軍事的な思考と、それに基づく紛争志向・戦争志向がドイツの人たちの政治的な世界像、政治理解と戦争理解に及ぼした影響への問いにとって、結果として重要な意味を持つのは三つの点である。

一、目立たない形で、――そもそも理論家たちやジャーナリストたちの――議論のなかで重点が移動してしまった。確かに、戦争が政治の一つの手段であるという見方には誰も異論がなかったのだけれども、観点が異なってしまったのである。戦争が中心に進出し、政治が戦争の前段階として解釈されることも可能になり、歴史家のトライチュケのような文民の著述家たちが戦争の理論家、戦争の賛美者となり、軍事著述家たちが政治を巡る議論のなかでそれまで見られなかったほどに一定の指導的な役割を果たすようになったのだった。ベルンハルディの著作は、たとえ拒否されたとしても、一九一二年の状況の下ではそれほどエキセントリックなものではなかったのである。

二、右派のナショナリズムは、一つの政治的で市民的な力となり、対外政策と全体的な政策の、そして世論の、軍事化を大きく前進させることになった。その際に、このナショナリズムは、例えば第二次モロッコ危機の最中とその後の場合には、政府に反対する立場に立ち、政府に圧力をかけた。既存の軍指導部に対しても、全ドイツ連盟やウルトラナショナリスト的＝ポピュリスト的な軍支持者たちはほとんど疑似的反対派の立場に立ち、いずれにしても軍エスタブリッシュメントとは一線を画していた。この点でも「二重のミリタリズム」（スティーグ・フェルスター）〔本来は軍指導部内の伝統主義派と近代主義派を指す〕について語ることが可能なのであり、この場合には、もはや封建的＝保守的で権威主義的な特徴を持つのではなくて、市民的な意味でナショナリスト的でポピュリスト的な、新たな文民的ミリタリズムが登場したのである。そのような流れは、ルーデンドルフの軍事理念と結び付くことが可能だった。

三、「通常の」国民的《ナツイオナール》な人たち、「通常の」市民的な人たち、親政府派の人たちの大多数は、さらには政府内の多数派も、そのようには考えていなかった。しかし、彼らの場合にも戦争に備えようとする姿勢は十分に見られたし、戦争との敷居は低くなっていた。前の巻で紹介したようなプロテスタント教会の説教は、この点を特徴的に示している。軍事的な闘争に関わるカテゴリーに慣れ親しむようになったことは、ある程度まで習慣化する効果を発揮したのであり、そしてその限りでは政治に対する見方の境界線を移動させたのであった。

d 安全保障政策と戦争計画

帝国の政治体制と社会にとってミリタリズムが重要性を持っていたとは言え、軍の本来の任務と機能は安全保障政策の面にあったことを忘れてはいけない。この任務と機能が軍の存在を正当化したのであり、軍の政治的・社会的な重要性はそれを根拠としていたのだった。

最初に必要なのは、陸軍及び海軍の規模と軍事予算の額を、「批判的」な尊大な観点からあまりにも性急に、そして安易に決めつけてしまいがちなように、ミリタリズムが自己目的化した結果と見なすのではなくて、改めて安全保障政策の観点から眺めてみることである。ドイツ帝国は、その国際的・地政学的な状況のゆえに大規模な陸軍を必要としていたし、人口や軍事政策や対外政策の面で帝国の状況が悪化した場合にその陸軍を増強しなければならないのは明らかだった。陸軍も海軍も、大陸の他の諸国と同様に徴兵制に基づいており、したがって平時の軍と、訓練を受けていて戦時に投入できる多くの予備役とから成っていた。陸軍の兵力は——繰り返しになるが——一八七四年の四十万一、〇〇〇人から一八八七年の四十六万八、〇〇〇人、一八九三年の五十五万七、〇〇〇人を経て、一九一四年四月までには七十六万一、〇〇〇人に増加し、海軍の兵員数は同じ時点で七万五、〇〇〇人に達していた。以上の数字は、ヨーロッパ大陸の他の大規模な陸軍と比較して理解する必要がある。すなわち、フランスの平時兵力は九十二万七、〇〇〇人、オーストリア＝ハンガリーのそれは四十七万八、〇〇〇人、ロシアの場合はおよそ一五〇〇万人だった。その一方で、動員可能な防衛力の「最大限度」にも注目する必要がある。ドイツでは一九一三年の時点で、全体でおよそ一、〇〇〇万人の兵役義務者のうち、半分を幾らか上回る人たちが訓練を受けており、住民の六パーセントが戦時陸軍に属していたのに対して、フランスでは兵役義務者のおよそ八十パーセント、一九一三年の徴兵対象者の六十パーセント、住民の九・一パーセントが訓練を受けていた。フランスと較べてみれば、ドイツ帝国の陸軍補充政策は特に好戦的というわけではなかったのである。保守的な軍人たちがその原因となったことについては既に述べたが、もちろん財政状況と海軍拡張も原因となった。軍事支出が公共支出に占める割合も一九一二年までほぼ三分の一で、ある程度安定しており、国民総生産に占める割合は幾らか低下してさえいて、ヨーロッパとの比較では特に目立つものではなかった。もちろん長らく前から大国間の軍拡競争が展開されていたが、しかし陸軍に関しては、ドイツ帝国は情勢が悪化しつつあった下で軍拡競争の本来の推進者とは言えなかった。艦隊建設に関しては事情が異なり、ドイツはイギリスとの軍拡競争を挑発することになった。とは言え、この分野でも比率に目を向けてみる必要がある。すなわち、一九一三年にドイツは艦隊のために一人当たり六・九二マルクを支出したのに対して、フランスは十・八二マルク、イギリスは二十・五四マルクを支出した。一九一二／一三年は高度軍拡熱が高まった時期と言えるが、それはドイツのミリタリズムが特別に行き過ぎていたことを意味するものではなかった。軍備とそのための支出には兵舎・馬・乗り物・軍服といった実物のための支出も一定の役割を演じており、とりわけ武器のための支出があったが、時とともに武器技術の進歩が砲の分野や、銃と弾薬の製造、さらには初期の機関銃に至るまで、その作用を及ぼした。しかし、後の時代とは異なって、そのような支出はまだ決定的な意味を持っておらず、まだ人的費用のほうが完全に上回っていた。武器が旧式化するという問題はまだ差し迫った問題となるには至っていなかったのである。武器の調達に関わる問題と、後に軍産複合体として批判されるようになる問題は、——武器の購入に関して幾つかのスキャンダルが起こり、武器製造工場が特別な利益を上げる場合も見られたとは言え——まだ何ら重要な役割を果たしてはいなかった。陸軍が近代的な技術と関わりを持ったのは、依然としてとりわけ鉄道（参謀本部のあらゆる計画のなかで一つの中心的な部分を占め、戦時には軍が明確な収用権を持った）と通信網（電信など）を通してであった。電話や自動車や飛行機（飛行船）のような新技術が多少進出してくるようになるのはようやく一九一四年の直前になってからだった。

武器の軍備について国際的に比較してみれば、明らかにフランスとイギリスは軽（野戦）砲で、ドイツは中・重砲で勝っており、機関銃の装備はどの国でもまだ僅かで、ドイツ陸軍の場合には連隊当たり一個中隊に六機の機関銃が配備されているだけだった。通信手段の装備も乏しかった。

戦術の養成教育に関しては、ドイツ軍は既に述べたように比較的勝っており、そのことを通して、また、敵の内側に位置しているという利点によって、数量において劣っている状態を埋め合わせることができると指導部は信じていた。要するに、安全保障政策の面で陸軍と海軍は機能する能力を備えていたのである。

戦争がなおも政治の一つのあり得る手段と見なされていた時代においては、陸軍と海軍の第一の任務はあり得る戦争を戦うことであり、威嚇することは主たる任務ではなかった。あり得る戦争のために計画を立てることは、軍事政策にとっても対外政策にとっても一つの決定的に重要な意味を持つ事項だったのであり、私たちはこの問題を一瞥しておく必要がある。それは、私たちを改めて戦争の遂行と政治との関係という問題に導いていくことになる。

ごく一般的に言えることは、モルトケ以来の戦略は技術と大人数の軍隊という新しい所与の条件によって規定されるようになったということであり、道路と鉄道、電信と後には電話によって、そして動員と進軍と移動の速度、補給の確保によって規定されるようになったということである。どの国が最も多くの兵士を最も短時間で前線に送り込むことができるのかという問題が、すべてのヨーロッパ諸国の軍隊にとって中心的な問題の一つとなったのだった。ドイツの戦争計画はどのような様相を呈していたのだろうか？

既に七十年代から参謀本部は二正面戦争の可能性と危険性、それどころか戦争はそのようなものになるだろうという予測を計算に入れており、それはドイツが中間に位置しているという状況から論理的に導き出されるものだった。その場合には西方に攻勢をかけるという計画が当初は立てられていたが、七十年代の末からは大モルトケの計画は西方では——国境線が短く、要塞とフォーゲゼン〔ヴォージュ〕山脈で護られているので——防御の立場を取るという方向を目指すようになった。もちろん彼は一八八七年には、フランス側も同様のことを計画しているという想定に基づいてベルギーを通過して進軍することも立案したが、しかしそれは一つの副次的な案以上のものではなかった。それよりも遥かに攻勢をかける対象として考えられていたのはロシアのほうであり、地理的な条件とロシア軍の動員の遅さを考えれば成功を収める見込みが大きいと思われていた。しかしモルトケは、一八六六年や一八七一年の場合とは異なって、短期間の戦争になるだろうとも全面的な勝利を収められるだろうとも予測していなかった。防御の成功と半ばの勝利が外交的な解決を可能にするべきなのであって、ドイツ帝国が置かれている状況からすればそれ以上のことは達成できないと考えられていたのであり、その限りでは、確かにモルトケは戦争の遂行を政治指導部の手から取り上げようと努めていたものの、依然として戦争は政治と結び付けられていたのである。

そのような状況は、一八九一年から一九〇五年の末までシュリーフェンが参謀総長を務めていた時期に、一変した。戦争像が変わったのである。いまや戦争は最終的に国民《ナツイオナール》戦争となり、目標においても手段においてもほとんど限定されないもの、限定不可能なものとなったのだった。宿命的に二正面戦争に脅かされているという状況に直面する下で、シュリーフェンは、敵の内側に位置しているというドイツの唯一の利点を活かそうと考え、二つの敵国に対して防御的に持ちこたえること、すなわちドイツが外国に経済的に依存しているために耐え抜くことが困難な長期にわたる戦争に賭けるのではなくて、攻勢に出て速やかに決定的な勝利を収めるほうに賭けようとした。そのためには全力を一つの敵に注ぐ必要があったが、その敵とは、ロシア軍の進軍には長い時間がかかり、そして東方の空間が危険な深さを備えていることを考えれば、フランスに他ならなかった。それゆえ、西方に攻勢を仕掛けるという、計画と選択の方向転換が起こったのである。総力を挙げて西方において決着をつける、すなわち敵の主力を軍事的に「殲滅」させることを求めるべきであり、ロシア軍は動員に時間がかかるので一時的に東部国境を無防備にしても問題はないと考えられた。さらに彼の考えによれば、正面攻撃を仕掛けても——とりわけエルザス＝ロートリンゲンの空間の狭さとフランス側の要塞の存在を考えれば——決定的な「殲滅的」勝利を収められるチャンスはなかった。側面攻撃を仕掛ける、すなわちパリに向かって進撃するドイツ軍を南東方向に転進させる場合にのみ、最終的に敵を背後から包囲して殲滅できると考えられたのであり、それは包囲・殲滅戦だったカンネーの戦い〔第二次ポエニ戦争でハンニバルが大勝した戦い〕を再現させようという構想であった。そのためにはベルギーを通過して進軍することが「不可欠」だった——ベルギーの中立を侵すことになるが、それはやむを得ない状況の下での緊急避難権であるし、また、そうしなければフランス軍がベルギーを通過して進軍してくるだろう、と。さらにそのためには、東部戦線には完全に、そしてフォーゲゼン山脈にもかなりの程度まで部隊を配置しないで、「右の」攻撃翼を可能な限り強化する——敵に対して七対一になる程度に、とシュリーフェンは計算している

――ことが必要であった。これが名高いシュリーフェン・プランである。一八九七年までには西方で攻勢に出るという決定が下され、一九〇五年にこの大規模な計画が最終的な形で完成して、それ以降の参謀本部はバリエーションを伴いながらも本質的な点ではこの計画を遵守した。シュリーフェンの後任者となった小モルトケは一九一三年に東部攻勢の計画を最終的に放棄した。

シュリーフェン・プランの軍事的なロジックは一概に否定できないし、速やかな勝利、それどころかそもそも勝利を収める可能性は他の形では見えてこなかった。後になってから振り返って発言する場合には、人びとは常に自分たちのほうが賢いと思うものである。とは言え、いずれにしても二つの点にはやはり驚かざるを得ない。この計画は、例えば輸送技術や通信技術に関してだけでも、多くの前提条件を土台としていたし、そして東方でも西方でも多くのリスクを孕んでおり、不利な情勢や敵側の予想外の反応を計算に入れておらず、多大な時間的圧力に晒されて、不確かな条件が数多く存在していたのに、すべてを「電撃戦」という一枚のカードに賭けていた。軍事的に問題があったことを考えただけでも、この計画が陸軍指導部にとっての福音として受け止められたというのは、理解に苦しむと言わざるを得ない。もう一つの点は、政治的な含意に注意が払われなかったことである。ベルギーを通過して進軍することになれば、イギリスの介入を招くのは必至であり、東部あるいは／及び南東部で戦争が展開されて西部では防御的な戦いが行なわれるのであれば可能であったように思われたイギリスの中立が、不可能にならざるを得なかった。フランス軍が中立国ベルギーを通過して攻めてくるのを恐れたのは、確かに理解できないわけではないけれども、しかしこの恐れには根拠が欠けていた。シュリーフェンは、ベルギー問題の政治的＝道義的な重要性をも、イギリスの介入がもたらす軍事政策的な作用をも、どちらも計算に入れていなかったのである。東方での戦争を選択すれば軍事的に決定的な勝利を収めるのを断念することになっただろうが、それはもはや参謀本部の方針ではなかった。政治指導部が、政治全体に関わるこれほど基本的な決定、この帝国の存立に関わる決定を、このようにほとんどためらうこともなく参謀本部に委ね、そしてある程度までは委ねざるを得なかったということ、それは、もう一度強調しておきたいが、ドイツの統治体制と決定の仕方が軍の特別な地位によってまさに病理的な負担を課され、それどころか妨げられていたのだということを、示している。たとえ宰相が政治的な理由から作戦計画に異議を唱えたとしても、ドイツの諸条件の下ではそれはおそらく失敗に終わったことだろう。戦争指導部は政治に対して自立性を主張したが、それは事実上支配権を求めることを意味したのだった。私たちの目下の議論にとっては、小モルトケがシュリーフェン・プランに加えた変更（オランダを通過しての進軍の断念と、東プロイセン州と「西部戦線」の左翼部分への戦闘力の配置）は重要なものではないが、この点には後に世界大戦との関連のなかで戻ることにしたい。

陸軍と、その国家と社会における地位、その内部構造と安全保障政策上の機能について詳しく論じてきた後で、私たちは海軍の諸問題について改めて別個に目を向ける必要があるが、この分野では軍事政策上の戦略と、憲法体制政策に関わる諸条件及び諸作用とを分けて考えることは完全に不可能である。

帝国建国期にプロイセンの海軍は北ドイツ連邦海軍、次いで帝国海軍となった。新帝国の海軍はビスマルク時代にゆっくりと建設・拡充されていった。陸軍の場合とは異なって――憲法紛争の前歴もなく、七年法もなく、プロイセン的な特徴が支配することもない――海軍は帝国の管轄であり、毎年の予算審議の対象とされ、「帝国政府」と、さらには帝国議会の管轄下に置かれた。そして自由主義派は――一八四八年以来――海軍に好意的であり、海軍は「市民的」で全面的に帝国国民的《ライヒスナツィオナール》な存在だった。

最初の重要な海軍政治家は、海軍司令官と後の海軍長官の機能をまだ統合していたシュトシュ提督であり、政治的な頭脳の持ち主で、皇太子〔後のフリードリヒ三世〕に近い人物であり、海軍政策を国内政策と世界政策の幅広い枠組みのなかに位置づけることを望んでいた。彼の下でそもそも艦隊の建設が開始された。彼は七十年代の末に、特定の出来事（新しい大型艦が乗組員の船員教育が不足していたためもあって沈没した）のため、自らの失策のため、ビスマルクのため、そして最後には自由主義派のために失脚した。海軍政策はいまや限られた専門的な事項となり、一八八三年に陸軍から送り込まれたカプリーヴィ将軍がそれを引き継いだ。例えば植民政策は完全に海軍を素通りして進められた。

この時期の海軍の任務は、当面は明確に限定されていた。すなわち、沿岸部を攻撃から、ましてや上陸から護ること、バルト海への出入りを護ること、そして――それらよりも不明確だったが――世界とのドイツの通商、世界におけるそれを護ることだった。それゆえ、任務は防御的なものであった――何らかの攻撃能力は一般的な防御の要素として相対的な意味を持っていたに過ぎなかった。潜在的な敵として重要なのは強い海軍力を持つフランス、さらに周縁的にはロシアであり、あるいはデンマークですら依然としてそうだった。そのために元々は、世界の至るところでそうだったように、言わば攻撃的な防御を行なう（損害を与える）ことができるように装甲艦の建造も想定されていたのだが、一八八〇年頃にはより小規模な魚雷艇と水雷だけで十分と考えられており、帝国議会の多数派もそう考えるようになった。装甲艦は国際的にも一種の重大な危機に陥り、このタイプには未来がないように思われていたのである。

その後の時期に一気に移ることにしたい。一八九七年に、ドイツ帝国は今回はイギリスに対しても矛先を向けた戦闘艦隊の建設を開始する。新任の海軍長官ティルピッツがこの新しい艦隊の設計者であり、二十年間にわたってドイツの海軍政策を規定し、そしてそれを通して対外政策・国内政策のかなりの部分をも規定する。

周知のように、彼による戦闘艦隊の建設は宿命的な結果をもたらすことになったのだが、この建設には立派な理由とそれほど好ましくはない理由との双方を含めて一連の理由があった。一、まず、海上戦略上の考慮が一定の役割を果たした。先に述べたように、防御と攻撃との区別はそれほど明瞭なものではなかった。沿岸部防衛のためには少なくとも小規模な攻撃を加えるだけの力、あるいは少なくとも威嚇する力が必要と思われたし、バルト海を支配して海峡を護るためには魚雷艇では期待を満たせず、より大きな艦船を必要とした。意味のある沿岸部防衛を行なうのはドイツ湾〔北海のドイツ近海域〕の公海でのみ可能であるように思われたし、敵がデンマーク領ユトランド〔ユラン〕に上陸するのを阻止するためにはいっそうそうだった。そのためには装甲艦（あるいは戦艦）を必要とし、イギリスも一八九〇年からそのような方向で軍備を拡張して、ロシアとフランスとの双方を合わせた分を上回る、いわゆる「二か国水準」を維持するよう努めた。しだいに力点の置き方が変化していった。ティルピッツは既に一八九四年に、敵の（差し当たりはロシアとフランスの）大規模戦艦を破壊するのが沿岸部と海外の通商利益を実際に護るための、さらには近海封鎖網を打破し、敵の商船を攻撃するための前提条件になる、と述べていた。そのためもあって、防御よりも攻撃のほうが前面に出てきたのである。そのような考えはドイツに限られたものではなくて、海軍を巡る国際的な議論の一部分となっていた。しかし、一八九四年の時点では、そのような意見はまだ支配的となるに至っていなかったし、ましてや議会で、すなわち予算面で、実現可能なものとなってはいなかった。

二、これと競合していた、そして当初は成功を収めていた考えは、巡洋艦隊という考えだった。巡洋艦隊は、戦時に通商を護り、商業利益を貫徹し、未発達な諸国においてドイツ国民を保護することを可能にして、世界におけるドイツ帝国の存在感を保つものと見なされていた。アメリカ合衆国がラテンアメリカでの特別な利益を確保して競争を排除するために意図的に砲艦外交を展開していたことは、以上のような考えに説得力を持たせることになり、それまで控え目な態度を取っていた商業界も世界的な利害と海軍軍備とを関連づけるのを支持するようになった。海上戦略の面でも巡洋艦隊を支持するべき多くの論拠が存在していた。一八九四／九五年当時には皇帝もその支持者に属していたのである。

三、ヴィルヘルム二世が非理性的な我意に基づいて艦隊に夢中になったことは、ドイツの権力構造と決定プロセスのなかで彼が果たしていた役割と、彼の専制的な執拗さ、頑固さの下では、第一級の政治的事実としての意味を持った。それまでの海軍長官で皇帝の信任を得ていたホルマン提督は戦闘艦隊の建設に反対していたのだが、一八九七年に軍備増強法案を帝国議会で通すことに失敗すると――段階的に増強しようという彼の行動は、彼と皇帝に「際限のない艦隊計画」を追求しようとしているという疑いがかけられる結果を招いたのだった――、皇帝はこの点やその他の理由から彼を罷免して、かつて一八九四年の時点では冷遇されていた精力的なティルピッツをその後任者に任命した。ヴィルヘルム二世は何よりも強力な艦隊「それ自体」を望んでいた。自らは巡洋艦を好んでいたにもかかわらず、皇帝が戦闘艦隊の擁護者を選んだのは、帝国議会に対抗する強力な人物、皇帝自身の決定を実行する「下働き」を見出したと考えたからだった。もちろん、皇帝の思惑とは異なって、新たな強力な人物は権力の最深部のサークルの一員となり、そしてほぼ二十年間にわたってそこに留まり続けることになったのである。

四、この当時、列強とその世論は、人びとが軍国主義《ミリタリズム》に倣って海国主義《ネイヴァリズム》と呼んだ新しい傾向に席巻されていた。アメリカの提督で海軍著述家のマハンが、主導理念と合言葉を提供していた。世界大国は歴史的に見れば常に海上権力と結び付いていたのであって、古くからの権力空間においてであれ、新しい植民地の領域においてであれ、そして成立しつつある世界経済においてであれ、世界における覇権を巡る闘いは海上権力によって決せられるのである、と。そして、海上戦争の近代的な手段は装甲された大戦艦なのであり、海上戦争は大海戦を目指すのである、と。このような風潮が、ドイツの建艦政策が新たに密度を増し、戦闘艦隊の建設に向かう背景となったのであった。

ティルピッツは、巡洋艦隊ではなくて戦闘艦隊を望んだ。この艦隊は、もはや沿岸部防衛と通商戦争という伝統的な任務から考えられたものではなくて、何かしら独自で新しいものだった。それは大規模な海上戦闘のための攻撃艦隊であり、この艦隊によって「海上支配」を獲得するべきなのであった――彼の戦略的思考はこの考えに固定されてしまっていたのである。このことが意味したのは、ドイツの艦隊は第一に巡洋艦のように世界の海を対象とするのではなくて北海とバルト海を対象とするべきであり、ヨーロッパにおける覇権闘争の武器になるべきであるということであった。その際に彼は独特な結び付きを考案した。すなわち、この時期に好んで唱えられたドイツの「海上利害」は、結局のところは北海を中心とした海上支配を達成することを通してのみ、護られるのだし、護ることができるのだ、と。このような海上戦略に関する思考と計画の転換にもまして重要だったのは、ティルピッツがイギリスに対抗して艦隊を建設しようと考えていたことである。そのような考えは、一八九七／九八年の時点ではまだ対外政策上の状況に迫られた結果とは言えなかった。当時はフランスとロシアがドイツ帝国にとって潜在的な敵としての位置を占めていて、両国の――大規模な――艦隊に対抗するためにドイツが艦隊を建設するというのは安全保障政策の面でも戦略の面でも明確に意義のあることだった。これに対して、イギリスは大陸の両翼に位置する仏露両大国と対立していて、ドイツに対しては中立的な立場を取り、それどころか同盟のパートナーとなる可能性があったのである。ティルピッツのこのような転換の背後には、一つには、イギリスは、新たな競争者であるドイツがとりわけ大陸部で、さらには――特に奇妙な考えだったが――海上貿易で経済的覇権を握ることを恐れているので、ドイツが相応の軍備を調えなければ非理性的な攻撃を仕掛けて自国の経済的覇権を護ろうとするだろう、という考えが存在していた。そのような考えが、艦隊の拡張のみが「海上利害」を護ることができるのだという主張を改めて支えることになった。後に艦隊の建造が進行しつつあった時には、このような脅かされているという見方は、イギリスは成立しつつあるドイツ艦隊に予防攻撃を仕掛けて壊滅させようとするだろうという見方にまで高まっていった――ナポレオンの時代にデンマーク艦隊を攻撃した時のように、というのだが、それはコペンハーゲン・コンプレックス〔一八〇七年にイギリスはコペンハーゲンを砲撃してデンマーク艦隊を押収した〕とも言うべき見方に他ならなかった。その一方で、艦隊はイギリスに対して世界政策上の同権を、世界政策上の要求を貫くことを可能にするはずだとも考えられていた。ともあれ、本来、問題とされていたのはイギリスを攻撃することではなくて、一種の威嚇する潜在力を持つことだった。武力対決に伴うリスクが計算に組み込まれていたのである。後に、既に一九〇〇年の第二次建艦法が準備されていた時期に、ティルピッツは、艦隊は、いかなる敵にとっても、すなわちイギリスにとって、衝突に至れば手痛い権力の喪失を被るというリスク、それどころか他の競合する海軍諸国に対する海上支配を失ってしまうという明確なリスクを冒すことになる程度にまで強化されなければならないと主張したが、それがいわゆる「リスク理論」であった。この理論は、もちろん、世界政策においてドイツの権力を獲得するというもう一つの考えを、防御という目的の背後に潜ませていた。もう一つの追加的な論拠は、強力な艦隊はドイツの「同盟能力」を向上させるというものである。いずれにしても、艦隊は、少なくとも第一には、イギリスにドイツとの戦争を控えさせるための、さらには世界政策を巡る対立のなかでイギリスに方向転換を迫るための威嚇の一つの武器として捉えられていた。ドイツ艦隊とイギリス艦隊の比率が二対三程度になることを目指すのが、イギリスが世界と地中海で様々な義務を抱えていることを考えれば適切であるとティルピッツには思われたのであり、彼は、そうすれば、ドイツが自らを維持できることが確実になり、敵にとってのリスクが十分に大きなものとなって、それどころか決定的な勝利を収めるチャンスさえもが開けてくるだろうと考えていた。このような防御的な契機と攻撃的な契機とが入り混じった状態のなかから、イギリスと対抗して世界大国になりたいというドイツの要求、世界支配への参画への、同権への、自国の行動の無条件的な自由への要求が浮かび上がってくるのであり、その際には、恫喝と威嚇の潜在力のほうを強調するか、それとも最終的で不可避的な権力闘争に踏み切る用意のほうを強調するかは、どちらであってもそれほどの違いはない。海上権力と世界大国とが結び合わされたことは、長期的にはある程度まで海軍とその軍備拡張とが一種の自己目的ともなったという結果をもたらした。幾つかの主張が循環論法的な性格を帯びていたことが、既に早い時点からそのことを示している――例えば、通商だけでなく艦隊も膠州のような拠点を必要とし、そして拠点はそれを護るための艦隊を必要としている、という主張のように。

単純な真実を銘記しておく必要がある。ドイツ帝国が他のすべての比較的大きな諸国と同様に艦隊を建設して拡張していくのには、多くの立派な理由があった。その際に特にイギリスに目が向けられたのも、正常なことだった。これに対して特殊だったのは、一つにはイギリスに矛先を向けることが一面的に強調された点であり、次いで、ドイツの建艦政策がドイツの対外政策から独立し、それどころか対外政策よりも優位に立った点であった。フランスとロシアという二つの大国に脅かされていた大陸国のドイツは、やむを得ない理由があったわけでもないのに海上国イギリスとも事を構えるに至ったのである。副次的に対外政策に関わるはずの立場が対外政策を超越する立場になってしまったのであった。

ドイツの艦隊はイギリスに抗して建設された。しかし、エッカート・ケーアからフォルカー・ベルクハーンまでに至る何人かの批判的な歴史家たちが説いているように議会に抗して、少なくともイギリスに対するのと同じ程度に抗して、建設されたわけではなかった。艦隊建設が政府と議会の関係に触れるものであったのは疑問の余地がないことだし、ティルピッツが、艦隊建設は議会の決定権と決定の自由を損なうような副次的作用を及ぼしたということを、――皇帝への配慮のためもあって――好んで口にしたのも確かである。しかし、副次的作用を計算に入れていたからといって、それが主要な意図だったということにはならない。ティルピッツが望んでいたのは、新たな艦の建造と補充艦の建造とを明確に関係づけた長期的で体系的な艦隊建設計画であり、もはや単に個々の艦船ではなくて艦のグループ、「艦隊」の建設を計画していた。そのためには、帝国議会は長期的に（それも法律という形を取って）固定され、毎年の予算決定権を大筋で断念する必要があった。艦隊に関する要求が諸政党にその代償を求めるきっかけを与えるというそれまでの状況が、一種の「恒久予算制」によって取って代わられる必要があったのである。ティルピッツは、議員たち――及び、政府内の彼の同僚たち――のメンタリティに巧みに配慮して、自らの要求が偶然的なものであるかのような印象を与えることを避け、今後の負担と将来の見通しを一見したところ合理的なシステムとして説明することを通して、議員たちの支持を獲得していった。もちろん、その際に彼は抜け目なく帝国議会を出し抜くことを初めから計算に入れていた。一八九八年の――その種の計画的な――最初の建艦法に、予想外なことに一九〇〇年に第二次建艦法が続き、一九〇六年、一九〇八年、一九一二年に三度の改正法が続いて、当初は十九隻だった大規模艦が十五年足らずのうちに六十一隻になった。一八九八年にはまだ一見したところでは穏やかなものと見えた計画がこのように拡大されていったのは、例えばイギリス側が一九〇五／〇六年にいっそう大きな戦艦に移行した「ドレッドノート跳躍」〔ドレッドノート級戦艦の建造への移行〕のような新しい状況に適応したためばかりというのではなくて、初めから原則として計画に組み込まれていたためであった。例えば空いた建造能力を十分に活用する必要があるというような、新たな「やむを得ない事情」が生じたと称された場合にしても、実際には計画に組み込まれていたものであり、帝国海軍庁が予め建造のテンポを操作して、承認された建造を速めさせることによってさらなる拡大に向かう圧力を生み出したのだった。驚くに値するのは、議会をしっかりと立憲君主政の枠のなかに押し留めておこうとしたティルピッツが、極めてモダンで巧妙な形で議会の現実に順応したことであり、例えばキャスチングボートを握る中央党との接触を育んで、議員たちの艦隊訪問を組織することなどを通して多大な成功を収めた、大いなる戦術家だったことである。さらに彼は全面的に新しい明白にモダンな構想に力を注いで、世論を動員し、それを通して諸政党に影響を及ぼした。彼は帝国海軍庁に完全に専門的で主として間接的な活動を展開する独自の「プロパガンダ・情報局」を設置し（一八九七年）、学界からの幅広い支持を組織して、最終的には（一八九八年）大規模な市民的で民衆的な協会であるドイツ海軍協会を、当然のことながら関心を抱いていて協会の指導部で極めて重要な役割を果たした軍備産業から強力な財政支援を得て設立した。この協会については、ナショナリズム問題との関連のなかで詳しく述べることにしたい。海軍協会の（カイム将軍が率いる下での）行き過ぎた活動は一九〇七／〇八年に緊張関係をもたらすことになり、戦術的＝政治的な理由のゆえに苦労して抑止されて、協会は再び政府の路線に押し戻されることになった。この時に初めて、呼び出した亡霊たちが自立的な行動を起こしたのであり、そしてそれから再び逃れることの困難さが明らかになったのだった。それは、一九一二年からドイツの政治を著しく困難なものにすることになった問題状況を予告するものであった。

このような戦略計画の一部分を成していたのが、しだいに神話化していった海上決戦という理念であり、北海に集中するという考えであって、そして政治的には、艦隊を建設している段階、「リスク期」においてはできるだけ衝突を避けて艦隊問題を「目立たないようにする」のが艦隊建設構想の一部分となっていたのだが、もちろんこの点では饒舌で大言壮語する皇帝が繰り返しティルピッツの邪魔をすることになった。イギリスがドイツの帝国主義的な要求と艦隊建設の圧力に晒されて自国の世界政策にとっての世紀を通しての敵であったフランス、さらにはロシアと協調することもあり得るという可能性は、元々の計画では――当然のことながら――計算に組み込まれてはいなかった。

世界中で艦隊が建設されていたのであるから、イギリスは当初はドイツの艦隊武装を特に深刻に受け取ってはいなかった。もっとも、ブール戦争中にイギリスが取った挑発的な反ドイツ的措置――ドイツの船舶の接収――は、第二次建艦法を推進する予想外の一因となった。次いで一九〇二年以降は、ドイツの艦隊拡張はイギリスにとって非友好的な行為と見なされるようになり、防御的な主張の背後にある攻撃的な性格が認識されるようになったが、しかしまだ危険とは考えられていなかった。ようやく一九〇四／〇五年になって評価が一変したのである。いまやティルピッツに劣らず権力に憑りつかれた攻撃的な人物であったイギリスのフィッシャー提督〔一九〇五年から第一海軍卿〕が、公然と威嚇する大演説を行なった。確かに英仏協商の成立はイギリスの負担を軽減したが、しかしドイツ側はそれでも矛を収めようとはせず、艦隊建設という政治的な威嚇戦略をいっそうの激しさで推し進めたのであり、実際のところ艦隊はほとんど世界政策の自己目的になってしまった。一九〇五／〇六年にイギリスは、日露戦争の経験を踏まえて、従来よりもかなり大きくてより強力に武装したドレッドノート級戦艦の建造に移行した。ドイツ帝国はこの新しい武器による挑戦に直ちに応じた。ライバルである両国が初めからこの新しい武器で競い始めていたとしたら、その場合にはイギリスの量的な優位はもはやそれほど意味を持たず、それどころか、本来、その価値を減少させてしまったかもしれない。しかし、もちろんイギリスの「軍備を相殺する」というドイツ側の期待は水泡に帰してしまったが、それは、イギリスが期待に反して艦隊への支出、建造能力と建造のテンポ、そして建造の発注を増大させて優位を保ち続けたからであった。そこから、一九一四年以前の五年間における著しい高度軍備化と軍備競争が生じた。イギリスが「競争」に勝ったことは、既に戦争の前にはっきりしていた。

軍備政策の歴史にとって同様に重要なのは、造船と海戦技術における技術の急速な発展である。軍艦は——石炭から石油とディーゼル機関に移行してから一段と——速度を増し、燃料備蓄と重量と航続距離との関係は絶えず変化していった。火砲はより大きく、より重くなり、砲撃は距離が伸びて、より精確になった。それに対応して軍艦の装甲はより改良され、より強力で、より重くなった。電信による情報伝達がどのような作戦にとってもますます決定的な役割を果たすようになった。大きな戦闘艦（戦艦と巡洋艦）と並んで、小さくて素早い魚雷艇——魚雷は長らく一種の奇跡の武器と見なされていた——が、そしてやはり駆逐艦が存在し、また、武器としては機雷も存在していた。潜水艦はまだ初期の段階だった。マン社〔アウクスブルク・ニュルンベルク機械工場〕による利用可能なディーゼル機関の開発は一九一三年に完成したが、もちろん一九一四年のドイツの潜水艦二十八隻のうちこの機関を装備していたのはまだ僅かに過ぎなかった。

一九一四年に戦争が勃発した時にはドイツは十七隻、イギリスは二十七隻の大きな戦闘艦を所有しており、それぞれ四隻と十二隻が建造中だった（定義によってこの種の数字は互いに多少異なっており、別の数え方ではドイツは二十二隻、イギリスは三十四隻の大きな戦闘艦を持っていた）。もっと軽い艦の場合にはイギリスの優位はもっと大きかった。潜水艦と魚雷艇、機雷ではドイツ艦隊のほうが幾らか上回っていた。そして、ドイツの艦のほうが航行距離が短くて石炭の消費が少なく、部分的にはより多くの大砲を装備していた。

艦隊という威嚇の武器を投入するための本来の軍事戦略的な計画という問題に関しては、艦隊の「世界政策的な意義」という問題よりも遥かに多くの困難が存在していた。海上貿易を頼りとせざるを得ず、しかも世界の海に自由に出入りできなかったドイツは、海上戦略の面では惨めな状況にあった。ティルピッツの計画は、ドイツ湾での「近海」封鎖を前提としており、それに対しては攻勢を仕掛けて打破することが可能であり、また、イギリスは大規模な海上決戦を求めてくるだろうという想定に立っていた。その場合には、ドイツにとって有利な時と場所で受けて立つことが肝心である、と。海上決戦は、まさにドイツの計画にとっての神話にまでなっていたのである。イギリスが遠方封鎖——英仏海峡からスコットランド—ノルウェーの線での——を選択して海上決戦を避けることもあり得るということは、ドイツ側の計画では少なくとも一九一三年までは想定されていなかった。イギリスが一九一四年に参戦して、この予想されていなかった戦略を取り、ドイツ艦隊を基地に引き止めておいて大西洋に打って出る動きを一切阻止すると、ドイツ側の作戦計画は最終的に破綻してしまった。海上戦略に関する任務のうち、艦隊は沿岸部の防衛とバルト海の防衛及び遮断という任務しか引き受けることができなかった。ドイツの通商を遠方封鎖に対して護ることはできず、敵側の通商に対しては、潜水艦という武器がまだ十分な発展を見ていなかったので、当面は攻撃することができなかった。戦闘艦隊は軍事的にはほとんど意味がないことが判明したのであり、結局のところは講和の際の担保として保存しておくことだけが問題となったのである。

一九一一／一二年頃には海軍指導部のなかでも艦隊計画が失敗だったという最初の認識が浮上してきたことを確認できる。イギリスの軍備を相殺して上回るという考えは失敗したのだ、と。大規模な海戦という想定、そしてイギリスは近海封鎖を行なってドイツの海上戦力はそれを打破できるという想定は、イギリス側の新しい計画とは合致せず、幻想であることがしだいに認識されるようになった。海軍のなかではティルピッツの計画に反対する声が挙げられるようになり、それは皇帝のところにも届いた。しかし、指導部は、その声に逆らい、自らが抱いていたかもしれない疑問にさえ逆らって、ひとたび定めた路線を堅持したのだった。

後から振り返って見る場合には、人は常により賢くなるものである。とは言え、別の選択肢となり得るような計画が存在せず、そして海軍の内部で計画を批判した人たちの声に真剣に耳が傾けられることさえなかったのは、ドイツ海軍指導部の一つの欠陥であった。陸軍との間でいかなる調整も行なわれなかったのも、やはり欠陥だった。イギリス派遣軍の問題と、英仏海峡の港と交通が持つ重要性が陸軍と海軍の間で議論されるのは当然だったはずだが、議論されることはなかった。軍事君主政のマントに隠れた多頭支配制の構造的な欠陥が、やはりここでも決定的な意味を持ったのである。

必然的にアンビバレントな側面を含む二つのコメントを述べて、この節を閉じることにしたい。その一つは、すべての国民国家において、陸軍と海軍の双方を含む軍の役割は大きなものであり、書かれた、あるいは書かれていない憲法が想定しているよりも遥かに大きなものであるということである。軍と、その軍が求めるものに対して敬意を払うのは、一つの国民的《ナツィオナール》な義務であった。軍は社会のなかで名望を得ていた。民衆的な祝祭の際にパレードが催され、ほとんどどこでも軍楽隊が参加するのは、このことを証明している。イギリスやフランスの植民地帝国の軍人総督たちは、人気のある政治的な人物であったし、有力者でもあった。実際のところ、軍人と文民との区別、軍人たちが文民の政治家たち、さらには議員たち、ましてや左派の人たちを嫌い、将校たちの間で特別な規範コードを形成し、一般兵士たちに権威主義的なスタイルで接するのは、かなりの程度までヨーロッパ共通の現象だったし、植民地部隊が抱いていた優越感やそれに基づく振舞いは、その極端な例だったと言っていい。

次に、――ドイツ帝国に関して――確認しておく必要があるのは、皇帝の取り巻きたちを中心とした指導的な軍人たちの、「国内の敵」についての好戦的な物言いや、クーデタとの戯れは、いかなる結果をももたらさなかったということである。そのような考えに対抗する政治的な理性が、そして長期的には軍事政策的な理性も、十分に存在していたし、対抗する勢力が十分に存在していたのだった。国民《ナツィオーン》と君主政の内外における状況を考える者にとっては、その種の考えは単なる冒険主義としか思えなかった。実際、一九一四年にも社会民主党の指導者たちが逮捕されることはなかったのだし、そして軍指導部は長期的には彼らと協力せざるを得なかったのである。ドイツ国民国家・憲法国家が安定した力を持っていたことを、すなわち市民国家を、過小評価してはいけない。軍事国家、軍事君主政は、全能だったのではなくて、そのような国家のなかに、そのような国家の一部分として統合されていたのだった。しかしながら、文民的な体制が通常の安定した性格を有していた一方で、なおもいっそう重要だった点は、ドイツにおける軍の特別な地位が、ヨーロッパ規模で比較してみても、政治的にも社会的にも突出した現象であったことに変わりはないという点である。ドイツの社会が相対的に非市民的な性格を帯びていて、そしてドイツの対外政策が無秩序であると同時に攻撃的で高飛車な態度を取ろうとする様相を呈していたのは、そのことと関連している。それに留まらず、軍は、より正確に言えば軍事君主政の核心としての統帥権は、政治体制がさらに発展して変化を遂げるのを妨げる役割を果たし、そのような変化に対抗して威嚇する潜在力であり続けた。統帥権と軍の特殊な精神とは互いに支え合い、軍人たちは第一には公民ではなくて君主の「従士」だった。それゆえ、潜在的な威嚇としての戒厳状態と反革命のクーデタとが、十分に政治的な力を持ち続けたのである。

第7節 ナショナリズムと国民国家

私たちの世界は二十世紀の末期になっても諸国民《ナツィオーン》と国民的《ナツィオナール》な諸国家から成る世界である。このことが、誰にとってもその集団的なアイデンティティを規定している。十九世紀のヨーロッパは、国民《ナツィオーン》という姿をなおも求めているナショナリズムと、そのような姿を既に見出したナショナリズムとから成る世界である。ナショナリズムは、ヨーロッパにとって通常の状態に他ならない。そして、ナショナリズムが十九世紀の最後の三半期に、また世界大戦に至るまで、昂進していったことも、やはりヨーロッパにとって通常の状態に他ならない。ドイツのナショナリズムとその特殊性について語ろうとする場合には、このことをしっかりと念頭に置いておく必要がある。私たちは、一つの運動、政治文化の一つの核心、かくも多くの人たちにとっての一つのメタ政治的な信仰であるナショナリズム、そしてそのダイナミズムについて扱うことにしたい。ドイツ帝国が一つの国民国家であったという事実は、そのようなより大きな現象の一部分を成しているのであり、その点から出発することによって初めてこの国民国家の本質と形態も理解できるようになる。それゆえ、私たちは国民国家としてのドイツ帝国と、そのナショナリズムの運命との関連性というテーマを論じるのである。

最も重要な点、そして差し当たり基本的な点は、ドイツ・ナショナリズムの担い手であり体現者であるドイツ国民《ナツィオナール》運動が、一八七一年に勝利を収め、ドイツ統一、ドイツ国民国家という目標を達成したことである。希望を抱いて努力してきたナショナリズムが、成功を収めたナショナリズムとなったのであり、もはや未来を志向するのではなくて、獲得されて所与となったもの、現在あるものを指針とするようになったのだった。問題は、自らの主たる目標を達成した運動はどうなるのか、新しい目標を設定するのか、それとも自明で落ち着いた状態へと姿を変えるのか、ということだった。別の言い方をすれば、それまで闘ってきたもの、ドイツが分かれている状態とドイツ諸邦の自邦中心主義とが消え失せたら何が起こったのかということであった。私たちはそれを知っている。ナショナリズムは残って、成長し、変化していったのである。この変化には多くの次元がある。

一八七一年の統一と勝利によって当然のことながら解き放たれた喜びと感謝の念の大波、熱狂的とも言える状態には、集団的な陶酔のような特徴を帯びた多くの国民的《ナツィオナール》な、知的な、あるいは通俗的な勝利の叫び声が混じっており、少なくともプロテスタント市民層の間ではそうだった。このような鳴り物入りのレトリックをあまりにも真剣に受け取る必要はないのであって、それは一時的な状況に対応したものに過ぎなかった。そのようなレトリックがスタイルを決定づけるような力を獲得するようになるまでには長い時間がかかったのであり、そしてそれはこれから述べるようなナショナリズムの内的な変化に基づくものであった。しかし、早くからの批判者たちが表明していた懸念には耳を傾けて真剣に受け取る必要がある。バルト人のユーリウス・フォン・エッカルトのような現実主義者は、エルザスの併合は将来の破局の芽を孕むものであると考えていた。古《アルト》ヨーロッパ的＝審美的なバーゼル人のヤーコプ・ブルクハルトは、俗物的な帝国《ライヒ》ナショナリズムへの軽蔑の思いを要約して、いまや歴史の全体が「勝利するドイツ人《ジーゲスドイチュ》」という見方によって染め上げられることになるのだろう、と評していた。彼の同僚であったザクセンの牧師の息子フリードリヒ・ニーチェは、既に一八七三年に、ドイツの統一は「ドイツ精神の根絶」によって贖われる恐れがある、と断言していた。そして、自由主義的＝国民的な運動の高名な参加者で、ブルクハルトやニーチェのような秘教的な文化批判者とは異なって政治的な人物であったテーオドール・モムゼンも、モラルが野蛮化する恐れがあると警告していた。保守的であると同時に時代に近い福音派神学者であった冷静なマルティーン・ケーラーは、ナショナリストによる権力賛美を批判していた。それまでは国民的《ナツィオナール》な意識を持った人たちにとっても生き生きとした現実であったもの、すなわち国民的《ナツィオナール》なものを超えるインターナショナルなものが、ますます背後に退いていった。一八五九年〔イタリア統一戦争時〕と一八六六年〔普墺戦争時〕にはまだオーストリアに対抗するために訴えかけることが可能だったナショナリストたちの初期国民的《ナツィオナール》なインターナショナルでさえ、自らの国民《ナツィオーン》のみに集中する下ではもはやいかなる役割も演じてはいなかった。

そのような勝利の雄叫びが挙げられ、そのような批判が提起される傍らでは、ジーベルのように、これまで長らく力を入れて追及してきた最高の目標が達成されてしまった後ではいったい何がなおも人生に意味と目標を与えてくれるのだろうか、と自問する自由主義的＝国民《ナツィオナール》派の人たちもいた。私たちは、統一以前のナショナリズムが一八七一年とその後の二十年間にどのような変化を遂げたのかという問題に目を向けることにしたい。

一、ドイツのナショナリズムは、国家が多数存在していて統一されていなかった下ではそれしかあり得なかったことだが、フランスやスイスやベルギーのような国家ナショナリズムではなくて、文化ナショナリズム・言語ナショナリズムだった。それは、第一に意志や信条に訴えるものではなくて、共通の出自と共通の歴史的な運命、共通の文化と共通の言語に訴えるものだったのである。政治的にフランス人となることを選択したエルザスの指導層が主張した自決権を無視してエルザスを要求したこと——あるいはルクセンブルク問題〔ナポレオン三世がルクセンブルクをオランダ王から購入しようとした〕を巡って激高したことは、このことを裏づけている。しかし、長らく化膿したような状態にあった大ドイツ主義問題と、一八六六年における決着は、文化ナショナリズム・民族ナショナリズムをある程度まで相対化することになった。オーストリア以外の自由主義的＝国民《ナツィオナール》派的な多数派は、既に一八四九年に、最初はやむを得ずにだったが、しかしプロイセンがプロテスタンティズムと理性的な改革を代表する国家だったという理由もあって、小ドイツ主義を選ぶ決断を下していた。ましてや一八六六年と一八七一年には同じことがいっそう当てはまった。それゆえ、ドイツ語を話すすべての人たち（ドイツ系スイス人は完全に度外視するとしても）、「エチュ川からベルト海峡まで」〔ホフマン・フォン・ファラースレーベンの「ドイツの歌」の一部分〕のすべてのドイツ語を話す人たちが帝国国民《ライヒスナツィオーン》に属したわけではなかった。東方と南東部に散在するドイツ人や、バルト・ドイツ人や——ロシア皇帝によるロシア化政策は憤激の種になったけれども——、アメリカの海外入植地のドイツ人の帰属が「要求」されることはなかった。そもそもナショナリストではなかったビスマルクは、この点では鋭い一線を画していたし、それはジャーナリズムにも及んだ。すなわち、対外政策は諸民族間の関係ではなくて列強間の関係に基づくものであり、誰であれ「イレデンタ」〔イタリアの例から発する国外の同民族居住地域の回復を求める運動〕を云々する言説によって攪乱することは許されなかったのである。ドイツ系の中央ヨーロッパには、国民国家であるドイツ帝国と古くからの超民族的なオーストリア＝ハンガリーという二つの国家が存在するのが現実であった。この国民国家はヨーロッパにおいてまさに国民原理の成就を断念するからこそ強力になり得るのだというのが、ビスマルクの知恵だったのであり、それゆえ帝国政策は——帝国の批判者たちが唱えた伝説には反して——古くからの中欧政策と合致していたのである。一八七一年の帝国ドイツ人は大ドイツ主義的でも全ドイツ主義的でもイレデンタ主義的でもなかった。オーストリアのドイツ人たちと国家としては分離した状態——例えば大学の分野や、宗派の分野や、登山協会や、体操協会や、合唱協会などでは文化的な特別な関係が存在したけれども——が急速に受け入れられていったのは、やはり注目に値する。文化闘争が、小ドイツ主義者たちの反カトリシズムを著しく強めたことで、それを容易にする一因となった。国民《ナツィオーン》を帝国ドイツ人としてのみ規定することに反対した少数の人たちの一人が、民族ナショナリストで文化ナショナリストであるパウル・ド・ラガルドだったが、しかし差し当たっては彼は孤立した存在に過ぎなかった。残っていた傷跡、あるいはカトリック派の場合の傷口は、独墺二国同盟が癒す作用を及ぼし、この同盟が情緒的に「兄弟両国民間の同盟」へと発展していっただけにいっそうそうだった。ヨーロッパ南東部のドイツ人たちはウィーンを中心と考えるようになった。もっとも、バルト・ドイツ人と反ハプスブルク的なドイツ系オーストリア人だけは、時が経てば経つほどドイツ帝国に惹きつけられるようになった。しかし、帝国ドイツ人たちにとっては、当面は国境の彼方のドイツ人という問題は少なくともかなりの程度まで消滅していったのである。一八八一年に結成された「一般ドイツ学校協会」という組織——後に「外国におけるドイツ性のための協会」となる——は、ハンガリーにおけるドイツ学校を擁護することを望み、完全に文化ナショナリズムの伝統を受け継いでいたのだが、「イレデンタ」を求めるような傾向は完全に欠けていた。マックス・ヴェーバーが一八九五年に帝国《ライヒ》の統一をさらに進めるべきだと述べた時、彼が語っていたのは一八六六年の分断を克服することではなくて世界政策のことだったのである。もちろん、私たちは一九一八年以降の経験から、ドイツ系オーストリア人であるヒトラーのことは言わないとしても、ドイツ国境の外部にいるドイツ人たちの問題がどれほど現実的な意味を持っていたかということ、そしてそれが帝国ドイツ人たちのナショナリズムにとってどれほど大きな潜在力を持っていたかということを、知っている。この問題は、既に一九一四年以前の「全ドイツ主義的段階」においても再び表面に浮上してきていたのだった。

二、帝国建国は、ドイツの——オーストリア以外の——個々の諸邦を国民国家へとまとめ上げた。大ドイツ主義派の人たちが沈黙したり、諦めたり、国外に出たりした一方で、もちろん、最後までこの解決に反対していた人たち——国民派《ナツィオナール》の人たちから自邦中心主義者《パルティクラリスト》と呼ばれた人たち——も残っており、ヘッセン選帝侯国やシュレースヴィヒ＝ホルシュタインのように重要性に乏しくて消滅しつつあった場合もあるが、ハノーファーやバイエルンのように比較的強力だった場合もあった。とは言え、全体とすれば自邦中心主義者たちは弱体であり、王家への忠誠心や反プロイセン《ボルシア》感情に訴えることができただけに過ぎず、彼らはいまや潜在的には最大の自邦中心主義勢力となり得るプロイセンと対立する立場に立っていった。彼らは連邦主義者たちと合体していった。しかし、数十年に及ぶ闘いで勝利を収めた国民《ナツィオナール》派の人たちは、時の力と制度や生活条件の面での同化作用に期待するだけの鷹揚さに欠けており、自邦中心主義者たちを依然として敵、危険な存在と見なしていた。この対立は、連邦主義の問題を巡って尖鋭化した。憲法は、——どちらの側にとっても喜べない一種の妥協だったのだが——どちらかと言えば単一国家的な要素とどちらかと言えば連邦主義的な要素とを仲介していた。しかし、建国時の状況に基づく憲法体制政策に関わる対立はまもなく背後に退いていった——実際に重要となったのは、憲法の運用であり、例えば個別邦の特別な権利を強調すること、そして何よりも学校の教科書や君侯家の祝日や、あるいはバイエルンの場合のように記念建造物によって表わされる、自らの独自な伝統と自らの独自な意識を守ることだった。国民《ナツィオナール》派の人たちは、たとえ理性に基づく連邦主義者になったとしても、むしろ単一国家的な要素のほうを支持し、他ならぬバイエルン人やヴュルテンベルク人、ましてや「ヴェルフ派」が連邦主義の名の下で独自性を主張する——もちろんそこには常に多分に反プロイセン《ボルシア》主義が含まれていたのだか——背後には自邦中心主義があるに違いないと考えていた。明確な連邦主義者は自邦中心主義者に他ならないのだという見方が、この問題を活かし続け、常に新たに強めることになった。そしてそれは、ドイツの北部と南部の間の対立と、憲法体制政策や経済及び社会や文化や宗派に関する次元を伴いつつ、結び付いていた。要するに、一八七一年に勝利を収めた帝国《ライヒ》ナショナリズムは、かつての敵対者たちのなかに新たな危険と脅威を見出して、かつての闘いを続行し、外的な帝国建国の後でいまや「内的な」帝国建国のために、すなわち諸地域と「諸邦民《シュテンメ》」の生き生きとした一体化を実現するために、闘ったのである。

三、いわゆる内なる部分中心主義《パルティクラリスムス》に対して新たに矛先を向けるようになったことは、ナショナリズムに持続的な新たな養分を与えることになった。それと同時に——いっそう重要な点だが——、この結果、他の古くからの対立や新たな対立に独特な色彩と密度が与えられた。まず、少数民族に対してナショナリズムが向ける矛先が鋭さを増したことが確認できる——とりわけポーランド人に対してそうであり、彼らに対しては、もはや民族とその権利の根拠とされたロマン主義的=民族的な言語原理ではなくて、歴史的な領域支配が適用されるようになる。さらに、ナショナリズムが展開していくプロセスのなかでは新しい現象だったのだが、ナショナリストの一部分がユダヤ人に矛先を向けるようになった。これについては、後で詳しく語ることになるだろう。ここでは、国家という枠が創り出されてから、国民的《ナツィオナール》なアイデンティティへの要求、国民《ナツィオーン》という存在の内部が完全に満たされることへの要求が増大したということ、そして「異質」なものとの境界を明確に設定し、それどころかそれを締め出そうとする傾向が強まったということを、確認しておくだけで十分だろう。

そこから、ビスマルクが与えた形の帝国建国に心から熱心に同意するのではなくて、異なる忠誠心や留保や対抗像を依然として抱いている、すべての人たちに対する同調圧力が生じてきたのだった。ナショナリズムが、文化闘争的な反カトリシズム（国民的《ナツイオナール》な用語法で言えば反教皇至上主義《ウルトラモンタニスムス》）や、国民的《ナツイオナール》なプロテスタンティズムや、世俗主義的な文化プロテスタンティズムと組み合わさった時に、この圧力は最も強烈なものとなった。特徴的なのは、反カトリック的で反教権的な自由主義も、保守的で反カトリック的なプロテスタンティズムも、ともにそのようにして国民的《ナツイオナール》な色彩を帯びていったことである。どちらも新しいドイツ国民《ナツイオーン》とその国家をプロテスタントの遺産とほぼ同一視して、「ローマ」教会とそのインターナショナリズムそのものを国民《ナツイオーン》に攻撃を加えるものと見なしたのだった。基本的に目指されていたのは、国民的《ナツイオナール》で開明的な宗教を土台とした統一的で（そして近代的で）国民的《ナツイオナール》な文化であり、宗教の場合のような深いところまで及ぶ多元性に対抗して均質的な国民《ナツイオーン》を生み出すことであった。確かに、敵対者に「帝国の敵」という烙印を押したのは、ビスマルクの紛争戦略と彼の激情的な憎悪心によるものだった。確かに、ローマ問題でカトリック派が取った対外政策的に奇矯な行動〔イタリア軍によるローマ占領に抗議するよう帝国議会に求めた〕は最も寛容な自由主義者にとっても苛立ちの種となった。確かに、七十年代の自由主義者たちの過熱したナショナリスト的な反カトリシズムの言説のすべてをそのまま受け取る必要はないし、実際にその後は多くの和解への試みも見られた。確かに、そのような方向への変化を進めたのは、自由主義なのでもあり、ナショナリズムなのでもあった。しかしながら、宗派抗争・宗教抗争がそのように昂進するなかでナショナリズムが変化したのは見誤りようもないことなのである。ナショナリズムは、新たな対立関係、それどころか敵対関係を創り出し、自らの要求を普遍的なレベルにまで、そして要求の密度をかつての寛容さを超えて絶対的なレベルにまで、拡大したのだった。なるほど、そのような姿勢は、ドイツの多宗派状態の下では期待したような成功を収められないままだったので、再び後退していくことになった――しかし、ナショナリズムが反カトリックという意味で大きく改変された状態は、その後も現実として残り続け、多大な帰結をもたらすことになったのである。

四、ナショナリズムが「国内の敵」に矛先を向けてアイデンティティと均質性とコンセンサスへの要求を強めるようになった過程に目を向ける前に、私たちは、一八七一年における国民《ナツイオナール》運動の勝利、そして国民国家の建設と関連して生じた重要で画期的な変化を強調しておかねばならない。ナショナリズムは、ヨーロッパでは一七八九年以来、そしてロマン主義から決定的な影響を受けたドイツにおいても、左派の進歩的な運動であり、反対派、それどころか革命派としての位置を占め、既存状態の変革を目指し、伝統的な正統性と権威の打倒を目指していた。ナショナリズムは、君主主義的＝国家主義的なエスタブリッシュメントに、保守派と反動派に矛先を向け、より近代的な勢力、市民的な社会、世論を、さらには「民衆」をも、自らのために動員し、解放しようとしていた。一八七一年以前には国民《ナツィオナール》派ではない勢力が支配し、国民《ナツィオナール》派は反対派だった。一八七一年からは国民《ナツィオナール》派が支配するようになった。それとともに、ナショナリズムはもはや変化を求める力ではなくて、現存するものの一つの力となった。ナショナリズムは、——そもそもその位置が変化したために——もはや「左」の大義ではなくて「右」の大義となったのである。それにビスマルクの国民《ナツィオナール》運動との同盟が加わった——諸邦君主と諸邦政府、さらには既に保守派の一部分もナショナリズムに与《くみ》するようになったのである。要するに、それまで対立していた右派の人たちが国民的《ナツィオナール》な理念や目標を採り入れて、新しいナショナリズムの先頭に立って保証者としての位置を占めることを打ち出そうとしたのだった。それは何にもまして戦術だったというわけではなくて、深いところまで及ぶ変化を意味した。以前は保守的であり、それゆえ国民的《ナツィオナール》ではなかった者が、いまや国民的《ナツィオナール》であることができ、それどころか国民的《ナツィオナール》であらねばならなくなったのである。エスタブリッシュメントの、福音派教会の、そして大衆の勤王主義が、帝国ナショナリズムに基づく皇帝への忠誠心に変わったのだった。

座標軸の変化とナショナリズムの受容に、ナショナリズムの実質の変化が加わった。一八七一年の時点では、ドイツのナショナリズムは国民《ナツィオナール》君主主義的であると同時に国民《ナツィオナール》民主主義的であり、それが帝国建国に伴う最初の妥協に他ならなかった。その後、重点がゆっくりと変化していく。政府と保守派の側が国民《ナツィオナール》化していく結果として、逆にナショナリズムとそのそれまでの担い手たちはより親政府的でより保守的になっていくのである。部分的には「自由」が「統一」の背後に退き、部分的には「自由」が先送りされ、また部分的には社会主義者たちへの恐れと、普通選挙権による大衆の動員と、利害団体とが、自由主義的＝国民《ナツィオナール》派の人たちを右のほうに押しやっていく。イデオロギー的にはドイツ・ナショナリズムの非自由主義的な特徴が強調され、国民的《ナツィオナール》な共同体が個人に超越すること、秩序と権力と権威が強調されるようになり、自然法や西欧やインターナショナリズムに矛先が向けられるようになる。さらに軍事政策も、国民的《ナツィオナール》になった政府と、より保守的になった国民《ナツィオナール》派との双方による国民的《ナツィオナール》な政策と見なされる。軍備拡張を支持することが特殊な意味で「国民的《ナツィオナール》な問題」と捉えられるようになったのである。軍の要求とそれに対応する税負担に対して控え目な態度を取ることは「非＝国民的《ナツィオナール》」と考えられるようになった。最後に、「国民《ナツィオナール》民主主義的左派」が国民的《ナツィオナール》な大義への独占権を失う一方で、彼らの左派的で進歩的な目標が自立していった。その結果、彼らはより保守的になった他の国民《ナツイオナール》派の人たちから分かれることになり、そのことが国民《ナツイオナール》派の人たちをいっそう右に押しやることになったのである。

もっとも、以上のようなナショナリズムの右への転換を過度に誇張するべきではない。ドイツにおける市民的な左派も国民的《ナツイオナール》であり続けたのだった。後には、例えばフランスでは明白に左派的な急進ナショナリズムが登場するようになった。しかし、全体とすればヨーロッパにおける、そしてとりわけドイツにおけるナショナリズムの傾向は右の方向に向かった。かつての初期ナショナリズムにおける国民《ナツイオーン》と国内改革、国民《ナツイオーン》と議会という組み合わせは色褪せていった。右派の人たちが七十年代の末に保護関税へと向かった時、彼らは「国民的《ナツイオナール》労働の保護」というスローガンによって新たな「麗しい」国民的《ナツイオナール》な合言葉を見出し、自由貿易主義者たちはいまやインターナショナリスト、国民的《ナツイオナール》ではない人たちと見なされたのだった。

さらにまた、——しばしば防衛問題・軍事問題に関してレトリックとして用いられた点だが——現存の社会秩序・国家秩序が国民的《ナツイオナール》な利害、国民《ナツイオーン》と同一視された。そしてその一方で国民《ナツイオーン》こそが社会の連帯と安定を基礎づけるとされる。それゆえ、体制を変革しようとするすべての人たちは——社会革命を目指すのであれ、憲法の改定を目指すのであれ——「非＝国民的」とされたのである。そして諸政党の多元状態が国民の統一性を強めるよりも危険に晒していると思われた時には、そのような状態に対して国民《ナツイオーン》を引き合いに出すこともできた。少なくともそのように国民《ナツイオーン》を引き合いに出すことは政党の多元状態に対抗する補償的な意味を持ち得たのだった。

社会民主主義勢力は、一八七一年の帝国建国のあり方と新たに成立した帝国を拒否したために、「帝国の敵」、帝国ナショナリズムにとっての恒久的な敵の一つと見なされた。彼らがインターナショナリズムへの支持を表明していたことは、通常の市民たちの目には、彼らが国民《ナツイオナール》民主主義的な志向性を持っていたことを完全に無意味にするものと映った。社会民主主義勢力は、まさに国民的《ナツイオナール》な秩序と見られるようになり始めていた現存の国家秩序・社会秩序を革命によって転覆させようとしているのだと非難された。もしもこの党がインターナショナリズム的な志向性を持っていなかったとすれば事態がどのような進展を遂げることになったのか、私たちには知りようもないが、しかしそのような志向性はいかなるナショナリストにとってもあからさまな挑発を意味したのである。社会民主主義勢力と一線を画して締め出すことが、帝国ナショナリズムの一つの核心的な部分を成していたのだった。

自由主義左派も、容易に国民的《ナツイオナール》な意識に欠けているという嫌疑をかけられ、ビスマルクは特にそのような見方を広めた。外部からの国民的《ナツイオナール》な脅威に晒されているという恐怖心を掻き立てて劇的に演出された何回かの帝国議会選挙や、国内で防衛しようとするつもりがないといった非難が、そのような――実際には人為的な――組み合わせを強化することになった。八十年代になると、ビスマルクは、彼自身が実際には半ば気乗りしないままで獲得したに過ぎない植民地に対する姿勢を、国民的《ナツイオナール》な問題と信頼性とを試す試金石として利用したのだった。

五、一八七一年に勝利を収めたナショナリズムが国内の対立者たち、古くからの、そしてとりわけ新しい敵たちに対抗しようとする傾向を持っていたことと同様に重要なのは、国外に向かって矛先を向けたことだった。ドイツ人を内部で統一するという目標からヨーロッパと世界におけるドイツの権力的地位へと、力点が移動したのである。もちろん、この要素は常にナショナリズムと結び付いていたが、それは、一部は、ドイツ人は遅過ぎて登場してきて割を食っていると感じていたためであり、一部は、そしてとりわけ、一八四八年にシュレースヴィヒ＝ホルシュタイン問題がイギリスとロシアに左右されたように、ドイツの統一は列強によっても左右されたためであった。一八六六／七一年にはドイツ統一はフランスを敵に回してのみ実現することができた。それは帝国建国にまつわる状況から受け継がれた重荷となった。しかし、帝国建国以前には、何と言ってもドイツ政策が完全に肝心な点だった。それが一八七一年以降は変化したのである。確かに、対外政策は、まだ決してヴィルヘルム期の世界政策のように世論の関心、国民的《ナツイオナール》な意味での日常的な関心の前面を占めるには至っておらず、平和政治家としてのビスマルクにとってだけでなく、世論の圧倒的多数にとっても、実際に問題となっていたのはドイツの権力的な地位を拡張することではなくて維持して確保することだった。しかし、理念政治の面ではいまや権力に以前よりもいっそう力点が置かれるようになり、少なくとも法や自由や福利よりも重視されるようになったのである。現実政策《レアルポリティーク》への転回は、一般的なレトリックにおいて、もはやドイツの内面性と文化、詩人と思想家を第一に称えるのではなくて現実の権力を称えるようになるという結果をもたらした。外部の嫉妬深い敵に対する戦争で勝利を収めたことはそのような転回をほとんど必然的なものとしたのであり、ドイツの剣が世論においては――外交界においてとは異なって――ますますドイツ人の一つの重要なシンボルとなっていったのである。かつての理想主義的な弱さと思われたものをレトリックによって過度に償おうとする傾向が、そのような形を取るに至ったのだった。そのために、そのように権力を誇示しようとする論調は、大国・世界大国としての地位がもっと自明なものだったイギリス人やフランス人のような他の国民《ナツイオーン》の場合よりも、幾らか激しくて不快な調子を帯びることになった。さらに、現実政策的＝マキャベリズム的な観点に立って国民的《ナツイオナール》なエゴイズムを通常のモラルによる拘束から解放しようとする、それどころか賛美しようとさえする傾向が加わった。もちろん、ビスマルクの対外政策と、政府による対外政策の独占は、ドイツ・ナショナリズムのそのような傾向にまだ歯止めをかけていた。しかし、例えば八十年代初めに燃え上がった植民地運動やイギリスとの競争意識においては、新たな権力ナショナリズムのダイナミックな潜在力も表面に浮上してきたのだった。世界におけるドイツの地位が国民的《ナツイオナール》なテーマとなり始め、かつてのように国民《ナツイオーン》の自決権に集中する姿勢を押し除けていったのである。

六、とは言え、ヴィルヘルム期から振り返って眺める場合や、通俗的なナショナリストのレトリックを思い起こす場合に陥り易い、行き過ぎた誇張には注意する必要がある。例えばかつての左のナショナリズムが一八七一年に単純に、そして全面的に右のナショナリズムになってしまったわけではないし、保守派がナショナリズムの本来の旗手になったわけではなく、ナショナリズムがビスマルクの政策やビスマルクへの忠誠心と同一だったわけでもなくて、国民《ナツイオナール》民主主義的な要素と国民《ナツイオナール》君主主義的な要素との間の妥協が、七十年代の世界、さらには依然として八十年代の一部分をも規定していたのだった。私たちが述べてきたことは傾向なのであって、それ以上でもそれ以下でもない。すなわち、力点が――ゆっくりと――保守的なものへと移行していき、あるいは、自由主義的な自由の理想と、国民的《ナツイオナール》な統一及び権力の理想とを切り離すことがゆっくりと可能になっていき、国民的《ナツイオナール》なものがそれ以外の――例えば自由主義的な――正当化を必要としない一つの自己目的となっていったということなのである。国民《ナツイオーン》だけが、一つの最高の価値となることがあり得、最も強い忠誠心を要求することがあり得た――強調して言っておきたいが、「あり得た」――のであった。

当初のうちは純粋に自由主義的なナショナリズムも力強く生き続けていた。そのようなナショナリズムにとっては帝国を自由主義的に築き上げていくことこそが国民的《ナツイオナール》に必要なことだったのである。教授たちの穏健な国民自由主義にしても、法や経済や文化の分野において達成した成果、帝国裁判所や、シュトラスブルクの帝国大学や、帝国銀行と帝国営業法や、統一的な市場や、帝国市民としての居住権や、帝国の艦隊や、さらには帝国議会と帝国議会選挙権を国民的《ナツイオナール》な目標及び成果と見なしたのであり、そしてそれらの点ではしばしば保守派と対立していた。保守派の側は、本来は自邦中心主義的＝王党派的だったので、帝国ナショナリズムとの折り合いをつけるのには時間を要した。ビスマルクは、国民的《ナツイオナール》な合言葉や感情を利用したけれども、しかし、いかに自己を国民国家としての帝国と同一視したとは言え、その点に関しては常にある程度の距離を保ち続けていた。また、ゆっくりと右傾化していったナショナリズムも、国民《ナツイオナール》民主主義の遺産によって徹底的に刻印され続けた。君主、そして君主を取り巻くエスタブリッシュメントやその他のエスタブリッシュメントではなくて、民衆《フォルク》こそが国民《ナツイオーン》の核心を成していたことには変わりがなかったのであり、民衆が国民として統合されていったのだからである。

各党派のなかでは自由主義派が、そしてしだいに保守派も、国民的《ナツイオナール》という位置を占めたのに対して、自邦中心主義者たちはそうではなく、中央党と、ましてや社会民主主義派は締め出されて一切の国民的《ナツイオナール》な昂揚に反対して超国民的《ナツイオナール》・インターナショナルなものを強調し、明確な自由主義左派の場合には国民的《ナツイオナール》であることをむしろ自明なものと考えると同時に、幾つかのインターナショナリズム的・コスモポリタン的な要素をも守ろうとする。政党のなかでは、一八七九年以降の国民自由党〔同党左派が分離してから〕がナショナリストの中核グループとしての姿勢を打ち出そうとして、実際にもそれに成功する。それは、この党に残された自由主義がもはや選挙民や社会集団を統合するには不十分であったことと関連している。国民的《ナツイオナール》な綱領が、個々の具体的な点ではどのように規定されていたのであれ、彼らにとっては一定の統合的な機能を果たすようになったのである。

私たちは、ドイツにおけるナショナリズムと国民国家のさらなる次元に目を向けることにしよう。帝国《ライヒ》ナショナリズムは、七十年代以来――公的な支持をも得ながら――それまで非政治的で、あるいは地域的・王朝的な忠誠心を抱いていた市民や農民の大衆にも広がっていく。様々なシンボルや公的機関や組織、そして数多くの活動がそのような大衆の国民化を担い、促進したのだった。それと同時に、シンボルや、シンボルとしての力を発揮するようになった一部の機関は、国家が国民《ナツイオーン》と関連して国民《ナツイオーン》を代表するという特別な形を取る国民国家を、公的に表現するものとなる。国民国家としての自己表現と、大衆の国民化とが互いに混じり合いながら進行していくのである。二、三の重要な点を取り上げてみたい。

政治的には、まもなく誰もが口にするようになった「ライヒ」という名称と並んで、国民《ナツイオーン》の全体を言い表わす最も重要な表現が、「カイザー」という象徴性に満ちた称号を伴う帝制という制度だった。「皇帝《カイザー》と帝国《ライヒ》」――人びとはそれを護るべきとされたのだが――という言い回しが受け入れられていったこと、それは国民化のプロセスの一つの重要な段階に他ならない。理念政治的には「皇帝問題」は一八七一年には曖昧な状態だったし、その後も曖昧であり続けた。プロイセンの保守派は新規の流行めいた側面、さらにはボナパルティズム的な側面に反発していたし、多くの自由主義者たちは中世的な普遍主義と、オーストリア風で超民族的な側面に反発していた。ビスマルクは民衆に分かり易くて連邦主義を強調する要素があると考え、国民的《ナツィオナール》なプロテスタントたちは熱烈に「福音派帝政」について語っていた。皇帝〔ヴィルヘルム一世〕自身は、先に述べたように、この称号に対して気乗りがしない態度を取っていた。しかし、ビスマルクの予測は正しかったのである。「皇帝」という称号は、プロイセンでも他の君主邦でも統合のシンボルとしてまもなく受け入れられていった。この称号は、理念政治的な連想や対抗連想とはかなりの程度まで切り離された形に留まり、中世の模範が皇帝観のなかに流れ込んでいったのは確かだけれども、イタリア遠征をも普遍的な支配への要求をも抜きにした形でであって、国民的《ナツィオナール》な過去の栄光と偉大さを想起させるものとして受け止められたのだった。プロイセン以外の諸邦での君主主義的な忠誠心は邦君主と帝国元首との間で分有されるようになる。「皇帝」は、単なる連邦主席の名称あるいは称号という以上の存在であり、単なる形式的な国家元首以上の存在であって、一つの統合する形姿となるのである。ヴィルヘルム一世がその「職」を果たした威厳があり落ち着いて敬意の対象となったあり方は、そのような発展に大いに寄与し、彼は「老皇帝」として敬われる。生誕の祝日や皇帝の巡幸があったにもかかわらず、本来の皇帝崇拝のようなものは生じるに至らない。出発点となったのは戴冠式ではなくて一八七一年一月十八日の即位宣言式だったのであり、その後もそのままの状態が続いた。玉座と帝冠を伴う儀式の伝統を創り出そう、あるいは「再び」生き返らせようというあらゆる考えは計画だけで終わったのだった。孫のヴィルヘルム二世が祖父への崇拝を例えばプロイセンの各地に壮大な記念碑を建立することを通して定着させようと試みたが、それは人為的なものに留まった。通りや広場や橋や学校や病院や教会の名称、あるいは北海とバルト海を繋ぐ運河の名称としてのみ、皇帝は日常的な現実のなかに進出してくるのである。見て取ることができる限りでは、そのように皇帝の名が付される際に意図されていたのは、公的な形が取られたとは言え、君主政への信奉を表明するというよりも国民《ナツィオーン》を象徴するという点のほうだった——もっとも、双方が合わさっていたのだけれども。ヴィルヘルム二世の下で帝政は、彼が帝国の政治の本来の指導者となることを望んで伝統的な帝位から近代的＝カエサル主義的な帝政を発展させようとしたために、新しい意味を帯びるようになる。しかし、その結果として、国民感情と国民意識のなかでは、いまや完全に好まれるようになっていた皇帝という「位」とその個人的な担い手との間の独特な区別が引き起こされるようになる。ナショナリズムは、君主主義的ではあるが、自らをヴィルヘルム二世と同一視できないようになるのである。

　皇帝の傍らで、帝国の基盤としての憲法は、シンボルとしての価値、感情を動かすような価値を獲得するには至らなかった。そうなるには憲法はあまりにも組織的な制度のみを定めたものであり過ぎ、また、そのような価値を獲得するには自由主義的＝民主主義的な勢力が（「憲法の党」である中央党においても）弱体過ぎたのである。帝国の機関のなかでは、連邦参議院は決して公的な声望を得るに至らなかった。この点で重要な存在となったのは帝国宰相と帝国議会だけだった。とりわけ帝国議会は選挙を通して国民的《ナツィオナール》な統一を生き生きと表わす存在となり、国民的《ナツィオナール》な統一は帝国議会によって代表されたばかりでなく、帝国議会において現実のものとして示されてもいた。公的な国民的《ナツィオナール》レトリックは帝国議会を無視したけれども、選挙民の意識のなかで帝国議会は国民国家を持続的に現存させる存在に他ならなかった――皇帝のように輝かしさと威厳を示すことはなく、国民的《ナツィオナール》な「信仰」のように感情を揺さぶることもなかったが、しかしますます生活に影響を及ぼしていく政策の実践を通して。ベルリンが国民《ナツィオーン》の関心の中心点となっていったのは、帝国議会のためでもあったのである。

　幾つかの国民的《ナツィオナール》な祝日が存在していた。当初は、国民の祝日を設けるべきか、設定するのであれば例えば帝国建国や対フランス戦争の勝利などのどのような日を選ぶべきか、という問題を巡って議論が展開された。しかし、祝日として制定されるには至らなかった。皇帝即位宣言式が行われた一月十八日〔初代のプロイセン王が即位した日でもある〕は言わばプロイセンが独占しているようなものだった。これに対して、軍事的な勝利を祝うセダン記念日のほうはかなり急速に帝国の祝日へと発展していった。元来はこの日は、ボーデルシュヴィング牧師がエルンスト・モーリッツ・アルントの精神に添って民衆教育的＝宗教的な理念の下で提唱したものだった。フランスの祝祭のように食べて飲んで踊る日ではなくて宗教的な式典で始まって宗教的な式典で終わる悔い改めと熟考と感謝のための日になるものとして考えられていたのである。しかし、結果としては旗やパレードを伴ってしばしば奔放な形で戦勝を愛国的に誇示する日となり、もちろん七十年代にはプロテスタントの立場から反カトリックを強調するという性格が加わった。カトリック教徒の人たちはこの祝日をボイコットする他なく、少なくとも長い間そうだった。それと並んで「皇帝誕生日」も人気を博するようになり、プロイセン以外では伝統的に祝われていた邦君主の誕生日とともに祝われた。さらに、特殊な国民的《ナツィオナール》な性格を帯びた数多くの地域や地方の半ば公的な祝祭があった。皇帝の行幸、国民的《ナツィオナール》な記念碑の定礎式と除幕式、時にはその周年祭、体操協会や合唱協会や射撃協会、後には在郷軍人会や学生組合とそのＯＢたちなどによる、多くの民衆的で国民的《ナツィオナール》な協会の設立記念祭、都市や公的な機関の設立記念祭などである。大きな祝祭の場合には学校が休みになり、旗やブラスバンドとともに行進が行なわれ、常に愛国的な演説や合唱や詩の朗読や寸劇が披露され、愛国的な歓声と通俗的なレトリックとどよめきが響きわたり、一切の「公的」な側面にもかかわらず大衆の祭りのような雰囲気が行きわたって、人びとは広場やホールに社交の場のように盛装して集まって飲食し、さらにはくつろいで踊って祝った。国民的《ナツィオナール》なものが通常の市民や農民の生活暦に浸透していったのである。

国民国家の古典的なシンボルには国歌と国旗も属している。ドイツ帝国には言わば公式の国歌は存在しなかった。「ラインの護り」〔シュネッケルブルガーが一八四〇年に作詞〕が君主主義的な「陛下に勝利の誉あれ」〔ハソースの一七九〇年の詩を基とする〕と並んで七十年代に非公式的な国歌として定着した。その後、九十年代からは「ドイツの歌」〔ホフマン・フォン・ファラースレーベンの一八四一年の詩。三番が現ドイツ国歌〕が広まるようになり、歌詞は国民《ナツィオナール》民主主義的な性格を持つが、その「世界に冠たる」という言い回しは世界政策的な意味に解釈し直され、そしてハイドンの皇帝賛歌のメロディーが君主主義を想起させた。ドイツ帝国旗は、なるほど三色旗という国民《ナツィオナール》民主主義的な伝統を受け継いだが、自由主義的な統一運動と一八四八年革命の「黒・赤・金」の代わりに人為的にプロイセン的な性格が強調され、プロイセンの「黒・白」が「黒・白・赤」〔白・赤はハンザ同盟のシンボルカラー〕となった。元来は「黒・白・赤」旗は商船が国際的に航行するためだけに重要な意味を持っていたのだが、ドイツ艦隊が興隆するのに伴ってナショナリズムにとっても一つの中心的なシンボルとなったのである。

国民《ナツィオーン》の自己理解及び自己確認の、特に時代に典型的な一つの表現となったのが記念碑であり、このことについては第一巻の芸術の章で述べた。その一部分を成すのが、七十年代の二つの大仰で巨大な「国民的《ナツィオナール》記念碑」である。一つはニーダーヴァルトのゲルマーニア像で、君主たちと国民《フォルク》とによる帝国建国という保守的＝自由主義的な混合神話を表わしており、それゆえ、恐ろしい姿をしているけれども統一と平和、そして極めて防御的な意味での「ラインの護り」のほうをはっきりと勝利と戦争よりも前面に押し出している。もう一つは一八三八年に建造を開始したけれども一八七五年にようやく完成したヘルマン〔アルミニウス〕像であり、好戦的に剣を振り上げて、その切っ先は「ロマン人《ヴェルシェ》」、文化闘争的な解釈によれば「ローマ」に向けられている。その一方で、帝国の統一を祝って表現する地域や地方の戦勝あるいは和平の記念碑が至るところに存在する。それに加えて、出征者や戦没者のための比較的小さな記念碑や顕彰碑が、どんな小さな町や村でもほとんど遍く建立される。歴史上の偉人たちのための個人的な記念碑も常にある程度の国民的《ナツイオナール》な傾向を帯びている——ルターからレッシングやシラーを経てシュタインや体操の父ヤーンに至るまで。全世界のドイツ人体操家たちによって一八七二年にベルリンに建立されたヤーンの記念碑は、人びとがドイツの統一を「反動」から勝ち取ったのであることをなおも語りかけている。しかし、それは国民《ナツイオナール》民主主義的な残響のようなものであり、この時期には急速に古風なものとなっていく。先に述べたように、記念碑は祝祭と結び付いており、定礎や除幕が祝われ、そして時にはヘルマン像の場合のように年の祭りも行なわれる。記念碑が都市の外にあるのであれば日曜日のハイキングや学校の遠足の目標となり、都市内にあるのであれば広場の中心や市街(馬車)鉄道の停留所となる。

公共の建物には国民的《ナツイオナール》な寓意による装飾が施され、建築様式の選択に当たっては国民的《ナツイオナール》な理由が説明される——例えばゴシック様式の場合には、ドイツの市民精神を表わすものと解釈され、あるいはプロテスタント的に宗教改革の前段階として、または「ドイツ・ルネサンス」様式として読み換えられる。国民的《ナツイオナール》な歴史、とりわけ皇帝の歴史の記念物である建物は保存・修復され、さらにはゴスラーの皇帝居城のように歴史画で飾られるが、市庁舎や砦の場合にも同様のことが見られる。

ドイツ人の歴史は国民的《ナツイオナール》な意味で解釈され、公的にもそのようなものとして提示される。もちろんそれがとりわけ当てはまるのは、数少ない国民《ナツイオーン》全体に共通する出来事や人物や時期であり、中世の輝かしい堂々たる皇帝たちである。フェーリクス・ダーンは、赤髭帝〔神聖ローマ皇帝フリードリヒ一世〕と白髭帝〔ヴィルヘルム一世〕、バルバロッサとバルバブランカについて詩作してキフホイザー伝説を改めて広める。七十年代にはこの種の物語はカノッサの屈辱という観点の下でしばしば反カトリック的な色彩を帯びる。さらには、ゲルマンの初期史・太古史が重要性を増していく。地域や地方自治体で過去の思い出を振り返ろうとする数多くの催し、記念祭や祝祭行列においても、例えばハンザ同盟が一定の役割を果たしたようなところでは、そのような国民的《ナツイオナール》に共通している側面が強調される。そのように、目で見ることと表現することとを通して国民的《ナツイオナール》な歴史像が広められていくのである。協会の祝祭や市民たちの社交的な集まりで演じられる「活人画」や、まだ素人によって頻繁に催されていた演劇も、そのような国民的《ナツイオナール》な歴史熱からある程度の影響を受けている。古《アルト》プロイセン以外の地域では、地域的・地方的な歴史像がしだいにゆっくりとプロイセン＝小ドイツ主義的で国民的《ナツイオナール》な色彩で染め上げられていくことが見て取れ、例えば対ナポレオン解放戦争が国民《ナツイオーン》全体の出来事と見なされるようになっていく。そして、帝国の統一が歴史になっていけばいくほど、それは共通の国民的《ナツイオナール》な歴史となっていくのである。

通俗的で慣習的な性格が強い文学の場合も、同様の方向を指し示している。学生歌集や男声合唱協会、それどころかすべての協会で歌われる国民的《ナツイオナール》な歌、選集に収められた国民的《ナツイオナール》な押韻文、前の巻で述べたような国民的《ナツイオナール》な色彩を帯びた歴史小説や歴史叙事詩などがそうである。フライタークの『先祖たち』と『ドイツの過去の情景』〔邦訳は『ドイツ社会文化史』〕は市民的な国民的伝統を定着させようという高等な試みだった。もちろん、市民的な少年文学も忘れることはできず、例えば『ラウペンヘルムとピッケルハウペ』〔バイエルン軍とプロイセン軍のヘルメット〕は統一期のバイエルンとプロイセンの少年たちを扱っている。

ヨーロッパで大衆を国民化していく役割を果たした国家による大規模な機関である学校と軍は、連邦主義的で二つの宗派が存在するドイツでは時間をかけてようやくそのような機能を果たすようになる。学校の教科書、さらには教科課程でさえ、とりわけ初等学校ではゆっくりとしか変わっていかなかったし、そして教師たちの国民《ナツイオナール》化にもそれなりの時間がかかった。軍に関しては、バイエルン、ヴュルテンベルク、ザクセンはなおも独自の性格を保ち、その他の邦では取りあえずプロイセン軍に組み入れられる。とは言え、長期的に見れば軍隊によって大衆が、もちろん目立たない形でではあったものの、恒久的に国民《ナツイオナール》化されていったこと、そして連邦主義的な学校体制が国民的《ナツイオナール》な協力関係を築いていったことは、極めて大きな作用を発揮することになった。

政治の面では、少なくとも教養がある、あるいは半ば教養がある市民層の目から見れば、通常の帝国と諸邦との間の権限の分割を超えて特殊な形で国民的《ナツイオナール》な位置を占めていた二つの分野が存在する。まず七十年代に帝国直轄領エルザス＝ロートリンゲンが、次いで八十年代に植民地が、国民《ナツイオーン》の統一と偉大さを表わすシンボルとなるのである。後には、艦隊と世界政策が、そして周縁部ではポーランド人問題が、国民的《ナツイオナール》な感情を統合する役割を果たすようになる。

新しい一八七一年の帝国《ライヒ》ナショナリズムと文化との関係についての問題は、答えるのが難しい。帝国とドイツの国民《ナツイオナール》運動は、自らのアイデンティティを確認して他との境界を明確にするというレベルを超えて何らかの伝道的な傾向を持つような文化的な使命理念を有してはいなかった。帝国芸術や国民的《ナツイオナール》芸術は存在しなかったし、帝国建国を表現してシンボルとして高めるような第一級の芸術作品も存在しなかった。文学の分野ではコンラート・フェルディナント・マイヤーの一八七一年の叙事詩『フッテンの最後の日々』だけを挙げることができるだろうが、しかし彼はスイス人である。リヒャルト・ヴァーグナーの「ニーベルングの指輪」にしても、決して国民国家樹立と勝ち誇るナショナリズムを表わす芸術作品ではない。バイロイトの祝典劇を帝国と国民《ナツィオーン》のものにしようという考えは、コンセンサスを得ることさえできず、ビスマルクと老皇帝と宮廷の多数派の反対に遭って挫折した。しかし、黄金の呪いを巡る神々の悲劇は、内面的にも国民的《ナツィオナール》な統合のシンボルとなることはできなかったのだった。もちろん、注目に値するような何らかの国民的《ナツィオナール》で批判的な反体制の芸術も存在しなかった。大いなる哲学によるドイツ国民国家への賛美も、学問を堅持する新カント派と人気を博したショーペンハウアーのペシミズムとの間で、出現することはなかった。帝国に批判的な偉大な知識人たち、ブルクハルトやマルクスやニーチェはアウトサイダーに過ぎなかった（そして当面はそうであり続けた）。学問の場合は事情が異なった。確かに、学問は国際主義的な立場に立つために極端なナショナリズムとは距離を取った。しかし、法や国家や経済、歴史や言語や文学を、すなわち「国民的《ナツィオナール》」でもある対象を問題とする精神諸学〔人文科学〕・社会科学は、国民的《ナツィオナール》な推進力あるいは機能と結び付き、——価値自由の理念の下でも——ナショナリズム的な価値への意志を糧としていた。学問の偉大さと国民《ナツィオーン》の偉大さとは互いに結び付いていたのであり、私たちは前の巻でこのことを個々の学問について見た。

ヘルムート・プレスナー〔『遅れて来た国民』〕以来、ドイツ帝国を理念のない国民国家として批判するのが半世紀にわたって知識人たちの間で流行してきた。私には、国民国家であるならばそもそも何らかの普遍的な文化理念、あるいは使命理念を持つべきだという見方は、時代遅れで奇妙なもののように思える。ある文化の独自なあり方が人類の多様性をその分だけ豊かにするというだけで、完全に十分なのである。

七十年代の「通常的《ノルマール》ナショナリズム」をもう一度要約的な形で眺めてみよう。一、このナショナリズムは、とりわけ市民層、さらには農民や労働者をも含む民衆の運動としてのナショナリズムであり、とりわけ様々な協会として組織されていた。その一方で、このナショナリズムは、新帝国における諸権威やエスタブリッシュメントによる公的なナショナリズムだったのでもあり、そこから理念政治の面では国民的《ナツィオナール》君主主義と国民的《ナツィオナール》民主主義との同盟関係が生じた。愛国主義が流行していた下では、こんにちから見れば滑稽に見えなくもない粗野で狡猾な商業的愛国主義も登場してきたのは、ほとんど驚くべきことではない。このナショナリズムは、他の基本的信念の場合と同様に、私たちにはしばしば異質と思われるこの時代特有の形態を取って表出したのだった。二、ナショナリズムは濃密さを増して、当初よりもいっそうモラル化されていく。国民《ナツィオーン》はモラルが発揮される場となるのだが、それは、国民への献身を通して人は自らのエゴイズムを克服するとされるからである。国民的《ナツィオナール》なエゴイズムはモラルによる断罪を超えたところに位置する。すべてのナショナリストが常に強調し際立たせてきたドイツ国民《ナツィオーン》の特殊性は、何のためらいもなく、そしてしばしば不自然な形で、他の諸国民の特殊性よりも優れていて、それらを超えるものとして位置づけられる。もちろん、人びとはドイツ人であることを誇りに思うのであり、ドイツ人は他の諸国民よりも優れた無比の存在とされる。後にドイツ国民《ナツィオーン》のイデオロギー化に流れ込んでいくことになる奇妙な二分法、文明に対する文化、知性に対する魂、分割に対する全体、経験主義に対する精神といった二分法が、この当時に芽生えるのであり、独自なるものへの集中、異質なものに対する境界の設定、自民族中心主義、ゲルマン・マニアなども、やはりそこに含まれる。三、全体とすれば、当時のナショナリズムは「君主とその民」といったタイプに属する国民的《ナツィオナール》で感情的・情緒的な愛国主義だったのであり、声高な歓呼の叫びと大げさなレトリックを伴ってはいたが、まだヴィルヘルム時代のようなショービニズム的な極端さを欠いていた。もちろん、理念の構造における保守的な方向への変化が一般的に反映されていたことは容易に確認できる。外部の敵、仇敵として位置づけられたフランスに矛先を向けた姿勢は、おそらくまだ攻撃的と言うよりも防御的と言えただろうが、しかし傲慢で、権力を強調し、モラル的に優越しているという身振りを伴っていた。国内の敵に対しては、最初に教皇至上主義者《ウルトラモンタン》たち、次いで社会主義者たちに矛先が向けられた。国民的《ナツィオナール》な伝統のなかの自由主義的な要素、例えば一八四八年への記憶や憲法のような要素は、背後に退いていった。残ったのは、自由をもたらす近代性の端緒となったプロイセン改革への記憶と、ドイツ文化の偉大さという意識――たとえ俗物たちの間では上辺の言葉だけに色褪せてしまったとしても――と、「精神の自由」を支持し、そして君主たちとその民である市民たちとの間の共通性を支持するという信条の表明だった。四、一八七一年の国民国家は、外に対しても内に対しても「未完成」(Th・シーダー)だった。締め出された人たちと同時に、距離を置かれた人たちがいて、とりわけカトリックの人たちがそうであり、彼らは公的な立場からの国民的《ナツィオナール》な崇拝やその華やかさを完全に冷淡なまなざしで見ていた。彼らがかつての自らのロマン主義的=普遍主義的な国民《ナツィオーン》理念をなおも守り通すことは困難であり、基本的にはそのような理念は解体されてしまっていた。カトリックの人たちにとって、新しい真の国民《ナツィオーン》から締め出されたことは一つのトラウマとなり、そしてこのトラウマは文化闘争が終結した後でようやくゆっくりと時間をかけて克服されていった。いっそう明確に締め出されていたのは社会主義者たちであり、彼らは自らの国民《ナツイオナール》民主主義的な伝統をさらに発展させていくことができず、いまやナショナリズムをブルジョア的なもの、官憲的なもの、プロイセン《ボルシア》的なものと見なして、理念政治的には、そして少なくとも言葉のうえでは、インターナショナリズムを指針としたのだった。

七十年代の末から、自由主義からの離反と関連して、また、一部の人たちの間では反ユダヤ主義とも関連して、一つの重要な変化が表面化してくる。新しい統合主義的でダイナミックなナショナリズムが登場してくるのである。この点で特徴的なのはトライチュケであり、彼が大きな影響力を持つ代弁者となる。一八七一年以降の自由主義的＝国民的《ナツイオナール》な諸目標、国内における帝国国民《ライヒスフォルク》の一体化の促進、憲法の拡充と文化闘争、それらだけではもはや十分ではなかったのである。文化と近代性に批判的で、反カトリシズム・反民主主義・反社会主義の立場に立つトライチュケは、国民的《ナツイオナール》な統一と存立が危険に晒されていると考え、それと同時に国民的《ナツイオナール》な統一を、アイデンティティをいっそう強化するべきだというモラル的な要求へと高めた。ドイツ人はまだ十分に本来のドイツ人となってはおらず、よりドイツ的とならねばならないのであり、あらゆる非ドイツ的なものを振り捨てて、あらゆる無関心な人びとをドイツ的な意識で満たさねばならないのだ、と。危険に晒されている国民《ナツイオーン》は、現に存在している自明なものから再び未来に存在するべきものとなったのであり、そこに教育的＝政治的な課題があった。そして国民《ナツイオーン》は無条件的で絶対的なものであったので、この課題は基本的に無制限で終わりのないものだった。それは、少なくとも知識人たちのナショナリズムをダイナミックに急進化することを意味し、統合主義的に包括的な要求を突きつけることを意味したのであり、そしてこの要求は多くのあり得る目標に通じ、多くのあり得る「敵」に対する境界の設定に通じるものであった。このような主張は、明らかにかなり幅広く広まっていた雰囲気に対応するものだったのである。トライチュケに追従した大学生たちは、例えば改革と階級間の和解を目指すキリスト教＝社会派の政策のなかに新たな国民的《ナツイオナール》な大義を見出し（トライチュケはそれには全面的に反対していたのだが）、あるいは反ユダヤ主義を旗印とした（これについては、トライチュケはきっかけを与え、そして理解を示していた）。そこには大仰な俗流ナショナリズムに対する一片の批判、新たな理想主義的で「内面的」な国民《ナツイオナール》意識を発展させようという試みも潜んでいた。現実には、そのような試みは、とりわけ敵に関するイメージとそれぞれの具体的な課題のために、再び荒々しくて声高な性格を帯び、最終的には帝国主義的で権力政策的なものとなってしまった。さらにそこには、近代社会の多元的で相対的な状態に対して自由主義者たちが感じていた苦痛や、反多元主義の立場に立った、コンセンサスと均質性の絶対的な優位への転向、また、国家と社会は、国家が権力を独占するというレベルを超えて、一定度の基本的コンセンサスを必要とするのだという、かつての自由主義的な認識の過度な尖鋭化も、潜んでいた。このような統合主義的な新しいナショナリズムは、若い世代に新しい目標を提供した。そこから、なぜ国民的《ナツィオナール》であることが再び未来を指し示す理想となったのかが理解できるのである。伝統と生活世界が様々に存在する状態とともに、そして統合主義的なナショナリストたちがつまらない諍いと見なしていた政党や利害の多元状態とともに、共存しながら生きていくという可能性、意見の相違を許容するという可能性は、それによって強められることはなかったのだった。

第8節 国民国家の諸問題
少数民族と植民地

ドイツ帝国には、ドイツ人ではない、あるいは明確にドイツ人とは言えない住民及び公民、すなわち民族的な少数派がいた。それは様々な点で一つの問題となった。この問題はナショナリズムの一つの特殊な分野に属し、そして後には傲慢と没落という一つの問題群を生み出した。それゆえ、この問題を立ち入って扱うことにしたい。

a ポーランド人とデンマーク人

少数民族のなかで最も重要なのはポーランド人だった。プロイセンは遅くともポーランド分割以来、それどころか既にシュレージエンを領有して以来、そして最終的には一八一五年の新秩序以来、ポーランド人の臣民を抱えており、憲法が存在するようになってからはポーランド人の公民を抱えていた。この状態は、もちろん、一八六七／七一年以降は北ドイツ連邦とドイツ帝国にも持ち込まれた。「ポーランド系」であるということは、まず母語としてポーランド語かそれに近い方言を話す人たちを意味した。強い意味での「ポーランド系」とは、――出自と歴史と文化に基づいて――ポーランド民族《ナツィオーン》の一員に数えられること、そしてそのことが集団的帰属と同胞感情と、さらには価値及び目標に関わる政治的＝社会的な地平とを規定すると信じていることを意味した。もちろん、このような強調された民族概念が地域や階級を超えて広まっていくのには一世紀の時を要したのであり、そしてこのプロセスは本書が対象とする時期にも依然として続いていた。それゆえ、なおも民族性が「揺れ動いて」いて未定だった状態が――例えば上シュレージエン地方や、西プロイセン州のカシュブ人や、東プロイセン州のマズーレン人の場合のように――存在していたのだし、上シュレージエン地方や西プロイセン州の北西部のようにポーランド語を話す人たちが（ほとんど）もっぱら下層に属する人たちに限られていたところでは、ポーランド人であるという本来の意識がなおも長い間見られなかったのである。ポーランド人の民族的《ナツィオナール》な意識が最も明確に、そして最も早く形成されるようになったのはポーゼン州においてであり、この地方は旧ポーランドの中核地域の一つで、社会の身分的構成がはっきりしていて、近代的なポーランド民族意識の第一の担い手である貴族が力を持っていた。ポーゼン州の場合ほど民族意識が強くはなかったとしても、西プロイセン州の南部も似たような状況にあった。

これらの州には、一方ではポーランド人が、他方ではドイツ人が、もっぱら居住しているか、あるいは圧倒的な多数を占めている地域や郡が存在していた。しかしいっそう重要だったのは、地理的な言語境界が存在せずに双方が隣り合って住んでいる混住地域が存在していたことである。例えば、都市は、元来はしばしばポーランド人の居住地域に取り囲まれたドイツ人の市民自治体だった。その結果、十九世紀の最後の三半期に至るまで、都市では圧倒的にドイツ人（及び、ユダヤ人）の市民が上層と中層を占め、ポーランド人が圧倒的に下層に属していたが、もちろん様々な都市での民族状態は様々に異なっていた。他方の言語を話す人たちに取り囲まれたドイツ人あるいはポーランド人の村も存在していた。一九一〇年の時点では、「ドイツ人」が住民の六十パーセント以上を占める郡が九つあり、四十パーセントから六十パーセントの郡が八つ、四十パーセントよりも少ない郡が九つ、二十パーセント未満の郡が十六あった。それゆえ、多くのドイツ人がポーランド人が多数を占める郡に住み、多くのポーランド人がドイツ人が多数を占める郡に住んでいたのである。

地理的な分布と関連しているのが、社会的な階層構成における違いである。ポーランド人は、農業の分野で、農民及び農業労働者としてドイツ人よりも大きな割合を占め、さらに都市の下層民の間での割合も大きかった。それでも、（一八八二年頃には）ポーゼン州のドイツ人の五十一パーセントが農業に従事しており、十四パーセントが自営で、三十七パーセントが農業労働者だった。そして当然のことながら逆にポーゼン〔現ポズナン〕のような都市ではポーランド人の中間層も存在していた。貴族と大土地所有者はポーランド人の側にもドイツ人の側にもいた。ポーランド人はほぼもっぱらカトリックで、ドイツ人は大多数（一九〇五年にはおよそ八十パーセント）がプロテスタントであり、一九〇〇年頃までの時期については、大抵の場合、宗派から言語・民族性の状況を推測せざるを得ない。都市のユダヤ人（ポーゼン市で一八九五年に住民の七パーセント、一九一〇年には三・五パーセント）は、とりわけ小規模商業や、さらには大規模商業に従事し、重要な特別な集団を形成していた。文化的に、そしてそれゆえ政治的にも、彼らはドイツ人の側を志向していた。

ところで、ドイツ人たちにとっては、尖鋭化して言えば二つの問題が存在していた。第一の問題は言わばより古くからの問題であり、ポーランド人としての言語と民族性を持つ公民たちの、プロイセン（そして、ドイツ）国家への忠誠心という問題だった。それは、ネガティブな形で言えば、「イレデンタ」〔旧領回復要求〕を阻止し、分離主義を阻止し、プロイセンの東部諸州の大きな部分を含むことになるであろう独立大ポーランド国民国家を形成しようとするあらゆる試みを阻止し、活動的なポーランド人亡命者たちやロシア領ポーランドの民族革命的なグループとのいかなる結び付きをも阻止することを意味した。ポジティブな形で言えば、ポーランド人を、場合によっては、そして古風な流儀を受け継ぐのであれば、一定の文化的・社会的・経済的な独自性と自律性を許容しながら、プロイセン＝ドイツ国家に組み込むのを目指すことを意味した。国家と権力を出発点として考え、あれか／これかという考え方をしていたビスマルクは、基本的にどのような形のポーランド民族意識をもプロイセン＝ドイツ国家を危険に晒すものと見なしており、彼にとってはそのような見方が事態の当然の論理なのであり、他の一切の見方は夢想に過ぎなかった。

第二の問題は、国家の領域を超えて、諸国民と諸国民性の間の関係、諸民族《フォルク》あるいは諸民族性の間の関係そのものという問題だった。それは、ポーランド人に一定の自律性を保障するか、あるいは他の実際的な妥協的な解決策を見出すことを通して平和的な共存を図るか――それとも、争いを求めるのか、ドイツ人もしくはポーランド人の民族性を強化して他方の民族性を押し戻し、「揺れ動く」民族性のドイツ人化もしくはポーランド人化を求めるのか――それとも、ドイツ人が完全に国家権力を握っていて、しかも社会的に優位に立っているのであるから、ポーランド人のドイツ人化を求めるのか、という問題に他ならなかった。

ポーランド人による「脅威」とか、あるいはドイツ人の「ショービニズム」といったナショナリスト的な言説によって視点が歪められることがあってはならない。問題となっていたのは、ドイツ人側とポーランド人側との二つの強力なナショナリズムの間の衝突だったのである。一八四八年以来の展開、とりわけ今世紀前半における展開は、善意ある人たちが思っていたような共存による解決は不可能だったのであり、争いは不可避的、必然的で、悲劇的なものであったことを物語っているように思える。国民国家という理想が思考と行動を規定していたのであり、そしてこの理想は民族的な均質性という考えによって満たされていたのだった。

ポーランド人たちは、民族自決を、彼らの国家の再建を望み、ポーランド語あるいはそれに類した言葉を話すすべての人たちのポーランド人化、それだけではなくて「少数派」、すなわちポーランド人が多数を占める地域に住むドイツ人やユダヤ人のポーランド人化をも望んだ。彼らは少数民族ではなくて対抗国民《ナツィオーン》となることを望んだのである。ドイツ人の側は、自らの国家のいかなる部分をも失うまいとした。彼らは民族的に均質な国民国家を望み、少数民族に対する支配を望んで、そしてその支配は真の自律性を許容するものではなかったから、結局のところは少数民族のドイツ人化を望んだ。混住地域では、どちらの側も優位に立とうとした。

しかし、民族性の間の関係という「論理」と、確かに悲劇的であった宿命という点からだけでは、ドイツ・ポーランド問題の展開を説明することはできない。なぜなら、基本的な対立とその解決不可能性というレベルを超えて、本書が対象とする数十年間にはドイツ人とポーランド人の関係がますます、そして極めて特殊な形で悪化していき、緊張が深まっていったのだからである。例えばオーストリアにおけるポーランド人の存在は、ドイツの場合ほど圧力に晒されてはいなかった。確かに、オーストリアは多民族帝国であり、諸民族の共存に頼らざるを得ず、そしてとりわけそれが崩壊の原因となった。しかし、二重君主国を吹き飛ばしたのはポーランド人問題ではなかったのである。

一八六〇年代には、一八六三年のポーランド蜂起の後の状況は以下のようなものだった。ビスマルクは、確かにポーランド人「それ自体」をというわけではなかったものの、ポーランド・ナショナリズム的なあらゆる活動、どのような「ポーランド主義」をも国家にとっての、プロイセンとドイツの安全にとっての大きな脅威と見なしていた。民族的に積極的に関与しようとするポーランド人は彼から見れば革命家、「帝国の敵」であり、そしてそのような見方には反スラヴ的な色彩も混じっていた。そのようなナショナリズムのどのような些細な動きをも抑圧しなければならず、どのようなポーランド・ナショナリズム的な希望も長期にわたって破壊するのでなければならなかった。国家への忠誠心、「ドイツ的な忠節」、それが目標だったのである。ポーランド人はポーランド語を話すプロイセン人となるべきであり、そしてもちろんそのためにはドイツ語をも話す二言語話者となることが必要だった。ドイツ語能力を備えていることが、プロイセンに所属している利点を初めて目に見えるものとした。それが、ビスマルクが理解していた――ナショナリズム以前的な――「ゲルマン化」だった。この目標は彼には達成可能と思われたのだが、それは、彼が、ナショナリスト的な指導層である貴族や聖職者と、ポーゼン州や西プロイセン州南部以外のところで平和的に忠誠心を抱いて暮らしてドイツ人と共存しているナショナリズム以前的で非政治的な農民民衆とを区別していたからだったのである。家父長主義的な国家は下層の人たちに訴えようとしたのである。マズーレン人やカシュブ人、リトアニア人や上シュレージェン人も良きプロイセン人になっているではないか、と。ビスマルクの闘いはナショナリズムの中心人物たち、とりわけポーゼン州の貴族や聖職者たちに対して向けられ、大衆への彼らの影響力を削ぐことが目指された。そして、国家にとって危険な、後には「帝国の敵」と見なされたポーランド主義と闘って抑圧するのは、国家とその官僚及び警察がなすべきことであった。その際に、(古風な)国家主義者であるビスマルクにとっては、既に述べたように、言語問題が特別な役割を演じていた。この問題は、統合と忠誠心(さらには同化)を実現するための手段でありシンボルであったのである。彼の構想が目指していたのは、ドイツ語が「国家言語」であって、あるべきであり、官庁と裁判所の言語となることだったが、それはもちろん学校言語の問題にも波及した。その傍らで、ポーランド語が「民衆語」として残ることは許された。しかし、それは不可避的にさらなる紛争へと繋がっていった。なぜなら、国家言語はそれ以外の民衆語を尊重することよりも重要な意味を持つようになったからである。そして、国家に忠実なポーランド人たちも、言語と学校言語の問題を自らのアイデンティティと自己主張の核心に関わるものと見なさざるを得なかった。その限りでは、私たちは、そもそも国家主義者ビスマルクの政策のなかに、ヨーロッパのほとんどすべての多数派民族が少数派民族の言語との間で引き起こすことになった古典的な紛争の一例を見て取ることができるのである。ビスマルク以前の他のプロイセンの政治家たちにしても、事態をそれほど違わない目で見ていたのだが、しかしビスマルクには問題を闘争というカテゴリーの下で捉えようとする傾向があった。それは問題を激化させるような作用を及ぼした。彼はますます紛争を求め、ますます攻撃的で抑圧的な行動を取る必要性を感じるようになっていった。このことが、帝国建国期における状況を悪化させたのである。

もちろん、その間にプロイセンは法治国家となっており、その法と、自由に対する保障と、司法制度はポーランド人にも有利に働いたし、長い目で見れば例えば集会でのポーランド語の使用などポーランド人の市民的権利を護ってくれたのはプロイセンの上級行政裁判所だった。そして、ポーランド人も選挙権を持っていた。これらの一切が国家の行動に限界を設定し、法的・経済的・政治的にポーランド人に(例えばツァーリズム体制下のロシアよりも多くの)行動の余地を保障していた。

法治国家としての性格と公民としての平等というのが、差し当たっては自由主義派のポーランド人政策にとっても核心的な点を成していた。そのような立場を彼らは堅持しようとしたし、そのことで状況は緩和されるはずと考えていた。もっとも、彼らにしても、いかなる分離主義をも、すなわちいかなる形でであれポーランド人がプロイセン＝ドイツの国家体から離脱するのを拒否していた限りでは、かつての親ポーランド感情を相対化するに至っていたが、それは、ポーランド人が多数を占める地域におけるドイツ人少数派に影響を及ぼすことを恐れていたためでもあった。一八四八年当時の分割という理念はうまくいかないことが明らかになっていた。いずれにしても、プロイセンのポーランド人たちは何らかのポーランド国民国家に帰属するという夢を諦めるべきだったのである。自由主義派の人たちも、ポーランド人の民族的な努力のなかに幾分かの敵対的な傾向を見て取り、とりわけ外部から操作されている側面を好んで見て取ろうとした。さらに、自由主義派の人たちは、ドイツ文化の優越性と吸引力を信じており、東部地域ではそのような見方はポーランド人と「ポーランド的」な暮らし方《ヴィルトシャフト》に対する様々なネガティブなステレオタイプと結び付いていた。彼らは、当面のところは、ポーランド人がより進歩を遂げてより高度な文明と文化の担い手である「ドイツ性」に同化するのは自明なことと依然として信じていたのだった。それゆえ、彼らにとっても言語問題が極めて重要な意味を持っていたのである。まさにポーランド人問題において、自由主義的なものから国民的《ナツィオナール》なものへの重点の移動がはっきりと示された。かつての自由主義的な、ヘルダーに由来する他民族の言語と文化的アイデンティティに敬意を表する（そして、それを支持する）姿勢は終わりを迎え、最初はヘーゲル的な国家主義の意味での、次いで社会ダーウィニズム的な「民族生物学」の意味での、「同化」が目標になったのであった。かつてのプロイセンの言語に対する相対的に寛容な姿勢は、官僚的な国家主義者たちの間でも自由主義派の人たちの間でも脅かされるようになり、最終的には背後に押しやられたのである。

ポーランド人たちの民族的な努力が差し当たってはどちらかと言えば大衆ではなくて指導グループによるものだったという見方は、確かに当たっている。しかし、一方では、ビスマルクとその助言者たちは古風な家父長主義的な観点に立ってポーランド人の市民的な中間層が成立しつつあったことを見誤っていた。そして他方では、民族的な対立は既に自覚的な「ナショナリスト」たちの範囲を遥かに超えるところまで及んでいた。境界諸州における両民族の間の日常的な関係は、――見て取ることができる限りでは――階級的な違いと絡み合っていなかった場合でも、どちらかと言えば非友好的で冷たいものであった。人びとは分かれて暮らしていたのである。「混合」婚は極端に少なく、互いの間の反感と先入見には大きなものがあった。

ドイツ人の側は、ポーランド人たちの民族意識の様々な方向性を一緒くたにして扱った。民族意識を持つポーランド人の貴族や聖職者にしても、何ら具体的な意味で旧領回復主義者《イレデンティスト》や革命家ではなかった――大抵の人たちはそこまで徹底していたわけではまったくなかった――という事実は、視野から抜け落ちてしまった。ポーランド人にとってプロイセンもドイツも愛する祖国とはなり得なかったという事実だけで十分だったのである。ポーランド人は確かに国民以前的《フォアナツィオナール》なプロイセンのなかでは暮らしていくことができただろうが、新たなドイツ国民国家のなかで暮らすことはできないだろう、と思われていたのだった。確かに、ポーランド人の議員たちはそのような意味で一八六七年と一八七一年にポーランド人地域が新たな全体国家に組み入れられることに抗議した。しかし、そのように時期的に区分するのは人為的なところがあり、民族間の争いにおいてもプロイセンのポーランド人政策においても、帝国建国がそれ以前の時期との連続性を断ち切ったわけではない。以前から、議会のポーランド人たちは議員団を結成して反政府の立場を取り続けていた。長期的な観点から振り返って見た時に初めて、一八七一年の国民国家はドイツ・ナショナリズムを強めて、それとともに他の民族性への圧力を強め、民族性を巡る闘争と国家による民族性政策とを強めたのだと言うことができるのである。プロイセンは近代的でナショナリスト的な民族性政策の矛先となった。しかし、それが具体的な形を取るまでにはしばらく時間がかかったのだった。

ドイツ＝ポーランド関係の最初の段階と、国家による「ポーランド人政策」が最初に激しさを増していった状況は、文化闘争によって規定されている。ビスマルクが文化闘争を開始する際に、彼にとっては、彼の目から見ればあらゆるポーランド・ナショナリズム的な動きを支持して学童たちがドイツ語を学ぶのを妨げているポーランド人聖職者たちと闘うことが、どれほど重要な意味を持っていたのか、私たちは後に見ていくことになるだろう。その限りでは、一八七二年の学校監督法は特殊反ポーランド的な方向性を持っていたのだった。この法律はまさにポーゼン州と西プロイセン州で厳格に実行され、ポーランド人聖職者は全面的に世俗の監督官に置き換えられた。それと同時に、言語政策が強められた。すなわち、中等学校では宗教の授業にもドイツ語が授業言語として導入されたのである。一八七三年にポーゼン州知事は、生徒たちがついていけるのであれば民衆学校でも同様にするよう指示し、そしてポーランド語の授業は制限された――それは、より良い二言語教育を定着させるのがもはや目標とされなくなったことを示している。さらに一八七六年には、――文化闘争からは独立して――業務言語法によってドイツ語が官庁と裁判所の言語として義務づけられた。反カトリック的な学校政策は、聖職者たちとカトリック教徒であるポーランド人民衆の一致した反対を呼び起こし、元々はむしろ国家に忠実だったグネーゼン＝ポーゼン大司教〔レドホフスキ。一八七五年に国外に追放されてローマに移ったが、教会内では大司教の地位を保った〕の「罷免」のような聖職者たちに対するさらなる強制措置は、なおのこと同様の作用を及ぼした。教会問題と言語問題とが互いに融合していったのである。言語闘争と宗教闘争との、カトリック教徒としての抵抗とポーランド民族としての抵抗との、双方が大衆を動員して、その結果民族的《ナツィオナール》な緊張を高めることになった。ビスマルクが言うように実際に明確なポーランド・ナショナリズム的なアジテーションが文化闘争の最初に位置していたわけではなくて、前者は後者の結果だったのである。文化闘争の鎮静化も、ポーゼンでの「ドイツ人」大司教〔一八八六年にドイツ人として初めて就任したディンダー〕の就任も、何らその点を変えるものではなかった。

学校言語政策は特に成功を収めたとは言えなかった。かつての学校政策はポーランド人の子どもたちを言わば自ずとより高度なドイツ的な文明に引き込んでいたのだが、ポーランド人たちの側からは脱民族化を意味すると解釈されていた民族間の争いに、学校を意図的に投入しようとした試みは、むしろ逆効果となった。ポーランド語を授業言語として廃止したことは、一方では子どもたちがドイツ語を話すことが減り、他方ではポーランド語の書き方を学ぶことが減って相対的に非識字者が増えるという結果をもたらしたのだった。

対立の新たな、そしてラディカルな激化が八十年代の半ばに始まる。その第一の原因となったのは、民族間の比率が客観的に変化したことだった。一八七〇年代の初めまでは、どちらの民族もほぼ同じように増え、ドイツ人はユダヤ人に取って代わって増え方が多少大きい状態でさえあり、そして好況期の下でその経済的な地位を向上させていた――ポーゼン州ではポーランド人とドイツ人の土地所有の比率が一八五〇年の七十対三十から五十五対四十五に変化した。しかし、七十年代以降に状況が劇的に一変した。ポーランド人の人口がドイツ人（ましてやユダヤ人）の人口よりも遥かに大きく増えていったのである。国外への移民や、西部の都市や産業地域への移住（「東部からの逃亡」）が、ドイツ人の側に遙かに多かったためだった。大農場体制と季節労働の導入が、余剰な農業労働者たち、さらには賃金と生活水準に不満を抱く農業労働者たちの移住に繋がった。産業地域、大都市、ベルリンや西部でのチャンスに惹かれて、都市からもユダヤ人や手工業者が移住していった。ナショナリストとしての敏感さが広まっていて、しかも統計が十分に整えられていた時代には、この現象は直ちに世論が意識するところとなって、政治に影響を及ぼした。まず、一八八五年の半ばからドイツ国籍を持たない主としてロシア国籍の三万二、〇〇〇人のポーランド人（及び、ユダヤ人）が追放された。それは、それまで国際的に――実施の仕方の厳しさという点だけではなくて――まったく前例のない措置だったが、確かに対外政策上の理由に基づくものではあったものの、しかしまさに「民族《ナツィオナール》政策」的な理由に基づくものでもあった。しかし、最も重要な意味を持つことになったのは、プロイセン政府がいまや一種の封じ込め政策に移行したことだった。すなわち、「生存闘争」において進歩を遂げた「ポーランド主義」（ビスマルクの一八八六年一月二十八日の発言）と闘おうとしたのである。一八八六年の「入植法」は、政府が（ポーランド人の）大農場を税金で購入して「入植者」たちに配分することを可能にした。ビスマルクは――古風な観点から――ポーランド人農業労働者ではなくてポーランド人貴族だけを敵と見なしていたので、単純にドイツ側の国有地に移して、場合によってはポーランド人をも含む、いずれにしても国家に依存する小作人に耕作させればいいと考えていた。しかし、彼は、国民自由党の支持を得る代償として入植という形を認めざるを得なかったのであり、それは、騎士農場体制に対する批判と、自営農民と「国内植民」のほうがポーランド人の進出をより効果的に食い止めることができるという新たに登場しつつあった考えとに配慮したものであった。入植という理念は、単なる「防御」の域を完全に超えて「多数派」としての地位を獲得しようとするものであり、ポーランド人政策を攻撃的な排除政策、ゲルマン化政策にしようとするものに他ならなかった。これをもって、保守的＝国家主義的な段階は終わりを迎えたのである。入植法を巡る討論のなかで、既に土地収用権への要求が登場し、生存闘争においては「正当防衛」が法の前の平等よりも優先されると主張されていた。もちろん、このような極端な主張はまだ多数派の支持を得るに至っていなかった。しかしながら、いまや学校言語政策も強化された。一八八七年には義務的なポーランド語授業が廃止された。民衆学校教師の任用権が地方自治体から取り上げられて完全に邦に移された。その他の点でも民衆学校の自己管理権が、ポーランド人に関する限りは、著しく制限された。自由主義左派と中央党はこの法律に反対票を投じ、境界諸州〔主としてポーゼン州と西プロイセン州〕においても両派は新たな「強硬」路線に反対した。

一八八六―九二年に五万三、〇〇〇ヘクタールの「ポーランド人の」土地が（そして、もちろん五、〇〇〇ヘクタールの「ドイツ人の」土地も）買い上げられて、農民の地所に細分化された。ポーランド人たちは、破産したポーランド人の大農場を支えたり、あるいは自ら買い上げたりしようと努めて「防衛」した。「土地を巡る闘い」が始まったのであり、それは民族的な対立にまったく新しい質を与え、そして対立を急進化させた。

ビスマルクが失脚すると、当初は一種の幕間劇の段階に入り、国家の政策が緩和される。カプリーヴィは衝突が不可避的なものだとは考えていなかった。また、ポーランド人をロシアに対抗するために利用できるだろうと期待しており、さらに帝国議会でポーランド人議員団の支持を必要としていた。彼は、プロイセンの文部大臣〔ツェードリッツ＝トリッチュラー〕、及び、一八九一年に任命された西プロイセン州とポーゼン州の二人の知事（ゴスラーとヴィラモヴィッツ＝メレンドルフ）とともに、公正な行政を通して一定の調整を図ろうとした。すなわち、学校言語の規定を緩め（ポーランド語での宗教の授業とポーランド語の授業を認め、事実上部分的にはポーランド語をも授業言語として認める）、――ポーランド人の――協同組合銀行の設立を容易にし、ポーランド人のポーゼン＝グネーゼン大司教の就任に同意した。保守的な傾向を持つポーランド人の政治家たちはそのような調整の努力を嫌ってはいなかった。もっとも、そのような政策にとってのチャンスは――もはや――大きなものではなかった。この路線を貫くことができるためには、保守的なポーランド人たちは速やかに成果を挙げたことを示す必要があっただろうが、彼らはナショナリスト的＝ポピュリスト的な競争者たちから多大な圧力をかけられて、まもなく多数派の地位を失ってしまった。そしてドイツ人の側では、カプリーヴィは保守的な、そして自由主義的なナショナリストたちと親ビスマルク派の人たちの激しい反発を買ったのだった。

一八九四年に、ビスマルクのもとへの一種の巡礼が催され、ビスマルクがカプリーヴィのポーランド政策とポーランド人たちを激しく攻撃する演説を行なったのを受けて、「オストマルクのドイツ性を奨励するための協会」（一八九九年からは単純に「オストマルク協会」と称した）〔オストマルクは東部辺境地方の意〕が設立され、その協会員は設立者であるディスコントゲゼルシャフト銀行の創立者の息子のハンゼマンとケンネマンとティーデマンの頭文字を取って「ハカティスト」と呼ばれた。この協会は急進ナショナリスト的なポーランド人政策のための大規模なアジテーション協会となった。もちろん、「ハカティスト」たちは、農民の入植を支持してポーランド人農業労働者に反対する活動を行なったので、カプリーヴィのもう一方の敵である農業家同盟の保守的な農業派・ナショナリストとは分かれていた。

カプリーヴィの後、特に九十年代の末以降、本格的にはビューロの下で、プロイセンのポーランド人政策は再び強硬路線によって規定されるようになった。調整の試みが失敗に終わったことでドイツ人側の闘争的な姿勢が強まったのである。調整を目指していたポーゼン州知事

〔ヴィラモヴィッツ＝メレンドルフ〕は一八九九年に辞任した。あらゆるポーランド・ナショナリズム的な動きをかつてのように国家主義的＝官僚的な立場に立って抑圧し、言語統合を強制しようとする姿勢は、新たなナショナリスト的立場に立ってドイツ民族性を支持し、ポーランド人の人口と土地所有の割合を減少させようとする姿勢（例えば一八九八年の「自由裁量基金」を通して）と一体となっていた。ナショナリスト的な動機の連なりが支配的な位置を占めていたのである。攻撃的に封じ込め、ドイツ人が数的に多数派になるようにすることが――もはやビスマルクの場合のようにポーランド人貴族の力を奪うというのではなくて――目標となった。いかなる調整や和解の試みも無意味であり、逆にポーランド人側のナショナリズムを強めることになるだけだと見なされた。もちろん、このようなプロイセンの政策においては、帝国の諸政党や世論のなかのナショナリスト・グループに依存していたこと、彼らに配慮する必要があったことも一定の役割を果たしていたが、しかしプロイセンと帝国の官僚たちや大臣たちにしても、完全に自らの考慮と動機にも基づいてこの政策を提唱し、追求していたのだった。

三つの問題群が重要である。

一、一八九八年以降は、ポーランド語の学校言語としての使用を緩和するという方針が撤回され、なおも残っていたポーランド語による宗教の授業――一九〇六年のポーゼン州では二十五万人の学童のうちの十六万二、〇〇〇人がまだポーランド語で宗教の授業を受けていた――と、それと関連してポーランド語の授業がますます排除されていった（一九〇六年には上級学年でも）。宗教の授業をドイツ語で受ける義務は、ほとんどドイツ語を解さない子どもたちにも適用された。ポーランド人の側は「学校ストライキ」（一九〇一年、一九〇六／〇七年）で応じ、それは大きな波となり、官僚たちと裁判所による対抗行動がそれをいっそう煽り立てた。確かにストライキは成功を収めないままだったが、しかし政府側は一九〇八年以降は当面のところ学校に関してはそれ以上の措置は取らなかった。公共の勤務は――郵便や鉄道の場合も――下部に至るまで可能な限り「ドイツ人」によって占められ、ポーランド人の民衆学校教師は排除されていった。すべての官吏にはドイツ・ナショナリズム的な目標を追求することが義務づけられた。ポーランド人の活動は官僚制の下で狭められていったのである。

二、入植地化、入植政策をさらに推進するために、一九〇八年に――政府が親ポーランド人的な中央党から自立すると――ポーランド人の土地を収用する可能性が創り出された。入植委員会は一九〇七年までに全体で三十二万五、〇〇〇ヘクタールの土地を取得し、平均すれば五人から六人の家族を持つ一万四、〇〇〇人のドイツ人農民を入植させており、そしてポーランド人が圧倒的な地域やポーランド人の小都市の周囲に入植者を配置すれば特別な「民族的《ナツイオナール》」な作用を及ぼすだろうと期待していた。しかし、既に九十年代の初めから入植委員会はこれ以上ポーランド人の大農場を購入することがほとんどできなくなっていた。ポーランド人側の組織は入植委員会に売り渡す行為に裏切りという烙印を捺し、銀行や入植会社が委員会を上回る値をつけ、そして土地に飢えたポーランド人農民たちは高い土地代金をも支払った。このような競争の結果、土地価格が上昇して、破産していないドイツ人所有者たちにとっても委員会に売却するのが魅力を持つようになった。入植委員会はいまやとりわけドイツ人の農場を購入するようになり、そしてポーランド人の側はそれまでドイツ人が所有していた土地をも取得することができた。要するに、「土地を巡る闘い」で先んじていたのはポーランド人のほうだったのである。一九〇四年にポーランド人の「入植」は県知事の許可が必要とされるようになったが、そのような歯止め策は限られた効果しか発揮しなかった。これに対しては収用というプログラムが唯一行使し得る武器であるようにドイツ人のナショナリストたちには思われた。しかし、そのような原則的な措置に踏み切ることに対しては幾つかの法治国家的な、さらには保守的なためらいが存在した。これに対応する法律条項には、様々な制限と幾つかの「ユンカー」への譲歩が結び付けられており、その限りでは「和らげられて」いたのである。しかし肝心な点は、この法律が――左派と中央党と一部の保守派の反対を押し切って――可決されたという事実であり、「強さ」を誇示しようとした点であった。もっとも、政府は外政・内政上の理由から法律を適用することをためらい、そして一九一二年に適用された時には、収用の対象となったのは四つの小規模な、いずれにしても所有者が入れ替わった農場だけだった。そのことでポーランド人側の抵抗が減じられることはなかったが、その一方で、政府と期待が裏切られたと感じたナショナリスト右派との間の緊張が高まった。

三、長らくプロイセンの上級行政裁判所は集会言語・協会言語としてのポーランド語を行政に対して保護してきた。一九〇八年に、その他の点では自由主義的であった帝国結社法が公開の集会に関しては（選挙と国際会議の場合を除いて）ドイツ語を使用することを確定した――それは、ポーランド人の「アジテーション」に打撃を与える措置として長らく前から計画されていたものだった。プロイセンは、この規定が受け入れられなければポーランド語の使用をいっそう広い範囲で禁止すると脅していたのである。もっとも、自由主義左派の求めで、この規定はドイツ語話者ではない住民が多数を占めている（六十パーセント以上）地域ではさらに二十年間適用が免除されることになった。このことと、さらには法律の基調が協会に好意的なものであったという事実とが、もちろんポーランド語による集会に十分な可能性を提供した。意図は果たされず、むしろ挑発効果を発揮しただけだったのである。

一九〇九年以降の最後の段階に移ろう。ベートマン・ホルヴェークの政策はアンビバレントなものだった。彼は、帝国議会の諸政党——中央党と自由主義左派、それどころかポーランド人議員団をも含めて——と共存していかねばならず、対外政策の面でも例えばオーストリアとそのポーランド人たちに配慮しなければならなかった。彼は穏健で理性的な保守路線を取ろうとし、攻撃的な姿勢や厳しい姿勢を避けて、封じ込め政策や排除政策の域を超え、さらには彼が任命したポーゼン州知事のシュヴァルツコップフとともにポーランド人保守派との共存関係を築こうとした。その結果、彼は——その他の点でと同様に——新右翼の強硬ナショナリストたち、全ドイツ連盟や「ハカティスト」たちと対立することになった。その一方で、彼はこれらのグループやその影響を受けた政党内のグループや本省の部局に譲歩せざるを得なかった——こうして一九一二年の「小規模な」収用や、ドイツ的な目的のための、とりわけ農業界と大土地所有者のための補助金制度が実施され、最終的には土地を巡る闘いでのポーランド人側の可能性を大きく断ち切ることを狙う一九一四年の「土地分割法」の草案が生まれたのである。実際のところ、彼にしても、もちろん比較的穏やかで和解的な形を取ってでとは言え、基本的には一八八六年以降一般的に広まった東方政策に関する目標を追求していたのだった。彼は、ドイツ人側が多数派の位置を占めるようになって初めてポーランド人に対してリベラルな「同化」政策を取ることが可能になると考えていた。しかし、そのような中間的な立場にとって、双方の側のナショナリスト的な戦線配置は既に著しく鋭さを増してしまっていたのである。

全体としての発展を眺めてみれば、私たちは二つの点を確認しておく必要がある。一、いずれにしても政治的な措置としてはプロイセン政府の側が開始し、そしてポーランド人の側がポーランド人の銀行や協同組合や入植会社という形で受けて立った、土地を巡る闘いは、一方では、ポーゼン州の農業体制を大きく変えることになった。耕地面積のうちの十六・二パーセントにプロイセン国家による入植が新たに行なわれ、十六・八パーセントが私的に新たに配分された。一〇〇ヘクタール以上の大農場の割合は一八八二年の五十八・五パーセントから一九〇七年には四十六パーセントに減少した。入植委員会は——十億金マルクを費やして——二万二、〇〇〇近くの新たな農場を創り出し、それに五、〇〇〇近くの「地代農場」〔購入するのではなくて地代を払い続ければいずれ所有できるという自営農民奨励策〕（それは、民族的な動機に基づくのではないもう一つのプログラムだった）が加わった。ポーランド人やドイツ人の大土地所有は、部分的には農民の所有に移行し、ドイツ人による農民所有地はポーランド人によるそれよりも増え方が大きかった。一九一三年の時点ではドイツ人が所有する農地とポーランド人が所有する農地とがほぼちょうど半分ずつの割合だった。しかし、人口の比率は、一八七一年から一八九〇年を経て一九一〇年に至るまでほとんど変わらなかった（ポーランド人はそれぞれの年に六十一―六十三・三―六十四・七パーセント、ドイツ人は三十五・一―三十三・九―三十四パーセント、ユダヤ人は三・九―二・五―一・三パーセント）。一九〇〇年から一九一〇年の間だけは農村部のドイツ人人口がポーランド人よりも増加した（ポーゼン州でのそれぞれの増加率が十一・五パーセントと六・五パーセント）けれども、それは入植の一つの結果でもあったものの、以前の時期の「喪失」をほとんど取り戻すことはできなかった。入植政策に伴う流入者（およそ八万一、〇〇〇人）と一八九〇年から始まったポーランド人の流出との差は、ポーランド人の遙かに多い出生数によってもほとんど埋め合わせられなかった。ユダヤ人の流失はほぼ全面的にポーランド人に有利なように作用した（都市の手工業者と商人のポストに進出したという点でも）。入植政策はしばらくの間は状況を安定させたけれども――長期的にはそうすることができなかった。全体とすれば、言語政策・学校政策にしても土地政策・入植政策にしても、ポーランド人をゲルマン化して統合することや、あるいは押し戻すことはできなかったのであり、彼らが民族化していくプロセスを押し留めるよりもむしろ促進したのである。

二、ドイツ人のナショナリズムもポーランド人のナショナリズムも、ともに密度を増して極端なレベルへと両極化していった。もっとも、ドイツ人「そのもの」とポーランド人「そのもの」とをそれぞれ統一体として見なさないように注意する必要がある。それはとりわけドイツ人に当てはまり、帝国議会とプロイセン邦議会には法治国家を重視して反ポーランド人的というわけではなかった政党――中央党や、社会民主党や、自由主義左派――が存在していただけでなく、辺境諸州、ポーゼン州の場合にも同様であり、そして特にそうであった。この地域では、都市の市民層は自由主義左派を支持する立場に留まり続け、少数派のユダヤ人と手を結んで、ユンカーや農業派や反ユダヤ主義者に反対し、プロイセンにおける保守支配に反対し、不法であると同時に全面的に非生産的であると見なしていたゲルマン化政策に反対し、「ポーランド人嫌いの癇癪持ち」や扇動者に反対して、もちろんドイツ帝国の枠内ででではあるけれどもポーランド人には民族性を主張する権利があることを認めていた。これらの市民たちは、いかなる急進的な「辺境ナショナリズム」をも発展させることはなかったし、むしろその種のものは外部から輸入された「異質」なものであると考えていた。農村部の場合にも、決して統一戦線が存在していたわけではなかった。保守派や農業派の一部分はナショナリスト的な入植政策のなかの反ユンカー的な要素に不信感を抱き続け、農業派的で保守派的な利害のほうが重要であると考え、それだけで十分に民族的《ナツィオナール》であると思っていたのである。反ユダヤ主義との関係も厄介なものだった。反ユダヤ主義はドイツ人とポーランド人の対立を横断するような位置を占めていたのである〔反ユダヤ主義はポーランド人の間にも広まっていた〕。都市の人たちとの統一戦線を頼りとせざるを得なかったナショナリストたちは、反ユダヤ主義を回避しようと努めた。それは「ハカティスト」たちにも、と言うよりもまさに彼らに当てはまった。もちろん、辺境地域や混住地域には狂信的なドイツ・ナショナリストたちが十分に存在していた。しかしながら、彼らが力と支えを持っていたのは、何よりも他のところにおいてであった。すなわち、政策が決定されたのはベルリンにおいてであり、とりわけ政府と行政によってだったのである。もっとも、ポーランド・ナショナリズムと対峙する場合には、州のドイツ人たち「全体」が団結し（しかもますますそうするようになり）、例えば決選投票や選挙の話し合いに際しては一九〇六年から選挙協定が結ばれて、獲得可能な議席を分け合った。保守党の支持者も自由主義左派の候補者（そしてユダヤ人の候補者）に投票し、自由主義左派の支持者も保守党の候補者に投票した。民族的な対立は政党間の（そして、しばしば宗派間の）対立よりも強かったのである。

　他の帝国主義的な諸現象から推測し得るかもしれないように、半ば民衆的な運動、すなわち全ドイツ連盟的な意味でショービニズム的な運動や「ハカティスト」たちの運動が、ポーランド人に対するナショナリズムが急進化していった原因だったというわけではない――むしろ出発点に位置しているのはビスマルクとプロイセンの官僚たちであり、まさに入植プログラムが独自のダイナミズムを発展させた時も、行政が中心に位置していたのは変わりなかった。それにもかかわらず、「ハカティスト」たちや全ドイツ連盟派が東方を志向するナショナリズムの先鋒として重要な役割を果たしたことは見誤りようもない。オストマルク協会――一九一三年には四万八、〇〇〇人の会員を擁し、そのうちの六分の一は五つの東部諸州以外の人たちだった――は大規模なプロパガンダ組織であり、とりわけそのジャーナリズム活動を通してポーランド人政策に関する――民族間の「住み替え」という完全に真面目に考えられていた構想に至るまでの――極端な要求をドイツ帝国全体に（そして、その国民的《ナツィオナール》でナショナリスト的な人たちの間に）広めた。同協会は、東方におけるドイツ人の使命というイデオロギー――ドイツ騎士団とマリエンブルク〔ドイツ騎士団の本拠地〕とタンネンベルク〔ドイツ騎士団がポーランド＝リトアニア軍に敗れた戦い〕の神秘化もその一部分を成していた――、さらにはドイツ人の文化的優位性と秩序、ポーランド人の文化的劣位性と無秩序というイデオロギーを発展させ、あるいは完成させた。そしてそこには、時代の精神に合致して、ゲルマン性やスラヴ性といった人種的＝非歴史的なカテゴリーや、「生存闘争」についての、住民数と空間の大きさ、「スラヴ人の氾濫」についての社会ダーウィニズム的な考え方が、そしてそのように生物学的に解釈された衝突は不可避的であるという決定論的な見方が加えられた。人びとは安んじて自らのナショナリズムの攻撃的な方向性を防御として理解していた――自分たちは脅かされている（「生物学的」に劣位に立たされている）のだという当初の思いが、やがて省察を経て密度を増して様式化されるに至り、防衛のために闘わねばならないという感情へと高まっていたのだった。このナショナリズムにはかなりの不安が潜んでいたのだが、やがてそのような不安は自らの優位を信ずることによって補われた。ポーランド人の民族的《ナツィオナール》な主張を（時折は既にビスマルクもそう考えていたように）自然で正当なものと認めた場合にも、民族的なエゴイズムの間の仮借ない闘争という見方が通用していた。我々か、彼らか、だったのであり、そして取るべき立場ははっきりしていた。公民を二流の公民として差別することへのかつての自由主義的なためらいは、このようなイデオロギー化のなかでかなりの程度まで取り除かれてしまっていたのである。

ポーランド人の側の「ナショナリズム」、対抗民族を「ポーランド人化」するべきだという意志は、それ自体のダイナミズムに基づいて、そして絶えることのない挑発という圧力の下で、ますます幅広い大衆を、農民を、都市の市民を、そしてやがては下層の人たちをも、捉え、動員するようになっていった。一八七三年に既にポーゼン州で最初のポーランド人農民協会が設立され、一八八〇年までに一二〇に増えた。経済的・文化的・社会的・政治的な組織――協同組合や銀行、農民協会や労働者協会や民衆教育協会――の濃密なネットワークと、大々的な集会活動が、ポーゼン州と西プロイセン州のポーランド人たちを一つの独自の共同体、経済的に強力で自給自足状態に近く、国家内の国家として恐れられる存在にし、外に向かっては閉じられていると同時に内に向かっては統合的なサブカルチャーを成立させた。農民の入植と中間層部門の拡充に関してポーランド人たちが収めた「成功」は、それを土台としていたのである。二つの点を――ナショナリズム的な観点には反するかもしれないが――確認しておく必要がある。一つは、プロイセンが法治国家としての性格を保ち続けたこと、例えば――国家によって任命された裁判官たちがいかに国家に依存していたとしても——上級行政裁判所による司法が、そのような「成功」を可能にしたのだということである。抑圧と差別にも明確な限界が存在していたのだった。もう一つは、極めて逆説的なことだが、民族的《ナツイオナール》な組織のネットワークと高度な民族意識が発展を見たのは、これらのポーランド人がプロイセンのポーランド人であったことと大きく関わっていたということである。プロイセンの学校制度と教育制度、法制度と経済体制は、秩序と効率性というスタイルの模範になったのと同様に、組織化して活動するという傾向を大きく強化したのだからである。それと同時に、ポーランド人のナショナリズムは急進化していった。保守派、と言うよりも貴族と聖職者は後退していく。「ポピュリズム」的な段階を経た後で、急進的な——そして反ユダヤ主義的な——国民《ナツイオナール》民主派が、帝国議会議員団では既に一九〇三年に指導権を握り、それが保守派の姿勢をも変えるようになる。それは単に理念政治や内政に関わる違いというだけではなくて、なおもポーランド人の「文化ナショナリズム」とプロイセン国家への忠誠心との間で何らかの調整を図ることに関心を持つことがあり得た勢力への最終的な拒絶、共存政策への拒絶を意味した。もちろん、ポーランド・ナショナリズムの保守的＝カトリック的要素と民主的＝急進的要素との間には一定の潜在的な緊張関係が残り続けた。ともあれ、ポーランド・ナショナリズムの側も、ドイツ人とゲルマン人「そのもの」を感情的に敵視するイデオロギーを発展させたのであり、こちらの側でもドイツ騎士団の（敵としての）イメージや、社会ダーウィニズム的なカテゴリーや、憎悪と復讐というイメージがかなり大きな役割を演じたのであった。

内部には様々な相違が存在していたとは言え、両極化という現象のほうが強力だったのである。ポーゼン州ではドイツ人とポーランド人は社会的・文化的に互いに隔絶して、労働関係を除けば冷たい距離を取って暮らしていた。ポーゼン市では、ポーランド人の男性で非ポーランド人の女性と結婚したのはおよそ二パーセント、ドイツ人の男性でポーランド人の女性と結婚したのは九―十パーセントだけだった。ボイコット、それどころか憎悪と敵意が広まっていた。このような状態は一九一四年以前の数十年間にさらに大きく悪化した。それが、抑圧と「ゲルマン化」の試みの成果だったのでもある。

もう一度、民族的な争いは不可避的なものだったのかという最初の問いに立ち帰るならば、二つのことを言うことができる。対決政策——抑圧とゲルマン化——は不可避的なものではなかった。ポーランド人たちはドイツ愛国主義者ではなかったが、だからといってプロイセンあるいは帝国を吹き飛ばそうと望む革命家でもなかった。ポーランドが国家となることはヨーロッパの状況が全面的に変化することからしか期待できなかった——そしてそのような変化は見通せるものではなかった。例えばロシアとドイツの戦争が起こった場合にロシアの側を選択してプロイセン＝ドイツに敵対するというのは、プロイセンのポーランド人たちの利害に適うものではなかったし、意味があることでもなかった。彼らが望んでいたのは、第一に法の平等と文化的な自律性だったのである。ドイツ人のなかにもそれを擁護する人たちがいた。ポーゼンの市民たちや穏健保守派の官僚たちだけではなくて、自由保守派的な学者でジャーナリストのハンス・デルブリュックも、ポーランド人の民族文化と言語を認めるよう主張し、そして——成功する見込みもなかった——土地収用政策に反対した。しかしながら、官憲的で反民主主義的なプロイセン人たちだけが民主主義から注意を逸らすために攻撃的なポーランド人政策を推進したのだという意見は、完全に間違っている。反ポーランド人的なナショナリズムは、政党と市民と民衆にも関わるものであり、それどころか第一にそのようなものだったからである。そして他方では、たとえポーランド人にもっと好意的な学校政策や土地政策が取られたとしても、ポーランド人のナショナリズムがショービニズム的に昂進していき、調整政治家となる可能性がある保守的な人たちが排除されていくのを、長期にわたって阻止するのは不可能だっただろう——それは、社会的＝政治的な発展の一つの構造的な傾向だったからである。もちろん、速度と濃密度が予め定められていたわけではない。何らかの調整に達することは、ベーメン〔ボヘミア〕のチェコ人たちの例が教えていると思われるが、オーストリア＝ハンガリーのような超民族国家においてさえ、また、アイルランドの例が示している通りイギリスのような自由主義的な国家においてさえ、不可能だった。しかし私たちには知りようがないけれども、紛争が他の形を取ることは確かにあり得ることであった。解決しようのない（そしてその限りでは悲劇的な）民族紛争についても、他の対処の仕方はあり得たのである。

　ポーゼン州がドイツ人とポーランド人との対立の、そしてプロイセンの抑圧的なポーランド人政策の中心地域となったのは、この地域でのポーランド人の民族意識が古くから目覚めていて強力だったためであった。しかし、長期的にはそのような民族意識が他の大抵の地域にも広がっていった。言語が近いスラヴ系の集団のなかでは、東プロイセン州南部のプロテスタントのマズーレン人と、東プロイセン州のカトリックのエルムラント人のなかのポーランド語を話す人たち、それにダンツィヒ〔現グダニスク〕からポンメルン州にかけて居住していたカシュブ人の一部分とが、一八七一年から一九一八年までの間にドイツ人側に付くか、あるいはポーランド人から離れていった。他の西プロイセン州のカシュブ人たちはポーランド人になった。西プロイセン州では、全体とすればドイツ人が多数派だった。この地域で民族紛争を煽って深める要因となったのは、とりわけ学校言語政策と文化闘争であり、ポーランド人住民はまもなくポーゼン州の場合と同様にポーランド系の活動に参画するようになった。人口の比率は多少変化するけれども、劇的に変わることはなかった（一八七〇年にはドイツ人が九十万人に対してポーランド人は四十万人、一九一〇年には一二二万八、〇〇〇人対四十七万五、〇〇〇人）。

最も興味深い「ケース」は上シュレージエン地方〔シュレージエン州南部〕である。この地方にはポーランド人貴族が存在せず、それゆえ当初はポーランド人のナショナリズムも存在しなかった。下層の人たちは一種の方言である「ヴァッサーポーリッシュ」〔ドイツ語とチェコ語の影響を受け、シレジア語とも言われる〕を話し、プロイセン人あるいはドイツ人と見なされ、あるいは民族性が不明瞭で「揺れ動く」存在だった。ドイツ人たちもカトリック教徒だったので、宗派対立は何の役割も演じていなかった。ポーゼン州や「会議王国」（ロシア領）のポーランド人から民族的な影響を受けることはあったが、それは当初はほぼ知識人たちに限られていた。最初に民衆学校教師たちが、教育的な関心とロマン主義的で理想主義的な伝統とに基づいて「母語」に取り組んでいった。一八七二年に文化闘争のなかでポーランド語を否定する指令が出されると、それがきっかけとなって教会と同様に教師たちも抵抗に駆り立てられた。中央党が上シュレージエンの言語の擁護者となり、ポーランド語を話すドイツ人が選挙区を代表した。全体とすれば、文化闘争は上シュレージエンの人たちの間で国家の権威を低下させて教会への支持を強め、そして学校は教会の教えをポーランド語で教えた。このように信仰と言語とが結び付いていた状態に、八十年代の末から新しいポーランド・ナショナリズム的なアジテーションが――大抵の場合はポーゼン州から――入ってくるようになる。一八九〇年から聖霊降臨祭にクラカウ〔クラクフ〕への巡礼が行なわれるようになり、一九〇〇年以降は上シュレージエン地方は「ポーランドの地の一部分」と主張され、上シュレージエンの人たちはポーランド民族の一部分と称するようになる。

中央党の内部におけるドイツ人カトリック教徒とポーランド人カトリック教徒の間の「城内平和」〔敵に包囲されている下での共存状態〕は終わりを迎える。ポーランド人の国民《ナツィオナール》民主派が独自のアジテーション活動を展開するようになるのである――一九〇三年から上シュレージエン地方選出の最初のポーランド人帝国議会議員となる名高いアーダルベルト・コルファンティが、一九〇二年にカトヴィッツ〔現カトヴィツェ〕で初めてのポーランド人選挙協会を設立し、一九〇五年に指導的なポーランド語新聞を創刊する。ポーランド人カトリック教徒が中央党を圧迫し、ドイツ人の右派政党も――まさにそのために――中央党を鋭く攻め立てる。一九〇三年の帝国議会選挙では、それでも三万八、〇〇〇人のポーランド人が中央党に投票するが、四万四、〇〇〇人は国民民主派に投票する。ポーランド人のカトリック教徒とその他の点ではむしろ反教権的な国民民主派とが協力し合うのである。中央党が取ってきた仲介者としての立場――ポーランド語は支持するがポーランド人が政治的に分離することには反対するという――は維持不可能なものとなる。カットヴィッツ＝ザブジェ選挙区が最初の「ポーランド人派」を選出する選挙区となる。一九〇七年の帝国議会選挙では上シュレージエン地方全体での両極化が明確になり、オペルン〔現オポレ〕県の五つの選挙区が「ポーランド人派」の、六つの選挙区が中央党の、一つの選挙区が保守党のものとなって、ポーランド人派は十一万五、〇〇〇票を獲得した。もっとも、一九一二年の選挙ではポーランド人派の得票は九万四、〇〇〇票（三十・八パーセント）に後退し、中央党の得票が再び九万二、〇〇〇票から十一万一、〇〇〇票に増え、残りの票は右派政党と社会民主党に投じられ、社会民主党は得票を倍増させて十四パーセントに達する。状況はまだ流動的だったのである。依然として一九一四年の時点でも、ポーランド人派の候補者に投票したのはポーランド語話者の半分に達せず、古い宗派的な忠誠心と新しい社会民主主義への忠誠心と、そして――とりわけ棄権者たちの場合には――民族的な「中立性」が、依然として強かったのだった。もっとも、社会主義的な労働者たちの間で当初は見られた共通性は長続きせず、ドイツ人の社会民主党員たちとポーランド人の社会主義者たちの間で実践された協力関係も民族的な対立のためにまもなく終わりを迎えた。ポーランド人の社会主義者たちはポーランド人全体の社会主義政党に所属することを望んだのだった。一九一三年に上シュレージエン地方の代表者たちをも含むポーランド国民評議会が設立された。ドイツ人の側の対抗措置は――ポーゼン州の場合とは異なって――友好的な封じ込めを目指した。すなわち、幼稚園や協会や図書室や養成教育施設などを設置するというものであり、そしてこれらの措置は、自分はドイツ人であるべきなのかポーランド人であるべきなのか、あるいはそもそもどちらなのか、分かっていない人たちが数多く存在していた下では、一定の成功をも収めた。

数字（一九一〇年以前には公式の「言語統計」が存在せず、その後もそれほど信頼できるものではない）は、私たちをあまり助けてはくれない。上シューレジエン地方には、一八七〇年には一四五万人のドイツ人と七十五万人のポーランド人がいたと言われており、一九一〇年には一〇四万人（二重話者を含めて）と一一七万人という数字が挙げられている。上シュレージエン地方では西部地方への移住がそれほど大きな役割を果たしておらず、移住先は同じ地方の産業地域だった。以上の数字のなかには、どちらの言語に所属するのを選ぶのかという多くの個人的な決断が潜んでいる。それこそが、まさにポーランド語を話す住民たちの民族化のプロセスに他ならないのである。

　私たちは先に人口の発展及び移住との関連のなかでルール地方のポーランド人たちについて述べた（そして、元来はポーランド系だった名前の広がりがこんにちも彼らが存在していたことを示している）。一九一〇年以前のルール炭鉱地帯では三十万―四十万人がポーランド語を話していた。最初に結成された組織はカトリック教徒の組織だった。ポーゼンの国民《ナツィオナール》カトリシズムとの結び付きと、ポーランド語での司牧を巡る争いを通して、彼らはドイツ人のカトリシズムから分離して自立していった。彼らは、ポーランド人の諸協会や、教会の共同体、そして完全に急進的ではあるものの大多数は社会主義的ではない独自の労働組合に組織された。ポーランド系のサブカルチャーが存在していて、上シュレージエン地方やポーゼン州のポーランド人組織と結び付いていた。実際、ポーランド人選挙民の四分の一はポーランド人の候補者に投票していたのである。上シュレージエン地方とルール地方の例は、行政による闘争政策が展開された地域の外部でもポーランド・ナショナリズムの吸引力と統合力がいかに強かったかを示している。

　北東部では依然として少数のリトアニア人が少数民族（メーメル＝ハイデクルーク〔現リトアニアのクライペダとシルテ〕郡でおよそ五十パーセントを占める）として存在していたが、彼らは分離主義的ではなかった。リトアニア・ナショナリズムはまだ存在しなかったのである。

　民族的な緊張を抱えていた第二の地域は、より控え目な重要性しか持っていなかったとは言え、デンマーク人が農村部住民の圧倒的多数を占め、ドイツ人はどちらかと言えば都市の住民となっていた北シュレースヴィヒ〔スリースヴィ〕（南ユトランド〔ユラン〕）であった。ビスマルクは、元々は住民投票の実施を約束していたものの、一八七一年にヨーロッパで成功を収めた際にエルザス・ロートリンゲンでの住民投票の実施を拒否した下で、また、投票のやり方について合意を得られなかったためもあって、約束を反故にしていた。デンマークを、すなわちデンマーク国籍を、「プロイセン」の兵役を逃れるためにも選択した人たちは差し当たり国外に追放されたが、彼らがいわゆる国籍選択者《オプタント》であった。一八七二年にこの問題は最終的に平和的に取り決められ、当初はある程度まで穏やかな統合政策へと向かう道が開かれたように見えた。七十年代の末に――住民投票に関する一八六六年のオーストリアとの講和条約の北シュレースヴィヒ条項が廃棄された後で――北シュレースヴィヒでも民族的《ナツィオナール》な争いが強まるようになった。政府側の「統合政策」が強化され、例えばこの地に留まっていたデンマーク国籍を持つ国籍選択者やその兵役義務のある息子たちに対して追放の脅しがかけられ、いまや「ゲルマン化を目指す」言語政策までが取られた。一八七八年には、学校運営者が申請すればドイツ語が中等学校と中級学校の、それどころか多くの民衆学校でも、授業言語となり、一八八八年には——宗教の授業を除いて——一般的な授業言語とされた。そのような政策はデンマーク人の激しい抵抗を呼び起こすことになり、彼らは文化的な自意識と民族的《ナツィオナール》＝防御的な立て籠もりの姿勢を強め、学校協会や他の文化的・民族的な協会、協同組合の設立と、ドイツ人が指導する教会に対抗する「自由」教会の結成に繋がった。双方の対立が揺れ動きながら高まっていき、政府側は「弱み」を見せることを恐れていた。「北部シュレースヴィヒのためのドイツ協会」という組織が「ハカティスト」的なプロパガンダを推進する一種の先導役となり、ナショナリスト・ロビーとして政府に圧力をかけた。ビスマルクは外政上の理由から例えば一八八三年と一八八七／八八年に国籍選択者政策を緩和することを望んだけれども、ほとんど事態を変えることはできなかった。政府側の姿勢の揺らぎは少数派の人たちをいっそう非妥協的にしただけであり、反対に統合政策を強行しようとすれば、まさに揺れ動いている人たちやためらっている人たちの支持を獲得することができなかった。政府、とりわけ平穏と秩序を盲信する代表的な人物だった州知事のv・ケラーが、一八九七年から一九〇一年までの時期に強硬な行政上の圧力や警察による措置や追放処分を通してこのような抵抗を打破しようとする行動に出ると、それは、デンマーク人に支えられた南ユトランド協会を拠りどころとする紛争と抵抗を新たに掻き立てただけだった。皇帝自身も「扇動者」として介入してきた。帝国外務庁と参謀本部が圧力を行使して、ようやく事態がある程度緩和され、一九〇七年に最終的にかなり寛大な国籍選択者条約が成立した。しかし言語政策は、例えば教会も支持しており、改められることはなかった。保守＝自由主義系のベルリン大学教授で『プロイセン年報』の編集者であったハンス・デルブリュックは、「理性」と節度とを説いたが、耳を傾けられず、むしろ政府側から激しい敵意を示されることになった。本来、ドイツの利害が何ら脅かされてはいなかったデンマーク人との「ケース」は、中央集権的な同化を目指す特殊プロイセン的な官僚ナショナリズムの代表的な例と言える。

b　エルザス＝ロートリンゲン

第三の「民族的《ナツィオナール》」な問題となったのはエルザス＝ロートリンゲンの場合だった。確かに、この地域の大多数の住民はドイツ語を話しており、ロートリンゲンでだけは二十八パーセント（一九〇〇年。一九一〇年には二十四パーセント）がフランス語話者という状態であった。この点は、東部や北部とは異なってテーマとはならなかった。しかし問題となっていたのは、この地域が住民の意志、少なくとも指導的な階層の意志に反してドイツ帝国に、ドイツ国民国家に併合されたということだった。差し当たり重要なのは、二つの点である。

一、エルザスとロートリンゲンというそれまで決して一つにまとまっていなかった（二つの県に分かれていた）地域が、連邦主義的なドイツ帝国に「帝国直轄領《ライヒスラント》」として組み込まれたのである。ビスマルクは、個々のドイツ諸邦やその君主たちの互いに食い違う利害に配慮して、また、新たに帝国に所属するようになった人たちの忠誠心を懸念して、他の可能性――ドイツ諸邦の一つに編入したり、分割したり、あるいは新たな君主政の下での部分国家を形成したりする可能性――を排除した。憲法体制政策の面でそれが意味したのは、皇帝と連邦参議院が、最初のうちは共同で立法権を行使しさえして、帝国宰相を通してこの地方を統治したということであり、――当初の非常事態が終了した後は――ベルリンの帝国宰相府の部局が地方知事（一八七一―七九年）を通してその役割を果たして、帝国議会がこの地方の立法に参画したということであった。このような構造は、帝国――帝国議会と連邦参議院と世論――にとっては統合的な作用を発揮したと言えるかもしれないし、この新たな直轄領のすべての問題は国民的《ナツィオナール》な事柄として捉えられた。しかし、帝国直轄領に住む人たちにとっては、連邦主義体制のなかでのこのような特殊な地位は差別的なものに他ならなかった。一八七四年にエルザス＝ロートリンゲンに帝国憲法が導入されて、いわゆる直轄領委員会《ランデスアウスシュス》が設けられたが、この委員会はもちろん助言する機能しか持たない間接選挙による名望家機関に過ぎなかった。その一方で、ベルリンの管轄事項が徐々にシュトラスブルクに移されていった。一八七九年には最終的に皇帝直属の総督――名高いエトヴィーン・フォン・マントイフェル将軍――が独自の省を持つ直轄領君主の代理者として任命されて、直轄領の行政が帝国の行政から分離され、そして直轄領委員会の地位も強化された。しかし、帝国直轄領は総督の下でその後もベルリンに結び付けられる状態に留まり、他の諸邦と同等の権利と自邦に関する自律権を持つ帝国の構成邦ではなかった。「皇帝直属の総督」という暫定状態が存続し、邦としての憲法を持たず、例外的なケースに関する留保権を皇帝が握り、連邦参議院でも同等の立場で協力することができなかったのである。さらに、行政もそのスタッフもドイツ人によって占められた。しかも――独特な弁証法だったが――フランスの法制度と行政制度が長く残り続けたために国家の影響力が強い状態も残り続け、例えば自治行政は「それ以外の帝国」の場合よりも弱体だった。非常事態に関する独裁の規定がフランス法に由来するものだったという事実も、この規定がいまや「占領状態」を意味するという悪評を被るようになったことを何ら変えるものではなかった。この規定が適用されることはほとんどなかったのだけれども、まさにそのためもあって、この規定は挑発的な作用を発揮したのだった。

二、この地方での併合に対する最初の反応は、地方自治体の長たちや各種の協会、「アルザス同盟」やプレスによるプロテストだった。住民の十分の一がフランス国籍を選択したが、もっとも、フランスに「出国」していった人たちは彼らのなかの三分の一に留まった。しかし、フランス国籍を選択しなかった人たち、それゆえドイツ帝国国民となった人たちもフランスに出ていった――そのためだけでも、新しい国境を超えた強い家族間の結び付きが存在した。さらに既に一八七〇年以前にフランスで暮らしていた人たちもどちらの国かの国籍を選択したが、しかし居住権は堅持した。いわゆるフランス国籍選択者の一部分はしばらくすると再び戻って来た。これらの一切からは多くの問題や争いが生じた。新たなドイツ行政はプロテストや国籍選択者問題に対して抑圧的な反応を示し、禁止措置や罷免や追放などで応じた。それはプロテストを増大させることになった。それに加えて、フランス語圏の町村以外のすべてのところでドイツ語が官庁言語として導入され、すべての公立の民衆学校と中等学校での授業言語として義務づけられた。ナポレオン三世の逆方向の言語政策が既に激しい抵抗を呼び起こしていたのだけれども、このような言語政策は都市の市民層の一定の慣行に反するものであった。さらに、文化闘争中の学校政策上の措置は、カトリック教徒の抵抗と反「ドイツ」的な抵抗とが互いに強め合うという作用を及ぼした。長い時期にわたって、プロテストと抑圧、抑圧とプロテストという弁証法の常に新たな波が発展を規定した。ビスマルクは、忠誠の証明が示されるのであれば直轄領に「憲法」を与えてもいいと考えていた。しかしエルザス人とロートリンゲン人が望み、必要としていたものは、まず彼らを信頼する姿勢が示されることだったのである。

カトリック系で急進自由主義的なプロテスト派と並んで、より穏健な「自律派《アウトノミスト》」も存在しており、彼らは苦渋の思いで新たな状況を受け入れたが、しかし自律を要求した。一八七四年〔エルザス＝ロートリンゲンでの最初の帝国議会選挙〕には彼らはまだ帝国議会の議席を得るに至らなかったが、それでも一八七七年〔二回目の帝国議会選挙〕にはプロテスト運動の十議席に対して五議席を獲得した。一八七九年から就任していた総督は、和解的な措置を取ることによって「名望家」たちからそのような局部的な地域主義への支持を取りつけようと努めた。しかし、一八八七年のブーランジェ危機とドイツ側が示した激しい反応――ビザの強制、追放処分、音楽協会や体操協会への取り締まり等——が、再びプロテスト派の完全な勝利をもたらした。

一八九〇年からは、政治と行政の分野でゆっくりと、極めてゆっくりとではあるが決して中断されることなく正常化への傾向が広がっていく（地方自治体法、エルザスの地方自治体の長たちの承認、協会とプレスへの条件緩和、そして一九〇二年には「独裁」に関する例外条項の廃止）。一八九四年からは五頭制の政庁のなかに一人の、一八九八年からは二人のエルザス人が存在するようになった。古手の「名士」たちはどちらかと言えばオポチュニスト的な現実政策に移行していった。プロテスト派のフランス・ナショナリズムは自律派の地域中心主義へと変化していったのである。一九〇〇年頃には相対的な接近が見られたと言うことができ、ドイツの政党と自律派とが並存するようになる。しかし、ベルリンの停滞政策は失望を与えざるを得なかった。すなわち、人びとは二流のドイツ人に留まることを望まなかったのである。比較的若い人たちの間では第二の——完全に急進的な——プロテスト運動・反協調運動が台頭したが、しかしますます多くの自律派も、カトリック教徒の場合には帝国への統合を進める中央党と結び付きながら、存在するようになった。正常化にとって決定的な意味を持った問題は、独自の憲法を持って連邦の一つの邦としての地位を獲得するという問題だった。それこそが自律派の人たちが要求していたことだったのである。

帝国宰相は長らく控え目な態度を取り続けていた。誰が直轄領を連邦参議院で代表するべきかという問題は、あまりにも複雑過ぎるように思われ、いずれにしろプロイセンの覇権に抵触する問題であった。そして憲法は選挙権の問題を提起せざるを得ず、南西ドイツで唯一可能なのは普通選挙権だけだったのだが、それは——プロイセンの選挙権問題を考えると——一種の吸引作用を及ぼすに違いなかった。一九〇〇年以降の交渉による解決に好都合だった状況——エルザスの人たちが、パナマ運河スキャンダルとドレフュス派のフランスに反感を抱いていた状況——は利用されないままで終わり、ベルリンの人たちは一種の停滞政策よりもましなことを考えられなかった。ようやく一九一一年になって、直轄領政府と、立法権限を持つ二院制の議会と、下院への普通選挙権とを伴う憲法が成立するに至った。もっとも、皇帝は拒否権を維持したし、総督を任命して、事実上連邦参議院での投票を指示するのも皇帝だった。さらに、帝国直轄領の連邦参議院での票は憲法改正に関する問題の場合には算入されないことになっていた。自立は「半ば」のものに過ぎず、絶対的な同権と言うわけではなかったのである。エルザス人たちの間には反対者もいたし擁護者もおり、確かに最初の選挙では直轄領政府に対する反対派が多数を占めたが、しかしこの反対派は自律派を基盤としていた。時が経過して現状に慣れるプロセスが進んでいったことと並んで、その一つの原因となったのは、ドレフュス事件の後にフランスの政府と議会多数派が反カトリック的な文化闘争政策を推進したためにフランス共和国の威信が低下していたことであった。しかし、憲法は遅過ぎたのである――十年から十五年前であったなら憲法はもっと歓迎されただろうし、もっと強力に互いの接近を促進できたことだろうが、いまとなっては一種の分割払いのようなものに過ぎなかった。依然として一種の「二流扱い」のような状態が続き、そして憲法をさらに発展させていくのは困難なことが判明した。新しい憲法でさえ、プレスや協会に制限を加える可能性が存在し続けていたことと、撤回もあり得るという脅しとによって、相対化されてしまったのであった。

とりわけ、プロイセン軍と一般住民との間の鋭い対立が残り続けた。軍がエルザスの民間人たちに対して信じ難いほどの不当な干渉を行なった一九一三年のツァーベルン事件は、憲法政策にとって重大な後退を意味した。それには軍人の側からの粗野な反エルザス的な侮辱が伴い、そしてその行為は「上から」の同意や沈黙によって護られた――ベルリンの警察長官は「敵地」というような言い方をし、皇太子は「原住民」と呼んで「しっかりやれ」と軍を激励したのである。和解を求めていた総督のヴェーデルと、彼が一九〇八年に任命した最初のエルザス人の政府首班であったツォルン・フォン・ブーラッハは辞任した。新総督となったダルヴィッツは古風なプロイセンの保守主義者で、導入されたばかりの普通選挙権に反対していた。

そのような揺り戻しにもかかわらず、そして自律の不完全さにもかかわらず、プロテストから連邦主義的な自律主義への変化が生じたのであった。確かに、「帝国ドイツ人」、大抵の場合は官吏たちとの距離感は残った――社交的な分野や結婚の場合や、そして日常生活の多くの事柄において。しかし、経済の領域を中心として、さらには政党（社会民主党や中央党や自由主義政党、さらに（自由）保守党も）を通して、ドイツ帝国への組み入れや同化の現象が見られ、社会的な接触や、ある程度のドイツへの帰属感情が見られた――戦争中の忠誠心には疑問の余地がなかったのである。一九一四年までには、一八七一／七二年に帝国直轄領でドイツ文化を代表して直轄領の支持を獲得することを目指して帝国による大規模事業の一つとして設立されたシュトラスブルク「帝国大学」は、数十年間の長きにわたってドイツ帝国の飛び地のような位置を占めていたけれども、最終的にはこの地の人びとによって受け入れられるようになった。しかしそれでも特殊な距離は残り続けた――官吏たち、そしてとりわけ軍が、異質な存在であることに変わりはなかったのである。エルザス人たちが帝国ドイツ人と同程度に国民的《ナツィオナール》となることはなく、留保的な態度が付きまとったし、少なくとも地域的な特殊意識が他のいかなる「ドイツの」地域よりも強かった。帝国ドイツ人的な、そしてプロイセン《ボルシア》的な観点からの不信感が戦争中には対立を再燃させることになった――例えばエルザス人の部隊は忠誠心が危惧されたために東部戦線にだけ投入されたし、直轄領を新たに分割することも議論された。全体として総括してみれば、その結果はかつて思われていたほどにネガティブなものでないのは確かだが、しかし直轄領という連邦のなかでの特殊な地位、プロイセン《ボルシア》流の厳しくて不器用な行政と、その抑圧及び不信感への揺り戻し、ミリタリズム、そしてそれらに対応する二流のドイツ人に過ぎないという感情――これらの一切が、おそらくは可能だったであろういっそう強い統合を妨げ、それどころか阻止したのであった。

c 植民地所有国としてのドイツ

ここで、植民地について簡単に述べておく必要がある。ドイツ・ナショナリズムが植民地主義の、次いで帝国主義の色彩を帯びるようになったこと、また、ドイツの植民地運動の始まりと植民地帝国の樹立については、他のところで扱う。ここで問題とするのは、植民地所有国としてのドイツ国民国家がどのように振舞ったのかということ、植民者としてのドイツ人がどのような作用を及ぼしたのかということである。その際に、私たちはアフリカの植民地だけを採り上げることにする。

第三世界の諸問題は、こんにちしばしば言われているように単純に植民地支配にだけその原因を求めることはできないとしても、また、植民地支配がもたらしたポジティブな作用――近代化と世界文明の幕開け――を見過ごすことはできないし、見過ごすべきではないとしても、帝国主義の時代における植民地支配の歴史は第一には暗い歴史であり、その地の人びと、「原住民」に対する搾取と抑圧の歴史、植民地での残虐行為の歴史、新しい形の不平等と支配者としての振舞いが形成され、人種的な優越感が広まっていく歴史である。それはヨーロッパに（さらには北大西洋圏に）共通している。この点ではドイツ人はポジティブな意味でもネガティブな意味でも他の諸国民と異なってはおらず、まったく異なっていないのだが、もっとも、その方法や制度や結果の点では他の諸国民のそれとはっきりと区別することができる。ドイツの植民地はそれぞれの間でも異なっていた――南西アフリカ〔現ナミビア〕のような入植植民地があった一方で、トーゴのような交易・プランテーション植民地があり、単式栽培の植民地があった一方で複式栽培の植民地があり、少ない補助金で済む地域があった一方で多額の補助金を必要とする地域があった。「植民地関係者」たち、現地の人たちや本国の利害関係者たち、入植者、栽培者、商人、大企業家、伝道会、官吏、軍人の間の勢力関係や緊張関係はほとんどどこでも異なっていた。指導的な官吏である総督の個性が果たす役割は本国の場合よりも大きかった。また、「原住民文化」、部族制度・首長制度の状態、あるいは植民地として取得した際の状況が、大きな違いと関連していた。

公的には、植民地については一八九〇年から帝国外務庁の植民地局が管轄しており、その後一九〇七年に帝国長官の下の帝国植民地庁が創設された。正式には「保護領」と呼ばれていた植民地では総督が「統治」した。しかし、そこでは帝国憲法もドイツの裁判所法あるいは訴訟法も適用されなかった。国家による行為の基盤となったのは保護領法（最終的には一九〇〇年）であり、この法律は皇帝の直接的な介入を全面的に可能にした、言わば「真の全権委任法」（E・R・フーバー）だった。一つの特殊な点は軍事的な指揮権が文官当局に握られていたことであった。保護領部隊は帝国宰相あるいは帝国植民地庁長官の指揮下に置かれていたのである。

時間的な流れで見れば（H・グリュンダー、K・J・バーデ）、ドイツの植民地政策はおそらく三つの段階に区分することができる。自分たちは遅れて登場してきたのであって、遅れを「取り戻して」、よりうまくやらねばならないのだという思いが、最初から存在していた。しかし、ドイツは植民地を手持ちのスタッフで、すなわち世界の経験に乏しく、法学教育を受けて、権威に慣れた官吏たちと、威勢のいい将校たちとで運営しなければならなかった。植民地を「開発」するための資本は、事実上、国家予算からも経済界からもほとんど提供されなかった――経済的な繁栄を夢見た植民地主義者たちの夢想は速やかに崩れ去ってしまった。最初の段階は実験の段階であり、性急さが見誤りようもなく、完全主義を求める傾向があり、原住民に対して比較的厳格な政策を取っていた。この段階は一八九〇年頃まで続き、境界線が不明な下で私的な企業に保護状を発給した状態から、部分的には植民会社に期限付きで統治権力を与えた（ドイツ領東アフリカ〔現タンザニア〕、ドイツ領ニューギニア〔現パプアニューギニアの北部地域〕）状態を経て、まとまっていて境界が明確な大きな地域を国家が軍事的に管理する状態にまで至った。

第二の段階は官僚制的・経済的・軍事的に浸透と組織化が進む段階であり、官僚制的な特徴を帯びるとともに、入植者や商人やプランテーション所有者や少数の大会社などがそれぞれの利害を主張するアナーキー的な状態をも特徴としている。そのような状態は成功を収めて敬意を払われた伝道会にしても何ら変えることはできず、伝道会もドイツによる植民地化を推進する機関としての役割を果たし続けた。世論も、投資者となる可能性のある大衆も、この時期にはむしろ植民地に倦んでいた。国家にとって植民地はますます多くの赤字を出してますます多くの補助金を必要とする地域に他ならなかった。それと同時に、利害当事者たちはますます収奪を推進していった。植民地行政の——単なる夜警国家的な機能しか果たさない——弱体さのために、計画的な発展は生じようもなかった。個人主義的＝ヨーロッパ的ではあるものの支配と搾取を志向する法秩序が部族社会の上に被せられ、とりわけ原住民の土地所有や遊牧や家畜の略奪がそのような法秩序の対象となった。この結果、労働者の補給や課税と関連する分野では法が不安定で欠如している状態が出現し、強制労働や債務奴隷に繋がっていった。例えばカメルーンではプランテーション労働への間接的な強制とそこでの支配的な状況のために人口が大幅に減少した。そのような状況と現実のために二つの大規模な蜂起が東アフリカ（一九〇五年のマジ・マジ反乱）と、とりわけ南西アフリカ（一九〇四—〇七年のヘレロ／ナマ反乱）で起こった。入植者による支配者政策、さらには日常的な野蛮で容赦のない扱い（カバ皮の鞭や暴行）、裁判所によるコントロールの欠如、そして商人による搾取などが南西アフリカでは大きな役割を果たした。それにロイトヴァイン総督による部族と首長権力を土台とした「分割統治」政策が加わり、保護区の設置が開始されたのだが、それはヘレロたちによって来るべき土地収用の前提となると見なされたのだった。東アフリカの場合には全面的な監視体制が特に特徴的な点だった。これらの蜂起では、官憲的で厳しいドイツのミリタリズムがそれなりの役割を演じた。蜂起は、それぞれに長くて多くの血を流す、そして多くの費用がかかる戦争となったのである。確かに、原住民の側でも戦いは非ヨーロッパ的で容赦がなく、残酷で「全面的」であり、言わば始まりも終わりもないものであった。とは言え、決定的な意味を持ったのはそれに対する対応のほうだった。南西アフリカの司令官フォン・トロータは、「本来の」戦争以外の明白な絶滅戦略の発案者となる——飢え死にさせ、砂漠で干上がらせ、大地を焼き、捕虜収容所を設置し、処罰することによって。なるほど、最も過酷な殲滅命令は緩和された（皇帝その人によっても）けれども、最終的には六万—八万人のヘレロのうち生き残ったのは二十—二十五パーセントだけだった。同様の激しい経過を辿った東アフリカの場合には、七万五、〇〇〇人以上の死者が出たと計算されている。もう一度繰り返すけれども、すべてのヨーロッパの植民地所有国は蜂起を特に仮借なく鎮圧したのだし、そして植民者や植民地軍のメンタリティはどこでも似たようなものであり、どこでも人種主義的な社会ダーウィニズムが広まっていた——もっとも、ドイツの場合には特殊なミリタリズム的・官憲秩序的なシンドロームがそれと結び付いていたのだが。南西アフリカでもたらされた二重の帰結は、一つは抑圧的な原住民政策という点で入植者たちがいっそう急進化したことであり、もう一つは植民地行政がいっそう前面に出て首長たちや諸部族の政治的・経済的な力が剝奪され、土着の結び付きが解体されたことだった。

とは言え、植民地行政においてはいまやどちらかと言えば——これが第三の段階なのだが——一種の改革路線が貫かれるようになり、それは自由主義的な銀行家だった帝国植民地長官の名を取って「デルンブルク時代」と呼ばれている。この路線は言わば開明的な家父長主義の立場に立つものであり、原住民の労働力を維持して能力を高めること、そしてそれまでは大規模経営が優遇されていたのに対して農民経営に力を入れること、植民地行政の自律性を高め、国家による開発プログラムを作成することを重視していた——この構想は、より国民的《ナツィオナール》で、より人道的な性格を帯びていた。新たな方向性を求めるこのプログラムを代表する人たちのなかには、一九〇五—一〇年にトーゴ総督を務めたユーリウス・フォン・ツェッヒ伯爵や、一九〇〇—一一年にサモア総督を務めてその後帝国植民地長官となるヴィルヘルム・ゾルフも属している。いまや教育施設の整備が促進されるようになり、原住民農民に有利な土地改革が実施され（トーゴで一九一〇年に）、原住民法が法制化されて、労働者保護の措置も取られるようになる。東アフリカでは一九〇六年以降に、そしてカメルーンでも厳しい「プトカマー体制」が終わりを迎えた一九〇七年から、ドイツ官僚国家は同様の路線を取り始める。利害当事者たち、入植者や土地会社や資本会社は、もちろんそのような「博愛主義的」という疑いをかけられた文明化政策への抵抗を強め、そしてベルリンの右派政党の支持を得た。その限りでは、ドイツにおいても植民地支配は民族至上主義的《フェルキッシュ》＝社会ダーウィニズム的な理念とメンタリティを助長したのだった。

プランテーションや交易や原住民経済に基づいていた植民地の経済的な重要性は、かなり乏しいままだった。南西アフリカだけが、ある程度の入植者がいたためもあって、カラクル羊（子羊の皮の生産のために）の飼育が行なわれ、採掘可能な鉱物やダイヤモンドが発見されて、経済的重要性が多少大きかったが、ここでもコストと収入の釣り合いは赤字のままであった。イギリス資本の関与の度合いのほうがドイツ資本よりも大きいというのが、典型的な状態であり続けたのである。もちろん、開発が進むにつれて、入植者や鉱山企業家や土地会社と行政との間には特に激しい緊張が生じた。インフラストラクチャーの整備については国家が管轄する状態が続き、この点では入植会社は役に立たなかった。

ドイツの植民地政策は、イギリスやフランスの大植民地帝国の行政が掲げることができたような、独り立ちするまでの後見役を務めるとか、本国の文明への同化を目指すといった広範な理念をほとんど持っていなかった。しかし、一般にヨーロッパに共通していた実際のあり様と比較してみるならば、ドイツの植民地政策は「通常」のものであり、特別に「成功」を収めたものではないが、特別に失敗したものでもなかった。世界大戦中とその後に原住民が示した態度は、たとえこれに関する報告からはドイツの植民地ナショナリストたちの感傷的な色彩を払拭する必要があるにしても、このことを物語っている。

第9節 反ユダヤ主義

どのような形でであれ、ドイツにおける反ユダヤ主義《アンティゼミティスムス》〔直訳すれば反セム主義〕の成立と発展について論じる場合には、アウシュヴィッツの刻印を帯び、災厄と、他に例のない悪行の前史について語ることになる。なるほど、一九一四年以前にはドイツは反ユダヤ主義の古典的な国――そのような国はフランスであり、さらにはオーストリア＝ハンガリーだった――ではなかったし、あるいはユダヤ人に対する差別と迫害の古典的な国というのでもなかった――そのような国はロシアだった。反ユダヤ的な風潮はヨーロッパ＝アメリカ世界の全体に存在していた。しかし「反ユダヤ主義」というこの概念は一八七九年にドイツで生まれ、「アンチ」の姿勢が特に強力にイデオロギー化され、それとともに固定化されたのであって、ドイツでは反ユダヤ主義政党が一時的に力を持ち、社会的・文化的な、それどころか（半ば）政治的な放射力には少なくないものがあった――そして、そこから生じた帰結は、既に一九一八／一九年の後にはほとんど破局的なものとなっていた。それゆえ、反ユダヤ主義についての詳細で立ち入った議論が、私たちのドイツ史の一部分を成すのである。

それでも、いかなる歴史の場合もそうであるように、この歴史を結果からのみ、すなわち前史としてのみ叙述することがないように注意しなければならない。ドイツのユダヤ人たちは、一九一四年当時の状況を決して破局的と見ていたわけではなくて完全にポジティブに見ていたのだった。反ユダヤ主義は過去の遺物、過去への退行現象であって、克服可能なものと思われていた。同化と、ドイツ人とユダヤ人との共生は可能と思われ、それどころか互いに接近する度合いがいっそう増していた。もっとも、幾つかの違いが存在していたことにも目を向けて、強調しなければならない――ヒトラーの先駆者たちが示していた手本が、一九一四年以前の時期の現実に影を投げかけ、そして一九一八年以降の時期の画期的な新しさを相対化するのである。それぞれの時期において尺度となるものを念頭に置いておかねばならない。私たちは、双方を――アウシュヴィッツからの観点と、世界大戦以前の時期の独自の現実とを――公正に扱うように努めたい。

「近代的反ユダヤ主義」は、キリスト教徒とユダヤ教徒との元来は宗教的な対立から発展してきた、姿勢と行動におけるユダヤ敵視の伝統を糸口としている。宗教的に除け者にされ差別された少数派は、独自の社会的・文化的な構造とメンタリティを発展させ、それが彼らを多数派から区別した——社会的な地位を認められる身分制的世界から締め出され、より少ない権利しか認められなかったのである。後期啓蒙主義以降に、古くからユダヤ敵視の土台となっていた一連の複合的な要素——彼らの宗教や、経済的な振舞いや、周縁的集団としてのあり方（ユダヤ人乞食、貧しさ、不潔さ、犯罪）への反発——に、新たな要素が加わった。とりわけ三つの点が挙げられる。第一に、啓蒙主義と理想主義は新たな宗教的な対立を、すなわちユダヤ教正統派の教権主義とその化石化した律法宗教への神学的・哲学的な批判を生み出した。それは反ユダヤ教主義《アンティユダイスムス》と言うことができる。例えば、パウロの「義認」論を批判した改革派の神学者たちは、まさにそのなかに克服されるべきユダヤ教の遺物を見出したのだった。第二に、市民的な、あるいは市民化されつつある社会と文化は、労働と業績、共同の生活、学校教育と言語教育における規範に関して一定の共通する水準を設定し、そしてこれらの規範を均質的なものとした。すべての者が同じ規範に基づく開化を達成して社会に順応するべきなのである、と。異なるあり方は、以前よりもいっそう社会的・文化的な問題を投げかけるものとなったのである。第三に、出自と起源の共同体としての民族《フォルク》を土台とする国民的《ナツィオナール》な意識が台頭してきたことは、国民《ナツィオーン》という大集団のアイデンティティへの要求を強め、それが、ユダヤ人が自らを民族としても理解している限りでは、彼らに対する新たな境界、すなわち国民的《ナツィオナール》な境界を設定する根拠となった。しかし、以上のような反ユダヤ的な方向への姿勢の変化（そしてイデオロギー化）は、十九世紀の第一・三半期と第二・三半期には決定的な意味を持っていたわけではなかった（そして、文献による、あるいは実際の行動による反ユダヤ感情の噴出にしても、それほどの意味を持たなかった）。決定的な意味を持ったのは、第一にユダヤ人が解放されたことであり、ドイツでは一八六九／七一年に完了するが、自由主義の旗印の下で市民としての同権が認められる状態にまで上昇し、市民化されてドイツ社会に順応して、社会的な上昇を遂げるとともに、ドイツ文化とその行動規範を受け入れ、その限りではユダヤ人の伝統と伝統的社会からも解放されて、したがって同化したことであった。反ユダヤ的な姿勢や行動は明らかに後退しつつあるように見えたのである。

　その後の七十年代に登場してくる反ユダヤ主義《アンティゼミティスムス》は、以前から伝えられてきたユダヤ敵視の伝統を単純に受け継いでさらに発展させたもの、あるいは以前の伝統に戻ったものというのではなくて、それとは異なるもの、新しくて近代的なものなのである。反ユダヤ主義をそれまでとの連続性から区別している新しい点に目を向けなければ、反ユダヤ主義の現実の姿を見誤ることになる。すなわち、反ユダヤ主義は解放後の現象なのであって、解放がもたらした結果をきっかけとして燃え上がり、そのような結果を封じ込めて廃棄し、それどころか解放そのものを撤回させようと望むのである。反ユダヤ主義は世俗的であり、そもそも言語学から転用された名称〔反ユダヤ主義＝反セム主義という言い方は、セム語族という言語学の概念を「セム人種」に転化させたことに基づいている〕が示しているように、科学的であることを自認する。そして、もはや、あるいは第一には、宗教の違いを引き合いに出すのではなくて、出自の共同体である民族《フォルク》を、あるいは／及びますます、最初は社会的な、次いで生物学的なカテゴリーである人種《ラッセ》を引き合いに出すようになるのである。

　反ユダヤ主義は、自らが自認するように、社会のなかのユダヤ人という存在に単純に反応したものなのではない。それは、ある程度まで言わば反ユダヤ主義者たちの特異体質によって生み出されたものなのであって、反ユダヤ主義は自らの欲求に応じてユダヤ人を構築する——敵である集団として、社会と世界の多くの、それどころかあらゆる悪の根源として。しかし、それでも反ユダヤ主義は現実と結び付いており、一定の現実的な状況に反応したものなのでもある——完全に「的外れ」な（そして現実から逸脱した）反応であるとしても。反ユダヤ主義は、まずもって「近代的なユダヤ人問題」に対する反応なのであり、そしてそのような問題が存在していることを無視しようとするのは盲目的な態度と言わざるを得ない——このことを、誰よりも鋭く認識していたのはシオニストたちだった。確かに、ドイツのユダヤ人たちは解放と同化を通して彼らの伝統的な特殊な地位を本質的に相対化したけれども、集団として結局は新たな特別な位置を占めることになった。ユダヤ人は都市的＝大都市的であり、新たに特別な職業分布状態を示し、第三次部門、商業と金融、そして自由業の医師や弁護士の間で人口比を遥かに上回る割合を占めた。彼らは自営業者、比較的高額の所得者、比較的大きな財産の所有者のなかで不釣り合いに大きな割合を占めており、要するに彼らは成功を収めたのである。彼らはギムナジウム生徒、大学入学資格取得者、大学生のなかでもはっきりと平均以上に多かった。彼らは首都のジャーナリストたち、「批判的知識人」たち、そして文化企業のなかで注目に値する役割を果たしていた。彼らが政治的に公然と活動した場合には、主として（そして目に見える形で）自由主義派、それも中道よりも左の立場、最初は国民自由党左派、次いで自由主義左派の立場に立って活動した。時が経つにつれて、社会民主主義系の知識人たちのなかでユダヤ人が大きな割合を占めることが目立つようになったが、もっとも、ユダヤ人の圧倒的な多数は自己を社会民主主義と同一視することはなかった。これらの一切には、十分な歴史的・社会文化的、さらには政治的・法的な理由があった。すなわち、何世紀にもわたって職業が商業と金融に限定されていたことが影響を及ぼしたのであり、また、少数派が伝統的な行動パターンに対抗して発達させたイノベーションの才能、あるいはイノベーションを受け入れる才能に特別に恵まれていたということもあった。新しい販売形式であるデパートの台頭や、新しい既製服産業の発展に際してユダヤ人が果たした役割は、この点で典型的な例である。農村部での商業、家畜や物品の商いやとりわけ貸金業でユダヤ人が重要な役割を果たしたのは言わば伝統となっていた。経済全体にとっての銀行業の重要性が増していったことは、ユダヤ人の銀行家たちの「重み」を強めることになった。また、ユダヤ人に対する事実上の差別が続いていたために、彼らは一定の職業から締め出され、あるいは彼らにとってのチャンスが減少した――将校の職や大抵の官吏のポストがそれに当てはまった。しかし、それは経済的な職業や自由業への集中度を高めるという結果をもたらしたのである。宗教的＝文化的な伝統と、少数派としての位置、そしてさらには同化への意志が、教育への強いモチベーションと、さらには上昇への意志を呼び覚まして、強化した。解放のための長い、そして障害が多かった闘いを経験してきたためと、新旧の抵抗を相手に回して解放を確かなものとし、あるいは防衛する必要があったために、ユダヤ人たちは自由主義的で進歩的な方向性に傾き易かった。同化あるいは「文化的適応」、すなわち市民的でドイツ的で近代的な文化の受容は、ユダヤ教正統派の伝統的な形式や制度から離脱することと結び付いていたが、その結果、世俗的なユダヤ知識人たちは分析的に伝統や制度を批判する傾向、伝統主義者たちが「破壊的」と感じた傾向を強く帯びることになった――もっとも、その際には、ユダヤ的伝統の社会モラル的・合理主義的な要素と、既成の世界による差別に反対しようとする姿勢とが一定の役割を果たしていたのも確かだけれども。成り上がり者というイメージと並んで反対者というイメージが、ユダヤ人の主たるイメージの一つとして登場してきたのだった。

以上のような社会学的な特殊性を、ユダヤ人の特別な心理学的状況に目を向けることで補うことも可能である。解放が、解放の対象としてのユダヤ人のアイデンティティを強調したのに対して、同化は、そのアイデンティティの相対化を促進し、あるいはアイデンティティを放棄しようとする傾向をさえ促進したのだが、まさにその結果、アイデンティティあるいはその欠如が問題となるに至ったのだった。このようなアイデンティティ問題は、確かなアイデンティティを持つ「他者」との違いを創り出した。急速な上昇と急速な文化的順応は、成り上がり者、成り金という問題を生み出し、それはしばしば小説や——自己批判的な——ユダヤ・ジョークのテーマとなり、そしてもちろんあらゆる種類の反ユダヤ主義にとってのテーマとなった。すなわち、厚かましくてしゃしゃり出ようとする態度、しかし同時に不安定で、あるいは途方に暮れてしまうような側面もあり、要するに「古くからの」自明性を欠いているという状態である。そして当然のことながら、非ユダヤ人の側から拒否され、あるいは距離を置かれることが、再び不安定さと過度の補償行為を強めていくことになる。そのような印象が先入見として固定されると、それは現実にも波及効果を及ぼす。さらには（そして後になると）ユダヤ人市民層の家族の「先んじた近代性」——両性の関係や、両親と子どもの関係や、子どもの数、あるいは好尚や合理性などの点での——もまた、対内的にも対外的にも一定の特殊性を生み出したのである。

　これらすべての点に関しては、「半ば反ユダヤ主義者」である人たちの主張の上辺だけの客観性や誇張には惑わされないように注意する必要がある。個人と、統計として把握可能な集団の行動とをはっきりと区別して考えることが必要なのであって、そしてもちろん、「人口比率以上に多い」割合を占めているからといって、まったく異なる平均的な、あるいは古風なユダヤ人たち、例えば零細な人たちや、保守的な人たちや、非知識人たちもいたのだということを忘れてはならないのである。しかしながら、ドイツにおけるユダヤ人がまさに解放の過程のなかで近代性と、そして近代化をもたらす諸力と——経済的にも、知的にも、政治的にも——特に「近い」位置を占めるに至ったということ、そして彼らの上昇がそのような「近さ」と結び付いていたということが、一つの真実であることに変わりはない。このことが、社会全体にとって一つの問題となったのだった。

　「ユダヤ人問題」を構成していたもう一つの事実は、解放と同化のなかで、そしてそれを通して、一定の集団的性格が保たれ続けたということであった。ユダヤ人は、客観的にも主観的にも、自らの間でも他の人たちの目から見ても、一つの集団であり、他者性を共有する存在であり続けた。伝統の遺産、伝統からの分離、上昇と文化的順応を経た新参者というあり方、近代性への近さ、非ユダヤ人の側からの境界線の設定とよそ者扱い——こういった極めて多様なファクターが、ユダヤ人共同体のまとまりを維持し続けて境界を設定するのに寄与することになったのである。大家族制と、改革派シナゴーグ〔同化主義的な改革派ユダヤ教〕における、あるいはその周縁部での、とりわけ女性たちによって担われていた宗教の名残とが、この点で重要であるとともに特徴的な点であり、ユダヤ人同士での結婚や、自分たちの集団の内部での社交が支配的であったことも、同様だった。不可知論者的な立場に立つようになったユダヤ人たちも、大多数は洗礼を拒否することによって——それは、ハイネが述べたような「ヨーロッパ文化への入場券」を手に入れるという類の月並みな行動に身を落とすのを拒んだためというのではなくて、社会的な圧力を拒否して、自らの出自の伝統を否認しないでその記憶を守っていくことを望んだためだったのだが——、目に見える形で少数派という立場を堅持した。世俗的な自由主義者たちでさえ近代的な合理性をプロテスタント的な観点から——そして反ユダヤ教的な観点から——根拠づけていたのに対して、改革派ユダヤ教徒たちはまさにそのような合理性をユダヤ教の一つの遺産と見なしていた。それゆえ、近代主義者たちの間でも宗教的な緊張関係が一種の遺産として受け継がれていたのである。そして、ユダヤ人たちが受け入れることを望み、受け入れるべきだと見なされていた国民《ナツィオナール》文化的なドイツ人としてのアイデンティティも、かなりの程度までキリスト教の遺産であったので、同化は困難なものとなり、宗教的な記憶が保たれることになったのだった。

少数派の近代性への近さ——それが状況を特徴づけた。そこから、ユダヤ人が近代性の危機に、近代化による喪失という経験に、近代性に打撃を受けて損失を被った人たちの離反という現象に、あれほど容易に巻き込まれてしまった理由が、また、非理性的な——本来は弱まりつつあった——ユダヤ人への嫌悪感という伝統が新たに結晶化し、あるいはデマゴークたちによって新たに掻き立てられた理由が、——そして「ユダヤ人たち」あるいは特定の「ユダヤ人」が近代化に伴う害悪の贖罪の山羊とされることが起こり得た理由が、理解できるのである。

解放後の反ユダヤ主義が成立したのが、一八七三年の会社設立恐慌の後、多くの人たちによって自由主義の危機、自由主義的な経済・政治・世界観の危機として体験され解釈された大規模な経済危機のなかでであったというのは、特徴的なことである。反ユダヤ主義に染まり易い人たちは、とりわけ危機に見舞われた人たち、「会社設立のペテン」の犠牲者たち、次いで構造転換に脅かされていた手工業者や小売商、そして農業危機が深刻化するのに伴って農民、さらには地位と収入の点で上昇しつつある経済人の後塵を拝するようになった大学修了者《アカデミカー》だった。商業や金融界や証券取引所に対する古くからの社会モラル的な偏見は、容易に再活性化することが可能だったのである。さらには、不安と危惧を抱いた人たち、伝統や結び付きや宗教が急速に解体されていくのはモラルの衰退、実質の喪失、匿名性と疎外を意味すると考えて憂慮した人たちが加わった。彼らは、その責任はこのような発展を弁護してきた人たち、そのなかでも伝統を批判することで知られている知識人たちにあると主張した。そして、例えばベルリンのプレスでの宗教批判のなかには多くの礼儀正しいとは言い難いユダヤ人たちの発言も見出せたので、それを反ユダヤ主義的に利用することが可能だった。不満と不安を抱えた人たちによるこの運動に特徴的なのは、初期の反ユダヤ主義者たちのなかには成功を収められずに挫折したアウトサイダー的な（あるいは病的でもある）人たちが多数含まれていることである。マンチェスター主義〔自由放任主義〕を批判する社会改革者たちや、「右傾化」する国民的《ナツィオナール》なイデオローグたちが果たした役割については、すぐ後のところで述べたい。メタ政治的な点で言えば、自由主義とその個人主義及び合理主義に対する疑念、そして市民権と自由権こそが社会が十分に機能するための土台となるべきだという見方に対する疑念が高まっていったことが、反ユダヤ主義が成立するための一つの重要な前提条件となったのだった。

最後にもう一つ重要な点があるが、それが重要なのは古くから解放を擁護してきた自由主義的な人たちにも影響を及ぼさずに済まなかったからである。大抵の場合には暗黙の裡に了解されていたことだが、解放の前提となっていたのは解放は同化を結果としてもたらすだろうという期待であった——すなわち、それまでは特殊な存在であったユダヤ人が市民的＝国民的《ナツィオナール》な文化の統一性のなかへ解消されるだろうと期待されていたのである。このような市民的＝国民的《ナツィオナール》で世俗的＝プロテスタント的な理念は、基本的に、多元的な複数のアイデンティティを許容する余地、ユダヤ的な特殊性が存続するのを許容する余地を認めなかった。自由主義にしても、かつてフランス大革命の例が示し、新帝国における文化闘争が直ちに示すことになったように、全体主義に近い特徴を持っていたのだった。それゆえ、国民的《ナツィオナール》な色彩を帯びた自由主義は、自らを持ちこたえようとするユダヤ人のアイデンティティの残存部分と緊張状態に入ることになったのである。その限りでは、自由主義的であると同時に不寛容でもある反多元主義が、「他者」に対してその矛先を向けたのだった。すなわち、カトリック派と社会主義者に対して、ポーランド人に対して、そしていまや——ユダヤ人に対して。

会社設立恐慌以来、七十年代の半ばにユダヤ人を敵視するジャーナリズムが急速に広まっていき、それが新たなポスト解放的・世俗的で近代性を敵視する反ユダヤ主義の性格を刻印していった。元は自由主義者だったジャーナリストのオットー・グラガウが、一八七四年に、人気があって多くの発行部数を誇っていた「小市民的」な家庭雑誌の『ガルテンラウベ』に、「ベルリンの証券取引所と会社設立のペテン」という連載論文を掲載して、ユダヤ人を張本人・罪人として攻撃した。その直後にこの連載論文は拡大されて本の形で刊行され、一八七六年には既に改訂第四版が出されて、一八七七年には対象をドイツ全体に広げた巻も刊行された。もっと怪しげな新聞やスキャンダル誌にはその種の論文がいっそう多く登場した。一八七五年にはベルリンの中央党の指導的な機関紙である『ゲルマーニア』に、やはりユダヤ人に証券取引所暴落と会社設立危機の、さらには文化闘争の責任があると主張する連載論文が掲載された。保守派（及び、プロテスタント系）の『クロイツツァイトゥング』〔『新プロイセン新聞』の通称〕は、同じ一八七五年の夏にペロ博士なる人物のいわゆる「時代《エーラ》論文」を掲載したが、このなかではやはり経済危機と文化闘争、物質主義と道徳の堕落はビスマルクと自由主義派とユダヤ人との神聖ならざる同盟のせいだと主張されていた。すなわち、自由主義時代とは「ユダヤ人によってユダヤ人のために推進された政策と立法」の時代に他ならないのだ、と。それを受けて急進的な人種的反ユダヤ主義の古典的な文献が続いた。まず、カール・ヴィルマンの『「黄金インターナショナル」と社会改革党の必要性』（一八七六年刊）、次いでヴィルヘルム・マルの『ゲルマン人に対するユダヤ人の勝利—非宗派的立場からの考察』（一八七九年刊。その年のうちに十二版に達する）、最後にオイゲーン・デューリング（ベルリン大学のアウトサイダー的な私講師で、一時スターのような存在となった半ば社会主義者で実証主義者であり、F・エンゲルスによる論難によってその名を良く知られている）が『人種・道徳・文化問題としてのユダヤ人問題』（一八八一年刊）という著書を刊行した。この本のなかではあらゆるユダヤ人の「特性」の原因が生物学、人種に求められ、それゆえ変更不可能なものとされる。ユダヤ人が同化することは不可能であり、彼らが創り出した害悪を克服するためには彼らを追放するしかないのだ、と。ビスマルク時代には全体で五〇〇点以上の反ユダヤ主義文献が刊行されている。これらすべての文献は、経済と文化における覇権をユダヤ人が握っているという主張から出発する。それは有害な状態であり、取り除かれねばならないのだ、と。すべての文献が、潜在的に存在していた姿勢や偏見に新しい声を与え、とりわけ新しい疑似科学的な根拠を与えて、それどころかそこから一つの「世界観」、一つの体系を創り上げる。反資本主義と反近代主義とナショナリズムとが一つに合わされるのである。

以上のようなジャーナリズムが一部は反映し、一部は自ら生み出した興奮した雰囲気から、そして再び目覚めた（あるいは、目覚めさせられた）古くからの反ユダヤ感情と、その近代的でイデオロギー的な変形や新版とが混じり合った状態から、様々な形を持つ反ユダヤ主義運動が成立する。まず、独特な転換として、プロテスタントの宮廷説教師アードルフ・シュテッカーの「ベルリン運動」と彼の「キリスト教社会（労働者）党」が一八七八年から登場する。シュテッカーについては教会との関連のなかで既に述べたが、後に改めて保守党との関連において述べる必要がある。ここでは僅かなことを述べるだけで十分だろう。当時における少数の大いなる護民官的人物の一人だったシュテッカーは、宗教の衰退を食い止めて、宗教を、街頭で、また政党として、再び公的な権力とすることを望み、そして社会保守主義的な民衆の友として君主政と祖国と社会改革とを新たな民衆党のなかで結び合わせることを望んだ。社会民主主義に対抗して労働者を動員しようとした彼の試みが少なくともベルリンでは失敗すると、彼は一般庶民の「中間層」に目をつけたが、当初は偶々のものに過ぎなかった反ユダヤ的・反資本主義的な発言が盛大な喝采を博したのを経験して、そのテーマを中心に押し出すようになった。それを通して彼は集会で大きな成功を収め、選挙民の票も獲得したが、もちろんベルリンでは当選できなかった。シュテッカーの反ユダヤ主義は独特な個人的な特徴を帯びたものである。すなわち、核心を成す要素はマンチェスター自由主義〔自由放任主義〕的な資本主義及び「証券取引所制度」をユダヤ人と同一視するところにある（ユダヤ人はイェルサレムではなくてイェルサレム通り、すなわち証券取引所の所在地に目を向けているのだ、と）。しかしユダヤ知識人は社会主義の、すなわち帝国と国王を敵視して秩序の破壊を目指す、不道徳的で無神論の社会主義の主唱者なのでもある。「黄金インターナショナル」と「赤色インターナショナル」という二重の像が成立するのであり、そのような関連性の構築がいまやこれ以降の反ユダヤ主義の核心的な部分となっていく。どちらのグループのユダヤ人にしても国民的《ナツイオナール》に信用できないインターナショナルな存在であるとされ、彼らは国民的《ナツイオナール》な矛先が向けられる対象となる。結局のところユダヤ人はそれ自体で一つの民族《フォルク》なのである（そしてそうであり続ける）のだ。と。牧師であるシュテッカーは、ユダヤ人の宗教に矛先を向けるのではなくて、独特な急進さを伴う彼らの無宗教性に矛先を向ける。理論の面では彼は人種主義的反ユダヤ主義を避けて、洗礼はどんな人間をもキリスト者にするのだと主張する。しかし実践においては彼の荒っぽくて感情に訴える語調のなかには人種主義的なステレオタイプが入り込む。いずれにしても、洗礼を受けることでどうして実際にユダヤ人が非ユダヤ人になり得るのかが分からない、と彼の平均的な支持者たちは考えざるを得なかったのだった。政治の世界ではしばしば見受けられるようなオポチュニストであった彼は、急進的な人種主義的反ユダヤ主義者たちと明確な一線を画することは決してなかったのである。もっとも、急進派の人たちから見れば、それでも彼は中途半端で穏健過ぎる人物だった。成功を収めて世論の注目を集めたとは言え、彼は、彼自身が活動していた範囲のなかで——教会や、保守党や、宮廷や、政府の間で——最終的に自らの意志を通すことはできず、一時的には熱心な牧師あるいは歓迎すべき選挙の助力者と見なされたが、しかしやがて再び秩序攪乱者、統合主義的な教権主義者と見なされた。政府すなわちビスマルクも、皇帝も、教会や保守党も、しだいに彼への支持を撤回し、彼を飼い馴らすことが不可能になると、彼を見捨てた。キリスト教＝社会党は一つの周縁的な現象に留まったのである。シュテッカーの反ユダヤ主義は持続性を保つことができず、初めの時期には最初の突破を試みたものとして重要ではあったものの、他の人たちが「追い抜いて」いったのだった。

　シュテッカーの反ユダヤ主義は、経済的＝社会的な反自由主義と、時代の行き過ぎた世俗的な風潮に対するキリスト教的＝教会的な立場からの反発とによって特徴づけられている。副次的な国民的《ナツィオナール》な響きが中心的な意味を持つようになるのは、新たな統合主義的なナショナリズムのイデオローグとなるハインリヒ・フォン・トライチュケにおいてである。彼は政党を樹立することはなかったが、しかし新たなタイプの非セクト的な反ユダヤ主義に道を拓き、それを「社会に受け入れられる」ものとしたのだった。トライチュケは、彼の雑誌である『プロイセン年報』において、新たに登場した反ユダヤ主義運動に対する立場を表明した。古くからの自由主義者としての彼は解放と同化を支持していたが、しかしナショナリストとしての彼は、いまや国民的《ナツィオナール》なアイデンティティがまだ不完全で不安定であり、脅かされてさえいるのであって、ダイナミックに成長させねばならないという憂慮に駆られていた。そのために、彼は同化の尺度を事実上実現不可能な程度にまで引き上げたのである。ユダヤ人は、完全に、全面的に、ドイツ人になるべきなのである、と——多くの自由主義的なユダヤ人たち、とりわけ教授たちも同じ意見だった。しかし、完全に自分自身だけに限定されていてどのような社会文化的な作用をも及ぼすことのない宗教というレベルを超えて、いささかなりとも独自性の名残が認められる場合には、それは反ドイツ的な事実、あるいは反ドイツ的な行為であると決めつけられてしまうのである。保守に傾きつつある自由主義者であったトライチュケは、勤労や、自足や、内面性や、心根といった伝統的な美徳を称賛する。そして近代的な側面を、すなわち生活が商売や商売の連なりとなり、成功と稼得が生活の尺度となって、冷たい理性が行動の指針となる状態を批判する。このような文化批判にはやはり国民的《ナツィオナール》な着色が施される——ドイツ的なものは善であり、異質なものは悪なのである、と。そして、「近代性を渇望する」ユダヤ人は、異質でネガティブなもの、非ドイツ的なものと、なるほど同一視されるわけではないものの、結び付けられる。国民的《ナツィオナール》なアイデンティティへの要求の急進化とダイナミック化――どれほどドイツ的であっても十分であることはあり得ない――は、異質なもの、民族のなかの民族、国家のなかの国家に対して矛先を向けて、特別な意識や特別なあり方がなおも存在しているという徴候が些かなりとも見受けられる場合には最高度のアレルギー反応を示し、文化的なアイデンティティの多元性を否定するのである。トライチュケはシュテッカーを支持していたわけでもなければ、ましてや他の反ユダヤ主義者たちを支持していたわけでもなかった――しかし、例えば東方から流れ込んでくる「ズボン売りの若者たち」という言い方のような力強くてイメージを喚起する言葉を通じて言わば反ユダヤ主義を正当化し、「ユダヤ人は我らが災い」という一般に流布していく決まり文句を創り出す。この決まり文句は、複雑な文脈から切り離されて、トライチュケの意見として、また断定的な宣告として、すぐさま採り上げられ、一九四五年まで何百万回も繰り返されることになる。トライチュケの同僚の教授たち――多数派はまだしっかりと自由主義的な立場に立っていた――は、テーオドール・モムゼンを先頭として彼に反対する姿勢を示した。彼は反ユダヤ主義から恥じらいという抑制を取り払って社会と文化にとって受け入れられるものにしてしまったのだ、と。トライチュケは、誤解されていると感じて暴民や粗暴な行為とは距離を取ったが、しかし、ますます統合主義的で事実上はユダヤ人に敵対的な、それどころか反ユダヤ主義的な――決して人種主義的になることはなかったものの――ナショナリズムを昂進させていった。彼は、ユダヤ人に敵対する立場を、文化と教養の世界にとって再び可能なもの、それどころか一見して正当と思えるものにしてしまったのである。

シュテッカーの「キリスト教=社会党」と並んで、反ユダヤ主義が一八七八/七九年から一八八二年までの最初の高揚期を迎えて以来、「本来」の反ユダヤ主義の政党や組織が成立してくる。ヴィルヘルム・マル、エルンスト・ヘンリーツィ、マックス・リーバーマン・フォン・ゾンネンベルク、そしてベルンハルト・フェルスターが、比較的重要な設立者や指導者に属している。一八八〇年のいわゆる「反ユダヤ主義請願」〔ビスマルクに宛てられた請願〕――国家勤務における同権の撤回、大学でのユダヤ人学生の定員制、ユダヤ人の流入禁止などを求めた請願――はプロパガンダを広める一つの手段であり、二十五万人近い署名を集めた。急進的な反ユダヤ主義は政党として組織され、選挙戦に突入して議会への進出を狙った。強調しておく必要があるのは、反ユダヤ主義は議会を無視した運動ではなく、その限りでは反ユダヤ主義者たちは革命家ではなくて改革者だったということである――革命的な反ユダヤ主義者は当初は完全に稀であり、発言権を持たなかった。これらの政党は、第一に解放の撤回を中心的な政治的要求として掲げた。すなわち、ユダヤ人は外国人法の下に置かれ、流入を禁止されて、最終的には追放されるべきである、と——もっとも、例えばテーオドール・フリッチュのようにそうはっきりと述べていたのは仲間内でだけだったけれども。ユダヤ人はまさにマニ教的な善悪二分法の下であらゆる社会的＝国家的害悪の核心と見なされていたので、あらゆる政策は「ユダヤ人問題」の解決へと集中し、「ユダヤ人」は一つの統一体として捉えられて、ユダヤ人との闘争こそが肝心なこととされた。これらの政党は、結局は世俗的な民族至上主義的《フエルキッシュ》＝人種主義的な思考に規定されており、ユダヤ人を定義するうえで宗教や洗礼は何の役割も果たしておらず、ユダヤ人は遺伝的な出自と人種のみによって定義される。

反ユダヤ政党は混乱したような多様な姿を示す。新設されては競争して争い合い、分裂しては合同する——際限なくそれが繰り返されるのである。ここでは要約した形ででもその経緯を述べることはしない。重要な相違点は、保守党とともに、そして保守党を通して自らの目標を実現することを目指し、それゆえ本質的に保守的な目標を受け入れた保守的な反ユダヤ主義と、急進的でポピュリズム的＝民主的、社会革命的＝平等主義的、反エリート的、反保守的な反ユダヤ主義——「ユンカーと坊主とユダヤ人に反対」して、一般民衆の側に立つ——との間の相違である。もっとも、「左」だけではなくて右の反ユダヤ主義のなかにも、エスタブリッシュメントと国家に対するある程度の反抗と、アナーキー的な要素が潜んでいる——反ユダヤ主義者たちにとっては、長らく国家と結び付いてきた銀行が古くからの敵のシンボルであるのに対して、ユダヤ人の市民権を保護する自由主義的な司法は新しい敵のシンボルに他ならない。彼らは反対派であって、秩序の一部分なのではないのである。

このような雑多性にもかかわらず、組織された反ユダヤ主義政党は地域や地方に広がっていった。ザクセン王国と両ヘッセン〔ヘッセン大公国とプロイセンのヘッセン・ナッサウ州〕、さらにはエルベ川以東地域の一部分、ブランデンブルク州とポンメルン州が重点的な地域となる。一八八七年頃から一八九三年頃まで反ユダヤ主義の第二の盛況期が訪れ、——とりわけオットー・ベッケル（「ヘッセンの農民王」と呼ばれた）や北東部でのヘルマン・アールヴァルトのような急進的＝ポピュリスト的なデマゴーグたちが影響を及ぼす下で——帝国議会選挙で、とりわけ農業中心の選挙区で進出して三・四パーセントの得票率と十六の議席を獲得する。ベッケルの農業＝中間層運動だけでも七人の議員を出すのである。

その後は、もちろん「運動」の崩壊と衰退が始まっていく。最も重要な原因は、とりわけ農業部門で、さらには手工業部門でも、不況の危機が克服されたことである。

それに加えて、反ユダヤ主義者ではない人たちや国家の側からの防衛努力も効果を発揮する。もっとも、裁判所による有罪判決は――アールヴァルトの場合のように――当初は常に反ユダヤ主義の指導者たちの人気を高め、ユダヤ人の影響を受けたエスタブリッシュメントの犠牲者と見なされたのだけれども。さらにまた、反ユダヤ主義政党の議員たちの議会での無能と無策ぶりが露呈され、互いに諍いを引き起こし、絶えずスキャンダルや揉め事に巻き込まれていたことも加わる。これらの「指導者」たちは、アウトサイダー的で争い好きな性向を持つ原理主義的なセクト主義者たちだった。そのような姿勢は、選挙民の間では長期的には限られた反響しか見出せなかったのである。これらの政党が互いに争って衰退していく下でも、党を超える一定の結び付きが存在していた。元来は製粉技師だったTh・フリッチュは、ハンマー出版社と『反ユダヤ主義者教理問答』（一八九三年に第二十五版に達し、一九〇七年からは『ユダヤ人問題ハンドブック』として刊行）とを通して各政党を超える反ユダヤ主義の聖杯守護者となった。彼は確かに「政党のペテン」を非難したが、しかし各政党を廃棄するのではなくて、すべての党に反ユダヤ主義的な「思考」を浸透させることを望んでいた。依然として反ユダヤ主義はシステムとしては保たれていたのである。それと同時に、いかなる現実的な政治からも遠ざかっていくのにつれて、それだけいっそうセクト主義的＝世界観的な側面、マニ教的な〔善悪に二分する〕世界像、一点からの世界の「救済」という考え方が固められていった。自らの失敗にしても、ユダヤ人の世界権力がまさに他の人たちの意識をも支配している結果なのであるから、世界観の正しさを裏づけるものと見なされたのである。

　人種論的反ユダヤ主義に立脚しない諸政党が、人種論的反ユダヤ主義者たちを打ち負かして排除し、選挙民を取り戻していった。この事実を、それが習わしとなっているように、無視したり過小評価したりするべきではない。反ユダヤ主義は議会に進出するようになっていたのであるから、この分野で喫した敗北は十分に重要なものであり、本物の敗北であった。もちろん、それで反ユダヤ主義が消え失せたわけではなかった――なぜなら、この間に反ユダヤ主義は他の形をも取るに至り、一定の団体や、文化的な世界像のあり方や行動スタイルにその色彩を与え、保守党を中心としたプロパガンダや、さらには国家の実践的な行動にも影響を及ぼしていったからである。政党としての反ユダヤ主義は衰退するけれども、諸団体の反ユダヤ主義は重要性を増していく。次は、そのことについて述べなければならない。

　最初に、経済的＝社会的な利害を組織した職業団体を採り上げたい。同時にそれは、反ユダヤ主義的な選挙民の分析というレベルを超えて、私たちを反ユダヤ主義の社会的な貯水池という問題に導いていく。まず問題となるのは手工業である。（四つの）全国団体のうちの二つ、「全ドイツ手工業者同盟」（一八八二年設立）と「ドイツ手工業者組合《イヌング》連合中央委員会」は著しく反ユダヤ主義的な特徴を帯びていた。手工業の状況は――工場とプロレタリアートとに挟まれて――危機的なものであった。伝統的な種類の治癒手段――手工業者組合《ツンフト》への強制加入と能力証明制度〔親方試験の合格を営業の条件とする〕とを通した競争の制限と営業の自由の制限――は、反自由主義的なものであり、政党のなかでは保守党と中央党がそのような手工業者保護を擁護していた。市場経済を重視する自由主義的な「営業の自由」は、保護主義を求める手工業者たちからしばしば「ユダヤ的」と非難され、そして大規模経営やデパートの資本主義も同様に攻撃された。比較的古手の反ユダヤ主義政党、とりわけシュテッカーやザクセンの反ユダヤ主義者たちは、支持者のかなりの部分を手工業者のなかに見出していた。この状態はその後も続いた。九十年代の初期に、例えばベルリンの『ドイツ手工業者新聞』やミュンヘンの『一般手工業者新聞』には団体指導部の穏健な反ユダヤ主義への批判、ユダヤ人問題こそが手工業者問題の核心なのだという主張が多数掲載されている。手工業者大会ではしばしば反ユダヤ主義者が発言して嵐のような喝采を浴びた。もちろん、手工業者会議所が導入されてからは（一八九七年）、そのような雰囲気は再びある程度和らいだ。しかし、ツンフト派的な手工業者団体に反ユダヤ主義が混入している状態は、言わば自明なこととなったのだった。

　同様のことが、遥かに分裂していた小売商の組織にも当てはまった。この分野では、――「ユダヤ的」な――デパートに対する闘いが、実際、一つの中心的な役割を演じていた。もちろん、複数の分野にまたがる「中間層」団体の場合にも、「帝国ドイツ中間層連盟」のような右寄りの組織である限りでは、同じことが言えた。この団体では多くの良く知られた反ユダヤ主義者（Th・フリッチュのような）が指導機関に属していた。一九一一年の設立の呼びかけが「黄金インターナショナル」と「赤色インターナショナル」に矛先を向けていたのは、反ユダヤ主義のシンボルと合言葉を表わすものに他ならなかった。もっとも、手工業者がいかに政治的に著しく多元化していたか――いかに多くのカトリック派の支持者がいて、いかに多くの自由主義派の支持者がいたか――ということを想起する必要がある。そうしてのみ、右翼の側の、組織の代弁者やイデオローグたちの、反ユダヤ主義的な声を正しく評価することができるのである。これらの声は、手工業や小売商における伝統と、特定の傾向への染まり易さとをある程度まで指し示している。しかし、手工業「それ自体」と小売商「それ自体」が一九一四年以前に反ユダヤ主義的だったというわけではなかった。
職員《アンゲシュテルテ》団体のなかでは一八九三年に結成された「ドイツ国民商店員連盟」が突出していた。この連盟はハンブルクの反ユダヤ主義派によって直接設立された。連盟は、既に述べたように、企業家とも労働者とも一線を画して明確に労働組合としての目標を追求し、そして反ユダヤ主義を宣伝してユダヤ人をメンバーから排除し、幹部会は反ユダヤ主義の「ドイツ社会改革党」と密接な関係を持っていた。もっとも、この党が衰退すると状況が逆転し、党は一九〇〇年以降はむしろ連盟の付随物となった。さらに、連盟の指導部は他の多くの民族至上主義《フエルキッシュ》的な組織や活動と結び付いていた。とは言え、反ユダヤ主義派の帝国議会議員だった会長のヴィルヘルム・シャックが一九〇九年にスキャンダルのために辞任しなければならなくなると、労働組合的な路線を中心に据えたグループが勝利を収めた。ドイツ社会改革党との関係は解消された。反ユダヤ主義は、教育活動で用いられる民族至上主義的《フエルキッシュ》=文化イデオロギー的な文献だけに縮小されてしまった。連盟には一九一四年の時点で組織されている商業職員の四十パーセント近く、十五万人以上が所属していたが、このような成功を収めたのは労働組合路線のためだったのか、身分的な一線を画する政策のためだったのか、一般的な国民的《ナツイオナール》な路線のためだったのか、それともとりわけ反ユダヤ主義のためだったのか、それは未定のままとせざるを得ない——全体とすれば反ユダヤ主義は幾らか後退していった。この場合にも「旧」中間層と同様のことが当てはまるのである。すなわち、組織の歴史は、「新中間層」が社会経済的・社会文化的に条件づけられて反ユダヤ主義的な傾向に染まり易かったことを示しているけれども、一九一四年以前の職員層が「それ自体」として反ユダヤ主義的だったわけではなかったのである。

最後に、大土地所有者と多数のプロテスタント自営農民層を結び付けていた農業界の最も大きくて最も強力な組織だった農業家同盟において、反ユダヤ主義はかなり重要な役割を演じている。既に設立された一八九三年の時点でおよそ十五万人の会員を擁し、一九一四年には三十三万人に達していた。同盟は、幅広くて集中的なジャーナリズム活動を通して、これまで述べてきた諸組織よりも遥かに世界像に影響を与える力を持ち、農業的な環境《ミリユー》を代表するとともにそれを形づくっていた。そしてこの同盟は、これまで挙げた諸団体よりも遥かに明瞭に反ユダヤ主義的な方向性を持っていたのである。ユダヤ人はメンバーとなることから締め出され、毎年開催される総会ではユダヤ人に対する乱暴で激しい攻撃が展開され、プレスや地方の集会や選挙戦はその種の攻撃——汚らわしくて粗暴な罵りや捏造をも伴う——で満ちていた。

典型的な例と言えるのは、マーガリンに反対する（そしてバターを支持する）闘いが「ユダヤの脂」というスローガンの下で展開されたことである。同盟は、農村部の伝統的なユダヤ人に対する先入見（商売人と高利貸し）を採り上げて、農業の敵である自由主義・資本主義・社会主義とユダヤ人とを同一視することで、そのような先入見を尖鋭化した。その際に、反ユダヤ主義の根拠はしばしば保守的＝国民的《ナツイオナール》なものから民族至上主義的《フエルキッシュ》＝人種主義的なものへと移っていき、ますますそうなっていった。同盟が農民の意識に及ぼした影響、伝統的なユダヤ人への反感を近代的な反ユダヤ主義へと移し替えたことは、確かに重要な意味を持っていた。九十年代の選挙では、少なくとも保守的な色彩を帯びた反ユダヤ主義派候補者たちとの関係は完全に良好なものであり、時には同盟は保守党に対抗する反ユダヤ主義政党の候補者を支持した。もっとも、この点では――こんにちでもしばしば見落とされているけれども――限界も存在していた。過度の反ユダヤ主義は、国民自由党の人たちの間では、そしてさらには保守党の人たちの間でも、信用を失墜させることになったのである。これらの党が一九〇二年の後に幾らか農業家同盟に対して自立性を示すようになるのは、このことと関連している。

職業団体や利害団体に関する問い、すなわち反ユダヤ主義と経済的＝社会的な状況や運動との間の相互作用への問いと並んで、反ユダヤ主義と新たな統合主義的なナショナリズムとの間の関係への問いが浮かび上がってくる。この問いに答えることは難しい。「国民的《ナツイオナール》な団体」のなかではとりわけ全ドイツ連盟が、世紀転換期以降、特に一九〇八年からハインリヒ・クラースの下で、明確に反ユダヤ主義的となるに至った。ナショナリズムの急進化と反ユダヤ主義、拡張主義と人種イデオロギーとが、ここでは手を携えて進行したのだった。確かに、連盟は正式に反ユダヤ主義を受け入れたわけではなかったが、しかし多くの人種イデオロギー的なサークルやグループとの個人的な結び付きを通して、まさに指導部は事実上反ユダヤ主義に加担していた。クラースが一九一二年に刊行した急進的な書『もしも私が皇帝であったなら』――一九一四年までにともかくも五版を重ねた――は、一月の帝国議会選挙で保守党と反ユダヤ主義政党が議席を減らしたのに直面して、「ドイツの選挙民に大量の毒が盛られたのだ」と言い、それは「ユダヤ人の協力がなければ完全にあり得ないことだったろう」と主張した。これに対抗して、彼はユダヤ人に対して外国人法を適用し、一定の職業から締め出し、二重の税を課し、追放措置や流入禁止措置を取ることを提案した。もっとも、それとともに受け入れ可能な範囲が踏み越えられてしまうことになった。確かに、新旧の右派の多くの人たちはユダヤ人や親左派的な人たちの影響力が強過ぎると嘆く声には同意したけれども、しかし右派の側から最も批判を浴びることになったのは、まさに以上のような具体的な諸提案だったのである。これらの提案を子供じみていると考えたのは皇帝だけではなくて、反ユダヤ主義的と目されていたドイツ大学生協会の機関紙も断固として拒否した。それは戦術なのではなかった。

反ユダヤ主義がいかなる役割も演じていなかった国民的《ナツイオナール》な団体は多数存在していた。反ユダヤ主義は敬意を払うのに値するものとは思われておらず、それどころか、市民的な陣営を分裂させるものであるから非生産的なものと見なされていたのである。例えば反ポーランド人の「ハカティスト」たちや、「海軍協会」や、「反社会民主主義帝国連盟」の場合がそうであった。反ユダヤ主義的な「考え」を抱いていた人たちも、同盟者となり得る人たちを遠ざけてしまうことを恐れて、反ユダヤ主義的な政策と行をともにすることを、あるいは単にそのような政策への共感を示すことだけでも、ためらった。尊敬に値する人たちの多数派の見解が圧力となって、恥じらいの一線が引かれていたのである。

さて、大学生の団体や大学生たちについて語らねばならない。シュテッカーによるベルリン運動は大学生たちの間に幅広い反響を見出したし、トライチュケによる国民的《ナツイオナール》なアイデンティティに関する要請も、やはり同様だった。一八八〇年のいわゆる反ユダヤ主義請願を受けて、大学生たちが署名を集める委員会を結成し、ベルリン大学では登録学生のおよそ半数が署名した。それをきっかけとして、幾つかのドイツ大学生協会が成立し（最初に一八八〇年にベルリン大学で）、そしてその連合組織としてのキフホイザー連盟が後に農業家同盟の理事となるディーデリヒ（本来はクリスティアン）・ハーンの指導の下で結成された（一八八一年八月）。一九一四年までの間に大学生協会は西ドイツと南ドイツでも足場を確保した。一九一四年には五、七〇〇人以上の協会員及び「OB」がいたと見積もられている。当初は協会員の半数が神学部生だったが、一九〇〇年頃には神学部生は十パーセントだけで、いまや三分の一近くが法学部生によって占められるようになっていた。

これらの大学生協会は、もはや自由主義的ではない統合主義的なナショナリズムを代表しており、あらゆる非ドイツ的で異質なものに対して一線を画していた。ユダヤ教徒は会員となることができず、協会は反ユダヤ主義的な傾向を帯びていた。幾人かの人たちは、その原因を、伝統的な反ユダヤ的な先入見がこの時期の大学での競争という状況によって新たに呼び覚まされたこと、大学生が多過ぎ、キャリア上のチャンスが悪化し、ユダヤ人学生との競争が激しかったこと（プロイセンの大学生のなかでは時によってはユダヤ人が九・二パーセントを占め、ユダヤ人の人口比率よりも八倍も多かった）に求めている。私には、それよりも世代間の断絶、自由主義の老化、そして新しい目標への模索のほうが重要な意味を持っていたように思われる。そこに、キリスト教＝社会派的な改革と、更新されたダイナミックな統合主義的なナショナリズムとの組み合わせが登場したのだった。それらのどちらもが当時は反ユダヤ主義によって占められていた。それゆえ、反ユダヤ主義は――まだ！――運動の核心を成すものではなかったし、運動が反響を呼んだ理由でもなかったのだ、と私は考えている。例えば、フリードリヒ・ナウマンや、後に社会民主党員となるヴォルフガング・ハイネが協会員となったことを思い起こしてみることもできる。多くの政治的な理想主義と、多くの通俗的な大学生のサブカルチャーへの嫌悪感が、ここには流れ込んでいたのだった。しかし、そうではあっても、やはり反ユダヤ主義もともに台頭してきたのであった。敵対の対象となったのは、当初は宗教的＝国民的《ナツイオナール》な観点に立って世俗的な無宗教のユダヤ人たちだったが、やがて民族至上主義的《フエルキッシュ》な特徴を帯びるようになり、アーリア人の指導的な役割について語られるようになった。一八九六年からはユダヤ人を出自とする大学生たち、すなわち受洗したユダヤ人たちも協会から締め出された。もっとも、協会の実際のジャーナリズムや活動では反ユダヤ主義は下火になっていった。

　大学生の他の組織にも反ユダヤ主義は浸透していき、具体的には常にユダヤ人をメンバーから排除するという形を取った。この原則は、例えば一八九六年にブルシェンシャフトによって、「ＯＢ」からの抵抗はあったものの、受け入れられた。実践面では同じ原則が大多数の学生組合によっても採り入れられた。ユダヤ人の大学生たちは、既に八十年代の半ばから――他の学生組合からは排除されたので――独自の（決闘をも許容する）組合を結成するようになった。

　学生組合に加わった非カトリックの大学生たちの多数派が反ユダヤ主義的な姿勢を取り、それどころかそのような規範をさえ受け入れていたのかという問題を巡っては、意見が分かれている。多数派の人たちが反ユダヤ主義の影響を受け、その「色に染まって」いたこと、さしたる疑念を抱くこともなしに反ユダヤ主義が自明なことであるかのように思って生きていたこと、このことは否定できない。潜在的な、隠れた反ユダヤ主義が存在していたことは確かである。それは長期的に見れば重要な意味を持つことになった。しかしながら、一九一四年以前の時期にはユダヤ人の比率が高かったアカデミックな専門職――弁護士や医師――の場合には反ユダヤ主義が（まだ）重要な役割を果たしていなかったということも、同様に重要な点なのである。医学部生や法学部生がどのような考えを持っていたとしても、彼らの職業生活が反ユダヤ主義によって規定されることはなかった。専門職の分野でのドイツ人とユダヤ人の共生は困難なものではなく、スタイルは市民的でリベラルなものだった。それが、一九二〇年代になって初めて異なるもの、まったく異なるものになったのである。

反ユダヤ主義の歴史、そしてそのナショナリズムとの結び付きにとって、諸団体よりもいっそう重要な意味を持つのが人種理論の台頭である。人間集団の相違から出発したそのような理論は、啓蒙主義や解放論のように人間の平等を強調するのではなくて不平等を強調した。そして、不平等は、常にと言うわけではないけれども、しばしば価値の不平等という理念と結び付いていた。それと同時に、そのような理論は世俗的な時代に対応していた。もはや宗教ではなくて、遺伝的な、自然的な出自が根本的に重要だったのである。

人種理論においては二つの伝統が合流している。精神科学〔人文科学〕的＝歴史的な伝統と、自然科学的＝生物学的な伝統とである。一、バイロイトのヴァーグナー・サークル、とりわけルートヴィヒ・シェーマンは、フランス人ゴビノーの、歴史のプロセスを人種間の対決と、唯一創造的なアーリア人種の衰退から説明し、それに基づいて時代を解釈しようとする文化ペシミズム的な世界史観を受け入れた。すなわち、現在は平等主義的な月並みさが勝利を収め、平凡な市民的文明社会が幅を利かせている時代とされたのである。R・ヴァーグナーとシェーマンはゲルマン主義的で反ユダヤ主義的な響きをこのような見方に持ち込んだが、シェーマンは世界史をもはや必然的なデカダンスの過程として述べることはせず、それゆえ運命論的＝諦念的な帰結を引き出すことは避けた。二、淘汰と種の間の「生存闘争」というダーウィンのカテゴリーを持ち込んで、ルートヴィヒ・ヴォルトマン、アルフレート・プレッツ、オットー・アモンのような一定の社会ダーウィニストたち――これについては既に生物学の歴史と関連して述べたが――は人種の概念を、それも、「良い」人種という優生学的な概念ではなくて様々な人種という概念を発展させた。それは、――決してすべての人たちの場合にというわけではないが――高級な人種と低級な人種、すなわち白色人種と有色人種、ゲルマン＝北方人種とロマン系人種やスラヴ人種、アーリア人種とセム人種を区別するための手段となり、さらに頭蓋測定者やその他の似たような専門家たちによる区別が加わった。双方のアプローチの間には原則的な違いがあったにもかかわらず、混合しようとする人たちは双方を容易に結び付けて、そこから社会や、文化や、歴史や、未来像についての疑似科学的で一般的な説明を導き出すことができた。人種というカテゴリーが辿った道筋は反ユダヤ主義者たちを利することになったのである。既にデューリングとマルは、「ユダヤ人問題」を自然主義的に人種問題として解釈して、あらゆる社会的＝文化的な事柄を不変の生物学的な人種に基づいて説明していた。人種理論は反ユダヤ主義者たちによって裏づけと正当化のために利用され、人種理論家たちはドイツでは、必然的に反ユダヤ主義者たちによるアーリア人とセム人への両極化、創造的な「人種」と非創造的な「人種」というステレオタイプに直面させられ、それを通して、常にというのではなかったとしても、しばしば反ユダヤ主義的な立場に巻き込まれ、あるいはその近くに追いやられたのだった。

　世界史的あるいは生物学的＝人類学的な構築や思弁とは別のところでも、「人種思想」はナショナリズムと結び付くことが可能であり、ナショナリズムが第一に国家とではなくて――ロマン主義的な伝統に基づいて――民族《フォルク》と関係づけられる場合には特にそうであった。民族は、本来は言語と文化、歴史と出自を共有することで成り立っていた。しかし、出自を自立させて孤立させることが可能だったし、そしてその出自をもはや――トライチュケの場合にはまだそうだったように――歴史的に解釈するのではなくて生物学的＝遺伝学的に解釈することも可能だった。その場合には、共通の「血」が民族をまとめるものとなった。それはナショナリズムの民族至上主義的《フェルキッシュ》な転回を意味したのであり、「ドイツ的」であることはドイツ＝民族至上主義的《フェルキッシュ》であることを意味するようになったのである。

　そのような民族至上主義的《フェルキッシュ》な反ユダヤ主義の父祖となったのがパウル・ド・ラガルドだった。彼については前の巻でかなり詳しく述べた。彼のアプローチの仕方は文化批判である。議会主義的な、そして資本主義的な多元主義に反対し、「モダン」の破壊的で知性主義的な精神に反対して、彼は、民族《フォルク》の共同体と、伝統の共通性及び拘束力とを強調し、彼がユダヤ教的と見なすキリスト教のオーソドックスな要素に反対して、彼がゲルマン的と呼ぶ宗教の理想主義的な刷新を望むのであり、そもそも民族がそのような宗教の対象にもなるのである。目指されるのは、国民的《ナツィオナール》なアイデンティティを完成させることであり、そのようなアイデンティティのなかにのみ個人としてのアイデンティティも見出せるのだとされる。それは国家に関わる問題ではなくて民族に関わる問題である。ドイツ人はますますドイツ的になって、常にアイデンティティを脅かしているすべての異質なものを排除しなければならない。この危険な異質なもの、彼が憎んで闘うすべてのものを具現しているのがユダヤ人に他ならない。なるほど、彼は「理想主義者」であるので、人種概念に対しては距離を置くけれども――国民的なアイデンティティは血統ではなくて心情に基づく、と彼は言う――、しかし彼はますます生物学的な語彙を用いるようになる。いずれにしても、彼の支持者たちの間では、アイデンティティ・文化・民族に関する理想主義と、血統に基づく共通性という生物学的な見方とが合わさって、急速に世界観へと合成されていった。「レンブラント・ドイツ人」であるユーリウス・ラングベーン〔『教育者としてのレンブラント』の著者〕が、この点で典型的な人物だった。そしてH・St・チェンバリンの『十九世紀の基礎』が、一九〇〇年からそのような世界観のベストセラー、古典となった。彼は、理想主義〔観念論〕的な意識哲学をラガルドやラングベーンをも遥かに上回る程度に人種生物学と結び付け、歴史と現在との双方をマニ教的に「良き」アーリア＝ゲルマン人種と「悪しき」ユダヤ人種との闘争として解釈した。専門に分化した学問に絶望していた多くの教養人（及び、半教養人）たちは、この普遍主義的な似非学問を重要な著書と受け取ったのだった。一九一二年にはこの本の第十版が刊行されたのである。

　ラガルド、ラングベーン、チェンバリンは、文化知識人たちの「民族至上主義《フェルキッシュ》」グループや、急進的なナショナリズムに、ゴビノー協会やリヒャルト・ヴァーグナー協会やフィヒテ同盟やその他の組織に作用を及ぼした。「民族至上主義《フェルキッシュ》」とは、血統による、人種による出自がドイツ人を定義するということを意味し、ユダヤ人はドイツ人ではあり得ないし、ドイツ人にはなり得ないということを意味した。しかし、この世界観がスペクトルのなかで色彩を放った幅、そしてこの種のカテゴリーを――たとえ受け入れたわけではなかったとしても――相手とすることへの慣れ、それは一九一四年以前の新右翼の「民族至上主義《フェルキッシュ》」グループという比較的狭いサークルを遥かに超えて広がっていた。

　私たちは、さらに国家・教会・諸政党と反ユダヤ主義との関係を簡単に見ておく必要がある。政党に関してはとりわけ二つの「ケース」が重要である。まず、中央党の場合である。一八七五年の『ゲルマーニア』に反ユダヤ主義的な論文が掲載されたことについては既に述べた。多分に民衆的な農村部＝農民の反ユダヤ主義や、聖職者の反ユダヤ主義が存在しており、反ユダヤ人のルサンチマンが教会のユダヤ人敵視の伝統と強く結びつきながら根を下ろしていて、下ライン地方やヴェストファーレン地方やバイエルンに広まっていた（バイエルンでは何人かのカトリックの「愛国党員」たちにとっては一八七一年の新帝国は自由主義派とユダヤ人の帝国だった）。民衆向けの神学的な書物のなかでは反ユダヤ主義が一定の役割を演じており、自由主義派やエスタブリッシュメントを相手に回した地方での選挙戦の場合にも同様であった。教皇至上主義派《ウルトラモンタン》の人たちはフリーメイソンの陰謀という固定観念に憑りつかれていたが、それはしばしばユダヤ人をも含めるところまで拡大されがちであり、そのような傾向がドイツにも波及してきた。最後に、カトリックを敵視する自由主義派が極めて荒々しい形で遂行した文化闘争と、ともに世俗的＝近代主義的で合理主義的であるユダヤ人と自由主義派とが密接に提携しているように見えたという事実とが、多くのカトリック教徒の目から見れば「ユダヤ人」を文化闘争の共犯者、すなわち彼らにとっての敵としたのだった。

しかし、以上すべての点にもかかわらず、「批判的」なカトリックの人たちはそうなりがちだが、肝心な点を無視するようなことがあってはならない。党の指導部、とりわけヴィントホルストは、以上のような潮流を抑制して食い止めることに成功したのだった。少数派であるカトリック教徒はユダヤ人を含むすべての少数派の権利を擁護しなければならない――この路線が貫かれたのである。議員たちや協会の指導的な政治家たちの反ユダヤ的な反感は抑えられた。反ユダヤ主義者たちのすべての提案は中央党によって拒否され、中央党とカトリック派は反ユダヤ主義者たちから敵と見なされた。反ユダヤ主義者たちが進出したのはプロテスタントの選挙区であってカトリックの選挙区ではなく、八十年代においてさえカトリックのバイエルンには反ユダヤ主義運動が存在しなかった。それゆえ、長期的には、表面下で反ユダヤ主義的な風潮が存在していただけであって、まさにオーストリアの場合のようにカトリックの反ユダヤ主義政党が存在することはなかったのである。

次いで、保守党の場合である。保守党は党の内部に、そして党の支持者たちの間に元来存在していた反ユダヤ的な敵意を遥かに放埒にはびこらせ、「国民的《ナツィオナール》」な転回を遂げてからは例えば「赤色インターナショナル」と同様に「黄金インターナショナル」を攻撃するポピュリズム的な「ムード」と容易に結び付くことができた。また、さしてためらうこともなく反ユダヤ主義を選挙民を動員して支持を獲得するための手段、票を得るための道具として利用し、シュテッカーと提携したのを初めとして、一八九二年のティヴォリ綱領を経て、荒々しい反ユダヤ主義のプロパガンダを展開するだけではなくて反ユダヤ主義を信奉している農業家同盟という大衆組織を支持基盤とするに至った。保守党の多くの人たちが反ユダヤのルサンチマンを抱いており、ユダヤ人を敵視していた。しかし、反ユダヤ主義が最も重要な点だったわけではなくて、肝心なのは君主主義体制とその社会的なヒエラルヒーを維持すること、そして農業を維持することだったのであり、そもそも反ユダヤ主義は何ら自立した目標ではなかったのである。それゆえ、反ユダヤ主義政党は常に保守党の「便宜的反ユダヤ主義」を攻撃していたのであった。そして反ユダヤ主義政党は保守党の選挙区を奪おうと努めたので、厳しい衝突が生じた。さらに、保守党は疑問を感じた場合には反ユダヤ主義よりも優先するべき目標を持っていたし、急進的な、あるいはそれほど急進的でもない反ユダヤ主義に見受けられる、エスタブリッシュメントと「法と秩序」的思考とに反発する革命的＝反抗的でポピュリズム的な要素に反対していた。彼らは、選挙で助けてくれる反ユダヤ主義には賛成していたが、平和攪乱者としての反ユダヤ主義には反対していたのである。彼らは、自らの反ユダヤ的な偏見を育んだが、それはそのような偏見が、都市や、産業資本主義・商業資本主義や、不可知論者たちや、知性主義者たちに対して農村部を防衛するのに極めて適していたからだった——そこから一つの体系や理論を生み出して、その観点から世界を眺めようとするつもりはなかったのである。そのように反ユダヤ主義を——民衆向けの「手段」として——育もうとする姿勢が、反ユダヤ主義の自立化に通じていき、イデオロギー的な偏見が、付随的で素朴な性格を失って確固とした地位を獲得し、それを利用しようとだけ考えていた人たちを支配するようになり始めたのは、当然とも言える。保守党は、抑制された形の反ユダヤ主義を育てていったことを通して、急進的な反ユダヤ主義にも土壌を整えてやったのだった。

　他の政党の場合を見てみよう。自由主義派は反ユダヤ主義的ではなく、自由主義左派は反ユダヤ主義に敵対し続け、あらゆる差別に対してユダヤ人の同権を——不人気になるという危険を冒してでも——擁護した。「反ユダヤ主義防御協会」（一八九一年設立）は自由主義左派系の組織であった。国民自由党は、ヘッセンやザクセンのように選挙区の組織が反ユダヤ主義派や反ユダヤ主義的な農業派によって脅かされていた場合にはどちらかと言えば戦術的に適応しようとする姿勢を示しており、そして社会主義者たちと対抗する場合には反ユダヤ主義者をも支持した。彼らは政府に忠実な態度を取っていたので、行政によるユダヤ人差別に対してはどちらかと言えば黙認するような姿勢を示した——しかし、そのような制限があったとは言え、自由主義的な基本的方向性は保たれていた。党の指導者であるバッサーマンとシュトレーゼマンはともにユダヤ人の女性を妻としていたが、それが「問題視」されることはまったくなかった。一九〇三年以降に農業家同盟との距離が広がっていくようになると、あらゆる反ユダヤ主義を拒否する姿勢が強まった。

　社会民主主義者たちは反ユダヤ主義の断固とした敵であり続けた（選挙民や党員の間では時として反ユダヤ的な風潮が見られたけれども）。彼らにとって反ユダヤ主義は反資本主義という見せかけの下で（「愚か者たちの社会主義」〔ベーベルの言葉〕）隠蔽を図り、気を逸らさせようとする戦略に他ならなかった——もっとも、市民的な陣営の内部で反ユダヤ主義が破壊的な作用を及ぼしているのを見るのはある程度までは好ましいことだったし、反ユダヤ主義を本来の危険、特に危険なものとはまったく考えていなかった。

国家と教会の姿勢はアンビバレントなものだった。既に述べたように、ユダヤ人は行政機構と教員層から（司法の場合には指導的なポストから）ほぼ完全に締め出され続けていたし、そして同様に――バイエルンをささやかな例外として――将校団からも受洗ユダヤ人をも含めて締め出されていた。彼らが大学でのキャリアで冷遇されていたことも、既に述べた。このような状態は多分に伝統によるものであって、古くから社会的に認められていなかった存在に対する反感を示すものであり、「商人《あきんど》」としてのユダヤ人の劣等性というエリート的な信念に根差したものであった。自由主義者や金銭を扱う人間には国家の職務を安んじて委ねられないと考えられていた。それはキリスト教国家という信念の遺物でもあった。ユダヤ人は国家の勤務に「適する」存在ではなかったのである。将校団の場合には、そのような姿勢は、この種の「第二級」の人間たちに対しては一線を画さねばならないという、イデオロギー化された一種の恒常的反ユダヤ主義にまで発展していった。典型的な例は、一八七一年から一九一四年までの間に二万五、〇〇〇人以上のユダヤ人の一年志願兵が軍隊に入ったにもかかわらず、ユダヤ人は（バイエルン以外では）予備役将校に任用されなかったという事実である。そのなかのおよそ一、二〇〇人から一、五〇〇人の受洗ユダヤ人でさえ、予備役将校になったのはおよそ三〇〇人だけだった。その一方で、国家は秩序と合法性を指針とする立場を保ち続け、反ユダヤ主義的な暴力行為（一八八一年のヒンターポンメルン、一八九一年のクサンテン、一九〇〇年の西プロイセン州コーニッツ）に対しては警察、さらには軍隊を投入して介入し、中傷キャンペーンや、憎悪と暴力行為を説く人たちを処罰した。ビスマルクがシュテッカーに対して取った態度――反自由主義的な選挙戦は許容したが、社会革命の動員や、財産への批判や、暴力は否認した――は、ある程度まで特徴的なものだったと言える。

カトリック教会の姿勢は中央党と同様のものだった。強固なカトリックの反ユダヤ教主義と言えるものが存在していた。聖職者で神学者のアウグスト・ローリングが七十年代初めに刊行した『タルムード・ユダヤ人』は、学問性の点でははなはだ疑わしい論争的なパンフレットで、多くの版を重ねて宗教書に多くの影響を及ぼしたが、この点で特徴的である。そして、これに類した風潮がまさに下級の聖職者たちの間で受け継がれていった。ユダヤ人は自由主義や、証券取引所や、文化闘争と――すなわち敵対的な世界と――近い関係にあるという見解が、そのような風潮を近代化された形で再び採り上げた。しかしながら、この反ユダヤ主義は決して一つの底流以上のものではなかったのである。保守的な教会プロテスタンティズムは、シュテッカーやトライチュケの反ユダヤ主義や、大学生たちの反ユダヤ主義からいっそう大きな影響を受けており、反ユダヤ主義に積極的に関与していた牧師たちも存在した。しかし、洗礼の力を否定する急進的反ユダヤ主義や人種論とは、はっきりと一線を画してもいた。教会の内部に強い反ユダヤ的な距離感とルサンチマンが存在していたのは確かだが、しかし本来の反ユダヤ主義は、民族至上主義《フェルキッシュ》的な文化批判という急進的な形をそれほど取ってはいなかった場合にも、教会の外に位置していたのである。とは言え、そのような慣習化された部分的反ユダヤ主義が孕んでいた危険性を見過ごすことはできない。

ユダヤ人たち自身の側は、法的措置やプロパガンダを通して反ユダヤ主義に対して断固として防衛する姿勢を取り、自らの市民権を護って、同化という理想を諦めようとはしなかった。彼らは、反ユダヤ主義を、再び息を吹き返してきた暗い時代からの遺物と見なした。しかし、反ユダヤ主義という脅しの下でも、彼らは、例えば形式的な宗教的所属や伝統意識・アイデンティティ意識においてユダヤ人に留まろうとしたのであり、すなわち彼らの「中央協会」が誇りを込めて称したように「ユダヤ教を信仰するドイツ公民」であろうとしたのである〔一八九三年に「ユダヤ教を信仰するドイツ公民の中央協会」が結成された〕。

全体を視野に捉えてみれば、結果は二面的なものであり、それゆえ歴史家たちの見解も分かれている。一方では、粗野な（騒々しい）反ユダヤ主義と反ユダヤ主義政党は、すなわち選挙民が反ユダヤ主義を優先しようとする姿勢も、衰えていき、安定した経済好況の下で成功を収めることができず、セクト的な存在にまで矮小化してしまった。反ユダヤ主義者たちが盛況を見たのはエピソードに過ぎなかったと見なすことができた。解放の成果、すなわちユダヤ人の法的同権が危険に晒されたことは一瞬たりともなかった。法の秩序と法への――社会の、政党の、政府の――信念が打破されることはなかったのである。ユダヤ人の台頭と統合は依然として――至るところでというのでも、等しい程度にというのでもなかったとしても――進展を見せつつあった。皇帝が交際するユダヤ人たちがいた。カイザー・ヴィルヘルム協会で頭角を現わしていったユダヤ人学者たちがいた。自由主義派の間でユダヤ人の議員たちや候補者たちが増えていった――一八八〇―九〇年の時期の不安は、一九〇〇年以降は消えていったのである。

他方では、反ユダヤ主義政党の外部にも反ユダヤ主義的な姿勢や雰囲気が存在していて、そのために「問題」が、それも感情的な危険性を孕みながら、議論され続けていた。確かに、諸団体が及ぼした作用については疑問の余地がある。指導部や出版物が会員たちの姿勢やモチベーションについて多くのことを語っているわけでは、必ずしもない――しかし、会員たちのメンタリティにも影響が及んだこと、反ユダヤ主義的な「論拠」に慣れて無抵抗に受け入れるようになったことが、諸団体の反ユダヤ主義の一つの結果であったのも確かである。そして同じことが文化批判者たち、民族至上主義《フェルキッシュ》的な人種イデオローグたちの文化的反ユダヤ主義にも当てはまる。F・ナウマンが当時判断していたところによれば、一種の「反ユダヤ主義的な社会の雰囲気」が存在していたのだった。すなわち、距離を取って自分たちの協会には受け入れず、かつては素朴に一線を画して排除していた状態がイデオロギー化され、その結果として、本来、排除が初めて固定化されて、例えばアングロサクソン諸国における似たような現象——閉鎖的なクラブ、あるいは上流大学への受け入れ拒否など——との違いが生じたのである。

ドイツのユダヤ人たちの大多数は、状況をポジティブに判断していた。確かに障害や妨害は存在し、頑強な過去の名残や揺り戻しはあったけれども、最後には解決がもたらされるだろうという期待を抱いていたのである。一九一四年における彼らのドイツとの一体化は、明確で、明白で、力強いものであった。なるほど、若い人たちを中心としてシオニストも存在していたけれども、しかしドイツのシオニストの大多数は当面のところは、むしろパレスチナは東欧のユダヤ人たちにとっては唯一の解決策であるけれども、彼ら自身、ドイツのユダヤ人たちにとってはそうではないと確信していた。

結果として言えるのは、以下のことである。一九一四年以前には、ユダヤ人に対する反感が広まっており、隠れた潜在的な反ユダヤ主義が七十年代に較べて増大して存在していた。しかし、反ユダヤ主義の諸政党や、諸団体における反ユダヤ主義の明確なアジテーターたちが代表していた公然たる反ユダヤ主義は、力を持たず、国民的《ナツィオナール》な右派の内部でもやはりそうだった。クラースの例は、反ユダヤ主義的なナショナリストがいかに重要な役割を果たすことができるかを、しかしそれと同時に、その本来の反ユダヤ主義的な帰結がいかに本質的な点では拒否されることになったのかを、示している。とは言え、新たな危機が到来した時には、反ユダヤ主義の潜在力は重要な意味を持つことになった。第一次世界大戦中にドイツ＝ユダヤ関係に生じた画期的な転換は、多元性の下での共生と、同化と、統合とを支えていた氷が、依然としていかに薄いものであったのか、あるいは再び薄いものになったのかを示している。もっとも、一九二〇年以降のヒトラーから見れば大戦前の反ユダヤ主義は決して本来の真の反ユダヤ主義ではなかったのだということを、見落としてはならない。それは、ヒトラーが独自性を主張したがったためというのではなくて、一定の本質的な違いが存在していたのだった——それは、潜在的な状態と、「少々の」、「正当な理由がないとは言えない」

反ユダヤ主義への無抵抗な慣れとから生じてきた、連続性を伴う非連続性だったのである。

　一九一四年には、当初はドイツのユダヤ人たちが戦争を支持して感奮したことは統合を促進するように見えた。行政と軍は幾つかの差別的なやり方を廃止し、それどころかユダヤ人を指導的な地位に就けた。政府は、パレスチナや、ポーランドや、「東方ユダヤ人」、さらにはアメリカ合衆国を視野に置いて、ユダヤ人の諸組織と協力した。

　しかし、戦争に伴う犠牲や欠乏が増すにつれて、ユダヤ人への敵意が再び広まっていった。兵士たちがともに生活するなかで、元々染みついていた反感が目覚めるようになった。将校団や軍行政の分野では既に一九一五年の時点で将校の昇進などに際して強力で公然たる反ユダヤ主義が表面化した。残存していた反ユダヤ主義組織や全ドイツ連盟的＝民族至上主義的《フェルキッシュ》なグループが、それに対応する風潮を「銃後」で煽り立てた。一九一五年末に彼らは、ユダヤ人は兵役あるいは前線勤務から逃れているという請願キャンペーンを組織した。一九一六年十月にプロイセン陸相は陸軍内で「ユダヤ人統計調査」を実施するよう指示した——それも、後に彼が主張したように反ユダヤ主義者たちに反駁するためではなくて、反ユダヤ主義的な考えによるものであった。調査の結果は決して反ユダヤ主義的な嫌疑に合致するようなものではなかったのだが——しかし、それは公表されなかった——、事実上この行動は軍内部での反ユダヤ主義を助長し、軍におけるドイツ人とユダヤ人の共生を決定的に毒することになった。それと同時に「銃後」における反ユダヤ主義的な煽動が大いに鼓舞された。多くのユダヤ人たちにとっては、依然として育まれていたドイツ人とユダヤ人の共生への希望が終わりを迎えたように思われたのである。

　他の点もこれに加わった。戦争中には財産及び収入の、そして消費の可能性——金があれば窮迫をまだ逃れることができた——の差が拡大していった。それによって「上の人たち」、戦時利得者たちへの憎しみが生み出された。「投機家たち」や「悪徳商人たち」がステレオタイプとして流布し、軍備産業の巨大な利得については話題になることがそれよりも少なかった。商業への先祖返り的な反感のほうが支配的であり、そして伝統的な通常の観念に対応して容易にユダヤ人に矛先が向けられた。やはり反ユダヤ主義者たちによって組織されたプロパガンダがそのような感情を強化した。「卑怯者」ユダヤ人と並んで「戦時利得者」ユダヤ人というイメージが登場したのである。さらに、戦争の需要に応じるために経済を動員し組織することを目指して政府によって設立された「ユダヤ人の」戦時会社に対するプロパガンダも展開された。一九一六年に戦時会社のスタッフに関するリストの提示を求めた帝国議会の委員会は、反ユダヤ主義的な意図を含んだ所属宗派を問う項目を付け加えた。もっとも、帝国内務庁はこの項目を削除し、反ユダヤ主義的な嫌疑に明確に対抗する姿勢を示した。

最後には、内政と政治全体に関わる状況が作用を及ぼした。併合主義者たちと「和解による平和」の支持者たちとが、すなわち「タカ派」と「ハト派」とが鋭く対立するなかで、公共の場で活動するユダヤ人たちの大多数は後者の側についた。全ドイツ連盟派の主唱者たちは、「国内の敵」を国外の敵と同一視することによって、それどころか国内と国外での衝突を人種間の衝突として描き出すことによって、対立を激化させた。ユダヤ人はそれ自体としてドイツ民族の敵であるとされ、彼らを「取り除く」ことが、まさに大ドイツ帝国の建設と並ぶ第二の戦争目標とされたのである。そのようなプロパガンダの一つの手がかりとされたのが、言うところの「東方ユダヤ人」の労働力としての流入だった（実際には三万五、〇〇〇人がやって来た）――それは、ネガティブなイメージを喚起し、異質な存在が過度の影響を及ぼすのではないかという不安を掻き立てた。荒々しいキャンペーンから、プロイセン政府は一九一八年の春にともかくも国境を閉鎖するという帰結を引き出した。全ドイツ連盟派のプロパガンダは、戦争中に反ユダヤ主義的な「民衆感情」を著しく強めて、既に予めユダヤ人に敗北の責任者、贖罪の山羊としての烙印を捺していたのである。たとえ多くが戦争のためであったと言えるかもしれないとしても、また、大部分のユダヤ人たちは戦後になれば収まっていくだろうと期待していたけれども、一九一四年以前には自由主義的なドイツ人とユダヤ人との双方が期待していた、ドイツ人とユダヤ人との共生は成功するだろう、反ユダヤ主義を抑制して押し戻すことができるだろうという見通しは、このような形で失われてしまったのだった。一九一四年から一九一八年までの間に、アウシュヴィッツからの観点が、現実はどうであったのかという観点を再び覆っていくようになるのである。

第10節　一八六七年から一八九〇年までのドイツの政党

議会、選挙権、そして積極的な市民層の政治への参加――それらは、政治体制の一部分を成していた。議会は――かなり急速に――議員団別に組織され、議員団によって構成されるようになった。政党が、世論を、議会と能動的な市民たちを、様々な形、さらには互いに対立し合う形を取って明瞭に表わし、取りまとめた。政党が、いずれにしても長い目で見れば選挙民を政治的に組織し、動員した。政党が、議会が握っていた権力の持ち分の担い手となった。それゆえ、政党と政党システムは現実の憲法体制を構成する要素だったのである。議員は独立した存在であるという初期自由主義の夢も、議員は選挙民からの指示と集会民主主義に拘束される存在であるという急進民主主義的な夢も、どちらも実現することはなかった。それどころか、意見を明確に表明して仲介する制度としての政党は、ドイツでは特別な独自の重みを持ち、例えばフランスの場合と異なって議会のクラブや議員グループを遥かに超える存在であった。「独立している」、あるいは議員団に所属していない議員、帝国議会のいわゆる無所属議員《ヴィルト》の数は、とりわけ自由主義派の二つの主要グループがはっきりと結晶化するのに伴って七十年代に急速に減少していく。要するに、既に帝国建国期において、政党が政治生活を規定し、刻印するのである。

しかも、四十年代後半の革命期以来、ドイツには五政党体制が存在する。保守主義派、自由主義右派、自由主義左派、カトリック派、社会主義派がそれである。自由主義派こそが唯一の真の正当な政党、国民《フォルク》の政党であり、他の政党は政府の圧力か、教権派やデマゴーグの誘惑によって一時的に存在するに過ぎないという初期自由主義のユートピア的な見方は、崩れ去ってしまった。政党という現実が多元化したのであって、そして人びとはこのような多元化とともに生きていかねばならなかった。革新党と現状維持党、あるいは政府党と反対党というように、自由主義派が大いに称えていたイギリスの場合と同様に素朴に二分する見方は、ドイツの現実によってとっくに追い抜かれてしまっていた。ドイツの様々な伝統やイデオロギーが多元的で不均等なものであったこと、そして政党は統治したり政府を定めたりすることがなかったという事実が、そのような二分化を不可能にしたのである。

ドイツの政党は、その起源から言えば、イギリスのような互いに競い合う貴族クラブでもなければ、イタリアのように一人の人物の支持者たちのグループでもなく、アメリカ合衆国のようにポストを求める人たちでも、あるいは一定の現実的な問題を巡って集まった人たちでもなく、理念政治的な方向性を持っていて、哲学的＝政治的な原則、理論と綱領を指針としており、世界観政党としての性格を帯びていた。確かに、そのような性格は、十九世紀前半の数十年間における設立期に較べれば、現実の諸問題が解決を迫り、政府の具体的な政策に対して立場を表明することが決定的な意味を持つようになって以来、そして例えば「ドイツ問題」が諸々の哲学を混乱させるようになって以来、弱まっていった。現実政策《レアルポリティーク》、プラグマティズム、時事問題がますます重みを増すようになって、自由主義派と保守主義派との境界は緩やかなものとなっていった。それにもかかわらず、理念政治、世界観はドイツの政党のあり方にとって一つの中心的で特徴的な要素であり続けたのである。例えば選挙戦では常に「政治的な信条」も重要な意味を持っていた。このような元々の方向性は、それぞれの政党が明確な一定の社会文化的、社会モラル的な環境《ミリユー》〔レプジウスが広めた概念〕――カトリック的、プロレタリア的、農業的＝プロテスタント的＝エルベ川以東的、（プロテスタント的＝）都市的＝市民層的という四つの環境《ミリユー》――にその基盤を持っていたという事実と結び付いていた。これらの環境《ミリユー》は、経済的＝社会的な対立――階級と階級や、農村部と都市や、近代以前的と近代的といった――によって分かれ、また、文化的＝宗教的な対立によって分かれていた。それは、ドイツの不均質性の一つの重要な遺産であり、近代的な対立を下支えして強化し、共通の制度や規範群・生活形態群が成立することを妨げた。世界観と社会的環境《ミリユー》とが結び付いて互いを支え合っていたのである。そのために、政党には「陣営《ラーガー》」〔ローエが広めた概念〕を形成しようとする傾向が存在していた。もっとも、この点については二つの点で多少相対化する必要がある。「環境《ミリユー》」は確かに既に帝国建国期にも存在していたが、しかし本来それが固められて強度を増したのはその後の時期においてであり、社会主義的な環境《ミリユー》、さらにはカトリック的な環境《ミリユー》と保守的＝農業的な環境《ミリユー》はそれに該当する。そして、相互間の境界はこの時期には――カトリックの環境《ミリユー》を別にすれば――後の時期に較べればまだそれほど明確で通り抜け不可能なものではなくて、例えば農村部と都市の対立や零細手工業者と労働者の対立はそうであった。また、自由主義的な環境《ミリユー》となり得る範囲はまだ左に向かっても右に向かっても境界を超えて広がっていた。とは言え、それぞれの政党はそれぞれの環境《ミリユー》に引き寄せられ、それが政党の地位を固めてもいた。このことがとりわけ重要な意味を持ったのは、政治において問題とされるものが変わっていったからである。憲法体制に関する問題が政党にとって中心的な位置を占めていた間は、何らかの政治的な哲学を指針とするのは適切なことであり、国民的《ナツイオナール》な問題にしても依然としてまさにそのような文脈に組み込むことが可能だったし、文化闘争の問題、国家と教会の関係の問題、学校と婚姻の問題はなおのことそうであった。しかし、十九世紀の最後の三半期における社会的な諸問題、次いでとりわけ経済的な諸問題による政治への挑戦は、理念政治によって克服することが困難であり、ほとんど克服できず――マンチェスター哲学〔アダム・スミスに依拠する経済自由主義〕はそのための一つの試みだったが――、そして社会や選挙民の具体的な利害を理念政治的なやり方で満足させたり束ねたりすることは不可能だった。それゆえ、それぞれの環境《ミリユー》が政党を形成し構成する力を増していったのである。結局のところは、かつて取っていた立場や行なった妥協、そして原則と、利害と、環境《ミリユー》という要素と、戦略との組み合わせ、また、政府に対する立場や政党スペクトルのなかで占める位置などが、帝国の数十年間にその政党に形を与えることになった。しかしながら、世界観と環境《ミリュー》が特徴的な要素であることに変わりはなかった。

政党システムは、一八六七／七一年に、普通選挙権が導入されたことによって、さらには多数決選挙と決選投票という制度によって、新たな特徴を帯びることになった。選挙制度は憲法体制の一部分を成していた。選挙の実際と選挙民の態度については、後に別の章で、ビスマルク時代を振り返り、そしてヴィルヘルム時代を展望する時に、扱いたい。ここでは、普通選挙権は大衆の政治参加に道を開き、まだエリート政党・名望家政党だった比較的古い政党の性格を、そしてまたそのスタイルを根本的に変化させ、政党自体と支持者たちとを組織するよう強いたということを指摘しておくだけで十分だろう。「自然な」社会的権威とヒエラルヒーの重要性が減少していくのである。これに対して、やはり環境《ミリュー》の重要性が増大していく。このような一般的な傾向はとりわけ自由主義派の政党に打撃を与えることになった――自由主義派は中央党のように聖職者という権威を背後に持たず、保守党のように――少なくともエルベ川以東地域の――行政機構を背後に持っていなかったし、近代以前的な社会グループの家父長主義的な傾向から利益を得ることもほとんどなく、そして、保守党やカトリックの環境《ミリュー》は普通選挙権によって――次いで、七十年代後半の経済と近代性の危機によって――安定し、政治化していったのに対して、例えば市民的な協会のネットワークのような自由主義政党にとっての「環境《ミリュー》」は、より具体的な政治へ、すなわち選挙での決定へと誘導するのが遥かに難しく、それどころか環境《ミリュー》そのものが分解していってしまったのだった。この点についても、後でもっと詳しく述べたい。

この節では、主要な政党の土台となったものについて、そしてビスマルク時代におけるその諸問題と発展について扱うことにしたい――それも、主として「上から」という観点から見ていくことになる。「下から」の観点から見た場合については、先に述べたように後で別に扱う。先に五政党体制と言ったけれども、二つの自由主義グループを合わせて扱うことでこのシェーマを簡素化したい。自由主義グループの分化と再編成は一八八四年までの政党史の重要な部分を成している。ドイツ人及びドイツの民主主義の運命はドイツ自由主義の運命と極めて密接に結び付いているので、私たちはこのテーマを特に詳しく扱いたいと考えており、意識的に既にここで予め七十年代と八十年代における一般的な国内の発展にも踏み込んで述べることにしたい。

a 自由主義派

十九世紀において最初の、そして指導的で一般的な党

1878			1881			1884			1887			1890		
63.4			56.3			60.6			77.5			71.6		
得票率（%）	議席率（%）	議席数	得票率（%）	議席率（%）	議席数	得票率（%）	議席率（%）	議席数	得票率（%）	議席率（%）	議席数	得票率（%）	議席率（%）	議席数
13.0	14.9	59	16.3	12.6	50	15.2	19.6	50	15.2	20.2	80	12.4	18.4	73
13.6	14.4	57	7.4	7.1	28	6.9	7.1	28	9.8	10.3	41	6.7	5.0	20
23.1	24.9	99	14.7	11.8	47	17.6	12.8	51	22.2	24.9	99	16.3	10.6	42
6.7	6.6	26	12.7	15.1	60	17.6	16.9	67	12.9	8.1	32	16.0	16.6	66
23.1	23.7	94	23.2	25.2	100	22.6	24.9	99	20.1	24.7	98	18.6	26.7	106
7.6	2.3	9	6.1	3.0	12	9.7	6.0	24	10.1	2.8	11	19.7	8.8	35
3.6	3.5	14	3.8	4.5	18	3.6	4.0	16	2.9	3.3	13	3.4	4.0	16
3.1	3.8	15	3.0	3.8	15	2.9	3.8	15	3.1	3.8	15	1.4	2.5	10
–	–	–	–	–	–	–	–	–	0.2	0.3	1	0.7	1.3	5

となったのは市民的な運動の党であり、一八四八年の急進民主派がほとんど没落してしまった後では、自由主義派の党であった。この党は、自由と統一の党、憲法国家と国民国家の党、同じ権利を持つ市民たちから成る社会を目指す党だった。彼らの最高の目標の一つであった国民的な《ナツィオナール》統一は、一八六六／七一年に、彼らが考えていたのとは違った形ではあったが、それでも達成された。統一と自由とを彼らは既に長らく前からほとんど一体のものとして考えるようになっており、これら二つのものは相互に条件づけ合うものとして考えられていた。統一は常に自由に向かう一歩と見なされていたのである。良く知られていた論拠として挙げられたのは、プロイセンが単独でドイツの安全保障政策の重荷を担う必要がなくなれば、プロイセンとプロイセンに指導されるドイツ《ライヒ》の国制と政府は最終的に自由主義化されるだろうというものであった。自由主義派は統一と自由との間の優先順位を決定することを望まなかった。それを決定する権利は一八六六年に彼らの手から取り上げられた。いまや、統一を経て自由に至る道しかあり得なかったのである。

　周知のように、——たとえどんなに限られた程度にではあったとしても——ビスマルクと協力するという問題を巡って、一八六一年から大筋ではまとまっていた古《アルト》プロイセン〔一八六六年に領土を拡大する以前のプロイセン〕の自由主義派は改めて分裂した。一八四〇年代から存在していた自由主義右派と自由

表3◆1871-1890年の帝国議会選挙における投票率、得票率、獲得議席率、獲得議席数

選挙年	1871			1874			1877		
投票率(%)	51.0			61.2			60.6		
	得票率(%)	議席率(%)	議席数	得票率(%)	議席率(%)	議席数	得票率(%)	議席率(%)	議席数
保守党	14.1	14.9	57	6.9	5.5	22	9.7	10.1	40
帝国党	8.9	9.7	37	7.2	8.3	33	7.9	9.6	38
国民自由党	30.1	32.7	125	29.7	39.0	155	27.2	32.2	128
進歩党(1881年からは自由主義左派)	8.8	12.0	46	8.6	12.3	49	7.7	8.8	35
中央党	18.6	16.5	63	27.9	22.9	91	24.8	23.4	93
社会民主党	3.2	0.5	2	6.8	2.3	9	9.1	3.0	12
ポーランド派	4.5	3.4	13	3.8	3.5	14	4.0	3.5	14
エルザス=ロートリンゲン派	–	–	–	4.5	3.8	15	3.7	3.8	15
反ユダヤ主義派	–	–	–	–	–	–	–	–	–

出典：Ritter, Wahlgeschichtliches Arbeitsbuch, S.38ff.

主義左派とが、状況が変化した下で、そして新しい形を取って、再び復活したのである。ビスマルクからの「和解」の申し出であった事後承認法案に応じるべきか否かという問題を巡って、まもなく国民自由党と称することになるグループがそれまでの進歩党から分離したのであった。このことについては既に述べた。それまでプロイセン自由主義の右派を構成していた人たち、現実政策《レアルポリティーク》を擁護し、「下から」ではなくて「上から」の革命を、自由に対する統一の優位を擁護していた人たちは、一八六六／六七年には「当然のことながら」ビスマルクを支持した。中道派の人たち、すなわち進歩党の右派がビスマルクとの協力に踏み切ったのは、反対派の立場を選択するのは無意味で見込みのないものと考えたからであり、また、非自由主義者であるビスマルクの勝利を結局は自由主義的な目標のために利用できるだろうと考えたからであり、そして自由主義的な目標はビスマルクと協力することによってのみ実現できると考えたからであった。ヘルマン・バウムガルテンは、名高い自己批判〔『ドイツ自由主義―一つの自己批判』〕のなかで、自由主義派に、当面は唯一統治能力のある保守派のジュニアパートナーという役割を割り当ててさえいる。「左派」の人たちも当初はそれほど意見を異にしていたわけではなかっが、しかし事後承認を与えるのはビスマルクが憲法違反に与えた理論、すなわち「隙間理論」を認めることを意味すると考え、また、彼

に立憲主義的な統治を行なう意志があることを疑っていた。そして、当時用いられたレトリック、ましてやその後の時期に展開されたレトリックは、双方の側が相手を教条主義者あるいは日和見主義者と決めつけるという結果をもたらした。それを通して、別個の議員団と政党が成立したのである。このような事態は、特に憲法紛争に苦しんだ古《アルト》プロイセンの人たちに当てはまった。併合された諸州の自由主義者たちの大多数は国民自由党に加わったが、彼らは中小邦の反動派、ヴェルフェン〔ハノーファー王家〕系や古《アルト》ヘッセン系の自邦中心主義、それに「教皇至上主義《ウルトラモンタニスムス》」派に強く反発していたので、彼らにとっては一八六六年は半ば敗北というよりも自由主義派の勝利のように思われたのだった。これに対して、進歩党のように紛争を再現しようとする姿勢には彼らは魅力を感じなかった。南ドイツでは自由主義派は政府と対立しておらず、あるいは対立点は主として国民政策〔統一政策〕に関わるものであり、自由主義派はヴュルテンベルクを除けばどちらかと言えば統一性を保っていて、国民自由党の路線を志向していた。残存していた南ドイツの左派は反プロイセン的で民主的な人民党という形を取っており、そのためにプロイセンの自由主義左派とは分かれていた。

　とは言え、まず、自由主義の統一性が依然として作用を及ぼし続けていたことを強調しておく必要がある。メタ政治的に言えば、すべての自由主義者たちは自律的な理性が持つ力を（それゆえ教育を）信じており、個人と、その、最初はプロテスタント的＝宗教的に基礎づけられ、後にはカント的＝世俗的に基礎づけられた自己責任を、才能が持つチャンスと業績原理を、封建的な生活理想に代わる市民的な生活理想を、教養があり開化された、その限りでは階級と結び付いた人間性と、文化を信じていた。彼らは、法と憲法を、秩序と自由との調整を、勤労と家族を信じて、反宗教的というのではないにしても反教権的であって、世俗的な近代性を、市場と自由経済を、干渉主義的ではない国家を、そして革命と反動の代わりに発展と改革を信じていた。彼らは、あれか／これかという左右への両極化の代わりに中道と調整の立場に立っていた。その限りでは、「自由主義」とは、自由主義政党とその支持者層によって表わされるよりも遥かに広範な運動、遥かに広範な価値体系・規範体系を意味していたのである。もちろん、そのような規範群が持っていた幅の広さと抽象性の下で、時が経つにつれて、それらの規範群を構成する諸要素の間の緊張関係や、対立や、断絶がますます明らかになり、それらの規範を具体的な状況や問題に適用することがますます困難になっていった。以上のようなメタ政治がかつてもたらした、自由主義派を他のグループから区分するという成果は、依然として保たれていた。すなわち、自由主義派は反社会主義であり、反急進主義、反教権主義、反カトリック、反自邦中心主義、反国際主義、反封建主義、反保守主義であり、封建派と革命派に敵対した。もっとも、半ばなりとも比較的に近代的である保守派や、民主派のような境界的なグループに対しては、そのような境界の設定はもはやあまり機能しなかった。どのような対立関係や提携関係が優先されるべきかという問いに対しては、「原理的」には答えることができず、そして自由主義「そのもの」のアイデンティティは超越的な領域へと色褪せていった。しかしながら、帝国建国期においては、メタ政治的な基本的コンセンサスが、依然としてアイデンティティを付与する具体的な力をある程度は持っていたのである。

より狭くて、より重要な政治的な共通性に属していたのが、議会と政府の関係についての見解だった。自由主義の左派も右派も、どちらも指導的な大臣が形式的に議会の信任に依存する明瞭な議会主義体制を望んではいなかった。国家と国民《フォルク》、政府と議会の二元的状態を求めるというドイツの伝統が、依然として決定的な影響を及ぼしていたのである。しかし、どちらも政府に対して議会が果たす役割と機能を強めることを望んでいた。一八六七年六月の国民自由党の「綱領」は、憲法に関して自由主義派全体に共通する大いなる要求、すなわち軍事問題をも含めた予算審議権の拡充、責任政府制の実現、行政の改革、プロイセン貴族院の改革という要求を断固として堅持した。北ドイツ連邦の憲法は一種の分割払いのようなものに過ぎず、そのような観点の下で彼らはこの憲法に賛成したのだった。進歩党の議員たちは、やはり憲法の内容に影響を及ぼして基本的には憲法を支持していたのだけれども、内容が不十分であるとして反対票を投じたが、そうすることができたのは憲法が採択されることを知っていたからだった。

自由主義派の多くの政治家たち、国民自由党左派や進歩党右派は、長らく協力関係にあり、当初は、そしてしばらくの間はなおも一つの党が二つの議員団に分かれているだけだと考えていた。議員団に属さない「無所属《ヴィルト》」の自由主義議員たちもおり、議員団の「規律」は極めて緩やかなものに過ぎなかった。北ドイツ連邦議会と帝国議会が取り組んだ主要な問題の多くにおいて、自由主義派の二つの議員団は意見が一致していた。とりわけ経済政策と文化闘争政策に関してそうであり、そして議会の権利が制限されることに反対する点でも一致していた。議員によって異なる投票行動は依然として右派の側にも左派の側にも幅広く見られた。議員団間の違いが表面化した時も、その違いは当初は国民自由党の右派と左派の違いよりも大きくはなかった。議会外、選挙区では、自由主義派の統一性はしばしば七十年代末に至るまで組織という形で固定されていた生き生きとした現実であり続け、バーデンやバイエルンでは邦の政党としてもまだ統一されていた。

七十年代に自由主義が辿った運命は、国民自由党が辿った運命に他ならない。その運命は、一方では議会における状況によって規定され、他方では議会外の状況、選挙民たちの間での発展によって規定された。まず、国民自由党は一八七一年にドイツ統一という最も重要な目標を達成してしまっていた。数世代にわたって求めていたものが達成された後で、何人かの人たちは独特な空虚感に囚われたけれども、国民自由党は決して現状維持の党とはならなかった。彼らが一八七一年の後に目指したのは、内なる帝国建国であり、この帝国を自由を強める方向で築き上げていくことだったが、そのために彼らはビスマルクと協力することを選んだ――それが、彼らにとっての自由主義的な諸目標を実現するための処方箋だったのである。彼らは、国民的《ナツイオナール》な法治国家・憲法国家の諸制度を築き上げ、それらの諸制度に可能な限り自由主義的な形を与えようとした。まさにそのようにして統治能力を備えるようになることを望んだのである。彼らが長期的に目指していたのは、議会の地位と権力を強化し、憲法をさらに発展させ、官憲国家を解体・再編することだった。彼らは完全に自由主義者だったのであって、――何人かの歴史家たちが考えたように、大衆への不安から、あるいはナショナリズムに陶酔して、成功者ビスマルクの前に――降伏してしまったわけではないし、自由主義的な要求を放棄してしまったわけではなかった。それは、少なくとも一つの可能で合理的な戦略と言えた。

このことが意味したのは、妥協を締結する用意があったということであった。そして、ビスマルクが必要な立法事業を国民自由党と手を結んで推進することを望み、――彼が自らの出身党派である保守党と決裂していて、さらに保守党が弱体過ぎ、また、新たな中央党と極めて厳しい対立関係にあったために――国民自由党を頼りとせざるを得なかった間は、国民自由党は政府の一種のジュニアパートナーとしての位置を占めて、ともに統治する党という地位に近いところにまで進出した。彼らは多くのことを達成することができたし、実際に驚くほど大きくて重要な成果を挙げた――それを見誤るのは、怒りに目を眩まされながら回顧しようとする場合だけである。しかし、この妥協政策は、ビスマルクが宰相を務める下での君主主義的＝官僚的な官憲国家においては、自由主義的な諸目標と実際の可能性との間の狭い尾根をかろうじて歩んでいくようなものだったのであり、そもそも個々の具体的な法律に関してそう言えた――体制を変えていくという長期的な観点に関しては言うまでもない。協力か反対かという一八六七年当時の問いが、いまや国民自由党自身にとっての問いとなったのであり、そして二つの自由主義政党の間の両極化が国民自由党内の左右両派の両極化という形を取って繰り返されたのだった。ビスマルクを失脚させることを望む者は誰もおらず、望まれていたのは彼の企てに影響を及ぼすか、あるいは——一種の分業体制として——影響を及ぼし得る領域を獲得することだった。これに対して、ビスマルクの側はそのような影響の可能性を限界内に留めようとした。すなわち、それは——長い目で見れば——「獅子組合」〔特定の組合員だけが利益を得て他の組合員は被害を受ける組合組織〕のようなものだったのである。やがて国民自由党は、——ヘルマン・バウムガルテンが甥のマックス・ヴェーバーに語ったところによると——そもそもビスマルクよりも生き延びることを目指し、自由主義の目標と力とをビスマルク後の時代において、そしてその時代のために「救い出す」ことを望むようになった。

幾つかの重要な領域において、両者の協力関係は機能した。すなわち、自由主義的な経済と居住の自由を定める枠組みを地方のあらゆる権威に対抗して全国的に実現した立法や、法政策や、帝国行政の構築と拡充や、文化闘争立法などがそれらの領域である。協力への動機がビスマルクの側と自由主義派の側とではそれぞれに異なっていたこと、そしてそもそもその点に最初から衝突に至る芽が必然的に存在していたことについては、後に詳しく述べることにしたい。反教皇至上主義と文化闘争が——憲法と、国民《ナツイオーン》と、市民的な財産秩序と並んで——常に自由主義的な信念と自由主義的な政策の四つの中心的な項目の一つだったのだが、いまやいっそうそうなった。しっかりと認識して念頭に置いておく必要があるのは、文化闘争は自由主義派にとって重要な戦略的な機能をも有し、それどころか一部の人たちにとっては完全に意識的に戦略的な意味を持っていたということである。文化闘争は、ビスマルクを右派から引き離し、彼が保守党とカトリック派から成る多数派を手に入れて何らかの政策を追求するのを妨げ、彼を自由主義派に結び付け、さらには左派をも含む自由主義派の内部をも結び付けたのだからである。それに留まらず、国民的《ナツイオナール》な大義への独占権をもはや持たなかった国民自由党にとって、カトリック勢力を「帝国の敵」として非自由主義的な仕方で排除することが統合を図る一種の代用手段として機能したのではないかという問いへの答えは、ひとまず措いておくことにしたいが、いずれにしてもそれが文化闘争における彼らの主たる意図だったわけではなかった。

経済政策・対社会政策や文化闘争政策の分野で、国家と協力して社会の反自由主義的な勢力と闘うというドイツ自由主義派の古くからの理想は、実現を見るに至った。法政策の分野では政府との協力はより困難であり、自由主義派はより多くの妥協を受け入れねばならなかったが、それでも統一的な法治国家の実現という点でかなりの前進を果たすことができた。憲法体制政策の面で挙げた最も重要な自由主義的な成果であるプロイセンの郡制改革（一八七二年）は、国家主義的な基本的特徴を帯びていた。すなわち、第一に問題となっていたのは行政の脱封建化と国家化であって、民主的な自治行政は国家行政への市民参加という形に改められたのだった。もっとも、一八七二年に収めた重要な勝利は、長期的には失望に終わることになってしまったけれども。それにもかかわらず、自由主義時代に挙げられた成果には大きなものがあり、憲法体制政策の面ではそこには実際に静かな変化へのチャンスが潜んでいたと言ってもいいだろう。しかし、静かな変化ではなくて権力配分に関わる具体的な問題が俎上に載せられた場合には、自由主義派は引き下がらざるを得なかった。古くからの紛争問題である軍事予算の問題は、一八七一年以降の諸条件の下では、政府に対する議会の立場を強化することもあり得た紛争政策を推進していくのには適しておらず、陸軍兵力を七年間固定した一八七四年の七年法の「妥協」は、議会側が四分の三の割合で敗北を喫したようなものであり、そのような状況を確定しただけだった。官憲国家を徐々に議会主義化していくことは、現実と言うよりも願望に過ぎなかった。最後に対外政策に関して言えば、自由主義派は反対することができなかったし、反対するつもりもなかった。そのためにビスマルクの支配的な役割が世論の意識のなかでも強められ、そして彼はそのような対外政策での指導権を極めて重要な軍事政策にも持ち込むことができ、それを手がかりとして彼が望めば全体的な政策を変容させることも可能となったのである。

国民自由党の協力政策が挙げたアンビバレントな成果は、三つの――互いに条件づけ合う――帰結をもたらした。第一に、自由主義左派の進歩党の国民自由党との対立関係がより明確に、より鋭く、さらにはより感情的なものとなった。立憲的な進歩が阻止されることで積み重なった失望の矛先が国民自由党に向けられたのである。一八七四年の七年法から一八七七年の司法関係諸法までに至る個々の点での譲歩が、周縁的な問題でのそれも含めて自由主義の「原則」の放棄、「裏切り」として攻撃され、オイゲーン・リヒターによれば国民自由党は「妥協から妥協へと堕落していった」とされた。一八七五年にホーファーベックが亡くなってから進歩党の指導者にのし上がっていったリヒターは、原則として「純粋」な教条のほうを実現のチャンスよりも、自らの党と議員団のほうをなおも存在する自由主義派全体の結び付きよりも、そして戦術的な成功のほうを全体的な政策に関する戦略よりも優先し、常に反対派となり続ける役割を体現するようになっていった。それは二つの自由主義政党の間の関係を両極化することになり、そして当然のことながら選挙に際しての行動にも作用を及ぼした。

第二に、一八七五年頃からビスマルクが国民自由党に対してますます距離を取ることが目立つようになった。国民自由党は「立憲的」な要求を諦めず、そのような姿勢は具体的にも財政改革に関する差し迫った問題に際して表面化し、また、社会民主主義者たちとの関係でも法治国家の観点から「弱腰」な態度を取り、要するに親政府的であることが少な過ぎたのであり、ビスマルクは、国民自由党がそのような路線を堅持しているのはとりわけ同党左派のせいだと考えていた。それに、ビスマルクが保守党の下に復帰しようとする傾向を示していたこと、そして明確に自由主義的な経済政策と、文化闘争が成功を収める見込みに対して疑いを抱くようになったことが加わった。

第三に、以上のような状況が国民自由党の内部構造に影響を及ぼした。右派の間では、ある程度の親政府的＝保守的な傾向が強まり、大衆の政治化が始まって選挙民のなかの自由主義派の追従者が減少していくのに直面して、憲法に関する古くからの理想への疑いが強まって、現状維持に満足しようとする姿勢とビスマルクを崇拝する姿勢も強まった。幾人かの人たちの目には、進歩党は「帝国の敵」に近いところに位置するようになったと映った。その一方で、左派の側はビスマルクと協力する下でも立憲的な要求を放棄せず、それどころかそのような要求を明確に主張することを望み、「全体としての自由主義」という理想を堅持して、進歩党との良好な関係を保とうとしていたのだが、それだけに国民自由党左派は進歩党から受けた攻撃に特に打撃を受けたのだった。最後に、党の指導者ベニヒセンを中心とする依然として完全に自由主義的だった大きな中間派が存在し、彼らは、全体的な政策と憲法体制政策のためにも国民自由党の統一を維持することが使命であると考えていた。様々な方向性を統合する強力で大きな党のみが統治党になることができ、あるいは統治党であることができるのである、と。それが当面のところは党内の各派の信念でもあった。党は一八七五年から一八七九年までの間はともかくも一つにまとまって、本来の自由主義的な目標を指針とし続けた。

議会における党の地位という問題の傍らには、議会外での、選挙民の間での自由主義派の地位というもう一つの主要な問題が存在していた。自由主義派は、左右双方の競争者たちが主張したような資本主義的なブルジョアジーの党だったわけではなかった。確かに、自由主義派は市民層の党であり、時が経つにつれていっそうそうなっていったが、しかし少なくとも当初のうちは幅広い範囲の「民衆《フォルク》」、一般庶民を支えとすることができた。自由主義派の議員たちと政治的に行動的な支持者たちは名士たちであり、教養層と、経済的に活動している層の出身者、さらには中間層と中程度の農場所有者たちから成っていた。帝国建国期の十年間には、既に自由業が古くからの自由主義的な官吏たちと並んで比較的大きな役割を果たしていた。その一方で、自由主義派に投票する人たちは、財産と教養の層以外に、依然として零細中間層や、まだ社会民主主義の影響を受けていないきちんとした下層の人たちや、さらには農民層から成っていた。彼らは、少なくとも名目上はプロテスタントであり、例えばプファルツ地方やフランケン地方の農村部の場合のように、しばしば反カトリシズムが自由主義派に投票する主たる動機となっていた。小邦や、例えば東フリースラントやハノーファーのように――かつての――君主家との結び付きが少なかった地方では、国民自由党が強く、これに対して反プロイセン《ボルシア》感情が強いプロイセン以外の地域や新領プロイセン地方では自由主義左派も強かった。幾つかの地域では自由主義右派と自由主義左派との間にある程度の違いがあったことを指摘できる。国民自由党は、積極的に活動する人たちに関して言えば、自由主義左派よりも比較的豊かで地位と威信において勝っている人たちが幾らか多く、そして三級選挙権の下のプロイセン下院選挙で自由主義左派と競合した場合には、第一級の投票者はどちらかと言えば国民自由党に投票し、第三級はどちらかと言えば自由主義左派に投票した。

　第一回の帝国議会選挙は、一八六八年の関税議会選挙が期待外れに終わったのに対して、帝国建国の高揚した雰囲気のなかで、国民的《ナツィオナール》な運動の代弁者であった自由主義派に大幅な得票数の増加と高い得票率をもたらした。自由主義者と称していたすべての小グループや無所属を含めると、自由主義派は議員の五十パーセントを超えた。そして保守党が分解したような様相を呈して政府からもほとんど支援を受けられなかった、一八七四年の選挙では、二つの自由主義政党は基本的に保守的だった古《アルト》リベラル派を吸収して帝国議会で改めて議席の過半数を獲得し、国民自由党だけで三十九・〇パーセント、進歩党は十二・三パーセントを占めた。一八七三年と一八七六年の三級選挙権で選出されたプロイセンの邦議会選挙でも、また大部分の中規模諸邦の邦議会選挙でも、同様の結果だった。もっとも、既に述べたように、自由主義派「それ自体」が議会で統一体として存在していたわけではなく、それゆえそのような多数派は名目上のものに過ぎなかった。諸々の伝統や、土地の名望家たちとの個人的な繋がりが、選挙区では依然として大きな役割を演じていて、政治的な大衆市場の力が地方自治体や選挙区のレベルでの政治生活を完全に変容させてしまう以前には、教養人や名士のネットワークがなおも支えとなっていた。既にそのためだけでも、特に強力な本来の党組織は存在しておらず、ましてや選挙と選挙の間の時期には存在していなかったし、プロパガンダ活動も見られなかった。教養がある名望家たちは組織の結成に乗り気でないままだったし、彼らのスタイルや、さらにはプレスのスタイルも幾らかエリート的で、指導する者と指導される者との格差を基盤としていた。自由主義派は政治の大衆市場と取り組むうえで困難を抱えていたのである。

例えば、講壇社会主義的な社会改革のプログラムやヒルシュ＝ドゥンカー労働組合を通して労働者層に支持を拡大するとか、あるいは彼らをもっとしっかりと繋ぎ止めるといった試みは、なされることがなかった。自由主義派は「マンチェスター的」な自由主義者だったのである。国家による援助ではなくて自助と教育と節約、そして労働組合の活動やストライキではなくて個人の上昇、すべての人が参与するであろう成長の動力としての国民的《ナツイオナール》統一と経済全体の進歩――それが処方箋なのであった。国民自由党の左派であるバンベルガーやオッペンハイムも、右派であるトライチュケも、ともに自由な経済とその「自然な」調整メカニズムに制限を加え、官僚的に規制し、社会的なヒエラルヒーに手をつけるような社会改革に反対した。可能な限り国家が介入しない自由な経済という枠組みの範囲内でのみ、自由主義派も改革を支持したが、そのような支持にしても――当面のところは――大きなものではなかった。

先に述べたように、自由主義的な「世界観」が存在し、教養人と市民層を中心とする――その限りでは声の大きい――自由主義的な「環境《ミリユー》」が存在していたが、しかし幅広い比較的下層の選挙民や大衆の間ではしっかりとした結び付きや忠誠心をほとんど見出すことができなかった。自由主義的な環境《ミリユー》は開かれていて緩やかな環境《ミリユー》であり、カトリック的なそれや、社会民主主義的な労働者運動のそれや、あるいは――まもなく成立した――保守的＝農業的な「農村部」のそれとは較べものにならなかった。確かに六十年代の自由主義派は体操協会や、合唱協会や、射撃協会などの国民的《ナツイオナール》な協会組織という幅広い支持基盤を持っていたが、しかしこれらの結び付きは統一運動が勝利を収めるとともに崩れ去ってしまった。これらの協会は背後に退いていき、非政治的となり、政党との結び付きを放棄したのである。「帝国に忠実な」すべての人たちが、いまや自由主義派が収めた成功を自由主義派から奪うことができた。自由主義派はその目標を達成してしまったので、それまでの支持者たちは自由主義派のために組織として積極的に活動することを止めてしまった。自由主義的な環境《ミリユー》のプロテスタント的な背景も、もう一つのハンディキャップとなった。正統派のプロテスタントたちは保守的だったので、そのために多くの協会は中和されてしまったし、リベラルなプロテスタンティズムは個人主義的で組織が弱体であり、例えば一八六三年に結成された「ドイツ・プロテスタント協会」〔リベラルなプロテスタンティズムの代表的な組織〕は長期的には自由主義にとっての民衆的な支えとはならなかった。さらに、国民的《ナツイオナール》あるいはプロテスタント的な環境《ミリユー》は制限選挙権や等級選挙権の時代には効果を発揮したが、普通選挙権が作用を及ぼし始めると、もはや十分な力を持たなかった。自由主義派が選挙で収めた大きな成功は、選挙民との強力で持続的な結び付きに基づくものではなかったのである。アンチの立場、すなわちカトリシズムや社会主義に対するアンチの立場、ユンカーや貴族に対するアンチの感情、そして——保守主義が自邦中心主義的であった限りでは——自邦中心主義に対するアンチの立場が重要な役割を果たしていたし、それに、近代化されて市場を志向する経済政策が成長という成功を収めたことに対して当初は寄せられていた信頼が、加わった。このような状態はまだ不幸と言えるようなものではなかったが——プラグマティックな諸政党によって構成されている状況であれば、ごく正常な状態と言えただろう——、しかしまもなく政党間の競争にとって著しい不利を意味することが判明したのだった。

ヨーロッパのほとんどどこの国でも、大衆の政治への参加、民主化は自由主義派の危機へと通じていった。しかし、ドイツ帝国では、自由主義派が統治して実際にその真価を示し、そしてさらには根を下ろす時期を持つことがないままで、特に早い時期にこの危機を迎えることになったのである。その原因は、まず、比較的早い時期にビスマルクが帝国議会に普通選挙権を導入したことにあった。確かに、それは当初はビスマルクが期待したように親保守派的な作用を及ぼすことはなかったが、しかし反自由主義派的な作用を及ぼした。この選挙権を通して開始された選挙民の、「民衆」の動員及び政治化と、政党が大衆支持者層を固める可能性とは、自由主義派自身よりも自由主義派の敵対者たちのほうに遙かに有利に働いたのである。中央党と、さらにまだようやく台頭しつつある状態にあったとは言え社会民主主義派は、それぞれの世界観的＝社会的な支持者層を政治に動員することができ、それぞれの環境《ミリュー》を政治的な陣営《ラーガー》へと固めることができた。自由主義派がしだいに市民層の政党となっていった、あるいはなってしまっていたという事実は、普通選挙権の下でいっそう表面化し、国民全体《フォルク》の党であると主張するのはいっそう困難になった。それに加えて、他の政党はいまやかつて自由主義派が持っていた利点、すなわちあらゆる種類の不満を集める反対派としての位置を占めるという利点を持っていた。まさに国民自由党は、半ば親政府的な立場に立っているために、中央集権主義や世俗主義や市場経済に対するあらゆる反対の標的となり、同党が唱える「自由」は国家による強制を意味するものとして受け止められ、闘いの対象となった。別の言い方をすれば、普通選挙権は伝統主義的な敵対者たちや自由主義的な近代化の犠牲者たちに確固とした民衆的な支えを提供したのである。国民全体《フォルク》の代弁者という意識を持っていた自由主義者たちは、彼らを、事態を動かして創り出し、より確かな共同体や、安定や、連帯を破壊してしまう一団として攻撃する他の国民《フォルク》の代弁者たちに直面することになり、そして後者は強力で、ますます強力になっていった。これに対しては、自由主義的な世界観も名望家のスタイルも太刀打ちできないように思われたのである。

さらに、自由主義派は彼らが収めた国民的《ナツィオナール》な成功の犠牲者となった。彼らの目標は達成された。彼らが未来のために提供できたもの、すなわち帝国の安定化や、あるいは自由に向かっての拡充は、感情的に大いに魅力のあるものとは言えなかった――それは未来よりも過去を志向するものだったのである。彼らは国民的《ナツィオナール》な運動への独占権をこの運動の勝利とともに失ってしまったので、しだいに選挙民をも失っていった。自由主義派の得票率が一八七一年から一八七七年の間に投票者の四十六・六パーセントから三十八・二パーセントに（そして一八七八年には三十三・六パーセントにすら）低下したのは、帝国建国期の例外的な状況が正常化したものと見ることが可能である。しかし、それが自由主義派を動揺させたのは明らかであり、とりわけ多数決選挙権の下で例えば一八七四年に比して一八七七年には得票率で一・五パーセント失ったことが議席では七・一パーセント失う結果をもたらしただけに、いっそうそうであった。いまや、中央党だけではなくて保守党と社会民主主義勢力も党勢を拡大した。

国民自由党の人たちは、言わば「包囲されている」というメンタリティを抱くようになった。自分たちこそが、本来、国民《フォルク》の、開明されて自立している国民《フォルク》の真の正当な党であるという、かつての――反多元主義的＝独占主義的な――確信は大きく揺らぐようになり、非自由主義的な民衆を、買収され、偽りの権威やデマゴーグに惑わされている反動的あるいは革命的な賤民として解釈する、昔ながらの苦し紛れの説明が再び持ち出されるようになった。とりわけ右派の人たちは民主派と大衆に対する不信感を強めた。例えばトライチュケは、一八六九年にはまだ普通選挙権を擁護していたのだが、既に一八七四年の時点でこの選挙権を非合理性の支配と決めつけている。確かに、帝国議会の選挙権に手をつけるべきではない戦術的な理由、さらには理念政治的な理由が十分に存在していた。しかし、この選挙権を連邦諸邦や地方自治体にまで拡大してはならなかったのである。何よりも、このような不信感は国家に依存しようとする傾向を強めかねなかった。強力な国家のみが個人の自由を非寛容になりかねない多数派から護ることができるのだ、と既に一八七二年にグナイストは述べている。国家は、カトリック派の脅威に直面する下で、自治行政と警察に対する監督権を手中に握っておかねばならない、と文化闘争を闘うラインラント人のジーベルは一八七五年に言っている。幾つかの誤解に対して強調しておく必要があるが、そのような傾向が国民自由党の人たちの間で支配的だったというのではまだなかったのだけれども、しかし党の一部の人たちの間では改革への熱意、立憲的な進歩の重要性についての信念にブレーキをかける結果をもたらしたのだった。国民自由党左派の人たちは、自由主義的＝立憲的な進歩が停滞していることへの不満を募らせながら、自由主義派全体の同盟という対抗政策のための民衆的基盤が消滅しつつあるのを恐怖の念を抱きながら見守っていた。

　さらに別の要素も加わった。経済的な展開、とりわけ一八七三年からの不況が、利害を——都市と農村部との間で、そして都市の中間層の内部で——分化させ、両極化させたのである。中間層は、上部と下部、企業家と手工業者、資本家と官吏、ブルジョアジーと教養市民と小市民、そしてそれぞれの生活世界へと、解体されていった。かつての自由主義の均質な社会的基盤が崩壊していったのである。それと同時に利害が重要性を増し、そして保護関税というテーマとともに、次々と登場する新しいグループや他のグループのために国家が保護・介入することを求める声が高まっていった。このような利害の分化は、自由主義政党、とりわけ国民自由党のそれまでの支持者層に特に大きく関わるものだった。

　このような事態に対処しようとした自由主義派の手段は、もはやうまく機能しなかった。それまではどのような利害も「公益」という概念を尺度として測られ、そしてこの尺度についてコンセンサスを得るのは可能であるように思われていた。しかし、そのようなコンセンサスを得るのは困難になったのであり、利害の側が自らをモラル政治的に公益に関わるものと宣告したことも、その一因となった。自由貿易を支持する人たちは、当時は輸出あるいは消費者の利害を引き合いに出すのではなくて、自由というモラル政策を根拠とした。保護関税は市場、自由、民主主義に反するものであり、悪魔の申し子のようなものであって、介入主義的で官僚的＝官憲的な超国家を支えるものに他ならない、と。そのために争いが激化し、調整による解決がいっそう困難になった。もう一つの規制的な役割を果たしたのが、あらゆる「特殊利害」に対して「政治」のほうが、例えば理念政治や国民《ナツィオナール》政策・憲法体制政策・教会政策などのほうが優越するという観点であった。自由主義派は、そのような形で「政治的」なものを統合原理とする政党だったのである。彼らはいまや追いつめられる立場に立つことになった。しかし、ジェネラリスト、理想主義者としての立場から、「物質的」な特殊利害が前面に進出し、——ビスマルクによって——解き放たれるのを嘆く声は、無力だった。要するに、政治の経済化が自由主義の危機を深め、利害間の争いのほうが「純然たる」政治的な統合よりも前面に出てきたのであった。このような事態は、両極の派に分かれながら経済的・社会的に様々なグループを抱える大きな政党、すなわち国民自由党に特に大きな打撃を与えた。さらに、このような内部の困難に、会社設立恐慌と不況が世論と選挙民に及ぼした長期的な影響が加わった。自由市場を解き放った経済政策が、批判の集中砲火を浴びたのである。ドイツの自由主義派は言われるように無条件に市場経済を支持していたわけでも「マンチェスター主義」的でもなかったのだが、不満と反発の標的になるという重荷を背負わざるを得なかった——それは、(ともに)統治していた党の定めだった。ビスマルクの側は、それまでの政府の政策から距離を取って、自由主義派に対抗するために不況を十分に利用するすべを心得ていたのである。

とりわけ国民自由党がそのように党の内外において重荷を抱えていたにもかかわらず、自由主義時代が終わりを迎えたのはそのためではなかったし、そして党の統一性が——結局は——崩壊したのもそのためではなかった。ビスマルクが、国民自由党との同盟に背を向けて、大きな自立的な党としての国民自由党を破壊し、根絶しようと図ったのである。そのような結果をもたらしたのは、国民自由党の弱さではなくて、体制を徐々に、しかし実際にさらに発展させて変えていこうとした国民自由党の政治的意志の強さなのであった。出来事の成り行きについては後で扱うことにしたい。ここでは僅かな主要な点を述べておくだけで十分だろう。確かに、ビスマルクは一八七七年に国民自由党の指導者ベニヒセンにプロイセンの大臣〔財務大臣〕と一種の副宰相への就任を打診しており、この時点では彼はまだ決断を下してはいなかった。しかし、この打診は実を結ぶに至らなかった。チャンスを逃したとも言えるかもしれないが、この提案は国民自由党との協力ではなくて同党を制御することを目指したものであり、拒否するべき十分な理由があった。ビスマルクが保守党に再び歩み寄ろうとするのは留めようのないことだった。ビスマルクの姿勢のこのような転換が文化闘争を中止するという理性的な決断と時を同じにしたのは、文化闘争に積極的に関与していた自由主義派にとってはこの時点では一種の破局的な意味を持った。ビスマルクは、国民自由党が帝国議会の圧倒的多数とともに最初の法案を拒否していた社会主義者鎮圧法を利用して、皇帝への二度目の暗殺未遂事件の後で自由主義派を攻撃する強力な選挙戦〔一八七八年の解散総選挙〕を展開した。投票率が高まり、自由主義者たちが棄権し、とりわけ農村部で右傾化が生じた結果、国民自由党は一八七七年よりも遥かにひどい敗北を喫することになった。エリートたちも選挙民も右傾化して、中道派の自由主義的路線をもはや支持しようとしなかったのである。自由主義の右派と左派の競い合いも一定の役割を演じた。国民自由党議員団は社会主義者鎮圧法を受け入れたが、それでも党内の緊張は減少しなかった。左派は右派の親政府的な態度を非難し、右派は左派が法治国家的な留保を主張したことを非難した。ビスマルクが保護関税問題を第一の政治的な課題として設定したという事実によって、党内の緊張が激化することになった。党の議員たちのほぼ四分の一ずつが保護関税主義者たちと自由貿易主義者たちだった――彼らが右派と左派であった。しかし、そこには憲法体制政策に関する色彩も加わっていた。右派の側では、それは保守党及び農業派との同盟を支持して社会主義派に反対するという意味をも持った。そのためには、彼らは議会の権力を強めるという古くからの目標を放棄する用意があるように見えた。そして逆に干渉国家と利害国家に反対した人たちは、そのような国家は長期にわたってどのような自由主義化をも締め出してしまうだろうからという理由でも反対したのだった。国民自由党左派の指導者の一人であるベルリン市長のフォルケンベックは、一八七九年五月十七日に開催された大規模な政治集会で、自由な市民たちが始まりつつある反動に対抗する共同戦線に結集することを、さらには自由主義派全体を糾合する党を結成することを呼びかけた。しかし、この呼びかけは実を結ばなかった。ともあれ、繰り返すが、国民自由党と手を切り、それを通して同党を最終的に崩壊させたのは、やはりビスマルクだったのである。

ベニヒセンは、見返りとして歳入を承認する帝国議会の権利が確保されるのであれば新関税に同意するという方針を、議員団に受け入れさせるのにある程度まで成功した。しかしビスマルクはその提案〔塩税を毎年承認することによって帝国議会の予算承認権を確保するという提案〕を拒否した。彼は関税改革・財政改革を中央党の協力を得て行なったのである。その限りでは、彼は財政政策の面で一種の敗北を甘受することになった。しかし彼は帝国議会に対して構造に関わる譲歩を行なうことを望まず、国民自由党と手を切って、彼の目から見れば特に憎むべきラスカー議員に体現される同党左派を吹き飛ばそうとしたのであり、保守的な転換を行なおうとしたのだった。確かに、国民自由党の提案が議会多数派の支持を得られるかが不確実だったことも一定の役割を演じていたが、しかし決定的だったのは、それまで国民自由党の左派だけではなくて中間派の目標でもあった帝国憲法の「自由に向かっての拡充」を阻止するという、ビスマルクの基本的な意志であった。党の内部崩壊をもたらした契機として、右傾化する傾向や、他方では関税問題を信念と自由に関わる問題へと転じさせた左派の教条主義的な姿勢を、強調しようとする場合には、以上の点をも銘記しておく必要があるのである。

その結果もたらされたのは国民自由党にとっての重大な、破局的な敗北であり、それは党の存立に関わる危機となった。最初にシャウスとフェルクが率いる断固とした保護関税主義者たちから成る十五人の右派の小グループが帝国議会議員団から離脱したのは、どちらかと言えば偶然的な出来事だった。一八七九年のプロイセン下院選挙が新たな破局的な出来事となった。国民自由党の議席は一六九から一〇四に減少し、左派が特に大きな打撃を受け、進歩党も六十三議席から三十八議席に減って、三級選挙権下のこの邦でも自由主義派が多数を握る状態は終わりを迎えた。行政機構と新たな農業的＝中間層的な保守勢力とを相手に回して太刀打ちすることができず、そして反対派の立場を取ることは、彼らの場合には、そして今回は、報いられなかったのである。一八八一年までに自由主義派はバイエルン、バーデン、ザクセンの邦議会選挙でも票と議席を減らした。

絶望感が広まるなかで、国民自由党の右派と左派はそれぞれ対照的な構想を発展させ、そのために党は崩壊していった。左派は一八八〇年三月に脱党していわゆる「分離派」〔正式な名称は「自由主義連合」〕を結成し、ラスカー、バンベルガー、フォルケンベック、シュタウフェンベルク、リッカートのような著名な人たちがそれに加わった。離党したきっかけと時期は表面的な理由で選ばれたものであり、七年法の好ましからざる延長をきっかけとするのは選挙民の理解を得られなかったであろうから、文化闘争の収拾に際して多数派が譲歩的な姿勢を取ったのをきっかけとして利用したのだった。しかし実際に問題となっていたのは未来に向かっての方向性だったのである。保守的な流れが強まっているからといって自由主義がもはや未来を持たないようなところまで自由主義を後退させてはならないのであって、これ以上政府との協力を続けてもその代価は高過ぎるし、得るものは少な過ぎるのだ、と。これに対して、党に残った人たちは一八六七年以来取ってきた妥協路線をさらに追求していこうとしたが、基本的には体制の変更という目標を完全にいつとも知れない遠方に、永遠に訪れてこない日まで先送りした。具体的には、分離派の人たちは、帝位が交代すれば出番が回ってくるだろうと密かに期待しながら新たな自由主義派の結集、新たな自由主義派全体の党の結成に賭けていた。その限りでは彼らは皇太子党だったのであり、ビスマルクが恐れていたグラッドストン流の内閣、すなわち自由主義内閣の支持者であった。もっとも、そのような将来の見通しを超えたところでは、分離派の人たちは、とりわけ私的な意見を交わし合っていた場合には、著しく悲観的であり、選挙民や世論において自由主義的な意識が、それどころか市民的な性格が衰えていること、すべてを支配する宰相の権力の下で利害経済と無関心状態が広まりつつあることを嘆いていた。分離派の人たちにとっては、自由貿易主義が――それは、注目に値するとともにイデオロギー的な性格を帯びていたのだが――一種の政治的福音であり続けた。社会的に見ると、彼らは商業及び東ドイツ・北ドイツの商業都市と強く結びついており、市民的＝大ブルジョア的で、鉱工業界との結び付きは少なく、官吏はいっそう少なかった。

確かに、進歩党も一八七八／七九年〔一八七九年はプロイセン下院選挙〕に選挙で敗北して国民自由党と同様に大きな打撃を受けたが、しかし存立の危機に陥ることはなく、社会的＝経済的に国民自由党よりも均質であり、反対派としての役割を以前から果たしていて、なおも果たし続けた。同党は先を見据えたような戦略を発展させずに、自らの組織を固めていった。半ば独裁的な党統治を確立した党の指導者オイゲーン・リヒターは、多元的な意見を伴う新たな自由主義派の結集には反対しており、分離派の人たちが進歩党に合流してくることを望んでいた。しかし分離派の側はまさにそのような形を取ることを望まなかったのである。そのため、一八八一年の帝国議会選挙では三つの自由主義政党が候補者を立てた。分離派は可能な限り左右の兄弟党に対抗する候補者を立てるのを避けたのに対して、進歩党は国民自由党に対抗する候補者を大量に立てて、四十四の選挙区に及んだ。すべての自由主義派を合わせれば、得票率は四・三パーセント上昇して三十七・八パーセントとなり、議席の割合は六パーセント（二十四議席）増えて四十・八パーセントとなった。国民自由党は大きく減少し、議席の半分以上が二つの自由主義左派グループに奪われたが、まさに東部で保守党から二十三議席を奪ったことである程度埋め合わされた。しかし、このような「左傾化」は、自由主義的な憲法体制政策への支持、ビスマルクの憲法体制政策への反対の意志表示を意味したわけではなくて、遙かに重要だったのは物価の上昇とタバコ専売化の恐れに対するプロテストのほうだった。本来、自由主義左派の基盤が拡大したわけではなかったのである。既に一八八二年のプロイセン下院選挙が、農村部の選挙区がいまやいかにしっかりと保守党に握られているかを示した。自由主義左派は国民自由党から奪った議席で失った分を埋め合わせることができただけだった。リヒターがいまやヴィントホルストとともに帝国議会の多数を占める反対派の指導者として大きな役割を演じるようになったことも、単なる一つの戦術的な成功に留まったのであり、戦略的には何も変わらなかった。

それでも、一八八四年に二つの自由主義左派グループは合同するに至った。分離派の人たちは、国民自由党が右傾化の方向を辿り、選挙の準備が困難さを増すのに直面して、合同に控え目だった態度を改め、リヒターの側も純粋な教義を守っている自分の党だけが自由主義を救うことができるのだという考えに制限を加えねばならなくなったことが、それを後押しした。新しいドイツ自由思想家党、人びとから「自由思想《フライジン》」と呼ばれるようになった党の綱領——反動と社会主義、関税と国家による保険に反対し、帝国議会の権利を主張する——は、どちらかと言えば防御的なものであり、それほど未来を指し示すようなものではなかった。憲法体制の拡充に関しては、責任帝国内閣制と平時兵力の毎年の確定が要求された。社会経済的には、自由主義左派は労働者層と国家による保護を求める農村部及び都市の中間層とに挟まれて少数派の立場に追いやられてしまっていた。議会の権利の拡大や政府権力の制限といった古くからのスローガンも、それを克服することはできなかった。さらに、合同した双方の間の相違が依然として大きく、そしてリヒターのスタイルが統合を強化するのを妨げた。一八八四年に社会主義者鎮圧法の延長が可能になったのは、自由思想家党が帝国議会の解散という脅しの下で分かれて票を投じたためだった——何人かの議員たちが反対票を投じることができたのは、法律が可決されることを知っていたからである。そもそも一八八四年の選挙が成功とは言えなかった。自由思想家党は以前の両党の議席のうち三十九議席を、すなわち三分の一以上を失った。農村部と東部では保守党が再び進出し、都市では社会民主主義派が進出した。国民自由党に投票した人たちは、決選投票で自由保守党〔帝国議会では帝国党〕が対立候補者になった場合には、自由思想家党の候補者に投票することに控え目な態度を取るようになった。植民地政策と関連して市民的な陣営で見られた国民的《ナツィオナール》な雰囲気も、一定の役割を演じた。

フリードリヒ三世の統治〔九十九日間で終わった〕、すなわち「上から」の穏健自由主義的な雰囲気が続いたとすれば、なおも、そして長期的に、自由思想家党を強める助けとなり得たのかどうか、私たちには分からない。いずれにしても、そのような揚力がなければ自由思想家党の状況は厳しいものであった。企業家、農民、手工業者、ましてや労働者の多数派はもはや同党の側についておらず、国民的《ナツィオナール》な教養市民層、ましてや青年層の多数派も同様だった。個人主義的な理想と個人主義的なスタイルを伴う毅然とした自由主義は、古風なものとなってしまっていたのである。普通選挙権がもたらした結果は、農村部はますます保守党の地盤となり、工業的な大都市はますます社会民主主義勢力の地盤になっていったということであった。自由思想家党に投票する人たちはしばしばプロテストのために投票する浮動的な投票者であり、あるいは「より小なる悪」として投票した。一部分——棄権者や新規投票者のなかで自由主義左派に投票する可能性があった人たちのような——は、国民的《ナツィオナール》な合言葉に染まり易く、やがて例えば一八八七年の選挙のように自由思想家党から離れていった。積極的に関与していた自由思想家党の支持者たちの間では諦めの思いが広まっていき、議会多数派が決定的な影響力を持つという古くからの理想もその影響を被らざるを得ず、それどころか、そもそも議会多数派はもはや自由主義的ではなくなってしまったのだった。

一八八七年の選挙、すなわちビスマルクがフランスの脅威を視野に置いて演出した「カルテル」選挙〔保守党・国民自由党・帝国党が選挙協定（カルテル）を結んだ〕は、自由思想家党の壊滅的な敗北で終わった。国民的《ナツイオナール》な動員の結果、自由思想家党は確かにほとんど得票数は減らさなかったものの得票率は十七・六パーセントから十二・九パーセントに低下し、「カルテル」戦術のために議席に占める割合は十六・九パーセントから八・一パーセントに、議席数は六十七から三十二に減少した。一八九〇年選挙の結果がビスマルクの退陣に伴う混乱のなかでいま一度正常な状態に戻った（十六・〇パーセントの得票率と議席の十六・六パーセント、六十六議席）のは、やはり一種のプロテスト効果によるものだった。しかし、その後も構造的な衰退が続いていった。一八九三年の選挙では三十七議席しか得られず、党の統一も崩壊したのである〔リヒター派の自由思想家人民党と旧分離派の自由思想家連合に分裂した〕。

小さなヴュルテンベルクのドイツ人民党については、存在を指摘しておくだけに留めたい。この党は自由主義派の最左端に位置し、一八四八年の民主主義の遺産を受け継いでいた。同党は、フランスやイタリアにおける急進派に相当した。

分離派の人たちが自由主義派全体の「同盟」という戦略を取ったのに対して、国民自由党に残った人たちは一八八〇年以降基本的に保守党及び政府との同盟という戦略を取り、とりわけ国民的《ナツイオナール》で反社会主義的、反教権主義的で幾らかは反封建的という立場に立ち続けた。体制の変革を働きかけるというかつての観点は消え失せて、憲法体制政策の面では現状維持が規範となった。左派と右派とに対抗するというそれまでの中道の定義が変化して、主として左派と中央党に対抗するという意味だけを持つようになった。このような方向性の転換はイデオロギー的にも正当化された。国民《ナツイオーン》が断片化してしまっているのだから、ドイツでは議会主義体制は不可能であり、国民的《ナツイオナール》な政党は自立した政府と手を結ばねばならないのだ、と。出現しつつある大衆社会と利害の多元化という危機のなかでは、秩序と、文化と、社会的ヒエラルヒーは君主主義的＝官僚的な国家においてこそしっかりと護られるように思われた。いまや、一八七九年の後の国民自由党は実際に右傾化していったのである。社会的には、帝国議会議員団のなかの企業家の割合は十三パーセントから三十二パーセントに上昇し、教養層の割合は六十パーセントから四十五パーセントに低下して、「保護関税主義者」が増え、主として理念政治や憲法体制政策を志向する大学人たちは背後に退いていく。

国民自由党の右への転換は、以上のように描き出したところから思われるように突然起こったのではない。べニヒセンは、分離派が分かれた後もなおもビスマルクとの協力と反対派としての姿勢との間を何とか舵取りしていこうと努めた。それが失敗すると、彼は一八八三年に党の指導から退いた。ヨハネス・ミーケルが音頭を取る下で、一八八四年に自由主義右派の指針としての「ハイデルベルク宣言」が成立した。この宣言は、ビスマルクと彼の軍事政策・植民地政策・反社会主義政策への支持、関税と、農業及び中間層の保護、政党に超越する強力な国家への支持を表明して、自由主義派全体の統合と「グラッドストン綱領」への拒否を宣言したものだった——古《アルト》プロイセン〔一八六六年以前のプロイセン領〕の国民自由党の人たちはためらったけれども、しかししだいにこの路線が浸透していった。最も興味深い、そして本来の新しい転換と言えるのは、社会政策に目を向けるようになったことだった。社会保険が社会主義者鎮圧法を補うものと考えられるようになったのである。自由主義左派は社会国家が強大化するのを恐れて社会の自己治癒力を信頼していたが、新しい国民自由党はそのような見方を共有しなかった。国民自由党のほうが社会政策に関しては進歩的だったのである。このような保守と進歩、右派と左派との交差関係は注目に値するし、全体的な政治に関しては進歩的な自由主義左派が、社会主義者鎮圧法を拒否する一方で——マンチェスター主義を守るという点では保守的な姿勢を示して——社会政策の全体をも拒否したという逆転現象も、やはり注目に値する。市民層の人たちに向かってほとんど自由のためにバリケードを築いて戦うよう呼びかけた、他ならぬ分離派の指導者たち、例えばルートヴィヒ・バンベルガーや、この時期のテーオドール・バルト〔後に社会政策を積極的に主張するようになった〕は、社会保険に反対する闘いを自由のための闘い、自己責任という人間性のための闘い、生死を賭けた闘いとして打ち出したのであった。国民自由党のほうは、保険立法を具体化するに当たって、国家年金の受給者を創り出そうとするビスマルクの傾向に歯止めをかけて非中央集権的な保険とその自己管理を実現するのに大きく寄与した。ベニヒセンの後の国民自由党において唯一の重要な政治家であったミーケルは、未来における最も重要な政治問題となることになるさらなる社会改革の断固とした擁護者であり、住宅政策や、財産政策や、所得分配政策、それどころか労働組合を承認する政策のために尽力した。そのような政策を彼は自由主義派と保守派の大いなる改革同盟、一種の「トーリー民主主義」の任務と見なしていた——それは、いまやかつての憲法体制政策的な展望に取って代わることになった一つの展望であったと言えるし、そして青年期にマルクスに近いところに位置していた他ならぬミーケルがそれを代表していたのは、おそらく偶然ではない。そのようにビスマルクの社会政策を超えるところにまで踏み込むのは、通常の党には見られない現象だった。

一八八七年の「カルテル」――ビスマルクによって国民《ナツイオナール》政策・軍事政策の分野で演出された「七年法」選挙〔七年法の改定による陸軍増強がテーマとなった〕のための国民自由党と両保守党の選挙協定――は、「ハイデルベルク」政策の当然の帰結であった。それは国民自由党にそれまでの五十一議席に代えて九十九議席、十七・六パーセントに代えて二十二・二パーセントの得票率をもたらした。しかし、保守的なカルテル反対者たちとの諍いや、ビスマルク期末期における摩擦による消耗のために、カルテルは特に成功を収めたとは言えず、ましてやミーケルが望んだ改革同盟についてはまったく言えなかった。カルテルの崩壊から国民自由党は一八九〇年の選挙で十六・三パーセントの得票率と十・六パーセントの獲得議席率を救い出すことができただけだった。一八七九年の破局の後で未来を指し示すような新たな方向性を、やはり国民自由党も生み出すことができなかったのである。

確かに、八十年代に全体としての自由主義派は常に帝国議会選挙で投じられた票の三分の一以上を獲得したし、一八九〇年以前の十二年間には議席の三十一・五パーセントから四十・八パーセントの間を占めていた。政党間の入れ替わりが見られたし、自由主義政党の分裂は単一の党という夢で終わった党よりもおそらく多くの選挙民を自由主義派に繋ぎ止めることになったと思われる。しかし、この力は政治的にまとまって投入することができず、互いに対立し合うブロックに属していた。分離線、摩擦による消耗、そして構造的な弱さが拡大していったのだった。

自由主義派は――ヨーロッパのどこの国でもそうであるように――衰退していく。ポピュリズム勢力と社会主義勢力が進出してくる。社会の不均質性が増大する。国家権力が、予想に反して、国家による介入と中央集権的な官僚制とを通して拡大する。自由主義派の分裂も、関税と国家の介入を通して、さらには植民地や、とりわけカトリック教会との関係や、少数民族との関係を通して進展していく。個人主義的な社会・国家・政治というモデルへの疑念が、すべての自由主義者たちの間でしだいに膨らんでいく。中道派の場合には常にそうであるように、社会主義の台頭が彼らを左から右へと押しやる。それでも、ドイツが辿った道はやはり特別な道である。国民《ナツイオナール》的な問題と結び付いていたこと、早くから普通選挙権と向き合わねばならなかったこと、そしてもちろん何よりもプロイセン的＝軍事的な中核を持つ権威主義的で官憲的な憲法国家という文脈が、しかも当時の「強力な人物」が指導する下で存在していたこと、などが違いを生み出した点である。そして改めてその帰結に関して言えば、ドイツの自由主義派はビスマルクとの闘い及び彼への適応によって拘束されていたために、ヨーロッパの他の国では、たとえしだいにその可能性が低下していったとは言え、なおも長い間可能であったこと、すなわち自由主義派によって規定された政治的スペクトルのなかに急進派を統合することができなかったのであった。社会民主主義勢力が早い時期に台頭したことは、ドイツの自由主義が孕んでいた問題性に対応しているのである。

b 保守主義派

　十九世紀の半ばには、大いなる理念政治上の対決と、新たな形成が進展していった。F・J・シュタールの政治哲学を通して、保守主義は、近代的な国家、すなわち法治国家と公的施設《アンシュタルト》としての国家を土台とし、協働権を持つ議会と一定の形の選挙が存在する立憲主義体制を土台とする立場に立つようになった。いまやそのような「体制」の枠内で君主と政府、地方エリート、教会、軍と貴族、農村部と農業の優先権を、変化とさらなる発展を目指す自由主義派に対抗して護ろうとするようになったのである。メタ政治的には、保守主義派は彼らが苦痛と感じた状態、すなわち過去と現在とが疎遠化した状態を、過去を近代に統合することを通して、あるいは、止めようがなく避けようのない新しいものを現存するもの、過去に裏打ちされたものに組み込むことを通して、克服しようとしたのだった。プロイセンでは、議会政党としての保守党は紛争期に自由主義派による議会の権利についての解釈に反対し、議会の権利を拡大し、主張することに反対して、国王とその紛争大臣であるビスマルクに追従した。

　帝国建国期に出発点となった状況に関しては、二つの点が重要である。

　一、ドイツの現実のなかでは、保守党は主としてエルベ川以東地域の政党、そして主としてプロイセンの政党だった。それ以外の地域で強力だったのはザクセン王国と両メクレンブルク大公国においてだけであった。他の邦では、理念政治的・社会的に保守的な人たちは、カトリック教徒である場合には中央党に加わった。あるいは、反プロイセンの立場から独自のプロテスタント派を形成した——ハノーファーのヴェルフ派の場合がそうである。あるいは、国民自由党の幅広い傘の下にその場を見出した場合もあった。確かに、ドイツ帝国の数十年間を通してすべての州や邦に「保守」（自由主義右派ではなくて）を名乗るグループが存在していたが、それらはエルベ川よりも西の地域では弱体で分裂したままだった。プロイセン的でエルベ川以東的であることが、保守党の特徴と限界とを規定していたのである。

　二、保守党は、一八六六／六七年以降、「革命的」な道によって保守権力を保とうとしたビスマルクの政策によって脇に押しやられ、彼と行をともにせず、時代の諸力との同盟に対して、すなわち国民《ナツィオナール》運動、市民的＝自由主義的な社会との同盟、さらには普通選挙権の下での民衆との同盟、それらの諸力を囲い込むと同時に君主政とその担い手たちの優位を確保することを目指していた同盟に対して、距離を保った。敵対者と手を結んだビスマルクは、モダニストであり、保守主義からの逸脱者であると見なされた。そもそもドイツ問題の解決の仕方と一八六六年の併合は、正統主義という保守主義の原理と衝突するものであり（「王冠の略奪と、国民性というペテン」）、人民投票的＝カエサル主義的な方法もやはり同様だった。事後承認法と、国民自由主義派との和解は、自らの立場を掘り崩すものと見なされた。それでも、プロイセンの権力への誇りと、国家理性・統治理性の観点からすれば、ともに担うこともできたかもしれないが、しかし長期にわたって自らの原則をビスマルクの現実政策《レアルポリティーク》の犠牲に供するつもりはなかった（例えばプロイセンの新領諸州の扱いに関して）。プロイセンの特殊性を維持することが、国民的《ナツィオナール》な統一よりも――感情の点でも――完全に上位に位置していたのであり、後者に対してはより冷静で熱気に乏しい態度を取っていた。自らの政策の基盤を保守党と自由保守党〔帝国党〕と国民自由党との「カルテル」に求めようとしたビスマルクの構想に対しては、保守党は精々のところ状況によって加担するだけであって、持続的に、そして確信をもって加担するつもりはなかったのである。

　具体的には、保守党とその逸脱した申し子であるビスマルクとの疎遠化をいっそう促進することになったのは、とりわけ三つの問題であった。文化闘争（特に世俗的な学校監督と民事婚）と、自由主義的な経済政策（及び、対社会政策）と、そして――自由主義派が手に入れた最大の成果だったのだが――エルベ川以東地域においてユンカーの地方権力の基盤となっていた郡制度の改革、すなわち、大農場主の警察権力の廃止を伴い、貴族院の貴族多数派の抵抗に遭って新しい貴族議員の任命という手段を使ってようやく実現した改革とが、それである。いかに亀裂が深かったかということは、一八七五年に党の機関紙である『クロイツツァイトゥング』に編集長の求めでジャーナリストのペロが執筆したいわゆる「時代《エーラ》論文」によって示された。すなわち、現在の経済政策（「ブライヒレーダー―デルブリュック―カンプハウゼン時代」〔論文のタイトル〕）は自由主義的＝資本主義的な政策であり、ユダヤ人による、そしてユダヤ人のための一面的な利潤追求を特徴としている、と。攻撃されたブライヒレーダー〔ユダヤ人〕を個人的な銀行家として利用していたビスマルクは、主たる責任者の一人と見なされていた。自らの名誉が傷つけられたと感じたビスマルクは、この新聞とそれを定期購読者として支えているすべての人たちを議会で最も激しい言葉で攻撃して、彼らに王宮への出入りを禁止させたが、これに対して上層のプロイセン貴族たちは同紙への連帯を宣言することで応えたのだった

（「宣言者たち」と呼ばれた）。

保守党はエリートの党であり続け、地域の「お偉方」としての名望と行政からの助力だけで選挙に勝利を収めるのには十分だった。『クロイツツァイトゥング』の社会保守主義〔社会問題に関心を寄せる保守主義〕的な編集者であったヘルマン・ヴァーゲナーが、憲法紛争期に小市民的＝プロテスタント的な「プロイセン民衆協会」のネットワークを構築しようとした試みは、一定の成果を収めたにもかかわらず再び休眠状態に入り、その他の協会も同様であった。「民衆の党」になるという近代化の構想は、まだ差し迫った代案となるに至っていなかったのである。もちろん、行政機構が――指示に従って――党に対して距離を置く態度を取った結果、保守党は一八七四年の帝国議会選挙で重大な損失を被ったが――議席数が五十七から二十二に、得票率は十四・一パーセントから六・九パーセントに減少した――、しかしプロイセンの郡長行政と保守的なユンカーたちとの言わば「自然な」結び付きは、それ自体で独自の重みを持っていた。

ところで、当然のことながら保守派の帝国議会議員や邦議会議員のなかにはビスマルクの支持者たち、親政府的で実際的な人たちもおり、彼らは古《アルト》保守派の反動的な反自由主義からは距離を取っていた――プロイセン下院の保守派議員の三分の一以上が既に一八七二／七三年に「新保守派議員団」を結成していたのである。一八七六年には、新しい形を取るに至り、「ドイツ保守党」が三人のユンカー政治家、ヴィルヘルム・フォン・ラウフハウプト、フリードリヒ・ヴィルヘルム・フォン・リンブルク＝シュティールム、オットー・フォン・ヘルドルフ＝ベドラの指導の下で設立された。この党は、帝国と国民的《ナツィオナール》な成果を土台とし、さらには政治的＝社会的な新秩序を土台とする立場に立ったが、明確に保守的なビスマルク支持路線を取り、農村部と農業の利害に基づいていた。主唱者たちの実際的な姿勢と並んで、もちろん、党が不振に陥ったことへの配慮と、ビスマルクが望んでいた国民自由党を含む同盟のなかで右の側の重しとなるという考えも、一定の役割を果たしていた。一八七八／七九年の転換の前触れが姿を現わし始め、保守的な「税制・経済改革者連合」が一八七六年に帝国議会で最初に農業利害を組織したが、この連合の設立は保守党の新たな結成と完全に連動している。保守党の新たな結成にとって決定的な意味を持った点は、第一に、新たな帝国ナショナリズムを保守党が受け入れたこと――そして周知のように、彼らがその先触れ役を務めるようになるまでには長い時間がかからなかった――であり、第二には、古風な「原則」や理念が後回しにされて農業利害が強調されるようになったことであったが、それを通して民衆的な人気を得る新たな道が開かれたように見えたのだった。もっとも、この道は、都市への、庶民である「民意味した。

衆」への拡大、さらには南部と西部における拡大という、六十年代にヴァーゲナーが提案した選択肢への拒否をもも受け継がれた。

もちろん、核心的な価値と基本的な戦線配置はその後も受け継がれた。多数派ではなくて権威が尊重された。議会主義が拒否され、あるいは国家と社会の根拠を平等や自然法や理性（これらは――保守主義派が主張したところによれば――あらゆる破壊的な帰結、すなわちエゴイズムの解放と個人の過大な要求を伴う、近代の非現実的な幻想に過ぎなかった）に求めることが拒否された。新しいものを創り出したり計画したりすることは、常に望まざる結果をもたらすとして不信の目で見られた。君主政、エリート、ヒエラルヒー、そして成長してきた共同体的な秩序を、無拘束な個人主義やその動員から護り、社会的な平和と家父長主義を資本主義的市場の単独支配から護って、伝統と宗教をあらゆる結び付きとモラルの根源として護ることが、唱えられた。連邦主義、それどころかプロイセンの自邦中心主義が強調された。抽象や、疎外や、匿名性、そして意味の破壊に反対した。以上は、保守主義派にとってのメタ政治であり、あれか／これかという反自由主義的な基本パターンへと帰着していった。しかし、現実の政治にとっては、それらは背景を成す哲学としての位置を占めていた。

保守党の新たな結成は多大な成功を収めたので古《アルト》保守派も帝国議会を中心としてそれに加わっていった――例えば『クロイツツァイトゥング』の編集長のフィーリップ・ナトゥージウス＝ルードムや、ビスマルクの青年期以来の大いなるイデオローグたちの最後の一人であるハンス・フォン・クライスト＝レッツォウがそうである。それとともに、当然のことながら、それまでの保守派の分裂という問題は派閥の形成という問題として新しい党に引き継がれた。右派の反資本主義・反自由主義の姿勢と中央党に傾き易い傾向は、新しい党と、政府に忠実な態度を求めるビスマルクとの間の関係にとって重荷となった。

帝国議会では、保守党は中央党あるいは国民自由党と組めば相対的な多数派の中核となることができた。プロイセン下院では保守党は一八七九年から最大の勢力になり、同党の本来の権力基盤はここにあった。

新たに結成された直後に、党の影の下で社会保守主義が――それまでは理念政治的な一つの変種に過ぎなかったのだが――アードルフ・シュテッカーのキリスト教＝社会党という形を取って形成・組織されたが、これについては既に福音派教会及び反ユダヤ主義との関連のなかで述べた。当初のシュテッカーがまだ主として労働者層の獲得に努めていた間は、成功を収められないままだった。ようやく零細中間層に集中して反ユダヤ主義をアジテーションの手段として好んで用いるようになってから、彼は八十年代の前半にベルリンや、ヘッセン、ザクセン、ヴェストファーレンなどの幾つかの地域で人気を博するようになった。一八八一年にキリスト教＝社会派は独自のグループとしてドイツ保守党に加わった。プロテスタントの労働者や中間層の支持を得ようとして、それに相応する積極的な社会政策を目指す努力が、シュテッカーの綱領であったことに変わりはなく、一時的には保守党の綱領と戦略を巡る議論の一つの主要テーマとなった。それに反ユダヤ主義が加わった――反自由主義という立場からそれを信奉していたのであれ、あるいは民衆向けの手段としてそれを利用していただけだったのであれ。保守党は下士官と兵士を欠いた将校のようなものだったので、都会人・市民・牧師・ジャーナリストや若い人たちから成るキリスト教＝社会派は、単に少数の敬虔で社会改革に好意的な地方貴族たちにとってだけでなく、保守党そのものにとっても一定の魅力を持つ存在であった。キリスト教＝社会派の大義と並んで、エルベ川以東の農業地域以外の西部や都市や「民衆」の間でも選挙に成功を収められるという見込みも加わった。例外的な非凡さと極めて大きな人を惹きつける力を持つ（エスタブリッシュメントに対しても）、カリスマを備えた弁士であり護民官であったシュテッカーは、保守党にとって神の贈物のような存在だったのである。彼の路線を無視することはできなかった。ともかくも、一八八六年にはドイツ保守党のプロイセン下院議員一三二人のうちの三十人がエルベ川以西の選挙区で選出され、一八八七年には同党のプロイセンでの帝国議会議員六十一人のうちの十二人がやはりエルベ川以西の選挙区で選出されたのであり、それはキリスト教＝社会派という要素によるものと考えていいだろう。

ところで、八十年代末期の保守党内では注目に値する状況が展開していった。議員たちの多数派はオットー・フォン・ヘルドルフが率いる下でビスマルクの「カルテル」路線を支持した――これに対して、カリスマ的な編集者ハマーシュタインとシュテッカーに率いられたいわゆる「クロイツツァイトゥング派」が異議を唱えたのである。その際には、社会改革と並んで福音派教会の脱国家化という問題が、彼らの関心の中心を占めていた。肝心な点は、民衆党的な政策への要求と、（資本主義的な）自由主義派との「カルテル」に背を向けてその代わりに中央党と提携するべきだという主張であった。それはビスマルクと自党の指導部に矛先を向けたものに他ならなかった。大掛かりな策謀と陰謀の戦術を駆使することによって――シュテッカーの、後にプレスに漏れることになった〔社会民主党の機関紙によって暴露された〕一八八八年のいわゆる「火あぶり書簡《シャイターハウフェン》」は、反「カルテル」戦術の模範的な例だった――これらの政治家たちはヴィルヘルム王子〔後のヴィルヘルム二世〕（及び、当時王子のお気に入りだったヴァルダーゼー）を味方につけようと試みたが、ビスマルクに太刀打ちすることはできなかった――もちろんこの結果、一八九〇年まで党内の不満は高まっていった。反「カルテル」戦線は他の動機からも強められていき、一八九〇年に社会主義者鎮圧法の延長問題に際して「カルテル」の妥協に反対する方針が勝利を収めた。この結果、同法の延長は否決されてビスマルクの失脚が速められた。この年の選挙戦では彼らは「カルテル」への反対を扇動して、ヴィルヘルム二世の社会政策的な宣言を旗印に掲げた。

私たちはここでビスマルク後の時代の初期についても論じておく必要があるが、それは以上に述べてきた歴史は一八九三年になって頂点と結末を迎えるのだからである。ビスマルクが失脚した後も、保守党はなおもヘルドルフに率いられた「カルテル」に好意的な親政府派によって規定されていた。しかし、カプリーヴィとの対立の高まり、そして一八九一年の農村自治体法とオーストリアとの通商条約、さらには一八九二年におけるツェードリッツの学校法案の放棄が、親政府的な路線への拒否に繋がっていくことになった。ヘルドルフは党指導者の地位から失脚した。

このような状況の下で一八九二／九三年に、保守党の新しい方向性に関する二つの選択肢を巡って相次いで決断が下されることになる。最初に問題となったのは、新たな社会政策的＝民衆党的な構想であった。党はキリスト教＝社会派と若い知識人たちによって――党の従来のあり方には完全に反して――綱領を巡る議論を押しつけられ、そして党指導部は「下から」の圧力を受けて不承不承党大会を招集した（一八九二年にベルリンのティヴォリ・ホールで開催）。この党大会では、「青年」キリスト教＝社会派、ヘルムート・フォン・ゲルラッハを中心とするシュテッカー「左派」が勝利を収めた――正式な代表団が存在せず、混乱した採決方式の下でだったが。党指導部の草案に反して、新たな党綱領への決議では社会主義者に対する新たな例外法が拒否され、反ユダヤ主義の「逸脱行為」への非難が削除され、その代わりにユダヤ人の影響力の抑制が要求された。それは、（親政府主義のレベルをも超えた）伝統的な保守政策の敗北、キリスト教＝社会派と反ユダヤ主義者たちの、そして彼らの民衆党の理念の勝利を意味した。もちろん伝統的な保守派の側も、反ユダヤ主義を受け入れて、それを保守党の問題とし、保守党の指導の下に置くことによって反ユダヤ主義を「制御」しようという考えを持っていた。以上のような成り行きは、保守党の歴史よりも反ユダヤ主義の歴史にとってより重要な意味を持つ。なぜなら、党大会から一八九三年六月の帝国議会選挙までの半年の間に、反ユダヤ主義者たちは保守党に極めて激しい攻撃を、保守党の「地盤」であった選挙区でも、加えたのだからである。反ユダヤ主義派が獲得した議席のうちの十議席は保守党から奪ったものだった。反ユダヤ主義との戯れを通した民衆党戦略は成功を収めたというには程遠かったし、穏健な保守主義者たちは極端な反ユダヤ主義者たちに反対していた。反ユダヤ主義は党を刷新しようとする努力の接合剤とはなり得なかったのである。

しかし、このように右派の再編が不安定になっている状態のなかに、農業危機と農業家同盟の設立が降りかかってきた。突如として、保守党にとってまったく異なる新しい大衆的基盤が出現したのである。保守党のキリスト教＝社会派の下での反ユダヤ主義的な新路線は、結局は単なる幕間劇に終わった。農業派の運動がキリスト教＝社会派を不要なものとしたのだった。この点については後に述べる。保守党の指導部は皇帝の新たな反社会主義路線に転じて、カプリーヴィが失脚してからは親政府的な「結集政策」の路線に重点を移した――そのほうが、反「カルテル」政策よりも農業の利害がより良く護られたからである。さらに、シュテッカーの若い支持者たちは、例えば社会政策をより強力に農業労働者層にも及ぼすことを望んでいて、エルベ川以東地域の農業派の目から見れば「左派的」になり過ぎており、そしてシュテッカー自身はいかなる決断も回避していた。一八九五／九六年に彼は党指導部と党から追い出され、確かにそれは牧師たちやジャーナリストたちや都市の人たちの間に多くの不満を生み出したが、彼らは党の強固な（そして忠実な）中核というわけではなかったので、指導部はそれを無視することができたのだった。

いわゆる自由保守主義派、帝国のレベルでは「帝国党」と称した人たちについては、議会の情勢にとっては重要な存在だったものの、ごく簡単に述べるだけに留めたい。彼らは一八六七年のビスマルクの支持者たちであり、その後も「従順ビスマルク党」となり、自由主義右派及び大市民層との橋渡し役となることに努め、教会政策の面では反正統派、経済政策の面では親資本主義的で、農業界と産業界とを仲介し、実際的で外交的に振舞う親政府派であり、妥協の能力を十分に備え、その能力を発揮して、国民自由党とともに「カルテル」の中心を成していた。一八七八年の帝国議会選挙で五十一議席、一八八七年の選挙でも四十一議席にまで達したが、それは同党の仲介者としての役割が特に求められていた状況の下でのことであり、その他の選挙では八十年代以降に三十議席以上を獲得することは一度もなかった。しかし、そもそもこの党は、本来、ほとんど政党とは言えなかった。むしろ議員たちから成る議員団だったのである――当初は外交官や、高級官僚や、高級貴族から成り、シュレージエン州を中心として、ベートゥージ＝フクやヴィルヘルム・フォン・カルドルフのような産業界の利害と結び付いた農業家、あるいはシュトゥムのような大産業家がいて、それぞれの選挙区で個人的な名望と高い社会的地位を享受していた人たちだった。確かに後には議席の数が減っていくけれども、しかし決選投票の場合に妥協候補者となるのに適していることから利益も得ており、彼らを「退場」させることは難しかった。

c 中央党

宗派的な政党、カトリック政党が存在することが、ドイツの政党スペクトルにおける特別な特徴の一つであり、それは十九世紀の第二・三半期に成立し、そしてこんにちまで作用を及ぼし続けている。主としてカトリック的というのではなくて、多数派が部分的にはプロテスタント的、部分的には世俗的であって、それゆえ諸制度が宗教的＝宗派的な中立性、場合によっては非カトリック的な世俗性を主張する世界においては、また、教会と国家の間に古くからの法的な結び付きが存在していて、そして近代的な時代においては法的領域を区分するという問題や、国家の教会に対する監督権の問題や、複数の教会や宗派の間で法と平和を守る国家の権限という問題や、教会の側が独立性と公共的性格を主張するという問題や、そして国家と教会との双方が学校や婚姻法などの「混合的な事柄」に関してそれぞれに自らを主張するという問題が存在する世界においては、さらには、オーストリアやバイエルンを別にすれば、カトリック教徒が非カトリックの統治エスタブリッシュメントと向き合っている世界、カトリック教徒が憲法や法、経済や社会において「近代的」なものに脅かされていると感じ、少数派という立場に置かれている世界においては、政治的に代表されることを求める「カトリックの利害」が、疑いもなく存在していたのだった。そして、議会と政党が存在する立憲主義体制においては、もはや司教団と教会組織だけがカトリックの利害の代弁者なのではなくて、議会人や政党グループも少なくとも同等の役割を果たした。遅くとも三十年代から「政治的カトリシズム」、カトリック議員団やカトリックの政治家たちとカトリックの政治団体が存在していた。カトリックの利害は、憲法政策や国民《ナツィオナール》政策や階級政策に関する他の自明とも思われる政治的な区分と交差する関係にあったので、政治的カトリシズムが辿った歴史は、世紀の第二・三半期が辿った歴史の一部分を成しているのである。

一九三三年までドイツの政治において一つの強力なグループを成すことになる中央党は、――ようやく――一八七〇年に設立された。一八六六年から一八七〇年までの間、プロイセン下院や北ドイツ議会には「カトリック議員団」や、多少なりともそれに類したものは存在せず、プロイセン憲法闘争がそれ以前にプロイセン下院に存在していた保守＝自由主義系の「カトリック」議員団を磨り潰してしまい、それと同時に政治的に活動するカトリック教徒たちの統一性も失われてしまっていた。そこから、何人かの歴史家たちは、中央党は新しく結成されたものであって、第一にはビスマルクと自由主義派が開始した文化闘争という大攻勢に対する一つの反作用に他ならず、古くからの政治的カトリシズムの連続性を帝国建国期の諸条件の下で言わば自然に変容させたものなのではないし、一八六六年の敗者たち、小ドイツ主義的な帝国建国への反対者たちの党でもないのだという結論を引き出した。そのような見方は誤った両極化に他ならない。中央党が、政治的カトリシズムの連続性、かつてのカトリックの党派形成の連続性を踏まえているのは確かなことである。そして、文化闘争の長い前史の、一八七一年以前にも展開されていた潜在的な文化闘争の一つの産物であるのも、やはり確かなことである。一八六六―七〇年に北ドイツにカトリック政党が存在しなかったという事実は、政治的カトリシズムの終わりを意味していたわけではなくて、一時的な危機を意味していたのであった。そして、この危機が、一八七〇年に中央党の結成によって克服されたのである。

最初の帝国議会選挙のために、既に個人としてカトリック党派政策の伝統を体現していた政治家たち、例えばライヒェンスペルガー兄弟やヘルマン・フォン・マリンクロートといった人たちが結び付いた。次いで、この新党設立の動きが北ドイツから成立しつつあった帝国の全体へと広がっていった。文化闘争は、一方における官僚的国家の攻勢と、国民的《ナツイオナール》な自由主義の攻勢、そして他方における教皇至上主義の攻勢との、三重の攻勢から成るものとして説明することができるだろう。いずれにしても、中央党を設立した政治家たちにとっては、具体的に脅かされているという感情と実際の脅威とが大きな役割を果たしていた。一八六九年のモアビート〔ベルリンの地区〕での修道院襲撃事件、すなわちドミニコ会の小さな施設が興奮した群衆によって破壊され、それに続いて邦議会で進歩党が修道会の活動を制限することを要求して以来、プロイセンではカトリックの修道会を護ることが差し迫った問題となっていた。学校監督と婚姻法に関して教会の権利に異議が唱えられていることは誰もが知っていたし、さらにヴァチカン公会議に自由主義派が示した反応も少なくとも不安を掻き立てる要因となっており、国民的《ナツイオナール》なプロテスタントたちの間では国民《ナツイオナール》教会の樹立という奔放な願望が唱えられていた。自由主義派が統治する党であり、あるいは少なくとも政府が自由主義的であったバーデンでは、既に数年前から一種の文化闘争が進行中であり、カトリックのバイエルンにおいてさえ、学校の宗派的な性格を巡って一八六九年に極めて激しい衝突が起こった。要するに、カトリック教徒たちに防衛闘争を強いるにはいかなるビスマルクをも必要としなかったのであり、冷たくて潜在的な文化闘争はだいぶ前から展開されていたのだった。

しかし、その際に問題となっていたのは中央の国民的《ナツイオナール》なレベルだけではなかった。カトリック的な環境《ミリュー》は、文化闘争によって初めて成立したわけではなくて、カトリック教会が教皇至上主義的な新たな形を取るのに伴って、とりわけ一八五〇年以来その姿を現わしてきていた。それは明確な境界を持っていた。六十年代末のプロイセンの西部州におけるカトリック系の協会のネットワークが、そのことを示している。この「環境《ミリュー》」は、教会の示威行動を巡る幾つかのちょっとした緊張や、カトリックの庶民や名望家に対する社会的な隔たりを通して体験できたように、プロテスタント的で官僚的でもある親政府的なエスタブリッシュメントに反対する立場に立っていた。J・スパーバーは、一八七一年の帝国議会選挙では中央党に投票したデュッセルドルフのカトリック教徒の選挙民たちが、中央党という選択肢がまだ北ドイツ連邦に存在していなかった一八六七年の選挙では左派に投票したのは、彼らが「左派」だったからではなくて、ベルリンに対して、とりわけ地域のプロテスタント的なエスタブリッシュメントに対して反対する立場に立っていたからだったということを、極めて適切に指摘している。バーデンでは、自由主義的な経済立法が、旧中間層的で反市場経済的なカトリック教徒たちを、カトリック的で反自由主義的な観点から「営業の自由」と「居住の自由」に反対する立場へともたらすに至っていた。また、例えば市民的な社会モラルや労働モラルを救貧制度や寄進に対しても適用しようとするような、自由主義的価値を貫こうとする地方自治体のやり方や、そして国家と都市の市民的＝プロテスタント的なエスタブリッシュメント、官吏や大学人や成功した企業家たちの、啓蒙的な観点から見下すような高慢さが、そのような民衆の側の対抗潮流を解き放ったのだった。カトリック的環境《ミリュー》は、静止的に一定の決まった大きさを持つものではなかったが、しかし文化闘争の産物として初めて形成されたものではなくて、既に帝国建国以前の二十年間に成立していたのである。政治家たちによって設立される以前に、中央党を選ぼうとする選挙民の環境《ミリュー》が存在していて、中央党以前の中央党が存在していたのであった。宗派的及び世俗的な対立は長い時間をかけて成長してきたのであり、排除と、自己孤立化と、引き籠りが既に社会的な現実となっていた。いかなる政治もそれを無視することはできなかった。それは、世界観的な対立が支配的だったドイツの不均質な宗派文化によって課された重荷に他ならなかった。確かに、これらの一切は、文化闘争のなかでいっそうはっきりと強められて、本来、初めて固められたのだったが、しかし政党を形成するファクターとしては既に一八七〇年当時の状況をも規定していたのである。

以上に述べたことを踏まえたうえで、中央党の設立の背景となった最も重要なその他の状況、とりわけ国民《ナツイオナール》政策に関する状況に目を向けてみたい。一八六六年の時点では、理念政治、さらには権力政策の面で、小ドイツ主義的＝プロイセン的な解決策はプロテスタンティズムと結び付いており、そしてそれに対応してカトリックの人たちは大ドイツ主義的な解決策に共感を寄せていた。後者の選択肢が終わりを迎えたことは、カトリックの人たちを、最終的に、成立しつつある小ドイツ主義帝国のなかの少数派という立場に追い込んだ。しかし、決して世界の終わりといった感情が広まっていたわけではなかった。ケテラー司教がカトリック教徒たちにためらうことなく現実を土台とする立場に立つよう求めた著書『一八六六年の戦争後のドイツ』（一八六七年刊）は、「それ自体」が転換点を意味したわけではなくて、幅広く広まっていた風潮を示す徴候であり、そのような風潮を表現したものだったのである。ドイツのカトリック教徒たちは、一八六六年の敗者とは感じておらず、少なくとももはや感じてはいなかった。もちろん、国民《ナツイオナール》政策上の立場の違いは存在しており、主として三つの立場があった。北ドイツには親プロイセン的で国民的《ナツイオナール》なグループが存在し、例えばケテラーや、元外交官でビスマルクが最初に宰相のポストの候補者と考えていたサヴィニーや、ヴェストファーレンの農村貴族で農民協会の指導者だったショルレマー＝アルスト、あるいは古《アルト》リベラル派のラインラント人であるペーター・ライヒェンスペルガーなどがそれに属していた。次いで、プロイセンによって規定された国民国家に対して距離と留保を保ったグループが存在し、北ドイツでは指導的な政治家たちのなかでは、本来、ヴェストファーレン人のマリンクロートとハノーファー人のヴィントホルストだけがそれに属していた。北ドイツ議会では彼らは連邦主義を強調する「連邦国家＝立憲主義連合」に加わった。最後に、南ドイツの民衆カトリック派的で自邦中心主義的な反プロイセン《ボルシア》派が、バーデンとバイエルンに、さらにはヴュルテンベルクにも存在し、より保守的な傾向を持つ人たちと、より民主的な傾向を持つ人たちとの双方を含んでいた。ヴィントホルストが関税議会でこの勢力と手を結んだことは、まだ未来を決定するような意味を持ってはいなかった。国民《ナツイオナール》政策の面での相違が、憲法政策や国内政策の面での相違と同様に、一八六六年から一八七〇年までの間にカトリック議員団が復活するに至らなかったという結果に通じたのだった。

とは言え、複雑な混合状態から浮び上がってきたのは、カトリック政治家とカトリック教徒の多数派は——南ドイツの民衆感情の変動を度外視するならば——、後にビスマルクと自由主義派が主張したようにプロイセンが指導する国民国家に対して決して拒否的な態度を取っていたわけではなかったけれども、おそらくは不安と留保を抱いて対峙していたということであった。不安の対象となっていたのはプロイセン《ボルシア》主義だった。既に初期の綱領である一八七〇年六月のエッセン選挙綱領が、軍事負担が過度に引き上げられることに反対しており、極めて曖昧な表現でではあったが、しかしそれはプロイセンの西部州でもプロイセン的なものの行き過ぎに反対する合言葉としての意味を持っていた。ここに、政治的な問題が存在していたのである。

　帝国の統一は、南ドイツの自邦中心主義的な、いまや控え目に国民的《ナツイオナール》とはなったものの、しかし反プロイセン《ボルシア》的である勢力が合流したことによって、カトリック党の勢力均衡状態を変化させた。親プロイセン的な共感を抱いていたペーター・ライヒェンスペルガーではなくて、プロイセンに批判的なヴィントホルストがカトリック党の指導者となったのは何ら不思議なことではなかったのである——彼は特に有能な議会人であることを証明しただけに、いっそうそうであった。もちろん、その際には、やはり開始しつつあった文化闘争が反プロイセン《ボルシア》主義の第二の波を巻き起こしたことが一定の役割を果たしており、さらに、ビスマルクがヴィントホルストを、その人格と路線を激しく攻撃して彼を新しい党と著しく同一視したので、党の側は彼を否認するのでなければ彼に従うことをほとんど強いられたという事情も加わった。M・アンダーソンは、プロイセン人が指導する中央党でも南ドイツの自邦中心主義者たちを統合できただろうと述べているが、私にはそれはありそうもなかったことと思われる。確かに、中央党は、新しい形成物の脆さを懸念して至るところに帝国を転覆させようとする勢力が潜んでいると疑っていたビスマルクが思い込んでいたような、新帝国の敵対者たちの党では決してなかったのだが、しかし反プロイセン《ボルシア》主義は帝国建国の瞬間においても、そして文化闘争の開始以前においても、見誤りようもない力を持っていたのだからである。

　国民《ナツイオナール》政策の面で異なる方向性を持つ諸勢力の間では、プロイセンに距離を置いて連邦主義を強調する勢力がある程度の優位を占めることになった。それを基盤として、カトリックの利害の代表者たちが、既に一八七〇／七一年の戦争の前に、そして戦争中にも再び組織的に集まって、一つの綱領、いわゆる「ゾースト綱領」〔一八七〇年十月〕を定めて党を設立した。この党は設立された時点では——あらゆる環境《ミリュー》構造にもかかわらず——まだ完全に脆いものだったが、文化闘争が党を繋ぎ合わせて、党は本来の強固さを獲得することになった。

　M・アンダーソンに倣って、あり得たであろう選択肢について現実との対比において考えを巡らせてみることも可能である。もしも保守主義派及び／あるいは自由主義派が、もしくはそれぞれの一部分を成す党派が「カトリックの利害」を受け入れ、代表し、統合することができていたとすれば、中央党を結成するのは不可能だっただろう。しかし、とりわけ多元性への感覚の欠如というよりもドイツ社会の伝統的な不均質性、すなわち歴史の遺産が、それを妨げたのであった。イギリスやアメリカ合衆国でカトリック党が存在せず、自由主義派がカトリックの利害を受け入れたのは、本質的に二大政党制のためであり、他の選択肢はあり得なかった。スイスやオランダのような比較可能なヨーロッパ大陸部の諸国では、「ドイツの特殊な道」論とはまったく合致しない点だろうが、カトリック党の結成に至った。もしも保守主義派が、この当時にもっと強力で、もっと自立的であり、そして「プロテスタントの熱狂」に満たされていることがもっと少なく、すなわちプロイセン的であることがもっと少なかったとしたら、おそらく彼らは中央党と行をともにすることができただろう。しかしその場合には、憲法体制政策や対社会政策の面で自由主義的なカトリック教徒たちは、自立するか、あるいは文化闘争的ではない自由主義的なグループを見出すか、あるいは結成したことだろう。あるいは、反教権主義を含まない急進自由主義的な党であれば、おそらくカトリック教徒のなかのポピュリズム的な反エスタブリッシュメント勢力を吸収することができただろうが、しかしその場合には保守的なカトリック教徒たちが分離したことだろう。以上は非現実的な領域での思弁だが、ドイツの現実の社会と政党の伝統とはそのようなものではなかったのである。しかし、このことは、中央党の成立を、すなわち様々なグループや派の統一を可能にしたのはドイツの政党状況でもあったことを示している。

中央党は、プロテスタント的・世俗的な陣営において は敵対し合っていた様々な政治的・社会的な要素を共通の宗派という――しかも、その宗派が迫害されているという――旗印の下で一つにまとめた政党であった。特に重要なのは、以下の諸点である。

一、この党は地域を超えて広がった。すなわち、東部と西部、シュレージエン人とラインラント人に――それはプロイセンの遺産だったが――、しかしとりわけ北部と南部に、プロイセン人と非プロイセン人に広がったのである。もっとも、そうなるのが必然だというわけではなかったが――バイエルンのカトリック党は「バイエルン愛国党」を名乗っていたが、この党が中央党に移行するまでは時間がかかったし(一八八七年)、ましてやヴュルテンベルクのカトリック派が大ドイツ主義派や民主派から分かれるにはいっそう時間がかかった――、しかし広がっていく可能性は高かったし、単に文化闘争の結果というだけでもなかった。このように北部と南部が連合したことでもたらされた結果は、カトリック的＝大ドイツ主義的な遺産と特殊南ドイツ的な反プロイセン《プロシア》主義が受け継がれたことであり、また、憲法体制に関わる綱領の面では連邦主義が強調されたことであった。それは、カトリックの政治哲学の強力な流れにも、すなわち国家と距離を保ち、権力分立と権力の制限を目指すが、しかしそれほど民主主義的＝議会主義的というわけでもない憲法観にも対応しており、そしてまた、カトリック教徒の重要な部分が自邦中心主義的＝連邦主義的な傾向を示していたという現実の状況にも合致していた。帝国議会の中央党議員団が少数派――ヴェルフ派やエルザス人やポーランド人――に居場所を提供することになったという事実は、連邦主義的・反プロイセン《ボルシア》主義的な要素、それどころか自邦中心主義的な要素を強め、そしてもちろん「帝国の敵」という風評をも強めた。根っからの連邦主義者たちにとっては他に選択の余地はなかった――なぜなら、連邦主義的な保守主義派は全面的にプロイセン第一主義の立場に立っていたし、そして「帝国に忠実」な反自邦中心主義者たちの怒りが中央党のまとまりを強める役割を果たしていたのだからである。

二、十九世紀には、一見したところ統一されているように見えるカトリシズムの内部には著しく対立し合っている三つの政治神学が存在していた。正統主義と権威、拘束と伝統を強調する保守的な神学と、市民的な（そして教会の）自由と憲法を強調する自由主義的な神学と、そして最後に、教会と民衆を強調する、ドイツでは社会カトリシズムという形を取った民主主義的な神学とである。カトリック中央党は、柔軟な自然法哲学に支えられながら、憲法体制政策に関する、そしてある程度まで対社会政策に関するそれらの方向性を中道的な路線へと実際的に取りまとめた政党だった。中央党は「護憲政党」であった。この党は自由主義的な基本権と法治国家という土台の上にしっかりと立ち、少数派の保護を断固として主張し、ポーランド人やユダヤ人や社会主義者に対する例外法に毅然として反対した。立憲主義的な権力配分という土台の上にしっかりと立っていて、保守的に制限しようとしたり、あるいは逆に民主主義的＝議会主義的に拡大したりしようとする綱領的な傾向を持たなかった。この点では、ライン地方の自由主義的な市民たちも、シュレージエン地方やヴェストファーレン地方の貴族たちも、バイエルンの農民の代表者たちも、そして聖職者出身の議員たちも、十分に協調することができた。もっとも、個々の具体的な点で政府と議会との間の権力配分がどのような展開を見せるか、そして左派寄りと右派寄りとのどちらの路線を中央党は優先するか、それは状況にかかっていた。ビスマルクが反議会的な攻勢を仕掛けた場合には、中央党はもちろん議会の権利を擁護した。それにもかかわらず、一八七九年の財政改革の際の中央党の解決策〔いわゆるフランケンシュタイン条項〕は、第一には連邦主義に、すなわち連邦諸邦に有利に作用するものであり、自由主義派の構想では中心に位置していた帝国議会の課税承認権は間接的に護られたに過ぎなかったのは、特徴的なことだった。連邦主義こそが権力分割と権力制限のための、それどころか自由を確保するための最良の原則であるという信念が、明確に優位を占めていたのであり、ヴィントホルストのような帝国議会の権限の断固たる擁護者の場合にも、やはりそうだったのである。やがて事態は、帝国議会の地位の拡充という問題が、全面的に、それが中央党の、すなわち生まれながらの少数派の、立法と政府に対する影響力にどのような効果を及ぼすかという問題と組み合わされる方向に展開されることになった。この点については、後で再び述べたい。普通選挙権はカトリックの政治綱領の核心的な要求には含まれていなかったが、それが存在するようになって、そして中央党に極めて有利に作用してからは、聖域と見なされるようになり、カトリックの民衆党にとっての民主的な楯となった。もっとも、普通選挙権を邦――例えばプロイセン――や地方自治体にも適用するのは原則的な要求とはならなかったし、この点についての立場は、時が経つにつれて、そして状況しだいで変わっていった。

三、いずれにせよ、教会が危険に晒されていて、文化闘争の帰結がなおも議論の対象となっている――一九一四年までそうであり続けたのだが――間は、互いに異なる政治路線を取る人たちも、対立点よりもカトリックの利害の防衛のほうを優先するという点で一致を見ていた。ここでは、文化闘争がもちろん特別な役割を演じている。党が政府に対して毅然とした反対派の立場を取っていたので、妥協と政府への協力の意志を完全に抱いていた右派――例えば、ショルレマー＝アルストを先頭とするヴェストファーレンやシュレージエンの貴族たち――が存在していたとは言え、通常の保守派的な意味での親政府主義の立場を取ることは文化闘争が収拾に向かう段階においてもほとんど問題となり得なかったのである。選挙民と環境《ミリュー》にとって、党が統一性を保って反対派としての役割を果たすことは自明なことであり、決定的なことであって、それは党にとっても存立に関わる重要性を持っていた。「教会は危険に晒されている」というスローガンが常に党のまとまりを保ってきたのであり、そして選挙での成功を保証してきたのである。党が自らを単なるカトリック党だけに留まらないことを望んでいると定義して、常に意識的にカトリック利害の代表という域を超える姿勢を示してきたこと、調整や、中道や、さらにはやはり「護憲政党」といった漠然としたスローガンを唱えてきたことは、むしろ以上の点と結び付いて存在していた諸問題を覆い隠す役割を果たしたのであった。

問題の核心により近づく助けとなってくれるのは、中央党の社会的な（さらには対社会政策に関わる）構造である。中央党は、自らの定義においてもその現実の姿においても「民衆の党《フォルクスパルタイ》」（国民政党）、すなわち身分や階級を超える党であり、様々な利害や職業を結び付け、一つにまとめていた。それは、貴族から農民まで、アカデミックな都市市民から手工業者を経て労働者にまで及んでいた。利害及び階級を調整することが綱領として掲げられていたのである。そこには、農業政策や、中間層政策や、労働者政策（社会政策に関する様々な路線については、前の巻の教会の章で扱った）が含まれた。その背後には自然法によって基礎づけられた調和主義的な社会という理想が存在していた。宗教は最高の忠誠心を要求し、様々な集団を統合して他の集団との境界を設定するのであるから、また、社会的＝文化的な環境《ミリユー》は生活を規定し、生活に決定的な影響を与え、そして教皇至上主義と、文化闘争と、協会や諸団体の構築以来、いっそうそうなったのであるから、カトリック的な調整という合言葉が団結を根拠づけるものとなったのだった。しかし、一切はそれほど単純なものではなかった。カトリックの民衆とは、統計上の平均を意味していたわけではない。彼らは、とりわけ、そしてどちらかと言えば近代以前的な民衆であり、また、下層市民、庶民、そしてプロレタリアートとなりつつある人たちであった。先に示したように、ドイツのカトリック住民はどちらかと言えば農村部的＝小都市的で農民的＝手工業的な構造を持っており、近代的な都市的＝大都市的な部門ではプロレタリア的な要素が比較的多くて、企業家＝経済市民的、教養市民＝アカデミカー的な要素が少なかった。このような社会統計上の分布状態は、特定の地域に集住していることと、一八六七／七一年当時の選挙区区分が維持され続けたために政治的にカトリックの確実な地盤となった選挙区と農村部的＝小都市的で近代以前的な社会構造とが結び付いたことを通して、政治的に大きく強められ、一面化されて、大都市的＝市民的、そしてプロレタリア的な世界の側は代表者を送るうえで不利を被った。ルール地方でのみ、プロレタリア的な大衆の基盤が強力で、ここでは明確なカトリックの労働者が高い割合を占めていたが、この地方での選挙区は、プロテスタントの市民的、さらにはプロレタリア的な環境《ミリユー》を代表した国民自由党と、――ゆっくりと――台頭しつつあった社会民主主義派とに挟まれて、常に脅かされていた。

　社会統計や選挙統計に関わる事実と同様に重要であり、当初はおそらくいっそう重要であったのは、対社会政策に関する志向性とメンタリティであった。私たちは、関税同盟選挙と一八六六年から一八七〇年までのバーデンとバイエルンの党派運動を扱った時に、カトリック大衆を動員したのはまさに自由主義的な営業立法、営業の自由や、居住の自由や、結婚の自由などであったことを述べた。市民層の発言者たちにも影響を呼ぼしたドイツ・

カトリシズムの知的な伝統は、対社会政策の面では市場と流動性に好意的であるよりも、社団的な組織と拘束のほうを好むものだった。要するに、自由主義的な社会モデルとカトリシズムとが対立状態に陥ったのであり、そして登場しつつあったカトリックの労働者政策は、容易に反自由主義陣営に加わることができ、労働者と産業化以前的な世界との対立を当面のところは背後に押しやることができたのである。さらに、具体的な問題を超えて、既に述べたような感情的でメンタリティに関わる対立が加わった。自由主義と、近代性・プロテスタンティズム・世俗主義・資本主義・中央集権主義・教養・官僚支配との同盟関係が、そしてそれに対応する行動様式や規範への主張が、慣れ親しんだ古き良き世界、ささやかな空間の世界、伝来と安定の世界に対峙したのである。彼らは、攪乱者、動かして創り出そうとする人たちであり、常に近代主義者の傲慢さで、取り残された田舎者としてオリ見下し、踏みつけ、エスタブリッシュメントとしてオリンポスの神々のような自信を持って故郷のカトリックの世界に襲いかかる人たちであって、裁判官から地方警官や郵便局員にまで至る人たちがそうであった。先に挙げた例を繰り返すと、カトリック都市で救貧制度の基盤となっていた寄進資本が、反教権的な観点から、また、資本の有益な活用と労働モラルの教育という名の下に「国有化」されたのは、そのような対立が地方自治体のささやかな生活世界、日常生活のなかで表面化した一例に他ならない。敵対的な世界のなかで、多くのカトリック教徒たちはアウトサイダーとしての役割に追い込まれたと感じた。それゆえ、護るべきと見なされたものは、人びとが愛着を感じていたもの、先に述べたような農村部の近代以前的な要素を伴った民衆的なものでもあった。それが、進歩的な近代主義と保守的な親政府主義との双方に対抗する中央党のポピュリズムの、感情的な基盤となっているのである。

四、中央党は、ポピュリズム的な選挙民に依拠していたにもかかわらず、当初は完全にエリート的な党、名望家政党であり、党内では農村部の地方貴族や、経験を積んで、議会やカトリックの協会で活動していた都市的＝市民的な名士たち、弁護士やジャーナリスト、そして最後には聖職者たちが実権を握っていた。文化闘争が勃発して激しい段階を迎えた時期には当面はそのような指導構造が保たれて、指導部のメンバーはしばらくは批判されることのない存在となった。一八七四年の帝国議会選挙で大成功を収めた——一八七一年と較べて得票数は倍増し、得票率は十八・六パーセントから二十七・九パーセントに、議席の割合は十六・五パーセントから二十二・九パーセントに増えた——時から、中央党の選挙区は「確実」なものとなった。得票数と得票率は幾らか減少したにもかかわらず、獲得した選挙区の数はなおも増えていき、その結果、少なくとも当面は議員が再選されるのが通常のこととなる。ようやく八十年代の半ばになって、ポピュリズムとエリート主義との間の潜在的な緊張関係が表面化するようになった。一八八七年には、どちらかと言えば右寄りで軍事政策の面でビスマルクと七年法を支持する一連の「国民的《ナツィオナール》」なカトリック教徒たちが、選挙の際にもはや擁立されなかった。中央党の「民主派」、すなわちエルンスト・リーバーやユーリウス・バッヘムとその従弟のカール・バッヘムのような市民的な職業政治家が前面に進出してきたが、彼らはもはや昔ながらの名望家ではなくて、プレスや協会や聖職者に依拠して影響力を持つ地方の有力者であり、民主主義的な信念というよりもポピュリズム的な配慮から急進的な聖職者たちとともに政府の法案や、議員団内の保守的で貴族的な同僚たちに反対して行動し、弱体化した自由思想家党と提携する立場を堅持して、反自由主義的な保守主義派と同盟を結ぶという考えを拒否し、それどころか決選投票に際しては社会民主主義派を支持しようとさえした。このことについては、後のところで再び触れる。一八九〇年の後に、この問題はなおもいっそう先鋭化したのである。それに加えて、一八八七年以来、ヴィントホルストの反対政策の一つの支柱となっていた急進的な司祭=聖職者が、一部は文化闘争が下火になったために、一部は一八八六年の和平諸法〔文化闘争を収拾するためのプロイセンの法律〕が聖職者の中立化を目指していたために、また一部は例えばコップのような和平と政府に好意的な司教たちがこの傾向を助長したために、中央党のなかで背後に退いていった――議員団の脱聖職者化が、まだ政治的な目標設定や戦術の面ではなかったものの、差し当たりは人員の面で開始したのだった。聖職者たちに代わって、市民的な「民主派」が進出してきたのである。

五、中央党は「聖職者の」党だったのだろうか？　そうではなかったとも言えるし、そうだったとも言える。中央党は政治的な党であろうとし――理論上は非カトリック教徒にさえも開かれていた――、カトリックの利害を代表したものの、しかし自らを教会の意のままになる存在として理解しておらず、教会政策以外のすべての問題では独立性を保つことに価値を置いていた。レオ十三世が即位〔一八七八年〕し、フルダ司教、後のブレスラウ領主司教のコップが国家と教会との間の保守的な仲介者・調停者として台頭してきて以降、社会主義者鎮圧法（一八七八年、一八八〇年）と七年法（一八八七年）に際してビスマルクに譲歩して文化闘争の収拾を容易にするべきだという教皇や司教団からの忠告に晒された時、中央党はそれに抵抗した。まさに文化闘争の収拾を巡って激しい緊張が生じたのである。問題を教皇庁や司教団との交渉によって外交的に解決しようとしたビスマルクの試みは、相手側に多くの擁護者を見出した――この試みは中央党の頭越しに進められたのだった。そしてそれは、妥協に応じるか、それとも教会の立場を原則的に堅持するかという問題と結び付いていた。党は、これらの問題では教皇や司教団以上に教皇的となることはあり得ず、司教団と教皇庁の内部対立を十分に利用して自らのより強硬な路線を貫き通そうと努め、そして教皇の側も中央党に反する行動を起こすのは困難だった。それでも、一八八六／八七年の和平立法に際しては、党は教皇庁の外交によって出し抜かれたと感じ、党の指導者たちは激しく憤って党の将来について深い絶望感に囚われた。ほとんど決裂に至るほどであった。教会の平和のために一八八七年の七年法案を受け入れるようにとの教皇の勧めは、党を言わば存立の危機に突き落とし、——教皇への忠誠と一般に広まって高ぶっていた反ビスマルク感情との間、右派と左派、双方の勢力と方向性の間で——党が分裂する恐れがあったが、ヴィントホルストの巧みで抜け目ない選挙戦レトリックがこの危機から党を救い出すことになった。しかし、外交家たちを別にするとしても、宗教と政治との、あるいは民主的＝議会的な政治との混同を好まないために、党に距離を置く立場を取っていた聖職者たち、時には司教たちも存在していたのである。

教皇庁や司教団のなかの外交家たちとの間の緊張や、非政治的な宗教人たち、平和を好む人たち、保守的な人たちとの緊張とは別に、党と教会の間にはまったく異なる緊張関係も存在しており、それは教権的な熱狂者たち、過度に教会的で過度に敬虔な人たちとの間の緊張であった。この緊張は、七十年代にはカトリック教徒は政治をボイコットするべきだという考えを巡って、そしてカトリック教徒の教育不足に対する政治家たちの闘い——この問題は、教皇至上主義派の聖職者たちにとっては切実な問題ではほとんどなかった——を巡って、さらには一八九〇年に設立された「カトリック・ドイツのための民衆協会」は教会的＝護教的な組織となるべきか、それとも一般的な政治的＝社会的な組織となるべきかという問題を巡って生じた。他の問題の場合と同様に、これらの問題でも勝利を収めたのはヴィントホルストであり、彼は非政治的で乱暴な態度を取る聖職者のダスバッハを、教会との良好な関係を利用して配置転換させ、それを通して政治から遠ざけさせた。要するに、ここにも多くの分離線と緊張が存在していたのである。内部から見た場合と外部から見た場合とでは大きく違っていたのであり、外部から見た場合にのみ中央党そのものは党と教会との双方を本質的に一体として表わしているように見えたのであった。しかし、党と教皇とを引き離そうとしたビスマルクの試みは、結果的に失敗に終わった。

とは言え、当然のことながら、内部の緊張にもかかわらず、そして——少数の聖職者を含む俗人の党としての——党の相対的な自立性にもかかわらず、カトリックの利害を代表する党は、教会と結び付いてもおり、教会を頼りとしていた。聖職者たちは地方の選挙組織のネットワークを形成しており、彼ら抜きでは事は運ばなかった。バーデンでの文化闘争が八十年代に収拾されて、明確に宗教的、すなわち非政治的な新しいフライブルク大司教〔ロース〕が「カトリック人民党」〔バーデンでの中央党組織〕への積極的な支援を取りやめると、党は一時的に崩壊してしまった。選挙民、活動家、そして一般党員にとっては、党と教会はほとんど一つのものだったのであり、文化闘争のなかで、そして文化闘争の後も、カトリシズムの象徴となっていた教皇が、党と分けて考えられることはあり得なかった。それゆえ、党の教会からの自立と教会への依存との双方が存在していたのであり、両者は絡み合うと同時に緊張関係にあったのだが、当面のところは依存と合意のほうがまだ大きかった。しかし、教会の指導からの解放が進みつつあったのであり、それは長期的には広範囲にわたる帰結をもたらすことになった。

中央党の政策については、ビスマルク時代の内政との関連においてもっと詳しく述べることになる。ここでは、左派と右派に挟まれた党の路線にとって重要な意味を持った僅かな点だけを確認しておきたい。まず七十年代を眺めてみよう。中央党は議会の一政党としての位置を占め、カトリック派が帝国における能動的な政治スペクトルの一部分としての位置を占め続ける。それは自明なことではない。カトリック派は諦念に陥ることなく、イタリアで教皇の命令でそうしたように、あるいはフランスでも部分的にそうしたように、政治から退くことをせず、政治をボイコットしたり、地下に潜ったりはしなかったのである。もっとも、ラインラントでは国家機関への暴力的な抵抗や、反ローマ的な上層グループへのプロテストが見られたが、もちろんそれが起こるのは、とりわけ十分に構築されたカトリックの協会組織が存在しないところにおいてである。中央党は選挙戦と選挙に参加して、多大な成功を収め、選挙民と大衆を動員し、組織し、そして党の旗の下に彼らを統合し、同時に議会の活動に参加する。中央党は体制内の断固とした反対党となる。かつてはハノーファーの大臣で、ほとんど小びとのように背が低かったので「小閣下」と呼ばれたヴィントホルストが、アンチ・ビスマルクを象徴する存在となる。権威と、法と、秩序とを志向してあらゆる革命に反対する政治路線にとっては驚くべきことだが、中央党は文化闘争を闘う国家に対する抵抗の稜堡となるのである。もちろん、民主主義と絶対主義もしくは身分制国家との間でどちらを選ぶかを決断するという古い図式は解消され、いまや全能なる国家が敵となる――それが、官憲的な権威の下の国家なのであれ、あるいは自由主義的=国民的《ナツィオナール》な多数派の下にある国家なのであれ。

反対党としての議会政策という基本的な事実には、当然のことながら、様々な選択肢や問題点が結び付いていた。誰もが認める党指導者へと台頭していったヴィントホルストは、敵の戦線を打破するために二つの戦略を追求した。第一には「保守的」戦略であり、民事婚と世俗的な学校監督に反対して保守党を惹きつけようとするものだった。これに対して、ビスマルクは反ヴェルフ派、反ポーランド人の太鼓を打ち鳴らし、その効果もあって保守党を彼らのプロイセン的＝国民的《ナツイオナール》な伝統と彼の路線とに繋ぎ止めた。それと並んで、そしてその後で、ヴィントホルストは「自由主義的」戦略をも適用して、議会の権利を強調し――例えば、一八七四年の七年法問題や、一八七九年の議員の演説の自由に反する「口輪法《マウルコルプ》」の拒否に際して――、出版法に際しては自由権の擁護を主張し、あるいは軍事負担の制限を主張して、それどころか一八七三年には、実際に自由主義派を味方にしようと考えたためなのであれ、あるいは、彼らを不安にさせるため、さらには選挙民や彼らのなかの左派の目の前に彼らを自らの理想への裏切り者として「晒す」ためなのであれ、議会主義的な政府や、議員日当の導入や、プロイセンの選挙権改革について自由主義派に言い寄ったのであった。

しかし、自由主義派は誘惑されてビスマルクと文化闘争の戦線から離れることはなかった。カトリック教徒は国民的《ナツイオナール》な問題では忠実な態度を守っているとヴィントホルストが請け合ったことも、何の役にも立たなかった。ヴィントホルストの「左派的」戦略のなかには、文化闘争の諸問題をアングロサクソン自由主義流に教会と国家の完全な分離を通して解決するという考えも含まれていた。かりにヴィントホルストが実際にこの考えを追求するのに値すると思っていたのだとしても、誰もが知っていたように、そのような考えは中央党のなかでも多数派の支持を見出せなかったのであるから、合意の基盤とはなり得なかった。

文化闘争は中央党に統合的な作用を及ぼした。国家と自由主義派による攻撃と抑圧措置に対する防御という目標は明確であったし、それが優先される下で理念政治的な基盤も異論の余地のないものであった。あらゆる相違が自己主張と団結の必要性の下に服し、他の選択肢はあり得なかった。ベルリンの両議会議員団の構成〔帝国議会議員とプロイセン下院議員を兼任することができた〕のため、農民や、助任司祭や、庶民が占めていた割合、そして「地方」出身の議員がしばしば不在になったために、党の指導は職業政治家の小サークルに委ねられ、ヴィントホルストが急速に広く認められた指導者となった。中央党は他の政党を苦しめた問題を抱えてはおらず、政府との妥協と原則に忠実な反対派としての姿勢との間で決断を下す必要はなく、それは予め定められた状況だったので、保守的なグループをしっかりと縛りつけることができた。利害が動員される最初の波が訪れた時も、また、社会政策というテーマが浮上してきた時も、中央党は依然として難なく乗り切ることができた。幾らかは伝説のように扱われることになった社会政策に関する具体的と言うよりも綱領的なガーレン提案（一八七七年）〔ショルレマー＝アルストの提案を基にして、日曜労働の禁止や児童・女性労働の制限などを提案した〕にしても、党内のコンセンサスに担われていたし、中央党が初めてポジティブな決定をともに担うとともに、ともに規定し、それと同時に大規模な内政転換を決定づける行動となった、保護関税への支持の場合にも、やはり同様だった。七十年代末期に帝国議会が大きく関与したもう一つの決定的な出来事、すなわち社会主義者鎮圧法の制定も、中央党が例外法を拒否するのは――まだ――自明のことだったので、同様に何ら問題となることはなかった。大規模な転換が行なわれたこの時期に、中央党は同時にしっかりと、確実に民衆の間に根を下ろしていた。教会体制は――プロイセンでは――国家が取った措置によって麻痺させられたけれども、しかしカトリック教徒の教会に対する忠誠心は揺らぐことはなく、それどころかいっそう強められ、そしてそれは直接中央党に有利な作用を及ぼした。中央党は基本的には選挙戦を戦う必要がなく、抵抗の姿勢と、環境《ミリュー》と、協会の活動とが、絶えざる政治的な動員という雰囲気を創り出した。選挙は、教会に忠実なカトリック教徒、それゆえカトリック教徒の圧倒的多数派に対する点呼のようなものだったのであり、精々のところ実際の、あるいは潜在的な棄権者を活性化することを目指しただけでであって、カトリックの労働者層はまだほとんど社会民主主義派の影響を受けていなかった。

　カトリック教徒は除け者にされ、他の社会的なグループによって一種のゲットーに追いやられていた。このゲットーのなかで彼らは統合され、順応し、そして自分たちの側でも境界を創り上げた。中央党の歴史の出発点に位置していた状態が、十年を経た後で強められ、固定された。すなわち、中央党は――選挙民と大衆的基盤に関して言えば――一つの強固な塔のようなものだったのである。それはその後も長らく作用を及ぼし続けた。もっとも、議員たちが選挙民の意見にまったく拘束されていなかったということではない。彼らは他の政党の場合ほど脅かされていなかったという限りでは独立度が高かったが、党の統一性と団結への配慮が、あらゆる政治的な決断に際してますます大きな役割を演じるようになり、それどころか時には実際的な問題に関する決断をも規定したのだった。

　中央党の歴史の第二段階である八十年代には、文化闘争の収拾とともに外部からの圧力が緩んできた。それとともに、とりわけ右派の政策と左派の政策、すなわち異なる選択肢の間の対立がよりはっきりと現われてくるようになった。ショルレマー＝アルストたちを中心とする右派は、反対派としての立場に終止符を打って政府と協調することを望んだ。ここに萌し始めた姿勢は十五年間の亡命から帰還したような様相を呈したのだが、ともかくもキリスト教の流れを汲む政党である保守党との――当面のところはもちろん緩やかな――同盟という考えも、その一部分を成していた。関税に関する利害、自由主義的な市場主義者に対する農業と手工業の保護という共通性、さらには右派のカトリック教徒たちが強固な秩序に寄せていた関心が、そのような考えを支えていた。他方には、反国家主義的・反親政府派的・反プロイセン《ボルシア》的で反ビスマルク的な一群の姿勢、慣れ親しんだ反対派という役割が位置していた。それは、立憲的な権利や、基本権や、少数派や、議会の権利を護るための自由主義左派的な反対派との一種の同盟を指し示すものであった。全体とすれば、ヴィントホルストの下ではどちらかと言えば左派的な路線が貫かれた。一八七九年の自由主義派に矛先を向けた大規模な転換は中央党のせいでもあると見なされるのが習わしとなっているだけに、この点ははっきりと確認しておく必要がある。すなわち、中央党は関税改革と財政改革を通してこの転換を可能にする決定的な役割をともに果たし、ともに担ったのだけれども、――しかし中央党にとっては、それは保守党や親政府派への右傾化と結び付いていたわけではなかったのである。

ヴィントホルストは、左派的な反対派としての政策と、同じ反対派として自由思想家党と同盟する政策を推進した。確かに、彼は本来はどちらかと言えば保守的な人物だったけれども、彼の反国家主義と反プロイセン《ボルシア》主義、そして文化闘争の経験と、ビスマルクに対抗して両極化を求める姿勢が、彼をプラグマティックではあるが厳密に立憲主義的である政策、それゆえ憲法体制政策の面では自由主義的な政策を支持する立場へともたらしたのであり、それが優先されたのだった。文化闘争を収拾するに際して憲法に関わる基本的な問題をオポチュニスト的＝マキャベリスト的に扱ったビスマルクの戦術への嫌悪感、そして保守党と国民自由党の「カルテル」への恐れが、そのような反対派路線を強め、支えたのであり、「一般大衆」の反エスタブリッシュメント感情も同様の役割を果たした。反対派という役割を突然放棄するのは、まったくあり得ないことだっただろう。これらの一切が、――彼の権威と、極めて巧みな手腕を別としても――ヴィントホルストが党を全体的な政策に関しては左派的な路線へと導き、それと同時に保守的な勢力を依然として統合することができた、その理由の説明となる――なおも終わりを迎えていなかった文化闘争が影を投げかける下で、保守的な勢力にしても他に取るべき道はなかったのだった。八十年代の主要な問題であった七年法や、社会主義者鎮圧法や、帝国議会の任期延長〔三年間から五年間への延長〕や、タバコ専売制や、サモア補助金〔定期航路を運航する海運会社への補助金〕や、社会保険を本質的に国家が賄う形に組織しようとしたビスマルクの意図などに対して、中央党は反対派の立場を取り続け、決選投票でどの党と同盟するかという決定的な問題に関してもやはりそうであった。それでも、亀裂は存在した。一八八四年には、社会主義者鎮圧法の延長に際して百人の帝国議会議員のうちの三十九人が賛成票を投じ、十八人が欠席した——それは、全体的な路線に関する一つのテストのようなものだった。プロイセン下院では中央党議員団は帝国議会の場合よりも「右寄り」な位置を占めていた。しかし、プロイセン下院における対決の主たる分野となっていたのは文化闘争の収拾を巡ってであったので、それが及ぼす作用は限られたものに留まった。もちろん、一八八七年の七年法を巡る危機では、先に述べたように貴族的＝右派的な軍の擁護者たちは押し戻され、中央党の「民主派」がある程度前面に出てきて、彼らが当面のところはカトリック的環境《ミリュー》の反エスタブリッシュメント感情に乗って、冷遇されているカトリック民衆の擁護者としての役割を果たした——それゆえ、彼らは左派政党の側に立って反対派路線を支持したのだった。関税政策と社会改革に関する左派政党との違いは、共通性に較べればまだそれほど重要ではなかった。もっとも、この時期における中央党の政策は防御的な政策であって、中央党がイニシアチブを執ることは（もはや）なく、大市民的＝小市民的な自由思想家党との同盟は純粋にネガティブなものに過ぎなかった。時として表明されていた一種のグラッドストン内閣に至る見通しは、この結び付きには存在しなかったのである。

　中央党は影響力を獲得することはできたが権力を獲得することはできず、そして時が経つにつれて権力の代わりに影響力を獲得することを望むようになった。それを通して既存体制が強められた。疑似自由主義的な左派政策は決して議会主義化を目標とするものではなかったのである。君主政と連邦主義が、ヴィンホルストの見解によれば、大衆の専制に対抗する重しとなるべきなのであった。

　中央党の存在が、かなりの程度まで議会主義的な多数派が成立する可能性を妨げてしまったのだが、この点については後でもっと詳しく述べたい。しかし、それは中央党の「罪」だったのではないし、カトリックの利害を尊重しないで統合することを望んでいた他の人たちの罪だったのでもなかった。それは、ドイツの政党状況がもたらした悲劇的な結果だったのである。このような帰結は、ビスマルクの、そしてヴィントホルストの時代が終わりを迎えた（ヴィントホルストは一八九一年に亡くなった）時には、まだ見通せたわけではなかった。そして、それがこの歴史の唯一の帰結というわけでもなかった。文化闘争と政治化によるカトリックの平信徒たちの動員と解放は、自由主義派の人たちが思い込んでいたように、単に従順な大衆を生み出したわけではなかった。そこには、まったく異なる、近代的な可能性も潜んでいたのである。

d 社会民主主義派

　政党スペクトルの——最も——左の端には、既に帝国建国期に社会民主主義派が位置していた。一八六三年に、フェルディナント・ラサールが推進し、指導する下で「全ドイツ労働者協会」（ADAV）が設立され、設立者がまもなく亡くなり、様々な分裂や諍いを経た後も、ラサール派と呼ばれた。一八六八／六九年には自由主義左派系の労働者協会運動の左派から「社会主義ドイツ労働者党」（SDAP）が成立し、設立党大会の開催地に因んでアイゼナハ派と呼ばれ、アウグスト・ベーベルとヴィルヘルム・リープクネヒトが率いた。これについては既に述べた。これらが帝国建国期の二つの社会主義労働者政党であり、全国的に互いに激しく競争し合ったが、しかし大抵の場合はそれぞれの地域的・地方的な重点を異にしていた。しかし、市民層や国家にとっては二つの党はどちらも体制を変革しようとする存在であり、基本的に一体のものだった。二つのグループの間の最も重要な違いは、社会主義理論の違い——ラサール派の要求の核心であり、象徴であった「国家の補助を伴う生産協同組合」と、アイゼナハ派のマルクス主義インターナショナルへの信奉——ではなく、そこに含意されていた国家へのどちらかと言えばポジティブな態度とどちらかと言えばネガティブな態度との違いや、あるいは労働組合活動に対する距離の違いでもなくて、国民《ナツィオナール》民主主義的な方向性の違いだった——すなわち、ラサール派は小ドイツ主義的＝プロイセン的な方向を志向し、アイゼナハ派は大ドイツ主義的＝自邦中心主義的な方向を志向していたのである。一八七〇年に戦争が勃発した時のそれぞれの党が取った態度の違いは、この点で特徴的と言っていい。ラサール派はビスマルクを支持したのだが、アイゼナハ派は支持しなかったのである。

　ラサールが設立してから短期間のうちに、人物と象徴、教義と組織、ストライキの経験と感情を巡って一群の対立関係が生じ、そのなかで、この種の半ばセクト的な始まりにおいては容易に起こるように把握不可能な諸々の対立が自立していった。このような競争関係は、意外にも、それぞれのグループの活動と、プロレタリア的な選挙民に対して発揮した魅力にとって妨げとなるよりもむしろ推進力となったのだが、その経緯についてはここでは触れない。

　重要な問題は、なぜドイツでは産業労働者層のなかからこれほど早い時期に自らの政党が結成されるに至ったのかという問題である——他のすべての政党と対立して、そしてヨーロッパのその他の諸国とは異なって。まず、自由主義的な労働者協会運動と自由主義左派の社会問題を解決するためのプログラムが、既に六十年代に限界に突き当たったということがある。その原因は、教条主義的な人たちが考えたように、労働者たちがマルクスの「正しい」理論を受け入れたというところにあったわけではなく、当時の状況はまだそこまで至っていなかった。そして、とりわけ自由主義派と国家がマンチェスター主義的な考えを抱いていたためでもなかった。これら二つの党は、理論を通してというよりもむしろ現実の争いの経験を通して結成されたのだからである。そして争いは、自由主義的な企業家たちと、まだ自由主義的だった労働者たちとの間で（一八六九／七〇年のシュレージエン地方での名高いヴァルデンブルク炭鉱労働者ストライキの場合のように）、また、なおも――自由主義派の人たちはそれを誇りとしていたのだが――同じ協会に所属していたものの、――教養がある――市民層の人たちが支配的な地位を占める下で、市民層と労働者層との間で、増えていった。ドイツの産業化がまだ初期的な段階にあったこの時期には、成長による利益は、労働者層に何らかの約束を提供するものとはなり得なかったし、それゆえイギリスの場合のように労働者層が市民層と改革主義的な方向で共存するための基盤となることもできなかった。とは言え、社会主義政党が独自に結成されたのは、結局のところは、自由主義左派が社会政策的に左の方向に拡大することができなかったためでも、経済的な発展が遅れたためでもなかった。これらは確かに重要な点であるし、新たな労働状況や争いの経験に対して労働者たちが新たな解答を求めたというのも、同様に重要な点である。しかしながら、どちらも、ドイツで新たな労働者党の結成がこれほど早い時期に行なわれたことの十分な説明とはならない。本来の原因はむしろ、ドイツでは、社会問題が前面に登場してきた六十年代に、自由＝民主主義的な問題と、国民的《ナツイオナール》な問題〔ドイツ統一問題〕との双方が依然として未解決な状態にあったことにある。これら二つの問題が未解決である下では、急進民主主義的な勢力も国民《ナツイオナール》革命的な勢力もドイツの状況のなかにその居場所を見出すことができず、そのために双方の勢力が社会的＝急進的な運動をもひとまず収容できるような状態が出現するに至らなかったのであった。と言うのは、初期の社会民主主義者たちは第一に急進民主主義者、国民革命主義者だったのであり、その次に社会主義者だったからである。別の言い方をすれば、国民的《ナツイオナール》な問題も自由＝民主主義的な体制という問題も、どちらもほとんど解決されていない状態で、市民層と労働者層の争いが浮上してきたのだった。自由主義派は、国民的《ナツイオナール》な問題に対する唯一現実主義的な解決策のために国民《ナツイオナール》民主主義的な解決策は放棄して旧権力と取り引きせざるを得なかった

──ヨーロッパの他の諸国の場合と同様に、自由主義派の左派としての位置を占めていた自由＝民主主義的な急進派は遅くとも一八六六年にはあり得ない存在となり、急進的な労働者の代表者たちにとって自由主義派の傘の下で政治的な同権を獲得する見込みは消え失せたように思われた。それゆえ、政治的な自意識を抱いていた労働者たちは自立したのである。彼らにとっては、民主主義と社会問題の解決とが不可分のものとして結び付いており、反対の側に関しては市民層と貴族支配と現存国家とがやはり不可分のものとして結び付いていた。その限りでは、ドイツ国家の保守的な構造と、国民国家・憲法国家の「遅れ」とが、社会主義政党の結成が「早まった」主たる原因だったのである。

もちろん、他の要因も付け加わった。すなわち、プロテスタント系の労働者と知識人の世俗化が進んでいたこと、ドイツ人が理論を著しく好んだこと、ラサールという偶然が出現して、それを起点として二つのグループの競争が展開されたこと、そしてとりわけ、ほとんど常に見過ごされている点だが、力による敗北──イギリスのチャーチスト運動の敗北や、ましてや多くの血を流して鎮圧され、罰せられたパリ・コミューンの敗北のような──が欠けていたこと、労働組合が国家秩序や社会秩序のなかで弱体な位置しか占めておらず、長らく信用を失っていた下で新たな試みがなされたこと、などである。労働組合は、イギリスのように労働者の利害を効果的に主張することができなかったのであった。最後に、そこにはビスマルクによる普通選挙権の導入も含まれ、そのために社会主義者たちは政治的なセクトという地位から脱却するのを助けられたのである。

社会主義政党が早い時期に成立したことがドイツの民主主義にとって一つの不幸であったことは、疑問の余地がない。この新たな戦線配置に直面して、自由主義的＝市民的な改革勢力は古くからのエリートと官憲国家に対して闘う熱気を失い、右派と提携しようとする傾向が強められたからである。

なぜドイツではロマン系諸国のように社会主義的なアナーキズムが存在しなかったのか、という問いが生じるかもしれない。この問いは難しい問いであり、明確に答えることはできない。私は僅かな点だけを指摘しておきたい。ジャコバン的＝共和主義的で初期社会主義の影響を受けた強力な手工業者の伝統が欠けていたこと、ドイツの労働者層の間では集団による規律が強かったこと、フランスやスペインにおける産業の特殊な発展が許容したような個人的な上昇への期待が欠けていたこと、フランスや地中海圏で見られたような国家への不信感とは対照的に国家への信頼が政治文化の要素となっていたこと、反教権的な元カトリック教徒たちの断固とした個人主義が欠けていたこと、などである。

帝国建国以来、社会主義者たちは国民的《ナツイオナール》な国家と対立したが、それは、彼らが国民的《ナツイオナール》であることに反対していたからではなくて、彼らのドイツ国家《ライヒ》観が国民《ナツイオナール》民主主義的なものであり、そしてアイゼナハ派の場合には大ドイツ主義的なものだったからであった。かつて一八四八年の大ドイツ主義的な活動家だったリープクネヒトは、ビスマルクの国民国家をも進歩と見なしていた現実主義者のマルクスやエンゲルスに反して、大ドイツ主義の観点から批判する立場をなおも長らく堅持した。一八七〇年に、社会主義者たちは、併合問題が浮上してから征服戦争の継続に反対し、投獄された。両労働者党の議会での代表者たちは議会で一致して新たな戦債に反対票を投じた。社会主義者たちはこの国民国家の反対者として憲法にも反対し、「帝国の敵」という烙印を押された。彼らは孤立した。これに対して、彼らは彼らの組織という独自の世界で対抗した。そして彼らは、対抗する世界から受け継いだ政治の形式——協会、ジャーナリズム、選挙運動——を用いたプロテスト運動に集中したのだった。

　帝国建国は、確かに直接にというのではないが、しかし中期的には二つの社会主義政党の間の鋭い対立を相対化し、均していくことになった。なるほど、論争はなおも続いていき、一八七二／七三年に再び感情的な頂点に達した——しかし、その際により大きな役割を果たしたのはイデオロギーよりも人物や組織や伝統のほうだった。国民的《ナツイオナール》な問題はいまや「解決」され、大ドイツ主義的な選択肢はもはやいかなる現実味をも持っていなかった。ラサール派が国家の歩み寄りにかけていた——かもしれない——期待も、そしてそれに応じて競争者のＳＤＡＰの側が抱いていたラサール派は政府との協力を目指しているのではないかという疑念も、ともに的外れなものであることが判明した。ラサール派が普通選挙権に抱いていた期待は満たされなかったし、生産協同組合への国家補助への期待にしても同様であった。独裁的で中央集権的なＡＤＡＶの会長シュヴァイツァーが一八七一年にその職から去ったことで、争いが人物を中心として展開される程度が減少した。国家と警察による迫害は双方の党に同じように及び、共同の防衛組織を差し迫って必要なものとした。一八七三年の恐慌以来の不況は、すべての人たちにとって社会政策に関わる争いを激化させ、そして支持者層を拡大した。とりわけ選挙民の間では、既に七十年代の初期から二つの党の間の対立がますます無意味なものとなっていた。このような状況の下で、一八七五年にゴータでの党大会で両党が合同して「ドイツ社会主義労働者党」となるに至る。「ゴータ綱領」は、依然として「生産協同組合」や「賃金鉄則」のような一連のラサールの定式を含んでおり——これらは高い感情的な象徴としての価値を持っていたので——、国家を「階級国家」として特徴づけることを避け、革命への信仰告白をも避けていた。そのために、周知のようにマルクスはこの綱領を痛烈に批判した。この綱領は明確に合法性への信仰を表明していたのである。しかし、当時の状況の下では、綱領と理論が重要だったのではなくて、合同したということ、そして指導者たちや、組織や、さらには党員が——比較的——急速に一体化していったということが、肝心な点だった。

普通選挙権の諸条件の下で、党は、——警察による迫害にもかかわらず——アナーキスト的でもサンディカリスト的でもなく、あるいは秘密結社＝テロリスト的でもなくて、選挙と議会を志向する党であり続け、支持者たちの組織に救いを求め、力の基盤を求める党であり続けた。六十年代のまだ開かれていた状況の下で二つの党が設立されて以来、社会主義政党は、急進的＝改革的な日常政策と、社会主義革命という未来の構想、最終目標との、二重の動機と目標によって導かれてきた——その点において、現実主義とユートピア、憲法と合致しようとする姿勢と体制を変革しようとする姿勢とが結び合わされていたのだった。そこに含まれていた緊張関係が、後にドイツの社会民主主義派にとって極めて特徴的なものとなるのだが、この緊張関係は既にこの初期段階においてもある程度まで党を特徴づけていたのである。ベーベルが一八七一年の帝国議会でパリ・コミューンを持ち出したのは、その一例だった——それは、具体的な知識も、さしたる内的な近さもないままで、プロパガンダと連帯の表明のために述べられたものだったのだが、しかしビスマルクと「市民的諸政党」からは秩序と自由と財産を攻撃する血生臭い人殺しの革命への信仰を表明したものと見なされたのであった。

二つの党、あるいは新しく一つになった党は、七十年代においてもかなり幅広い労働者運動に根を下ろしており、とりわけ——社会主義的な志向を持つ——労働組合がその一部分を成していた。しかし、労働組合は、第一巻で述べたように、完全に独自のダイナミズムを備えており、それどころか自立性を持っていた。それでも、新しい党にとっては、それに先行した両党にとってと同様に、労働組合は党に服属する存在であり、後に言われるようになったところによれば党の「新兵訓練所」、計画された分業体制の下での補助機関に他ならなかった。優先されるべきは政治であり、指導権は党にあるべきだったのである。

社会主義政党は、労働者の大多数は依然として自由主義派あるいは民主派に投票するか、もしくはまったく投票しなかったにもかかわらず、七十年代にしだいに成功を収め、ダイナミックに成長していった。その結果、彼らの自負心が強められる一方で、もちろん他の勢力の側の脅かされているという不安を高めることになった。帝国建国の時点では後退させられた（一八七一年に得票率三・二パーセントで二議席）後で、既に一八七四年の帝国議会選挙では再び増加し、合同した党は一八七七年の選挙では既に得票率九・一パーセント（十二議席）に、それどころかザクセンのような社会主義的な伝統を持つプロテスタント工業地域では三十八パーセント、ベルリンでは三十九・二パーセントにさえ達した。党員数も増加した。一八七〇／七一年には三万人をほとんど超えなかったが——後にあれほど大きくなり、そして既に当時も敵対者たちにはあれほど危険視されていた党の党員が少数に過ぎなかったことをしっかりと銘記しておく必要がある——、一八七六年には三万八、〇〇〇人と数えられている。

党の歴史にとって大きな切れ目となったのが社会主義者鎮圧法であり、一八七八年に布告されて一八九〇年に失効するまで続いた。党の組織とジャーナリズムと活動は禁止され、党の指導者たちは警察と刑法による迫害を受けて、投獄されるか追放された。もっとも、帝国議会議員団と選挙への参加は対象から除外されて、被選挙権と選挙権は保たれた。それが、党がなおも存続することができた最も重要な理由の一つだった。帝国議会議員団が党指導部を引き継いだのである。禁止されて解散させられた組織に代わって地下組織・秘密組織・代用組織のネットワークが出現し、本部が国外（スイス）に置かれて一八八〇年、一八八三年、一八八七年に党大会を組織し、そして「中央機関紙」である『ゾチアールデモクラート』も外国で刊行された。工夫を凝らした配布システム、「赤色野戦郵便」がこのネットワークを維持し続け、そして各地のグループを国外の本部と結び付けた。労働組合は自ら解散するか、あるいは禁止されたが、後には一部は中立を装い、一部は目こぼしされて新たな組織や代用組織が結成されるようになった。とりわけベルリン、ハンブルク、ライプツィヒのようないわゆる「小戒厳状態」が布告されたところでは、社会主義のアジテーターたちを当該の土地や地区から追放することが可能だったが、それは同時に経済的な存立基盤が破壊されることを意味したので、彼らのうちの多く（そして、それ以外の多くの人たち）は亡命——とりわけアメリカへの——を強いられた。法律の執行の仕方は地域によって、とりわけ例えばプロイセンの場合とバーデンの場合のように連邦諸邦によって異なっており、時期によっても変わった。一八八一—八三年の後には幾らか緩和され（いわゆる「穏やかな運用」）、一八八六年の後は、とりわけ刑法による有罪判決（一八八六年八月から一八八九年一月まで二三六件）を通して改めて厳しくなった。全体で十二年間におよそ一、五〇〇人が有罪判決を受け、最初の十年間で禁錮刑の期間は全体を合算すると八〇〇年以上に達した。もっとも、フランスでのコミューン鎮圧に伴ったおびただしい流血やそれに続いた報復作戦に較べれば——あえて異例な言い方をすれば——社会主義者鎮圧法は児戯のようなものに過ぎなかった。選挙とその結果は、あらゆる警察による嫌がらせにもかかわらず党の抑圧には成功しなかったことを示したのである。

全体とすれば、党はこの十二年間には第一に自らを保つこと、抑圧と闘うこと、そして内部の連帯を護ることに集中したが、さらには抑圧の諸条件の下で拡大することにも努めた。それが内部の発展をも規定した。

一、党は、この時期に初めて本質的にマルクス主義によって刻印されることとなる。アイゼナハ派がマルクス主義者たちであると説明する党の伝説は間違っている。七十年代には、マルクスについての知識はまだ僅かなものに過ぎず、それは当時の主たるイデオローグであったリープクネヒトにも、と言うよりもまさに彼に当てはまる。ベーベルは、早い時期にマルクスについての知識を持っていた僅かな人たちの一人だった。エンゲルスの『反デューリング論』が、初めて八十年代に唯物論を基盤とする普遍的な世界観・自然観・社会観を伝達するのである。ようやく一八七八年以降に本格的なマルクス受容が開始する。いまや、迫害される状況の下で、彼の急進主義と使命意識がふさわしい反響を見出すようになるのであり、「純正」マルクス主義者たちが——一八八三年頃から——枢要な地位に就くようになり、他の人たちは提示して受け入れられるような他の選択肢を持ち合わせていなかった。ヨハン・モストやヴィルヘルム・ハッセルマンのようなアナーキズムに傾いた人たち——社会主義者鎮圧法の下で当初は強められた傾向だったのだが——は、党から排除された。倫理的社会主義者と呼ぶことができる人たち——フリードリヒ・アルベルト・ランゲや、古くからの民主主義者であるヨハン・ヤコービや、若い文化後援者のカール・ヘヒベルク——から成り、唯物論に対して批判的な距離を取っていたグループは、いかなる影響力をも獲得することができなかった。一時はそれよりも重要と思われたのが、いわゆる国家社会主義者たちであり、彼らを巡っては長い議論が展開された。ビスマルクが一八八四年に「蒸気船補助」法案を帝国議会に提出した時（アフリカ・オーストラリア・東アジアへの民間蒸気船航路に補助金を支給するもので、帝国主義に向かう道の最初のささやかな一歩を意味した）、社会主義派の議員たちの過半数はそれに賛成しようとした（アフリカ航路を諦めて、蒸気船がドイツの造船所で建造される、それゆえ職場が増えるという条件の下でだったが）——もちろん、彼らは全面的に拒否する立場に立つ党指導部と党機関による批判に晒されて完全に追い詰められてしまった。また、社会主義者鎮圧法の下にある社会民主主義派の議員たちが、社会保険立法に賛成票を投じるかどうか考慮するというだけでも、まったくあり得ないことだった。非マルクス主義者のなかでは、例えばカール・グリレンベルガーや、――組織に強い影響力を持つ――イグナーツ・アウアーのような、何ら対抗理論を提示することなく党の統一性を護ろうと努めた実際家たちだけが、持ちこたえることができた。しかし、指導権を握ったのはマルクス主義者たちだった――若手のイデオローグだったカウツキーとベルンシュタイン、そして誰もが認める党指導者のアウグスト・ベーベルである。その際、そのようなマルクス主義にはある程度までダーウィニズム的な進化論が結び付いていた――F・A・ランゲから若かったカウツキー、さらには老いたエンゲルスに至るまで。

権力戦略的には、このような発展は、部分的には亡命状態にあった党指導部や『ゾチアールデモクラート』紙のほうが、幾らか穏健で実際的な議員たちよりも原則に忠実で急進的であったということと関連していた。確かに議員団は――法律による制限から比較的自由で――高い程度の自立性を獲得したが、しかし党指導部の自立性とモラル的な正当性のほうがより大きかった。その限りでは、マルクス主義が貫かれたということは、より急進的で原則を支持する人たちが現実政治家たちに対して勝利を収めたことを意味していたのである。

二、いっそう重要なのは集団的な作用である。国家や市民的な社会によって、教会や学校や軍や、隣人や経営によって、抑圧されて排除されたという共通の経験――それが、団結を生み出すとともに、他の人たちに対する境界を設定した。犠牲者であり殉教者であること――それが、利害や組織や伝統にもまして人びとを結び付け、信仰と希望を、社会主義における疑似宗教的な、それどころか終末論的な特徴を、そして濃密な絡み合いと、共通性と連帯の感情を根拠づけた。これらの一切が、権威主義的な国家と、資本主義経済と、市民層によって支配されている階級社会とに、反対する感情を強めることになったのである――そして、このような対立は一体としての敵対関係を意味するのであってどのような鎮静剤によっても相対化し得ないのだと宣言する、急進的なイデオロギーへの反響が強められることになった。人びとは、それをどう呼ぶのであれ「革命」を志向して、議会主義的な「幻想」に背を向けた。抑圧は、その対象となった人たちを急進化させたのである。このような感情的な結び付きに加えて、まさに排除されて抑圧され、あらゆる実際的な営みから締め出されたために、社会主義の古くからの知性主義的な伝統が強化された――信仰告白活動の絆となり核心的な要素となった（亡命先で刊行された）新聞が、やはり、一般向けの普及者たちによるマルクス受容と同様に、理論志向を、階級意識を抱いた社会主義者たちにとっての核心的な要素としたのだった。体制と対立する急進的な姿勢と、理論志向と、マルクス主義受容との結び付きは、もちろん対立のあり方を一定の方向に誘導することにもなった。進化論的な色彩を帯びた理論は、現存社会がまもなく崩壊することを、ベーベルが好んで語った言葉を借りれば「大崩壊」の到来を予言したが、それは急進的なプロテストの雰囲気が広まっていた下で一般に反響を見出したけれども、同時に、効率的な国家装置が圧倒的な力を持つ状態に直面していたためもあって、平和的に達成できる目標を求めることにも繋がった。人びとは革命的な行動を伴わない革命を期待していたのである。それが、社会民主主義派が将来において取ることになる立場、すなわち、言葉のうえでの急進主義と非急進的な実践とに分裂した、革命的な待機主義に通じていったのだった。

三、最後に、組織的に重要な意味を持ったのは、処分を受けた労働者たちが小市民的なポストで（例えばタバコ商や、飲食店主や、補助金庫の役員として）指導的な役割を果たして窮状を凌ぐのが可能だったことである。このことと、そして迫害とが、疑いもなく正当性を備えていた指導エリートたち――後の党専従役員たち――を形成する始まりとなった。

迫害時代がもたらした以上のような結果が、一八九〇年に社会主義者鎮圧法が廃止された後の新たな発展に決定的な影響を及ぼしていくのである。

第3章

ビスマルク時代

第1節 構築と紛争

a 自由主義時代

一八七一年以降の内政を支配していたのは二つの事柄だった。ほとんど組織規約以上のものではなかった憲法とともに発足したばかりの帝国を構築していくことと、文化闘争とである。これらの二つは当然のことながら密接に関連し合っている。私たちの記述のなかで二つを分けるのは、分析をより明瞭にするためだけに過ぎない。

一八七一年以降の政治の中心に位置していたのは、一つには「政府」、すなわちとりわけ、そしてますます帝国宰相であり、次いで帝国宰相府とプロイセン内閣であって、これに対して虚構のうえでは本来「政府」としての場を占めるはずだった連邦参議院は、先に憲法体制を扱った時に論じたように、世論のなかだけではなくて現実にもますます背後に退いていった。その一方では、帝国議会が執行府に対峙していた。帝国の内政の第一段階は、政府と、国民自由党及び自由保守党〔帝国議会では帝国党〕から成る帝国議会多数派との協力関係によって特徴づけられており、それゆえ穏健自由主義的な特徴を帯びている。

そして同様のことが最大の邦であるプロイセンについても言える。このことがとりわけ当てはまるのは、当時の立法政策における四つの主要な分野に関してである。

第一に、経済の分野である。この分野で問題となるのは、一部は新しい法律を通して、一部はプロイセンと北ドイツ連邦の法律（市場経済と自由を尊重する個人主義的な営業法のような）を拡大することを通して、経済体制を統一化・自由化することであり、それゆえ、営業の自由、居住の自由、もはやそれまでのように居住地選択の自由を大幅に制限することのない救貧負担の取り決め（法技術的には「支援居住地」の問題と称された）、通貨と発券銀行、会社法と株式法、会社設立の自由、さらにその他の多くの事柄が問題となった。第二に、法と司法の分野である。この分野で問題となっていたのは、法治国家に関する自由主義的な諸原則を統一し、実現することであり、訴訟手続法と裁判所構成法（その一部分としてライプツィヒの帝国裁判所の設置）、出版法の統一化、さらには帝国の権限を民法全体にまで拡大することだった。民法への帝国権限の拡大は、当初は民事婚を実現するための文化闘争上の措置だったが、ドイツ民法典という世紀の事業を成立させるための基盤となった。さらに問題となっていたのは、第三に、──プロイセンにおける──行政改革であり、一八七二年の郡制法による農村部行政の脱封建化と東部諸州での自治行政であった。郡制法は、古《アルト》保守派・封建的保守派の抵抗を「貴族の創出」、すなわち政府に忠実な新たな貴族院議員を任命することによって押し切って成立した。さらに、一八七五年の州制法や行政裁判制度の導入も問題となった。最後に、第四に問題となったのは、国家と教会の関係を新たに秩序づけること、文化闘争立法であった。これについては、後で別個に扱いたい。

以上の諸問題は、決して政治の副次的な領域というのではなかった。自由主義派にとって、それらは社会と国家の新秩序、近代化の中心的な問題に他ならなかった。そしてビスマルクの側も、この種の問題を片手間に戦術的な配慮からだけ推進したというのではなくて、完全な意図を持って――行政改革は例外だったが――この近代化政策の先頭に立った。彼が国民自由党をこれらの分野に「逸らした」わけではないし、国民自由党がそこに「逸らされる」ままになったというのでもなかった。新旧保守派の反抗者たちがビスマルクの国民自由党及び資本主義的市場経済との同盟に、すなわちビスマルク「時代《エーラ》」の体制の自由主義的な特徴に矛先を向けたのは、十分に理由のあることだったのである。

この協力関係が機能したのは、とりわけ、特にこれらの領域を管轄していた人たち、帝国宰相府長官のデルブリュックや、プロイセンの閣内で最も重要な自由主義者だった二人の大臣、財務大臣のカンプハウゼンと文部大臣のファルクが、政府を支持する多数派の重要な議会人たちと――しばしば前もって――協調するように心がけ、そして時には、彼らの考えによれば政府が長期的に頼りとせざるを得ないこの多数派に配慮を払うことを、行動の指針としていたためだった。例えば郡制法は、彼らと、どちらかと言えば改革保守派的だった内務大臣のオイレンブルクが、ある程度まで抵抗の姿勢を示していたビスマルクからもぎ取ったものだった――もちろん、貴族院内の「反対派」の存在にビスマルクが怒ったことが彼らに有利に働いたのだったが。貴族院を全体として改革するというビスマルク自身の構想は、興味深いものになり得たかもしれないが、しかしこの構想に固執したとしたら自由主義的な行政改革は際限なく先送りされてしまったことだろう。

反自由主義的な紛争大臣であったビスマルクと、その最大のパートナーとなった国民自由党との協力は、一連の前提条件に基づいていた。政党政治や議会政治の面でそのような前提条件にまず属していたのが、中央党との対立関係である。中央党は立法のためのどのような多数派にも含まれず、そして中央党との対立関係が文化闘争をともに闘うビスマルクと国民自由党とを互いに固く、時として彼らにとって好ましい以上に固く結び付けていた。それに、一八六六／六七年以来くすぶり続けていたビスマルクとプロイセン＝自邦中心主義的な古《アルト》保守主義派との決裂が加わった。この決裂は、帝国《ライヒ》ナショナリズムの登場や、文化闘争や、郡制法や、自由主義的＝資本主義的な経済政策とともに、また、ビスマルクの近代化政策とともに、ますます激しさを増していった。多くの古《アルト》保守主義者たちの目から見れば、ビスマルクは自由主義のあぶみを持つ存在に他ならなかったのである。『クロイツツァイトゥング』紙がいわゆる「時代《エーラ》論文」——これについては既に述べた——でビスマルクと彼の銀行家であるブライヒレーダーに加えた極端な攻撃と、ビスマルクによる激しい感情的な対応と、この新聞のすべての購読者に対する弾劾、そして数多くの貴族たち、いわゆる「宣言者」たちによる新聞支持の宣言が、一八七五／七六年の時点で両者の決裂を強調することになった。この決裂、そしてそれと結び付いていた保守主義派の権力の衰退が、ビスマルクと国民自由党との絆を強めたのだった。ごく一般的に言えば、ビスマルクは事後承認を求めて国民国家を樹立した政策を、一八七一年以降も継続したのである。彼は、近代的な社会の諸勢力を敵に回すのではなくて、それらの勢力とともに統治することを望み、自邦中心主義者たちに対抗して国民的《ナツィオナール》な統一を目指す勢力とともに、また、革命に対抗して市民的なエスタブリッシュメントとともに統治することを望んだ。プロイセンを大きくし、関税同盟に成功をもたらした近代的な経済政策に対して、農業家であるビスマルクは何ら異議を唱える必要性を感じなかった。さらに、言わばマキャベリズム的な観点からの近代的な考慮も一定の役割を演じていた。すなわち、彼は、政府だけにあらゆる害悪への責任が負わされるのを避けるためにも、政党との同盟を望んだのであった。

　もっとも、かなりの摩擦点が存在していたし、協力関係には重要な限界があった——協力関係は十年間も続かなかったのである。対立は、当初は妥協によって架橋された。最も重要な妥協の対象となったのは、一八六七年の憲法制定の時に先送りされた軍の兵力と軍事予算の問題、すなわち中断されたプロイセン憲法紛争の基本的問題であった。一八七一年に問題はもう一度三年間先送りにされた。一八七四年に重大な紛争が生じる恐れが生じた。軍と政府が望んだように法律で確定された陸軍兵力の費用を持続的に承認するか（恒久予算制）——それは、軍事政策に関して議会が無力化することを意味した——、あるいは毎年の承認に戻るかが、対立点だった。さらに、軍も自由主義派も、まったく異なる理由から、一種の帝国陸軍大臣の設置を望んだ。恐れられていた紛争は、七年間にわたる費用を承認し（七年法）、軍の兵力と組織は法律で定めるという妥協に終わった。ビスマルクは結局のところ紛争のリスクを冒すことができず、冒すつもりもなく、自由主義派を同盟パートナーとして保つことを望んだのである。彼はこの妥協を、帝国議会と、権力を求める軍との双方（そして、彼にとって危険と思われた帝国独自の陸軍大臣の設置という考え）に対抗するうえで利点になると考えていた。自由主義派の側は、原則を護ったと考えていたが、帝国議会の任期は三年間だったので常に一任期は軍事政策に関して「素通り」されることになった。彼らも、帝国議会の解散と新たな紛争というリスクを――選挙民の雰囲気と、文化闘争と、彼ら自身の影響力への配慮のために――冒すことはできないと考えていた。「左派」のラスカーでさえ、妥協に賛成票を投じたのである。しかし、「より通常的」な、存立に関わるような性格がより少なく、感情を刺激することがより少なかった事柄に関しても、問題は存在していて、自由主義派は要求を控え目にせざるを得なかった。司法関係諸法に際しては、彼らは刑事訴訟法でプレス犯罪の場合の「陪審裁判」と編集者の証言拒否権とを諦めざるを得なかった。官吏法と軍刑法の問題でも彼らは要求を実現できなかったし、会計検査院の導入に際しては部分的にしか実現できなかった。微妙で直接政治的な意味を持つ分野での妥協の典型的な例は、一八七四年の出版法である。それまでプレスを抑止的にコントロールする主たる手段となっていた新聞印紙税が廃止され、行政当局の押収権が制限され、認可制や、認可取り消しの可能性や、保証金供託義務のような他の束縛も廃止された。とは言え、「政治的」な不法行為の場合に国家が検察や裁判所を通して介入する刑法上の可能性は、自由主義派が望んでいたよりも大きいままに留まった。その一方で、国家への危険性や、転覆のプロパガンダといった新しい――曖昧な――犯罪構成要件を創り出そうとしたビスマルクの試みは、失敗に終わり、一年後の同じ方向を目指した刑法改正（この種の規定をラスカーは「ゴム条項」と呼んでいた）の試みも、やはり失敗した。

さらに、この時期における狭義の憲法政策的な意味を持つ唯一の法律、すなわち一八七八年に帝国宰相の代理を定めた法律の場合も、自由主義派と保守派との妥協が実を結んだ。帝国内閣制の成立には至らず、帝国長官は宰相直属の帝国長官のままだったが、しかし宰相の代理として帝国議会に対してある程度まで責任を負うような立場に立ったことで、その地位が強化された。

ビスマルクは、そのように意見の相違や争いが生じた多くの場合に、脅すようなスタイル――退陣する、帝国議会を解散する、協力を中止する、信任投票を求める、議会人に対して世論を動員する、といった類の脅しや、あるいは、文化闘争の最中での団結を訴えるというような――を示して、自らの最低限の要求を受け入れさせ、指導権を保った。しかし、そのようなやり方は協力を容易にするものではなかった。

自由主義派は影響力を持っており、言わば「権力の前庭」に位置する立場にあった。少なくとも彼らのうちの多数派の、依然として目標であったもの、すなわち議会の権力の拡大、それどころか、いっそう強力に（完全にではなかったとしても）構築された議会主義的な政府、それを彼らは後回しにして先送りした。彼らはビスマルクという例外的な人物とともに生き、生き延びねばならなかったのであり、そして——なおも——皇太子の治世に賭けることができたのだった。直ちに議会主義化を実現することに伴う利点と、その優先順位は、彼らが好んでいなかった普通選挙権から得た経験の下では、それほど明白なものではなかったのである。とは言え、彼らは先送りにした最終目標を視野から見失ってしまったわけではないということ、それも依然としてはっきりしており、そしてそのことがビスマルクを苛立たせたのだった。

双方の側にアンビバレントな要素が存在していて、それが始まりつつあった双方の間の疎遠化を強めることになった。一つの要素は、国民自由党にラスカー議員が率いる左派、断固として自由主義的なグループが存在していたことだった。とりわけこのグループは一八七四年の帝国議会選挙後に——保守党が議席を減らして中央党が増えたために——言わば鍵を握る立場に立ち、親政府的な多数派と自由主義的な多数派とのどちらをも形成するために自分たちの重みを投入できるという可能性を利用した。もちろん、その際には選挙で自由主義左派と競争しなければならないことへの配慮も一定の役割を果たしていたが、しかし肝心なのは、自由主義の諸原則を完全に後回しにするつもりはないし、ビスマルクの要望に多かれ少なかれ無条件に従うつもりはないということであった。彼らは、一八六七年以来のように、自由主義と現実主義的な妥協への用意との間の困難な航路をさらに舵を取って進むことを望んだのである。内政では常に敵と味方とに両極化しようとする傾向があったビスマルクは、そこに、彼にとっては厭うべき議会主義化への要求（そして、そもそも唯々諾々として従うことだけを期待する彼に反対する姿勢）を見て取った。ラスカーが左に向かって境界を設定しようとしないことが、彼を疑わしい人物とした。ラスカーという人物と、その知的で輝かしい弁舌の才に対するビスマルクの個人的な反感がそれに加わり、時として憎しみにまで高まった。さらに、左派の存在は党の指導者ベニヒセンに、党を——左派の穏健自由主義的な現実主義と、右派の親政府主義との間で——取りまとめるのをいっそう困難にした。その一方で、ビスマルクは保守党に対してアンビバレントな姿勢を取っていた。保守党は、——ともかくも——彼の出身党派であり、プロイセンの君主政及び政府のエスタブリッシュメントや、エルベ川以東地域の農村部における支配構造と密接に結び付いていた。保守党が一八七二年の郡制改革に（そして基本的には学校監督法にも）反対し、それゆえ政府に反対した時、ビスマルクは古《アルト》プロイセン貴族の権力を奪うために貴族院の改革を考えたが、そもそも彼の同僚たちの抵抗に遭ったので断念し、むしろ一時的にプロイセン首相の職を辞すほうを選んだ〔一八七三年の年頭から十一月初めまで陸相ローンが首相を務めた〕。なるほど、保守党にはそれまで通例となっていた国家機構による選挙での支援が与えられなかったが――その結果、一八七四年の選挙でかなりの議席を失った――、しかしその他の場合にはビスマルクが反対派に対して取ったように断固として保守党に矛先を向けるようなことはなく、一八七五／七六年の『クロイツツァイトゥング』事件〔「時代」論文を巡る対立〕の時でさえそうであった。むしろビスマルクの戦略は、保守党を飼い馴らして政府の側に引き寄せること、――そして国民自由党左派に対抗する重しとして強めることを目指していた。ドイツ保守党の新設は、この構想に合致するものだった。このためもあって、一八七七年には政党政治上の比重が右に移動して、保守党が再び鍵となる地位を獲得し、ラスカー派はそのような地位を失った。

後から振り返って見る場合には、自由主義派が失敗したこともあって、この時期の重要性は容易に過小評価されてしまっている――とりわけ統一を実現した国民的《ナツィオナール》な立法に対するかつてのような喜びが私たちには無縁なものになり、その成果は自明なもののように思われているだけに、いっそうそうである。しかし、実際にはこの時期は――北ドイツ連邦における序幕の後で――市民的な社会が突破を遂げたことを意味しているのである。すなわち、大規模市場が、自由競争が、資本主義が、流動性が、業績原理が、あらゆる身分制的で官僚的な制限を突破したことを意味するのであり、さらには階級社会が出現したことをも意味するのである。それは、近代性に向かっての断固たる一歩であった。それは、すべての個人の生活を、そして社会の構造を明確に変えた――そしてこの結果、恒久的な変化とダイナミズムが通常の状態となった。この当時に形づくられた法秩序が、そのための枠組みを設定し、そして同時に法治国家という自由主義的＝市民的な原則をさらに完全なものにした。このように近代性と市民性が大幅に増大したことが、これ以降ドイツ帝国を規定することになったのであり、――政治体制において、さらには社会において、満たされなかった期待があり、障害や後退があったからといって――そのような増大があったことを見落としてはならないのである。

b　文化闘争

確かに、文化闘争は自由主義時代の、七十年代の内政の一部分を成している。しかし、文化闘争は、ヨーロッパの状況やドイツ人の歴史的な遺産と大きく関連しており、また、その後のドイツの人たちに四分の三世紀にわたって決定的な影響を及ぼすことになったのであるから、一つの小節として扱う必要がある。

　文化闘争は特殊ドイツ的な現象ではなくて、一八七〇年から一九一四年までのヨーロッパに共通して見られる現象である。一方における近代国家及び自由主義と、他方におけるカトリック教会との間の対決は、当時のカトリック諸国と、ほとんどすべての多宗派諸国に見られたものであり、フランスとイタリアの場合には国民のなかのカトリック的＝教会的な部分と体制との間の厄介な関係が一貫して構造的な問題であり続ける。問題となるのは一つの根本的な対立に他ならない。当時の人たちは、歴史的な教養を持っていたので、好んで中世の状況（例えば「カノッサ」、皇帝と教皇、俗界権力と聖界権力）を引き合いに出したけれども、この対立の特殊近代的な性格を見誤るべきではない。近代的な国家は、宗教に対して中立的な世俗国家であり、そこではいかなる信仰告白ももはや拘束力を持たず、市民の権利と忠誠は宗教から独立していて、国家はどのような宗教の公的あるいは半ば公的な独占権への要求をも退けねばならなかった。それと同時に、近代的な国家は自らの要求において包括的であり、国家のみが平和と法に配慮する役割を果たし、個人化された市民の自由にとって枠組みとなる諸条件を定め、例えば結婚や学校についてのように個人の人生に深く介入した。自由主義的な国家にしても、それまでのあらゆる国家「以上」に国家であった。近代的な国家は、あらゆる中間権力を格下げして従わせようとした。公共的な領域が問題となるところでは、その結果、国家は古くから人びとの生活を形づくってきた諸権力、すなわち教会とも必然的に競合することになった。国家が国民国家になると、市民たちの忠誠への国家の市民宗教的な要求も増大し、やはり他の忠誠要求・解釈要求と競合するに至った。その一方で、憲法国家は個人の自由とともに個人の結合体の権利と権威をも保障して、国家からの自由に向かう解放に道を開き、それゆえ教会の自立にも繋がっていった。国家は教会と競合しつつ、教会の自律性を認めるという立場に固定されたのである。また、近代的な社会は、権威や伝統や社団の優位に対抗して個人の自由という原則を基盤としていたが、その点にも、この当時まさに逆に前者の価値の優位を主張していたカトリック教会との争いに至る根が存在していた。しかし、近代的な社会は、それぞれの多元性の原理、互いの間の違いと異なるあり方を承認する上に成り立っていたのでもあった。カトリック教会との対立は近代的な社会を、自らの多元性への要求との衝突へともたらすことになった。その限りでは、近代的な国家及び近代的な社会とカトリシズムとの間の緊張関係は、近代性という問題群が孕んでいた矛盾と結び付いていたのである。これら二つの点が、十九世紀後期における国家と教会の紛争の、特殊近代的な性格を形づくっている。

十九世紀のカトリック教会は、以前に述べたように、「教皇至上主義的《ウルトラモンタン》」となり、中央集権主義的・統合主義的・反近代的となった。教皇〔ピウス九世〕は六十年代初めに、まず近代的な国家、自由主義とナショナリズムが求めているものを否認した。その限りでは、近代的なもの、国家と自由主義の側が、伝統と、敵としてのイメージとに対して戦いを挑んでいるというだけではなくて、カトリック教会自体が極めて意識的に近代的な世界の神聖な諸原則に敵対していたのだった。しかしながら、このような原理と原理との潜在的な対立から、生活の現実のなかで対決と共生とのどちらに向かって発展していくことになるのか、それは未定の問題であった。

国家と教会との新たな紛争が取った形式も、近代的なものである。それは、もはや「国家」のエスタブリッシュメントと教会のエスタブリッシュメント、国王と教皇、大臣たちと司教たちの問題ではない。世論と、議会と、政党と、選挙民の問題、民衆の問題となるのである。それは日常生活に関わる。そして政治の全体に影響を及ぼすのである。

ドイツでは、国家と教会の関係は、十九世紀初期における世俗化と国家の近代化以来、複雑さを増した。双方の領域は互いに絡み合っていた。国家は教会を財政的に支え、神学部は国家の大学の一部分だった。国家は司教の任命に際して協働し、司教の活動の多くに対する監督権を要求した。それはかつての警察国家の名残だったが、国家の法秩序・平和秩序と、市民の忠誠に対する国家の要求とを貫き通そうとする、近代的な要求でもあった。教会の側も、公共的で、社会的な形成力を持つ権力であろうとし、あり続けようとした。国家と教会との分離ではなくて、「双方が混合していた事項」――婚姻法や民衆学校――のほうが特徴的であった。これらすべての領域において、緊張をもたらす潜在力、火種が存在していたことは明らかである。

さらに、もう一つの重要な点は、ドイツでは例えばベルギーのようにカトリックの自由主義、あるいはカトリック派と自由主義派の同盟が形成されるに至らなかったことである。それに向かっての芽生えは――パウロ教会〔一八四八／四九年革命でのドイツ国民議会〕で自由主義的なカトリック教徒たちが他の自由主義者たちと協力したにもかかわらず――弱体なものに留まり、双方に共通していた基本権や憲法に関する立場は、双方の側から共通性としてはむしろ無視されてしまったのだった。カトリック派は保守的あるいはポピュリズム的で、どちらかと言えば反自由主義的であり、自由主義派のほうはどちらかと言えば反カトリック的だったのである。

さらに、ドイツの宗派状況は、他にはスイスとオランダにだけ見られたような特殊なものだった。一八七一年の帝国の住民の、優に三分の一がカトリック教徒で、三分の二弱が福音派だった。フランスやイタリアのように教会に忠実なカトリック教徒とカトリック教徒として生まれた反教権主義者や不可知論者が対峙し合っていたのではなくて、カトリック教徒と、保守的な正統派のプロテスタントと、自由主義的なプロテスタントとが対峙し合っていて、プロテスタントのなかでは一方は自由主義的なものを、他方はプロテスタント的なものをそれぞれにより強調していた。教会に忠実か／反教権かという対立に、カトリック／プロテスタントという対立が覆い被さっていたのである。さらに、ドイツにおける個別邦の王朝的な伝統は、オーストリアが離脱した後はプロテスタント的な色彩を帯びており、それはある程度まではカトリックのバイエルンにも当てはまった。以上のような状況が、カトリック教徒の少数派としての立場を際立たせていたのである。

しかし、ヨーロッパ世界における、そして特殊ドイツ的な所与の状況における、以上のような潜在的な対立関係が、帝国建国の後に現実の国民的《ナツイオナール》な大規模紛争へと転じることになったのは、構造的な必然性に基づいたものとは決して言えなかった。その原因は、ささやかなきっかけが――自由主義派の側と、カトリック派の側と、ビスマルクの側という――三つの側からの互いに対立し合う、かなりの程度まで予防的な攻勢に発展していって、ぶつかり合ったことにあった。

自由主義派は、反教会的だったわけではなくて、理論の上では世俗的な国家と、国家から自由な教会とを望んでいた。しかし、彼らは理念政治の面で彼らの世界観が、そしてその中心的な価値である学問と教養が、独占権を持つことを主張していた。それらこそが進歩と文化の基盤になるとされたのである。彼らも他の世界観とともに生きていかねばならなかったが、しかしそれらの世界観には正当性を認めず、彼ら自身が方向性を定めようとした。自由主義派は、プロテスタント的で啓蒙主義的・理想主義的な伝統に基づいて反カトリックの立場に立っていた。彼らはとりわけ、公的教会をも代表するようになった教皇至上主義的なカトリシズムを、彼らが支持する個人主義的で国民的《ナツイオナール》な特徴を持つ近代性の、不倶戴天の敵と見なした。彼らは、例えば「謬説表」〔一八六四年〕で近代世界のあらゆる本質的な要素を断罪した教皇の宣言や、カトリック教会が反理性主義や反近代主義を公然と掲げる姿勢によって、著しく挑発されていると感じた。彼らにとっては絶対的な価値、「世界観」が問題となっていたので、彼らの立場は教条的なものとなり、感情的にも固定されていて、調整するのは困難だった。国家と教会は、例えば影響力を分け合うような形で妥協を成立させることも可能だったかもしれないが、彼らにとっては究極の問題が対象となっていたので、次善の解決策で満足することは難しかった。断固とした反近代主義者たちに抗して近代性（「近代文化」）を擁護したこと以外に、国民《ナツイオーン》への、国民的《ナツイオナール》な統一と国民的《ナツイオナール》なアイデンティティへの信仰告白が加わった。このアイデンティティは、多元性よりも均質性を、異なるあり方を認めるよりも同一であることを志向するものであり、そしてまた、国民的《ナツイオナール》なアイデンティティを束ねるのはまさに「文化」の概念に他ならなかった。それは一つの事実というばかりではなくて、一つの要求、とりわけ異なっている人たちに突きつけられた要求なのであり、政治的には国民的《ナツイオナール》で文化的には自由主義的な新しい市民宗教となるべきだという要求なのであった。カトリック教徒は同化するべきなのであり、同化しないのであれば彼らを孤立させ、ゲットーに閉じ込める必要があった。そして国民《ナツイオーン》は、自由主義派にとってはプロテスタントの伝統と結び付いており、帝国《ライヒ》はプロテスタントの刻印を帯びた国だった。カトリック教徒は国際的にローマを志向しており、そのために自由主義派の多くにとって彼らは国民的《ナツイオナール》な意味では疑わしい存在と見えた。反ローマ的な観念と感情の下では、自由主義的であることと国民的《ナツイオナール》であることとが結び付いていたのである。さらに、自由主義派の反カトリシズムは、大衆への反感、無教養な人たちへの反感、そして彼らの「無教養な」、すなわち教養市民ではない指導者である聖職者たちへの反感を含んでいた。

近代性を反近代主義者たちから防衛しようとするのであれば――自由主義派は状況をそのように解釈していたのだが――、そして近代性を反近代主義者たちによる封鎖や抵抗に抗して貫こうとする、あるいは前進させようとするのであれば、闘争の最初のテーマ、攻勢の最初の対象となるのは、民衆学校に他ならなかった。自由主義派は、第一に教会、カトリック教会から学校での決定権を取り上げることを望んだ。この決定権は、宗教に対して中立的な立場に立つ国家が扱うべき事柄であり、宗派ではなくて国民《ナツイオーン》に関わる事柄なのであって、この点については誰もが一致していて、正当で自明なことと見なされていた。この問題を巡っては、既に六十年代のバーデンとバイエルンで示されていたように、紛争が起こるのはほとんど不可避だった。市民の婚姻と「戸籍」業務の世俗化の問題も、似たような状況にあった。第二の問題群は、以上のようなレベルを超えていた。自由主義派は、教皇至上主義的な聖職者たち、と言うよりも聖職者たちのなかの教皇至上主義者たちの、世論と一般信徒に対する影響力を抑止することを望んだのである。その結果、教会は国家のなかの国家となることを許されず、国家の法秩序・平和秩序に服するべきであり、それゆえ国家の監督にも服するべきであるという、自由主義的＝国家主義的な通常の要求が尖鋭化していくことになった。すなわち、教皇至上主義の先兵であり、敵のイメージを体現していた修道会、とりわけイエズス会は「監視」の対象とされて、その公的な活動を制限されるべきだった。教会の基金は脱教権化されて経済的な有用性という要請の下に置かれるべきであった。そして、聖職者は国民的《ナツイオナール》な教養と文化に与《あずか》るべきであり、与らねばならず、そのことを彼らはバーデンの自由主義派の独特な発明である国家による特別な「文化試験」を通して証明するべきだった。その背後には、個人、子どもたち、平信徒を最終的には教権的なヒエラルヒーの干渉と圧力から解放して、事実上自由に敵対している教会に抗して真の自由を実現しなければならないし、実現できるはずだという独特な考えが存在していた。そのような路線が直接どのような矛盾に陥らざるを得ないか、それは容易に見て取ることができる。自由主義が、真の自由、すなわち個人主義的な自由として保証したものの名において、教会とその成員の自由が制限されるという矛盾である。そのような制限を実行するのは強力な国家の任務とされた。もちろん、そのような「手段」の背後では自由という「目標」は色褪せてしまわざるを得なかった。事態がそのように進展していったのは、意図や計画に基づくものではなかったし、そこには十分に健全な判断や十分な現実主義が含まれていたのだが、しかしカトリックの平信徒たちを最終的に「解放」するのだという自由主義派が抱いていた夢想や、紛争に伴う怒りが、容易にそのようなロジックに従ってしまうことも起こり得たのであった。別の言い方をすれば、「真の」自由は国家によってのみ実現されるべきであり、そして国民的《ナツイオナール》なアイデンティティへの信仰告白を基盤とするべきであったとすれば、個人の自由は文化的に均一な画一性に転じてしまったということである。

一八四八年には、自由主義派はまだ、急進民主派が全体主義的に反教権の立場を取っていたのとは異なって、例えば学校問題などでは実際的な妥協を求めていたし、教会の内部構造に介入するのを要求することや、ましてや修道院の廃止を要求することを断念していた。しかし、二十年間のうちに立場が尖鋭化し、硬化したのである。反動期における教皇庁との政教条約は、教会が自らの事柄に関する自由を望んでいるだけではなくて公的な特権と独占権を望んでいることを示していた。そして、教皇至上主義が支配的な立場に立つに至った。目前に迫っていた教皇不可謬のドグマは、教皇と教権派が支配権を要求しているという恐怖感を掻き立てた。反教権主義が熱を帯びていった――修道院への示威行動に参加して乱暴を働いた人たち(一八六九年のモアビート修道院襲撃事件)に対して、自由主義派は主として好意的な理解を示した。一八七〇年の時点のカトリック教会はあらゆる近代的な成果に対して大規模な攻撃を仕掛けようとしているのであり、それに対して防御するのは、それどころか予防的な反攻勢を仕掛けるのは当然だ、という独特な見方が広まった。バーデンとバイエルンにおける自由主義的な立法に対してカトリック派が示した抵抗は、自由な社会は教会が社会的な権力である限りは達成できないことを証明したように思われた。自由主義派が統治党派であったバーデンでは、一八六六年以降、学校を巡る闘いが一種の本格的な文化闘争――文化試験、多くの受験拒否者たちの任用差し止め、教会基金法、民事婚――へと発展していた。それは綱領的な意味を持っていたのである。帝国建国は、反ローマ感情を高揚させ、そしてカトリック教徒たちは自邦中心主義者であって国民的《ナツイオナール》な信頼性に欠けているという不信感は、古《アルト》カトリック派〔ヴァチカン公会議に抗議して分離した一派〕に対して抱かれていた多くの幻想と同様に、国民的《ナツイオナール》な教会の樹立という夢想を助長した。帝国の建国は、自由主義的な反教権主義のなかの国民的《ナツイオナール》な要素を強め、反教権主義は特殊な国民的《ナツイオナール》＝自由主義的な性格を帯びるようになった。確かに、自由主義派がプロイセンと帝国における本来の文化闘争を開始したわけではなかったが、彼らはそれを準備し、そして比較的小さなきっかけからビスマルクの下でそれが展開し始めると、直ちに総力を挙げてともに担ったばかりでなく、推進したのだった。

　カトリシズムの側の状況は、自由主義派の場合よりも難しいものである。カトリック派は反自由主義的であった。彼らはしばしば鋭い洞察力でもって自由主義のメタ政治的な前提と帰結を、文化・教養・学問への信仰を、進歩への信仰、世俗性への信仰を攻撃した。モラル的な衰退や無関心を批判する通常の教会的な論拠だけではなくて、生活がますます国家の手に引き渡されてしまうこと、国家が神格化されていることへの指摘や、自由主義派が画一性を要求していることへの抗議も一定の役割を果たしており、これに対してカトリック派の側は、異なるあり方への権利と自己決定の権利を引き合いに出すことができた。しかし、カトリック派は、そのような観点を普遍的なレベルにまで高めることには成功しなかった。一般に、彼らはカトリックの利害だけに限定したままであり、狭い教会的な立場に拘束されていたからである。彼らは自由主義派に対して防御の立場に立たされていて、精々のところ反攻勢に出ることができただけであった。

　ドイツの司教団は、確かに穏健な「教皇至上主義派」が多数を占めるようになっていたが、しかし一八六四年には教皇が近代性を弾劾した謬説表を極めて穏やかな形で解釈したし、そして教皇不可謬のドグマを公表することには反対していた。彼らは、本来、教会の内部問題に取り組んでいたのである。幾らかの熱狂的な人たちはいたものの、現状の変更や新たな権力的地位の獲得を目指すような攻勢は見られなかった。もちろん、バーデンやバイエルンで目前に迫っていたような自由主義的あるいは官僚的な変更が行なわれる可能性が生じた場合には、断固とした防衛戦線が張られた。司教団は、決して新しい帝国に反対する立場には立っていなかった。マインツ司教で、政治問題に関して言わば代弁者のような位置を占めていたケテラーは、既に述べたように、一八六七年に、そして一八七三年にも、二つの有名な著書を通して、カトリック教徒がこの帝国の構築に、そしてこの帝国のなかで、ポジティブに協力するよう訴えていた。一八六六年にまだ残されていた世俗的な支配権をイタリア国民国家に奪われたばかりの教皇も、決してこの新しい帝国に敵対していたわけではなかった。文化闘争は直接教会によって始められたのではなかった。紛争を解き放つファクターとなったのは、一八七〇年に政治的カトリシズムが中央党として組織されたことだったのである。

中央党の成立については既に述べた。自由主義派も保守主義派も、成立しつつあった帝国のなかで、「カトリックの利害」がその場を見出せたような、あるいはそれを受け入れるような政党ではなかった。そして一八七一年の帝国においても、やはりそのままであった。立憲主義的な統治体制も選挙権も、統合政党〔様々な要素を統合する政党〕を優遇はしなかった。世界観政党が花形だったのであり、そのためにカトリシズムとは一線が画され、カトリシズムは締め出されたのだった。

カトリシズムの政治的な共通性は、一八七〇年の時点では「自然に存在」しているわけではなかったが、しかしカトリシズムが戦線の狭間に位置しているという状況と、自由主義派の反教権主義に直面する下では、はなはだ考え易いものであった。社会的にも、カトリック的環境《ミリュー》は自由主義的な市民的世界やエスタブリッシュメントとは異なる——より古風な——民衆的世界であった。要するに、一八七〇年の時点でカトリックの政党が結成されるのは極めて考え易いことだったのである。

カトリック派の側が純然たる防御行動と見なしていたものを、自由主義派のほうは反近代主義のための大衆動員、建国されたばかりの帝国とその自由主義的で国民的《ナツィオナール》な基盤に対する攻撃と見なした。ビスマルクも、すぐ後で述べるように、中央党の結成を帝国とそのプロイセン的基盤に対する危険な攻撃と考えた。当初は北ドイツの党であった中央党は、そのままの形の帝国の建国に、留保を付けながらも同意した。党の存在理由は実際にも、——自由主義派の側の紛争を求めるような雰囲気に直面する下で——脅かされていると考えたカトリックの利害を防衛するところにあった。しかし、この党にはカトリック地域である南ドイツの「自邦中心主義者」たちや反プロイセン《プロシア》派も集まるようになり、そしてプロイセンに敵対するヴェルフ派や、国民国家と対立するポーランド人やエルザス人のようなカトリック少数民族とも結び付きを持った。それは、アウトサイダーたちを保護し、さらには彼らと連帯するという意味を持ち、この形での帝国建国に反対する人たちの連合のような様相を呈することになった。プロイセン的＝小ドイツ主義的なカトリック教徒たちもそれに順応した。自邦中心主義者たちの統合は、自邦中心主義の旗印の下で開始したのである。「留保」のほうが同意よりも強力になっていった。本来のプロイセン人や親プロイセン派の一人が党の指導者になったのではなくて、反プロイセン派のヴィントホルストが党の指導者になったのは、もちろん必然的というわけではなかったが、偶然でもなかった。中央党がそのような精神の下で登場するのを促したビスマルクの両極化戦略は、中央党をそのような精神に固定化することになった。その限りでは、反対派としての中央党は文化闘争の原因であると同時に結果でもあったのである。

新しい議員団が最初に取った二つの行動は——どちらかと言えばレトリックと外部への作用を重視した血気盛んな人たちが先導したのだとしても——他の人たちが新しい党に対して抱いていたイメージをさらにそのような方向に固定することにならざるを得なかった。その一つは、ドイツ帝国は「ローマ問題」、すなわち教皇が世俗的支配権を回復する問題に関して外政的に、それゆえイタリア王国と対立してでも関与するべきであるという提案（皇帝の開会勅語に対するいわゆる上奏文を巡る討論のなかでの）であった。もう一つは、基本権、それも教会に関するものだけをプロイセン憲法から帝国憲法に引き継ぐべきであるという提案だった——基本権は連邦諸邦の問題であるというビスマルクの連邦主義的な主張を、根っからの連邦主義者たちはあっさりと無視したのである。どちらの提案も、党の公的な主張とは異なって、カトリックの利害が著しく党の一般的な政策を規定していること、カトリックの利害とは教権的な特殊利害であること、そして党は帝国建国を支持する多数派のコンセンサスと対立する立場に立っていることを明らかにした。中央党は反対派としての立場を固めたのである。この種の発言を単なるレトリックとして片づけることも可能だったかもしれないが、——しかし、感情的に敏感になっていた状況の下では、それは考えられなかった。要するに、中央党は政治的カトリシズムが国民国家と自由主義的な近代化の理念に反対して攻撃を仕掛けるための機関として成立したのだというイメージが成立したのは、偶然ではなかったのである。

以上のような事態を、別の観点から見てみる必要がある。既に述べたように、ドイツの他の社会＝文化的環境《ミリュー》とは別個の、より近代以前的な社会集団やメンタリティと結び付き、「田舎風」で、「安定した地位」や有利な扱いとはより無縁な、カトリック的環境《ミリュー》が存在していて、さらにはカトリックのサブカルチャーが存在していた。

カトリック派はそれを文化闘争の結果と見なそうとする傾向があったのに対して、自由主義派の側はカトリック的環境《ミリユー》と他の環境《ミリユー》との対立関係が文化闘争の原因の一つなのであると考える。確かに、環境《ミリユー》の間の対立は既にかなりの程度まで形成されていたので、互いの間の境界の設定、反カトリック的な認識や反自由主義的な認識、ささやかな揺さぶりに対しても示された過剰反応、脅かされているという感情、そして自由主義派とカトリック派の双方による予防的な攻勢などが、文化闘争が起こり得ると思われる程度にまで既に発展を遂げていた。しかしながら、それでも環境《ミリユー》間の対立は決して後におけるほどではなかったし、決して紛争を不可避のものとしたであろう程度にまで達していたわけでもなかったのである。

　最後に、ここで、ビスマルクが果たした役割を考えてみたい。国家の政策は彼の意志にかかっており、彼は先頭に立って文化闘争を闘う人物となった。彼は、周知のようにプロテスタントであり、多くの反カトリック的な先入見を抱えていたが、しかし決して反カトリック的な伝道意識を抱いてはいなかった。彼は国家保守主義者であり、国家の権威をまさに様々な抵抗を相手にして力の限り貫こうとした。しかし彼は、敬虔主義の影響を受けていた比較的若い時期から、教会が自らの事柄を扱う自由を持つことをある程度理解しており、国家教会制を強行しようとする人物ではなかった。そして、あらゆる近代性にもかかわらず結局は保守主義者であり続けた彼は、秩序と権威を護る力としての教会に共感を寄せていたのであり、それは彼には無縁なカトリック教会にも当てはまった。ビスマルクは、自由主義派のようにカトリック教会との闘争を必然とするような「国家理念あるいは文化理念」の支持者ではなかったのである。出発時の状況から見れば、教皇や司教たちとの共存は完全に可能であり、それどころかありそうなことと思えた。他の諸邦政府が（ましてや自由主義的な世論が）ヴァチカン公会議に関して抱いていた懸念を彼は共有していなかったし、ヨーロッパ諸国が共同で介入するべきだというバイエルンの要請を素っ気なく拒否して、そして——バイエルンやザクセンのように——新たな教皇不可謬のドグマを告知するのも妨げなかった。教会国家〔教皇領〕の再興を支持するべきだという一八七一年二月十八日のケテラーの要請を、当時の彼は冷たく退けたが、しかしその後の彼とは異なって、そこから中央党は国民的《ナツイオナール》な忠誠に反する態度を支持しているという結論を引き出すことはなかった。それどころか、彼は教皇にドイツでの避難先を提供するという申し出を伝えさせたのだった。

　それにもかかわらず、その直後にビスマルクは文化闘争を開始した。それには、すぐ後で述べるような幾つかのきっかけがあった。この闘争が、自由主義派を繋ぎ止めるとともに制御するという彼の対自由主義派戦略に合致したのは確かだったが、――しかし、それは望ましい副次的な結果だったのであって、原因だったのではなかった。既に論じたように、ビスマルクが文化闘争を始めたのは、中央党の成立を彼の政策にとっての、帝国の構築と体制の安定化にとっての差し迫った脅威と考えたからだった。なぜなら、ヴェルフ派やポーランド人やエルザス＝ロートリンゲンのプロテスト派と同盟したことによって、ビスマルクの目には中央党は帝国に敵対する立場に立ったと映ったからである。しかし、その点は実質的にもレトリック的にも重要だったものの、彼が敵対した理由はそのような域を遥かに超えるものでもあった。中央党は反政府の党であり、しかも強力な民主的な傾向を有していた。この党は、伝統的でポピュリズム的なプロテストの潜在力を、例えば農村部の生来のエスタブリッシュメントに対して動員し、組織した。プレス／リブニク選挙区〔上シュレージエン地方の選挙区〕でカトリック教徒である自由保守党〔帝国党〕のラーティボア公爵がミュラーという無名の一聖職者に敗れるようなことが起こり得るのであれば、それはビスマルクにとっては政治的・社会的な解体現象を示す一つの徴候に他ならなかった。中央党は、プロイセンが指導する帝国、新しい国民国家と、その市民的＝自由主義派と保守主義派によって囲い込まれた秩序とに対するプロテストを先導し、保守的なものに向かおうとする大衆の「自然な」性向を掘り崩し、そして保守主義派と穏健自由主義派との均衡状態を達成しようという彼の、すなわちビスマルクの、当時の政治的な構想と、彼がその均衡状態を保っていく可能性とを妨害する存在に他ならなかった。中央党は、もし存在し続けることになれば、彼の影響力が及ばない党だった。それは、彼の目から見れば「自然に反する」党だったのである。両極化を好むビスマルクの傾向は、この党を直ちに根本的な反対派という立場へと追い詰めた。この党が古《アルト》プロイセン〔一八六六年以前のプロイセン領〕の人たちが指導する穏健な反対派政党へと発展していくという、当初はまだ存在していた可能性を、彼は試みようとはしなかったし、それどころか自らの両極化政策を通してこの可能性を粉砕してしまったのであった。

ビスマルクの当初の目標は政党としての中央党を排除することだった。そこから文化闘争が生まれたのである。教皇と司教たちを――一八七〇／七一年の時点では――中央党に対抗する存在として投入することはできなかったので、そしてカトリックの聖職者たちが中央党のなかで、また、特に自邦中心主義者たちの間で主要な役割を果たしていたので、そしてとりわけ、中央党が自らの権力への要求を実現するために国家と教会との間に現存する結び付きを利用しようとしたので、それどころかそもそも教会の組織から成り立っていたので、ビスマルクは攻勢に、「帝国を保障する」ための「予防戦争」に打って出たのだった。彼は、国家と教会との結び付きと、国家権力への教会の関与を解体しようとし、それどころか教会そのものに介入しようとした。彼は、教会に中央党を放棄させ、教会を通して中央党を屈服させ、あるいは保守的なカトリック教徒たちを中央党から分離させることを望んだ。しかし、「闘争」がやがて独自のダイナミズムをも発揮するようになったのは、当然のことである。

　互いの予防的な攻勢が文化闘争へと発展していったのには、幾つかの具体的なきっかけがあった。きっかけは原因ではなかったが、文化闘争をともに解き放つファクターになったという点で十分に重要な意味を持っていた。一つのきっかけとなったのは、古《アルト》カトリック派、すなわち教皇不可謬という新たなドグマに抵抗してカトリック教会から破門されて締め出された人たちに関わる厄介な問題であった。教会から教育の権限を与えられていて同時に国家の官吏でもあったカトリックの聖職者やカトリック教徒、すなわち、とりわけ大学や師範学校やギムナジウムの教師たちは、国家と教会の関係から直接影響を受けた。国家の側は、教会から処分を受けた教師たちを解任したり他の人に置き換えたりすることを拒否した――彼らは任用された時に教えていたことと同じことを教えていたのだからである。国家による法解釈と教会による法解釈とが衝突したのだった。同様の問題が古《アルト》カトリック派となった従軍司祭の場合にも生じた。さらには、教会が聖職者の職務を剥奪した場合には、国家は警察の介入や資金の停止を通してそれに協力するべきなのだろうか、それとも少数派である古《アルト》カトリック派が教会の空間や建物の利用を要求した場合にはそれを支持するべきなのだろうか？　それは、避けようのない争いだった。例えばバイエルンのように、控え目な姿勢を取り、妥協によって争いを制限することも可能だった。しかし、それはプロイセンのスタイルではなかった。プロイセンでは、当局がどのような具体的な問題をも原則に関わる問題にまで高めて、分離派に対する教会当局の措置を不法として扱おうとする傾向があった。ブラウンスベルクのある古《アルト》カトリック派の教師に対して破門が宣告されたことが、国家の法律と、司教が約束した「服従義務」とに対する違反行為と見なされて、国家による資金供与が停止された。陸相は、古《アルト》カトリック派に対する教会役職者の行動を規律違反で罰しようと努めた。

　ビスマルクには第二のきっかけが存在したが、それは彼の主たる動機と密接に関連していた。ポーランド人問題が、それである。ポーランド・ナショナリスト的な貴族たちが反対派としての態度を取っていることに怒りを募らせていくなかで、彼は――それなりの根拠がなかったわけではないが――ポーランド人聖職者たちこそ、ポーランド語を話している、しかし彼の見解によれば依然としてプロイセンに忠実な素朴な農村部の民衆を「ポーランド人化」しようとしている中心人物たちなのであると見なした。これに対抗する行動を起こすことが必要であると彼は考えた――元々国家の管轄である民衆学校に対する監督権をこれらの聖職者たちから取り上げねばならない、と。自由主義派と同様に彼は住民たちを聖職者の「影響圏」から「引き離す」ことを望んだのであり、それゆえ彼らに国家から委託された権力を取り上げるべきだと考えたのである。既に一八七一年六月／七月に、彼はプロイセン文部省に設置されていた特別なカトリック局を解散させた。カトリック局は、いまや特殊個別的な親教皇至上主義的で親ポーランド人的な利害代表機関であり、それどころかプロイセンにおける「教皇の国務省」であると見なされていたのである。この解散はどちらかと言えば予防的な措置として考えられたものだったが、しかし反教会的な動員と姿勢の明確化を意味するものと受け止められた。そして、自由保守党系で反教権的なかつてのバイエルン首相の弟である、反教皇至上主義的で親国家的なホーエンローエ枢機卿をヴァチカンへのプロイセン公使に据えようとしたビスマルクの試みも、同様に受け止められた――この試みは、教皇の反対に遭って失敗に終わったけれども。

ビスマルクの副次的な動機には、ヨーロッパでカトリック連合が結成されて、一種の黒色インターナショナルとして「帝国の敵」たちと結び付くのではないかと恐れていたことも含まれる。それが文化闘争を解き放ったわけではないが、しかし初めから、そして繰り返し、一定の役割を果たしていた。

古《アルト》カトリック派問題とポーランド人問題とは、中央党と、そして中央党を支えている限りは教会の組織と闘うというビスマルクの決意と結び付いていた。それが文化闘争の第一段階を規定した。問題となっていたのは、国家と教会の間に新たな境界を設定しようとする試みであり、教会を公共的な領域から押し戻すことであったが、しかし直ちに明白に闘争的な立場も混入してくるようになった。一八七一年の末には、――バイエルンが提案して！――「説教壇条項」が連邦参議院と帝国議会で可決され、説教壇での政治的な、公共の平和を脅かすような発言が処罰されることになった。それは、平和を志向する防御的な理由が挙げられていたけれども、そもそも例外法であるという点からだけでも攻勢を仕掛けた闘争立法だった。同様なことが、帝国が取った第二の措置にも当てはまる。イエズス会法がそれだが、一八七二年の春以来帝国議会の多数派か要求して、連邦参議院の提案をも超えて、イエズス会とそれに近い修道会の禁止法へと内容が尖鋭化した。この法律は、教皇至上主義的なカトリシズムの（そして、その世俗的支配への要求の）先兵である組織に打撃を与えることを意図していたが、古くからの、そしてドイツでは（カトリック教徒たち自身の間でも）強力であった反イエズス会感情に対応したものでもあった。

しかし、闘争の本来の主たる場となったのは文化高権の担い手である連邦諸邦であり、特にプロイセンであった。プロイセンで文化闘争を代表する人物となったのは、保守的なフォン・ミューラーに代わって文部大臣となったアーダルベト・ファルクであり、彼は言わば「枢密顧問官自由主義者」、断固たる国家主義者で、国家の権威を法的手段と法律という形式で——この点では、ビスマルクが行政と政令によって個々のケースを規制しようとする傾向を持っていたのとは異なっていたが——貫くことを望んでいた。彼は、情熱的な生真面目さと、国家がより高度な権利を持つという絶対的な信念に基づくパトスとを通して、闘争を原則を巡る闘争へと変えた。一八七二年には、学校監督に関する国家の権利が明確に強化され、この結果カトリックの司祭たちは監督する地位を大幅に失った。宗派混合学校が、規範とされたわけではないけれども決してごく少数というのではない例外的なケースとして設置された。紛争は急進化していった。

プロイセンの政府と議会は、これが第二段階だったのだが、いまや教会内部の事柄にも介入する姿勢に移行した。例えば一八七三年の「五月諸法」は、聖職者の養成教育に対する国家の監視、「文化試験」の義務化、教会の役職に任命する場合の「通告義務」とそのような任命に対する国家の拒否権、教会の懲戒権への国家の監視、さらには懲戒権の制限などを定めた。司教団と聖職者の側は消極的抵抗で応じ、文化試験や通告義務をボイコットした。国家の側は、財政措置や行政措置、それどころか刑事訴追で応え、神学校を閉鎖し、役職任命の無効を宣告し、反抗する者に罰金刑や拘禁刑を科し、財産を没収して強制管理し、国外に追放した。多くの司教たちが拘束され、「解任」されるか追放され、新たな選出が妨害された。カトリックの協会やプレスも国家の抑圧措置に晒された。ビスマルクへの暗殺未遂事件（一八七四年七月十三日）は、文化闘争の推進者たちからカトリック教徒のせいとされて、雰囲気を激化させた。プロイセンの闘争立法の第二の波のなかで、一八七五年には病人看護や女子学校に関係する僅かな例外を除いてほとんどすべての修道会が禁止され、反抗的な司教区や、法律を遵守しない機関や、聖職者に対する財政的給付が停止され（「パン籠法」）、さらには教区民が自らの司祭を選出するべきとされた。教会の教区の財産の管理は国家によって設置された平信徒機関に委ねられた。

もちろん、平信徒と聖職者を分断するという意図は成功せず、まったくの無駄に終わった。「国家司祭」が存在したところでは、従う教区民がいなかった。司祭たちや司教たちは殉教者となった。教皇は一八七五年二月五日に教会に関する諸法律は無効であると宣言し、その執行に携わったすべての人たちは破門の対象になると威嚇した。この結果、憤りは沸点に達した。闘争は、国家及びプロテスタント的自由主義と教会との間の存立を賭けた闘争となった。一八七五年の最初の四か月のうちに、二四一人の聖職者と、一三六人の編集者と、二一〇人の他のカトリック教徒が有罪判決を受けて罰金刑もしくは拘禁刑に処され、七十四の住宅が捜査され、五十五の催しが解散させられ、二十の新聞が押収され、一〇三人が拘留処分もしくは追放処分を受けた。一八七七年には十二の司教区のうち八つが、六つは解職のため、二つは死去したために司教が空席となっており、一八八〇年には教区のおよそ四分の一の一、〇〇〇に司祭がいなかった。

闘争のための措置と関連して初めて、自由主義派が古くから教会との境界設定のために要求してきたもの、すなわち民事婚の義務化が実現するに至った。老国王〔ヴィルヘルム一世〕は民事婚を――生活秩序の世俗化の一つの頂点を画するものとして――元来は拒否していたのだが、しかし法律に反して在職している司祭が多数存在することが新たに問題を切迫したものとしたのであり、そのような司祭たちの前で結ばれた婚姻はすべて無効と宣告するべきだというビスマルクの考えは、まったく歓迎されなかった。一八七四年にプロイセンで、一八七五年には帝国で、民事婚の義務化が法律で導入された。

カトリック教徒の住民を抱えた他のドイツ諸邦でも、同様の問題を抱えつつ同様の激しさで展開された文化闘争が見られたが、もっとも、プロイセンのように極端に警察的な形を取ることはなかった。最も紛争が激しかったのは依然として自由主義的に統治されていたバーデン――この邦では既に六十年代に紛争が始まっていた――においてであり、次いでヘッセンであった。バーデンでは、例えば一八七六年に一般に宗派混合学校が導入され、ヘッセンでは、一八七五年にプロイセンの、そして部分的にはバーデンの闘争措置、すなわち修道会の禁止や、文化試験や、通告義務が施行された。興味深いのは二つの特別なケースである。バイエルンでは、確かに、文部大臣のルッツが主導する――国王〔ルートヴィヒ二世〕に支えられた――政府は国家主義的な観点から反教権の立場を取り、文化闘争の一つの主役のような役割を果たした。説教壇条項とイエズス会法は、もちろんどちらも帝国の法律だったが、バイエルンの提案に起因するものだった。しかし、政府はバイエルン下院で文化闘争立法を成立させる多数派を持っておらず、闘争は法律ではなくて行政措置によって展開され、そしてカトリック教徒が多数を占めるこの邦ではある程度控え目に、バーデン、ましてやプロイセンほど劇的ではない形で行なわれた。さらに、ヴュルテンベルクの場合には、国民自由党系の人たちが強力な地位を占めていて、反プロイセン《プロシア》的なカトリック少数派との宗派対立が存在していたにもかかわらず、文化闘争には至らなかった。とりわけ公会議で反教皇至上主義派の代弁者の一人となったロッテンブルク司教ヘーフェレが控え目な態度を取ったことが、それを防いだのだった。

文化闘争は、出来事を簡単に概観すればそう見えるほど、統一的な経過を辿ったわけではなかった。常に議会での対決も問題となっており、そのなかでは戦術や、陣営内部の緊張も一定の役割を果たしていた。幾つかの主要な点を確認しておきたい。

一、中央党の地位が法的に攻撃の対象となることは一度もなかった。中央党はすべての議会的な権利を保持し、そして選挙ではそれほど妨害を受けることもなく支持者たちを、そもそもほとんどすべての教会に忠実なカトリック教徒たちを動員することができた。カトリックの協会やプレスは、個々の場合には迫害されることがあったとしても、全体としては無傷であり、大幅に拡大することができた。このように法的な面では政治的に正常な状態が続いていたという点は、闘争措置について語る場合に、見過ごされるべきではない——このことは、カトリシズムが持ちこたえるのを少なくとも容易にしたのだった。このような法的に正常な状態の傍らには、モラル政治的に中央党を非正当化しようとする試みが存在する。ビスマルクは党のメンバーや支持者を「帝国の敵」と決めつけて、彼らをモラル的に村八分にした。それは、部分的には、両極化しようとする彼のスタイルのためだった。それと同時に、彼はそう確信していたのでもあった。その結果、二つのことがもたらされた。一方では、帝国議会と邦議会で中央党と接触したり、交渉したり、協力したりすることへの禁止が定着して、そのことを通して文化闘争ブロックのまとまりが保たれるとともに、保守主義右派や自由主義左派の逸脱者たちが少なくとも一時的には動きを封じられることになった。他方では、この結果、比較的に穏健で、保守的で、プロイセン的な議員たちをも含めて、中央党の全体が急進的な反対派としての立場に固定された。「帝国の敵」であるという非難を中央党は退けたけれども、この非難は、全体としての文化闘争と同様に、党内の連帯と忠誠心を生み出し、議員たちを選挙民や地方組織のネットワークと密接に結び付けたのである。

二、ビスマルクは、文化闘争が激しさを増していくのをともに担っただけではなくて、完全にともに引き起こしたのであり、決して国民自由党やファルク大臣の急進的な態度に加担したというだけではなかった。確かに彼は、ファルクや多数派の議員たちが法律という形式や合法性の原則を堅持したのに対して、より少ない法律とより多くの行政的な行動の余地を望んでいて、例えば司教たちを法律で追求するまでもなく、あっさりと無権利状態にあると宣言するのを望んでいた。しかし、どちらの方法にしても結果――警察による迫害、殉教者、憤り――は同じだった。既に一八七二年五月十四日に、ビスマルクは帝国議会でこう宣言していた。「心配しないでよろしい。我々がカノッサに行くことはない」。それは合言葉であり続けた。彼は闘争を闘い抜こうと考えていたのである。

三、文化闘争を闘う人たちの陣営では、不確かな状況が存在していた。帝国議会ではいずれにしても弱体だったがプロイセン邦議会ではかなりの力を持っていた保守党の場合には、不承不承文化闘争に加わっていただけで、心から取り組めるような問題ではなかった。精々のところ、国家の権威が挑戦を受けているという観点が、一定の役割を果たしていたに過ぎなかった。進歩党左派や、不可知論者でユダヤ人のラスカーのような個々の国民自由党左派の間では、紛争の密度が高まっていくにつれて、例外法への懸念、少数派の権利と良心の自由を侵害することへの懸念が抱かれるようになった。しかし、議会での投票行動に関しては、全体的な政策に影響を及ぼすには至らなかった。以上のような懸念には、しばしば、文化闘争政策は政府をあまりにも自由主義派に結び付け過ぎているし、あるいは逆に自由主義派をあまりにも政府に結び付け過ぎているという一般的な思いが伴っていた。

四、中央党は敵の戦線を打ち破ろうとし、ヴィントホルストは、既に述べたように、議会での一種の二重戦略を発展させた。彼は、キリスト教的＝教会的な伝統に基づいて学校問題や婚姻法問題で共通の立場を取るよう保守党に働きかけ、論争の的となっている残りの問題では実際的な解決策を見出そうとした。その一方で彼は、時が経つにつれてますます強く、そしてますますはっきりと、自由主義派の古くからの自由への要請を採り上げ、強力過ぎる国家への不信感、さらにとりわけ議会の権利の拡大という要求に訴えて、彼らを新たな共同戦線に誘い込もうとした。すなわち、よりリベラルな出版法、軍事予算の毎年の承認、議員日当の導入、責任政府制のいっそうの確立、プロイセン憲法とプロイセン選挙権の改革などを共通点としようとしたのである。そして彼は、そのような提案を通して自由主義派を分裂させ、あるいは彼らの選挙民を議員たちに対して動員しようとも考えていたのだった。ビスマルクの側は、反ヴェルフ派・反ポーランド人という合言葉と、少なくとも国王＝皇帝に彼の立場を納得させることができている限りは、君主への忠誠心に訴えることによって保守党を繋ぎ止めることができたし、そして自由主義派の場合には、どのような形であれ憲法の自由主義的な拡充のために中央党と通じるようなことがあれば彼は根本的な路線転換と新たな紛争政策で応じるに違いないことを彼らが承知していたので、繋ぎ止めることができた。中央党を「帝国の敵」として締め出したことが効果を発揮したのであり、そのために中央党とのどのような協調も封じられたのである。自由主義派にとっては、中央党とのいかなる共同行動も一種の死神との接吻のようなものであった。それに加えて、自由主義派は中央党が新たに発展させた立憲主義を信用しておらず、単なる戦術に過ぎないと考えていた。要するに、反カトリシズムが国民自由党の人たちにビスマルクとの共同戦線を守らせたのであり、反カトリシズムのほうが古くからの「自由」への要求よりも優先されていたのである。例えば新たな郡制法のような自治行政の改革にしても、東部に限定されていたのは、西部州ではカトリック派に有利に作用する可能性があったためだった。戦いと同盟という規範のほうが、政治において優先されていたのである。

五、国家と教会の首尾一貫した分離という基盤に立って双方が一致する解決策を見出すことは、教会の側が学校のような公共的な事柄に関して権利を要求し、逆に国家の側が聖職者の養成教育のような教会の事柄に関して権利を要求する〔原書に一字誤植がある〕というように、双方の対立が深くて、感情化されたものであったために、不可能であり、闘争が長引くにつれていっそう不可能になっていった。ヴィントホルストも、たとえそのような分離を真剣に考えたとしても、教会と議員団に受け入れさせることはできなかっただろう。教皇庁との政教協定によって平和を達成することも考えられなかった。既に一八七〇年の時点で、自由主義政党あるいは／及び保守主義政党と統合してカトリックの利害を中立化すること、カトリックの選挙民を分け合って選挙民の支持を競い合うことが可能でなかったとすれば、紛争が勃発した後ではなおのこと不可能だった。

文化闘争には、通常の歴史的な観点、すなわちビスマルクや、議会や、司教たちの観点から見る場合には、そして法律や行政措置に光を当てて見る場合には、容易に見落とされてしまう一面がある。すなわち、この闘争は、現場での闘争でもあったのであり、民衆に関わるものだったという側面である。もちろん、教会生活への侵害や迫害は地方の教区に関わるものであり、互いに見知っていた人びと、人びとが暮らしていた生活形態に関わるものであった——それらの一切は、極めて直接的で身近なものだった。しかし、現地の状況を考える場合には、聖職者と礼拝だけに、さらには圧迫され迫害されているカトリック教徒のことだけに目を向けるべきではない。現地にも、文化闘争を推進する自由主義や国家主義を擁護する人たちがおり、プロテスタントと自由主義者、官吏や、国家に依存する人たちや、そしてオポチュニストたちがいた。彼らは、生活のネットワークを、すなわち協会や学校、職業団体や社会福祉——例えば敬虔な人たちによる基金——、象徴や祝祭を「脱教権化」したいと望んでいた。バーデンや、プファルツ地方や、ラインラントでは、カトリックとプロテスタントが直接隣り合って暮らしていた。そのことで、対立はいっそう深まったのである。聖職者たちは、そのようなエスタブリッシュメントの代表者たちに対抗して故郷の世界と独自性とを擁護するという役割をも果たすようになっていった。文化闘争に励む人たちは、物事を動かして創り出していくというメンタリティを持ち、自分たちは業績と進歩を代表する人間なのであると感じて、そう振舞い、「他の人たち」は遅れていて啓蒙されておらず、それどころか愚かな人間なのだと考えていた。そのような傲慢さは当然のことながら怒りを呼び起こさざるを得なかったし、そして非カトリック教徒たちのほうが進んでいるという主張には幾つかのそれなりの根拠があったので、「灰かぶり姫」〔シンデレラ〕のような感情（D・ブラックボーン）とルサンチマンが呼び起こされたのだった。遅れているという状態、あるいは近代化に脅かされているという感情は、不利に扱われていることを意味するものとして説明するのも可能だった。教皇至上主義派のプロパガンダは、容易にそのようなルサンチマンに訴えることができたし、まさにそれを通して文化闘争を闘う人たちについてのステレオタイプを常に新たに提供していった。このこともまた、文化闘争の歴史の一部分を成しているのである。

　文化闘争はドイツの政治的な状況に本質的な影響を及ぼしたが、とりわけ闘争の立役者となった三者の立場に関してそうだった。ビスマルクにはこの闘争に関して独自の動機があり、それは中央党を排除することであった。しかし彼は、それに留まらないで自由主義的な大義の立役者にもなるに至った。確かに、彼はそれを通して、完全に望ましい副次的な帰結として、自由主義派を彼に結び付け、彼への義務を負わせたが、しかし結び付けられて義務を負わせられたのは彼の側についても言えることだった。保守主義者である彼は、伝統や保守的な諸力に対抗して近代的な大義の主唱者となった――それは十分に逆説的なことである。このことが、ビスマルクを改めて彼の出身党派である保守党から鋭く区別することになった。それはまた、逆に彼の自由主義派との同盟を強めることになり、そして自由主義派の影響力に有利に働いた。

　保守党の側は、以上のような相互作用の結果として弱体化し、国家、君主、そして――たとえ敵対者である自由主義派と同盟を結んだとは言え――政府への伝統的な忠誠心と、反対派としての路線との間、反カトリシズムと反世俗主義との間、プロテスタントの同盟パートナーとカトリックの同盟パートナーとの間で選択を迫られるというジレンマに陥った。結果的には、反ローマ感情とプロテスタント的＝プロイセン的な忠誠心のほうが強かった。そのために、保守的なカトリック教徒たちと同盟を結ぶ可能性が減少し、さらにはカトリシズムのポピュリズム的＝反対派的な部分が強められることになったのであった。

次に、自由主義派、とりわけ国民自由党である。彼らは文化闘争に飛び込んでいき、文化闘争は彼らの心に関わるものとなった。文化闘争という言葉を広めたのは、ビスマルクの敵対者であった偉大なフィルヒョー〔進歩党の指導者の一人〕だった（最初にラサールがフッテンを記念した自由主義的・プロテスタント的な象徴祭でこの言葉を用いていた）。文化闘争のなかで、自由主義派は、光と闇、進歩と停滞というまさにマニ教的な世界像を発展させた。カノッサに行くことを望まない者は、進歩を、啓蒙と解放を、近代的な文化・学問・社会・国民《ナツイオーン》・国家を支持するべきであった。カノッサに戻ることを望む者は、自由主義派の目から見れば、鉄道を建設できない人たちだった。このようなメタ政治的な思考をさらに展開していけば、教皇至上主義は保守的な権力であるが、中央党との闘争での勝利は中央党と保守主義派との同盟を不可能にし、それどころか全体としての保守勢力を弱体化させ、進歩派を強化して、自由主義派を再び団結させて多数派とするに違いなかった。それとはまったく異なる結果になったのは、中央党が持ちこたえたためばかりではなかった。それは、中央党とカトリシズムが、自由主義派が考えた両極的なカテゴリーに当てはまらなかったためであり、カトリック教徒の間だけに留まらず、保守的な近代性と反近代的な進歩性が形成されていったためだった。そして、自由主義派が文化闘争のなかで、また、文化闘争とともに、変化していったためでもあったのである。

自由主義派はビスマルクと同盟を結び、文化闘争によって彼をいっそう自分たちに結び付けて保守党から引き離すことを期待できたが、しかし彼らのほうも逆に彼に結び付けられて彼に依存するようになり、彼らにとって文化闘争の優先順位が高くなるにつれていっそうそうなっていった。彼らは闘争を闘う者と、政府の協力者という二つの役割を同時に演じることが可能であり、それは選挙の際には有利な状況であった。しかし、それを通して彼らの目標、優先順位が変化していった。権力構造を変えるという目標に、文化を変えるという目標が取って代わったのである。彼らは目標と手段との弁証法に囚われて、たとえ精神の自由と教権的な軛からの解放という名目の下においてであれ、寛容の原則と基本権としての自由権を警察国家的な措置よりも後回しにし、国民的《ナツイオナール》なアイデンティティと文化的な均一性を、多元性と、異なるあり方、違うあり方への権利よりも優先し、彼らのエリート的な啓蒙意識・教養意識を、愚かで誘惑され易く迷信深い大衆と対置したのだった。自由の名の下で、彼らは、彼ら以前の、そして彼らの後の多くの人たちと同様に、強力な国家と、国家による具体的な自由への制限の擁護者となってしまった。それを通して、彼らはこの国家に結び付けられた。議会の権力を拡大するという問題は背後に退いた。要するに、文化闘争における自由主義の「勝利」は、憲法体制政策の面における自由主義の実質の損失を意味したのである。確かに、文化闘争は一時的には自由主義派を強めたが、しかし帝国議会の地位は弱められた。そして以上のような傾向は、動員された選挙民の反カトリック感情への依存度が増大していくにつれて、強まっていった。

自由主義がその実質を失っていった原因は他にもあり、それについては後に述べるけれども、しかし文化闘争が原因の一つであったことは確かである。もっとも、慎重に判断する必要がある。フランスの自由主義左派や共和派の反教権主義は、ドイツのそれに劣らず狂信的で、不寛容で、国家全体主義的だったが、だからといって保守的になることはなかったからである——しかし、これらの共和主義者たちは自分たちの共和国を既に持っていたのだった。

しばしば言われているように、文化闘争がもたらした最も重要な帰結は、国民のなかのカトリック部分が内部的に統合され、まとまったカトリック的環境《ミリユー》が形成され、ヴァチカン公会議による危機に揺さぶられたばかりだった教会への絶対的な忠誠心と、カトリックの政党である中央党との連帯が生じたことに他ならない。カトリック民衆を動かしていた政治的・経済的な傾向や、エリートたちへの、中央の人たちへの、諸々の近代主義への反発や、地域的・社会的な方向性——これらの一切が宗教と結び付き、宗教によって接合され、維持された。それと同時に、カトリック教徒たちは、締め出されて孤立していて他の人たちと対立しているという経験が強められ、彼らは一体である真の国民《ナツィオーン》から排除された「帝国の敵」になった。この状態を彼らは引き受けて内面化したのであり、彼らは仲間に属さない「他者」、「アンダードッグ」としての位置を占めた。彼らは一種の「ゲットー」に閉じ籠り、そしてそのなかで——一定度の情熱をもって——順応し、危険な「他者」に対して境界を設定した。一八七〇年の時点では芽生えとして存在していたものが、さらに著しく強められて固められたのである。

最後に、文化闘争が長期的に深いところでドイツの政治とその活動の基盤に及ぼした作用について、簡単に見てみたい。一、文化闘争が呼び起こした深い憤り、国家による迫害、反対勢力に対して捺された「帝国の敵」という烙印、政治的な対決のモラル化、例えば赤色インターナショナルと黒色インターナショナルというように互いにまったく異なる敵を並列させようとする傾向、敵のシンボル化——例えばイエズス会士は、国民自由党の人たちからは修道服を着て牧杖をもった人たち、敬虔を装う偽善者（ヴィルヘルム・ブッシュが描いたような）というイメージを与えられる——、これらは、官憲国家と市民たちの間、政府（及び、政府党）と反対党の間の政治的なスタイルを長らく規定することになり、その後、社会民主主義派との対決のなかで繰り返されることでいっそう増幅されていく。それは、ビスマルクの一つの遺産であり続けるのである。二、それぞれの環境《ミリユー》は、文化闘争が終結した後も長い間にわたって作用を及ぼし続け、「我々」と「彼ら」として互いの間に隔壁を設ける。人びとは長らく二つの国民《ナツイオーン》に分かれるのである――第三の社会民主主義勢力を別にすればだが。反カトリック感情と反自由主義感情は、様々な、そして荒っぽい形を取って、激しい思いを込めつつ、また、原則を振りかざす人たちや戦術家たちに好んで煽られながら、宗派的な憎悪に達するほどに生き続けていった。新しい世代が登場してくるのに伴って、互いの環境《ミリユー》の間の境界や対立が変化することもあり得ただろう。しかしながら、文化闘争の年月が――多くの機関や、理念や、感情を通して――決定的な影響を及ぼす記憶としてだけでなく、その後の世代にとっても決定的な影響を及ぼす経験であり続けたのだった。トップのレベルでは橋渡しの試みも見られたが、日常生活ではそのような試みはほとんど見られなかったのである。三、中央党が安定したことは、ドイツにおける議会主義化の歴史にとって一つの阻害要因となり、一つの不幸となった。中央党は言わば永遠の少数派だったが、それと同時にドイツでは右派も左派もともに少数派に留まり続けるという結果をもたらした。いずれにしても、行動能力のある多数派を形成することが著しく困難になった。そのために、政治の重心は非議会主義的な政府の側に留まり続け、政党の側もそれに順応していった。中央党が長期的に望んでいたのは権力ではなくて立憲君主主義体制が続く下での影響力を確保することだったのであり、それがカトリックの利害に合致するように思われた。体制政策の面では、十分に逆説的なことだったが、中央党は、政党に超越する政府というビスマルク体制を安定させる存在となったのである。

文化闘争は、国家にとっても自由主義派にとっても明白な失敗に終わる。中央党は持ちこたえていっそう強力になったし、教会は屈伏させられなかった。どちらも互いに分離させられることはなかったし、選挙民、ましてや信者たちが、彼らの精神的・政治的な指導者たちから引き離されることもなかった。闘争に勝利を収めることは不可能なように見え、国家と自由主義派はますます無意味な懲罰行動へと追い込まれて、長期戦として何ものをも生み出さないようになっていった。いかに闘争のレトリックを受け入れてさらに昂進させていったとは言え、同盟相手の自由主義派ほどイデオロギー的でも形而上学的な意味で原理的でもなく、それゆえいっそう現実主義的であったビスマルクは、このことを最初に認識したのであり、彼にはむしろ何らかの形の調整が可能と思われた。文化闘争を終結させるという彼の決断は、彼の自由主義派からの離反とも関連しており、自由主義派からの離反は、この決断の一つの原因であるとともに、この決断がもたらした帰結の一つでもあった。この点については、すぐ後で再び述べる。他の優先事項も同じ方向を指し示していた――社会民主主義派との闘争は、根底では保守的な権力である教会との闘争と合致しなかったのである。また、新しい経済政策・財政政策のために宰相は中央党を必要としていたし、教会と何らかの和平を締結することは保守党にいっそう明確に回帰するのを容易にしてくれた。教会の側でも、闘争を、完全な勝利を抜きにしてでも、すなわち元の状態に回帰することで終わらせようとする努力が払われた――ドイツの司教団と中央党が特にそうだったというわけではなかったが、ローマがそのような姿勢を示していた。教会の組織の一般的な解体には耐え難いものがあったし、困難な国際的な状況がドイツでの紛争を終わらせたいという雰囲気を生み出していたのである。ピウス九世――戦闘的な教皇――が亡くなると、一八七八年に枢機卿たちはどちらかと言えば調整に配慮する外交家のレオ十三世を選出し、それは一般に和平の徴として受け止められた。

c　一八七八／七九年の大転換

一八七八／七九年に、自由主義的段階は終わりを迎え、政府と国民自由党の疑似的同盟が崩壊して、ビスマルクは自由主義派に矛先を向け、自由主義派は分裂して、これ以降内的な力と影響力を失っていく。それは、「第二の帝国建国」〔H・ベーメに代表されるテーゼ〕と言えるようなものではなかったが、しかし画期的な転換であるには違いなかった。

この転換には、歴史においては常にそうであるように、幾つかの原因がある。原因は、行為する人たちが取った政策と、それが埋め込まれた大きな構造的なプロセスとの双方にある。まず政策から始めたいが、それはビスマルクから始めるということに他ならない――なぜなら、この時期には、彼以外の場合には稀なことなのだが、彼は依然としてレールを転轍する人物だったからであり、政治的なイニシアチブを発揮して実現し、他のすべてのともに行為する人たち、とりわけ政党の行動を支配して、その限りでは集団的なプロセスや構造の変化による挑戦に対する政治的な応答を規定した人物だったからである。ビスマルクを抜きにしては、この転換を理解することはできない。

一、私たちは、彼の自由主義派との協力が孕んでいた緊張関係について述べたことを出発点とすることができる。確かに、ビスマルクは、軍や貴族や高級官僚に支えられた君主政が近代的ではあるが囲い込まれた議会的で民衆的な勢力と結び付いた形での、「彼の」体制が継続することを望んでいた。彼は、自由主義的な勢力、ましてや議会主義化を目指す勢力がこれ以上強まることを望まず、権威と官憲国家という構造の重心が変化することを望んでいなかった。そのような姿勢が、彼の自由主義派との同盟を、その持続性と目的という点で限定していたのであり、自由主義派の自立性が高まり過ぎて体制を変えてしまいかねないような状況が生じることを極度に恐れていたのだった。その限りでは、ビスマルクが自由主義派に矛先を向けたのは、国民自由党左派――自由主義の主要目標をいつとも知れない未来に先送りすることを望まず、単純に政府に忠実だったのではなくて、協力しながらも反対派としての立場をも取っていた人たち――が体制を脅かすようになるのを阻止するための予防的な一撃なのであり、体制安定化の政策を意味するのである。自由主義派との決裂は、その左派との決裂として考えられていたのであり、国民自由党を分裂させることを目指していたのだった。しかし、以上の解釈だけでは、なぜビスマルクが十年間にわたって国民自由党と協力してきて初めて一八七八年になって決裂することになったのか、説明がつかないし、さらにはこの転換に、不可避的な必然性に基づくものという性格を過剰に与えてしまい、長らく温められてきたマスタープランの結果だったかのように思わせてしまうことになる。しかし、この転換は、ビスマルクの政策に生じた転換の結果なのでもあった。彼の苛立った不快感は七十年代の後半に強まっていった。国民自由党左派がなおもこれほどの自立性を発揮したのは、主要な問題に関しては味方と敵とのどちらかをしか見ようとせずに両極化をますます押し進めていく、彼の権力要求に反する事態に他ならなかった。また、皇位継承者がもっと自由主義的な方向に体制を変えていくような政策を推進し、自由主義派の政治家たちから成る一種の「グラッドストン内閣」を結成するのではないかという不安が強まっていき、そのために彼は予防措置として国民自由党左派を囲い込むか、あるいは切り離そうとしたのであった。さらに、一八七六年に親政府的なドイツ保守党が新設されたことが、彼が自らの政治的な起源に再び戻っていくのを可能にしていた。保守党を含み、それゆえ再び国民自由党中間派と同党左派との間を境界線とする同盟を成立させる見込みが生じてきたのである。しかしそれでも、自由主義派との同盟は、互いの期待がすれ違い、そこから疎遠化の動きが生じてきていたにもかかわらず、そしてビスマルクが封じ込め戦略を取ろうとしていたにもかかわらず、継続することもあり得ただろう。既に転換が開始しつつあった一八七七年に、ビスマルクは一年近くにわたってベニヒセンと一種の副宰相格での入閣について交渉していたのである。

二、自由主義派を封じ込め、その左派を中和することを狙うビスマルクの政策に、もう一つのファクターが加わった。社会主義との対決が、それである。遡って見てみる必要がある。一八四八年以来、産業化が進みつつあったヨーロッパのどこの国でも、政府と市民階級はプロレタリア的＝社会主義的な革命への恐怖の波に襲われた。一八七一年のパリ・コミューンとその血なまぐさい鎮圧、そして迫害は（その結果、フランスでは革命と社会主義が当面のところは完全に締め出された）、いまも生きている人たちの記憶の一部分となっていた――もっとも、一八七一年にベーベルがコミューンを称賛したことで自分は社会主義革命の危険性に目が開かれたのだというビスマルクの一八七八年の言い分は、言葉通りに受け取る必要はないけれども。社会民主党の改革主義が勝利を収めた後のこんにちにおいては、社会主義革命への恐怖は幽霊を恐れるようなものであって、その背後にはもっぱら社会生産の再配分と参入権の変更に反対する階級エゴイズムが存在していたのだと考えるのが、適切と見なされるようになっている。しかし、革命への恐怖は、市民たちを恐れさせて反動の陣営に追い込むために戦術的＝操作的に捏造されたに過ぎないというのではなかった。この恐怖は、極めて現実味を帯びたものだったのである。ロシアのアナーキストたちと彼らによる暗殺事件は、コミューンの場合と同様に、現実のものだった。ドイツに急進的な社会主義運動が存在するのも、一つの現実であった。この運動は当初は小さかったが、しかし成長し、そしてプロレタリアートが増大し、少なくとも不況が彼らの生活水準を圧迫しているように見えたので、この運動がさらに広まっていく危険性も大きくなっていた。ドイツの社会主義者たちが用いるレトリックは「革命的」なものであり、彼らは市民的な社会と現存国家の終末を、市民的な存在の絶滅を予告していた。このような革命的な闘争宣告を真剣に受け取ってはいけない理由があっただろうか？　乱暴な人たちとそれほど乱暴ではない人たち、合法主義者と暴力の擁護者とを分けて考え、マルクス主義の歴史哲学に基づく階級闘争や革命といった言葉の用法と常識的な用法とを区別し、平等の福音のなかにも様々な権威と、様々に分化した状態が継承されていることを感じ取り、社会主義者が市民的な社会と共存する可能性があることを予測するためには、冷静な判断と冷静な頭脳が大いに必要とされたのである――後から生まれた歴史家には、それらは当然のことと思われるだろうけれども。もちろん、現実的な諸問題に、すなわち労働者の「正当」な苦情や、社会主義者たちの社会改革と民主主義に関わる具体的な諸要求や、あるいは既存権力の強さと社会主義者たちの弱さや、また、自由主義派と保守主義派あるいは教権派との間のような他の政治的・社会的な対立のほうが優先的な位置を占めていることなどに、集中的に目を向けることもあり得た。その場合には、社会主義に比較的冷静に向き合おうとする姿勢が生まれてきたはずであった。しかし、いずれにしても、市民層の人たちや支配グループの間には革命への恐怖が潜在的に存在していたのであって、そしてそれは正常な、完全に理解できる反応だったと言える。ビスマルクは、この恐怖、「革命の悪夢」（Th・シーダー）に駆り立てられていた。大いなる戦術家である彼が、市民層の人たちの革命への恐怖と革命ヒステリーを操作し、創り出し、煽り立てて、彼の計算に組み入れて自らの政治的な目的のために利用したのでもあること、それは見逃しようのないことだが、しかしこのことは現実認識の強固な核心的な部分を何ら変えるものではないし、そしてこの認識はフィクションの産物でも操作の産物でもなかったのであった。社会主義革命は選挙のために持ち出された悪役だったのではなくて、ビスマルクにとっても大多数の市民たちにとっても一つの致命的な脅威を意味していたのである。

革命への不安がどの程度のものであったのであれ、さらなる問題は、何をなすべきかという問題、ビロードの手袋で扱う政策と、拳を用いる政策とのどちらを選択するかという問題だった。六十年代には前者の選択肢のほうが一般により多くの反響を見出していた。ビスマルクは――ラサールと交わした会話を想起してほしいが――、ブルジョアジーにともに敵対するほうを優先して、大衆は保守的な意識を持っているから普通選挙権は保守派に有利な効果を発揮するだろうと信じていた。社会保守主義派の人たち、例えば社会問題に関してはビスマルクの賢明な助言者であったヘルマン・ヴァーゲナーは、どのような抑圧政策も見込みがなく、それどころか何の成果も挙げられないと考えて、改革によって革命を逸らすべきだと考えていた。一方、自由主義派は、依然として自分たちの解決策を信じて、そして労働者を引き留める――あるいは獲得する――ことができると信じていた。それらの見方が、一八七一年から変化し始めたのである。自由主義派は彼らの希望が消え失せていくのを目の当たりにし、ストライキと、その他の階級間の対決が、さらには不況が、不安と、紛争への心構えを増大させた。とりわけビスマルクとプロイセン政府は、あらゆる社会主義の活動を警察と裁判所によって抑圧しようとする方向にますます傾いていった。その背後にあったのは、官憲的＝警察国家的な伝統や、デマゴーグとプロパガンダを締め出して大衆を誘惑から護らねばならないし、そうすれば彼らの忠実な態度を保つことができるはずだという考えであり、また、ビスマルクが、あらゆる形の比較的明確な不同意に対して著しく不寛容な姿勢を示していたこと、彼の敵対者――カトリック派、さらにはポーランド人や自由主義左派のような――に国家と社会の敵という烙印を捺して、それに応じて扱い、彼らの政治的・市民的な存在を壊滅させるような脅威を与えようとする傾向を持っていたことも、背景となっていた。

もっとも、市民層の人たちの不安と、国家による抑圧の試みとは、まだ言わばそれぞれ別の線路を走っていた。当面のところは、社会主義者たちに対して行動を起こしたのは政府当局だけだった。ベーベルとリープクネヒトは一八七二年に大逆罪で告訴されて有罪判決を受けた——合法路線と革命的な目標とを区別したことも、彼らには何の助けにもならなかった。彼らは運動の殉教者となった。検察当局——ベルリンの検事テッセンドルフの行動が特に目立った——と警察は、監視と集会の解散、押収処分と禁止措置で社会民主主義者たちに立ち向かい——官憲的な結社法と集会法、とりわけ政治的結社の合同を禁止する規定が、取り締まるための多くの手がかりを提供していた——、さらに不敬罪や、暴力行為への「扇動」などの罪で刑事訴訟を起こした。一八七五年に二つの社会主義政党が合同した時、「ゴータ綱領」は合法的な手段、合法的な行動を強調し、「攻撃」の対象は国家ではなくて社会に集中していた。しかし、そのことで国家当局の行動が変わることはなかったのである。その一方で、自由主義派、少なくともその議会での代表者たちは、反社会主義の立場を取っていたにもかかわらず、法治国家の規範を堅持し、意見を異にしていて国家あるいは社会の敵と見なされている人たちに対しても、現存の刑法に違反しない限りは寛容を示して、思想・演説・出版・結社・集会の自由を認めるという立場を守り、そしてその支持者たちの側からも、たとえおそらくはいっそう強く革命への恐れを抱いていたのだとしても、何らそのような姿勢に反対する圧力をかけられることはなかった。

これに対して、ビスマルクのほうは、国家と警察の権力を行使するに際してその種の懸念を「気にする」ことはなく、悪意を込めて「法治国家」という言葉はローベルト・モールが発明したものだと宣言して、敵対者たちをまさに「国家の敵」として執行府のあらゆる手段を用いて抑圧し、政治的に壊滅させようとした。それゆえ彼は、刑法を拡大し、さらには執行府にフリーハンドを与えるような曖昧な規定（ラスカーの言う「ゴム条項」）を押し込もうとした。しかし、この試みは当面は帝国議会で挫折した——そしてビスマルクはそれを、自由主義的中道派が革命に対して「弱腰」であることを公然と見せつけるために利用した。ここには大きな対立点が残っていたのであり、そしてこの対立はいつでも決定的なものとなることがあり得た。以上が、七十年代後半においてビスマルクが自由主義派に矛先を向ける第二の動機であった。

三、ビスマルクが政治と議会において新たな方向性を求めた第三の動機は、まったく異なる分野に存在していた新しい実際的な問題であったが、もちろんこの問題はまもなく原則に関わるレベルにまで及ぶことになった。

財政政策の問題が、それである。帝国の財政制度が未完成な状態にあったことは、既に述べた。帝国は少数の関税と、間接税（消費税）だけを収入源としており、それ以外については財政に必要な額の連邦諸邦への割当、すなわち邦分担金に頼らざるを得なかった。フランスからの賠償金が使い果たされ、陸軍のための費用が増大し、しかし関税と消費税からの収入は増えるのではなくて減少したので、一八七四年から七八年までの間に邦分担金の額が増えていった。邦分担金は連邦諸邦で主として直接税によって捻出された。それと同時に、地方自治体での税負担も、例えば学校の改善のために増大した。税制は古風なものだった。多くの貧しくて零細な人たちがなおも課税対象とされていて、不況危機のなかで数多くの納税のための差し押さえが行なわれ、それでも半分のケースは取り立てができず、社会的に不穏な状態がもたらされていた。それに加えて、土地所有は資本所有や営業経営よりも優先的に、あるいはいっそう強く課税の対象とされていた。制度は限界に達していたのである。ビスマルクはいまや、このような税制と財政制度を抜本的に変更することが、イニシアチブを発揮する新しい政策にとっての主要課題であると考えた。第一に、彼は、帝国を連邦諸邦から財政的に自立させようとした――それは、政治的に帝国の重みを強めることになるはずだった。第二に、彼は、税の分配を逆転させようとした。帝国がもはや諸邦に面倒を見てもらうのではなくて、むしろ諸邦のほうが帝国に面倒を見てもらうようになるべきなのであり、帝国が諸邦に収入と剰余を譲渡するようになるべきなのであった。それとともに、第三に、その結果として諸邦――ビスマルクは主としてプロイセンのことを考えていたのだが――は、下の課税等級の人たちの、そして農業の、さらにおそらくは地方自治体の税負担を軽減できるようになるべきだった。第四に、彼は、課税の重点を直接税から間接税に移すことを望んだが、この考えは間接税のほうが直接税よりも負担感が少ないからという富者の観点からの古風で素朴な課税哲学に対応するものであった。以上のような「プログラム」は、もちろん憲法体制政策に関わる側面をも持っていた。当時の人びとは依然として税の柔軟性を信じており、必要に応じて毎年引き下げたり引き上げたりすることが可能だと考えていた。そして、直接税は著しく議会に依存していたが、これに対して間接税のほうは――徴収方法や、経済への影響や、計算の必然性などのために――遥かに議会に依存する程度が少なかった。さらに、邦分担金制度は、例えばプロイセンの政府に課税法案について邦議会と交渉することを強いるという作用を及ぼしていた。それゆえ、この制度は議会の影響力を高めた。これに対してビスマルクは、直接税を減らすことと、長期にわたって有効な間接税を増やすこととを通して、帝国においてもプロイセンにおいても政府を議会からいっそう独立させようとしたのだった――それが、彼の課税構想が含んでいた反議会的な意味だったのである。

ビスマルクはこの「プログラム」を、後から生まれた歴史家たちにそう見えるほど、初めから統一的に発展させて追求していったわけではなかった。帝国を財政的に自立させるというのが出発点であり、そのために彼は多くの道を試みた。最初に取った道は、例えば一八七六―七八年に鉄道を国有化して帝国に委ねようと試みたことだった。確かにプロイセンでは同僚の大臣たちや邦議会から必要な全権を獲得するのに成功したが、しかしその他の中規模諸邦、とりわけザクセンがこの計画を阻止した。その後、関税問題が現実味を帯びるようになる前に、彼にとってはタバコ専売化、すなわちタバコ産業とタバコ販売をオーストリアやフランスのように政府が管轄するという考えが重要な役割を果たした。鉄道やタバコに関する構想は、国家の機能がある程度変化することを意味した。国家が経済的＝企業的な活動を引き受けることを意味したからである。そして関税も、少なくとも潜在的には経済活動に介入するものに他ならなかった。要するに、干渉国家の始まりが問題となっていたのである。当然のことながら、それは、国家の不介入、経済の領域を中心として国家の活動を厳密に制限するという伝統の下で生きてきたすべての人たち、すなわち古典的な自由主義者たちの警戒心を呼び起こさざるを得なかった。

四、ところで、以上のことは、ビスマルクの転換にとってのさらに二つの主要な動機、すなわち保護関税に移行するという決意、そして登場しつつあった利害団体との同盟と、関連している。ここにおいて、いまや最終的に大いなる構造的なプロセス、経済社会とその諸傾向の変化が、政治へと流れ込んでくるのである。私たちは、この問題に少々詳しく立ち入っていかねばならない。一八七三年に会社設立時代のブームが会社設立恐慌へと反転し、単なる景気後退以上の長く続く――当面は一八七九年までの――経済危機が始まった。あらゆる周知の付随現象を伴う不況に突入していったのである。証券相場が暴落してそれに応じて財産が失われ、幾つもの会社が破産し、価格が下落し、販売の危機と生産の減少、収入の減少と需要の減少、賃金への圧力と失業の増大、成長率の低下が起こった。これらのことについては――指標や、部門や、展開に様々な違いがあることをも含めて――既に前の巻で述べた。この危機は、一九二九年からの世界経済危機に匹敵するようなものではなかったけれども、しかし産業時代における最初の大規模な危機であり、そのようなものとして同時代の人びとの意識に刻み込まれた。そして七十年代の末には、ゆっくりと人びとの意識に浸透しつつあったまったく異なる種類の危機、すなわち構造的な危機である農業危機が加わった。会社設立危機が及ぼした直接的な政治的作用——例えば一八七四年の帝国議会選挙に及ぼした作用——は当初は少なかったし、経済の安定と成長や、生活水準や、市民たちの生活の安定に配慮することが、国家の正当性と国家への忠誠を保証する、国家の自明な任務と見なされるにはまだ至っていなかった。しかし、不況が長続きすることによる間接的な、とりわけ社会心理的な作用には大きなものがあり、そしてそれは政治にも影響を及ぼしたのである。

危機は様々な不安を解き放ち、希望という基本的な感情が不安に取って代わられた。再分配への不安と社会主義者たちへの不安、達成された現状を維持することへの、未来への不安などである。それは、中間階級の人たちの間では、動きと変化をもたらす党、近代性を代表する党には有利に作用しなかった。

さらに、危機は、第一に会社設立熱のなかで投機に走った人たち、次いで他の「打撃を被った」人たち、そして最後にすべての観察者たちの間で、危機の「責任者」を探し求め、実際に危機をもたらした、あるいはそう考えられた諸条件や状況を批判する動きへと繋がっていった。多くの人たちが考えたところでは、危機をもたらしたのは、無拘束な利潤の追求を伴う資本主義的な競争経済・市場経済であり、最近設定されたばかりの枠となる諸条件、営業の自由と、とりわけ（実際にも欠陥があった）株式法と銀行法であった。批判の集中砲火を浴びたのは、自由主義的な経済体制、いまや「マンチェスター主義」と呼ばれるようになった経済の自己操作・自己制御という自由主義的な原則であり、さらにはこれらの一切と同一視された自由主義そのもの、近代的な株式法を擁護した党としての自由主義派に他ならなかった——自由主義は突如として自明視される地位を失い、防御の立場に立たされることになったのである。それは言わば一世紀にわたって続く運命となった。自由主義への疑念に対応していたのが、国家が対策を取ってくれるのではないかという期待が幅広く広まったことだった。国家に懐疑的な人たちは依然として十分に存在していたし、「自由」経済を支持する人たちも十分に存在していたが、しかし国家による介入が一つの差し迫ったテーマとなったのである。そして、古典的な自由主義が社会問題の解決のために提供できたものが乏しかった下で、国家による社会政策を目指した社会改革家たちの訴えも反響を見出したのだった。心理的には、危機への不安が、いままさに近代的な産業経済へと足を踏み入れつつあった社会において、個々人の自分自身と、市場と、社会への信頼を減少させて、そして反対に国家、強力な国家に保護を求める気持ちを強めたのだ、と言うことができるだろう。

以上のような心理的な変化と並んで、危機が政治にもたらしたもう一つの主要な帰結は、様々に分散した経済的（＝社会的）な利害が動員され、自らを主張して組織されるようになったことである。もちろん、常に利害は存在していたし、常に影響力を発揮しようと努めてきた。しかし、全体とすればそれまでは――そしてまさに先行する十年間には――枠となる諸条件についての経済政策的＝市場経済的＝自由貿易主義的なコンセンサスに束縛されて、国家の介入を目指しているのではない利害の分散状態が、世論や政治において表立って現われてくることはほとんどなかった。これに対して、国家が介入するという可能性が生じたことで、利害の多元性が強められた、と言うよりも新たに呼び起こされたのである。何かを国家に求めようとするのであれば、人びとは自らの要求を明確に示し、それぞれに特別な面を提起して根拠づける必要があった。それまでは、産業界の利害をも代表していた商業会議所が、しばしば利害を多元主義的に調整する場としての役割を果たしていた。いまや、七十年代の半ばに、少数のどちらかと言えば無難な存在だった先駆的組織の後を受けて、様々な産業分野や産業地域の利害団体の幅広いネットワークと、一八七六年には保護関税派の産業界の最初の強力な上部組織としての「ドイツ産業家中央連盟」が成立する。何よりも保護関税への要望が広まったことが、このような運動に、すなわち利害を組織して強烈に主張しようとすることに、そして利害が多元化することに繋がっていったのだった。いったん動き始めると、この運動は成長し続けた――なぜなら、ますます多くのグループが利害を明確にして主張するようになった（あるいはそうせざるを得なかった）からである。その際に、生産者の利害が明確に優位に立っていて、消費者の利害は組織するのが困難だったのは、言わば当然のことだった。消費者の名において発言しようとした人たち――商業界や、都市大会や、「ドイツ国民経済学者会議」――は、自らの立場を正当化するのが難しかった。最も重要だったのは、農業界も、動員されつつあった利害集団のなかに引き込まれたことである――以前から各地の農業協会と、その上部機関である「プロイセン農業会議」が存在していて、一八七二年には「ドイツ農業評議会」が成立したが、大規模農業を中心として議員たちと農村部の名望家たちとを結び付ける形で、しかも農業危機が実際に開始する以前、保護関税の要求がまだ農業界の多数派の意見となっていなかった時期に、新たに「税制・経済改革者連合」（一八七六年）が設立された。これらの組織は、自分たちは不利益を被っており、それどころか抑圧されているという農業界の感情をあからさまに表明した――それは、ラスカーが辛辣に述べたように、「農村部の都市に対する戦争」を意味することになった。一八七八年には、この種の利害団体のすべてが帝国議会選挙で既にかなり重要な役割を果たした。

五、大転換を可能にする要因となった、この時期における経済によって条件づけられた以上のような社会的な変化には、最後に、保護関税運動の再興も含まれる。「自由貿易主義」が、帝国建国期には大多数の理論家や消費者――彼らが声を挙げていた限りにおいてだが――の間だけでなく、生産者の多数派の間でも支配的な原則となっていた。農業界は長らく前から自由貿易主義派だった。農業の大規模な市場生産者たちはイギリスに輸出しており、そしてすべての人が農業器機が安価であることに関心を抱いていたからである。プロイセン以外の保護関税派（例えば南ドイツの繊維工業の場合がそうだったし、――恥じらいながらも――製鉄業者の幾らかもそうだったが）は、好況期には、そして自由貿易主義が最終的に支配的となってからは、完全に背後に退いていた。自由貿易理論が世論を支配していたのである。

それが、危機、すなわち当初は産業経済の分野で生じた危機のなかで、一変した。関税運動の最も重要な中心勢力の一つとなったのが製鉄業だった。製鉄業はブーム期に大きく成長したが――一人当たりの鉄使用量は一八七〇―七三年に倍増し（三十五・九キログラムから七十二・〇キログラムに）、銑鉄生産は一八七〇―七三年に一六〇万トンから二二〇万トンに増えた――、それに応じて、とりわけ鉄道建設が停滞したために危機から大きな打撃を受けた。需要が減少したが、供給と生産は生産能力が拡大したために依然として増大したので、価格が著しく低下した。このような状況の下で、なおも帝国議会は一八七三年に最後の鉄関税を一八七七年に撤廃することを決議した。業界は、とりわけ鋼と鋼レールを中心として外国からの輸入で市場は「氾濫状態」にあると訴えた。「客観的」な状況は――この種の場合にはしばしばそうであるように――決してそれほど劇的なものではなかった。むしろ銑鉄の輸入は一八七三年から減少し、国内市場で自国の生産が占める割合が増加して、輸出もやはり増えた――もっとも、国内市場は大きく縮小していたし、輸出（安価な「ダンピング」価格での）もそれを受け止めることはできなかった。輸入の氾濫状態が存在していたわけではなかったが、しかし輸入が重荷と感じられていたのは確かだし、一部の部門では他の部門以上に感じられていた。しかし、関税の擁護者たちは関税こそが危機を克服して売れ行きと、さらには雇用を安定させるための本来の手段であると説明することに成功し、社会主義者たちも鉄関税を支持した。その際に重要な役割を果たしたのは、外国に目を向けることであった。フランスでは、穏やかな自由貿易主義が支配的だったが、鉄関税が依然として存在し、そしてとりわけ輸出補助金が存在していて、「調整」（報復）関税がその対抗措置として求められていた。ロシアでは、自由貿易は名目だけで、例えば鉄道行政は運賃と国家による発注の配分とを通して保護主義的な政策を取っており、ルーブル紙幣に代わって金での支払いを義務づけていたのは事実上関税の引き上げに等しかった。オーストリア＝ハンガリーでは関税を引き上げる意図があることが明白であった。これらの一切は、一八七九年以前にはどこの国でもまだ目標を達成するところまでいっていなかったが、しかしこのような傾向は保護主義者たちの主張を支えるものであった。危機の年である一八七三年にドイツの鉄関税の撤廃が決められたことは、当然のことながら心理的に特にネガティヴな作用を発揮して、「保護関税派」の戦線を強めることになったのである。

似たような展開が――南ドイツでは長らく前から関税に傾いていた――繊維工業、とりわけ既に大規模経営として運営され、さらにエルザス地方という新たな競争相手に圧迫されていた紡績業者の間にも見られた。この分野については、個々の具体的な点について述べる必要はないだろう。

重要なのは、農業界の一部分が保護関税派の陣営に移行したことである。長い間、ドイツは北東部を中心として穀物の輸出国だった。農業家はそのために、また、生産コスト（例えば農業機械）を低く抑えるために、自由貿易主義派であった。畜産業にとっては対外貿易は何ら特別な役割を果たしてはいなかった。七十年代の半ばから、生産状態と販売状態の大規模な構造転換が姿を現わし始めた。ライ麦でも小麦でも輸入が輸出を上回るようになった（一八七六年から一八七八年までの間にそれぞれ国内販売量の十一―十三パーセントと六―九パーセントが輸入されたものだった）。それは、まだ直接的な作用を及ぼしたわけではなく、一八八〇年以前は穀物価格は特に顕著に下落することはなかった。しかし、地域的な利害は著しく異なっていた。北東部はとりわけ小麦に関しては依然として輸出を志向しており、主たる問題は地価が上昇し過ぎたために生産コストが大幅に上がったという点にあった。これに対して西部では穀物の硬質種と軟質種を混合するために輸入を必要とした。都市と工業に近い地域では、畜産業も、と言うよりもまさに畜産業は、国内市場での販売利害を護ろうとする傾向が強かった。しかし、あらゆる地域や部門には、利害の違いや、とりわけ意見の違いが存在していた。複雑に揺れ動くなかで、関税問題が決着を迫られるようになると、北東部は当面のところはどちらかと言えば自由貿易主義的な立場に留まり、西部と中部は、さらには部分的には南部も、農業保護関税が利益になると考えて、それを主張するか、あるいはそれに同意した。部分的には、農業界のなかには単に財政政策と税負担軽減という理由だけから関税を支持する動きも見られた。大規模経営と、その大抵は貴族だった代弁者たちだけが意見の形成に参加したのではなくて、カトリック地域をも含む農民地域の代弁者たちも加わった。関税のための同盟は、私たちの世紀の歴史的な伝説が思いたがっているような「鉄とライ麦」、大産業とユンカーの同盟だったというよりも、むしろ鉄と豚肉、産業と農民の同盟だったのである。全体とすれば、関税政策の転換のなかで農業界「そのもの」が特に活動的だったわけではないし、統一が取れていたわけでもなかった。もっとも、産業界「そのもの」が関税を「手に入れた」時には、農業関税は多くの人たちにとって（ビスマルク自身にとってもそうだったように）不可欠な補償となったのだった。資本主義と産業によって踏みにじられるという不安を常に抱いていた農業界は、割を食うような目に遭ってはならなかったのである。関税に傾いた産業の内部の様々な利害を互いに結び合わせ、ましてや不信感を抱いていた農業界の利害と結び合わせるのは、困難なことであり、長い時間がかかった。しかし、最終的にはそれに成功したのである。

　産業界のなかでも農業界のなかでも、関税問題に関しては（自らの危機的状況についての判断や、危機を関税によって乗り切る可能性についての判断に関してと同様に）合理的＝経済的な考慮とは異なる要素がある程度重要な役割を果たした。マンチェスター自由主義に背を向けたことや、「国民的《ナツィオナール》労働の保護」という巧妙に選ばれたスローガンを掲げてナショナリズムの響きを持つ保護関税アジテーションが展開されたこと、危機への不安と、強力な国家、保護を与えてくれる国家の下に避難先を求めたいという感情などが、それである——これらのすべてが、決断に影響を及ぼしたのだった。

　私たちがしっかりと銘記しておく必要があるのは、重大な経済危機のなかで一定の部門で関税による保護を求める動きが発展していくということである。それは公的で政治的なテーマ、争いのテーマとなる。ビスマルクが関税運動を創り出したのではなかった。この運動は自律的に膨れ上がっていったのだった。

　さて、ビスマルクの大転換にとっての動機という問題に戻ろう。彼は、先に述べたように、この時期の二つの大きな経済的な運動、利害の動員と保護関税アジテーションとを採り上げ、それらを自分のものとして、利用すると同時に前に推し進めていく。

　ビスマルクは保護関税主義者になるのである。長い間、彼は彼の階級であるユンカーたちやプロイセンの高級官僚たちと同様に自由貿易主義者であったし、プロイセンの国民的《ナツィオナール》な政策のためにプロイセンが関税同盟で推進して多大な成功を収めた経済政策は、自由貿易政策であった。もっとも、ビスマルクの自由貿易主義はプラグマティックなものであり、理論的＝教条的なものではなかった。それゆえ、彼は七十年代の末に立場を変えることができたのである。関税の導入は、財政問題を彼が望む形で解決することを期待でき、そしてそれと同時に民衆的な運動と、社会的に力を持つ諸集団に担われていた。危機が生じた場合に国家が社会と上層の人たちの物質的な利害に配慮しなければならないということは、保守主義者である彼にとっては、行き過ぎた官僚制を嫌っていたにもかかわらず、言わば自明なことであり、そして輸出補助金のような外国の「不正」なやり方に対して自衛しなければならないというのも自明なことだった。彼の鉄道国営化構想は、国内経済と対外経済の鍵となる部門を国家の手に収めて、貨物運賃の設定を通して輸入への優遇――と見なされていたもの――を解消させようという意味をも持っていた。それは、関税政策に関する方向転換以前の介入政策だったと言えるだろう。さらに、関税が差し迫って必要とされている経済的＝社会的な安定化と、成長の確保と、危機の克服に役立つという主張は、彼を納得させた。また、農業家、農業界の代表者としての彼は、農業危機が始まりつつある下で、関税がもたらす利益に与《あずか》ることを望んでいたし、しかも彼は関税を負担することになるのは輸入する人たちだと考えていた。要するに、ビスマルクは、保護関税を財政危機と経済危機を解決するための一つの有効で正当な手段と見なしていたのである。彼の支持者たちと、支持者となり得る潜在的な可能性のある保守的な人たちとの多くが、どちらかと言えば保護関税派に傾いていたこと、そして彼のお馴染みの敵である国民自由党「左派」と進歩党の人たちが断固とした自由貿易主義者であったことが、もちろん彼の――遅れ馳せの――保護主義への決意を強めた。

ビスマルクは利害に追い立てられたわけではなくて、転換政策に関する指導権をしっかりと握り続けていた。しかし、彼は政治における利害の動員を歓迎し、促進した。それは、原則や、理論や、教条や、それらに導かれた政治に対する彼の反感に対応するものだった。また、社会的＝政治的な現実についての、現実の人間についての、そして現実に適合した国内政治についての彼のイメージにも対応していた。もちろん、それは自由主義に矛先を向けたものでもあり、政治についての自由主義的な理解に、「理念」の優位、法政策や憲法体制政策の重視に、そしてさらには自由主義を担う人たち――「実際的な生活」を送る人たちではなくて、知識人や、教授や、アカデミカーや、官吏――に矛先を向けたものだった。利害の動員は、理念政治的なドイツの政党構造に革命をもたらし、そしてその結果として体制の変革と議会主義化を目指す一切の傾向を食い止めてくれるのかもしれなかった。政党を利害政策に繋ぎ止めれば、政党はいっそう多元化して、そして――全体的な政治に関して唯一行動能力を持つ政府に対して――中和され、弱体化するのかもしれなかった。そして、そのような利害の多元化によって特に脅かされていたのが、まさに国民自由党に他ならなかった。国民自由党は、実際的な姿勢を強め、それとともに政府との結び付きを強めて、なおも理念政治を志向していた左派を追い出すことになるのかもしれなかった。

以上のような一連の諸点が、自由主義左派系の同時代人たちや、後世の人たちによるビスマルク批判において主要な役割を果たしてきた。確かに、それらの諸点は――結果から見れば――重要ではあるが、しかし二つの点で相対化する必要がある。その一つは、ビスマルクは、政党を利害によって「粉砕」して弱めるために大転換政策を開始した、大いなるマニュピレーターだったわけではないということである。利害の動員は一つの手段だったし、政党の方向転換は一つの帰結、さらにはビスマルクの一つの副次的な意図でもあったのだが、それ以下ではないと同時に、それ以上でもなかった。そのために、彼は利害の動員を歓迎し、促進し、前に駆り立てたのであった。それゆえ、私たちは、彼が計算していたことを、利害の動員は望ましい帰結をもたらした「かもしれなかった」と説明したのであって、主としてそのような帰結を目指していたとは述べなかったのである。もう一つは、ビスマルクが理念政治に反対して利害政策を支持する際に反自由主義の姿勢を取ったからといって、利害は、利害の主張と調整は、近代におけるあらゆる政治と政党政治にとって日常的な糧なのであるという事実から目を逸らしてはならないということである。それは、ビスマルクが発明したものではなくて、事態の本質に属するものに他ならない。ビスマルクは干渉国家の到来を予測していたし、その到来に一役買った。しかし、それは普遍的なプロセスだったのであって、もはや収穫量ではなくて「経済状況」が人びとの運命を定め、それゆえ経済政策が、政治のレベルで階級間の対決と大衆市場とに関わる事柄となったのに伴って、不可避的となったプロセスなのであった。このプロセスこそが、利害を解き放ち、利害をもちろん政治にとって「利用可能」なものにしたのである。それを嘆いても仕方がない――頑固な一種のドイツ・イデオロギーに陥ってしまうというのでなければだが。ドイツの政党がそのようなより近代的な形の政治に移行していくのが特に困難だったのは、そして政党自体の政府に対する立場も弱体化してしまった――それは、確かにその通りなのだが――のは、政党が理論によって規定されていたという伝統のためであり、また、実際の権力から排除され続けていたので利害を統合することが難しかったためであった。もっとも、ビスマルクが台頭しつつある利害闘争を政党に対抗するために利用し、そして利害闘争を激化させたこと、このことも、もちろん確かなことである。

六、転換危機の最後の段階では、もちろん――それは、ビスマルクの動機のなかでは最後に位置するものだっただろうが――文化闘争の挫折、文化闘争を中止して和平を求めようという彼の決意も、一定の役割を果たしていた。これとともに、自由主義派との協力のなかの重要な、そして長らく保たれてきた部分が消滅したのであり、それどころか緊張が付け加わったのである。それと同時に、新たな形を取った保守党と協調するのが容易になった。これに対して、ビスマルクは逆に反自由主義的な転換のために、そして保護関税政策のために文化闘争を中止したのだという、時として表明される推測には、何ら根拠がない。双方のプロセスは互いに組み合わさっていたのだが、しかし何らかの具体的な形で一方が他方を条件づけていたわけではなかったのである。

自由主義派との断絶と、保護関税政策への移行とは、一つの複合体へと成長していったが、しかし初めからそう仕組まれていたわけではなかった。大転換は、比較的長い時間をかけて準備され、そして一連の歩みを通して成し遂げられていった。既に一八七六年における帝国宰相府長官デルブリュックの退任が、ビスマルクがそれまでの自由貿易主義的な経済政策に背を向けるのを準備しつつあるという最初の合図だった。一八七七年には、当初は転換政策に代わり得る重要な選択肢が姿を現わしつつあるように思われた。何か月もベルリンでの執務から離れてヴァルツィーンの農場に引き籠っていたビスマルクが、国民自由党の指導者ベニヒセンにプロイセンの大臣のポスト（最初は内務省、次いで財務省）を、それどころか副宰相に類した役割を提供したのである。それは、単にポストを提供するという以上のものであり、十年間近く続いてきた同盟をさらに固めるという意味を持っていた。ビスマルクは、時としてそう見えるほど独立していたわけではなくて、議会の支持を頼りとせざるを得ず、そしてこの支持を長期にわたって安定させることを求めていた。もちろん、彼は、国民自由党を政府に結び付け、さらにはあれやこれやの形の彼の改革政策に結び付けることをも望んでいた。彼は、憲法体制政策に関わる同党の改革構想を囲い込み、あるいは無力化し、同党の左派を抑制し、あるいは分離させることを望んでいた。彼は、先に述べたように、皇位継承者の下での一種の「ホイッグ内閣」を予防することを望んでいた。彼は一八六七年の同盟を更新して固めることを望んだが、しかし中心をもっと右に移動させた形のそれを望んだのだった。一八七六年以来、すなわち「ドイツ保守党」が新たに設立されて以来、彼の古巣の党を政府多数派に含めることが可能になった。保守党が増えて国民自由党が減り、そして国民自由党と進歩党との緊張が高まるという結果をもたらした一八七七年の帝国議会選挙は、ラスカー派からキャスチング・ボートを握る地位を奪い、それとともに議会全体と党内における彼らの重みをもある程度奪った。ビスマルクはまさにそのような状況を受けて交渉を継続したのであり、新たな状況は彼が考えた組み合わせにとって有利なものであって、ベニヒセンにもそのような組み合わせに都合の良い影響を与えたのかもしれなかった。基本的にビスマルクが望んでいたのは、とりわけ、詳細過ぎるプログラムに固定されることなく政府を支持する明確な多数派を手に入れることだった。一年近く続いた交渉のなかでは、彼は他の実質的なプログラムに対しても開かれた態度を取っているように見えた。ビスマルクはこの選択肢を、あくまでも断固とした姿勢で追求したというわけではなかったものの、しかし——同時に利害の動員を図っていたにもかかわらず——真剣に追求していたのだった。確かにそれは、自由主義派を壊滅させる、あるいは弱体化させることを目指すキャンペーンのなかでの戦術的な一手という以上のものだったのである。

周知のように、この件は実を結ばなかった。ベニヒセンは、たった一人で政府の一員になっても自由主義的な政策を実行できるチャンスはあまりにも少な過ぎるし、政府による縛りと党への配慮との間で磨り潰されてしまうリスクが大き過ぎ、党を分裂させてしまうリスクさえあると考えていた。彼は、自分以外に二人の国民自由党議員を、それも左派の指導者であるフォン・シュタウフェンベルクとフォン・フォルケンベックを大臣に任命するよう要求した。この要求は初めからあまりにも過大過ぎるものだったので拒否されるのは確実であり、ビスマルクは容易に君主が拒否していることを引き合いに出すことができた。本来の対立点は、ビスマルクは「政党に超越する」政府、すなわち政党から自立した政府を望んだのに対して、ベニヒセンは一つの政党あるいは政党グループと密接に結び付いた政府を望んだところにあった。ベニヒセンの側には、その背後に、時は国民自由党に有利に作用しているのであって、ビスマルクは財政の窮状が増大し、七年法を更新する必要があるためにいずれにせよ「歩み寄る」に違いないし、皇位の交代に伴う自由主義時代が間近に迫っているはずだという、後から振り返って見れば独特とも言える信念が存在していた。当時存在していた可能性については思弁の域を超えることはできないし、その域にしてもそれほど遠くまで及ぶようなものではない。確かに、ビスマルクの申し出は自由主義派にとって多くの罠と危険性を孕んだものであり、「強力な人物」を相手とする一種の「獅子組合」〔一方的に損失だけを負わされる契約〕のようなものだった。これまでの経験は、ビスマルクにとって肝心なのは自由主義派を利用することだけであって真に協力することなのではないことを教えているように見えた。党が分裂する危険も高まったことだろうが、もっとも、何人かの批判者たちが思わせたがっているようにビスマルクが党内の分裂を創り出したというわけではなかった。しかし、その一方で、ベニヒセンへの申し出が穏健自由主義的な政策にとって有益な結果をもたらすかもしれない可能性を孕んでいたのも確かであった。この冒険に乗り出すこともあり得ただろう。そうすれば、自由主義にとって一つのチャンスとなり得ただろう――そのようにも考えられるのである。

交渉を打ち切るきっかけとなったのは、ビスマルクの財政改革構想だった。ビスマルクは一八七八年初めに当初はタバコ税を提起したが、しかしタバコ専売制を望んでいることを隠そうとしなかった。国民自由党はそれを支持する多数派を約束できなかった。このことが、ビスマルクにとっては決定的な意味を持つようになり、いまや彼は国民自由党に背を向け、自由主義派が協力する下での財政問題の解決策に背を向けた。それは、ビスマルクにとっていかに財政政策が高い優先順位を持っていたのかを示すものでもあった。自由主義派が財政政策で行をともにしないのであれば、そして受け入れ可能な選択肢を何ら提供しないのであれば、その時には自由主義派と対立して統治しなければならず、そして自由主義からの離反を支持するあらゆる動機が決定的な意味を持つことになった。ビスマルクは、彼の新たな、いまやポスト自由主義的な課税政策・財政政策を強行しようとし、一八七八年二月二十二日の帝国議会演説でタバコ専売制が自分の主たる目標であると宣言して、自由主義的な経済哲学と、国民自由党の自由貿易主義的な左派に激しい攻撃を加えた。明らかに彼は、どのような形を取るのであれ、彼の改革路線に対して同党全体の支持を獲得することを断念したのだった。それを受けて、ベニヒセンは交渉を最終的に打ち切った。いまや経済自由主義的な立場に立つ二人の大臣、財務大臣のカンプハウゼンと商務大臣のアッヘンバッハも辞任した。一八七二年の郡制法のために保守党に憎まれていた内務大臣のフリードリヒ・オイレンブルクも彼の従兄弟であるボート・オイレンブルクに取って代わられた。新教皇の選出は、文化闘争での講和も不可能ではない状態をもたらした。関税政策の面では、保守党と中央党との共通点へと道が開かれ、中央党とともに経済政策・財政政策の改革を実現するという結果が生じるかもしれなかった。しかし、ビスマルクはまだ中央党と協力することを決意してはいなかったし、何としてでも保護関税に移行すると決断していたわけではなかった。彼はこの点では開かれた姿勢を保ち、互いに様々に異なっている関税の利害関係者たちを一つにまとめようとはせず、それは――そもそもまとめることが可能なのであれば――利害関係者たち自身の問題であるべきだという態度を取っていた。さらにビスマルクは、利害集団を利用して国民自由党を怯えさせ、保守的な選択肢を見せつけて同党に彼の意に添うよう圧力をかける可能性をも追求していた――その結果、国民自由党を親政府派の立場へと、そして新たな財政政策、それだけではなくておそらくは新たな経済政策をも支持する立場へと動かせるかもしれなかったのである。

本来、一八七八年春の時点でのビスマルクの状況はほとんど持ちこたえ難いものになっていた。財政改革が必要だった。自由主義派は抑止されず、財政改革への支持も得られていなかった。いまや彼の保守党への共感は支配的なものとなっていたとしても——新たな政策、必要な新たな法律を支持する多数派は存在しなかった。ビスマルクは帝国議会を解散することを考え、解散の脅しをかけ、それどころか憲法の変更、すなわちクーデタのことを口にし、議会と政党を攻撃する彼と彼の機関紙のレトリックを強め、まさにそれに相応するキャンペーンを展開し、あらゆる交渉による「解決」を無視して、要するに、内政の危機的状況を生み出して激化させていく。それでも、何ら解決の兆しは見られず、状況は持ちこたえ難いままである。

その時に、不幸な出来事がビスマルクに二重のチャンスをもたらした。一八七八年五月十一日に板金工職人のヘーデルが老皇帝への暗殺未遂事件を起こした。彼は錯乱した人物で、短期間社会主義労働者党の党員だったが、横領行為のために除名され、最後は明らかにシュテッカーのキリスト教＝社会運動の支持者となっていた。しかし、政府は暗殺未遂事件の責任を社会主義者たちに押しつけた。ビスマルクは閣議で多くの抵抗を押し切って「社会主義者鎮圧法」案を通した。この法案はそもそも立法技術的にお粗末に仕上げられたもので、帝国議会で拒否されるのは計算済みであり、ビスマルクは自由主義派と中央党を愕然とした選挙民大衆の前に「引き出す」ことを望んでいたのだった。予想通り法案は否決された——多数派は例外法を、すなわち法治国家と決裂することを望まず、非常事態にあるとは考えていなかったのである。そして実際にもそのような状態は存在していなかった。誰の目にも、この件を利用して自由主義派に法治国家の諸原則をいまこそ革命に対する闘いのなかで背後に押しやることを強いようという、ビスマルクの戦術は明らかであった。しかし、断固として支配的な秩序を護ろうと考えていた人たちも法案を拒否したので、ビスマルクが帝国議会に仕掛けたこの攻勢は、空振りに終わった。

六月二日に二度目の暗殺未遂事件が起こり、この時は皇帝が重傷を負った。それは、精神病質者だったと推測されるカール・ノビリング博士による「模倣」犯行だった。彼は直後に自殺を試みて亡くなった。彼はおそらく、セクト的＝革命的で社会主義インターナショナルと激しい敵対関係にあったアナーキズムの周辺に位置していた人物だった。ビスマルクが、皇帝の状態を尋ねるよりも前に最初に考えたことは、帝国議会を解散することであり——「それなら帝国議会を解散する！」——、それは国民自由党に打撃を与えるために解散するという意味だった——「やっと奴らを捕まえた。キーキー言うまで壁に押しつけてやる」。こう、あるいは似たようなことを彼は言ったといわれる〔ヴァルツィーン滞在中に事件の知らせを聞いた時のビスマルクの反応として伝えられている〕――もっとも、当事者の信頼できる証言は存在しないのだけれども。当初は拒否された社会主義者鎮圧法案が肯定的に扱われるのはいまや大臣たちの目から見ても完全に確実だったのだが、また、一時的に摂政の役割を務めていた皇太子は「危機」を国民自由党と協力して乗り切るよう提案したのだが、ビスマルクはまったく応じようとしなかった――それはおそらく、自由主義的な皇太子内閣への彼のほとんど病的なまでの恐怖心が再び浮上してきたためでもあった。彼は、愕然とした選挙民たちに訴えることを望んだ――これまでの議員たちに代わる新しい帝国議会を望んだのである。連邦参議院で帝国議会の解散に異議を唱えた――自由主義的な――バーデン政府の抵抗を、彼は帝国の解消とクーデタという脅しで打破し、表面的には一致しているように見せかけた。

ビスマルクは、選挙戦と選挙にかつてなかったほどに決定的な影響を与えた。彼は、政府機構と、とりわけ半官的なプレス及び政府のプレス政策とを用いて選挙戦を展開したが、今回の場合には、すべてが選挙民とこれまでの棄権者を大幅に動員することに向けられ、彼がイニシアチブを発揮して他のすべての人たちを受け身の立場に立たせ、政党を背後に押しやるとともに相互に対抗させ、テーマを設定し、彼の――言葉のうえでは暴力的な――闘争スタイルを規範とした。彼は、人びとの意見に影響を及ぼすあらゆる手段を用いて選挙民に直接訴えて、選挙を自分に賛成するのか反対するのかという一種の国民投票に仕立てようと努めた。このような一般的な方法の一部分を成すのが、組織された利害を鼓舞して、そのような利害に訴えることであった。選挙民たちの目の前で、利害が、政党――もちろん反ビスマルクの政党――に対抗する切り札として用いられたのである。政党に超越して仲介する政府だけが、生産する経済の大いなる利害を擁護することができ、そして調整することもできるのだ、というのが含意されていたメッセージだった。ビスマルクの最終的な目標や、彼の大いなる戦略や、そして彼のアンビバレントな側面がどのようなものであったのであれ、この選挙戦のなかで彼は国民自由党左派に対する反感を存分に発散させることができた。彼が選挙で掲げたスローガン、社会主義鎮圧法や、財政改革や、経済改革は、中央党に影響を及ぼすことはできなかった。それらのスローガンは、言わば重心を右に移動させた形での保守党＝国民自由党連合を、すなわち「ビスマルクに従順な」政府連合を目標としたものであり、政府が両政党の間で究極的で決定的な発言権を持つ状態を目指していた。反国民自由党という戦術が用いられたからといって、当初は自由主義と保守主義との妥協という連続性を変容させた形で継続させようとしていた、この戦略を見過ごしてはならないのである。

選挙戦には三つのテーマがあった。最も重要だったのは、現存の国家秩序・社会秩序の敵たちに対する、社会主義的な「転覆」に対する闘い、それも最も厳しい手段を用いての闘いというテーマだった。革命あるいは転覆への恐怖が、政府に強力に煽られて、選挙民の間での現実主義的な状況判断、テロリスト的なアナーキズムと社会主義との区別、「社会主義者鎮圧法」が及ぼす作用や副作用への問いを圧倒した。何らかの手を打たねばならず、それも他ならぬ社会民主主義派に対して手を打たねばならなかったのである。国民自由党の選挙民は完全にそのような路線に転じて、いかなる候補者も留保付きの形でであろうとそれに反対する発言を行なうことはできなかった。それにもかかわらず、選挙民は保守党に乗り換えた。それと同時に、転覆というスローガンはそれまでの棄権者や新しい選挙民を動員することができたのである。第二のテーマとなったのは、新たな反マンチェスター主義的で干渉主義的な経済政策・関税政策への問いであった。ビスマルクはそれを支持し、大多数の諸団体も支持して、ベルリンの経済界の中央選挙委員会は、保護主義派の一〇〇人の候補者を支援して自由貿易主義派の五十人の候補者に反対した。この点でも、国民自由党の選挙民は揺れ動く潜在的な可能性があり、とりわけ彼らが利害による圧力の標的・餌食となって、この分野でも重心がとりわけ自由主義派から保守党へと移動し、そして国民自由党の内部でも右派に移動した。農民層や市民層の危機への不安と、それを補うような、保護し、配慮する（干渉）国家というスローガンとが、いまや効果を発揮した。財政改革が新たな負担をもたらすであろうという事実は、しばらくの間は社会民主主義派や進歩党の支持者を除く通常の選挙民の視野からは抜け落ちてしまったのである。最後のテーマとして、ビスマルクが選挙戦のスタイルの一つの要素としたものが、選挙戦の対象ともなった。すなわち、それまでの政党、それまでの議会政治の状態への問い、経済問題よりも憲法体制問題が優位を占めていることへの問い、理念政治に基づいて互いに分かれている、ビスマルクの言う教条的な政党の古い政策に対抗する、諸団体と政府による「新しい」政策への問いである。革命への恐怖と、新しい経済的利害という二つの具体的なテーマが、このような憲法体制政策に関する問題、と言うよりもほとんどメタ政治的な問題と絡み合っていたのだった。

ビスマルクの戦術は、そして概ね彼の戦略も、成功を収めた。選挙の結果は地滑り的というのではなかったけれども、しかし右傾化であった。投票率は二・八パーセント上昇し、国民自由党は減少し（得票率は四・一パーセント低下し、議席数は七・三パーセント減って、一二八議席から九十九議席に後退した）、特に国民自由党左派と、進歩党（得票率は一・〇パーセント低下し、議席数は二・二パーセント減って、三十五議席から二十六議席に後退した）が減少した一方で、両保守党〔ドイツ保守党と帝国党〕は増加した（得票率は九パーセント、議席数は九・六パーセント増えて、七十八議席から一一六議席に増加した）。中央党は初めて保守主義派と多数派を形成できる地位に到達した。国民自由党は、敗北と、選挙民の流出と、選挙民からの圧力のために畏縮した。さらに、いまや保護関税派が多数派となったことがまもなく明らかになった。保護関税派が結成した「自由国民経済連合」に、保守党と、中央党の過半数と、国民自由党の四分の一が参加して（三九七人の全議員のうちの）二〇四人を占めたのである。選挙の結果をビスマルクは信任の証明、彼の構想が国民投票によって認められたものと見なすことができた。そして、この結果を利用することができたのである。

　ビスマルクの第一の、そして最も具体的な目標は社会主義者鎮圧法だった。結社法・集会法・出版法・刑法の一般的な規定を厳しくするという「比較的自由主義的」な――バーデンが提起していた――選択肢は、もはや選択肢ではなくなった。政府案――この草案は、忘れられてしまいがちだが、アイルランドの革命派を取り締まるためのイギリスの法律を基にしていた――は大きな国難もなく連邦参議院と帝国議会を通過した。国民自由党は、幾らかの事実構成要件を厳密にし、改正の可能性を幾らか強化する〔二年半ごとの更新が必要とされた〕ことができ、同党左派も賛成票を投じられるようにしたけれども、それも何ら重要な役割を果たすことはなかった。左派――社会民主主義派と進歩党――はまとまってこの法律に反対票を投じ、中央党も、教皇庁からある程度の圧力をかけられ、党の右派は同法に幾らかの共感を寄せていたけれども、やはりそうした。法治国家の立場から例外法に反対するという姿勢が、中央党では当面は揺らぐことがなかったのである。両保守党はまとまって賛成票を投じた。多数派が形成されるうえで決定的な意味を持った事実は、国民自由党も左派を含めて賛成票を投じたことであった。同党は――部分的には――深い懸念を抱いていた。この法律は、彼らの法治国家への信念と矛盾していた。到底「左派」とは言えなかったミーケルも私的には、この法律は恥ずべきものだが、しかし誰かが私のこの発言を公に引用したら私は直ちに否認するだろう、と述べている。彼らは「変節」したのだと反対者たちは倦むことなく強調した。国民自由党の人たちの側は、国家理性と党理性がこの法律の受諾を必然としたのだと主張した。拒否することを選択すれば、再び帝国議会が解散されて選挙民を最終的に失うか、あるいはクーデタが起こされただろう、と。政治的・モラル的な圧力がいかに大きかったかということは、同党左派の自由主義的政策の率直な擁護者たちも

――絶望の思いに囚われながらも――賛成票を投じたことに示されている。彼らは、自由主義的な未来のために「現実政策的」な犠牲を払わねばならないと考えていたのだった――変節というイメージに付きまとわれて苦しい思いをすることになるとしても。

この法律は、当局が、「社会主義的な活動あるいは現存秩序の転覆」を目指す、協会と集会、印刷物とその配布、募金や、その他の活動を禁止することを可能とし、それらに関連して活動する人物に刑罰と滞在禁止（追放処分）を科した。それに加えて、地区全体に対して、まもなく「小戒厳状態」と呼ばれるようになった措置を取ることができた。その場合には、例えば公開の集会はそもそも許可された時にだけ開催でき、印刷物の公然たる配布は禁止され、大規模な追放処分が容易となり、警察の介入権が強化された。本質的に常に警察が判断した。定義に関してさしてためらうこともなく、嫌疑がかけられるだけで十分だった。社会主義者たちは――これが事柄の核心を成していたのだが――憲法と国家と社会の敵であると宣告された。彼らの側のいかなる「公共」の活動も阻止され、追求されることになっていた。活動家たちに対しては、市民としての私的な存在も不可能になることが目指されていた。それは、この間に通例となるに至っていた法的保護という保証を欠いた、過酷な政治的な弾圧法だった。そして、万人に妥当する一般的な法規範を超えて、完全に特定の範囲の政治的反対者たちだけを対象とする「例外法」であった。

しかし、この法律には、まさにそれが法律であったためもあって、一連の隙間があった。それは、少なくとも帝国議会と官僚たちの多数派を規定していた当時の法的文化と関連していた。一、投票する権利と立候補する権利の双方を含めた選挙権と、議会での議席及び活動と、そしてとりわけ選挙活動は、この法律による影響を受けなかった。社会民主主義派は、立候補できたし、選挙演説や議会演説を行なうことができ、もちろんそれには他の幾つかの活動も結び付いていた。憲法の敵とされた党は、憲法の実践から締め出されてはいなかったのである。それゆえビスマルクはこの法律を、繰り返し――それも、既に成立期の段階で――弱体過ぎて、効果が乏しいと見なしていた。二、法律を実際に運用するのは地方や地域の当局の管轄事項であり――中規模諸邦はこの権限を取り上げられるのを拒んだ――、それゆえ、プロイセンから中央集権主義的な圧力がかけられたにもかかわらず、容易に異なるものとなった。連邦主義が――ドイツではしばしばそうであったように――ここでも、官憲的な効率性に限界を設定することになったのである。三、この法律は期限付きであり、それは国民自由党が圧力をかけたための一つの成果だった。有効期間は二年半となっており、延長されることが必要で、延長されないこともあり得たし（一八九〇年のように）、議論の的となり続けた。四、最後に、警察を好んだプロイセン＝ビスマルク流の官憲国家も、全体主義的ではなかった――人びとの私的な行動、志操や会話での発言を国家は監視できなかったし、処罰することもできなかった。それは、選挙と並んで社会主義が広まっていくもう一つの経路となったのである。

社会主義者鎮圧法という政策は、節度のないものであり、強制と暴力を頼ったという点で不条理なものであった。たとえ現存憲法の保障とその正当性に国家が有している利害を無視するという今風の流行に与しないとしても、また、たとえ当時の人たちは、後の社会民主党の修正主義への変容を知っていて、それを好んで前の時期まで遡らせようとする歴史家たちほど、賢くなることはできなかったことを認めるとしても、やはり、そのように言うことができるのである。既に一八七八年の時点の社会主義者たちはテロリストのグループではなかったし、「革命を起こそうとする」党ではなく、イデオローグたちやアジテーターたちが発明したものではなかったのであって、強制と暴力によって抑止することは不可能であり、たとえ先に挙げたような隙間がない法律であったとしても、不可能だっただろう。確かに、ビスマルクは体制の敵たちに対する抑圧政策を社会保険というポジティブな政策によって補うという十分に現実的な洞察力を備えていたのだが、しかし彼に一時的に助言を与えたH・ヴァーゲナーやTh・ローマンのような保守的な社会改革家たちの、家父長主義的な善行という精神ではなくて同権と解放という精神の下で行なわれる社会政策だけが成功を収め得るのだという洞察には、耳を傾けようとしなかった。この法律が失敗に終わることは、言わば予め定められていたのである。この法律は逆の作用を及ぼしたのだった。国家と社会による迫害は社会主義的な労働者層を一つにまとめ、彼らのモラル的なエネルギーを、抵抗を、連帯を、反対する姿勢を、さらにおそらくは急進主義をも強め、そして組織された抵抗と団結のネットワークが彼らを統合する一つのファクターとなった。同党に投票する人たちの数は法律が施行されていた十二年間のうちにおよそ三倍に増え、議員の数はおよそ四倍に増えた。

ビスマルクの第二の主要な目標であり、そして一八七八年の選挙の第二の主要な結果は、既にかなり前から姿を現わしつつあったのだが、保護関税のための連合という形を取って経済政策と財政政策に新たな方向性を与えることであった。

一八七八年の選挙は保護関税派が多数派になるという結果をもたらし、彼らは議員団を超える帝国議会の「自由国民経済連合」として組織された。連合は一八七八年の秋に保護関税を支持する大規模な請願運動の波を解き放ち、そして農業界と産業界の様々な利害を一つに取りまとめることに成功した。それまではフリーハンドの立場を保っていたビスマルクは、いまや関税を彼の改革政策の統合的な部分として位置づけ、全面的に保護関税支持の立場に立って、保護関税を帝国の存立がかかっている事柄として打ち出した。最初は関税への彼の関心はどちらかと言えば財政政策に関わるものだったのだが、しかし、戦術的な理由からだけではなくて、その間に保護関税を危機を乗り切る一つの手段と見なすようになったために、利害の代表者たちと手を結んだのであった。複雑な議論を交わすなかで、彼は農業生産物をも含む一般関税とするよう断固として主張し、その主張を産業界と、さらには農業界自体の抵抗を押し切って実現させたが、もっとも、妥協の代償として、農業関税がごく低額に設定されるのを認めざるを得なかった。関税を巡る議論と対決は、またもや特に国民自由党を揺さぶった。同党の右派は保護主義的になったのに対して、左派は断固として自由貿易主義の立場を守ったからである。党の基盤となっていた選挙民や党員は利害を巡る争いに特に打撃を受け、分裂した。党を十一年間にわたってまとめてきた鎹《かすがい》、すなわち自由主義的な未来への展望と親政府的なプラグマティズムとの結合は、危機のなかでビスマルクから攻撃されて砕け散ってしまっていたので、利害が及ぼす解体的な作用が存分に発揮されたのである。

もちろん、関税の導入に関しては財政政策的な側面が、当初は一つの問題であり続けていた。ビスマルクは帝国を邦分担金から自立させて帝国の関税収入を基盤とすることを望んだ。それは、帝国議会の課税承認権を揺り動かすものだった。しかし、どのような改革であれ、それを支持する多数派を形成するためには中央党あるいは国民自由党のどちらかが必要であり、そしてどちらも帝国議会の課税承認権を諦めるつもりはなかった。ビスマルクにとって、国民自由党との組み合わせという選択肢がもう一度浮かび上がってくるような状況が生じた。同党の右派は、先に述べたように保護主義的になっていたし、中間派は、政府への配慮と政策全体に関わる戦術的な動機から関税に賛成する用意があった。しかし、邦分担金がなくなるのであれば、彼らはそれに代わって予算承認権が改善されることを望んだ。ベニヒセンは部分承認制、すなわち塩税やコーヒー税のような一定の消費税の一定部分を毎年承認することを求めた。しかし、それは実を結ばなかった。一つには、彼はそのように関税と他の税とをセットにする案に彼の議員団の全員が賛成票を投じることを保証できなかったし、ましてや帝国議会で過半数の支持を得られるかは不確かなままだった。もう一つには、――こちらのほうがいっそう重要だったが――ビスマルクはこの時点では国民自由党と対立する立場に固定されていたので、同党と協力する形での解決は事実上あり得なかった。国民自由党との連合は、たとえ断固たる自由貿易者たちのなかの何人かが脱党した場合でさえ、長期的には維持不可能なものであって、また、皇位交代のことを考えれば政府の議会からの自立にとって危険過ぎる、と彼には思われたのであり、そして彼は、たとえ弱められた形でとは言え、依然として議会主義化を要求している党には一切譲歩するつもりはなかったのであった。文化闘争を収拾していく必要性と、自由主義派を出し抜くことを目指した中央党の連邦主義的な、それゆえより保守的な提案とが、彼に中央党と取引するという道を指し示した。ビスマルクは中央党の条件を受け入れた。それは連邦主義的＝議会主義的な取り決めであり、その提唱者の名に因んでフランケンシュタイン条項と呼ばれた。すなわち、一億三、〇〇〇万マルクを超える帝国のすべての関税収入を連邦諸邦に分配し、帝国が不足する分は従来と同様に邦分担金で手当てするという内容だった。帝国議会と邦議会の課税承認権は、弱められたれた形でとは言え、維持された。財政体制を単一国家化する代わりに、さらなる、そして複雑な、連邦主義化が出現した。ビスマルクは、財政政策の面での彼の主要目標――帝国の自立――を犠牲にし、同様に議会を財政政策の面で弱体化するという副次的な目標をも、関税改革のパートナーである中央党が受け入れなかったので、断念せざるを得なかった。もっとも、そこから、財政改革は彼にとって二次的な意味しか持っていなかったのだという結論を引き出してはならない。彼の意図に反して事態がそのように展開していったのであって、彼は――彼にとっての――より小さな悪を選んだのである。

国民自由党左派を分離させるのは、確かにビスマルクの大いなる戦略の一つの目標でもあったが、――しかし実際に分離に至った時には、彼にとって肝心であったもの、すなわち大きくて行動能力を備えているとともに政府に忠実な自由主義的で保守的な党ももはや存在しないようになったのであって、その限りでは、それは彼の政策の結果ではあったものの、しかしもはや彼の勝利を意味するものとは言えなかった。前の章で述べた結論を繰り返すと、国民自由党が分解してドイツ政治の中心から押し除けられたのは、結局のところ二つの理由によるものであった。その一つは、国民自由党が国家・経済・社会における発展に追い抜かれたこと、すなわち、近代化の危機、不況と利害争いの勃発、国家干渉主義と利害の多元化、そしてまさに彼らに有利に働かなかった普通選挙権の作用に追い抜かれたことだった。選挙民とエリートが脱落していき、団結が衰えていった。そして、国民自由党を吹き飛ばしたのはビスマルクでもあったのであり、それは彼が同党を親政府派へと飼い馴らそうとしたためであった。彼は、近代的な発展の流れのなかに存在していたすべてのものを著しく促進し、そしてそれを国民自由党にぶつけた。国民自由党の側が挑発したわけではない戦いを、ビスマルクがこの党に仕掛けることがなかったとすれば、この党は、より良く、より長く、より統合された形で、生き延びたことだろう――プラグマティックで、しかも真に自由主義的な見通しを持った党として。

国民自由党の「原罪」のようなものがあったのだろうか？　あるいは市民層のそれが？　確かに、親政府主義的な姿勢や、社会主義者への恐怖心は見られたし、それはこの党を圧力に敏感な党にした。しかし、ビスマルクとの決裂と党の分裂は、逆に、親政府的というのではない筋を通した自由主義の一つの所産だったのでもある。たとえ社会主義者鎮圧法と社会主義者への恐怖心がなかったとしても、ビスマルクとの争いと、党内の左右両派間の争いという二重の争いは避けられなかっただろうし、選挙民の流出と衰退も避けられなかっただろう。保護関税を支持しても、自由貿易主義を支持しても、どちらも党を自由主義的で一致した勢力として維持することはできなかっただろう――問題を教条的にイデオロギー化したことが、必要以上に塹壕や戦線を設けることになったのも確かだけれども。また、責任を問われるべき誤った発展について語ろうとするのであれば、既に文化闘争にまで遡る必要があるだろう。しかし、その場合には、私たちはその種の集団的なプロセスや決断の際限のない前史に辿り着いてしまうことになる。国民自由党の人たちは英雄ではなかったし、罪のない犠牲者でもなかったが、しかしそれは政治においては正常なことであり、そして彼らは罪人あるいは裏切り者でもなかった。彼らは時代の犠牲者だった。そしてビスマルクの犠牲者だったのである。

最終採決の前の帝国議会での大規模な論戦で、ラスカーはビスマルクを、農村部の都市に対する戦争、そして――一面的な優遇措置を通して――「有産者の無産者に対する」戦争、生産者の消費者に対する戦争を開始した、と非難した。それどころか、これらの自由主義者たちの目に映らざるを得なかったところでは、彼は市民層への全面的な攻撃を開始し――既にフォルケンベックがドイツ諸都市の代表者たちを前にして、そして彼らとともに、そう述べていた――、一八六七年の妥協を取り消して総攻撃のラッパを吹いたのだった。ビスマルクはこのような主張を退けて、彼のほうでも一八六七年における旧勢力と新勢力の妥協を引き合いに出したが、しかしそれを保守的に解釈し直して、持続する変化に対して現状の維持を、非生産者に対抗する有産者、生産者の同盟を強調した。自分は――ここでも再び主要な動機が登場するのだが――国民自由党左派の権力要求に対して防衛せざるを得なかったのだ、と。官憲国家と市民的自由主義との同盟は終わりを迎えたが、それはビスマルクがこの同盟のさらなる発展を阻止したいと考えたからであり、さらには重心を右に移動させたいと望んだからであった。自由貿易主義派の教条主義と、選挙民が自由主義に背を向けた――彼自身がそれを力の限りそれを促進したのも確かだが――という事実とが、彼がそのように動くのを容易にしてくれた。しかし、彼にとって最終的に重要だったのは憲法体制のあり方であったということ、この点に疑問の余地はなかった。

最後の自由主義的な大臣たち、ホーブレヒト〔財務相〕とフリーデンタール〔農相〕、そしてとりわけ文化闘争の中心人物であるファルクは退陣した。保守的な保護関税主義者たちであるルーチウス〔農相〕、ビッター〔財務相〕、ローベルト・フォン・プトカマー〔文相〕が彼らの後任となった。それはビスマルクの好みに合致した政府だった。

転換の最終幕となったのは、国民自由党の分裂がいまや現実となったことであった。最初に、意外なことに、断固たる保護関税派の人たちと断固たる親政府派の人たちから成る右派が離党した。しかし、一八七九年に敗れた党がどのような方向を目指すべきか、どちらかと言えば親政府的な方向か、あるいは毅然とした自由主義的な方向かという問題を巡って一八八〇年に「左派」、すなわち「分離派」がさみだれ的に離党し、彼らは当初は独自の議員団〔自由主義連合〕を結成した。このことについては既に述べた。

保護関税への移行は、自由貿易主義派の同時代人たちや、多くの後の歴史家たちによって、感情的でメタ政治的な強調を伴いながら、この時期のドイツ史の大いなる災いであったと見なされてきた。関税政策こそが、なおも存在していた自由主義的な憲法体制政策と「正常」な政党の発展とを実現する可能性を最終的に抹殺して、官憲国家を最終的に固めてしまったのだ、と。保護関税こそが、災いの始まりだったのであって、それはビスマルクによる大いなる操作、自由主義的な市民層・農民層の大きな部分にとっての原罪を意味するのである、と。このような見方には同意できない。保護関税が意味のあるものか無意味なものか、そして保護関税が長期的に経済全体に及ぼす作用や社会的、さらには政治的な作用については、確かに様々な見解が存在し得る。官憲的に統治されている国や、急進民主主義的に統治されている国での、さらにはＥＧ〔ヨーロッパ共同体。現在はＥＵ、ヨーロッパ連合〕でのこの種の関税政策の経験を一〇〇年以上も積み重ねてきた後では、関税への要求に正当性を認めないで反自由主義的あるいは反民主主義的というレッテルを貼ろうとするのは、馬鹿げたことである。「国民的《ナツィオナール》労働の保護」というコンセンサスは幅広く広まっていて、社会主義的な労働者層の間にまで及んでいた。この時期のイギリス以外の世界では、本質的に保護関税に移行していて、ドイツ帝国もこの傾向から逃れることは不可能だっただろう。「誰が始めたのか」という問いは脇に置いておくけれども、最初にドイツが取った行動がこれほど広範な国際的なプロセスを解き放つことになったというのは、およそ考えられないことである。一八七九年の関税に反対した自由主義者たちは、極めて立派な理由を持っていた。しかし、彼らが自由貿易を言わば普遍的な政治の観点から、それどころか形而上学的な観点から正当化したのが正しいことだったのか、そして実際的な問題を原則に関わる問題に転じさせたのが意味のあることだったのか、それは疑わしいし、確かに賢明だったとは言い難いのである。自由主義的な国民経済学者たちが、農民たちに向かって、関税を支持するのは自らの利害に反する行動を取るものだと説いた教えは、――既に見たように――間違っていた。その結果は、自由主義的な農民たちも保守的になったということだった。そして、生産者たちのほうが政治的に依然として強者であった時代において自由貿易主義的な純粋な消費者政策を取ろうとするのは、致命的な危険を孕むものであった。それゆえ、私たちの歴史の「ヒーロー」である国民自由党左派の人たちが、関税問題を、政策全体を決定する問題へと高めてしまったのは、はたして正しい判断だったのかと問うことができるのである。確かに、保護関税への移行は経済政策の分野で路線の切り替えという意味を持っていた。しかし、当初は関税は経済的に（対外貿易と国内市場に関して）僅かな作用しか及ぼさず、穀物関税はまだ極めて低率で、「ユンカー」が得た利益は取り立てて言うほどのものではなかった。ドイツ帝国は一八七九年に騎士農場と溶鉱炉〔ユンカーと重工業〕の同盟の上に据えられたわけではまったくなかったのである。こんにちの目で見れば、一八七九年の関税に関する妥協を基盤とした真に自由主義的な政策も、十分に考えられるものだったと言っていい。

　ビスマルクと、自由主義派と、さらには選挙民について、適切な評価に到達するためには、そして一般に流布している誇張した見方から解放されるためには、他の諸点を想起する必要がある。すなわち、第一に、利害間の取引きに不信の目を向けるのは、行き過ぎた理想主義の観点から近代的な政治の本質を誤解してしまうことを意味するという点。第二に、干渉国家の台頭は一片の近代的な運命なのであって、憲法体制政策の分野で誠実な自由主義者であり続けていた自由貿易主義者たちは、ビスマルクの政策が八十年代に開始した近代的な社会国家に反対した人たちなのでもあったという点。さらに第三に、皇帝暗殺未遂事件の後で革命への恐怖心が広まり、そしてそれが反社会主義的な例外法へと転じたのはそれなりに理解できることであって、いかにビスマルクが敵と味方に両極化する思考の持ち主であり、恐ろしいほどの劇的な形で「帝国の敵」という烙印を捺したのだとしても、市民的・農民的でキリスト教の伝統を基盤とする社会の多数派が、社会民主主義勢力による革命の告知に反発したのは、反動的な内乱アジテーションによって単に操作されただけというのではなくて、社会的＝政治的な状況の一つの所産なのでもあったという点。そして第四に、転換と自由主義の崩壊は、おそらく社会主義者鎮圧法がなくとも起こっただろうという点である。

ドイツ帝国に新しい社会保守的な土台を与えることになったのが大規模生産者たちの「結集」なのであった〔産業界と農業界の同盟を中心とした「結集政策」がドイツ帝国の支配構造を規定したというテーゼ〕、と言われている。それが、「第二の帝国建国」（ベーメ）というテーゼの中核を成している。このような主張は本質的な点で誇張を含んでおり、それゆえ歪んだものである。関税を支持した多数派は、既に述べたように、遥かに幅が広かったのであって、例えば豚や牛を飼育していた農民たちも、それどころか中央党の全体も、そして決して以上のような権力エスタブリッシュメントに属していたのではない大衆、決して重工業や大規模農業によって「操作」されていたのではない大衆も、関税政策の担い手となったのだった。溶鉱炉と騎士農場と政府とは、これ以降多少なりとも統一的な権力複合体を結成していたわけでは決してなくて、産業界と農業界の対立は少なくとも苦労に満ちた関税政策での協力と同程度に重要な意味を持ち続けたのであり、さらに、ビスマルクの政策は農業色を強めるのに伴ってますます産業資本と対立する方向を辿るようになった。八十年代における最も重要なプロジェクトであった社会政策を、彼は産業界の大物たちやユンカーたちと対立しながら追求した。一八七九年には親政府的な「結集」多数派が成立したわけではなくて、いかなる「カルテル」〔一八八七年の帝国議会選挙での選挙協定に代表される両保守党と国民自由党の協力関係〕も、いかなる利害の統合も成立せず、一八八七年までの帝国議会は反対派が制し、そして一八八七年の「カルテル」の鎹《かすがい》となったのは関税ではなく〔七年法による陸軍増強問題が最大のテーマとなった〕、関税政策は主たる問題とはならず、それ以降の国内における発展と体制全体の土台となることもなかった。その限りでは、「第二の帝国建国」というのは一つの伝説に過ぎないのである。

以上の一切にもかかわらず、それでも先のテーゼの幾つかの点は当たっている。産業市民層は、いまや関税利害を通して、とりわけ強力であることを特色とする国家への利害を通して、「革命」に対する防衛を通して、そして――これが決定的な点だったのだが――労働者階級との対決を通して、それまで政治的な敵対者であった伝統的で封建的な特権層と結び付くようになった。優先順位が変化して、政治的権力に直接参加すること、議会主義的な権力に参加することが優先性を、それどころか重みを失い、――政治的な――権力意志が砕かれてしまったのであり、少なくとも左派が離党した後の国民自由党に残留した部分についてはそう言えた。そもそも国民自由党の分裂は、さらには自由主義派の衰退は、社会経済的な面ではこのような市民層とその大衆的基盤の立場の変化と関連している。このことが、長期的に見れば大転換がもたらした最も重要な政治的帰結であった。それだけではなくて、もう少し視野を拡大して見てみる必要がある。ビスマルクの選挙政策――疑似国民投票的なアピール――が収めた成功と、組織された利害の台頭は、政党が重みとまとまり、政党の連合能力と、さらには潜在的な統治能力を減少させ、例えば利害が争い合う場合のように、イニシアチブと決定権を何よりも政府が握るようになり、様々な利害団体が行政を管轄する政府に訴えるという状態をもたらした。政党の側は影響力を求めたが、しかし決定は政府に委ねるのを嫌っていたわけではなかった。不安定な政治的＝経済的な勢力均衡の下での一定の「列柱化」〔政党が特定の支持基盤と結び付いて並び立つ状態〕という状態が、やはり政府の重みを強めた。これ以降、政党と帝国議会はどちらかと言えば「ネガティブな政治」――マックス・ヴェーバーはそう呼んだ――に、すなわち、政府のイニシアチブに同意するかそれを拒否するかという立場に固定されてしまった。要するに、ドイツの憲法体制には統治するために複数の政党が連合を形成する必要性が欠けていたので、このような発展がドイツの政党――それでなくとも、イデオロギーと文化的＝社会的環境《ミリユー》によって既に鋭く互いに分かれていたのだが――から連合する能力をいっそう奪い、統治権力を目指す努力の妨げとなったばかりでなく、基本的にそのような努力を掘り崩すことになったのであった。感情のレベルに関わる言い方をすれば、議会で多数派となることを通してともかくもともに統治する立場に立ちたいと望んでいた市民的な誇りが、砕かれてしまったのである。

危機とその結果とを、全体として視野に捉えてみたい。ドイツ帝国を構築していく自由主義的段階は終わりを迎え、それとともに帝国の自由主義的な展望も終わりを迎える。自由主義派は勢力を失い、分裂して、さらに衰退していく。一八六七年当時の希望が終わりを迎えるのである。

一、社会主義者鎮圧法と、関税と、干渉国家と、様々な利害団体の多元状態と、権威主義的国家の強化と、自由主義派の抑止――このように、結果を特徴づけることができる。議会と政党から自立した政府の権威主義的体制は安定の度を増した。保守党は、真に堅固な選挙民を基盤として獲得する。政党は――政府と諸利害団体に対して――弱体化し、統合し協力する能力、イニシアチブを執る力と将来への見通しを減少させる。これらが、危機が長期的にもたらした最も重要な結果である。それゆえ、自由主義時代が終わりを迎えたことはドイツ人にとって一つの不幸であった。それが不可避的なものだったとすれば、一つの悲劇的な不幸だった。

二、以上のような事実を巡って、批判的な解釈者たちは、一連の誇張から成る巨大な建造物を築き上げてきた。それは、社会主義者鎮圧法と、関税による保護と、干渉国家と、利害の多元状態とから創り上げられた新しい「体制」という主張から、旧エリートの勝利と、ブルジョアジーの封建化、それどころかドイツの封建化という主張や、田舎ユンカーと大企業家との「結集」という主張や、市民層の屈伏、危機への恐怖心と階級的不安から生じた市民層の強力な国家の腕のなかへの逃避という主張や、あらゆる操作者のなかでも最大の操作者であるビスマルクが成し遂げた「第二の帝国建国」という主張にまで及んでいる。なぜこれらの主張が歪んでいて結局は誤りなのか、それは以上で論じた。

三、この転換は、確かに第一にビスマルクが成し遂げたものである――それは、国民自由党左派の共同決定権の要求に対する彼の反攻勢から、そして彼が厳密に親政府的な、それどころかビスマルクに忠実な、まとまった政党状況を望んだことから生じた。彼は自分の傍らに自立した政党が存在することを望まなかったのである。「防御」という点では彼は驚くほどの成功を収めたが、しかし彼のポジティブな目標を達成するには至らなかった。ビスマルクの言わば体制政策的な動機と並んで、それに劣らないほど重要な他の動機が加わった――社会主義者鎮圧法や、財政改革や、保護関税や、利害政策などである。それらの動機が、ビスマルクのイニシアチブを、個人の意図を超える、そして個人の意図に先行する「状況」と、すなわち時代の大いなる構造的・経済的・社会的・政治的な諸傾向、及びそれに対抗する諸傾向と結び付けた。ビスマルクにも操作できなかったそれらの諸傾向が持つ重みを見誤るのは、馬鹿げていると言わざるを得ない。状況は、権力と体制を安定させようという宰相の意志と同程度に重要だったのである。

四、危機の展開において、転換の実現において、そして長期的にはドイツの政治文化の特徴が形成されるうえで、独自のファクターとしての役割を果たし、そして果たすようになったのが、ビスマルクのスタイルであった。多くの同時代人たち、とりわけ敗者となった人たちがそう考えていたし、そしてそれはこれ以降あらゆるビスマルク批判の常に一部分を成すに至っている。ビスマルクは大いなるプロセスを指揮することはできなかったし、ましてや創り出すことはできなかった。しかし、行為する人たちの間では、彼はすべての糸を一手に握って操り、すべてのイニシアチブを自分の下にまとめ、他のすべての人たちを単に反応するだけという立場に追いやった。彼のスタイルは独裁者的であり、彼が正しいのだから他の人たちは彼に従うべきなのであって、他の意見、ましてや自立的な意見には耳を傾けられることがなく、それどころか、本来、許されないものなのであった。内政においては——対外政策においては現実を正当に扱ったのとは異なって——彼は両極化させて、とりわけ味方と敵に分けて考え、そして味方のなかでは自立的な勢力は望ましくないとされた。人びとは彼の統治スタイルを宰相独裁として特徴づけた。そのように特徴づけるのは、彼の大臣や、帝国長官や、協力者との関係に関しては正しいし、帝国議会や政党との関係に関しては一定の強い傾向を言い表わしている——もっとも、彼が政党による多数派を頼りとせざるを得ないという状態に変わりはなかった。君主の領域が存在しているために彼の権力には他の制限も加えられていたことも、見過ごしてはならない。政党に対する彼のスタイルは、まさにこの時期には幾らか暴力的なところがあった——彼は政党に強制し、政党を掻き回し、粉砕し、合流させたり離反させたりし、互いを対抗させ、飼い馴らし、服従させようとした。とりわけその対象となったのが、半ば同盟者で、味方であると同時に敵でもあった国民自由党だったのである。

そして、以上のようなことを達成するために、彼は選挙民に訴え、彼らを動員して彼らと世論の圧力を政党にかけ、広まりつつあった雰囲気や既に存在している雰囲気を、不安や期待を——社会主義者への恐怖心や、利害の表明や、理論や政党への反感のように——強力に煽り立てた。彼は一種の持続的な選挙戦を展開し続け、その選挙戦を、あらゆる反対派に対抗して彼の政策への支持を表明するための、そして彼が設定したテーマに関する、最終的には彼個人に関する国民投票として演出しようとしたのだった。彼は、民主主義が提供する可能性を、自由な委任を受けた代表者たちから成る議会に対抗するために利用した。それゆえ、帝国議会の解散と改選という「脅し」が言わば絶えることなく用いられたのである。国民投票的に大衆の同意を求めたことと並んで、利害の多元状態に好意的な態度を取ったことが、彼が自由主義派に対して、「古い」政党とその議会観・政治観に対して闘いを挑むために用いたもう一つの武器であった。近年、このような姿勢は再び好んでボナパルティズムあるいはカエサル主義〔どちらも主としてナポレオン三世の体制をモデルとした概念〕と呼ばれるようになっている——どちらも厄介で曖昧な表現であり、さらに、ビスマルクは君主の大臣だったのであって、そして君主には宮廷や、皇后〔ビスマルクを嫌っていたアウグスタ〕や、皇位継承者や、皇位交代の可能性などが付随していたという事実が、常に無視されてしまっている。しかしながら、ビスマルクが、自らが導入した普通選挙権、この民主主義の不完全な産物を、議会と政党に対抗して官憲的な支配と自らの支配を強化するために国民投票的な形で存分に利用したのは、確かである。そして、彼がこの選挙権を、人びとの意見に影響を及ぼそうとして強烈に、しかも洗練された戦術を駆使しつつ、利用したという点で、彼は徹底して近代的な人物なのであった。

君主政官憲国家の宰相として議会の意志からだけでなく国民の意志からも独立であろうとしているのに国民投票的な政策を取ったことへの言わば埋め合わせとして、逆の面も存在しており、それが、クーデタという考え、すなわち、普通選挙権を廃止して帝国議会の権限をいっそう縮小するような形に憲法を変えるために、ビスマルクの冒険的な理論によれば、一八七〇／七一年に君主たちが結んだ同盟を破棄して帝国を――一時的に――解消するという考えを弄んだことであった。確かに、それは多分に――単なる――レトリックに過ぎなかった。しかし、クーデタの脅しは帝国議会解散の脅しと並存する形で存在していたのであり、クーデタは、現存体制が統治不能な状態になるというまったくあり得ないわけではなかった場合に備えての予備的処方箋としての位置を占めていたのである。

　当面のところは、一八七八年には国民投票的な「処方箋」が、すなわち政治的な大衆市場を基盤とする官憲的な国家が成功を収め、社会主義者への恐怖心と危機への不安のために選挙民の多数派は保護を与えてくれる国家と、その経済プログラム、そしてその統合能力に避難先を求めるほうを優先した。議会の強化という立場を堅持することをも含んでいた自由主義的な選択肢は、今回は、そして基本的にはその後も長い間、その基盤を失ってしまい、政府の権力と選挙民の不安との間、クーデタという選択肢と利害の動員との間で磨り潰されてしまった。ビスマルクは、そのような動員と、クーデタの脅しによって自らの意志を貫くことができたのである。ビスマルクのスタイルは、憲法体制の現実の一部分となった。このスタイルは、一八九〇年に至るまで彼の政治の枠組みを形づくり、彼の後継者たちの間でも九十年代には政治の一定の要素として保たれたのであり、とりわけクーデタの脅しがそうであった。その一方で、政党の形が歪められた状態は、一九一八年に至るまで重荷となる遺産として決定的な影響を及ぼし続けた。

五、ビスマルクが収めた「成功」は矛盾を孕んでいた。財政政策に関する彼の目標は達成されず、彼は犠牲を払わねばならなかった。しかし何よりも、彼は新たな統治の基盤を創り出すことができなかった。保守党から国民自由党中間派までに及ぶ、すなわち「カルテル」という彼が夢見た状況は実現せず――そうなるには、残存した国民自由党はあまりにも弱体化し過ぎたし、保守党右派と、いまやベニヒセンが率いていた自由主義派との間の緊張が依然として大き過ぎた――、かといって右派的な選択肢も実現しなかった。中央党は決して統合されたわけではなかったし、新たな「黒＝青」〔中央党と保守党〕連合による多数派の一部分となったわけではなくて、関税に関する共通性は恒常的な状態を生み出しはしなかったのである。議会における状況は何らかの見通しを与えてくれるものではなく、政治は戦術的なその場しのぎだけに限定されているように見えた。「第二の帝国建国」は、それほど輝かしいものではなかったのである。

第2節 大転換からビスマルクの罷免までの内政

一八七九年から一八九〇年までの内政は、言わば二つのレベル、二つの線上で動いていく。一つは、どのように統治するべきか、統治し得るか、どのように議会の多数派が形成されるか、どのような基盤に基づいて政策が推進されるべきかということが問題となり、――そしてドイツの憲法体制の現実の下では、それは、宰相及び「政府」の議会及び政党との関係がどのように形づくられたか、そして政党がそれにどのように反応し、どのような方向性を定め（定め直し）、あるいはどのようなグループを作った（作り直した）のかということを意味する。もう一つの問題となったのは、政治の大きな実質的な問題点であり、それは常に立法の問題でもあった。これら二つの側面、二つの線は互いに密接に関連し合っており、互いに条件づけ合っている。しかし、分析しつつ述べていくという私たちの目的にとっては、双方をひとまず分離するのが有益である。

確かに、大転換は、社会主義者鎮圧法と、関税法、そしてそれによる帝国財政の一時的な安定化と、文化闘争の停止とを通して、その後の路線に方向性を指し示すような一定の実質的決定をもたらした。指導的なポストでの人的な交代も同じ方向を指し示していたし、もちろんビスマルクの国民自由党との劇的な決裂と、この党の分解も、やはりそうであった。しかし、新たな基盤は存在せず、その時その時の決議を超えるようなポジティブな多数派も、一貫して政府の路線を支持する多数派も、さらには皇位継承者を支持する多数派も存在しなかった。ビスマルクの本来の目標であった、より右に中心を置いた形での中道派と右派の連合、「カルテル」の形成は、国民自由党が分裂した後も不可能であり、残存した国民自由党は当面は保守党としっかり結び付くことができなかった。保守主義派が中央党と提携するのは、とりわけ文化闘争が影を投げかけている下では、まだ完全にあり得ないことであり、中央党にも、文化闘争を支持する自由保守党〔帝国党〕にも、そしてビスマルクにも、その用意はなかった。ビスマルクは、結局のところは「カルテル」多数派、ドイツ保守党から国民自由党までの強固な親政府派同盟の実現を目指した。彼は、政党に超越してそのつど異なる政党の多数派を調達して統治することに満足しようとしなかったのである。「カルテル」に代わるもう一つの選択肢は、政党からさらに力を奪うことであり、組織された利害の助けを借りて政治の新しい、これまでとは異なる基盤を見出そうと試みること、議会の諸制度を言わばひっくり返そうと試みることであった。このもう一つの路線をも彼は八十年代初めに試してみており、その後も繰り返しこの路線に戻ることになる。

　一八八〇年九月にビスマルクはプロイセン商務省の指揮を自ら引き受けて、経済政策の主導権を握った。それを起点として、彼は早くも十月に政党に対する一種の正面攻撃を仕掛け、プロイセン国民経済評議会を設置しようとしたのである。この機関は、専門家と、商業会議所や商人団体や農業協会の推薦に基づいて国王が任命する農業界・商業界・産業界の利害代表者によって構成され、さらに国王が自由に指名する三十人――そのうちの半数は労働者と手工業者――が加わることになっていた。審議と調整がこの機関の役割とされた。それはほとんど何の害もないような響きを持ち、そしてビスマルクは狡猾にもフランスに模範例があることを指摘した。しかし政治的な意味は、もちろん、諸利害団体を法案の準備作業と作成作業に参加させて、本省の行政と結び付け、政党を背後に押しやるところにあった。この評議会は、バンベルガーが述べたように、一種の並立議会・対抗議会となることを目指していたのである。プロイセンでは、そのような密かな形での憲法体制の変更に反対する人たちは少数派であり、彼らはこの新機関の設置を阻止できなかった。しかし、ビスマルクの本来の意図は帝国経済評議会の設置にあったのだが、それは帝国議会で挫折した。プロイセンでも国民経済評議会はさしたる存在となるに至らず、四回開催されただけで、一八八七年五月が最後の会議となった。世論では、その種の試みは宰相独裁の徴候として信用を失い、政党の側は諸利害団体に対して、このような計画にさらに加担するのであればそもそも今後は一切耳を傾けないという、一種の脅しをかけた。

　それでも、ビスマルクはそのような考えを全面的に放棄することはなかった。労災保険の土台を職業別組合〔労災のリスクの程度に応じて分けられた業者団体によって組織され、保険の運営に当たった〕に置くという一八八二／八四年の考えは、確かに十分に客観的な理由があったものの、しかし職業別組合が一種の並立議会あるいは代理議会の基盤になり得るのではないかという思惑とも関連していた。それもまた、政党の側がそのような構想に極度の不信感を抱いていた一つの理由だったのである。

　かつてのプロイセンの枢密院（高位のエスタブリッシュメントから成る）を復活させようという計画も同じ方向に属していたのだが、この計画もさしたる成果を挙げなかった。確かに、ビスマルクは一八八四年に抵抗する国王から枢密院を復活させる許可を得ることができたものの、枢密院の存在はエピソードのようなものに留まった（一八九〇年の宰相危機の時には、もう一度一定の役割を果たすことになったけれども）。

それ以外にも、ビスマルクは、予算期間を延長し、議会の会期を短縮することによって帝国議会を抑止しようとしたが、実現するに至らなかった。現実的で実際的な利害を官吏やアカデミカーを中心とする議員たちの理論好みに対置するという、一八七八／七九年に奏でられたメロディーが、何度も繰り返された。そして、第一巻で述べた社会保険に関する彼の哲学――大衆をささやかな国家年金の受給者にすることを目指した「国家社会主義」――も、やはり政府と大衆とを直接結び付けようとした点で同様の考え方に属しているが、しかし自由主義派の目にはたちどころに「国民投票的なカエサル主義」と映ったのであり、彼らがこのプロジェクトの全体に対して不信感を抱いて激しく抵抗したのも、幾らかはその点から説明できるのである。最後に、課税計画、タバコと蒸留酒の専売化が再び採り上げられたことに言及しなければならないし、この点についてはすぐ後で述べるが、それもまた、帝国議会から予算審議権と予算に関する権力の一部分を取り上げることを目指したものだった。

一八八一年の帝国議会選挙はビスマルクにとって一つの敗北を意味した。確かに、彼の政策ははっきりせず、「カルテル」への願望と反政党感情との間で揺れ動いていたが、選挙民はいずれにしても今回は保守の側に引きつけられることがなく、タバコ専売化は極めて不人気だった。自由保守党〔帝国党〕と残存した国民自由党はどちらも議席の半分を失い（五十七議席のうちの二十九議席と、九十九議席のうちの五十二議席）、それぞれの得票率は十三・六パーセントから七・四パーセント、二十三・一パーセントから十四・七パーセントに減少し、保守党は、得票率は十三パーセントから十六・三パーセントに上昇したものの、それでも九議席を失った。中央党は得票率を維持して議席を多少増やし一〇〇議席に達したが、主たる勝者となったのは――新たな――分離派〔自由主義連合〕と進歩党であり、それぞれ四十六議席と六十議席を獲得した（シュヴァーベン地方の小さなドイツ人民党も含めると、合わせて得票率は二十三・一パーセントだったが、議席は二十九パーセントを占めた）。進歩党は議席を倍以上に増やすことができ、決選投票、それゆえ議席の配分は潜在的な「カルテル」三党に不利な結果となり、それぞれの対立候補者のほうが決選投票の三分の二で勝利を収めた。

宰相の政策を支持する多数派は存在しなかった。中央党の指導者ヴィントホルストは、幾つかの点で保守的な傾向を持っていたけれども強力な国家に不信感を抱いており、選挙の際や、憲法体制政策の面で何らかの重要性を持つ法律に関しては自由主義左派との同盟のほうを優先したのであり、関税問題は例外に過ぎず、それを土台として保守党との同盟を築くことは考えられなかった。国民自由党をも含む政党の側からの宰相への不信感は、政党を破壊あるいは再編成しようとする、あるいは議会を無力化しようとする彼のこれまでのマキャベリスト的な駆け引きを経験した後では、幅広く広まっていた。もちろん、反対派としての多数派はネガティブな多数派に過ぎず、それ自体としては不均質で統一が取れていなかったし、そしてビスマルクはそのような状態を切り札として利用する機会を取り逃すことはほとんどなかった。それは皇位交代に備えた「グラッドストン」多数派ではまったくなかったのである。政党間の敵対関係は、ビスマルクによって熱心に煽り立てられる下で、政党から統治能力を奪い、そして統治から排除されていることは統合能力あるいは連合能力を奪ったのであって、それは悪循環のようなものであった。そしてこのような悪循環のただなかで、ビスマルクは持ちこたえることができたのである。通常の問題では、常に――変転しつつも――多数派が存在した。ビスマルクは、この数年間には、待つこともできたのであり、何としても成功を収めねばならないという状況にはなく、新たな法律が差し迫って絶対に必要だというわけではまったくなかったので、一時的には帝国議会を「干上がらせる」こともできた。帝国議会の多数派が帝国の補助金と帝国の機関を伴う彼の労災保険法案を拒否した時、彼はこの件は当面のところはいずれにしても挫折したと考えたのだった。彼は、彼の考える反議会的な計画をさらに追求することができた。必要な場合には常に解散という武器を手中にしていたし、いずれにしても何らかの危機、劇的に昂進させることのできる危機が、そのための機会を提供していた。時には憲法改定とクーデタを口にしたが、もちろん、それはレトリックと脅しのポーズ以上のものではなかった。しかし、議会による封鎖状態と、目前に迫った皇位交代に直面する下で、彼の状況は満足できるものではなかったのである。一八七八／七九年の大転換という戦略はポジティブな目標を達成してはいなかった。そのために彼は一八八四年に植民地政策を開始したのだという見方は、後に述べるように、不適切なものである。植民地政策が内政において重荷を軽減する一つのファクターになり得たのは、もちろん彼にとっては悪いことではなかったけれども。しかし、対外政策は依然として政府の専権事項に属しており、そのことは帝国議会も一致して認めていたので、――劇的な形に演出できる――何らかの危機が生じた場合を別とすれば、対外政策によって政党状況が政府に有利なように変化することは期待できなかった。

この時期において重要な意味を持ったのは、前章で述べたように政党のスペクトルに変化が生じたことである。自由主義派全体を糾合する新しい党、一種の皇太子党を結成しようというラスカーや分離派の計画は、左派の進歩党と右派の国民自由党、双方の抵抗に遭って挫折した――おそらくそれは、皇太子の諦念が深まっていくのに伴って政府の交代がますますありそうもないと思われるようになったためでもあった。ベニヒセンは諦めに陥って一八八三年に党首の座から退いた。本質的にはミーケルによって起草された一八八四年のハイデルベルク宣言によって、国民自由党は大自由主義党の再統合に反対する立場を取り、すべての重要な問題、軍事政策・植民地政策・農業政策・社会政策、さらには課税政策に関して政府の立場に立ったが、それはビスマルクが理想とする「カルテル」に添った同盟を申し入れたようなものだった。一八八四年に分離派の人たちが、ハイデルベルク宣言が発表される以前に彼らが好んでいなかった進歩党の人たちと一緒になってドイツ自由思想家党を結成したのは、言わば諦めの行動だったに過ぎず、彼らには右派を欠いたら全体としての自由主義派を真に活性化することはできないことが分かっていた。もっとも、ドイツ保守党の場合にも『クロイツツァイトゥング』紙を中心とする右派の側に、どのような保守主義派と自由主義派の「カルテル」構想にも反発する党内反対派が出現した。この『クロイツツァイトゥング』グループは、むしろ中央党との協力を目指すよう働きかけ、そして中央党の内部でも、ヴィントホルストから反対されながら、右派が活動していた。政党体制は流動化し始めたが、新たな安定した状態がどうなるのか、まだ見通せなかった。

一八八四年の帝国議会選挙は、多くの変化をもたらすと同時に、ほとんど変化をもたらさなかった。合同した自由主義左派は大きく議席を失い、得票率は三・五パーセント減少しただけだったが、一〇六議席の代わりに六十七議席しか得られなかった。彼らは、とりわけ分離派の人たちが過去に動員できていた右派からの助力を決選投票で得られず、あるいはもはや決選投票に進出できなかった。親「カルテル」派のなかでは、国民自由党は確かに得票率を増やしたものの（三パーセントの上昇）、しかし議席はほとんど増えず、保守党は得票率は減少したが議席は増やした。「グラッドストン」連合は最終的に問題外となった。社会民主主義勢力が議席を倍増させて力を増したことは、右派政党の「カルテル」に向かう傾向を強めることになったのかもしれなかった。ビスマルクにとっては、確かに多数派状況は変わらず、ネガティブな多数派――ヴィントホルスト、リヒター、そしていまやベーベルも――が存続していたが、しかし変化が再び可能になったように思われた。一八八四年の社会主義者鎮圧法延長に際しては、一〇〇人の中央党議員のうちのともかくも三十九人が賛成票を投じたのである。とは言え、――ビスマルクにとって――状況をもう一度根底から変える可能性が出現したのは、一八八六／八七年の危機が起こってからであった。

エスタブリッシュメントの内部でビスマルクが巻き込まれた、宮廷や軍、皇后や皇位継承者、さらには「彼の」大臣たちとの様々な争いや緊張については、ここでは脇に置いておくことにしたいし、一八八三年の陸相カメーケの失脚と陸軍省の権限縮小については先に軍事制度との関連のなかで論じた。この機会を利用してビスマルクは、皇帝提督府長官、後の海軍長官の役割を果たして帝国指導部に属していたシュトシュを失脚させたが、それは彼が皇太子の宰相候補になるのではないかと疑っていたためだった。確かに、プロイセン政府のなかにおける、そして帝国の長官たちに対するビスマルクの絶対的で卓越した地位は揺るぎないものであり、異議を唱えられることがなく、それは宰相による統治体制に他ならなかった。しかし、君主の領域は一つの独自の世界であり続けたのであり、そのことが彼の自らの地位についての神経質な懸念を生み出したのだった。

八十年代の政策の実質的なテーマに関しては、三つの点について論じたい。その一つは、財政政策・経済政策である。ビスマルクは一八七九年の後も、諸邦から自立していて、しかも議会による承認からも自立している帝国の収入源を確保したいと望んでいた。まず一八八一／八二年にそれを目指したのが、帝国によるタバコ専売化の試みだった。しかし、社会保険とデマゴーグ的なやり方で結び付けた——専売制は「相続権を剝奪された者にとっての世襲財産」になるはずだと主張して——にもかかわらず、それは帝国議会と選挙民の反対に遭って挫折してしまった。一八八六年には蒸留酒専売制の計画も同様の経過を辿った。次いでビスマルクは、プロイセン邦議会を通して帝国の税制改革を推進しようと試みた。帝国からの譲渡によって賄われることになっていた民衆受けのする財政措置、例えば地方自治体の民衆学校維持費への補助や、官吏の俸給の改善や、さらには下級の課税等級に対する直接税の免除などをプロイセンで講じてプロイセン財政に赤字を生じさせれば、帝国議会は課税政策の面でのビスマルクの要望に譲歩せざるを得なくなるに違いないと考えたのである。しかし、それは成功しなかった。一八八五年に農業関税が引き上げられたが、それは一八七九年の経済政策に関わる基本的な決定によってもたらされた帰結であった。しかし中央党は、関税収入からの帝国による譲渡の増額分は郡に譲渡されねばならないこと、それゆえプロイセン邦の予算全体と、さらに邦議会が行使する権限には一切変更を加えないことを、賛成する条件とした。確かに、ビスマルクは帝国鉄道計画が挫折した後で一八七九／八〇年にプロイセンの鉄道の大部分を国有化することに成功し、それとともに長期的には税から自立し、それゆえ議会から自立した重要な収入源を生み出したが、しかしそれは将来的な見通しであって、当面のところは購入と補償のための支払いが大きな負担となっていた。ともあれ、帝国は干渉国家への歩みを続けるなかで交通政策に積極的に関与し、もちろん軍事政策の面でも大きな重要性を持っていた一八八六年からの北海＝バルト海運河の建設は、帝国の管轄事項だった。他の一連の課税計画、例えば証券取引税や資本収益税の計画は――ビスマルクの農業的で反資本主義的、商工業に敵対的な見方を示しているという点でも言及に値するものだが――、一八七九年の言うところの産業界と農業界の同盟は、政府の支えとなったと称され、それどころか帝国の基盤になったとさえ言われているけれども、実際にはいかに堅固なものではなかったかということを示している。

他の二つの「大きな」テーマは、長期的に見ればいっそう重要なものだった。まず、三つの大きな社会保険立法という形を取った社会改革であり、社会国家の構築に向かう出発点となった。口火を切ったのが一八八三年の疾病保険であり、一八八四年に多少の産みの苦しみを経た後で労災保険が続き、そして最後に一八八九年に老齢・廃疾保険が誕生した。このことについては、前の巻の社会政策に関する節で詳しく述べた。ここでは二つの点に言及するだけに留めたい。一つは、まさにビスマルクの政党に対する政策を古風で未来がなく、頑迷で想像力に欠けたものと見なす場合には、この分野で発揮された途方もない近代性にも目を向ける必要があるということである。そして、たとえ幾つかの点がビスマルクの意図を超えて進行し、彼は近代的なものを古風なものへと囲い込もうとしたのだとしても、老いつつあり、再び保守的になったビスマルクの、新しい状況、新しい勢力、新しい可能性、挑戦と応答に対する炯眼には、やはり驚くべきものがある。ここに見られるのは、やはり一つの画期的な、ヨーロッパ的な業績に他ならない。もう一つは、苦労に満ちた立法の過程は、政治全体に関わる帝国議会と政府の間の関係と結び付いていたということである。すなわち、結局は新たな社会政策を担うことになった政党、国民自由党と中央党の側は、ビスマルクのボナパルティズムに対して、すなわち、国家を過大なものにしようとする傾向、国家からの年金の受給者を創り出し、新たな強大な国家組織や身分制に類似した団体を創り出そうとする傾向に対して、不信感を抱いていた。その結果、保険に対する帝国の影響力や帝国による助成は最小限にまで抑えられた。社会国家に向かう重要な歩みを踏み出すよう政党に促し、強いたのはやはりビスマルクだったのだけれども、帝国議会は彼に抗して自らの意志を貫いたのだった。また、この時期におけるドイツ政治の最も主要な部分を成すこの事業が、言うところの農業界と産業界の利害同盟という説にまったく合致していないことは、いま一度強調しておくに値する。社会政策は双方の主たる利害に対応するものではまったくなかったからである。いずれにしても、三つの主要な法律が帝国議会の明瞭な多数派によって採択されるまで一八八一年から一八八九年までの時を要したのは、何ら不思議なことではない。

八十年代の政治において長期的に見て重要な意味を持った最後のテーマは、文化闘争の終結である。文化闘争が一八七九年のファルク大臣の辞任から一八八七年の教会法・和平法に至るまで徐々に「解体」されていった過程については、ここでは個々の点にわたって追っていく必要はなく、僅かな点を述べるだけで十分だろう。この問題でのビスマルクの政策は複線的なものだった。一方では、彼は漸進的な政策を望み、共存を可能とする状態が自ずと発展していくこと、国家の教会に対する法的・行政的な姿勢を保ち続け、その程度についての判断は国家が握りながら徐々に「緩和」していくことを望んだ。それゆえ、法律を改定するよりも、新たな法律によって政府に権限が授与されるほうを好んだのである。そのようなやり方は、国家の権威を主張しようとする彼の傾向に合致していたし、そしてもちろん、彼がプロイセン邦議会で頼りとせざるを得ない、かつて文化闘争を支持していた右派の人たちへの配慮という要素もあった。他方では、彼は教皇との、あるいは司教団との外交交渉を通して、しかし中央党との交渉を通してではなくて、和議を結ぶことを望んだ。それどころか、彼は教皇をカトリック民主主義、中央党に対抗する切り札にしようという古くからの夢想を依然として抱いていた。それゆえ彼は教皇の機嫌を取ろうとして、例えば一八八五年にはカロリン諸島を巡るドイツとスペインの紛争に際して仲裁者となることを依頼したのだった。

レオ十三世と、彼に対ドイツ政策に関して助言する少数のグループには、この政策に応じる彼らなりの理由があった。彼らは事態を自らの手中に保つことを望み、あまりにも自立的で、あまりにも民主的な多くの中央党の政治家たちに不信感を抱いていて、政府間の連帯を信頼し、そして教皇権にとって生じるであろう世界政策的な展望にも期待をかけていた。教皇庁は、全体とすれば中央党よりも非妥協的ではなく、外交的な調整に応じる姿勢を示していた――いずれにしても、中央党ほど原則や法律や、国家の側が公然と明確に譲歩することに拘ってはいなかった。もっとも、中央党にしても、長らく思われていたように、すべてか無かの政策を推進していたわけではなかったのだけれども。いずれにせよ、教皇庁にとってもビスマルクにとっても、議会による妥協よりも外交による妥協のほうが好ましかったのであり、邦議会には交渉の結果を承諾することだけが期待されていた。それはローマと中央党との間に重大な衝突を引き起こすことになり、例えば社会主義者鎮圧法の延長や、とりわけ一八八六／八七年の七年法に際して親政府的な決定を下すようビスマルクが教皇から中央党に圧力をかけさせたために、いっそうそうなった。中央党はこの圧力から逃れた——世論の目に晒されながら、最大限の努力を払って、そして様々な党内の抵抗に逆らって。しかし、教会政策に関する法律では中央党は結局はローマに拘束されており、従わざるを得なかった。確かに、司教団の多数派は中央党の側に立っており、新任の司教たちのなかの数人が、フルダ司教のコップ——まもなく貴族院議員に任命され、やがてブレスラウの領主司教となった——の指導の下で親政府的な協調政策を主張していただけだった。しかし、一方における中央党多数派と、他方におけるヴァチカン及び司教団のなかの親政府的な部分という、カトリシズムの内部に生じた亀裂は、八十年代にすべての関係者たちにとって一つの新たな主要問題となったのである。

　それゆえ、実質的な面で第一に問題となったのは運用の面で闘争立法を放棄することであり、次いで一八八二年のプロイセン公使館の再設置を通してローマとの外交関係を再開することであり、そしてさらには、とりわけ一八八一年から司教の再任命についてローマとの合意に達することであった——その際には司教座聖堂参事会の頭越しに行なわれる場合もあったのだが、この点については先に述べた。教皇は追放された二人の大司教、ポーゼン大司教とケルン大司教をローマに召喚し、それを通して国家が面目を失わずに新たに大司教を任命する道を開いた。最後に、闘争立法が法律としても廃止され、教会内部の活動に対する国家の介入が決定的に改められた。一八八六年と一八八七年の二つの和平法によって文化試験と、教会の懲戒権に対する制限とが廃止され、司教座神学校での神学の勉学と少年寄宿学校での準備教育が再び可能となった。さらに、「通告義務」に関する争いは、教会側は形式的に通告を行なうことに同意するけれども、国家の拒否権は法的な理由に基づく場合だけに縮小され、完全に形式化されるという形で収拾された。修道会は再び活動することを認められたが、もちろんイエズス会は除かれた。

　とは言え、それは妥協に基づく和平だった。民事婚と、国家による（精々のところ、事実上同時に聖職者にもよる）学校監督という、国家と教会との境界を近代的に新たに設定した状態は保たれた。国家が教会に介入した本来の闘争立法のなかでは、もちろん説教壇条項と並んで、イエズス会士の追放を伴うイエズス会法が維持されたが、この法律は言わば一つの感情的なシンボルとなっていて、保守的なプロテスタントたち、とりわけ君主たちの間では彼らの反カトリシズムを誇示する最後の砦となっていたのだった。司教の任命に際しては、第一巻で教会との関連で述べたように、国家と教会は、教皇至上主義派ではあるが（すなわちリベラルなカトリックでも国民的《ナツイオナール》なカトリックでもなくて）、しかし比較的国家に忠実で特に攻撃的ではなく、どちらかと言えば保守的な候補者――統合主義者（そしてエルザス人）であるトリーア司教コールムと政府の友人であるフルダ司教・ブレスラウ司教のコップとの間に位置する人たち――について合意した。神学校や寄宿学校の扱いのような他の問題は、地域を基盤とする合意によって解決された。全体とすれば、結果は、イエズス会法を別にすれば、教会側の防衛が一定の勝利を収めたものと言えた。しかし、ビスマルクは、それほど闘争的ではなく頑固でもない教皇と中央党とを――中央党の指導者たちにとっては嘆かわしいことだったが――分離できたことで、全面的な降伏を回避することに成功した。闘争が展開されていた他の二つの主要な邦であるヘッセンとバーデンでも、同様の条件で和平が結ばれた。

それとともに、カトリック教徒と教会を国民的《ナツィオナール》な国家に統合すること、反対派の立場から相対的な忠誠と国民的《ナツィオナール》な連帯を守る立場に移行させることが可能になった。なおも残ったのは、カトリック教徒の「他者」に対する深い不信感、既に述べたような少数派として脅かされているという感情、また、司教団は社会への配慮のために保守色を強めたとは言え、「助任司祭支配」に代表される潜在的なポピュリズム的反対派としての姿勢だった。中央党にしても、疑似的政府党の役割を担うようになるまでにはなおも十年の時を要したのである。

一八八六年三月から、ビスマルクは帝国議会でネガティブな多数派、反対派に対して厳しい闘いを挑む路線に移行した。彼は再びクーデタの脅しを持ち出した。しかし、クーデタも、長らく追求してきた政党を超越しようとする反政党政策も、どちらも彼の本来の目標、少なくとも直接的な目標ではなかった――そのような目標は、むしろ、確固とした「国民的《ナツィオナール》」な多数派、「カルテル」だったのである。一八八五／八六年における保護関税の引き上げと、プロイセンにおける対ポーランド人政策の激化は、そのような構想に良く合致するものだった。

帝国議会の多数派に対抗するための最も確実な手段は、一八八八年に期限が迫っていた「軍事法案」〔七年法の改定〕であった。東西の二重危機へと尖鋭化していた一八八六年秋の外政状況は、彼にとって都合の良いものだった。すなわち、ブルガリア危機のためにロシアの脅威が増大し、ブーランジェ陸相の下でフランスの復讐主義が台頭していたのである。ビスマルクがこの危機を創り出したわけではなかったし、軍備増強の必要性を人為的に捏造したわけでもなかったが、しかし彼はこの危機を利用し、そしてその際にフランスの脅威を、もちろんとりわけ世論の注意をロシアから逸らさせるために、著しく誇張して強調した。それは彼の内政上の目標に完全に適っていたのである。一八八六年十一月の軍事法案は、陸軍兵力の十パーセント、およそ四万人の増員を要求した。それまで「反対派」であった多数派も、増強そのものには決して反対していたわけではなかったが、しかし新たな「七年法」とすることには抵抗した。自由思想家党からの三年間にわたって承認するという妥協案を、ビスマルクは、肝心なのは議会ではなくて君主が陸軍の支配者なのであり、あり続けることだという古くからの論拠を持ち出して拒否した。彼は帝国議会を解散した。彼は合意や同意を得ることをまったく目指しておらず、この場合にも皇位交代を視野に置いて、帝国議会の改選を目指していたのである。彼は危機を、戦争ヒステリーを大いに煽り立て、それどころか劇的な形で対外的な危険性と国内の危険性とが結び付くことを警告した。そして、再び総力を挙げて両極化し、意見の相違を、帝国の味方と帝国の敵との間、帝国の維持と破局との間のあれか／これかへというレベルにまで高めた。彼が教皇を中央党に対する切り札として利用しようとしたのは、おそらく第一には中央党の同意を獲得するという意味を持っていたのではまったくなくて、――ガルによれば――中央党を選挙民から切り離すことを狙っていたためだった。ネガティブな選挙結果が出た場合にはクーデタを起こすという脅しをかけたのは、皇帝は何と言っても八十九歳になっていたし、皇太子はクーデタに反対していたので、おそらくむしろこの間にルーチン化してしまっていた闘争的なレトリックに過ぎなかったのだろうと思われる。

ビスマルク派の政党、すなわち両保守党と国民自由党は互いに決選投票で争うのを避けるための選挙カルテルを結んだ。選挙はこの「カルテル」の成功で終わった。そのような結果をもたらすうえで決定的な意味を持ったのは、――投票率が一八八四年の六十・六パーセントから七十七・五パーセントへと十六・九ポイント上昇し、投票者が五七〇万人から七六〇万人に増えたにもかかわらず――得票率が大きく増加したためというのではなくて（国民自由党は四・六ポイント、自由保守党〔帝国党〕は二・九ポイント増加し、これに対して自由思想家党は四・七ポイント、中央党は二・五ポイント減少した）、共通の候補者が立てられたためと、決選投票での申し合わせのためだった。国民自由党は議席をほぼ倍増させて九十九議席に、自由保守党は半分弱増やして四十一議席にすることができ、その一方で自由思想家党は、既に一八八四年に弱められていたが、またもや議席の半分以上を失った（同様に、社会民主主義派も得票率を多少増やしたものの議席を減らした）。

ビスマルクは一八七八年から目指していたものをようやく手に入れた。そのように見えた。しかし、この「カルテル」は不均質で、コンセンサスを達成する能力と行動する能力をそれほど備えたものではなかったのである。共通の「敵」が選挙の後にはいなくなってしまった。確かに、七年法が新たな「カルテル」帝国議会によって採択された時には、自由思想家党は反対票を投じ、そして中央党は、教皇庁が賛成票を投じるように求めたにもかかわらず、過半数が保留した。しかし、一八八七年秋と一八八八年春に、郷土防衛軍《ラントヴェーア》を動員時には野戦軍に加え、予備役の勤務期間を延長することによって陸軍兵力を増強する新たな陸軍法が提起されると、中央党と自由思想家党は、その一部分を成す借入法も含めて、いまやこの法律に賛成したのだった。保守党は、パートナーの両党とは異なって選挙の勝者には属さず、壁際に追い詰められたように感じており、シュテッカーやハマーシュタインなどの党の一部分は反「カルテル」派を形成して、反自由主義・正統派の立場からプロテスタント教会の脱国家化と、政府とは異なる保守＝改革的な社会政策を主張し、中央党との提携に傾いて、一八八七年の秋から皇位継承が視野に入ってきたヴィルヘルム王子〔後のヴィルヘルム二世〕に影響を及ぼそうと努めた。国民自由党の場合には、文化闘争を収拾する最終的なプロイセンの和平法の採決で過半数が反対票を投じた。

　確かに、「カルテル」は幾つかの成果を挙げ、例えば帝国議会の任期を五年に延長したのがその一つであり、どちらかと言えば保守的な措置、すなわちシュヴァルツヴァルト地方からポーゼン地方までに至る農業界の醸造業者たちを、「愛の贈物」と言われるようになった税の軽減措置で優遇した──エルベ川以東地域の大土地所有者だけを優遇したというのは伝説に過ぎない──農業支持の色彩を帯びた蒸留酒税法も、その一つである。老齢・廃疾保険が一八八九年に最終的に成立したのは、中央党の協力を得てのことだったが、それでも「カルテル」によって容易となった。しかし、既に一八八七年における穀物関税のさらなる引き上げ──一八八五年に一八七九年の三倍に引き上げられたが、いまや一八七九年の五倍になった──に際しては、国民自由党の一部分も反対に回り、農業界と商業界及び産業界との間の、そして生産者と消費者との間の緊張が深まっていった。この法案が通ったのは中央党が賛成票を投じたために過ぎなかった。「カルテル」の共通性は、それほど遠くまで及ぶものではなかったのである。やがてビスマルクの罷免に通じた危機が、そのことを明らかにすることになった。

　私たちが私たちの歴史と私たちの様々な歴史を語ってきた語り方においては、人物たちの個性が疑いもなく不利な扱いを受けており、彩りを与えて特徴的であるもの、とりわけ様々な構造の編み細工のなかの偶然的なもの、それらが、私たちが理想としている全体性と、半世紀にわたる全体的な眺望とに努めようとしているために、無視されてしまいがちである。私たちとしては、読者の方たちに、様々な構造やプロセスの必然性という見かけ上の渦に引き込まれないでいただきたい、と一般的な注意を促すことができるだけである。個人的な決断や、偶然的な出来事や、様々な選択肢と選択などについて時折思い起こすだけでも、あらゆる状況が開かれたものであったことを意識しておくためには十分だろう――この点は、敢えて語るほどのことではないのかもしれないけれども。

　ともあれ、ここで私たちは、三人の極めて個性的な人物について、そして彼らが並存し、相前後した偶然について、語る必要がある。それは、プロイセン＝ドイツの三人の君主たちと、一八八八年という「三皇帝の年」のことに他ならない。君主はドイツの国制の中心に位置し、そして、どのような君主がその役割と機能をどのように果たすのかということが極めて重要な意味を持っていた。ビスマルクのような世界史的な巨大さを持つ人物の地位も、「彼が仕えた」君主との関係、君主の彼との関係に依拠していた。そして彼の「罷免」は、周知のように皇帝による行為だったのである。

　亡くなった時に九十一歳近くだったヴィルヘルム一世は、世紀の前半期から決定的な影響を受けていた人物で、元来が軍人であり、王位の継承者として定められていた人ではなかった。彼が行なった本来の歴史的な行為と言えるのは、プロイセンの陸軍紛争・憲法紛争をもたらす決断を下したことと、ビスマルクを任命するという決断を下したことだった――彼自身が真剣に考慮していた、退位するというもう一つの選択肢が実現していたとしたら、ドイツの歴史はまったく異なる、おそらくはより幸せでさえある経過を辿ったことだろう。ビスマルクがますます多くの成功を収め、名声を高めて地位を強化していくにつれて、君主は背後に退いていき、立憲主義体制の下で権力のイニシアチブを執るという役割ではもはやなくて、背後に存在する権力という役割、さらには顕示の役割を果たすようになった。彼は、ビスマルクの目標に対してというのではなかったが、しかしおそらくはそのための方法と手段、政治的な激情、あれか／これか、すべてか無かという観点からリスクを冒そうとする姿勢に対して、完全に留保付きの態度を取り続けていた。彼は保守的な革命家に保守的な伝統主義者として向き合っていたのである。そして彼の妃であるヴァイマル大公国出身のアウグスタは、別の理由からではあったが、しばしば夫のそのような留保付きの態度を強めたので、ビスマルクに深く憎まれていた。しかし、意見の食い違いや衝突が生じた場合には、君主のほうが譲歩するのに慣れていった――ビスマルクの側が辞任の申し出や、解任の要請や、辞任するという脅しで対処するようになって以来、ヴィルヘルムは、ビスマルクは「私よりも重要だ」〔独墺同盟条約を受け入れた時の発言〕という姿勢で臨むようになったのだった。それゆえ、ヴィルヘルムは一八六六年に穏やかなニコルスブルクの仮講和を受け入れたし、一八七一年には皇帝の称号を受諾し、文化闘争をともに担い、オーストリアと二国同盟を結んでロシアと距離を取る決定を——そしてその他多くのことを、彼の心情に反して受け入れた。素朴に、そして古風に、彼は社会主義と二度の暗殺未遂事件に対して、民衆には宗教を保つことが必要なのだ、というスローガンを掲げて臨んだ。彼は家父長主義的な君主となり、権力の天才ビスマルクのあらゆるカエサル主義的＝国民投票的な傾向や特徴から、そして彼のマキャベリズムからも、離れたところに位置していた。彼の孫が彼を「ヴィルヘルム大帝」として持ち上げようとし、こんにちもなお私たちを取り囲んでいる無数の大々的な公的な記念碑を建立したのは、そもそも彼のスタイルにも彼の君主政観にも合致したものではなかった。彼は「老皇帝」の役割、帝国君主、国民《ナツィオーン》のシンボルという役割を果たすようになり、静かな尊敬の対象となった。彼はもはや帝国を形づくることはなく、それには老い過ぎていて古風過ぎ、さらにはプロイセン的過ぎていて、そして彼のプロイセンは、本来、一八六六／七一年に終わりを迎えたのだった。しかし政治的には、彼が君主としての役割を果たしたやり方がビスマルクの宰相としての統治を可能にしたのである。

　彼の子息であるフリードリヒ三世の上には、かつての言い方を借りれば「飛び越された世代」の悲劇が横たわっている。こんにちでは、それは間違った人物主義的な捉え方だと見なされている。しかしながら、それが一片の大いなる真実であることに変わりはない。ここには、一八七一年以降のドイツ史にとって一つの選択肢となり得る可能性が存在していたのだった。ヴィクトリア女王の王女である強くて精力的な女性〔ヴィクトリア〕と結婚していた皇太子フリードリヒは、自由主義とイギリスに共感を寄せていた。彼が君主としてどのようなことを行なうことになったのか、もちろん私たちには正確には分からないが、しかしそれでも幾つかのことは言うことができる。確実と言っていいのは、彼は君主の大権を放棄しなかっただろうし、プロイセンの軍事君主政の伝統を放棄することもなく、議会主義体制の下での無力な君主にはならなかっただろうということである。しかし、それでも、彼は自由主義派、可能な限り自由主義的な多数派とともに、自由主義的な助言者たちとともに、自由主義的な目標を掲げて、貴族的で穏健なホイッグ自由主義という意味で統治しただろうと想定することができる。それこそが自由主義派、特に分離派の人たちが期待していたことであり、ビスマルクが「グラッドストン内閣」として恐れていたことに他ならなかった。彼と近い関係にあり、ビスマルクが競争者と思い込んでいた将軍であり提督であるシュトシュが、そのような内閣を率いる大臣となり得たというのは、どちらかと言えばありそうもなかったように思われる。確かに、いかなる国王もいかなる皇帝も、ドイツでは、社会的・政治的な構造を根本から変えてしまうことはできなかったし、大きな流れである利害の多元状態や階級間の対立に対抗することはできず、あれほど早期に導入された普通選挙権の諸条件の下で起こり得た自由主義勢力の衰退を食い止めることはできなかった。しかし、私たちは、一八七八／七九年とその後の自由主義勢力の運命がいかにビスマルクの行動と、彼による大衆と利害の動員によって左右されたかということ、また、プロイセン的＝保守的な権力構造がいかに官僚の任命や大臣たちによって左右されたかということをも、知っている。もっと議会と結び付いた体制が静かに発展していけるような雰囲気が生まれていたとしたら、既にそれだけでも十分に重要なことだっただろうし、あるいはビスマルクの時代に展開できたのとは異なる議会のスタイルが生まれていたことだろう。例えば一八七八年にフリードリヒ三世が即位していたとしたら、ドイツ人は彼の下で穏健自由主義的な統治を受けて、そしてそれは何らかの作用を及ぼしていたことだろう。ヴィルヘルム一世が九十歳を超えるまで長生きして、例えば一八七八年の暗殺未遂事件をも生き延びたという、およそありそうもなかったことが起こったのは、その限りでは一つの悲劇なのであった。そしてそれはフリードリヒにとっても一つの悲劇だった。言わば自然に起こるはずの皇位継承を空しく待ち続け、次いで大転換の後は諦念に陥り、八十年代にはビスマルクが皇位継承者に厳しい重圧をかけて保守的な方向に閉じ込めようとする政策を意図的に展開したのであるから。

ようやく一八八八年にその時が訪れた時には、皇位継承者は喉頭癌を病んで瀕死の状態にあった。彼は九十九日間だけ統治して、プロイセンの反動的なプトカマー内相を解任し、数名の自由主義者に授爵し、それと同時に／または勲章を授けた――それは方向を示唆するものとなるはずだった。確かに、この間にドイツの人びとはビスマルクによって政治的に既にかなりの程度まで気力を奪われ、政治文化は一八七八／七九年の後はもはや自由を貴ぶものではなくなり、政治的な分野での市民としての勇気、率直な性格は稀にしか見られないものとなってしまっていた。しかし、一八八八年の時点でもまだ遅過ぎたわけではなかった。一つの「世代」が飛び越されたとまではおそらく言えないが――エスタブリッシュメントの顔ぶれを眺めてみると、そのような「世代」の定義に当てはまる候補者の数は少数に留まっている――、例えばバーデンなど、幾つかの中規模諸邦で実際に統治していたような自由主義的な君主というタイプは飛び越されてしまったのである。それは、ドイツ人にとって当時もその後も一つの悲劇だったのであり、長命と死病という偶然を通した運命の定めであった。皇帝フリードリヒの死はドイツにとって一つの不幸だった――ニーチェは確かに自由主義者ではなかったが、直ちにそう断言している。彼の死は、自由を尊重する発展への既に揺さぶられていた希望の終わりを意味し、脅かされた帝国にその存在を保障してくれたであろう二つのものへの希望の終わりを意味した。すなわち、イギリスとの調整と、——争いと服従というレベルを超える——より自由主義的な内政とへの希望の。これらの一切に、いまや、後継者となったヴィルヘルム二世という人物、ヒトラー以前において比較的近年のドイツ史の不幸を体現する人物が、加わった。

ヴィルヘルム二世については、既に限りないほど多くの文章が書かれているが、私たちにとっては、幾つかの点は、彼が行なったこと、誤って行なったこと、行なわなかったことを述べた後で、初めてもっと明らかになるだろう。ここでは、僅かな点だけを述べておきたい。

ヴィルヘルムは、二十九歳になったばかりであり、才能に恵まれ、素早い把握力を持ち、時として輝かしいほどで、モダンなもの——技術や産業や科学——への感覚を備えていたが、それと同時に、表面的で、性急で、落ち着きと冷静さに欠け、深みのある真剣さや、勤労意欲や、首尾一貫性に欠け、客観性や、節度や、限度への感覚、それどころか現実性と現実的な諸問題への感覚に欠けており、抑えが効かなくて、ほとんど学習能力がなく、喝采と成功を熱心に求め——彼は誕生日を毎日祝おうとしている、と既に早い時期にビスマルクは評していた——、ロマンチックで、センチメンタルで、芝居がかっており、不安定で、傲慢で、節度なく高められて自らを誇示しようとする自尊心の持ち主であり、若い幼年学校生徒のように将校クラブ風の口調を好み、威勢よく、執拗で、それでいて大元帥としての役割を演じることを望み、落ち着くことを知らず、気分転換のない規則的な状態をパニックのように恐れ、しかし特に当てどがあるわけでもなく、そしてイギリス出身の母親を憎む点では病的なほどだった。それは、出産時の原因で腕が不具になったことや、極めて不幸な養育の犠牲者となったこととも結び付いていた。父親が目を閉じたほとんど直後に、母親が夫君の書類を持ち出そうとしているのではないかという疑いをかけた彼が、軍の手でフリードリヒクローン城を封鎖させたことをもってその統治を開始したのは、記憶するのに値することである。もっとも、彼が下した実際の実質的な決断は、彼の公開の場での演説や彼に提出された文書への書き込みよりも遥かにましなものであったこと、助言者たちを選ぶ際には、従順さや追従だけではなくて、時には実際的な観点によっても決定していたことも、強調しておかねばならない。

ヴィルヘルムは、芝居がかった仕草や、個人的な観点や国民的=帝国的な観点から名声を追い求めた点、そしてその傲慢さにおいて、非プロイセン的な人物だった。彼の騒々しいナショナリズムは、保守的=軍事的なプロイセン主義も備えていた合理的で穏健な側面を食い尽くしてしまった。彼のそのようなあり方は彼の同時代人たちのスタイルと本質に合致していたのであり、彼の時代を表現し、反映していただけなのであって、さらには彼が少なくとも一時的には人びとによって称賛されたのは、人びとが彼のなかに自らを見出すことができたからだ、というようなことがしばしば言われてきている。そのような並行現象を認めようとすることに私は疑問を感じるが、それはともかくとして、ヴィルヘルムは、芝居がかった近代性と、名声欲とを君主主義的な権力の、さらにはプロイセン的な権力の伝統的な諸形式と結び付けて、貴族と軍とを支えとし、いかに空洞化したとは言え、それらの形式のなかで、そしてそれらの形式がなおも強力に主張していた諸要求のなかで活動して、君主の役割を、絶対主義的な要求と、轟くようなレトリックと、人気を得ようとする努力とが奇妙な形で混合した、新たな専制主義へと高めたのだった。伝統を解体することと、伝統を一種の近代的な非市民性に変容させることとが、この皇帝における新ドイツ的な側面を形づくっていたのである。

確かに、このような君主を許容し、言わば民主化しつつある世界のなかで彼に「個人統治」の可能性と、カエサルのように振舞う可能性を与えたのは、ビスマルク憲法、そしてそこに受け継がれた抑制のない官憲国家的な伝統であったし、それどころか、彼による役割理解は、ドイツにおける政治文化の一定の特徴に、すなわち臣民的＝非市民的な特徴や、世界的大国としての地位、世界的な名声を求めようとする努力が優位を占めていたという特徴に対応するものであった、と言うこともできる。もしも「この皇帝」がいなかったとしたらドイツ人が歩む道は世界大国を目指す努力と世界大戦へと通じなかったのかどうか、この問いに確実に答えることができる人は誰もいないだろう。それでも、その道が必然だったというわけではないのであって、ヴィルヘルムはスタイルと器量の点でビスマルクと異なっていただけではなくて、その精神と本質の点でも異なっていたのであり、それゆえまさに彼の時代を反映していただけではなくて、時代に個人的な、それどころか決定的な刻印を与えたのであった。ヴィルヘルム帝国は、たとえ支配構造や官憲的構造の点では根底で連続していたとは言え、ビスマルク帝国とは異なるものとなったのである。ヴィルヘルム二世はドイツの人びとにとって一つの不幸に他ならなかった。制御の効かない、それと同時に確かな構想を欠いた世界大国への努力と、国内における紛争あるいは停滞との間を、辿っていった道筋、そして指導的なスタッフの選択、それは彼が個人的に定めたことでもあった。この時代における最も偉大な精神の持ち主の一人であったマックス・ヴェーバーは確かに断固たるナショナリストだったが、その彼がナショナリストである皇帝とその無能力を根底から嫌い、ドイツの不幸に対する責任を負うべき一人と見なしたのは、決して偶然ではないのである。

とは言え、公平に判断するべきなのであって、ビスマルクが失脚した時の事態は、また異なっていた。確かに、若くて自負心に溢れた皇帝が一八八八年に即位した後には、圧倒的に強力な宰相との争い、世代的な争いでもあるのに違いなかった権力を巡る争い、古い目標や戦線と、新しい目標や戦線――何をもって「新しい」と考えるのかはともかくとして――との争いが浮上してきた。争いの場となったのは、労働者問題と、社会民主主義勢力との対決とを巡ってであった。社会主義者鎮圧法は、いまや発効後十一年を経ていたが、何ら「成功」を収めず、組織やアジテーションを弾圧し、主唱者たちを迫害して孤立させることによって社会主義運動を抑止して押し戻し、「誘惑された」大衆を取り戻そうとしたビスマルクの狙いは、失敗に終わっていた。そのために、別の選択肢への問い、歩み寄りと調整や妥協の試みへの問いが、社会改革を求める人たちや、公正さに関心を抱く人たちばかりではなくて、広い視野から秩序を重視しようとする政治家たちの間で登場してきた。若い皇帝は、人気を博するスタートを切ろうという思惑もあって、和解という考えを採用した。これに対して、ビスマルクの側は、なおも紛争政策を継続する、それどころか紛争を激化させる政策を取ろうとした。その際には、もちろん、帝国の未来、体制の未来、政府と議会の関係の未来を見据えた真の戦略というよりも、いまや彼自身の権力的地位を確保し、維持するための戦術という性格がしだいに優位を占めるようになっていった。危機を激化させ、革命への不安を掻き立て、一時的なカオスを生じさせることは、彼をカオスの所与の「制御者」と思わせるに違いないと考えられたからである。究極的にはいまや発砲するか発砲しないかという二者択一へ帰着することになった古くからの両極化政策は、そのようなマキャベリズムによって覆われていたのだった。そこから、反社会主義者政策を依然としてともに担っていた政党も彼から離れていった理由が、説明できるのである。

一八八九年にルール地方で大規模な炭鉱労働者のストライキが起こり、八万七、〇〇〇人以上というそれまでなかったほどの多くの人たちが参加し、他のドイツの炭鉱地域を合わせれば参加者はおよそ十四万人に達した。当局はエネルギー危機を恐れ、軍は介入しようとする姿勢を示した。ビスマルクは、国家が控え目な姿勢を取ることで企業家や市民層の人たちを不安と恐怖に陥らせようとした。世論の多数派と、有力な行政官僚たちの一部分は、このストライキを非革命的で相対的に正当化され得るものと見なした。皇帝はストライキを行なっている人たちの代表団と会見したが、それは象徴的な行為として大きな影響を及ぼし、彼は社会的な調整を望んでいる人物であるというイメージを確実にし、ストライキ側の要求に一定のモラル的正当性を付与した。ストライキは平和的に終結し、労働者たちがストライキを中止する一方で、企業家（及び、行政）の側は歩み寄ろうとする姿勢を示した。

一八八九年十月に、ビスマルクは帝国議会にいまや無期限の社会主義者鎮圧法案を提出したが、彼は、この法律は、皇帝が望んでいるような国家による労働争議の仲介と新たな労働者保護政策の前提となるのだと説いて、皇帝を説得していた。この法案を通して皇帝を自分に結び付けるというのが、ビスマルクの戦術だった。たとえ帝国議会が拒否するとしても、その結果おそらく生じるであろう憲法体制危機が自分を不可欠な存在にするだろう、と。ヴィルヘルム二世のほうはそのような選択肢を考えてはいなかったということ、彼は何よりも、そしてひたすら「老人」から解放されて自身で統治したいと望んでいたこと、このことをビスマルクは十分には認識していなかったのである。ある御前会議で、ビスマルクが、皇帝が提唱した労働者保護策に従うよりも社会主義者鎮圧法による抑圧政策のほうを優先させることを主張して、彼と彼に従う大臣たちが、国民自由党が望んでいるように追放条項を放棄してもいいのではないかという皇帝の見解に異議を唱えた時に、断絶は言わば修復不可能なものとなった。「カルテル」三党が――アジテーターを追放する問題で――政府案を軟化させるという点で合意すると、保守党はビスマルクに対して、そのような形に修正された法律を暗黙の裡に了解することを少なくとも示唆してほしいと要望し、皇帝もそれを支持した。しかし、ビスマルクはにべもなく拒否した。その翌日に、法案はドイツ保守党をも含む左右の雑多な多数派によって否決された。ビスマルクを支持する多数派はもはや存在せず、そしてそのような状況を創り出したのは彼自身だという印象が広まった。

ビスマルクは、必要な命令を皇帝から得て帝国議会を解散した。彼はプロイセン商務相から退いて社会改革に好意的なベルレプシュが後任となり、帝国宰相はプロイセン首相の職を辞する見通しをさえ提示した。ビスマルクは、皇帝が選挙前にいわゆる二月勅令で社会改革、労働者保護措置、そして労働者代表制の導入、さらには国際労働者保護会議の開催を予告するのを甘受せざるを得なかった。ともあれ、彼はこの勅令を自ら校訂し、そしてその際にヴィルヘルムの考えを遙かに超えるような形にまとめたが、おそらくそれは満たされ得ない期待を意図的に掻き立てようとしたためであった。

選挙は「カルテル」の瓦解をもたらし、国民自由党は得票率を五・九パーセント減らしただけだったが五十七議席を失い、両保守党は得票率を五・九パーセントと二十八議席を失った一方で、自由主義左派は得票率を三・一パーセント、議席数を倍以上増やして六十六議席を獲得し、そして何よりも社会民主党が得票率を十・一パーセントから十九・七パーセントに、議席を十一から三十五に増加させた。中央党は八議席を増やして全体でいまや一〇八議席に達し、帝国議会で最大の議員団となった。いまやいかなる多数派も存在しなかった。見かけ上は、一八九〇年二月二十五日にビスマルクは皇帝に統治不可能な状態に対決するためのプログラム、すなわち新たな社会主義者鎮圧法や、反ストライキ立法、陸軍の増強、連続的な帝国議会の解散と、場合によってはクーデタといった方針を認めさせた。その一方で、皇帝も自らの方針を押し通し、ビスマルクは皇帝の新たな社会政策を受け入れることを改めて約束した。しかし、いまや諸政党の側もビスマルクの策略や硬直した路線には飽き飽きしたことが明らかになった。最終的に皇帝は、ビスマルクに強化した社会主義者鎮圧法を提案することを断念するよう命じた。彼は、自らの統治期を内政上の闘争プログラムで開始するのを望まなかったのである。最後の瞬間に仇敵であるヴィントホルストとの会談を通して中央党との繋がりを持とうと試みたことと、プロイセンの大臣たちが君主と直接接触するのを一八五二年の官房令に従って従来よりも厳しく統制しようと試みたことが、ビスマルクの失脚の最終的な引き金となった。いまや皇帝は、諸政党や世論の風潮と、宰相が譲歩する際にもあからさまに示しているマキャベリズムとを目にして、長らく念頭に置いていた決別の適切な時が訪れたと考えた。一八九〇年三月十七日にヴィルヘルム二世は宰相に、直ちに辞表を提出するようにとの要請を伝えさせた。その翌日に辞表は提出された――一つの時代が終わったのである。

ビスマルクの罷免をもたらしたのは、結局のところは人物と人物との間の、「若い」皇帝と「老いた」宰相との間の対立であったことをはっきりと認識するとしても、この罷免危機の具体的な歴史は多くのことを教えてくれる。ビスマルクの構想は硬直しているような様相を呈し、彼は以前に打ち出した路線に頑強に固執する。それゆえ、あれほど多くの人たちが、貴族も市民も、以前はビスマルクの味方だった人たちも、後にビスマルクの崇拝者となる人たちも、とりわけ比較的若手の人たちが、当時は、彼の政策は時代遅れで未来がない政策、老いつつある人物の、あるいは老いた人物の政策であると考えたのだった。彼は古くからの方法をも繰り返し用い、危機を演出し、政党に脅しをかけ、革命への恐怖心を弄《もてあそ》んだ――しかし、それもいまや空しかったのであり、誰ももはや真に受けず、一時的には彼に飽き飽きした人たちの連合が成立したのであった。

その一方で、皇帝の政策は、唯一豊かな未来を持ち、近代的で理性的な政策だった。後から生まれてきた人たちがどちらを選択するかは明らかである。もちろん、それほど時間が経たないうちに、二年か三年の後には、新しい主君はこれら一切の理念を投げ捨てて、――再び――反社会主義的な抑圧と、新たな社会政策の中断を試みるようになった。それほど本気の政策ではなかったのである。

　ビスマルクの歴史的な偉大さ、帝国を建国し、構築し、保守的な伝統を市民的・国民的な《ナツィオナール》、それどころかかなりの程度まで自由主義的な近代性と結び付けた彼の業績、彼のヨーロッパにおける平和政策・責任政策の偉大さには、疑いを差し挟む余地がない。そして、通常の政治的な対立の厳しさを超える彼の内政の暴力的な性格、カトリック派や社会民主主義派を屈伏させようとし、自由主義派を破壊して飼い慣らそうとした彼の試みの暴力的な性格も、疑い得ないところである。一八七一年の後にも必要であったこと、すなわち国民《ナツィオーン》の内的な統合を、ビスマルクは決して推進することがなかった。そこからもたらされた帰結を取り戻して調整し直すことができるのか、それは未来にとっての一つの問題であった。ビスマルクの敵たちによる黒い伝説も、彼の崇拝者たちによる金色の伝説も、どちらも彼を正当に扱うものではない。単純に良き外政と悪しき内政とに区別することもできないのであって、それは、内政も同様に完全にアンビバレントな面を含んでいて、いかにブレーキがかけられたとは言え、その近代的な性格は見誤りようもないからであり、社会保険、すなわち社会国家の始まりが、その古典的な例である。

　黒い伝説は、また、一八九〇年頃のドイツの社会とドイツの政治には大きな未来への展望があったことを見過ごしている。この伝説は、ドイツの発展と政治文化の「特殊な線」のなかにも、ヨーロッパにおける正常な要素が多分に含まれているという事実に注目する必要があることを見過ごしているのである。どの国の場合にも、重荷となっていた遺産があったのだった。様々な矛盾や緊張がどれほど強力なものになるのか、統合と近代性がどれほどの強さを発揮するのか、それはこれから明らかにならねばならないことだったのである。

　もちろん、彼の宰相期の最後の十年間における内政を振り返る時には、当時の多くの観察者たちが痛感していたことについても述べておく必要がある。すなわち、敵対者たちや味方たち、助言者たちや部下たちに対する、ビスマルクの権力に憑りつかれたような乱暴で不信感に満ちた扱い方が、人びとにどのような思いを与えたかということである。それは、道徳的な観点からの問題という域を超えている。それは、これまでビスマルクの内政におけるスタイル、そして彼が政治文化に、さらには政治構造に及ぼした作用について、私たちが述べてきたこと適合しているのである——すなわち、紛争を激化させ、互いを競わせて両極化するという手法と。ビスマルクは、人物であれ政党であれ、自分の隣に自立的な存在を許そうとせず、そして後継者を望まなかった。それが、偉大さに伴う代償だったのである。

周知のように、失脚後僅かな年月が過ぎただけで、いまや後任者のカプリーヴィに対する、さらには新皇帝に対する不満の受け止め手、裁き手となったビスマルクは、やがてとりわけあらゆるナショナリストたちや右派の人たちにとっての神話となり、あらゆる「帝国の敵」たちや軟弱者たちに対抗する「精力的な政策」にとっての模範、さらにはビスマルク当人の外政における合理性を完全に忘れ去ってしまって昂進していく権力政策にとっての模範となったのであった。

第3節 外政

ドイツ帝国《ライヒ》は一八七一年に新しいヨーロッパの大国として誕生したが、ヨーロッパ政治においては確かにいかなる権力も持たずに純粋に防御的な現状維持の存在に留まっていたドイツ連邦を継承したものではなく、しかしそれまでの諸大国のなかで最も小さくて最も弱体だったプロイセンを受け継いだものでもなくて、国際関係に革命をもたらすまったく新しい権力的な事実として登場したのだった。この新しい帝国は、百年以上もヨーロッパの伝統として続いていた五大国体制の外部に位置しており、その限りでは一つの異物、それどころかおそらくは平和攪乱者であった。大国間の争いが生じた場合に「緩衝」国として仲介する役割、あるいは危機を和らげる役割を果たしてきたドイツの中規模諸邦は、その姿を消してしまった。ディズレーリは「ドイツ革命」という言い方をし、この革命はフランス大革命よりも世界史的に重要なものであって、——彼がレトリック的に尖鋭化して述べたところによれば——伝統的なヨーロッパの勢力均衡を完全に破壊したのであり、さらにはイギリスの地位を脅かすものであると主張した〔野党指導者としての下院での発言〕。この帝国は、——ヨーロッパでは正常な状態だったのだが——互いの競争関係と権力闘争とが当時の国際関係を規定していた他の諸大国に囲まれて位置していた。すなわち、国家としての自決権も、自律的に政策を展開する能力も、さらには損なわれることなく国家として存続し続けることさえも、自明なことではなかったし、ましてや保証されてはいなかった。戦争は依然として政治の一つの手段、安全保障と自己主張の手段であって、そして国家的＝権力政策的な主権に関わる問題、それゆえ権力を獲得するか失うかという問題は、第一級の問題であった。確かに、

——ヨーロッパにおける様々な内乱の時代や、宗教戦争の時代や、一七八九年の革命の後の時代にそうであったように——理念政治上の連帯が存在し、それが権力と利害を巡る競争と交差し合っていた。確かに、世論に対して政治をモラル政治的に正当化することも、一定の役割を果たしていた。しかし、全体とすれば、権力理性がこの時代におけるヨーロッパの外政の決定的な原動力となっていたのである。ヨーロッパの中央に位置してライバル諸国に囲まれ、隣国との紛争に巻き込まれるというドイツの特殊な立場が、特別な諸問題を生み出した——それは、気が触れた地政学者たちが創り出した見方なのではなくて、当時は誰にとっても自明な第一級の権力的事実だったのである。

ドイツ帝国は、その大きさと、確固たる内部構造と、その軍事的・経済的な力のゆえに、ヨーロッパにおいて言わば「優勢な地位」(O・ヒンツェ)を占め、「半ば覇権」(L・デヒーオ)を握っていた。この帝国は、三回にわたる大規模な、ヨーロッパの秩序を変える戦争というかつてなかった一連の出来事によって成立したのだが、それは大プロイセン的な拡大、プロイセンによる覇権の獲得と解釈することも可能だった。エルザス＝ロートリンゲンの併合は、新たに成立しつつある権力体が即座に拡大政策・大国政策に乗り出す能力を備えていることを証明したように思われた。ヨーロッパの状況の客観的な変化には、主観的な認識と、そこに込められた恐れも伴っていたのである——すなわち、さらなる拡大への、新たな覇権政策、新たな戦争、新たな混乱状態への恐れ、そしていま確定されたばかりの境界を越えていくであろうナショナリズムへの恐れが。新しい帝国は、ナポレオン三世のフランスの役割を引き継いで、ヨーロッパに騒動を巻き起こし、平和の攪乱者となるのに違いないのではないだろうか？ 確かに、一八七〇／七一年当時にヨーロッパ諸国が考えたように、国民国家が形成されたことをもって混乱と紛争を引き起こすポテンシャルが鎮静化したものと見なし、欲に駆られた近隣の諸国が介入するのをまさに挑発するようなドイツ内部の絶えざる諍いに終止符を打ったものと見なすこともできた。また、この国家形成は正当なものであると考えて、あらゆる失地回復《イレデンタ》政策や征服政策とは完全に分けて考えることもできた。しかしながら、それでも人びとはこの新たな権力の持つ重みとその巨大なダイナミズムを計算に入れざるを得なかったのである——そのような権力は、いずれにしても当時の状況の下では、やがてその真価を発揮するに違いない、と。要するに、新しい帝国は期待よりもむしろ恐れを解き放ったのだった。

三回の戦争を戦った政治家〔ビスマルク〕は、帝国は「満ち足りた国」である〔一般には、ビスマルクがメッテルニヒからの引用という形で八十年代に述べた言葉として知られている〕という新しいスローガンを打ち出したが、それはヨーロッパにとっては当面はレトリックに過ぎなかった。それゆえ、ドイツの分別のある政策にとって肝心なことは、そのような危惧を取り除くことであった。新しい帝国に矛先が向けられないように、ヨーロッパにこの帝国の存在を受け入れさせて、この存在が一つの挑発を意味するのではなくて自明なことと見なされるようにすることが必要だったのである。ビスマルクが選択した「満ち足りている」という政策、現状維持と平和を護るという政策こそ、存在を保障するための当然の戦略なのであった。歴史的に、また政治的に、これらの一切は、この新しい権力の中心部はヨーロッパにとって受け入れ可能なものなのか、そうなるのか、あるいはそうではないのか、この新しい国民国家はヨーロッパの再安定化にとって支障とならないものなのかという問いに帰着した。それは、まさに「ドイツ問題」が解決されたように思われた後の新しい「ドイツ問題」に他ならなかった。外政的思考の伝統的なカテゴリーに従えば、それは次のような問いを意味した。どのようにしてドイツ帝国はヨーロッパの勢力均衡のなかに組み入れられるのだろうか、帝国はそのためには大き過ぎ、強力過ぎるのではないだろうか、帝国は一種の半ば覇権あるいは潜在的な覇権へと向かわざるを得ないのではないだろうか？　帝国は長期的には対抗連合を呼び起こさざるを得ず、その結果、ヨーロッパを再び不安定化させざるを得ないのではないだろうか？　そして、状況をより具体的に考える場合には、次のような問いが生じた。ドイツの安全保障上の利害が——常に二正面戦争の危険に晒されているのであるから——強力な軍隊を必要とするのであれば、それはまさにヨーロッパにおいて、たとえ平和を脅かすとまでは言わないとしても、勢力均衡を脅かすことにならざるを得ないのではないだろうか？　現実主義的なドイツの政策は、ネガティブな選択肢を排除して帝国の存在とヨーロッパの安定とを両立させるように努めねばならなかったのである。

ここで、ビスマルク帝国とは異なるもう一つの選択肢、すなわち大ドイツ主義的解決にもう一度目を向けてみるのが適切だろう。この場合には、権力政策的な面で大ドイツ主義的帝国はヨーロッパにとっていっそう耐え難いものとなったであろうことは、疑問の余地がない。そして、大規模で、しかも無力な連邦組織は、いっそう不安定をもたらす作用を及ぼしたことだろう。以上のような見方は、後から構築されたものなのではまったくない。新しい「ドイツ問題」が最終的には解決されなかったからといって、初めから解決不可能であったと宣告する悲劇的な運命論も、大国としてのドイツが挫折した原因を、無能力や、単なる攻撃性や、さらには内政に由来する強制に遡って求めようとする幻想的な楽観論も、どちらも問題を適切に捉えるものではない。ビスマルクは、彼が勝利を収めた後も、と言うよりもまさに勝利を収めた後で、諸大国から成るヨーロッパにおいてドイツ帝国が直面していた深刻な状況をはっきりと認識していたのであった。

以上の点を背景としてのみ、ビスマルクの政策の根本的な方針が、ドイツは大国として満ち足りており、統一期の十年間の拡張的な政策は完全に終わりを迎えたのであって、一八七一年は時代の区切りなのであるということを他の諸国に納得させる点にあった理由が、明らかになるのである。確かに、それは彼の個人的な信念であったが、しかしヨーロッパの状況から生じた一つの必然なのでもあった。ビスマルクは、一八七一年以降、一八七一年の国境を越えてドイツ人の——未完の——統一をさらに推進しようとしているという印象、大ドイツ主義や旧領回復主義の観点から統一を国境外の多くのドイツ人にまで広げようとしているという印象を与えかねないことを、一切避けた。国民的《ナツイオナール》な統一は彼にとっては完全に完了していたのである。また、彼は、どのような拡大や戦争への野心をも非難し、遅くとも一八七五年以降はドイツが疑似覇権的な行動を取ることを、ヨーロッパの再安定化にとって最もあからさまな危険を意味するものとして退けた。そして彼の対外政策の目標は、どのような国民的《ナツイオナール》・歴史的な使命理念とも、さらには世界政策的な、ましてや社会ダーウィニズム的な調子を帯びた帝国主義とも無縁で、自国の権力の維持という点だけに置かれていたために、また、彼の政策においては、理念政治の面では国際主義的な連帯——例えばロシア帝国との——が強調されることがあったにもかかわらず、自国の国家理性が常にはっきりと優先されていたために、そのような自己制限が当初は可能となったのだった。自己制限にもそれなりの弁証法があったということについては、後に見てみたい。

ここで、副次的ながら次の点を強調しておく必要がある。確かに、対外政策は十九世紀の最後の三半期にはもはや世論から独立しておらず、いかなる戦争も世論に抗して、世論を抜きにしては不可能だったし、また、対外政策は経済的利害からも独立してはいなかった。しかし、本来の決定を下したのは——どこの国でも——依然として「外政のエスタブリッシュメント」、外交官や大臣や君主だった。ドイツ帝国の場合には、そのような決定は事実上ビスマルクによって独占されていた。時として、稀にではあるが、これとは異なる見方が唱えられることがあるけれども、しかしこの時期以前についても以降についても、その根拠を確認することはできない。当時のドイツの対外政策はビスマルクの対外政策だったのであり、私たちは正当にも彼の対外政策に集中することができるのである。

一八七一年以降のドイツ帝国のヨーロッパ諸大国に対する立場はどのようなものであり、ヨーロッパ諸大国のドイツ帝国に対する立場はどのようなものだったのだろうか？　帝国の建国を、中立の立場を取った諸大国は、程度の差はあれかなりの好意をもって、そして互いに異なる理由から、許容していた。ビスマルクは長い間、一八六六年と一八七一年の敗者への恐れに満たされていた。この恐れが、フランスに対する彼の政策を規定した。フランスを、彼は、本来、戦争の結果の改定を狙う国であり、帝国の持続的な敵となり得る国と見なしていた。彼にとって肝心なのはフランスをヨーロッパで孤立させることだった。それゆえ、彼は――周囲の保守派全体とは反対に――フランス共和国を支持して君主政の復活に反対した。共和政という国家形態はフランスを不安定な状態に保ち、そして信頼できる同盟パートナーとしての価値を、もちろんとりわけ君主主義のロシアにとって、下落させるだろうと彼は考えたのである。

　オーストリアは、ビスマルクにとっては依然として一八六六年の敗者であり、依然として戦争の結果の改定を目指す可能性があり、当初はフランスとともに改定を目指す連合の、あるいは教皇至上主義派の連合のパートナーとなり得る存在として真剣に想定されていたが、彼はそのオーストリアとの調整を求めた。その際に重要な役割を果たしたのは、大ドイツ主義的な理念（「合同《アンシュルス》」）を受け入れることに断固として反対する姿勢を示したことだった。オーストリアにとっては、調整が可能になるうえで民族政策上の状況、すなわちオーストリアのドイツ人たちへの配慮が重要な意味を持っていた。オーストリアは、ドイツでの改定政策を放棄せざるを得ないのであればバルカンに専念することを望んだのだが、そのためにはロシアに対抗する後ろ盾を必要とした。イギリスからはそのような支援を得ることができなかったので、オーストリアはドイツに頼らざるを得なかった。ウィーンの対外政策を指揮していたハンガリー人のオンドラーシ（オーストリア＝ハンガリー共通外相）が、そのような計算に基づく「協調」の代表者となった。彼の目標はビスマルクを何らかの形の反ロシアの提携関係に引き入れることだったが、ビスマルクは当初はこの誘いから一貫して逃れた。彼は中途半端な選択以上のものを望まず、ロシアとフランスの接近を挑発するに違いない同盟を望んでいなかったのだが、しかし、なおもあり得たオーストリアとロシアの協調という結び付きを阻止することをも望んでもいて、要するに、ドイツの行動の自由が制限されるのを避けたいと考えていたのだった。

　最も重要であり、そしてそうであり続けたのは、ヨーロッパの両翼を成す大国であり、本来の世界大国であったイギリス及びロシアとの関係であった。イギリスは、孤立主義の立場から大陸に対して距離を取り続けており、確かにモラル政治的な観点からドイツの権力的野心に少々の不信感を抱いていたが――少なくともグラッドストンと自由党の場合には――、しかし全体とすればポジティブな姿勢を取っていた。ドイツ帝国は、中央ヨーロッパにようやく安定をもたらしたのであり、フランスとロシアに対抗する重し、さらには――一八七一年にはまだ勢力均衡が破壊されたと主張していたディズレーリが、一八七四年に述べたところによれば――赤色インターナショナルと教皇至上主義インターナショナルに対抗する重しとなったのである、と。それに、世界政策の面では、エルザス＝ロートリンゲンでのモラル的な不法行為よりもフランスとロシアとアメリカ合衆国のほうが重要だった。もちろん、独仏対立に直面する下でイギリスは中立を保ち、双方の国と良好な関係を維持することを望んだ。ビスマルクが一切の拡張的な対外政策を断念したことは、理念政治上の距離が存在したにもかかわらず、ドイツ帝国をまさに受け入れ可能なものとしたのであり、ドイツ帝国は、その存在を通して「パックス・ブリタニカ」を支え、そしてその「パックス・ブリタニカ」がドイツ帝国の存在を支えていると思われたのだった。保守的ではない自由主義的なドイツ政府は、おそらく国民的《ナツイオナール》な拡張と海軍の拡張を求めてむしろイギリスの利害と衝突することになったのではないかと想定できる――その場合には、理念政治上の共感もほとんど役に立たなかっただろう。イギリスの側にはドイツに批判的な声があったし、そしてドイツの側にはイギリスが厳密な中立の立場を取ったことへの失望と、それどころかイギリスへの不信感が存在していた。しかし、それらは実質的には曇りのない関係を雰囲気的に攪乱する以上のものではなかった。

ロシアとの関係はもっと難しかった。理念政治的・王朝的な、そして――基本的にはポーランド分割以来の――権力政策的な共通性が存在し、それはクリミア戦争中と一八六三年のポーランド蜂起の際にプロイセンが取った態度によって強められた。また、ロシアが好意的中立の立場を取ってくれたことが、帝国建国を可能にする一因となった。それは、共通性の一つの強力な基盤となるように思われた。しかし、プロイセン＝ドイツは、「被後見人」の立場から独自の意志を持つパートナー、対抗パートナーとなったのであり、ロシアの権力が停滞状態にある一方で権力を拡大したのである。この結果、ロシアの権力への国民的《ナツイオナール》な野心が刺激され、台頭しつつあった「汎スラヴ主義」が「ゲルマン的」なドイツ帝国への対抗感情を発酵させる酵素を提供し、そして勢力均衡のルールに従えばフランスと何らかの協力関係を結ぶのは考え易いことであった。ドイツ帝国に感謝の振舞いを期待しながら「忘恩の振舞い」を味合わされるというのが、一つの重荷のようなものとなった。出発時の状況から見れば、ドイツとロシアの関係がどのように発展していくのかは白紙の状態だった。

状況を要約して述べるとすれば、次のように言うことができる。ドイツ帝国は、新たにのし上がってきた国家としてヨーロッパの再安定化を、勢力均衡体制の再確立を頼りとせざるを得なかった。再び獲得された勢力均衡のみが、比較的長い目で見てドイツ帝国の存在と地位を保障することができ、長期にわたって、敵対する連合とのバランスを取るか、あるいはそのような連合を排除することができたのである。しかしながら、ドイツ帝国は、少なくとも潜在的には勢力均衡を脅かし、ヨーロッパ大陸部で、あるいは少なくとも中央ヨーロッパで一種の「半ば覇権的」な地位を実現するように見えた。それはフランスの抵抗、さらにはロシアの抵抗を呼び起こさざるを得なかった。それどころか、ドイツ帝国が建国によって権力を、新たな権力を獲得したという事実だけで、抵抗を受けるには十分だったのである。そのような権力の増大を、競争相手に補償を与えることで耐えられるものにするという伝統的な可能性は、存在していなかった。潜在的な「半ば覇権的」な状態を防衛できるのは、イギリスの助力を得ることができる場合だけだった——しかし、イギリスの側はそのような防衛にまったく関心を持っていなかったのであり、それは、ドイツ帝国がフランスあるいは/及びロシアに対して優位に立つのを助けることに繋がり、そのような「半ば覇権的」な状態を強化し、現実のものとするのを助けることに繋がっただろうからである。それは一つのジレンマだった。そして、その結果生じたのは、ドイツ帝国が構造的に、持続的な、あるいは少なくとも何度も繰り返される、孤立化の危険に脅かされたことであった。それにもかかわらず、状況をダイナミックに尖鋭化させることなく、公然たる覇権や、補償と分割の取引に移行することもなく、状況を甘受すること、それゆえ中間に位置することに伴う限界や制限を受け入れ、そしてそのつどの均衡という不安定さを受け入れて、強力な軍事力に安全保障の土台を求めつつ、具体的な情勢や対立を切り抜けていくことが、可能なように思われた。そのような道は、——この点は明確に強調しておかねばならないが——大きなリスクと結び付いていたけれども、しかし過激な衝突に必然的に通じるというわけではなかったのである。

具体的な経過に目を向けることにしよう。既に一八七一年の直後に、ドイツは、フランスと対峙し、そしてイギリスを「同盟」に引き込むことはできなかったのであるから、オーストリア及びロシアとの困難な協調を頼りとせざるを得ないことが判明した——しかも、両国をドイツに結び付けて、フランスと行をともにすることを阻止し、そしてドイツが相対的な行動の自由を保つためには、まさに同時に両国との協調を図る必要があった。両国がともに強く求めていたようにオーストリアとロシアとのどちらかを選択するのは、他方をフランスの側に追いやることになるから、そのような選択を迫られる事態は何としても避けねばならなかったのである。それゆえ肝心なのは、バルカンでの墺露対立をも中和するとともにドイツの関与を避けるような、三国間の関係を実現することだった。そのような三大国間の協力関係は、同時に、保守的で反革命的な内政上の連帯という伝統に訴えるものでもあった。外政と内政との双方が、ビスマルクの「保守的」な戦略を指し示していたのである。しかし、一八七三年のいわゆる三帝協定は、協議と平和の維持という共通の「原則」を約束して訴えただけで、ほとんど実質を持たなかった。ロシアは、ドイツ帝国をバルカンでの仲裁者とすることを望まなかったし、そしてパリとの良好な関係を通して、まさにビスマルクの意図とは反対に、フランスがこれ以上弱体化するのを阻止しようと考えていた。ビスマルクの戦略は、ペテルブルクと距離を取る姿勢を強調することを通して、イギリスに不快な思いを与えるのを一切避け、さらにはロシアが現実に力を増すのも避けることを目標としていた。確かに、彼はロシアが弱体化するのを望んでいたわけではないが、しかし彼が提供できたものはロシアにとって魅力のあるものではなかった。そして、保守的利害に基づく連帯は――社会主義革命を共通して恐れていたとは言え――東方三大国を一つに結び付けてヨーロッパに秩序をもたらすのに十分なほど強力ではなかったのであり、とりわけ戦争の結果と国内の混乱から回復したフランスが再び列強の一員として戻って来たからには、いっそうそうであった。

重要な意味を持つことになったのは、帝国建国後の最初のヨーロッパ危機である。一八七一年後の意外な展開の一つは、フランスが素早く大国として立ち直ったことであった。フランスは――ビスマルクによっても――予想されていたよりも早く賠償金を払い終わり、それゆえドイツ軍による占領から素早く逃れた〔賠償を払い終わるまでドイツ軍部隊が駐屯していた〕。一八七五年三月にフランス陸軍を再編（及び、増強）することを目指した幹部法という法律が採択された。このことでドイツ参謀本部の警戒心が呼び起こされ、予防戦争プランの作成に繋がっていった。ビスマルクは政治的・メタ政治的な理由から予防戦争を拒否していたが、やはり彼も警戒心を抱いた。既に一八七四年から彼は露墺の接近と露仏の接近を懸念しており、七年戦争時の大陸諸国によるカウニッツ〔フランス・ロシアと連合を結んだオーストリアの宰相〕連合が再現される恐れがあると考えていた。おそらく彼はこの状況の下で、フランスに対するロシアの保障を得るために、ロシアのバルカンでの権力拡大を支持する――それゆえオーストリアを犠牲として――ことを申し出ようとさえ試みたのだった。実際にはどうだったのであれ、ロシアはその種の働きかけには応じなかった。

フランスの軍事法が制定された後で、ビスマルクは戦術的な反攻勢へと打って出た。それは、あり得る連合のなかの最も弱い部分、すなわちフランスに対して向けられたものだった。この反攻勢の目標は、ヨーロッパの状況を探り、フランスの軍備増強を中止させ、フランスを平和攪乱者としてヨーロッパで孤立させるところにあった。それどころか、ビスマルクはフランスに問題の軍事法を撤回させることを通してドイツの政治的な意志への屈伏を強いようとした。そうすればフランスの主権は損なわれ、フランスは大国の地位を失うことになっただろう。宰相の攻勢は、半官的なプレスでの威嚇キャンペーンと、様々な脅しの身振りや発言とともに始まった。ビスマルクに近いことで知られていたジャーナリストのC・レスラーが一八七五年四月八日の『ポスト』紙に発表した、――おそらく――指示されて書かれた論文「戦争は目前に迫っているか?」が、事態を尖鋭化させた。「目前の戦争」危機が発生したのである。しかし、それが実験的なものだったのであれ真剣なものだったのであれ、この圧力はフランスの譲歩をもヨーロッパでのフランスの孤立をもたらすことはなかった。むしろ、ロシアとイギリスは圧力を――フランスがイニシアチブを執ったのだが――深刻に受け取って、外交を通して精力的に退けたので、ビスマルクは圧力の行使を諦めざるを得なかった。五月十日に彼ははっきりと幹部法の撤回要求を取り下げた。ある程度フランス贔屓だったロシア外相〔ゴルチャコフ〕は、自分が平和を救ったのだとさえ主張した。基本的には、この危機はコップのなかの嵐のようなものであって実際に戦争が起こる危険性は存在していなかったのだが、しかしイギリスとロシアの示威行動がドイツの声高な脅し、威嚇のジェスチャーにその限度を弁えさせたのである。

重要であったのは、フランスの孤立がヨーロッパ政治における主要な事実なのではなくて、勢力均衡を維持することへの関心こそが、すなわち、たとえ想定されただけのものであれ、どのような覇権要求に対しても防衛することこそが、主要な点なのであると証明されたことであった。フランスに対してドイツが覇権政策を取ろうとしたビスマルクの実験的な試みは、真剣に考えられたものだったのであれ、それほど真剣に考えられたものではなかったのであれ、完全な失敗に終わった。それだけではない。勢力均衡を護るという共通性は、英露間の世界規模での対立よりも強力だったのである。両翼の両大国は、ともに現状維持の保証者であることを誇示したのだった。確かに、独仏間の緊張が高まった場合には仲裁者の役割を果たすことを主張しようとしたロシアの試みは、イギリスが関与し、ビスマルクが速やかに撤退したために、実を結ぶに至らなかった。しかし、フランスは同盟能力を備えた大国の一員として復帰したのであった。ドイツ帝国が中央ヨーロッパや西ヨーロッパで公然と覇権政策を追求するのは不可能であることが判明した。この種のどのようなドイツの政策に対しても両翼の両大国が明確な不信感を抱いているのは、明らかだった。

　これ以降、ビスマルクは最終的に、ヨーロッパの状況を落ち着かせること、諸大国に彼の平和への意志を確信させることに、すべてを賭けるようになった。ヨーロッパは、一八七一年の時点でも既に可能性としては見て取れたように、勢力均衡という正常な状態に戻ったのだった。新しい「ドイツ問題」は、確かにヨーロッパにとって差し迫った問題ではなかったが、しかし潜在的な問題であった。ドイツが「半ば覇権的」な地位を占めるのではないかという恐れが残り続けたということである。そのために、ドイツは防御の政策、ヨーロッパの秩序を維持する政策を取ることを強いられた。ビスマルクは、この時期、一八七七年七月に彼の名高い状況分析と、それがドイツの政策にもたらす帰結とを定式化した（キッシンゲン口述書（保養先のキッシンゲンで子息のヘルベルトに口述した））。肝心なことは——と、ビスマルクは始めている——、諸大国の圧力を、諸大国があれこれの形でドイツに対抗して結び付こうとする傾向のある中央部から、諸大国が競合する利害を抱えて対峙し合っていて、ドイツは「最後にカードを切る」という好都合な立場にいる周辺部へと逸らさせることである。そうすれば、同盟国を必要とするドイツは、一方的な依存関係に陥ることなしに、求められるパートナーとなる立場に立つことができるだろう、と。この政策には、他の諸大国の死活に関わる利害を満足させる場合にのみ勢力均衡は安定するだろうという考えが含まれていた。さらには、「他の諸大国」のライバル関係——ロシアとイギリス、ロシアとオーストリア、イギリスとフランス——を抑制すると同時に究極的な点では持続させていくという考えも含まれていた。ビスマルクの政策は、ドイツ帝国へのいかなる圧力をも軽減させるような一定の調整状態を生み出すために、諸大国のライバル関係をコントロールしながら利用しようとしたのである。イギリスがロシア及びフランスと一定の緊張関係にあり、そしてあり続けるのであれば、この状況はイギリスをドイツとの提携に押しやりさえするかもしれなかった。これに対して公然と親イギリス的な選択を行なうのは回避するべきと考えられたが、それは、この選択は緊張関係を再び中央部へと向かわせ、それゆえ、外部に逸らすという戦略がまさに廃棄されてしまう結果をもたらすことになっただろうからである。もちろん、予め指摘しておきたいが、問題は、周辺部は無限に利用可能な空間を持っていたわけではなかったから、この戦略は持続的な戦略にはなり得なかったという点と、さらに、ドイツ帝国の満ち足りた状態というのも、他の諸大国が周辺部を獲得していくのに伴っていつかは終わりを迎えてしまわざるを得なかったという点にあった。当然のことながら周辺部を通しての圧力の軽減がいつまでも可能ではないとすれば、そして中央部での権力の重みが増大していく、あるいは中央部が周辺部を獲得した国と競争しようとするのであれば、その時には改めて中間に位置するという強制的な状態が表面化してきて、ドイツは――覇権と、主権への脅威との間に挟まれて――他国と同盟を結ぶことによってしか存立できないようになっただろう。しかし、当面のところは、そのような事態はまだ遠い先のことであった。ビスマルクはまだ、中央部の平穏な状態が保たれて諸勢力を周辺部に逸らすという考えから出発することができたのである。

一八三〇年からしばしばそうだったように、そしてなおも一九一四年にもそうだったように、再びオリエント危機――バルカンでのトルコ〔オスマン帝国〕の遺産を巡る危機――が、ヨーロッパの状況の新たな編成を引き起こし、ドイツの政策にとってのあれか／これかというジレンマ、オーストリアとロシアの間、ロシアとイギリスの間でのアンビバレントな状態を生じさせることになった。バルカンがヨーロッパの状況にとって極めて重要な意味を持ったのは、ロシアの政策が、ギリシャ正教的な観点からであれ、汎スラヴ主義的でナショナリズム的な観点からであれ、あるいは単にツァーリズム的な帝国主義の観点からであれ、解放された、あるいは解放されつつあったバルカン諸民族と彼らの新しい国家を生来の被保護者であり衛星国であると見なしていたためだった。また、オーストリアが、国内にスラヴ系の諸民族を抱えていて、新しい国民国家の形成によって、そしてロシアのどのような権力拡大によっても、打撃を受けて脅かされるように思われたためであり、さらには植民地を持たない下でバルカンだけがなおも自国の権力拡大が可能な空間と考えていたためだった。さらに、イギリスが、とりわけスエズ運河の建設以来、オリエントに、そしてロシアの封じ込めに、新たに帝国としての利害を持つようになったためだった。そして、独立したバルカン諸国を中立化して安定させるという問題も、ヨーロッパ諸大国による秩序に関わる問題だったためであり、どのような部分的な問題の場合にも、常にオスマン帝国の運命と遺産という全体的な問題が関わっていたためだった。

キリスト教徒であり民族意識を抱いたバルカンのスラヴ人たちの蜂起、そしてトルコ人に対するセルビアとモンテネグロの戦争が、一八七五／七六年にこの危機を解き放った。既にこの事態が、ドイツ帝国にとっての状況を一変させた。ポジティブな意味では、独仏対立の代わりにバルカンという周辺部の問題がヨーロッパの注目の的となったからであり、ネガティブな意味では、ドイツの政策を、互いに競争し合うロシアとオーストリアとの間の「選択」という解決不可能な問題に直面させることになったからである。トルコに譲歩させてロシアの介入を阻止しようとしたイギリス・フランス・オーストリアの試みは、失敗に終わった。ロシアは一八七七年四月にルーマニアとともにトルコとの戦争を開始した。ロシアは勝利を収めてサン・ステファノ講和（一八七八年三月）を押しつけたが、この講和では事実上ロシアの衛星国であるエーゲ海にまで達する大ブルガリア君主国を樹立することが想定されていた。この講和は、――それまでのヨーロッパの慣行に反して、また、以前のロシアのとりわけオーストリアとの取り決めにも反して――東地中海でのイギリスの利害にもオーストリアのバルカンでの利害にも配慮していなかった。両国は、このようなロシアに都合の良い権力の移動を受け入れるつもりはなかった。そのために、ロシアとトルコの紛争は、ロシアとオーストリア、ロシアとイギリスの紛争へと発展したのである。イギリスが艦隊の圧力を強力にかける下で――コサック兵がコンスタンチノープル〔イスタンブル〕の門前に到着すると、イギリスの大艦隊が黒海に入った――、ロシアは以上の条件を修正せざるを得なかった。ヨーロッパ外交の伝統に従って、南東ヨーロッパの状況に関する新たな取り決めを確定するための列強会議を開催することが合意された。この会議が――ロンドンやウィーンでの開催はロシア皇帝にとって受け入れられなかったので――一八七八年の「ベルリン会議」となったのである。

ドイツは、自らはオリエント問題には何の利害も持たなかったが、しかし、この問題が他のヨーロッパ諸大国に決定的に抵触していて深刻な分裂をもたらしているという事実からは逃れられなかった。ビスマルクは、危機が始まった時から、ロシア・オーストリア・イギリスは妥協あるいは分割による解決のために合意を目指すべきであるという考えを表明して、合意を働きかけようと努めていた。それは成功しなかった。ロシアが一八七六年十月にロシア皇帝〔アレクサンドル二世〕の休暇先リヴァディア〔クリミアのヤルタ近郊〕から、ロシアとオーストリアがバルカンを巡って衝突した場合にドイツはどのような立場を取るのかと問い合わせてきたのに対して、宰相ははぐらかすような回答を与えた。彼は何としても両国の戦争を避けたいと望んでいたので、この問いは答えようのない「机上の難問《ドクトルフラーゲ》」だったのである。確かに、彼はロシアを積極的なバルカン政策を取るよう励ましたが、しかし、単なる「好意的中立」という意味でであれ、明確に味方して白紙小切手を与えることは拒否した。その代わりに、彼はオーストリアとの合意が必要であると指摘し、オーストリアの不可侵性が保たれることがドイツにとって存立に関わる問題であることを示唆した。この政策は一時的には〔露土戦争開戦前の時期に〕バルカンでの獲物を分け合うという露墺協調をもたらし、その限りでは言わばドイツの孤立をもたらした。しかし、この状態は長続きしなかった。サン・ステファノ講和の後、ビスマルクは、オーストリアに講和の承認を働きかけること、ましてや強いることを拒否した——そのような態度は、イギリスとオーストリアの一種のクリミア戦争連合〔当時オーストリアは参戦するに至らなかったが英仏と同盟を結んだ〕が成立して戦争が迫っていると考えたペテルブルクの人たちの目には、既に反ロシア的な政策と映った。ビスマルクの側は、そのような戦争は最高度の危険を意味すると考えており、それゆえ第一にロシアを選択するのを避けたのであった。しかしビスマルクは、先にロシアの弱体化を許容できないと考えていたのと同様に、オーストリアがたとえ外交の面だけにおいてであろうと弱体化するのも許容できないとも考えていた。イギリスと共同行動を取るという考えを、彼はさらに追求することはなかった。そのような行動を取れば反ロシアの立場に立つことになり、イギリスをドイツに縛り付けることができないままで、ロシアをフランスの側に追いやることになっただろうからである。イギリスは——ディズレーリの下で——ロシアを抑制するために喜んでドイツを利用したことだろう。まさにそのような事態をビスマルクは避けたかったのであり、同様にディズレーリの側もイギリスがドイツに利用されるのを避けようとしていたのであった。それはこれ以降の時期の両国関係にとって一つの古典的な状況と言えた。ビスマルクは、ロシア、イギリス、あるいはオーストリアが持続的に「不機嫌な」状態になるのを避けるために、厳密な中立政策を取ることを望んだ——それを保ち続けるのは困難だったのだが。それと同時に、彼は——「連合の悪夢」〔キッシンゲン口述書の冒頭で述べられている言葉〕にうなされて——他の諸大国が、例えば西欧両大国〔イギリスとフランス〕とオーストリアが、あるいはフランスとオーストリアとロシアがまとまってドイツを孤立させるのではないかと恐れていた。イギリスとロシアの間、イギリスとフランスの間、そしてオーストリアとロシアの間の主たる緊張関係は、確かに平和的に囲い込まれた状態に保たれるべきだったが——どのような戦争も、予測し得ないネガティブな結果をドイツにもたらすに違いなかったので——、しかし持続していくべきなのでもあった。そうすれば、あらゆる反ドイツ的な連合は排除され、そしてドイツは同盟のパートナーとして望まれ続けただろうからである。

「ベルリン会議」は、「当事者」たちが流動化した後のバルカンに秩序を与えることを目指したが、しかし何よりもヨーロッパ諸大国の間の関係を調整し、イギリスとロシアとの戦争を、あるいは両国間の長い冷たい戦争が熱い戦争に移行するのを回避し、オーストリアとロシアの間の緊張を取り除くことを目指した。勢力圏の分割と代償、権力の現状と権力均衡状態の維持、さらには両海峡〔ダーダネルス、ボスポラス〕問題における門戸開放政策、それらが一般的な構想であり、ビスマルクが既に一八七五／七六年以来考えていたことでもあった。どのような形であろうと危機が激化すれば、オーストリアが打撃を受け、ドイツ帝国は見通しの効かない紛争に巻き込まれてしまうだろうし、ドイツが東と西〔ロシアとイギリス〕のいずれかを選択すれば危機は公然たる衝突へと激化したことだろう。それゆえ、危機の克服と、仲介とが――それと結び付いていたあらゆるリスクにもかかわらず――より小さな悪なのであった。そうすることで、そしてそうすることでのみ、ビスマルクは東と西のいずれかの「選択」という遙かに大きな危険から逃れることができた。さらに、彼の考えはもっと幅広いところまで及んでいた。すなわち、直接関与していない中立的なドイツ帝国によってヨーロッパの勢力均衡が再確立されることは、帝国の最も重要な安全保障上の利害、平和の維持に役立ち、そしてそれと同時にドイツ帝国の権力的地位を固め、それどころかいっそう強めることになると考えていたのである。バルカン問題に関しては、状況はビスマルクの意図にとって好都合なものであった。彼の会議外交は、勢力圏の区分と緩衝国家の形成とを目標としていた――それは、ロシアとオーストリアとの間の緊張をできるだけ外交的にコントロールできる程度にまで限定するというビスマルクの政策に合致していた。そのような政策は、バルカン諸民族の国民的《ナツィオナール》な独立のために何らかの形で積極的に関与することに反対するとまではいかないとしても、そのような姿勢とはまったく無縁な古風な政治家が総力を挙げる場合にのみ、可能となるものだった。ビスマルクはこの会議で「誠実な仲立ち人」としての役割を引き受けることを望んだ。それが意味したのは、一切の示威的な行動を避けて、直接的には利害も関与もない者という立場を最大限の首尾一貫性と控え目な姿勢で守り、――ヨーロッパがなおも疑っていたように――自国の権力、ましてや領土を拡大することは一切放棄して、まさにそのことを通してヨーロッパの平和秩序の保証者という役割を引き受け、そして、一八七一年と一八七五年に疑われていた潜在的な平和攪乱者という立場から抜け出すことであった。それはまた、あらゆる反ロシア的な封じ込め戦略からも親ロシア的な宥和戦略からも離れることを意味していた。

「ヨーロッパ」の目から見れば、この試みは成功した。ベルリン会議はビスマルクの権力と名声の一つの頂点を画するものとなった。ドイツ帝国は平和的な抑止者としてヨーロッパの一つの枢要国となり、国際的な緊張の高まりから平和的な段階への移行はビスマルクの名前と結び付けられるようになった。何よりも彼は、彼の政策と、その結局は秩序と平和を目指す目標に対する信頼の念を、イギリスの政治家たちの間にしっかりと定着させることに成功した。しかしながら、ロシアに関しては、結果はむしろネガティブなものだった。この会議は、基本的には既に成立していたロシアとイギリスの間の合意を再確認できたに過ぎなかった。ドイツ帝国の助けを借りてなおも変更を加えられるのではないかというロシアの期待は幻想に過ぎなかったのだが、それは、そのためにはビスマルクがまさに拒否していた一方への加担を必要としただろうからである。彼はロシアと対立する立場を取らなかったが——そうすれば、ロシアをフランスの側に追いやって、ドイツの政策にとっての悪夢が現実になることになっただろう——、しかしロシアの側に付いてイギリスやオーストリアと対立することもしなかった。彼の会議での戦術は、ロシアが面目を保てるようにすること、ロシアがベッサラビアや小アジアにおいて戦争抜きでも可能だった最大限のものを達成できるようにすることに帰着した。そのために、何人かの人たちは彼の立場は親ロシア的であると考えたが、ロシア人たちの側はそう考えず、いずれにしても十分ではないと考えた。ロシアが何を獲得したとしても、それは常にロシアの期待を下回るものに留まらざるを得なかったのである。その結果として生じたのは、ロシアがこの会議を敗北を確定したものと受け止めたことだった——目標を引き下げるのを敗北と理解するのであれば、客観的にもその通りだったが。それだけではなくて、結果として生じたのは、ロシアが、一八七〇／七一年にロシアが取った態度のゆえに感謝しなければならないはずのドイツ帝国とビスマルクに敗北の責任を押し付けたことであり、そして現実を認めざるを得なかったロシアの政府と皇帝にとっては、世論の怒りをビスマルクに向けさせるのはまさに都合の良いことであった。このようにロシアがドイツ帝国と疎遠になったことは、世界政策におけるロシアの本来の敵対者であるイギリスの立場を間接的に強化した。その限りでは、イギリスはオリエントでの勝者であったばかりでなく、——言わば自ら行動することなしに——ヨーロッパの勢力均衡を新たに定めるうえでの勝者でもあった。イギリスは、ヨーロッパ南東部での保証国という厄介な役割を喜んでドイツ帝国に譲った。ビスマルクが追求していた仲介者という地位は、維持不可能であることが明らかになったのである。それが、彼の銀行家であるブライヒレーダーが懐疑的な——しかし決して冷笑的というのではない——コメントで意味していたことだった——すなわち、「誠実な仲立ち人など存在しない」。東方とオリエントで覇権を握ろうとしたロシアの試みは挫折したのであり、それは確かに第一にはイギリスのためだったが、しかしまさにドイツのためでもあったのである。

K・ヒルデブラントが極めて適切に指摘しているように、ビスマルクの偉大な業績からは、ドイツの対外政策にはいかに重大な重荷が課せられていたかということをも見て取る必要がある。すなわち、ドイツの対外政策にとっては危機を克服することが他のどの国にもまして通常の状態となり、もはや危機の連鎖が途切れることはほとんどなくなったのだった。まず、ベルリン会議とともに勃発した独露間の緊張がさらに高まっていった。バルカンでの様々な調停委員会で、ベルリン会議の時の状況が繰り返された。ロシア側からもドイツ側からも、例えばドイツの関税と輸入制限や、ロシアの軍備拡張と部隊移動を巡って、様々なあてこすりや、圧力や、摩擦が展開された。ロシアはドイツ帝国にオーストリアとイギリスに反する選択を強いようとした――なおも控え目な態度を取り続けるようならドイツと決裂するという脅しをかけて。それが、ベルリン会議が終わって四週間経ったばかりで出された一八七八年〔原書では一八七九年と誤記されている〕八月十五日のいわゆる「平手打ち書簡」〔アレクサンドル二世からヴィルヘルム一世への書簡〕の内容だった。ビスマルクはそのような選択に応じなかった。例えば彼は一八七九年の夏にルーマニアに関する問題でロシアに対抗して西欧両大国と密接に協力し、しかもそれを通してロシアと西欧両大国との協調を阻止した。この緊張期の解釈を巡っては、個々の点で議論がある。一部の人たちは、ビスマルクはまさにロシアとの冷たい戦争を展開していたのであって、ロシアの脅威に光を当てようとしていたのだと考えており、他の人たちは、どんなに苛立っていたとしても彼の親ロシア的な傾向に変わりはなかったのだと強調している。どちらの解釈も、すぐ後で論じる彼の二重の目標――ロシアに対して圧力を行使するということと、受け入れ可能な条件の下でロシアを味方につけるということ――のなかに位置づけることができるのは、容易に見て取れるところである。

ビスマルクがロシアとの関係の緊張が高まったことから引き出した最も重要な帰結は、オーストリアとの結び付きを活性化すること、真の同盟、いわゆる二国同盟を締結したことだった。それは古典的な防御同盟で、五年の期限付きで締結された。双方の締結国は、ロシアから攻撃された場合に、すなわちロシアのほうから攻撃してきた場合にだけ、――少なくとも――好意的中立の立場を取ることを互いに保証した。二つの大国が、すなわちロシアとフランスが攻撃してきた場合には、援助し合う義務を負った。古《アルト》プロイセン的な意識を持つ皇帝は、ロシアに背を向けてオーストリアに向かうこの条約に――ドイツ帝国が最も恐れねばならないフランスが攻撃してきた場合について同盟の発動が想定されていないのは、皇帝の目から見れば「不平等な取引」に他ならなかった――断固として抵抗した。辞任の脅しをかけて、結局ビスマルクは自分の意志を押し通した。自分自身よりもビスマルクのほうが重要なのだと述べて、老いた主君は諦めた。一八七九年十月七日に条約は締結されて、十月十六日に批准された。

二国同盟は、ヨーロッパの記憶、とりわけ中央ヨーロッパのドイツ人たちの記憶に深く刻み込まれることになった。この条約は一九一八年まで効力を持ち、そして第一次世界大戦が勃発する際に一つの決定的な役割を果たした。後から振り返って見るならば、この条約を締結したことは一つの運命的な決断であった。この条約はドイツ人の攻守同盟だったのだろうか？　この条約はヨーロッパが二つのブロックに分裂していく始まりを意味したのだろうか？　このような大きな問いに向き合う際には、二国同盟をもたらすに至った複雑で議論の余地のある理由について、そしてこの同盟がもたらした直接的・間接的な作用について、はっきりと認識しておくことが特に重要なのである。

　二国同盟は古典的な外交に基づく同盟であったので、その締結に繋がっていった動機、ここでの私たちにとっては何よりもビスマルクの動機は、列強間の伝統的な外交に属している。その際には、二つのレベルを区別して考える必要がある。差し当たって、二国同盟はオーストリアを支持してロシアに反対するという決断を意味したのであり、ビスマルクも好んでそのような言い方をした。ビスマルクはロシアと結ぶという可能性と、その持続性に疑いを抱いていた。それは、一つには、ドイツとの王朝的な結び付き〔アレクサンドル二世はヴィルヘルム一世の甥だった〕だけでは、民衆的なロシアの汎スラヴ主義的ナショナリズムという「計算不可能な原初的な力」には対抗できないと考えられたからだった。もう一つには、ロシアを選択すればオーストリアを、そしてとりわけイギリスを遠ざけることになり、両国にフランスと共同行動を取る気を起こさせ、ドイツ帝国は再びロシアに依存する状態になって、その結果、ヨーロッパから広く不信の目で見られるようになるだろうと考えられたからであった。これに対して、ビスマルクによれば、オーストリアとの同盟は、より計算可能で安定しており、国民的《ナツィオナール》で歴史的な伝統にしっかりと根差しているし、また、オーストリアはそれほど強力なパートナーではないので、ドイツの行動の自由をほとんど損なうことがなく、さらには、ロシアの世界的な敵対者であり、オーストリアの保護者である――その他の方法では手の届かない――イギリスを、ドイツ帝国の側に引き寄せる可能性さえあった。逆に、オーストリアがドイツに支えられない状態が続けば、イギリスとオーストリアがいっそう密接に結び付く可能性が高まり、そしてそうなれば、やはりロシアをフランスの側に追いやるに違いないと考えられた。二国同盟条約の中立と支援に関する保証が文言上はドイツよりもオーストリアのほうに有利になっているように思われるのは、見かけだけのことに過ぎなかった。なぜなら、フランスがロシア抜きで攻撃してくるというのはそもそもあり得なかったからであり、それゆえ、フランスからの攻撃に関してオーストリアの約束を取りつけるのを断念するのは、ビスマルクにとって困難なことではなかった。ロシアから攻撃を受けた場合についてさえ、彼はイギリスがフランスに中立を守らせてくれる可能性を考慮に入れていた。深刻な事態が生じた場合についてのどのような考慮にもまして重要な点は、この条約の意義は――文言には反して――戦争の場合に備える点にあるのではなくて、戦争を阻止する点にあったのだということである。二国同盟の重みが、ロシアに、すなわち敵となりかねない人たちに、あり得る攻撃の意図を思い止まらせ、戦争から手を引かせるはずだと考えられていたのだった。

次に、第二のレベルの動機である。一見したところでは明白にオーストリアを支持してロシアに抗するように見えた選択は、ロシアを再びドイツ帝国に引き寄せるという結果をもたらすこともあり得たのである。孤立する恐れが強まれば、ロシアのほうから「やって来る」だろうし、ロシアに冷淡な態度を示せば、ロシアは方向を転換するだろう、と。そうであるとすれば、オーストリアへの選択は相対的なものであり、もちろん、ドイツの行動の自由を耐え難いほど制限することがなく、ロシアが過大な圧力を行使する可能性もないという条件の下にではあるけれども、ロシアを味方につけるための一つの手段なのであった。それは、ビスマルクにとっての理念政治的・反革命的な優先順位にも合致するものだった。それにもかかわらず、このような観点の下でも、二国同盟そのものは戦術以上のものであった。この同盟のより深い意義は、強大過ぎるロシアへの懸念に対処し、そしてそれと同時にロシアとの協調を可能にするという点にあったのである。オーストリアと同盟を結んだ場合にのみ、ドイツは、自らの自立性を失うことなく、世界大国であるロシアと行をともにすることができたのだった。何人かの歴史家たちは、そのような新しい形でのロシアとの結び付きを目指すことが二国同盟締結に際してのビスマルクの本来の意図だったのだと考えている。彼は、ロシアが「やって来る」という見通しが立った時に、それどころかそう確信した時に、初めて二国同盟を締結したのである、と。このような解釈はあまりにも直線的なものと言っていいだろうし、おそらく尖鋭化した形では間違っている。ビスマルクは、ほとんど常にそうであったように当時も複数の可能性を計算に入れていて、それらの可能性を準備していたのだった。すなわち、ロシアが和解の姿勢を示さなければ、彼は二国同盟（そして、イギリスが一種の支援国として背後に控える）という解決策に賭け、もう一つの可能性としては、ベルリンとペテルブルクの新たな接近に賭けたのであった――後者の選択肢のほうが、彼には遙かに有利で、遙かに追求に値するものと思われていたのは確かだが。

一八七九年の夏から秋にかけてのドイツの対外政策の以上のような考慮や行動に際しては、イギリスとの関係が特別な役割を果たした。ビスマルクは、バルカン問題に関して、例えばルーマニアの将来を巡って、イギリスとの協力を求めたし、そして二国同盟への決断にしても、イギリスとの関係を深められるのではないかという期待を直接含んでいた。一八七九年九月に、ビスマルクはイギリスの——ロシアと衝突するに至った場合の——立場を打診しようと試みた。それは最初の接近の試みであり、同時にロシアに対する圧力行使という戦略における戦術的な一手でもあった。ディズレーリは、イギリスの政策の精神に合致して、立場を明確にすることは避けた——彼は、イギリスはフランスに中立を守らせるという見通しを提示するに留まった。イギリスは、ヨーロッパでは「外交によって規制された流動性」という状態に、そしてドイツとの関係については通常の状態——対決ではなく、同盟でもない——に、完全に満足していて、それ以外の状態に引き込まれるつもりはなかったのである。ドイツはロシアとイギリスとの間の選択に直面しているのかという問いが、イギリスの側から投げかけられることは、当時はなかった。同じことは、イギリスの反応とは関係なく、ビスマルクの側にも当てはまった。ビスマルクはロンドンへの打診をそれ以上追求しなかった。彼がイギリスに不信感を抱いていたために、また、イギリスを頼りとしているという合図を送れば、イギリスに依存するようになり、さらには自由主義的なグラッドストン政府〔一八八〇年三月の選挙に保守党が敗れ、四月にグラッドストン内閣に交替した〕のイデオロギー的な政策——反トルコ、反ロシア、親フランス——に依存するようになるのではないかと恐れていたために、それ以上の打診を控えたのだった。結局のところ、彼はロシアを味方につけたいと望んでいたのであって、親イギリス的な指し手を重ねてロシアを怯えさせることを望んではいなかった。イギリスという選択肢は、ロシアへの選択が失敗に終わった場合にのみ、初めてより切実味を帯びたことだろう。彼が第一に望んでいたことは、ロシアへの接近と、少なくとも実際的な面でポジティブなイギリスとの関係とを結び合わせることであった——二国同盟はこれら二つの目標に役立つものとなるはずだったのである。例えばチュニス〔チュニジア〕の獲得を励ますなどの一定の親フランス的な行動も、「大いなる」ロシア戦略と関連している。フランスが地中海に関与するのは、ロシアをヨーロッパで孤立させて、ロシアに方向転換を迫ることになると考えられていたからである。

　私たちは、この問題のまったく異なる一面にも言及しておかねばならない。ビスマルクは当初、ウィーンに対して、二国同盟に憲法に関わる同盟、さらには関税連合としての性格を持たせ、公開の形で両国の議会によって締結されることを提案した。もしもこの提案が実現していたら、かつての大ドイツ主義的中央ヨーロッパ理念を継承して、ドイツ帝国の権力的・経済的基盤を後の中央ヨーロッパ理念に添うような形で拡大し、国内政策的にも国民《ナツィオナール》政策的にも統合的な作用を発揮して、大きな成功として人びとを鼓舞したことだろう。しかし、この提案は実現しなかった。オーストリア外相のオンドラーシは、その種の考えを即座にきっぱりと拒否した。確かに、ビスマルクが民衆的で国民的《ナツィオナール》な勢力を引き込もうという考えと、新たな中央ヨーロッパという「地理戦略的」な権力を形成しようという考えとの二重の考えに与したのは、興味深いことに違いはないが、しかし、何人かの歴史家たちのように、この点に特別に大きな重みを持たせるべきではないし、それを彼の二国同盟政策のさらなる（二重の）主たる動機と見なすべきではない。彼はこの考えを直ちに捨て去って、それ以上追求することはなかったのである。この同盟が、大ドイツ主義的な心と心の同盟にも、中央ヨーロッパ・ブロックを形成するものにもならないで、外交的な（防御）同盟に留まったのは、彼の政策とヨーロッパ共通の政策の基本的路線に対応していたのであって、憲法に関わる同盟が含んでいたような「革命的」な特徴は背後に押し込められたのだった。

もちろん、二国同盟は、元々意図されていたものとは異なるものとなり、それ以上のものとなった。この同盟は、――諸大国間の関係が流動的であった時期の後で――ヨーロッパにおけるブロック形成に道を開いたのであり、一つの急場凌ぎ策であったものが持続的な性格を帯びるようになったのである。しかし、必然的にそうなったというわけではなかった。二国同盟は――冷静なポストナショナリズム的な観点から見れば――、ドイツ帝国を、ヨーロッパ諸大国のなかでも最も弱体な大国に結び付け、この大国の存立とリスクに関わる危機に、バルカンを自国の権力を護るための最後の砦にしようという野心に、そして反ロシアという戦線配置に結び付けた。それは敗北に通じていく一つの道となった。しかしながら、結末を予感することもなく踏み出した最初の歩みは、まさに避けられないものだったのである。確かに、ビスマルクは――古風な静的な見方をする人物で、心底から官房外交を信奉する人物であったが――大国オーストリア＝ハンガリーの力を過大評価していたし、時としてオーストリアの内部的な脆さや危機的な状態について五十年代・六十年代に彼が下していた評価を忘れてしまったかのように見受けられる。また、彼が、オーストリアがドイツの代わりにイギリス及びフランスと、それどころかフランス及びロシアと同盟を結ぶ可能性を過大視し過ぎていたのも確かである。しかしながら、一方において、オーストリアは実際に依然として大国であったし、その衰退について様々な噂が流れていたとは言え、その後の四十年間にわたって大国であり続け、ヨーロッパからもそう見られていた。他方において、そして何よりも、たとえオーストリアの権力的な重みと権力的な可能性をいっそう低く評価したとしても言えることは、ドイツは地理的＝政治的な状況によって強制的にオーストリアの運命とほとんど不可分に結ばれており、ドイツはオーストリアの存在に対して決定的な利害を持っていたということである。例えばオーストリアが解体・分割されればオーストリアのドイツ人たちとの「合同《アンシュルス》」が俎上に上っただろうが、それはドイツ帝国のプロイセン的・プロテスタント的な性格に根本的な疑問を投げかけることになっただろうし、そして何よりも、ヨーロッパの勢力均衡体制とドイツ帝国の半ば覇権を握った地位との関係を、いっそう問題を孕むものとしたことだろう。さらに、オーストリアの解体は、少なくとも当面のところは、ロシアの権力的地位を著しく高め、それとともに露英間の緊張を著しく激化させたことだろう。

ところで、オーストリア＝ハンガリーの内的なまとまりは、バルカンの諸問題——トルコの撃退あるいは分割——によって存立を脅かされ、もちろんとりわけロシアの覇権圏に属するバルカン・スラヴ人たちが発する磁力によって脅かされていた。オーストリアの死活に関わるこの問題は、間接的にドイツにとっても死活に関わる問題となった。直接的には、オーストリアが戦争に巻き込まれれば、その戦争はドイツの安全保障を存立に関わる程度にまで脅かすということであり、それは、ドイツが中間に位置することに伴うロジックに他ならなかった。そのような戦争はロシアとの戦争となっただろう。ドイツはそのように、自らが欲するか否かにかかわらず、ロシアとオーストリアの緊張の網の目に絡め取られていたのである。ドイツは平和を必要とした。ドイツは、オーストリアがほとんど不可避的に参加することになったであろう戦争が起こるのを阻止しなければならず、そしてオーストリアの存在を保たねばならなかった。オーストリアを見捨てて、ドイツ政治及びヨーロッパ政治における権力状況に革命をもたらすリスクを冒すという極端な選択肢は、——慎重な言い方をすれば、ほとんど——現実主義的なものではなかった。一八七九年の同盟は、まさにヨーロッパの東部と南東部における戦争を阻止するための手段として考えられていたのである。このような構造的な状況こそが、ロシアの拡大に対して、そして——はっきりと述べられてはいなかったが——民族革命による解体に対して、オーストリアの存立を保証することをビスマルクに強いたのであった。しかし、それを通してドイツ帝国は、先に述べた自国の安全保障上の利害に合致するよりもいっそう深くバルカン問題に巻き込まれてしまう危険を背負うことになってしまったのである。

ビスマルクはオーストリアの存立を保証したが、バルカンでのオーストリアの野心を保証したわけではなく、それゆえ、ロシアが覇権的な立場から利用した諸民族の独立運動に対抗して、その補償としての領土拡大を求めることで応じようとする不吉な政策を、支持したわけではなかった。それでも二国同盟は、ドイツのバルカンとの結び付きを強め、固定することになった。オーストリアとロシアの間のどのような緊張も、それどころかバルカンでのどのような権力の移動も、いまや直接ドイツ帝国に跳ね返ってくるようになったのであり、それを制限することは難しかった。ビスマルクはオーストリアの野心に完全に不信感を抱いていた。彼は、――彼の目から見ても明らかだったが――より弱体なパートナーであるオーストリアの行動をまさにこの同盟を通して拘束して、ロシアに対する姿勢を制御できると信じており、そのことが彼の政策の一つの目標となっていた。彼は、二国同盟の両国間のどのような軍事協議や軍事計画をも妨げたし、ドイツ帝国が――後に一九一四年に起こったように――オーストリアに囚われてしまうような危険があるとは考えていなかった。その際に彼は、同盟が持つダイナミズムを、そして二国同盟が重荷になり得るという可能性を、過小評価していたのだった。繰り返すが、必然的にそうなると決まっていたわけではなかった。しかし、傾向は避け難いものがあった。ドイツ帝国は、いまやライン河畔の独仏対立だけではなくて、ドナウ河畔の墺露対立とともに生きていかねばならなかったのである。

　二国同盟が及ぼした作用の歴史のなかの一つの側面、すなわち国民《ナツイオナール》政策的な側面についても述べておく必要がある。二国同盟は、そしてこの同盟が知られるようになる以前には独墺の結合を求めるという政策は、大いに人気があるものであり、ドイツ人の意識に深く刻み込まれた。それは、一八六六年の溝を超えるオーストリアのドイツ人たちとの和解を意味したのであり、カトリック教徒の場合には特にそうであった。兄弟国民、あるいは後にはゲルマンの利害、一体となっての防衛、ニーベルンゲンの信義といった象徴的な表現は、そのことを示している。このような見方は、外交的な計算の域を超えて完全に感情的な独自の重みを持つようになり、国民的《ナツイオナール》な意識と感情を表現する新しいあり方となった。中央党を支持するカトリック教徒たちが新帝国に溶け込んでいくうえで、それは一つの重要な役割を果たしている。オーストリアの場合には、この同盟は、例えばズデーテン地方のように、全ドイツ連盟的で反ハプスブルク的なナショナリストたちの失地回復《イレデンタ》意識を高揚させることにもなったのだが、この点はここでは指摘しておくだけに留める。やがて、オーストリア人アードルフ・ヒトラーとともに、特殊オーストリア的な二国同盟ナショナリズムがドイツに戻って来ることになる。

　ここで注意しておかねばならないのは、私たちは一八七九年に成立した二国同盟に後から振り返ってあまりにも多くのものを読み込もうとする危険を冒しているということである。確かに、それらの点は、一八七九年の時点でも可能性としては存在していた。しかし、以下に見ていくように、ヨーロッパにおける権力関係は少なくともビスマルク時代にはまだ流動的な状態に留まっていたのである。

二国同盟の締結は、その後の数年間のヨーロッパ政治に二つの重要な帰結をもたらした。第一の帰結は、ビスマルクが最善の選択肢として目指していたように、ロシアがもう一度ドイツとの、さらにはオーストリアとの協調に、三帝政策・東方三大国政策に戻ったことである。ロシアは、ドイツにジュニアパートナーとしての役割を強いることを諦め、いかなる代価を払ってでもバルカンでの拡大を実現しようとするのを断念したのだった。一八八一年六月に新たな三帝同盟が成立したが、しかしもはや一八七三年のように公表されずに秘密とされた。親ドイツ的な対外政策を支持するペテルブルクのエスタブリッシュメントは、ナショナリスト的な世論に直面する下では他の形を取ることができなかったのである。形式的には、この条約で問題となっていたのは、一つの大国との戦争が起こった場合に――ロシアについてはドイツとフランスが衝突した場合、ドイツについてはロシアとイギリスが衝突した場合に――互いに中立を約束したことと、バルカンとオスマン帝国に関する事柄に関してはと協議する義務を負ったこと、さらにはダーダネルス・ボスポラス海峡の封鎖を約束したことだった。しかし、全体の狙いは戦争を回避するという点にあり、一、ロシアとオーストリアのライバル関係をコントロールすること、そして、二、ロシアのフランスとの同盟を阻止すること、そして、三、以上二つの点とともに、当面のところは、ますます声高になりつつあった汎スラヴ主義的な傾向が溢れ出るのを防ぎ、ロシア政府内でのフランスとの同盟を求める声に対抗する防壁を設けることにあった。どちらかと言えば親ドイツ的なギールスがロシア外相に就任したことが、そのような方向性をしばらくの間は強化した。ビスマルクは、社会的な革命運動に直面する下で、この同盟の保守的＝イデオロギー政策的な側面を繰り返し大いに強調し、ロシア皇帝の側近たちの間にそれなりの反響を見出した。オーストリアは、反ロシア的なバルカン政策から離れ難かったのだが、イギリスの新しい――自由党の――政府がもはや確実な援護を提供してくれなくなると、ようやく譲歩した。ドイツ帝国は、ロシアとオーストリアの間で仲介者としての役割を引き受けるという有利な立場に立ち続けた。世界は秩序の下にあるように思われ、ビスマルクは安心して眠ることができた。一八八四年に彼は、いまやベルリンとウィーンと、さらにはペテルブルクの軍人たちが既に二国同盟とロシア及びフランスとの戦争を想定していたにもかかわらず、この協定をもう一度三年間延長するのに成功した。

二国同盟の締結がもたらした第二の帰結は、この同盟体制が西方と南方に拡大したこと、すなわち地中海圏が大国政策に引き込まれたことだった。一八八二年五月に、オーストリアとドイツ帝国はイタリアといわゆる三国同盟を結んだ。イタリアは、一八八一年のフランスによるチュニス併合（ビスマルクはこれを大いに奨励していたのだが）と、西欧両大国が巨大な負債を抱えたエジプトで事実上の独占権を握っている状態に不満と孤立感を抱いて、ドイツを頼れば地中海と大国への野心——例えばリビアとアルバニア——の実現に近づくことができるだろうと考えた。そのような大国政策は、大いに安定しているとは言い難いイタリアの君主政を強めることをも目指していた。ビスマルクはこの接近に応じたが、オーストリアをイタリアの失地回復主義《イレデンタ》——トレンティーノと南ティロール——から護るために、オーストリアをも加えた。イタリアは、オーストリアとロシアの戦争では中立を守る義務を負い、二国同盟の両国が二正面戦争を戦う場合には支援する義務を負ったが、もちろん強大な海軍を持つイギリスと戦うことは想定されていなかった。二国同盟の両国はフランスから保護することをイタリアに保証した。しかし、先に述べたように、その点に問題の本質があるわけではなかった。イタリアは、フランスと対抗する立場へと固定され、オーストリアから逸らされて南方の政策、植民地政策へと励まされ、そして国内が強化された。三国同盟は極めて強固な同盟だったわけではなくて、とりわけオーストリアとイタリアはそれぞれに異なる目標を掲げてバルカンの現状変更を目指していたのだが、しかしこの同盟によってヨーロッパの平和地域が拡大し、強化されたように見えたのであった。一八八三年にはルーマニアもこの同盟に加わった。ルーマニアは、当時ベッサラビア地方を巡って争っていたロシアに対抗する援護を求めたのである。これもやはり、オーストリアにとっての負担軽減となった——もっとも、ルーマニアはジーベンビュルゲン〔トランシルヴァニア〕地方を巡ってオーストリアとも争っていたのだけれども。スペインとトルコも、この「体制」に緩やかに依存する関係に入った。

こうしてドイツは、互いに噛み合っているが、しかしある程度まで対立し合ってもいる二つの同盟体制の中心に位置するようになった。一方には三帝同盟が存在し、オーストリアとロシアの協力を基盤とするとともに反イギリス的な傾向を持っており、そして他方には三国同盟が存在していて、こちらはイギリスとの暗黙の協力関係を不可欠としていて、その限りでは反ロシア的な方向性を含んでいた。同様に、三帝同盟はロシアを通して多少親フランス的な色彩を帯びていたのに対して、三国同盟ははっきりと反フランス的な色彩を帯びていた。あるいは、二国同盟はロシアを抑止しようとし、三国同盟はフランスを、三帝同盟はオーストリアとイギリスを抑止しようとしていた。ビスマルクの目から見れば、彼が取りまとめた諸協定の意義は、まさにこのような不安定な状態を実現するところにあったのである。すなわち、これらの協定は、諸大国のダイナミズムと敵対関係を囲い込み、それを通してドイツ帝国の対外政策上の自由と安全保障を維持することを目指していたのであった。それこそが、「五つの球を操る」ことに他ならなかった。ドイツはフランス以外のどの大国とも結ばれており、しかも一つの大国に結び付けられることはなかった。ドイツは、これらの諸関係を「背後から」、それも諸関係が互いにバランスを取る形に形成した。それと同時に、二つの主要な体制は、どちらかがうまくいかなくなった場合には受け皿となる足場を提供していた。それゆえ、ドイツは半ば覇権的な地位を占めたと言っていいのかもしれない。

この技巧的な二重体制においては、もちろん接近と冷却化との間で浮き沈みが見られた。とりわけドイツとイギリスの関係は揺れ動き続けた。ロシアとの結び付きは――たとえいかに限られたものであったとしても――イギリスではドイツと距離を取るような作用を及ぼさざるを得なかったのだが、しかしイギリスは世界政策の面では主としてロシア及びフランスと対峙していたので、ドイツと対立する立場を取ることはなかった。それでも、基本的にベルリンは慎重に策を講じてイギリスに配慮しなければならなかった。しかし、イギリスをいっそう緊密に三国同盟の側に引き寄せることには成功しなかった。このような流動的な状況の下で、ビスマルクにおいては、イギリスに対しては全体とすれば冷淡な、あるいは穏やかな非友好的な姿勢のほうが強かった。それは、グラッドストンとその政府への深い嫌悪感、さらには皇太子がより自由主義的な路線を取ってドイツ版の「グラッドストン内閣」をつくるのではないかという内政上の懸念をビスマルクが抱いていたこととも関連していた。そのような事態を彼は、外政の面でも、阻止したいと考えていたのである。さらに、ビスマルクは常に、グラッドストンの反トルコ的なモラリズムは汎スラヴ主義者たちとの、すなわちロシアとの協調を容易に可能にするのではないかと恐れていた。これらの一切が、例えば彼のプレス政策・プロパガンダ政策を規定していたのである。

ところで、同盟政策の面での接近や冷却化が見られたこの段階には、ドイツの植民地帝国の建設という出来事が覆い被さっている。これとともにドイツは世界政策に乗り出して、「陽の当たる場所」を巡って争う帝国主義大国となり、そしてそれには、一八九〇年から、とりわけ一八九七／一九〇〇年から作用を及ぼすようになる巨大で宿命的な帰結が伴うことになった。

事態を驚くに値するもの、そして逆説的なものにするのは、ビスマルクは植民地の反対者だったという事実である。エルザス＝ロートリンゲンの代わりにインドシナを獲得してはどうかという一八七一年のフランス側の申し出を、彼は大いに嘲笑して退けた。確かに、ビスマルクは視野の狭いポンメルンの田舎ユンカーではなかった。しかし、ある国の経済的な力を伸ばすには植民地よりも非公式的な支配方法や援助のほうが遥かに適しているのであって、植民地は何よりも重荷になるというのが、当時のヨーロッパのすべての自由主義的な自由貿易主義者たちと同様に、彼の見解でもあった。しかし、何よりも重要なのは、ビスマルクはヨーロッパ大陸部の権力状況が優先されるべきであることを完全に確信していた人物であったということである。八十年代の末に植民地政策に積極的に関与している訪問者を迎えた時に、ヨーロッパの地図を指し示しながら「……そして我々は中間に〔フランスとロシアに挟まれて〕いて、これが私のアフリカ地図だ」と述べたという話は、このことを特徴的に物語っている。ドイツは地政学的に十分な負担を抱えているのであるから、海外に——紛争が生じた場合には維持できず、しかも常に財政的に負担となる——拠点を構えて、世界政策的な緊張に巻き込まれるべきではないし、ましてや単なる威信のためにそのようなことをやるべきではないのだ、と。しかし、一八八四／八五年〔原書では一八八三／八四年と誤記されている〕に政策が突然短期間だけ転換され、ドイツは植民地を獲得するのである。これについての説明は論争の的となっており、とりわけ、その際に内政上の理由が決定的な意味を持っていたのかどうか、持っていたとすればどの程度にだったのか、という問題が議論されている。

　最初に、何が議論されているのかという点から始めたい。新しい植民地政策は、それまでの対外政策を変化した権力状況の下で継続したものでもあった。ビスマルクはこの時期にフランスとの調整を図る政策を試みていた。彼はフランスの植民地への野心に明確に好意的な態度を取ったが、それはフランスをヨーロッパから周辺部へと逸らすという意図を持ち、フランスとイギリスの対立を深め、さらには——おそらく幅広い観点からすれば——は独仏の協力に道を開き、あるいはイギリスに独仏の協力があり得ると思わせることを狙っていた。一八八四／八五年の冬に開かれたベルリン・コンゴ会議は、中央アフリカにおけるイギリスの単独支配を抑止するためにフランスとドイツが共同行動を取る可能性もあることを誇示した。さらに、ドイツが植民地として要求した土地はイギリスが利害を持つ地域に位置しており、そしてそれらの要求はイギリスが不快な思いをするのを承知のうえで意図的に、また、毅然として持ち出されたのであった。その背後には、イギリスの影響力を抑止し、孤立させ、そしてそれと同時にドイツと合意することの有益さを納得させようという意図が存在していた。さらには、ドイツ帝国で皇位交代が起こった場合の独英協力を困難にし、それを通して自らの——失脚と、ドイツ版の「グラッドストン内閣」による自由主義的な路線転換とを困難にしようという内政上の利害も存在していた。それは、考え抜かれた戦略と言うよりも、むしろ、ビスマルクの不安定なヨーロッパ体制を、急場凌ぎ策のためにであれ、異なる選択肢のためにであれ、たとえまだ定かではないにしても新しい可能性に向かって開こうとした試みだった。

以上のような考えが、ガルが述べているように、単なる急場凌ぎ策以上のものだったのであって、アフリカという迂回路を経て新しい世界政策的な体制という選択肢を目指すものだったのか、すなわち、実際にドイツとフランスによる「平和保険」を目指し、フランスがイギリスに対抗する重しとしての役割を果たす体制を目指すものだったのか——そのような体制は、ドイツのロンドンへの依存、ジュニアパートナーとしての役割を阻止して、ドイツ帝国の同権と権力要求を固めるのを助けただろうが——、それとも、ビスマルクは、「世界政策」に直面する下で、中央部が均衡を保つことを通して決定的な役割を果たす大陸体制をもはや信じてさえおらず、そのために異なる政策を求めていたのか——それは、ひとまず措いておく。その種の考えが一定の役割を果たしていたのかもしれないが、前面に位置していたのは戦術的な実験という側面のほうだったのである。

私たちは、植民地政策に関する国内的な理由、経済政策・理念政策・体制政策に関連する理由に目を向けることにしたい。まず言えることは（そして、いまも異論なく認められているのは）、ビスマルクは植民地政策を無から、あるいは国際的な所与の状況のみから創り出したのではなかったということである。すなわち、七十年代の末から支持者や論拠や利害を伴ったドイツの植民地運動が存在していた。この運動に属していたのは、対外貿易業者や海運業者、研究旅行家や冒険家たちであり、すべての人たちがどこかの地域に特別な利害を持っていて、そこから容易に帝国による「保護」を求める要求が生じた。さらにこの運動には、植民地ジャーナリストや、経済界から伝道会にまで及ぶ植民地熱に憑りつかれた人たちが属し、国民《ナツイオーン》と権力の発展にとっての新しい目標を宣伝する人たちが属していた。いずれにしても、七十年代後半から八十年代前半にかけて「植民地問題」を巡るかなり大規模な議論、ドイツが植民地を所有することの是非と理由に関する議論が展開されていた。

植民地支持者たちの動機と論拠は、単純化すれば二つのグループに分けることができる。その一つは社会経済的なものである。ドイツは、過剰な人口のための移民植民地を必要とするのであり、成長しつつある産業経済のための輸出市場としての——時には既に原料供給地としても言及されていたが——植民地を必要とし、過剰生産あるいは停滞、不況あるいは経済危機に対抗して経済と成長を安定させ、それを通して社会的なバランスを確保し、それどころか――一種の安全弁として作用する輸出によって――社会問題を解決して、社会主義者たちを克服するするためにも、国家による輸出の奨励を必要とし、植民地を必要とするのである、と。海外市場とその成長が経済危機の時期には安定にとって重要であるという単純な事実が、植民地圏の領域的市場を政治的にも直接支配しなければならないという考えと組み合わされたのだった。そのような考え方が、大規模な経済危機の過程とその後の不安定な状態のなかで、まさに八十年代の初めに流行するようになった――いかに幻想に囚われていて、論拠が互いに対立し合い、また、期待が誇張されていたとしても。ささやかな特殊利害までもが、このような視野のなかではそれなりの位置を占め、自らの国民経済的な意義を喧伝することができたのであり、経済問題が政治の対象となったのであった。それに、「マンチェスター主義」に反対して保護と国家による介入へと向かう転換が加わり、それは社会政策にも広がった。その結果、植民地は金がかかって重荷以外の何ものでもないという自由貿易主義派の主張が相対化され、そして自給自足的な経済圏を求める動きが生み出された。あたかも近代的な経済と社会の諸問題はもはやこれまでのような国民国家の枠組みのなかでは克服できず、国民国家の世界への進出によってのみ克服できるかのように思われたのだ、と言っていいかもしれない。それゆえ、国民国家が帝国主義の担い手となったのだった。

以上と並んで、様々なニュアンスの国民的《ナツィオナール》な論拠が存在する。トライチュケが主張したところによれば、大国は世界の植民地化と分割に、白人による地球支配に参加しなければならぬのであり、それどころか世界における一種のドイツの文化的使命が存在するのであって、ドイツは他の諸国、とりわけ賛美され妬まれているイギリスの後塵を拝してはならないのであった。初期の社会ダーウィニズム的な思考がそのような主張に入り込んでいき、さらには不安と、自らの力を誇る感情と、自らの真価を実証して威信を獲得したいという欲求とが、感情的に奇妙に入り混じっていた。そこから生み出されたのは、地球上のまだ分割されていない最後の地域を巡る競争のなかで扉が閉められてしまうという、後発国としての一種のパニック心理であった。至るところで人びとは他の諸国が進出しているのを目にした――昨日も、今日も、明日も。そして、すべての国が競争者を締め出すためにも各地を占有しているのであるから、ドイツもそれに加わり、あるいは、いずれ他国に取られてしまうという心配から、占有し始めねばならなかった。当初は地理上の発見という文明の使命にドイツも加わるように主張していた地理学者たちが、植民を国民的《ナツィオナール》な使命として主張した最初の人たちに属していた。ナショナリズムのイデオローグたちにとっては、植民地の獲得は新たな国民的《ナツィオナール》な大義であり、国民的《ナツィオナール》な統一と権力の強化をいまや世界という尺度でさらに発展させ、継続していくものなのであって、さらには国民《ナツィオーン》を、容易に単なる諍いとして軽蔑された国内の紛争や党派抗争の域を超えて感奮させ、統合することができる、大いなる、そして言うところの「理想的」な目標なのであった。植民地を建設することによって海外でのドイツの利害を保護するという、当初の控え目な目標が、新たな権益圏、東アフリカでの「ドイツのインド」や、ニューギニアでの「ドイツのジャワ」の建設という壮大な夢に繋がっていったのである。

もちろん、これらの一切は、ヨーロッパの盛期帝国主義の開始と関連していた。一八八二年にイギリスはエジプトを占領した。それが持続的な状態になるまでにはかなりの時間がかかり、また、ほとんど旧来の自由主義者たちの意志に反して行なわれたのだったが、これがアフリカ分割の合図となり、世界の新しい時代の始まりを意味するものとなった。それはドイツにも作用を及ぼさざるを得なかった。一八八二年に、植民地運動の利害関係者や主唱者たちが「ドイツ植民協会」を設立し、企業家や伝道関係者や政治家が加わった。国民自由党のミーケルと自由保守党のホーエンローエ＝ランゲンブルク侯爵が指導的な立場で参加した。この本質的に大ブルジョア的（及び、貴族的）な協会と並んで、どちらかと言えば中間層的な組織として「ドイツ人植民のための協会」も存在し、東アフリカと入植に重点を置いていた。まもなく東アフリカ現地での指導的な植民地帝国主義者となる哲学博士で野心的なカール・ペータースが、主たる役割を果たした。「ドイツ植民協会」は一八八五年の時点でおよそ一万人の会員を擁していたが、一八八七年に双方の組織が合同して「ドイツ植民地協会」となった。

この「運動」とその組織（そして、政治的・社会的なエスタブリッシュメントの参加）は、政府とは無関係に自律的に成立したものだったが、決して過小評価するべきではない。しかし、この運動はそれ自体として動機の点だけでなく目標の点でも極めて不均質であったということも、目につかざるを得ない。そして、この運動は決して圧倒的な位置を占めていたわけではなくて、それどころか少数派に過ぎず、多くの強力な反対者たちがいた――経済界においても、教養とジャーナリズムの世界においても、政界においても、そして世論と民衆の風潮においても。ドイツの第一の利害は、国内にあるとまでは言わないとしても、ヨーロッパ大陸にあるのであって、少なくともアフリカのどこかの砂漠や密林にあるのではないのだという信念が依然として強力だったし、また、自由貿易帝国主義者たちの伝統的な見解、すなわち、植民地は経済的にも財政的にもまったく割に合わないものであって、税金を無駄遣いするだけであり、商業に委ねるほうが遥かに効率的に世界でのドイツの地位を発展させることができるのだから、国家はそのような冒険と干渉主義的な活動に手を出すべきではないという見解も、依然として強力だった。植民地へのどのような期待も、経済への国家の介入を受け入れ可能なものとすることはなかったのである。一八八〇年に帝国議会は、ゴドフロア商会のサモア事業に利潤を保証することをにべもなく拒否した。要するに、――「国民的《ナツィオナール》」な陣営のなかでさえ――植民地の擁護者たちと並んで、植民地の反対者たちも十分に存在していたのである。ビスマルクにとっては、――統一運動の場合や、あるいは文化闘争運動の場合にはそうであったように――民衆的な大衆運動との結び付きを求めることを全面的に、あるいは半ばなりとも迫られるというような状況ではなかった。もっとも、その一方で、植民地運動は、ビスマルクが――その気になれば――全体的な政策に関わる構想のために利用することもあり得るという程度の、重要性は備えていた。

それゆえ、反植民地主義者であったビスマルクを、短くはあるが決定的な一時期に植民地政治家に、ドイツ植民地帝国、領域的なドイツ帝国主義の建設者に変えさせたのは、内政上の理由だったのだろうか？ H・―U・ヴェーラーは、個々の具体的な点では注意深くて慎重な姿勢を示しながらも、ビスマルクの帝国主義は核心において国内政策的・体制政策的な基盤に基づくもの、「社会帝国主義」であるというテーゼを提起した。このテーゼによれば、植民地の獲得は、国内の現状を維持し、国民《ナツィオーン》あるいは「帝国の支持者」を対外的な目標と成功を通して統合して、改めて体制への支持を獲得し、停滞している内政から目を逸らさせ、新たな国民的《ナツィオナール》な覚醒の動員とその巧妙な利用を通して、すなわち新たなコンセンサスの形成を通して、反対派を決定的に弱体化させるための手段として考えられたものであった。それは、大不況の下での経済的な状況を、そしてそれとともに社会的な均衡状態を安定させることを目指していたのだが、しかし経済的あるいは社会的な成果を挙げること――そのような成果を挙げられるとはビスマルクはほとんど信じていなかった――を通してと言うよりも、そのような成果を挙げられるのではないかという心理的に極めて重要な期待感と、植民地を巡る活動が一種の利害関係者たちの国家カルテルという形を取って「物質的」な利害の「連帯的」な保護へと遡及効果を及ぼすことを通して、安定させようとしたのである、と。縮めて言えば、世論を大規模に帝国主義的に操作して支配を確実にすることが目的だったのであり、その結果として、植民地帝国を目指すという独自の重みを持っていた動きが支配的な位置を占めるようになったのだということになる。

このような形に尖鋭化されたテーゼは、はなはだ一面的であって、その限りでは間違っている。確かに、ビスマルクは、近代的な諸条件の下では経済的な安定が政治的な正当性の一つの基盤になるに至ったこと、そしてその際に国家は重要な役割を果たさねばならないことを、はっきりと意識していた。しかし、そのために植民地主義者たちの主張に納得できるようになったわけではなかったし、景気は心理に左右されると考えるようになったわけでもなかった。確かに、ビスマルクは常に外政上の戦略を、例えば国民的《ナツイオナール》な意味での動員を図るチャンスとして、内政にも利用することを念頭に置いていたし、それどころか、国民《ナツイオーン》は新しい目標を必要としていること、そして指導的な政治家はそのような目標を設定しようと努める、あるいは目標の設定に影響を及ぼそうと努める必要があることを、明確に意識していた。確かに、彼はこの時期、反対派が多数を占める帝国議会を相手として彼の内政上の立場を強化する新たな道を求めていたし、そのために植民地運動が役に立つこともあり得た。一八八四年の帝国議会選挙に際して、彼は反対派に対して政府陣営を強め、自由主義左派を弱めるために、植民地政策に関する主張を利用した。植民地政策が持つ反イギリス的な傾向は、恐れられた「グラッドストン内閣」を阻止するという狙いをも持っていた。しかしながら、ビスマルクは、対外政策は長期的には、そして原則として、内政上の動機に基づいて行なうことはできないと主観的には確信し続けていたのであり、——そして、その確信に基づいて行動したのである。内政に作用を及ぼすことは彼にとって望ましいことだったし、彼はそのような作用を利用することは望んだが、しかしそのことは彼の政策の動機がそこにあったことを意味しない。双方をはっきりと分けて考えることが必要なのである。さらに、内政上の体制は、体制を確実にすることがあらゆる政策のアルファでありオメガでなければならなかったほどに脅かされていたわけでは決してなかった——ビスマルクの状況とドイツ帝国の状況は、ナポレオン三世とフランスの状況とはまったく異なっていたのである。それだけではない。植民地運動には様々な異論が提起されており、その限りではそれ自体としては内政上の「重荷を軽減」し、統合し、コンセンサスと政府への忠誠心を形成するのには適していなかった。一八八四年の選挙も、ビスマルク支持の諸政党に多数派をもたらすことはなかったのである。ビスマルクの植民地運動との関係は控え目なものだった——六十年代の国民《ナツイオナール》運動との同盟関係と多少なりとも似たような関係になったことは一度もなかった。さらに、ビスマルクの植民地政策は短い幕間劇に留まった。何らかのリスクが生じると、対外政策が植民地政策に限界を設定したのであった。対外政策が枠組みを定めたのであり、優先されたのである。このことも、内政の優位という観点からの解釈を極めてありそうもないものと思わせる。むしろビスマルクの動機の多様性という見方から出発するべきなのであって、対外政策的な動機は唯一のものではなかったけれども、しかし他の動機から導き出せるものではまったくない。そして、対外政策的な動機こそが支配的な動機なのであった。もっとも、このことは、国内政策への配慮を付随的・偶然的なものとして片づけてしまうべきだということを意味するわけではないし、ドイツ帝国は偶々つまずいて植民地時代にはまり込んでしまったということを意味するわけではない。

現実主義者であるビスマルクにとっては、海外の「現地」における所与の諸条件や、近い目標、そして一般的な外政状況も重要な役割を果たしていた——時として、そして幾つかの点では、経済と支配体制の安定化や、あるいはヨーロッパにおけるドイツ帝国の権力政策的な状況の基本的な変更といった遥か先まで及ぶ抽象的な遠い目標よりも、重要な意味を持っていたのである。ドイツの商人や商社からの、あるいはカール・ペータースのような自立的な征服者タイプの人物からの、具体的な保護の要請のほうが、また、西アフリカの排他的な分割に関する英仏協定の場合のように、より古い植民地国によって商取引が妨害されたケースのほうが、いずれにしてもジャーナリストたちや教授たちが帝国主義や世界大国や地球支配への参加について抽象的に書斎で夢想していたことよりも重要な意味を持っていたのだった——そのような理念はビスマルクには縁遠くて異質なものだったのである。これらの具体的な事柄——そのなかには、植民地運動が存在しているという事実や、対外政策において行動の自由を確保できるという見通しも含まれるが——がまずあって、それに、おそらくは新たな国民的《ナツイオナール》な課題を設定できるのではないかという考えが付け加わったのだった。要するに、ビスマルクにとって出発点となったのは、海外における個々の具体的な問題と、ドイツにおける植民地運動の存在と、対外政策において行動の自由を確保できる時期であったことと、フランスとイギリスの間の権力関係を変えるチャンスが存在していたことだったのであり、それらが出発点であり続けたのであった。新たな国民的《ナツイオナール》な課題を設定すること、さらには列強政策の構造に変更を加えること、そしてドイツをその地理的位置に伴う圧力から解放することを目指すという考えは、その後に初めてあり得る遠大な眺望として、しかも付加的にのみ加わったのである。

個々の具体的な点での事態の展開は、以下のようなものだった。ドイツの通商利害——アフリカと太平洋での——は、確かに巨大なものではなかったが、しかし一八七一年からはっきりと増大していった。ドイツの商人たちは商業拠点を設け、周辺の土地を確保して、時には既にプランテーション経営を行なっていた。彼らは帝国に補助金を求め——例えば一八八一年に太平洋への郵便蒸気船航路を設けるための最初の試みがなされたが、ようやく一八八五年になって帝国議会は東アジア航路とオーストラリア航路への補助金を承認した――、次いで、そして何よりも保護を求めた。ドイツの西アフリカでの通商が不利な扱いを受けていたことが言わば起爆剤の役割を果たして、保護への要求と、さらにビスマルクの側でも保護を与えようとする姿勢が現実味を増すようになった。ビスマルクの植民地政策のアンビバレントな性格を特徴的に示しているのは、宰相は当初、植民地を国家が組織するのではなくて、国家を――自由貿易帝国主義の意味において――埒外に置こうと、あるいは少なくとも背後に留めておこうと努めたことである。民間の企業家や会社が自らのイニシアチブで植民地を、通商拠点と周辺地を組織するべきなのであった――何人かの熱狂的な植民地主義者たちが言うような入植地の必要性を、ビスマルクは信じていなかった。このようにして設立されたものに国家が保護を与えることになっており、それは「特許会社」のシステムに他ならなかった。一八八四年に帝国はそのような意味でドイツの商人たちや商会の権利と、さらに大抵の場合は「獲得された」地域を帝国の保護の下に置いた。南西アフリカの事業の背後にはリューデリッツがおり、トーゴとカメルーンではヴェールマンが、太平洋では他の人たち、例えばゴドフロア商会がいた。ポリネシア、とりわけニューギニアではアードルフ・v・ハンゼマンの「ベルリナー・ディスコント＝ゲゼルシャフト」銀行がいた。最後に、一八八五年二月に極端な「植民地主義者」の代表者である非商人のカール・ペータースが、彼の会社の名においてドイツ人の入植のために東アフリカの首長たちと結んでいた「条約」に対する皇帝の保護状を得た。それゆえ、ドイツの植民地は「保護領」と称したのである。

このようにして始まった国家による保護は、独自のダイナミズムを発展させていった。現地での競争者たち、例えば西アフリカやザンジバルでのイギリスとフランスの企業家たちや、とりわけ領事たち、そしてオーストラリアやケープ植民地のイギリスのサブ帝国主義者たちは、ドイツの利害、ましてやその拡大を抑止しようとし、自らの「要求」を主張した。現地のドイツ人たちは野心的で拡大を望み、保護を与える帝国をますます新たな地域や地方の紛争に巻き込もうとする傾向があった。「安全保障上の利害」と競争への恐れとが、通商の面だけでは関係のない「後背地」にますます国家を引きずり込んでいった。周辺が中央に対して独自の重みを持つようになったのである。ビスマルクは、とりわけイギリスの要求と対決する際には特に厳しい態度で当たらせた――言わば原則的な立場に立ってアフリカや太平洋でのイギリスのどのような独占要求にも反対したのだった。それと同時に、ドイツ帝国は保護をますます拡大して強めていかざるを得なかった。結局のところ、帝国は「保護領」を

——著しく拡大された領土要求をも含めて——自らが引き受けることになり、国家が管理する植民地となったのである。「半ば国家的な」植民地主義というビスマルクの実験は一つのエピソードに留まったのであり、干渉国家と帝国主義間の競争の時代には、それは維持不可能なものであった。もちろん、このことが、ビスマルクが植民地主義者たちと袂を分かつ一因ともなった。

　一八八五年にドイツの植民地政策の第一段階はほとんど突如として終わりを迎える。ヨーロッパの状況が根本的に変わるのである。それに対応して、ビスマルクは植民地建設・拡大政策を打ち切って、そのために植民地愛国主義者たちとの間に生じた対立を平然として受け止める。これもまた、ビスマルクの帝国主義的な植民地政策は外政の優位の下にあったことを示す強力な論拠となる。すなわち、ヨーロッパの状況が変化したことが、植民地政策に打って出る好機に終止符を打っただけではなくて、むしろそのような行動の本来の目標、まさに外政上の目標——ヨーロッパ列強間の重心を移動させるという目標であったのであれ、体制の構造を地球的な規模で変化させるという目標であったのであれ——を不可能にしたのであった。植民地政策はビスマルクにとって、彼はこのような問題では第一に国際的な状況、安全保障政策と対外政策という観点から考える人物であったために、エピソードに留まったのである。

　一八八五年の春に列強政策の面で起こった最も重要な出来事は、フランスの植民地政策と一種の仏独植民地協商の主唱者であったフランス首相のフェリーが失脚したことであった。対独報復主義の新たな波が高まった。フランスは、エルザス＝ロートリンゲン〔アルザス＝ロレーヌ〕問題、フォーゲゼン〔ヴォージュ山脈〕政策が優先されるべきだという姿勢から逸らされることはなく、植民地に関わるいかなる代償もエルザス＝ロートリンゲンを失ったという傷口を癒す補償とはなり得なかったのだった。それゆえ、アフリカという迂回路もドイツ帝国を巡る状況を変えることはなかった。古くからの問題が再び前面に出てきたのである。それと同時に、イギリスは、ロシア及びフランスとの関係が世界政策の面で——アフガニスタン、エジプト、スーダン、コンゴで——危機的な状態にあった下で、アフリカと太平洋を巡る問題でドイツと協調するようになり始めており、それはベルリンの目には「方向転換」と映ったに違いなかった。イギリスは、それまでにドイツが獲得したものを承認する姿勢を示した。直前まで依然として至るところでイギリスと対立する姿勢を取ると脅していたビスマルクの側も、同様に方向を転換した。フランスとの協力関係が崩壊したこと、独露関係がポジティブな方向に発展していくという希望が消え失せていったこと、イギリスが依然としてアフリカとアフガニスタンを巡ってフランスあるいはロシアと取引する可能性があり、そして独英の緊張がいっそう高まる可能性があると恐れられたこと、さらには、イギリスが方向を転換して、エジプトやコンゴ地域で問題を抱える下で合意に応じる用意を示していたという事実や、この間に（一八八五年六月から）再び保守党が政権に復帰した――ビスマルクは相対的に「親ドイツ的」なソールズベリーに対して世論を動員することを望んでいなかった――という事実、これらの点のために、彼はイギリスとの対決政策をほとんど突然のように中断して、これ以上の植民地拡大を断念する気になったのだった。大陸政策のほうが、ドイツ帝国にとってもビスマルクにとっても遠大な世界政策に伴うリスクよりも重要なものだったのであり、それどころか存立を左右するものだったのである。ヨーロッパの中央に位置するという地理的な条件と、フランスとの持続的な対立関係という一八七一年のネメシスが、ドイツに追いついたのだった。植民地帝国の建設は短期間だけのものに留まり、多くの実験のなかの一つの実験、ほとんど一つの冒険のようなものであり、それどころか、一八八五年の後のビスマルクが時折考えたところでは、一つの失敗、そしてその所産は一つの重荷だったのであって、彼は植民地を放棄するか、あるいは他国に委ねることをさえ考えたのであった。

とは言え、いったん生じた帰結は撤回不可能なものであり、しかも巨大なものとなった。ドイツ帝国はいまや帝国主義政策に入っていき、海外に植民地の利害を持つようになった。その結果、世界政策的な摩擦面が、特にイギリスとの間で生み出され、それは後に大規模な危機を引き起こす潜勢力となった。そして「植民地主義」が展開していく過程で動員された俗流ナショナリズムや俗流帝国主義、さらにそのなかで強調された反イギリスという姿勢は、同様に、もはや「撤回」し得ないものだった――もっとも、植民地建設の時期が内政に及ぼした波及効果が前面に出てくるまでには、かなりの時間がかかったのだけれども。その一方で、この時期のドイツの植民地政策がイギリスに、その世論に、とりわけ当時は若かった外交官たちにもたらした帰結も、やはり巨大なものであった――たとえロンドン政府の譲歩に対して広まった声高な怒りの声は、「大英帝国」のサブ帝国主義者たちを除けば、当面は再び静まったとは言え。しかし、ドイツ帝国がイギリスの世界的利害に対して強力な手段と脅しを用いて――形式的にも内容的にも「脅迫者」や「陰謀家」のように――立ち向かったのだという記憶が、個人にも世論にも刻み込まれた。これ以降、イギリスのエスタブリッシュメントが冷ややかな態度を取るようになるのは、ドイツの最初の植民地拡大期におけるイギリスの対外政策家たちのこのような基本的な経験と関連しているのである。その限りでは、独英関係に及ぼした長期的な作用はほとんど破局的なものと言えた。

ビスマルクは基本的には植民地主義を信奉してはいなかったが、それでもドイツの植民地帝国を建設し、帝国主義者ではなかったが、それでもドイツ帝国主義の先駆者となった。もちろん、世界政策に入っていったのはヨーロッパなのであったということ、両翼を成す両大国〔イギリスとロシア〕が周辺部で世界的な利害を持っているという従来の純然たる大陸政策が、その構造と形式を革命的に変化させて世界政策となったのだということ、それはその通りである。ヨーロッパの経済が海外の未開発な世界と絡み合い、それを搾取したこと、ヨーロッパの列強間の競争が海外に持ち込まれて、古典的なヨーロッパ中心的なナショナリズムが拡大・強化されて世界を覆う帝国主義となったこと――それは言わばヨーロッパ的なプロセスであり、ヨーロッパに共通する傾向であった。国民《ナツイオーン》としてのドイツ人が、ドイツ帝国のような大国が、どのような行動を取るにしても、長期的にこの傾向から逃れることができたというのは、およそありそうなこととは思えない――ベルギーやオランダでさえ、第一級の植民地国となったか、あるいは以前からそうだったのである。あるいは、七十年代のビスマルクの対外政策理念をもう一度採り上げてみるなら、周辺部に逸らされた大国は世界大国となったのであって、そしてそれは中心部に位置するドイツ帝国にも影響を及ぼさずには済まなかったのであった。実際、世界における、周辺部における大国間の対立は、ヨーロッパとドイツに遡及効果を及ぼさざるを得なかった。当面のところは、それは本来のドイツの「世界政策」〔一般にドイツの合言葉として流布し始めたのは一八九〇年代半ばから〕のまだ先触れのようなものに過ぎなかった。しかし、それに伴う諸問題は既に整えられつつあったのである。

八十年代前半の比較的平穏だった状態は、一八八五―八七年にヨーロッパの大規模な危機、二重危機――中央部から見れば西方危機と東方危機――に取って代わられ、緊張を抑制するために緩やかに重なり合っていた同盟体制には根本から疑問が投げかけられることになる。東西双方での緊張は、まずドイツに波及してきたのである。フランスのフェリー内閣の失脚は、その地での政治と世論の注意を再びドイツとの対立に向けさせることになった。一八八六年の初めから、「復讐将軍」と呼ばれ、さらにはカエサル主義的なクーデタを起こそうとする傾向を持っていた陸相ブーランジェが率いる下で、ドイツへの報復と戦争を求めるポピュリズム的な風潮が著しく高まった。「戦闘は不可避であり、陸軍は準備ができている」、と急進ナショナリズムの指導者たちの一人は唱えた。そのような対決政策は熱心にロシアとの同盟を求める傾向を帯び、そしてそのような同盟を通してドイツにとって真の脅威となった。ビスマルクは、一八八六／八七年には長らくそうでなかったほどにドイツに敵対する東西連合という悪夢に悩まされた。独仏間のスパイ事件（シュネーベレ〔エルザス生まれでフランスに移住した官吏で、ドイツへのスパイ行為を働いたとして逮捕されたが、ビスマルクの指示で釈放された〕事件）のために一八八七年の四月に興奮はいっそう高まった。なるほど、この件は平和的に解決されたし、そして――内政的な理由にもよる――一八八七年五月のブーランジェ失脚によって興奮はある程度静まった。しかし、危機と、ドイツを脅かす二正面連合の可能性はまだ完全に過ぎ去ったわけではなかった。ビスマルクは、外政・内政の双方の理由からこの危機を意図的に煽り立て、そして陸軍の増強に利用した。その結果、計画通りに帝国議会が改選され、いわゆる「カルテル」という相対的に安定した多数派を彼にもたらした。

　東方の危機は、再びバルカン危機として始まった。ロシアの衛星国ブルガリアは、その君主であるアレクサンダー・バッテンベルクの下で、オスマン帝国に対する決起と（一八七八年にトルコ領に留まった）東ルメリア地方との合同に際して、いまやイギリスを後ろ盾として自主的な、その限りでは反ロシア的な政策を取った。オーストリアは、――三帝条約の意味と精神に反して――この状況を利用してブルガリアをロシアの覇権圏から脱却させようと試みた。当時オーストリアの同盟国だったセルビアによる「代理戦争」は確かに失敗に終わったものの〔セルビアはブルガリアを攻めたが、逆に攻め込まれた〕、しかしオーストリアは直ちに介入してブルガリアの自立を強行し、しかも（ここでは複雑な個々の点については述べるのを控えるが）その際に現状維持の原則を傷つけることになった。オーストリアとロシアの決裂は完全なものとなり、三帝条約は、ロシア側の言うところによれば、死んだ。確かに、ロシア人の陰謀グループはバッテンベルクに退位を強いたものの、しかしオーストリア軍の将校で一八八七年に国王に選出されたコーブルク家の公子〔フェルディナンド一世。正式に国王となったのは一九〇八年から〕は、オーストリアから承認されただけでロシアからは認められなかった。オーストリアはブルガリアがロシアの保護国となることをいまや断固として拒否したのである。

　ビスマルクは、ドイツの同盟パートナーである両国の間の危機のなかで、平和を護るために仲介を試みた。彼は勢力圏の境界を設定することを目指し、セルビアはオーストリアの、そしてブルガリアはロシアの勢力圏に属するべきだと考えた。彼は、ロシアの利害もオーストリアの利害もどちらも深刻に損なわれることを避けようと望んだのである。具体的には、彼はオーストリアに対してロシアと交渉するよう求め、「同盟発動」のケースには当たらないと通告したのであり、彼のブルガリア政策はドイツの全般的な世論とは反対に親ロシア的であり続けた。しかし、それは効果を挙げず、彼はオーストリアを制御することも両パートナー間の決裂を阻止することもできなかった。もっとも、彼にとってオーストリアが大国として存在することはあまりにも重要な意味を持っていたので、はっきりと親ロシア的な選択を行なうことは避けた。イギリスがブルガリアを支持するのは必ずしも不都合なことではないと彼は考えたが、それは、イギリスが南東ヨーロッパに直接関与することをヨーロッパの勢力均衡とロシアへの抑止のために歓迎していたからであり、彼は、イギリスが、自らがロシアの抑止に対して持っている利害をウィーンとベルリンに護らせるという快適な立場に立つのを望なかったのである。ロシアの世論は、ブルガリアがロシアの勢力圏から切り取られたという敗北、ロシアが味わった「屈辱」への責任を、オーストリア――あるいはイギリス――ではなくて、常に間接的な形でであったとは言えウィーンを庇ってきたドイツに帰せしめた。ビスマルクが取った立場は、彼のパートナーたちから見れば両義的な要素を含んでいた――客観的に見れば、この立場は、表面的には親ロシア的な路線を押し出していたにもかかわらず、仲介を試みるもので、双方に対して公平であろうと努めていたのだったが。ロシアのナショナリズム、汎スラヴ主義は、尖鋭化していき、特にドイツに明確に矛先を向けるようになった。既に一八七八年のベルリン会議を、バルカンに狙いを定めていたロシア・ナショナリズムは敗北として受け止めて、ドイツはロシアを妨害して競争相手のオーストリアを支持したのだと考えていた。そしてそれに留まらず、ロシアとは異なってドイツは権力を増大させたのだと見なされた。ある種の自己憐憫がドイツへの憎悪に転じたのである。ナショナリスト的になりつつあった社会のなかでは、ドイツ人たち、とりわけバルト人貴族や有能な近代化の推進者たちが、国内でもいっそう嫌われるようになっていた。このようなドイツとドイツ人に対する反感に対応していたのが――既に長らく前から存在していた――フランスへの好意であった。社会の主要な部分ではフランスへの共感が圧倒的に強かった。政治的に尖鋭化させれば、このことは、ロシアはフランスとの同盟を目指さなければならないということを意味した。そのような同盟は戦争をもたらすかもしれないという考えに怖気づく人は、ほとんど誰もいなかった。もっと穏やかな形で、次のように論じることも可能であった――ロシアは、二正面戦争が起きかねない状況へのドイツの不安と、ドイツがロシアに客観的に依存している状態とを利用して、フランスという切り札を用いるべきなのであり、ドイツがロシアと結んだフランスによって実際に縛り付けられている限りは、ドイツはもはや自明のように露墺の争いのなかでロシアに対立する立場を取ることはできなくなるはずだ、と。「スラヴ人」の「ゲルマン人」との闘争や、「スラヴ系」と「ロマン系」の同盟に関する知識人たちの理論は、「親西方派」と「親スラヴ派」――ロシアの二つの思想潮流――のどちらにおいても、このような風潮と重なり合っていた。

このような親フランス的な動きの主唱者となったのが、教会正統派の政策の強力な代弁者であったポビドノフチェフと並んで、ジャーナリストのカトコフだったが、彼は一時はロシアで最も力を持つ人たちの一人となった。なぜなら、世論は、専制体制であったにもかかわらず、と言うよりもまさにそのために、そしてその反響は古風で伝統的な社会においては量的には大きなものではなかったけれども、その規模とは著しく不釣り合いなほどの影響力を持っていたからである。そして、まさに専制体制の内的な脆弱さが、拡大派や戦争派とその見解を表明する勢力にますます大きな反響を保証することになった。全能なるロシア皇帝《ツァーリ》もカトコフの新聞を読んでおり、それに大きな影響を受けていたのだった。ロシア皇帝は一八八一年からアレクサンドル三世となっていたが、彼は父親よりも保守的＝王朝的な伝統に囚われることが少なく、ナショナリストたちと同様にペテルブルクの宮廷でドイツ語が使用されていることやバルト・ドイツ人が特別な地位を占めていることに反感を抱いていた。デンマークの王女であった皇后がプロイセンに批判的な姿勢を取っていたことも、ある程度重要な役割を果たした。また、汎スラヴ主義的なアジテーションには、体制擁護の戦略という点では国内の緊張を外に逸らすという利点があった。その一方で、フランスに対する障壁、すなわち共和政と革命の国、親ポーランド的で、革命派のロシア人亡命者たちに共感を寄せている国に対する障壁も存在していた。保守的な連帯心が――まさにアレクサンドル二世が革命家に殺された後では――広まっていたのである。さらに、外相のギールスを先頭とする古くからの外政エスタブリッシュメントが存在していて、彼らはベルリンとの提携を支持してパリとの提携には反対しており、極端なナショナリストたちの路線は戦争をもたらすのではないかと恐れ、そして戦争は革命と没落をもたらすのではないかと恐れていた。一八八五／八六年にオーストリアとの結び付きは最終的に崩壊した。いまやロシアの指導部が決断を迫られていたのは、ドイツだけとの結び付きをさらに継続していくべきか、それともその代わりにフランスとの関係を深める糸口を求めるべきかということであった。一八八四年から、フランスとの関係は本来の政府レベルの下の部分で――例えば社会的な接触や銀行間の結び付きなどで――深まっていた。一八八六年には既に最初の両国の軍・参謀本部間の協議が行なわれた。一八八六年という年は、皇帝への決定的な影響力を巡るカトコフとギールスの争いに満たされていた。結末がどうなるかは未定の状態だった。

ところで、ドイツとロシアの関係を巡る諸問題は、経済的な対立によってさらに尖鋭化した。近代政治に通じている読者の方は、おそらく、以前に経済について多くのことを語ってきた、そして以下においても関税政策や対外貿易政策について詳しく述べるであろう私たちが、どうして国家間の関係を経済の域を超える言わば独自の列強間の駆け引きとして述べてきたのかと、いぶかしく思って問われるかもしれない。ビスマルクは、国家の全体的な政策にとって経済が中心的な意味を持つことを認識していた、十分に近代的な人物であった。私たちがこれまで、一見したところ古風に見える叙述を展開してきたのは、ビスマルクが、ヨーロッパにおいて相手にしていた、あるいは対立していた人たちと同様に、対外貿易政策と対外政策とを分けて考えることができると信じていたためなのであり、そして客観的にも経済関係が対外政策に及ぼす影響は僅かなものに過ぎなかったためなのである。ドイツとロシアは相対的に密接な経済関係を結んでいた。七十年代の半ばには、ロシアの輸入の四十四パーセントはドイツからの輸入であり、ロシアの輸出の三十四パーセントはドイツへの輸出だった。ドイツと他の大部分の大陸諸国が一八七九年から「保護関税」に移行したことで、一つの問題が生じた。関税は貿易相手国の輸出利害に（そしてその国民経済の収支全体に）影響を及ぼし、対抗措置（「報復関税」）に、最終的には貿易戦争にまで通じることがあり得た。一八七九年におけるドイツでの穀物関税の導入とその後の二回にわたる引き上げは、ロシアの工業製品輸入の基盤となっていて、それどころかロシアの鉄道建設と産業化一般にとって決定的な意味を持っていた、穀物輸出に打撃を与えた。ドイツ農業の保護を――経済的な点でも――目的としていた家畜輸入を取り締まる防疫的な措置（「牛疫」に対する）も、ロシアに打撃を与える作用を及ぼした。その結果、ロシアが幾つかの対抗措置を講じて、ある程度の緊張が生じたが、しかし一八八五年まではその種の事柄が、両国間の関係に――世論においても――大きな役割を果たすことはなかったのである。

一八八五年から、この問題は重要性を増していった。ドイツの最も重要な穀物関税は一八七九年に比して三倍に引き上げられ、関税と産業化に責任を負うロシアの財務大臣には一八八二年から断固たるナショナリスト〔ブンゲ〕が就任し、そして費用がかかる鉄道建設はかなりの財政資金を必要とした。ドイツの保護関税政策は反ロシア的であると見なされ、それどころか反ロシア的なブロック形成の一部分を成すものと受け止められた。ドイツ産業界の側も、ロシアの保護関税措置に憤った。しかし、その一方でロシアは借款を調達するためにベルリンの資本市場を頼らざるを得ず、ロシアの外国からの借款の六十―八十パーセントはドイツからのものだった。このことが、また、ドイツの反ロシア論者たちを刺激した。ともあれ、確認する必要があるのは、経済的な緊張は雰囲気として両国の関係に――とりわけロシアの側で――覆い被さっていたのであって、少なくとも当面のところは政治的な決断に決定的な影響を及ぼすところまではまだ至っていなかったということである。

危機の管理と解決について述べる前に、私たちはもう一つの流れに目を向ける必要がある。ビスマルクは、ロシアとの協調関係を継続し、あるいは再び安定させることを望んでいた。これに対して、いまやドイツではもう一つの選択肢、厳しい対決と予防戦争という選択肢が存在していた。その背後には極めて様々な勢力が控えており、反ロシア的な自由主義者たちから、社会ダーウィニズム的なナショナリストたちを経て、高位の外交官たち（名高い枢密顧問官のホルシュタインのような）や参謀本部にまで及んでいた。彼らの目にはロシアは迫りくる危険、あるいは粘土の巨人と映っており、いずれにしても戦争が当然の戦略と思われていた。自由主義左派系の『ベルリナー・ターゲブラット』紙でさえ、「健全な戦争」は「病める平和」に勝る、と記した。中央党と、さらには社会民主主義派でさえ、同様に考えていた。政治の進路にとっては、とりわけ軍、特に参謀本部が重要な意味を持った。モルトケとヴァルダーゼーは、仏露両国の参謀本部の協議について情報を得ていた。彼らはロシアが反ドイツの立場、すなわちフランスとの同盟に移行して、その力を増大させるのは避けられないと予想していた。それに対して彼らは――いまの時点ならなおも可能な――予防戦争で先手を取ろうと望んだのである。しかしビスマルクは原理的に予防戦争には反対であり、戦争が避けられないとは信じていなかった。彼はまた、ロシアとの戦争を正当化するかもしれない自由主義的・国民的《ナツィオナール》・社会ダーウィニズム的な理念を信じてはいなかった。さらに彼は、ドイツがそのような戦争に勝利を収めるチャンスは乏しいと考えていた。フランスは参戦するだろうし、イギリスは、確かにロシアの覇権に反対しているが、同様にドイツの覇権が取って代わることにも反対しており、ヨーロッパでの影響力をロシアと分け合うことさえ望みかねないのだからドイツを支えることはないだろう、と。結局のところ、彼は依然としてペテルブルクの平和派の助けを借りて合意による解決に到達することが可能であると信じていたのである。ロンドンの人たちが考えていたように、ビスマルクは、露墺戦争を孤立させることができた場合にはフランスに攻撃を仕掛けるつもりがあったのか、それは完全に不確かだし、それどころかむしろありそうになかったことと思われる。ビスマルクは軍に対して自らの意志を貫き、モルトケも、一八八七年の夏にビスマルクから再保障条約のことを打ち明けられると、最終的に譲歩した。

ビスマルクは一八八五／八六年にオーストリアとロシアの間を仲介することに失敗し、「彼の」古い体制を救い出すことに失敗した。次いで、彼は他の方法で危機を緩和することに努めた。この試みに、彼は（そして、関心を抱いていた他の諸国や他の政治家たちは)、オーストリアやロシアやフランスで戦争に傾いていた人たちが最終的な決意を欠いていたために、成功を収めたのだった。

一、公開の場では、ビスマルクは危機を極めて強力に、それどころかまさにこれ見よがしにフランスの報復運動と関連づけ、ロシアとの危機を意図的に軽く扱って、公然と親ロシア的な姿勢を強調しさえした。そのように振舞うのは内政上都合の良いことであり、また、フランスがロシアと提携するのを防ぐことを目指してフランスに対して脅しと圧力をかけるという戦略に対応するものであった。しかし、それは、ロシアの負担を軽減して――密かな――協調を容易にすることをも目指していたのである。一八八六/八七年の陸軍増強は客観的には明白に露仏連合に矛先を向けたものだったが、しかしレトリックのうえではフランスのみ、フランスの危険性のみと関係づけられた。彼の最も有名な演説の一つのなかで(「我々ドイツ人は神を恐れるが、それ以外は世界の何ものをも恐れない」という部分がドイツ人の記憶に刻み込まれてしまっているのだが)、ビスマルクは平和への信念を告白して、ドイツ帝国は「満ち足りて」いて、戦争への欲求を持っていないし、ブルガリアに対してもロシアとの戦争に対しても利害を持っておらず、フランスを攻撃することもないだろうと述べた。しかし、それと同時に彼は、フランスに警告し、威嚇しながら、戦争への用意、防衛と自衛の戦争への用意があることを強調した。決定的であったのは、当面の戦争を思わせる響きがヨーロッパの平和政策という根本的な構想のなかに位置づけられていたことであった。フランスは、ドイツが力を誇示するのに直面して、おそらくは可能かもしれないロシアとの同盟を結ぶことができる立場にはなかったのである。

二、ビスマルクは、ペテルブルクの平和派と協力して一定の合意に達することを期待してバルカンでの中立政策を継続し、あらゆるオーストリア=ハンガリーの野心に対して距離を取る姿勢を守り続けた。どのような形であれ、バッテンベルク〔ロシアに退位させられたブルガリア君主〕を支持することを彼は拒否した(とりわけ、ドイツ皇太子の息女と、すなわちヴィクトリア女王の孫と結婚するのを阻止した)。彼は、オーストリアとイギリスが求めたように、ロシアがブルガリアに介入した場合には然るべき(戦争をさえ含む)措置を講じると威嚇することを、拒否した。そのようなことをすれば、ロシアを最終的にフランスの腕のなかに追い込むことになっただろうし、オーストリアに白紙委任状を与えて制御構想を完全に幻想に過ぎないものにし、イギリスにフリーハンドを認め、それどころかイギリスが自らの利害――ロシアの封じ込め――を自らの積極的な関与を通して主張するという負担を免除してやることになっただろう。彼は、イギリスがドイツ帝国のためにそうするつもりがなかったのと同様に、イギリスのために「火中の栗を拾う」つもりはなかったのである――これが、ドイツ外務庁の名高い、そして長く生き続けた「火中の栗理論」だった。イギリスとドイツのどちらも、敢えて先陣を切ってロシアと対抗するつもりはなかったのであった。しかしながら、それにもかかわらずビスマルクはオーストリアを見捨てなかった。全体とすれば、バルカンで競い合う両国が公然とした衝突に至るのを阻止することには成功し、そしてその際にビスマルクは主要な役割を果たした。ロシアは、結局はブルガリアに公然と介入するのを断念した。明確な勝者が存在しなかったので、明確な敗者も存在せず、権力の存立を脅かすような傷口も生じなかったのである。

三、ビスマルクはドイツの同盟体制を新たに組織しようと努めた。一八八六年の秋から、彼はロシア政府と再び一定の合意に達することを期待できるようになり、一八八七年の三月にカトコフが皇帝の不興を被って、ギールスが当面は自らの路線を貫けるようになると、それは多かれ少なかれ確実となった。ビスマルクはまず（一八八七年二月二十日に）三国同盟を、すなわちオーストリアだけではなくてイタリアをも含む同盟を更新することに成功した。ドイツはイタリアに北アフリカでフランスに対抗するのを支援することを約束し、オーストリアは自国が拡大する場合にイタリアにバルカンで補償を与えることを約束した。

四、新たな三国同盟は、いまや地中海協定と、すなわち、現状維持を保証し、事実上はフランスに対抗して（リビアで「必要な」変更が加えられる場合には）イタリアを支持することを目的としてイタリアとイギリスの間で結ばれた協定（一八八七年二月十二日）と、密接に結び付いていた。三月二十四日にオーストリアもこの協定――正確には、通牒の交換――に加わった。この結果、現状維持の保証がトルコにも拡大された。ビスマルクはこれらの協定が成立するに当たって仲介者として協力し、イギリスに対して、このような協定がなければエジプトやアフガニスタン、あるいはコンスタンチノープルにおいてさえイギリスの立場をもはや支持できなくなるという見通しを伝え、さらにオーストリアとイタリアに今後はエジプトでのイギリスの立場を支持するように働きかけた。ビスマルクの目標は、イギリスが、彼が望んだ二国同盟への参加を当然のことながら拒否したのを受けて、イギリスをバルカンの防御者とするところにあった。イギリスは従来以上に関与するようになり、イギリスを三国同盟の側に引き寄せて対ロシア封じ込め戦線を結成する策は成功するように思われた。

五、ビスマルクは、それに続いて、一八八七年六月十八日にロシアとの新たな条約、名高い再保障条約を結んだ。一八八五年以降、彼は平和派が勝利を収めるだろうと期待してロシアを窮地に追い込むことを避けてきた。それもまた、ロシア内部の事情と並んで、ナショナリストや好戦論者の「フランス」派を一時的に無力化する助けとなった。再保障条約は、やはり全面的に古いヨーロッパの——世論に反する——秘密外交の所産に他ならなかった。この条約を直接提唱したのはロシア側だった。形式的には、この条約は双方のパートナーが挑発することなくフランスあるいはオーストリアから攻撃された場合には互いに中立の立場を守ることを保証した。極秘の追加議定書で、ドイツ帝国は、ブルガリアをロシアの勢力圏として認め、「状況」がロシアによるダーダネルス・ボスポラス海峡の占領を必要たらしめる場合には外交的に支持することを約束した。それは、ロシアの拡大を暗黙の裡に鼓舞するような作用を及ぼしかねなかった。条約が定めた諸条件は漠然とした形で表現されており、それは決して極めて強固な同盟というわけではなかったが、それでも他よりも優先される協調関係を意味していた。ロシア皇帝は少なくとも当面のところは仏露同盟に反対する立場に固定されたのだ、とビスマルクは述べている。ドイツはロシアに、オリエントでロシアは孤立していない、それどころか自国のオリエント政策が励まされているという感情を与えたのであり、確かにしっかりとロシアと結び付いたわけではなかったが、しかし暗黙の裡に今後もオーストリアに平静な態度を守らせることを約束したのだった。

六、地中海協定は、今回もビスマルクが幾らかの外交的な助力を与える下で、イタリア・イギリス・オーストリア間のいわゆる「オリエント三国同盟」（一八八七年十二月）へと発展した。ビスマルクと書簡を交わした後で、初めてソールズベリーはそのように立場を確定して明確化することに同意する姿勢を示した。秘密を保つために、もちろんこの取り決めは議会ではなくて政府だけの事柄とされ、その限りでは本来の条約ではなかった——しかし、イギリスの体制の下では「それ以上」のことは不可能だった。バルカンの状態に対する現状維持の保証と、トルコの存続への保証が、改めて、そしてより具体的な形で明記された。それはロシアを封じ込めるための同盟に他ならなかった。そして、ドイツ帝国は言わば暗黙のパートナーとしての位置を占めたのである。

ヨーロッパ戦争は回避された。危機がもたらした結果は、独露同盟と独墺同盟と墺英の提携という互いに異なる、それどころか対立し合う同盟体制が極めて複雑に絡み合った状態であった。

以上のような互いに絡み合った同盟体制がドイツ帝国の安全保障と権力的地位にとって持った意味を理解しようとする場合には、まず再保障条約を考察する必要がある。この条約は、直接的にはロシアによるオーストリアへの攻撃を阻止することを目指したものであり、なぜなら、ロシアから攻撃を仕掛けた場合にはドイツが中立を守るという保証は適用されなかったからである。戦争が勃発した時には、どちらが「攻撃国」なのか、結局はドイツ帝国が決定できた。その代わりに、ドイツ帝国は、ブルガリアではオーストリアに対抗して、ダーダネルス問題ではイギリスに対抗して、親ロシア的な姿勢を取ろうとした。この条約は、ドイツの安全保障問題に解決をもたらすものではなかったし、いかなるドグマでも、いかなる奇跡の処方箋でもなくて、そして良好な独露関係を保証するものでもなかった。ビスマルクはロシアを打倒するのは不可能と考えており、それゆえ何らかの合意が必要だった。彼は一八八七年の条約には相対的な価値しか認めていなかった。危機的な状況が生じた場合にロシアがどの程度までこの条約を守るかは、完全に疑わしかった。それにもかかわらず、再保障条約は単に危機を先送りにし延期するという以上のものだったのである。この条約は「重大な事態が生じた場合に条約がない時よりもおそらく六週間から八週間の間はロシア人の手を我々の首から（引き離して）遠ざけておいてくれる」だろう、と懐疑的なヘルベルト・V・ビスマルク〔ビスマルクの長男である外務長官〕は述べている。正常な状態を前提とすれば、計算可能な期間にわたって、すなわち三年間にわたって――と、父親であるビスマルクは、悲観主義に陥っていない時は考えていた――、この条約はロシアがフランスとの同盟を結ぶのを阻止・防止して、ロシア皇帝と政府を世論の大波に逆らってでも拘束し、そして、いつでも起こり得るドイツとロシアの対決を、共通の利害を定式化した下で、たとえ緩やかであろうとも協力し合う同盟関係という形式で囲い込んだのであった。条約がないよりも、条約があるほうが両国関係にとってより良い基盤になる、という言い方がされた。「ペテルブルクへの糸」が再び結び合わされた状態のほうが、古い結び付きが完全に断ち切られた状態よりも良かったのである。

　一見したところでは、再保障条約はオリエント三国同盟と矛盾し、さらには二国同盟とも矛盾していた――少なくとも、通常の古風な誠実と信頼という原則には反していたのである。枢密顧問官のホルシュタインは、この条約は「政治的な重婚」であると考えていた。一方の条約はロシアのバルカンでの、そしてダーダネルス・ボスポラス海峡に向かう拡大を擁護し、他方の条約は現状維持を確実にすることを目指していた。一方の条約は露墺の衝突が起こった場合に親ロシア的な好意的中立を、他方の条約は親オーストリア的な好意的中立を約束しているように思われた。しかしながら、それらの条約の文言だけではなくて、本来の意味をも視野に置く必要があるのである。本来の意味は、戦争を回避して平和を維持するという点にあったのであり、それゆえそもそも同盟発動のケースや、紛争が生じるケースを回避する点にあったのであった。深刻なケースが生じた場合について語っていたこれらの同盟は、そのような深刻なケースが生じるのを「チェック・アンド・バランス」の体制によって阻止しようとしていたのである。具体的には、第一に問題となっていたのは、ロシアがオーストリアを、あるいはドイツさえをも攻撃してきた場合に備えた措置を講じることではなくて、そのような攻撃をありそうもないものにすること、ロシアを抑止することなのだった。もちろん、ドイツの利害から見てそのために必要なことは、拡大しようとする傾向と、抑止しようとする諸勢力との間の緊張関係が保たれ続けるということだったのであり、それがビスマルクの政策の両義的な性格を形づくっている。すなわち、緊張関係の調整は、緊張関係が持続していること、そして——ドイツの側からも——保たれ続けることに基づいていたのであった。確かに、ロシアはオリエントで覇権を目指すという（遠方での）目標を持っていたのだが、しかしビスマルクも、ロシアがこの目標を放棄しないこと、オリエントで今後も積極的に関与し続けることを望んでいた——さもなければ、露英の緊張が大きく後退して、イギリスは大陸への関与を放棄してしまうだろうし、また、ロシアは全面的にフランスとの同盟、ドイツ帝国と対立する戦線配置に集中してしまうだろうからである。それゆえビスマルクはロシアのオリエント政策を励まし、それどころか極端な場合には言葉のうえでの支援を約束し、そしてそれと同時にオリエント三国同盟を通してロシアのオリエント政策に対抗したのだった。ロシアがダーダネルス・ボスポラス海峡を目指す路線を打ち出せば、それはイギリスを一般的に控え目な態度から誘い出してドイツの同盟国であるオーストリアの側に付かせるに違いなかった。それゆえビスマルクはコンスタンチノープルがロシアの政策にとっての「袋小路」になると考えていたのだった。ロシアはこの袋小路に陥るのを避けるかもしれなかったし、多くの点から見て、ペテルブルクで再保障条約を擁護していた人たちも決してダーダネルス・ボスポラス海峡に関する条項をこの協定の主要な点と見なしてはいなかったと思われる。しかし、可能性としては、そして他の地中海列強の立場からすれば、ロシアのコンスタンチノープルを目指しての進出は脅威として極めて大きな作用を発揮したのであった。

再保障条約は、イギリスの大陸への関与を強め、イギリスのオーストリアとの結び付きを（イタリアのオーストリアとの結び付きと同様に）強め、そして結局はオーストリアと二国同盟を強化した。それと同時に、再保障条約は、ドイツ帝国のオーストリアに対する自立性を高め、同様に、オリエント三国同盟によって強化された二国同盟は、ドイツ帝国のロシアに対する相対的な自立性を十分に保証した。最後に、この条約は、ロシアを封じ込めるオリエント三国同盟だけでは成し得ないことを成し遂げた。すなわち、ロシアがフランスと結び付くのを――当面のところは――阻止したのである。その限りでは、二つの同盟は互いに絡み合っていた。ロシアとオーストリアの対立は、ロシアとイギリスの対立と同様に維持され、ドイツ帝国はどちらの対立においても均衡を保つ中心としての役割を果たすことができ、両翼の両大国とのいかなる対立関係をも避けるとともに、両大国の一方に依存するいかなる状態――「選択」――をも回避して、しかもオーストリアとの関係においても多少の自立性を保った。なぜなら、オリエント三国同盟は、ドイツに直接の要求を突きつけたり義務を負わせたりすることなしに、オーストリアの安全保障を強化したからであり、そして二重の中立の約束は、露墺の紛争の場合にドイツ帝国が取る立場を幾らか柔軟なものにしたからである。基本的にこの状態は、「他の諸国」の対立関係を利用して――それだけではなくて、維持して――、自らは背後に留まっていてそれぞれの重みを量ることができるようにするという、彼の以前からの理想に依然として合致していた。繰り返して述べると、同盟と同盟との間に対立は存在していたが、それは現実の対立――ロシアと、ロシアの封じ込めを狙う諸大国との対立――が表面化する、ましてや爆発するのを防ぐためだったのである。しかし、まさにそれこそがビスマルクの同盟戦略・勢力均衡戦略の意味であり、目標であったのだとしても、ドイツにとっての客観的な状況はもはやそれほど「素晴らしい」ものではなかったのであり、そしてそのことをビスマルクは熟知していたのであった。

全体とすれば、ドイツの外政面での状況は八十年代に悪化し、大国間の緊張を調整すること、緊張を周辺部に逸らしてドイツが自由な空間と重みを確保することがますます困難になって、ドイツはますますパートナーに依存するようになった。このような依存状態を同盟と同盟とを絡み合わせることを通して調整し相対化しようとした、そしてそれらの同盟が及ぼす間接的な作用と、相互にあらゆる脅威をブロックし合うこととを通して一種の手詰まり状態を確立しようとした、ビスマルクの戦略は、ますます複雑で脆いものとなっていった。それは言わば「急場凌ぎの体制」であり、勢力均衡のゲームに侵入してくるダイナミックな大国間の対立に対して必要に迫られて修復に努めるようなものであった。それは間に合わせの解決の体制であって、常に新たな危機に直面させられたが、それらの危機は、全体としてのヨーロッパと、ヨーロッパにおけるドイツの地位とを直撃した構造的な問題から生じた現象に過ぎなかったのである。

ベルリンは、結局は周辺部の危機を暫定的に解決できただけであって、諸大国間の緊張関係はドイツに跳ね返ってきた。バルカンの諸問題、オーストリアとロシアの対立の場合がそうだったが、それはドイツ帝国が、存立に関わる密度という点では違いはあったものの、両国と結ばれていたためである。同様に、世界における大規模な東西対立、ロシアとイギリスの対立の場合も、やはりそうであった。この対立はドイツの手によってバランスを取ることができるようなものではなかった。東方におけるナショナリスト的な反ゲルマン主義と、フランスの――報復主義的な、あるいは少なくとも大国への野心に燃えた――ドイツに対する敵対的な姿勢とは、他に逸らすことが不可能であり、中和することが不可能であった。

一八八一―八四年の時期の相対的に安定していた状態が繰り返されることはなかった。とりわけ再保障条約は独露関係をごく限られた範囲内で安定させただけに過ぎなかった。ベルリンの予防戦争支持者たちと、ペテルブルクの親フランス的なナショナリストたちは、なおも強力なままだった。いずれにしても一八八七／八八年の冬には、なおも戦争について語っていたのはプレスだけではなかったのである。外務庁の枢密顧問官ホルシュタインは、オーストリアを――ビスマルクの構想に反して――いっそう厳しい反ロシア政策へと煽り立てようとし、ドイツ帝国が明確に反ロシア、そして結果的には親イギリスの立場を選択することに傾いていた。ロシアとフランスは互いに接近していった。依然として未定の状態にあったブルガリア問題が、反ドイツ的な雰囲気と傾向を強めていった。一八八八年の初めには実際に戦争が起こりかねない差し迫った危険性が出現し、ビスマルクは苦労してその危険を逸らすことができた有様だった。

とりわけ経済の分野での独露摩擦が増大して、一八八五年以来の潜在的な経済戦争が激しさを増していった。ドイツは一八八七年に穀物関税をもう一度引き上げて一八七九年の関税の五倍にまで達し、そして様々な措置を講じて家畜と食肉の輸入を引き締めた。それはロシアの輸出に打撃を与えた。ロシア側は工業関税を大幅に引き上げて、ドイツの輸出に打撃を与えた。確かに、減少したのはドイツの輸出だけで、ロシアの輸出は新たな関税にもかかわらず増大し、一八八七年の時点で価格のうえでドイツの輸出額よりも三倍多かった。しかし、憤慨したのはどちらの側も同じだった。一八八七年には、明白な工業保護主義者〔ブンゲの後任のヴィシネグラツキー〕がペテルブルクの経済と財政を管轄する省のトップとなっていた。ベルリンの対外貿易政策の指導者だったベルヒェムも、極めて意図的に経済政策的、さらには政治的な目標のために経済的な圧力を行使した。彼は、ロシアに中央ヨーロッパ連合という対抗策を突きつけようとしたのである。

ロシアは一八八七年に、ロシア国籍者〔主としてポーランド人の農業労働者〕の大量追放というドイツの措置に対抗するという意味もあって、西部諸州を中心として外国人による土地の購入と譲渡を禁止した。それは特にドイツ国籍のドイツ人が対象となり、ほとんど接収のような様相を呈した。この措置はドイツの政治的なエスタブリッシュメントと世論を憤激させた。一八八七年の初めから、新聞でロシアの債券とルーブル投機を批判する議論が展開された。ビスマルクは一八八七年十一月に帝国銀行が今後ロシア債券を抵当とする貸付を行なわないよう指示した（動産担保貸付《ロンバルト》禁止令）。ロシアは、この当時、まさに借款を整理して新たな借款を調達しようとしていた。これまではベルリンが借款の最も重要な調達先となっていたのだが、それは、パリでは最も重要な銀行家のロトシルド〔ロスチャイルド〕がツァーリズム体制のユダヤ人敵視に反発してロシアへの借款に反対していたためだった。実質的にはこの禁止令は小規模な行動に過ぎなかったのだが——他のどこでもロシア債券は担保貸付の対象となっていなかったし、そして帝国銀行による貸付も小さな割合を占めていただけだった——、しかし心理的な効果は少なくなかった。証券取引所ではロシア債券からの逃避が起こり、かなりの相場の下落がもたらされた。事実上、ドイツの資本市場はロシアの借款には閉ざされてしまったのである。

　ビスマルクがこのような措置に踏み切った理由を考えてみると、おそらくこの措置は彼にとっては主としてロシアにドイツとの良好な関係の重要性を見せつけるための（比較的小さな）圧力と威嚇の手段、すなわち一種の経済的な恐喝としての意味を持っていたのだろうと考えられる。その一方で、それはおそらく、ロシアの西部地域でドイツの資本を用いて鉄道が建設されるのを特に忌み嫌っていた軍の予防戦争派に対する一つのあからさまな譲歩を意味していたのであり、ビスマルクが一般的に予防戦争を拒否する姿勢を示していたことをカバーするための反ロシア的な措置なのであった。宰相は手段の選択において著しく選り好みをすることは決してなかった。彼は古風な観点から経済と対外政策とは究極的には分離できると確信していたので、経済から生じる害は限定できるはずだと信じていた。しかし、そのために外交の面で彼が表明していた協調への意向が信用を失ってしまうことを、彼は認識していなかったのである。経済政策的な圧力をそのつど必要に応じて投入し、あるいは再び緩和するという彼の戦術は、既に完全に時代に即さないものになってしまっていたのであり、彼は経済がますます独自のダイナミズムを発揮するようになりつつあったことを、見誤っていたのだった。具体的には、彼の思惑は失敗に終わった。金融的な圧力は再保障条約を強めるのではなくて、弱めてしまったのである。この行動がもたらした広範な帰結は、ロシアの借款の調達先が最初はアムステルダムへ、次いでパリへ移っていったことであり、仏露の金融関係がしだいに固められていって、そしてそれは極めて急速に武器の取引にも及んでいった――そのような事態は、当面のところはまだ政府間の国際政治のレベルには波及しなかったが、しかし長期的には重要な影響を及ぼさずには済まなかった。

全体とすれば、ビスマルクは対外政策を――時として主張されるように――農業派の（あるいは大工業の）保護関税利害に奉仕させようとしたことはなかったし、彼のロシア政策が経済政策や国内政策によって条件づけられたことはなかったという点を、確認しておく必要がある。経済的な緊張が政治的な緊張の増大をもたらしたのではなくて、むしろ逆であったが、しかし何よりも、両者は依然として並行して進行していったのだった。金融戦争がなかったとしても、ロシアはフランスのほうに向かったことだろう。

ビスマルクの対外政策が困難さを増していき、ドイツ帝国の一般的な外政状況が特にロシアに関して悪化していったことは、この時期に改めてドイツの政策の新たな方向性、これまでとは異なる道への基本的な問いを提起することになった。権力政策と現実政策を信奉する人物であり、モラル政策に反対して、帝国建国期の十年間には戦争をためらわず、その後も脅しと威嚇の政策をためらわなかったビスマルクは、ドイツ帝国は諸大国との関係に依存していること、ヨーロッパの平和のみが帝国の安全と権力的地位を保障してくれること、それゆえ帝国はダイナミックに拡大を図る政策ではなくて防御的な政策を取るしかないことを全面的に確信していた。中央部への圧力を周辺部に誘導して、諸大国間の対立を囲い込み、諸大国がドイツ帝国に敵対する連合にまとまることもヨーロッパを見通しの効かない戦争に引きずり込むことも防ぐという大いなる戦略、複数の同盟を通して強力過ぎる大国に依存するようになるのを防ぎ、様々な勢力のバランスを取ることを通してフリーハンドを、すなわち外政上の主権を、それどころか影響力と重みを確保するという戦略は、長期的に見ればその成功は不確かなままであり、脅かされているままであった。ロシアとフランスによる二正面連合を封じ込めるという核心的な目標は、達成されていなかった。

そうであるとすれば、二つの世界大国のどちらかを「選択する」こともあり得ただろう。たとえその場合には行動の自由と半ば覇権的な地位とを損なうことになったとしても、それは安全保障のために必要なことだったのだろうか？　この可能性のうちの一方はロシアへの選択だった。しかし、この選択は事実上ほとんど排除されていた。ロシアでもドイツでも、ナショナリズムと世論の時代には不可欠な国内の基盤が欠けていたのである。さらに、ロシア側の「要求」も過大過ぎた。すなわち、バルカンでのフリーハンドを認めることは、オーストリアを、少なくともその大国としての地位を、犠牲に供することを意味していた。それは、既に述べたような「ドイツ問題」を新たに投げかけることになるのに違いなかった。また、長期的にはドイツを、ほとんど衛星国のようにロシアに依存する状態、さらには西欧両大国から持続的に敵視される状態に置くことになるのに違いなかった。幾つかの点から見て、ビスマルクはそのようにオーストリアを犠牲にすることを、「オリエント」に対するロシアの覇権を許容するという形で、少なくとも絶対的な危機的状況の下ではロシアの中立を確保するために考慮したように思われる――大使〔ロシア駐在大使〕のシュヴァイニッツが一八九五年にビスマルクとの会談について後から報告しているところによれば、そうである。しかし、通常の政策の諸条件の下では、それは考えられないことであった。

多くの自由主義者たちや、多くの後から生まれた人たちが好んで夢想していたイギリスへの「選択」の場合には、事情が幾らか異なる。ビスマルクは、一八八七年から危機が忍び寄ってきて激しさを増しつつあるのに直面して、二つの同盟の間で揺れ動くという不十分な状態に代わる選択肢としてイギリスへの選択を考慮するようになっていた。一八八九年の初めに彼はイギリスに同盟を提案した。もっとも、提案によれば、この同盟は、あり得るフランスの攻撃に対してだけ矛先を向けたものであり、ロシアは問題とされてはいなかった。既にその点に非対称という問題が存在しており、フランスに対する防衛にはイギリスよりもドイツ帝国のほうが遥かに大きな利害を持っていたのに対して、イギリスにとって肝心なのはロシアと衝突した際に支援を得ることのほうだった。そして、この同盟は議会によって保証された公開の条約であるべきとされ、まさにそれを通して戦争を阻止することを意図しているとされた。

このような異例な形式を求めた背後には、議会主義統治体制の下での対外政策の安定性に対するビスマルクの不信感があった。さらにそこには、ドイツ帝国はオーストリアをも含む現状維持派の諸大国の同盟を目指しているのであるという示唆、また、独露関係がさらに悪化していけばドイツ帝国は基本的にイギリスを「選択する」こともあり得るという示唆――そして、その真意はさらなる交渉のなかで明らかになるだろうという示唆――も含まれていた。しかし、そこには、そのような選択肢を見せつければロシアを歩み寄りへと動かすことができるのではないかというロシアに対する威嚇戦術も含まれていたのだった――なぜなら、ビスマルクは原則的に「イギリスの上着よりもロシアのシャツのほうを」好んでいたのだからである。具体的な提案も、そこに潜んでいた厄介な帰結も、どちらもイギリスにとって魅力があるものではなかった。提案されたような条約は議会主義の伝統にそぐわなかったし、この種の同盟はそもそも大英帝国と「光栄ある孤立」という感情、大陸と距離を取る姿勢に合致しなかった。それは何よりもイギリスの利害に反していた。確かに、フランスやロシアが脅威になっているという事実と感情は存在していた。しかし、イギリスにとってフランスという「危険性」は、ドイツにとってとは異なり、ロシアのそれに較べれば二次的なものに過ぎず、そしてどちらの脅威にしても直接自国に及ぶものではなくて、二正面戦争を恐れる必要はなかった。脅かされていたのは大英帝国の周辺部での利害であって、確かに権力にとって重要な意味を持っていたものの、しかし自国からは遠いところでのことに過ぎなかった。ドイツがロシアとフランスを抑止してくれるのは、確かにイギリスにとって好都合で望ましいことだったけれども、しかし非公式の協力だけでもその支えとなったし、もちろん、それでなくともドイツは自らの利害のゆえに抑止の役割を引き受けざるを得なかった。イギリスの利害は、自らが拘束されないで自国の行動の自由を保つ点にあったのである。そして——繰り返すが——重要なのはフランスとの関係よりもロシアとの関係のほうであった。イギリスは、ドイツとは異なって、同盟を必要とせず、ましてやドイツとの同盟はまったく必要としなかった。一八八七年以降に地中海圏に関与するだけで、ヨーロッパでの平和を維持するというイギリスの利害にとっては完全に十分だった。ドイツはイギリスを必要としたが、イギリスはドイツを必要としなかった——それが問題の単純な核心だったのである。イギリスは多くの行動の自由を持っていたけれども、ドイツはほとんど持っていなかったのであった。

どちらかと言えば親ドイツ的だった首相兼外相のソールズベリーが考慮した、そして考慮しなければならなかった、以上のようなイギリスの国家理性に関わる言わば客観的な事情と並んで、議会主義体制の下のいかなる大臣も無視することができなかったイギリスの世論の見方や、イメージや、感情が付け加わった。そしてそれは深いところまで及ぶものだった。確かに、後に極めて重要になっていく通商上の競争という感情は、まだそれほど明確な形を取るに至っておらず、互いを結び付ける共通性が存在するという意識によって少なくとも埋め合わせられていた。確かに、植民地を巡る重大な紛争は、ビスマルクが一八八五年の春に反イギリス的な方向に尖鋭化しようとする姿勢を極めて明確に撤回して以来、過去のものとなっていた。しかし、比較的小規模な争いはなおも続いていて、依然としてエジプトでドイツの支持を頼らざるを得なかったイギリスのほうが一般に譲歩していた。それは不愉快な思いを生み出すことになったのであり、必ずしも同盟に好意的な雰囲気を生み出すことにはならなかった。全体とすれば、圧倒的に自由主義的な世論のなかでは、一八七〇年以降にドイツに距離を置こうとする風潮がむしろ強まっていた。ビスマルクは、ドイツの「プロイセン化」と非市民的な性格を、自由主義や自由貿易主義からの離反を、国際的なモラルに対する権力政策と現実政策の勝利を、それどころか暴力的な手法とマキャベリズム的なシニシズムを代表する人物と見なされていた。自由主義的なイギリスを攻撃し、イギリス女王の女婿である皇太子〔フリードリヒ三世〕を攻撃し、ドイツの「グラッドストン内閣」を攻撃する、彼のプレス・キャンペーンは、そのような評判を固めるものだった。新帝のヴィルヘルム二世はまだあまり知られていなかったが、しかし一つの「リスク」と見なされていた。フランスは、カエサル主義的な冒険家で軍国主義的な平和攪乱者であるナポレオン三世が失脚した後は、以前よりもますます好意的な目で見られるようになったが、それは敗者への同情でもあった。自由主義的な西欧の共通性と感情的な対立イメージ――ドイツでは学校にいるような気分がするが、フランスでは休暇先にいるような心持ちになる、というような――とが、そこに加わった。改めて政治的に尖鋭化させて言うならば、ビスマルクに対する、彼の知られざる動機に対する不信感が広まっていて、より現実的な点では、ドイツとの同盟は結局はフランスを圧倒的な力を持つドイツの手に引き渡すことになるのではないかという恐れが広まっていたのだった。

ソールズベリーはこの件を二か月後に友好的ではあるが控え目な態度で非現実的として脇に押しやった。ビスマルクのこの試みがどれだけ真剣なものだったのか、どの程度まで単なる戦術の域を超えたものだったのか――受け入れられない、受け入れ不可能な申し出も、ドイツとイギリスの結び付きを強めることもあり得たので――、どの程度まで新たな見通しを探るための観測気球のようなものだったのか、それはひとまず未定のままとしておいてもいいだろう。いずれにしても、この申し出は路線の変更を意味するものではなかったが、おそらく戦術の域を超えて一つの実験のようなものだったと考えられる。ドイツとイギリスのどのような同盟も、当然のことながら長期的には反ロシア的な転換を含意し、それだけではなくて、長い目で見ればその際にドイツは一種のジュニアパートナーの位置に押しやられたことだろう。はたしてビスマルクにはこれら二つのラディカルな帰結を、すなわちイギリスへの選択と、その結果としての行動の自由の放棄とを受け入れる用意があったのか、それと結び付いている危険性を現存の二重同盟〔独墺同盟と独露同盟〕という状況よりもいっそう大きなものと考えていなかったのか、私たちには分からない。はたしてビスマルクにはイギリスとの同盟のために何らかの他の適切な「代価」を払う用意があったのか、それも私たちには分からない。それでなくとも、同盟の締結という目標は達成不可能で、イギリスへの選択は実現できるものではなかったのである。
　イギリスにとっては、この件をジュニアパートナー関係の形成という形に持っていくこともほとんど魅力があるものではなかっただろう。既に述べたようにイギリスは同盟を必要としていなかったし、ドイツが一歩ずつさらに接近してきたとしても、得るものは何もなかっただろうからである。そしてイギリスは、封じ込めと部分的な妥協との間でロシアと共存することができた――それゆえ、イギリスは、ドイツが望んでいて、そして望まざるを得なかったであろうほどに、ロシアと対立する立場に強固に縛り付けられて、その代わりに、人びとが恐れていたように、フランスをドイツに「引き渡す」必要はなかったのであった。ポール・ケネディは、正当にも、イギリスはドイツとの関係を同盟か敵対かという二者択一の手前で考えていたのであって、外交によって規制された流動性という関係が完全に正常な状態なのであったこと、そして全体とすれば両国の関係は一八八九年の時点でビスマルクの申し出が拒否された後でさえ良好なものだったし、良好であり続けたことを強調している。ビスマルクの状況判断にとっても当初は、もちろん他の理由からではあったが、同様のことが当てはまった。同盟打診が失敗に終わった後も、ドイツのイギリスとの関係は悪くなかった。もっとも、イギリスとの同盟が実現不可能だったことによって、ドイツは二重の同盟関係という脆い構築物へと投げ戻されてしまった――当面のところは不可能だったイギリスへの選択が、開かれた選択肢として残り続けたのである。

　最後に、もう一つの重要な点について考察しておきたい。ビスマルクがイギリスとロシアの間で長年にわたって展開した政策においては、繰り返し理念政治的な観点が、すなわち保守的で反革命的な共感と、反議会主義と反自由主義に基づく反感とが一定の役割を果たし、例えば自由主義的なグラッドストン政府に対する深い嫌悪感のように両翼を成す二つの大国との関係に一定の色彩を与えた。ロシアとの関係では、ビスマルクは主観的には副次的な舞台として扱うことができると考えていたとは言え、経済的な利害が一定の役割を果たした。結果的には、まさに決定的な意味を持った最後の数年間を眺めてみるならば、経済的な利害もイデオロギー的な好みも彼の政策に大きな影響を与えたわけではないし、ましてや政策を決定していたわけではなかったと言わざるを得ない。しかし、それは、国際政策を国家的＝国民的《ナツィオナール》な権力理性に基づく政策と理解していたビスマルクの、イデオロギー以後的で経済以前的な見解のみによるものではなかった。客観的にも、この時期のドイツの対外政策はイデオロギーや、経済や、内政によって――危機の克服や、体制の安定化や、経済的な競争によって――規定されていたわけではなかったのである。「内政の優位」（対外政策は内政上の利害によって規定されていたという主張」は、他の時期には存在していたかもしれないとしても、ビスマルク期には存在しなかったのであり、実際、外政の自律性は、言わば自然に存在している内政や社会の発展との相互依存関係よりも――なおも――強力なのであった。もちろん、この状態はまもなく変化することになった。

人びとは、自由主義的に統治された、あるいはより自由主義的に統治されたドイツ帝国（例えばフリードリヒ三世の下での）であれば別の行動を取ったのではないか、と思うかもしれない。その場合には、ロシアとの結び付きはどちらかと言えば軽視されることになっただろうが、しかしドイツの自由主義者たちのイギリスとの同盟に対する「古くからの愛情」は、自由主義右派の人たちの高揚したナショナリズムのために著しく失われてしまっていた。八十年代の終わりの時点で、――ロシアに対する予防戦争を別にすれば――ビスマルクのイギリス政策に代わり得る自由主義的な選択肢がどのようなものであり得たのか、見て取ることは難しい。その点からも、この時期のドイツの対外政策を内政の所産として特徴づけることは、ほとんど不可能なのである。

しかしながら、それでも、ビスマルクの統治の最後の数年間に彼の対外政策がますます人為的な性格を帯びるようになり、古風で時代遅れで、複雑過ぎるもの、未来を拓く能力のないものという悪評を被るようになったことは確かである。そこには、ほぼ二十年間に及ぶ伝統と、その「必然的な事情」に対する、多くの無理解と多くの反発が含まれている。しかし、それは、ビスマルクの政策の客観的な諸問題が、ドイツのヨーロッパにおける権力的地位を長期にわたって安定させようとした政策の試みが失敗した原因が、表面に現われたものなのでもあった。最も重要な点は、ヨーロッパの列強体制・勢力均衡体制がいかに常に不安定なものだったとしても、ビスマルクの対外政策はこの体制が静止状態になることを志向していたということである。平穏であること、静かに存在し、そうであり続けることが、ドイツ帝国に妥当するべき大原則なのであった。すなわち、ドイツ帝国は満ち足りていて、満ち足りた状態であり続けるべきであり、それに応じた行動を取るべきなのであって、それこそが帝国の安全保障の、それどころか存立の条件と見なされていたのである。ビスマルクが理想としたのは、中央に位置するドイツ帝国が、周辺部での緊張と、互いに絡み合った複数の同盟とを伴いつつ、ヨーロッパ体制の均衡を保たねばならないし、保つことができるというものだったが、この理想は確かに既にドイツにかなり重要な権力的役割を割り当てるものであったものの、しかしこの構想の決定的に重要な点は、そのような権力を抑制し、権力の新たな獲得と拡大を控え、示威的な権力の行使を控えるというところにあった。さらに、彼の構想には他の——いっそう困難な——静止的なファクターも含まれていた。すなわち、自国を大国としてのオーストリアの存立と結び付けていたこと、フランスと持続的な対立関係にあった（それゆえ、フランスを孤立させねばならなかった）こと、ポーランド分割を維持すること、などである——もっとも、ビスマルクは危機的な状況の下では、オーストリアを見捨て、ベルギーを分割し、それどころかエルザスを返還し、あるいはポーランドを再建するといったラディカルな選択肢をも、少なくとも瞬間的には考慮したのだけれども。

独特なのは、彼がこのような近代以前的な政策を、ナショナリズムの激情に駆り立てられた近代的な世界のなかで、なおも——少なくとも相対的には——守り通したことである（例えばロシアやイギリスに対して）。それが、彼の対外政策が信頼を得る根拠となっていたのだった。その基盤となっていたのは、この時期に憲法が制定されていて実行されたことと、彼の政府が権威を備えていたことであった。そのために、ドイツの対外政策、彼の対外政策は、操作能力を備え、効率的なものとなった。さらにその基盤となったのは、政治的に定着した諸勢力がなおも内的な均質性を備えていたことであり、そして軍事力と、十分に機能していた社会的な規律、義務のエトスと奉仕のエトス、また、いまだ損なわれていなかった忠誠心であった。それだけではなくて、同様に、完全に近代的なファクター、すなわちビスマルクがプレス政策によって彼の対外政策を絶えず巧みに、そして力強く防護し、それを通してなおもかなりの程度まで——最後の数年間にはもはや完全にとは言えなかったとしても——形づくることができた点も、基盤となった。ビスマルクは一八八七年の秋にソールズベリーに宛てた名高い書簡のなかで、構造的な近代性と静止的な対外政策とを結び付けるもう一つの点について述べている。すなわち、ドイツは一般兵役義務に基づく軍隊に支えられているのだが、そのような軍隊の下では真に国民的《ナツィオナール》な死活に関わる利害を護るための防衛戦争しか戦えないのである、と。それは重要な洞察だったのだが、上辺だけ近代的な彼の後継者たちは、あまりにも急速にこの洞察を無視してしまったのだった。

権力状態とそれがもたらす安全保障上の帰結とを少なくとも原則としては堅持して、静止した状態の下で安定させようとしたビスマルクの試みは、権力の発展のダイナミズムと衝突し、まさに勢いを増してきた諸国民の帝国的な権力への陶酔、「空間への陶酔」、新たなメンタリティと衝突し、経済的な成長の拡大がもたらした帰結、それに伴う勢力均衡の変動、さらには国内・国外の経済的な諸条件への国家の介入がもたらした帰結と衝突し、また、ドイツにおける、権力と威信を意識して生気に満ちた拡張を求めて自立していった世論と衝突した。実際、ドイツの安全保障政策に関するビスマルクの「処方箋」は、それに対するダイナミックな異議を呼び起こしたのだった。周辺部における他の諸国の権力の拡大は、中央部の重荷を軽減しただけではなくて、中央部に跳ね返ってきたのである。ドイツ帝国は、そのような他の諸国の興隆に対して無関心なままでいることができたのだろうか？　この場合には、「満ち足りた」状態というのは権力の衰退を意味し、そして権力の衰退は防止しなければならなかったのではないだろうか？　例えばバルカンにおけるナショナリズムのような「小さな」問題でさえ、静めることはできなかったし、体制全体と中央部に及ぼす作用を囲い込むこともできなかった。全体とすれば、そして静止的なヨーロッパの勢力均衡政策・同盟政策と、そして自らの権力の抑制を志向したドイツの安全保障政策は、周辺部の社会のダイナミズムと、そして台頭しつつあった世界政策と、矛盾する状態に陥ったのであった。それが、イギリスとロシアとの間での、秘密外交と世論との間での、ビスマルク外交の基本的な問題点だったのである。

（下巻へ続く）

訳者略歴
大内宏一（おおうち・こういち）
一九四六年生まれ
ドイツ近代史
早稲田大学名誉教授
主要著訳書
『ビスマルク―ドイツ帝国の建国者』（山川出版社）
『ビスマルク時代のドイツ自由主義』（彩流社）
シュターデルマン『1848年ドイツ革命史』（創文社）
ガル『ビスマルク―白色革命家』（創文社）
エヴァンズ『力の追求―ヨーロッパ史1815―1914 上下』（共訳、白水社）
ニッパーダイ『ドイツ史 1800―1866 市民世界と強力な国家 上下』『ドイツ史 1866―1918 労働世界と市民精神 上下』（以上、白水社）

続ドイツ史 1866―1918
民主主義を前にした権力国家 上

二〇二四年 八 月二〇日 印刷
二〇二四年 九 月一〇日 発行

著者 トーマス・ニッパーダイ
訳者© 大内宏一
装丁者 日下充典
発行者 岩堀雅己
印刷所 株式会社理想社
発行所 株式会社白水社

東京都千代田区神田小川町三の二四
電話 営業部〇三（三二九一）七八一一
編集部〇三（三二九一）七八二一
振替 〇〇一九〇‐五‐三三二二八
郵便番号 一〇一‐〇〇五二
www.hakusuisha.co.jp
乱丁・落丁本は、送料小社負担にてお取り替えいたします。

株式会社松岳社

ISBN978-4-560-09120-3

Printed in Japan